Bangkok Zentrum

Die Namen der Sehenswürdigkeiten und Orientierungspunkte in Thai-Schrift zum Draufzeigen

- Bangkok Christian Hospital, C
  โรงพยาบาลกรุงเทพคริสต์เตียน
- Bank of Thailand, B1
  ธนาคารแห่งประเทศไทย
- Busbahnhof Nord, D1
  สถานีขนส่งสายเหนือ
- Chitlada-Palast, C1
  พระราชวังจิตรลดา
- Chulalongkorn Hospital, D3
  โรงพยาบาลจุฬา ฯ
- Democracy Monument, B2
  อนุสาวรีย์ประชาธิปไตย
- Deutsche Botschaft, D3
  สถานทูตเยอรมัน
- Erawan-Schrein, D2
  ศาลพระพรหม (โรงแรมเอราวัณ)
- G.P.O. (Post), C3
  ไปรษณีย์กลาง
- Golden Mount, B2
  ภูเขาทอง
- Hualampong Station, C3
  สถานีรถไฟหัวลำโพง
- Imaging Technol. Museum, C3
  พิพิธภัณฑ์เทคโนโลยีแห่งชาติ
- Information TAT (ฅ), B1
  การท่องเที่ยวแห่งประเทศไทย
- Jim Thompson Haus, C2
  บ้านจิมทอมสัน
- Khao San Road Market, A1
  ตลาดถนนข้าวสาร
- King Chulalongkorn Monu., B1
  พระบรมรูปทรงม้า (รัชกาลที่ 5)
- Lak Muang, A2
  ศาลเจ้าพ่อหลักเมือง
- Loha Phrasat, B2
  โลหะปราสาท
- Lumpini-Park (Suan Lump.), D3
  สวนลุมพินี (สวนลุม)
- Mission Hospital, C1/2
  โรงพยาบาลมิชชั่น
- National-Bibliothek, B1
  หอสมุดแห่งชาติ
- National History Museum, C3
  พิพิธภัณฑ์ประวัติศาสตร์แห่งชาติ
- Nationalmuseum, A1
  พิพิธภัณฑ์สถานแห่งชาติ
- Nationaltheater, A1
  โรงละครแห่งชาติ
- Oriental Hotel, C3
  โรงแรมโอเรียนเตล
- Österreichische Botschaft, D3
  สถานทูตออสเตรีย
- Pahurat-Markt, B2
  ตลาดพาหุรัด
- ... Nart Park, B2
  สวนรมณีนาฏ
- Royal Barges, A1
  อู่เรือหลวง (ท่าเรือบางกอกน้อย)
- Royal Grand Palace, A2
  วัดพระแก้ว
- Sanam Luang, A2
  สนามหลวง
- Schlangenfarm, D3
  ฟาร์มงู (ถนนพระรามสี่)
- Schweizer Botschaft, D2
  สถานทูตสวิส
- Siam Centre, D2
  สยามเซ็นเตอร์
- Tammasat-Universität, A2
  มหาวิทยาลัยธรรมศาสตร์
- Thai Airways, B2
  การบินไทย (ถนนหลานหลวง)
- Thewet-Blumenmarkt, B1
  ตลาดดอกไม้เทเวศน์
- Victory Monument, D1
  อนุสาวรีย์ชัยสมรภูมิ
- Wat Arun, A2
  วัดอรุณ
- Wat Benchamabophit, B1
  วัดเบญจมบพิตร
- Wat Bowornivet, B1
  วัดบวรนิเวศน์
- Wat Indraviharn, B1
  วัดอินทรวิหาร
- Wat Mahathat, A2
  วัดมหาธาตุ
- Wat Monkrut, B1
  วัดมงกุฎ
- Wat Pho, A2
  วัดโพธิ์
- Wat Phra Kaeo, A2
  วัดพระแก้ว
- Wat Prayunwong, A3
  วัดประยูรวงศ์
- Wat Suthat, B2
  วัดสุทัศน์
- Wat Trimit, B3
  วัดไตรมิตร
- Weekend Market, D1
  สวนจตุจักร
- Zoo, C1
  สวนสัตว์ดุสิต

34,50   VI   2721

Vor der Reise

Reisetips A-Z

Land und Natur

Kultur und Gesellschaft

Bangkok

Der Süden

Gesundheitstips

Anhang

Kartenatlas

Impressum

Rainer Krack
Thailands Süden

erschienen im
REISE KNOW-HOW Verlag Peter Rump GmbH
Osnabrücker Str. 79
33649 Bielefeld

© **Peter Rump**
1. Auflage **2000**

Alle Rechte vorbehalten.

Gestaltung
Umschlag: M. Schömann, P. Rump (Layout);
  G. Pawlak (Realisierung)
Inhalt: G. Pawlak (Layout)
  K. Röckenhaus (Realisierung)
Fotos: der Autor (rk), C. Chuchuay (cc)
Bildbearbeitung: T. Buri
Karten: der Verlag, B. Spachmüller
(vordere Umschlagklappe und Farbteil S. I)

Lektorat dieser Auflage: L. Werner

Druck und Bindung: Fuldaer Verlagsagentur

ISBN 3-89416-662-2
Printed in Germany

Dieses Buch ist erhältlich in jeder Buchhandlung
der BRD, Österreichs, der Niederlande und der Schweiz.
Bitte informieren Sie Ihren Buchhändler
über folgende Bezugsadressen:
BRD
  Prolit GmbH,
  Postfach 9, 35461 Fernwald (Annerod)
  sowie alle Barsortimente
Schweiz
  AVA-buch 2000
  Postfach 27, CH-8910 Affoltern
Österreich
  Mohr Morawa Buchvertrieb GmbH
  Sulzengasse 2, A-1230 Wien
Niederlande
  Nilsson & Lamm BV,
  Postbus 195, NL-1380 AD Weesp

Wer im Buchhandel trotzdem kein Glück hat,
bekommt unsere Bücher auch direkt bei:
Rump Direktversand
Heidekampstraße 18, 49809 Lingen (Ems)
oder über den **Büchershop auf der Internet-Homepage**
von REISE KNOW-HOW

*Wir freuen uns über Kritik, Kommentare
und Verbesserungsvorschläge.*

*Alle Informationen in diesem Buch sind vom
Autor mit größter Sorgfalt gesammelt
und vom Lektorat des Verlages gewissenhaft
bearbeitet und überprüft worden.*

*Da inhaltliche und sachliche Fehler nicht ausgeschlossen
werden können, erklärt der Verlag,
daß alle Angaben im Sinne der Produkthaftung
ohne Garantie erfolgen und daß Verlag
wie Autoren keinerlei Verantwortung und
Haftung für inhaltliche und sachliche Fehler
übernehmen.*

Rainer Krack

Thailands Süden

In Zusammenarbeit mit Chaweewan Chuchuay

REISE KNOW-HOW im Internet

Aktuelle Reisetips und Neuigkeiten
Ergänzungen nach Redaktionsschluß
Büchershop und Sonderangebote
Weiterführende Links zu über 100 Ländern

http://www.reise-know-how.de/

Der
**REISE KNOW-HOW Verlag
Peter Rump GmbH**
ist Mitglied der Verlagsgruppe
REISE KNOW-HOW

Vorwort

Seit vielen Jahren ist Thailand eines der beliebtesten Reiseziele Asiens. Die landschaftliche Vielfalt, das wunderbare Essen, die günstigen Verkehrswege, die umgängliche Bevölkerung, und nicht zuletzt die niedrigen Preise locken derzeit über 7 Millionen Touristen pro Jahr an. Davon stammt fast eine halbe Million aus deutschsprachigen Ländern.

Die bei den Touristen populärste Region des Landes ist der Süden, der mit zahllosen Inseln, Stränden und jeder Menge tropischem Idyll aufwartet. Kaum ein Thailand-Reisender, der nicht in den Süden fahren würde – viele bereisen gar nur den Süden, denn von den oft paradiesischen Badebuchten kann man sich gar nicht so leicht trennen. Strandurlaube, die für ein oder zwei Wochen geplant waren, fallen oft viel länger aus, und sehr viele, die einmal da waren, kommen das nächste Jahr wieder.

Die Form Thailands wird von den Thais oft mit einem Elefantenkopf verglichen – Südthailand, das sich lang und schmal in die Länge streckt, ist dabei der „Rüssel". Der Süden ist die fruchtbarste Region des Landes, alles ist von einem satten Grün gekennzeichnet. Ein großer Anteil davon sind zwar von Menschenhand angelegte Gummiplantagen, dennoch gibt es noch reichlich unberührte Natur. In den Nationalparks von Thale Ban oder Khao Luang findet sich noch urwüchsiger Dschungel, und im fast unberührten Banthat-Gebirge trifft man die „Ureinwohner" der Malaiischen Halbinsel, die scheuen Sakai, die ihren Unterhalt als Sammler und Jäger bestreiten.

Zu beiden Seiten wird der „Rüssel" von zum Teil großartigen Stränden flankiert, und davor liegen zahlreiche Inseln, die ebenfalls wiederum von Stränden umrahmt werden, oft mit zahllosen Kokospalmen im Hinterland.

Einige der Inseln sind mittlerweile Reiseziele von Weltrang, so wie Phuket, Ko Phi Phi oder Ko Samui. Wem es dort zu touristisch zugeht, der findet vielleicht seinen Tropentraum auf kleineren Eilanden wie Ko Tao, Ko Raya Yai, Ko Bulon Lae, Ko Poda, Ko Lipe, oder, oder ... Die Auswahl ist riesig. Dazu gibt es noch genügend Inseln, auf denen es entweder gar keinen oder einen nur zaghaft Fuß fassenden Tourismus gibt, so wie auf Ko Yao Noi, Ko Yao Yai und noch einigen mehr. Auf diesen bietet sich noch ein weites Feld für Entdecker.

Neben reinen Strandurlauben bieten sich aber auch reichlich Aktivitäten an, und viele Reisende kommen zum Tauchen, Schnorcheln, für Radtouren oder gar zur Felskletterei. Ein paar Golfplätze von Weltniveau gibt es auch, so z.B. auf Phuket. Mit seinen schier unendlichen Möglichkeiten ist Südthailand ein perfektes Reiseziel. In diesem Sinne *„hay döörn taang plort pay"*, wie die Thais so vollmundig sagen – „Gute Reise!"

Rainer Krack, Oktober 1999

Inhalt

Vorwort 7
Inhaltsverzeichnis 8
Exkurse 10
Kartenverzeichnis 11
Hinweise zur Benutzung 12
Was man unbedingt wissen muß 13

Vor der Reise

Information 16
Diplomatische Vertretungen 17
Ein- und Ausreisebestimmungen 18
Hin- und Rückflug 21
Anreise von Asien 25
Ausreise 26
Rückerstattung der
　Mehrwertsteuer 27
Preise und Kosten 29
Gesundheitsvorsorge 29
Versicherungen 31
Ausrüstung 33

Praktische Reisetips A–Z

Behinderte unterwegs 40
Einkaufen 40
Elektrizität 43
Essen und Trinken 43
Fotografieren 49
Rund ums Geld 52
Maße und Gewichte 58
Medizinische Versorgung 59
Post und Telefon 59
Sicherheit 64
Sport und Erholung 74
Tauchen 76

Unterkunft 79
Verhaltensregeln 83
Verkehrsmittel 92
Weiterreise in die Nachbarländer 101
Zeit und Kalender 107

Land und Natur

Geographie 112
Pflanzen- und Tierwelt 114
Nationalparks 121
Klima 123

Kultur und Gesellschaft

Geschichte 128
Bevölkerung 135
Religion 137
Feste und Feiertage 146
Kunst und Kultur 148
Sprache 154
Medien 156
Wirtschaft 159
Tourismus 161
Prostitution 163

Bangkok

Überblick 170
Geschichte 172
Ankunft 173
Sehenswertes 180
Nachtleben 204
Shopping 210
Stadtverkehr 216
Unterkunft 221
Essen und Trinken 234
Adressen 240

INHALT

Weiterreise von Bangkok	244	Khao-Luang-Nationalpark	397
Ausflüge in die		Phattalung	398
UmgebungBangkoks	248	Banthat-Gebirge	
Cha-Am	248	(Thuek Khao Ban That)	400
Petchaburi	249	Trang	404
Damnoen Saduak		Satun	412
(Floating Market)	251	Pak Bara	414
Ratchaburi	252	Tarutao-Nationalpark	415
Nakhon Pathom	256	Ko Bulon Lae	418
		Thale-Ban-Nationalpark	419
		Hat Yai	420

Der Süden

		Songkhla	427
		Pattani	432
Überblick	260	Yala	437
Hua Hin	261	Narathiwat	439
Prachuap Khiri Khan	266	Sungai Golok	440
Ban Krud	268		
Bang Saphan	272		
Ko Thalu	273		

Gesundheitstips für Fernreisen

Chumphon	273		
Kraburi	282		
Ranong	283	Wichtiges vor Reiseantritt	444
Khuraburi und		Tips für unterwegs	454
Ko Phra Thong	288	Reise- und Tropenkrankheiten	456
Chaiya	290	Gift- und Stacheltiere	462
Surat Thani	291	Sexuell Übertragbares	464
Ko Samui	297	Wieder daheim	464
Ko Phangan	310		
Ko Tao	315		
Khao-Sok-Nationalpark	317	## Anhang	
Phuket	321		
Nachbarinseln von Phuket	356	Glossar	468
Strände nördlich von Phuket	363	Literaturtips	471
Phi Phi Islands	366	Sprachhilfe	474
Phang Nga	368	Zugfahrpläne	480
Ko Yao Noi	371	Register	496
Ko Yao Yai	374	Ortsverzeichnis Deutsch – Thai	503
Krabi	377	Der Autor	504
Ko Lanta Yai	387		
Nakhon Si Thammarat	388	## Kartenatlas nach 505	
Pak Phanang	395		

Exkurse

„Flug-Know-How" – ein paar nützliche Hinweise	24
Obst in Thailand	46
Baht, Tical und Muschelgeld	53
König Bhumipol Adulyadej	88
Thailands weiße Elefanten	116
Kugeln, Blut und Tränen – der „Schwarze Mai" 1992	131
Aberglauben	145
Thai-Boxen	152
Der käufliche Sex – ein Blick hinter die Kulissen	166
Gebete an König Chulalongkorn – ein neuer Kult ist geboren	197
Ein Kohlekraftwerk für Ban Krud	270
Krathom – Kauen für Kraft und Ausdauer	278
Die Schule der pflückenden Affen	294
Chao Le – Nomaden auf dem Meer	322
Das Vegetarian Festival	327
Die Tamilen von Phuket	334
Geheimer Reichtum: die Diamanten der Provinz Phang-Nga	361
Der verhüllte Chedi – Feste in Nakhon Si Thammarat	394
Die düstere Vergangenheit von Tarutao	417
Die Königin im Sack – eine Geschichte aus dem Pattani des 17. Jh.	434

Kartenverzeichnis

Ao Nang	383	Phuket	Farbkarte S. XI
Bangkok,		Phuket,	
Chinatown	228	Karon Beach/	
Giant Swing	188	Kata Beach	344
Khao San Road	224	Nai Harn Beach/	
Pahurat	230	Rawai Beach	342
Sanam Luang	182	Nai Yang Beach	353
Soi Ngam Duphli/		Patong	347
Sathorn Rd.	227	Phuket Town	331
Übersicht	Farbkarte S. II	Surin Beach/	
Umgebung	Farbkarte S. IV	Kamala Beach	351
Zentrum	Umschl. vorn	Prachuap Khiri Khan	267
Chaiya	290	Ranong	284
Chumphon	274	Ratchaburi	253
Hat Yai	420	Satun	413
Hua Hin	262	Songkhla	428
Khao-Sok-Nationalpark	319	Südthailand,	
Ko Phangan	311	Nordteil	Farbkarte S. VI
Ko Samui	Farbkarte S. X	Mitte	Farbkarte S. VII
	und 298	Südteil	Farbkarte S. XII
Ko Samui,		Surat Thani	292
Ban Nathon	302	Thailand	Umschl. hinten
Ko Samui/Ko Phangan/		Thailand,	
Ko Tao	Farbkarte S. IX	Blattschnitt	Farbkarte S. XV
Ko Tao	316	physisch	Farbkarte S. I
Ko Yao Noi	372	Verkehrswege	Farbkarte S. XIV
Krabi	379	Tham Phra Nang	384
Nakhon Si Thammarat	389	Trang	404
Narathiwat	440	Westküste	Farbkarte S. VIII
Pattani	433	Yala	438
Petchaburi	250		
Phattalung	398		
Phi Phi Don	367		

Hinweise zur Benutzung

Da Reiseführer leider nicht so aktuell wie Zeitungen erscheinen können, liegt es auf der Hand, daß einige der Informationen in diesem Buch schon beim Kauf veraltet sein können. Das gilt besonders für die angegebenen **Preise für Verkehrsmittel oder Dienstleistungen.** Thailand hat derzeit eine jährliche Inflationsrate von 8-10%, und diese macht auch vor touristischen Einrichtungen oder Dienstleistungen nicht halt. Im touristischen Bereich können die Preise sogar noch schneller steigen, vor allem an Orten, die gerade besonders populär sind.

Preise für Unterkünfte werden in diesem Buch anhand von Kategorien angegeben: Die günstigsten Übernachtungsmöglichkeiten bekommen einen Stern, die teuersten LLL. Die Erklärung dieser Preiskategorien findet sich in der hinteren Umschlagklappe.

Bei den Preisangaben ist die thailändische Währung Baht gelegentlich mit „B" abgekürzt.

Ein besonders kniffliges Problem in Thailand ist die **Transkription von Thai-Schrift** in unser Schriftsystem. Die thailändischen Behörden sind sich selbst nicht schlüssig darüber, wie z.B. ein bestimmter Ortsname zu transkribieren ist, und so mag der Reisende im Verlauf seines Aufenthalts auf viele verschiedene Schreibweisen desselben Namens stoßen. Die in vielen Städten vorzufindende „Königs-" oder „Hauptstraße" kann auf den Straßenschildern in vielen verschiedenen Varianten anzutreffen sein: z.b. als *Ratchadamnoen, Ratdamnoen, Rajdamnoen* oder *Rajdamnern*, um nur die geläufigsten Versionen zu nennen (gesprochen etwa „Ratdamnöhn".)

Die unterschiedlichen Schreibweisen resultieren oft aus dem Unterschied, wie Thai-Namen in Thai *geschrieben* und wie sie *gesprochen* werden, und daraus, ob es sich um eine auf dem Englischen basierende Transkribierung handelt oder eine andere.

In diesem Buch sind die Straßennamen oft so wiedergegeben, wie sie auf den Straßenschildern angegeben sind oder aber wie es linguistisch am sinnvollsten scheint.

Die korrekte **Aussprache von Thai-Begriffen** ist dem Laien schlichtweg unmöglich, und wenn man z.B. auf der Busstation bei der Angabe des gewünschten Zielortes nicht verstanden wird, schlage man das am Ende des Buches befindliche Ortsverzeichnis auf. Dort zeige man auf die Thai-Schrift des betreffenden Orts.

Einige **Stadtpläne** in diesem Buch sind selber „erlaufen" und vor Ort handgezeichnet worden, nämlich dann, wenn keine offiziellen Pläne erhältlich waren. Diese Karten weisen wahrscheinlich Fehler im Maßstab oder in anderen Details auf, dennoch dürften sie wohl hilfreich sein.

Die **Symbole für Tauchen** in den Landkarten geben gute Tauchreviere an. Genauere Informationen dazu gibt ein Buch aus der gleichen Reihe: „Thailand – Tauch- und Strandführer" (s. Literaturverzeichnis).

Was man unbedingt wissen muß

Ein **Visum** ist für Bürger der BRD, der Schweiz und Österreichs **nicht nötig.** Bei der Einreise wird eine Aufenthaltsgenehmigung (offiziell *Transit Visa* genannt) von 30 Tagen erteilt. Diese kann nicht verlängert werden.

Internationale Flugverbindungen bestehen in erster Linie zur Hauptstadt Bangkok, die von über 70 Fluglinien angeflogen wird, und in geringem Maße nach Chiang Mai, Phuket und Hat Yai sowie Ko Samui (hier internationale nur ab Singapur).

Zur Einreise besteht **keinerlei Impfpflicht,** es sei denn, man reist aus einem aktuellen Seuchengebiet ein. Bei Besuchen der Dschungelgebiete nahe der burmesischen und kambodschanischen Grenze wie auch der Insel Ko Chang ist eine **Malaria-Prophylaxe** anzuraten.

Thailand hat eine **hohe AIDS-Rate** (ca. 1 Mio. HIV-Träger) und **Sextourismus** ist, auch wenn es etwas dramatisiert klingt, **lebensgefährlich.**

Als tropisches Land hat Thailand Tageshöchsttemperaturen **von 30-35 °C,** kombiniert mit einer zum Teil **sehr hohen Luftfeuchtigkeit.**

In den Monaten **Mai bis Oktober** herrscht in den meisten Gebieten **Regenzeit.** Das bedeutet zumeist keinen Dauerregen, eher einige Minuten oder Stunden anhaltende starke Regenfälle, abwechselnd mit Trockenperioden.

Die **beste Reisezeit** sind die „kühlen" Monate **November bis Februar.** Bei Besuchen des Nordens ist warme Kleidung (Jacke oder Pullover) mitzubringen.

Das **Preisniveau** liegt in Thailand weit unter dem europäischen (Ausnahme: Luxushotels).

Wechselkurs: 1 DM entsprechen ca. 16 Baht (Stand:November 1999).

VOR DER REISE

Vor der Reise

Ko Poda

Buddhas in Wat Mahathat, Nakhon Si Thammarat

Unterwegs im tiefen Süden

Information

Informationen aus dem Internet

Wer sich über sein Reiseziel direkt im Internet informieren möchte, findet auf der Homepage dieses Verlages Informationen und weiterführende Links:
http://www.reise-know-how.de/
Noch mehr Informationen vermittelt die bei REISE KNOW-HOW erschienene CD-Rom „Die ganze Welt im Internet" mit 15.000 bewerteten und geordneten Hyperlinks zu allen Ländern der Erde (Windows ab 3.11 oder Power-Mac, 19.80 DM).

Im folgenden eine Auswahl nützlicher Adressen zu Thailand:
- **Bangkok Net**
http://www.bangkoknet.com/travel.html
Link-Seite, vorwiegend zu Bangkok und Umgebung, mit Hotel-Guide.
- **The Bangkok Post**
http://www.bangkokpost.com/index.html
Thailands größte englischsprachige Tageszeitung online.
- **The Nation**
http://www.nationmultimedia.com
Thailands *beste* englischsprachige Tageszeitung online.
- **Domestic Flight Schedule**
http://asiatravel.com/flight.html
Aktuelle Übersicht über Inlandsflüge in Thailand.
- **Nationalmuseum von Chiang Saen**
http://www.thailine.com/thailand/nordthai/chrai/attrak/att-saen/sae-mus.htm
Infoseite über das Nationalmuseum von Chiang Saen in deutscher Sprache mit zahlreichen Bildern.
- **Baan thai, das Thailändische Haus im Web**
http://www.baanthai.com/start.htm
Umfangreiche Infoseite in deutscher Sprache mit Veranstaltungskalender.
- **World Weather: Bangkok**
http://www.intellicast.com/weather/bkk/
Wer wissen möchte, wie gut (oder schlecht) das Wetter in Bangkok ist, sollte auf dieser Seite vorbeischauen.

Information

Informationsstellen in Deutschland

Für Bewohner der Bundesrepublik, der Schweiz, Österreichs und Hollands ist die folgende Informationsstelle zuständig:
- **Thailändisches Fremdenverkehrsbüro**
Bethmannstr. 58/VI
60311 Frankfurt/Main
Tel. (069) 1381390
Fax (069) 281468
- **Deutsch-Thailändische Ges. e.V.**
Koblenzer Str. 89
53177 Bonn
Tel. (0228) 351673

Tourist Authority of Thailand

In Thailand und anderen südostasiatischen Staaten geben die Büros der **TAT** *(Tourist Authority of Thailand)* Auskunft:

Head Office:
- **TAT,** Le Concorde Office Building,
202 Ratchadapisek Road, Huey Kwang,
Bangkok 10300,
Tel. 6941222, Fax 6941220-1.
- **TAT,** 4 Ratchadamnoen Nok Avenue
Bangkok 10100
Tel. (02) 2810422

Im Süden:
- **TAT,** 73-75 Phuket Road,
Amphoe Muang,
Phuket 83000
Tel. (076) 212213, 211036
Fax (076) 213582, 217138
- **TAT,** 1/1 Soi 2 Niphat Uthit 3 Road,
Hat Yai, Songkhla 90110
Tel. (074) 243747, 238518, 231055
Fax (074) 245986
- **TAT,** 5 Talat Mai Road, Ban Don,
Amphoe Muang,

DIPLOMATISCHE VERTRETUNGEN

Surat Thani 84000
Tel. (077) 281828, 288818-9
Fax (077) 282828
- **TAT,** 500/51 Phetkasem Road
Cha-Am, Phetchaburi 76120
Tel. (032) 471005, 471006
Fax (032) 471502
- **TAT,** Sanam Na Muang,
Ratchadamnoen Road
Amphoe Muang,
Nakhon Si Thammarat 80000
Tel. (075) 346515-6
Fax (075) 346517

In Nachbarländern:
- **TAT,** c/o Royal Thai Embassy
370 Orchard Road
Singapore 238870
Tel. 2357694, 2357904, 7336723
Fax 7335653
- **TAT,** 79/9 Lanxang Avenue
Vientiane
Laos
Tel. 217157-8, Fax 217158
- **TAT,** c/o Royal Thai Embassy
206 Jalan Ampang
50450 Kuala Lumpur
Malaysia
Tel. 2480958, 2486529, Fax 2413002

Diplomatische Vertretungen

Thailändische Vertretungen in Deutschland
- **Königlich Thailändische Botschaft**
Ubierstr. 65
53173 **Bonn**
Tel. (0228) 355065, Fax (0228) 363702
Mo.-Fr. 9.00-13.00 u. 14.00-16.00 Uhr
- **Honorar-Konsulat**
An der Alster 85
20099 **Hamburg**
Tel. (040) 24839118/9, Fax 24839115
(Mo.-Fr. 9.30-12.30 Uhr)
- **Honorargeneralkonsulat**
Am Roßmarkt 14
60311 **Frankfurt/M.**
Tel. (069) 20110
(Mo.- Fr. 9.00-12.00 Uhr)
- **Konsulat**
Prinzenstr. 13
80639 **München,**
Tel. (089) 1689788, Fax 13071180
(9.00-12.00 Uhr)
- **General-Konsulat**
Lepsiusstr. 64-66
12163 **Berlin**
Tel. (030) 7912266, 7912268, 7912219
Fax (030) 7912229

Thailändische Vertretungen in Österreich
- **Königlich Thailändische Botschaft**
Weimarer Str. 68
1180 **Wien**
Tel. 01/47827970, Fax 4782907
- **Royal Thai Consulate**
Arenbergstr. 2
5020 **Salzburg**
Tel. 0662/646566
- **Royal Thai Consulate**
Riedgasse 44
6850 **Dornbirn**
Tel. 05212/2384
- **Royal Thai Consulate**
Boznerplatz 2
6020 **Innsbruck**
Tel. 0512/580461

Thailändische Vertretungen in der Schweiz
- **Botschaft**
Eigerstr. 60
3007 **Bern**
Tel. (031) 3722281/82, Fax 3720757
- **Konsulat**
6 rue de l'Athénéil
1205 **Genf**
Tel. (022) 3198700, Fax 3198760
- **Konsulat**
Talacker 50
8001 **Zürich**
Tel. (01) 2117060

Ein- und Ausreisebestimmungen

Vertretungen in Thailand

- **Deutsche Botschaft**
  9 South Sathorn Road, Bangkok 10120;
  Tel. (02) 2879027, Fax (02) 2871776
- **Österreichische Botschaft**
  14 Soi Nantha, Sathorn Tai (South) Rd.,
  Bangkok 10120,
  Tel. 2873970-2; Fax 2873925
- **Botschaft der Schweiz**
  35 North Wireless Rd., Bangkok 10330,
  Tel. 2530156-60; Fax 2554481

Ein- und Ausreisebestimmungen

Visum

Bürger der Bundesrepublik, der Schweiz, Österreichs, der Niederlande, sowie zahlreicher anderer Länder erhalten bei Einreise eine **Aufenthaltsgenehmigung** von 30 Tagen. Wer eine längere Reise plant, sollte sich in der nächstgelegenen Auslandsvertretung Thailands ein Visum ausstellen lassen.

Die Visa gibt es in den folgenden Kategorien 60-Tage-Touristen-Visum und 90-Tage-Non-immigrant-Visum (für Geschäftsreisen).

Alle diese Visa können zumeist auch als **double-entry-** oder **triple-entry-Visum** ausgestellt werden, d.h. die Visa berechtigen dann zum zwei- bzw. dreimaligen Aufenthalt von 30, 60 oder 90 Tagen. In der thailändischen Botschaft in Singapur werden jedoch nur Touristenvisa für *eine* Einreise ausgestellt; das gleiche gilt oft auch in Penang.

Zu beachten ist, daß die Einreise ab dem Datum der Visumausstellung innerhalb von 3 Monaten erfolgen muß; die zweite Einreise (bei Mehrfachvisum) muß vor Ablauf dieser Frist erfolgen. Zur Visaerteilung ist ein Reisepaß vorzulegen, der mindestens für die Dauer der Reise gültig bleibt, dazu drei Paßfotos und drei ausgefüllte Antragsformulare. Zur Erteilung eines **Non-Immigrant-Visum** sind außerdem Bestätigungsschreiben des Arbeitgebers und/oder einer thailändischen Firma vorzulegen, die Aufschluß über den Reisezweck geben.

Die obigen Unterlagen, samt Postüberweisungsquittung oder Scheck in Höhe der Visumsgebühr und ausreichend frankiertem Rückumschlag, können auch mit der Post der Auslandsvertretung zugeschickt werden. Die Bearbeitung dauert je nach Saison 3-15 Tage.

Visa-Gebühren

60 Tage-Touristen-Visum:
30 DM/60 DM/90 DM

90 Tage-Non-immigrant-visum:
50 DM/100 DM/150 DM
(Einreise einfach/zweifach/dreifach)

Visumverlängerungen

Die 30-Tage-Aufenthaltsberechtigung läßt sich einmal um 7 Tage verlängern, die Beurteilung des Falles liegt aber im Ermessen des zuständigen Beamten. Wie bei allen Versuchen, das Visum verlängert zu bekommen, sollte sich der Antragsteller um ein gepflegtes Äußeres und höflich-zurückhaltende Manieren bemühen. Gummischlappen, Shorts und Kaugummi werden auf die Beamten keinen sehr positiven Eindruck machen. Solcherlei Verhalten oder Aussehen kann durchaus als eine kleine Beleidigung oder Mißachtung ausgelegt werden.

Ein zweimonatiges Touristenvisum läßt sich problemlos um 30 Tage verlängern, dann noch einmal um 15 Tage. Keine meiner Visumverlängerungen in Bangkok dauerte länger als 50 Minuten, das ganze läuft im „Normalfall" recht unproblematisch ab. Jede Verlängerung kostet 500 Baht. Außerdem sind notwendig: drei Paßbilder und Fotokopien der relevanten Seiten im Paß, d.h. die Seiten mit den Personalangaben, dem Visum und dem Einreisestempel.

Gegenüber dem Immigration Office in Bangkok, Soi Suanplu, Sathorn Tai Rd. (Tel. 2867003, 2864230, -31, -35, -37), in dem Visa verlängert werden, befinden sich Kopier- und Fotografiermöglichkeiten.

EIN- UND AUSREISEBESTIMMUNGEN

Im Prinzip können Visa in jeder Provinzhauptstadt verlängert werden, dennoch sind Bangkok und Chiang Mai am empfehlenswertesten, da dort Verlängerungen wie am Fließband ausgestellt werden.

Der Antrag auf Visumsverlängerung sollte mindestens 2 oder 3 Tage vor Ablauf des Visums gestellt werden.

„**Overstay**": Wer ohne gültiges Visum erwischt wird, muß mit empfindlichen Gefängnisstrafen rechnen. Wer aber am Flughafen zur Ausreise auftaucht, und das Visum ist bereits abgelaufen, wird lediglich mit einer Geldstrafe von 100 Baht je Tag nach Ablaufen des Visums bestraft.

Es ist hiermit dennoch vom Überziehen des Visums abgeraten!

Langzeitaufenthalt

Zu längeren Thailand-Aufenthalten zwecks Studium oder Arbeit sind **spezielle Visa** oder Genehmigungen nötig, die theoretisch bei allen **Immigration Offices** im Lande eingeholt werden können (am einfachsten in Bangkok, Chiang Mai und Phuket). Die Visagebühren sind relativ hoch (einige Tausende Baht), und dazu ist oft ein wahrer Hindernislauf durch die Bürokratie nötig, ehe man das Visum in Händen hält. Gelegentlich vergehen Monate. Die Studiums- oder Arbeitsvisa gelten in der Regel für 1 Jahr. Will man während dieser Zeit aus Thailand ausreisen, ist bei einem Immigration Office zuvor ein **Re-entry Permit** einzuholen, d.h. eine Genehmigung, die zur Rückkehr nach Thailand und Wiederaufnahme des Visums berechtigt. Diese Genehmigung kostet 500 Baht und ist eine zeitraubende und unsinnige Angelegenheit, die häufig kritisiert wird.

Wer in Thailand ein Einkommen bezieht, kann vom Doppelbesteuerungs-Abkommen Gebrauch machen, das zwischen Deutschland und Thailand besteht.

Geschäftsreisende, Journalisten, Fotografen, Forscher o.ä., die kein Einkommen in

EIN- UND AUSREISEBESTIMMUNGEN

Thailand beziehen, aber einer professionellen Tätigkeit nachgehen, können sich bei einer thailändischen Auslandsvertretung ein für drei Monate gültiges **Non-Immigrant Visa** ausstellen lassen. Diese Visa gibt es in der Kategorie „B" *(Business)* für Geschäftsleute und Kategorie „Ex" *(Expert)* für die meisten anderen Berufssparten. Die Visa lassen sich auf Wunsch als **Double Entry Visa** (2 mal 3 Monate) oder **Triple Entry Visa** (3 mal 3 Monate) ausstellen, d.h. nach den ersten drei Monaten braucht man nur kurz auszureisen (z.B. in ein Nachbarland) und kann sofort wieder einreisen, wobei man einen neuen Drei-Monats-Stempel erhält.

Wer **ohne Arbeitsgenehmigung** in Thailand Geld verdient, kann mit Gefängnis bestraft werden.

 Tip: Deutsche Staatsbürger, die einen längeren Aufenthalt in Thailand planen (z.B. zwecks Arbeit) können sich bei der **Deutschen Botschaft** registrieren lassen und werden dann durch regelmäßige **Rundschreiben** über Botschaftsangelegenheiten oder z.B. neue thailändische Gesetzgebungen, die Ausländer betreffen, informiert.

Zum Tag der Deutschen Einheit gibt es eine Einladung zu einem „freudigen Fest", und „deutsche Gerichte, Bier und Wein, Musik und Tanz sowie eine Tombola mit hochwertigen Preisen werden für eine freudige, festliche Stimmung sorgen." (Aus der Einladung von 1998).
- **Deutsche Botschaft**
9 South Sathorn Road, Bangkok
Tel. (02) 2879027, Fax (02) 2871776

Devisenbestimmungen

Devisen in bar oder Scheck, thailändische oder ausländische, dürfen in unbegrenzter Höhe eingeführt werden. Summen von über 10.000 US$ oder deren Äquivalent in irgendeiner anderen Währung müssen bei der Einreise jedoch proforma angemeldet werden (siehe das bei der Einreise auszufüllende Zollformular).

Ausländische Devisen können unbegrenzt wieder ausgeführt werden, thailändische nur bis zu 50.000 Baht.

Baht können jederzeit im Flughafen oder in allen Banken mit Wechselservice in ausländische Währungen zurückgetauscht werden.

Ausfuhrbeschränkungen

Die Ausfuhr von **Antiquitäten** und **Buddhastatuen** oder Einzelteilen davon ist strengstens untersagt. Lediglich Buddhafiguren von Amulettgröße, die also am Körper getragen werden, dürfen außer Landes gebracht werden. Damit soll verhindert werden, daß Buddhafiguren im Ausland als Briefbeschwerer oder Hutständer mißbraucht werden.

Sondergenehmigungen erteilt das Department of Fine Arts. Zur Beantragung müssen die betreffenden Objekte von vorne fotografiert werden (nicht mehr als 5 Objekte pro Foto). Davon sind zwei postkartengroße Abzüge zu machen, die dann zusammen mit Fotokopien der relevanten Seiten des Reisepasses – sowie einer Echtheitsbestätigung des Passes seitens der Heimatbotschaft – bei einer der folgenden Stellen vorzulegen sind (die Bearbeitungszeit beträgt ca. 8 Tage):
- **The National Museums Division,** Bangkok, Tel. 02-241370, 2261661
- **The Chiang Mai National Museum,** Chiang Mai, Tel. 053-221308
- **The Songkhla National Museum,** Songkhla, Tel. 074-311728

Einfuhrbeschränkungen

Erlaubt sind bei der Einreise nach Thailand 1 Liter Spirituosen pro Person, sowie 200 Zigaretten und Parfüm in Mengen „zum persönlichen Gebrauch".

Hin- und Rückflug

Seit Inbetriebnahme des neuen Flughafengebäudes in Bangkok und im Zuge der forcierten Tourismuswerbung bemüht man sich, besonders nachsichtig mit einreisenden Touristen zu sein und führt kaum Kontrollen durch.

Kameras/Filme

Offiziell darf nur jeweils eine Foto- oder Videokamera eingeführt werden, ebenso nur 5 Fotofilme und 3 Videofilme. In der Praxis wird das Einhalten dieser Bestimmung so gut wie nie überprüft. Wer nicht genügend Filme dabei hat, kann sie relativ preisgünstig in Bangkok nachkaufen. (Siehe dazu Kapitel „Ausrüstung".)

Hin- und Rückflug

Wo bekommt man ein günstiges Flugticket?

Billig-Tickets sind über spezielle **Reisebüros** wie beispielsweise Travel Overland in München zu beziehen. Die Preise für Tickets ein und derselben Airline können in den verschiedenen Büros stark variieren. Ein Vergleich (auch über das **Internet** oder als Anfrage per Telefon) lohnt sich also durchaus.
- **Travel Overland**
Barer Str. 73, 80799 München
Tel. 089/272760; Fax 089/3073039
Internet: http://www.travel-overland.de

Auch die **Fluggesellschaften** bieten inzwischen nicht nur die full-fare IATA-Tickets (siehe unten) sondern auch Spezialtarife an. Falls man dennoch ein Full-fare-Ticket kauft, kann dieses später auch auf eine andere Airline umgeschrieben werden, die dieselbe Strecke fliegt – schließlich hätte man auch dort denselben (IATA-)Preis gezahlt.

Wieviel kostet ein Ticket?

Der **offizielle**, von der IATA *(International Air Transport Association)* festgesetzte **Preis** für die Route Frankfurt – Bangkok liegt bei 11.173 DM, der Preis für die Route Frankfurt – Phuket bei 11.286 DM. Doch keine Angst, soviel bezahlt kaum jemand.

Die **Preise für Billig-Tickets** nach Thailand liegen in einem Bereich von 1000 bis 1200 DM, wobei es natürlich auch zu saisonalen Schwankungen kommt.

Die Termine für den **Tarifwechsel** sind festgelegt: Absolute Hauptsaison für Thailand ist von 13. bis 31. Dezember, die erste Dezemberhälfte und der Januar sind noch etwas teurer als der Rest des Jahres.

Die Preise für **Flüge ab Amsterdam, Brüssel** oder **Zürich** liegen gelegentlich unter denen ab deutschen Flughäfen, was für Anwohner der Grenzgebiete von Nutzen sein kann.

Wer bei Abflugzeiten und -orten ungebunden ist, kann durchaus auf ein **Last-Minute-Ticket** spekulieren (Preise für ein Ticket nach Bangkok bereits ab 820,- DM, nach Phuket ab 1200,- DM).

Wer dagegen weniger flexibel reagieren kann, was Abflugort, Flugroute, Datum und Uhrzeit anbelangt, der sollte sein Ticket **eher früher als später kaufen**, da die billigsten Kontingente als erstes verkauft werden.

Ein weiterer preisbestimmender Faktor ist oft die **Gültigkeitsdauer** des Tickets. Einige Tickets sind sehr billig, da sie nur 30 oder 45 Tage gültig sind, und diese taugen dann nicht für Langzeitreisende. Andere Tickets wiederum sind billig, weil die einmal gebuchten Reisetermine nicht mehr geändert werden können.

Wahl der Fluggesellschaft

Die Wahl der Fluggesellschaft fällt bei der Vielzahl der Angebote nicht sehr schwer. Nach der Fluggesellschaft richtet sich der **Umsteigeflughafen**, denn dieser ist der Heimatflughafen der betreffenden Gesellschaft. Je nach Flugplan kann sogar eine **Übernachtung** im Umsteigeort notwendig werden. Die wichtigsten Fluggesellschaften auf den Strecken von Mitteleuropa nach Thailand sind (Heimatflughafen in Klammern): Lufthansa, Thai International Airways, Quantas, Air France (Paris), British Airways (London), Singapore Airlines (Singapur) und KLM (Amsterdam).

Hin- und Rückflug

Wahl der Flugstrecke

Nach **Bangkok** fliegt Quantas 3mal wöchentlich (Di, Do, Sa), alle anderen obengenannten Airlines fliegen täglich.

Nach **Phuket** direkt fliegen nur Thai International und einige Charterflüge.

Neben Flügen nach Bangkok und Phuket sind für den Thailandreisenden unter Umständen auch Verbindungen nach **Kuala Lumpur** (Malaysien) oder **Singapur** interessant.

Gültigkeit des Tickets

Es gibt **Gültigkeitsdauern** von 30 oder 45 Tagen, 3, 6 und 12 Monaten. Nach Ablauf der Frist (siehe Gültigkeitsdauer in der Mitte des Tickets über der Flugstreckenangabe) ist keine Verlängerung möglich, das Ticket verfällt dann.

Änderung des Flugtermins

Innerhalb der Geltungsdauer des Tickets kann der Flugtermin theoretisch beliebig oft verschoben werden, wofür aber fast immer Gebühren erhoben werden. Wenn man allerdings zu einem Flugtermin nicht erscheint – sei es, weil man den Flug verpaßt hat, oder aus anderen Gründen – besteht durchaus die Gefahr, daß das Ticket verfällt. Gerade preiswerte Airlines sind außerdem oft auf Wochen ausgebucht, also Vorsicht!

Die Änderungsmöglichkeit gilt nicht für Billig-Tickets, die einen fixen Termin beinhalten.

Die Warteliste

Ist ein Flugtermin ausgebucht, kann man sich auf die Warteliste *(waiting list)* setzen lassen, d.h., man kann noch einen Platz bekommen, falls ein anderer Passagier seine Buchung zurückzieht oder einfach nicht erscheint. Allerdings muß der auf der Warteliste Stehende am Flugplatz warten, ob denn tatsächlich ein Platz frei wird.

Die besseren Airlines geben ihren Warteliste-Kandidaten **Wartenummern,** anhand derer man ablesen kann, wieviele potentielle Passagiere noch vor einem dran sind. Viele Airlines geben diese Nummern nicht aus, was den Verdacht aufkommen läßt, daß in der Reihenfolge der Kandidaten gemauschelt werden kann. In einigen Ländern Asiens z.B. sind **Schmiergeldzahlungen,** um einen Flug zu bekommen, nicht ungewöhnlich.

Bei Wartelisten-Tickets, die lange vor dem anvisierten Flugtermin gekauft werden, ist die Chance recht gut, doch noch einen Platz zu bekommen.

Thai-Airways-Airbus

Hin- und Rückflug

Bei Erhalt des Tickets im Reisebüro ist unbedingt darauf zu achten, ob es ein **„OK-Ticket"** ist (mit bestätigtem Platz) oder nur ein **„RQ-Ticket"**, das einen nur auf die Warteliste setzt. (*RQ* bedeutet *request*, also „Wunsch".) Rechts neben der Flugstreckenangabe auf dem Ticket muß eindeutig verzeichnet sein, um was für ein Ticket es sich handelt. Hat der Reiseunternehmer zuvor eindeutig ein „OK-Ticket" versprochen und liefert dann nur ein „RQ-Ticket", sollte man die Annahme verweigern! Einige windige Reisebüros versprechen feste Plätze, auch wenn der Flug längst ausgebucht und die Warteliste eröffnet ist.

Man kann auch einen festen Platz buchen und sich zusätzlich auf die Warteliste für einen früheren Termin setzen lassen. Ein Beispiel: Angenommen, man möchte am 1.1. fliegen, an dem Termin ist jedoch alles voll. Stattdessen läßt man sich auf den nächsten freien Flugtermin setzen, sagen wir, zum 4.1. Damit ist der Platz zu diesem Termin gesichert, man sucht sich nun aber noch gleichzeitig auf die Warteliste für den 1.1. setzen lassen. Springen von diesem Flug noch genügend Passagiere ab, hat man die Wahl: 1.1. oder 4.1. Die besseren Airlines telefonieren den Kunden an, wenn sein Wartelistenplatz frei geworden ist und bitten um Festsetzung des endgültigen Reisetermins. Bei weniger guten Airlines muß man selber des öfteren nachhaken.

Bei Spezialtarifen gibt es übrigens **oft keine Wartelisten-Buchung.** Das Kontingent wird zu diesem Tarif nicht mehr freigegeben. Selbst wenn ein Passagier storniert, wird der Platz nur noch zu einem höheren Preis wieder verkauft.

Rückbestätigung

Kauft man ein Ticket mit schon festgesetzten Terminen, muß der Rückflug dennoch am Zielort bis mindestens 72 Stunden vor dem Abflug rückbestätigt werden. Man muß sich also mit der betreffenden Airline in Verbindung setzen – Telefonanruf genügt – um noch einmal zu bestätigen, daß man wirklich zu dem gebuchten Termin fliegt. Vergißt man diese Rückbestätigung *(reconfirmation)*, kann man im Computer der Airline gestrichen werden, und der Flugtermin ist dahin. Das Ticket verfällt dadurch aber nicht, es sei denn, der Gültigkeitstermin wird überschritten. Bei der Rückbestätigung erfährt man gleichzeitig, ob das Flugzeug wirklich zur geplanten Zeit abfliegt.

Verlust des Tickets

Geht ein Ticket verloren, das schon rückbestätigt wurde, hat man gute Chancen, einen Ersatz dafür zu erhalten. Einige Airlines kassieren aber noch einmal 10 % des Flugpreises, andere 50 %, und bei manchen läuft gar nichts mehr. Wer auf Nummer Sicher gehen will, kann die Rückflugtickets im Büro der Fluggesellschaft deponieren (gegen Quittung) und sie dann kurz vor dem Abflug abholen. Die **Deutschen Botschaften** bewahren ebenfalls Wertgegenstände auf, was aber Gebühren kostet.

In jedem Fall sollte man **Fotokopien** des Tickets machen, auf denen Ticket-Nummer, BuchungsCode, Name, Flugroute und -datum deutlich zu erkennen sind, und diese getrennt vom Original aufbewahren. Eine Neuausstellung des Tickets ist mit dieser Kopie in der Regel kein Problem mehr. Mit der Rückbestätigung hat diese Neuausstellung nichts zu tun.

Der Rückflug

Bei den meisten internationalen Flügen ist zwei Stunden vor dem Abflug am Schalter der Airline einzuchecken *(check in)*.

Einige billige Airlines neigen zum **Überbuchen,** d.h., sie buchen mehr Passagiere ein, als Sitze im Flugzeug vorhanden sind, und wer zuletzt kommt, hat dann möglicherweise das Nachsehen: Dann steht man trotz „OK-Ticket" vor dem geschlossenen Schalter. Wer früh eincheckt, hat zudem die freie Auswahl bezüglich seines Sitzplatzes. Die bequemsten Plätze sind die am Notausgang *(emergency exit)*, da man dort niemanden vor sich sitzen und somit absolute Beinfreiheit hat.

„Flug-Know-How" –
ein paar nützliche Hinweise

- Alle Airlines bieten **Sondermahlzeiten**, die aber rechtzeitig vorbestellt werden müssen – je nach Gesellschaft mindestens 1-3 Tage vor dem Flugtermin. Am besten, man meldet den Sonderwunsch gleich bei Buchung des Tickets an. Das Spektrum an Speisen umfaßt die Kategorien vegetarisch (oft noch unterschieden in westlich und indisch/orientalisch/asiatisch), hinduistisch, moslemisch, kosher, salz- oder glutenfrei, Diabetikerkost, kalorienarm u.a. Die Zuverlässigkeit, mit der die Airline den Sonderwunsch erfüllt, zeigt, wie gut sie ist!

Die Buchungen der Sonderspeisen werden wie alle anderen Fluginformationen in den Computer eingegeben, und beim Einchecken zeigt sich oft ein entsprechender Code auf der Bordkarte: „VGML" z.B. bedeutet „Vegetarian Meal". Falls die Airline trotz rechtzeitiger Bestellung nicht das richtige Essen an Bord hat, kann man darauf bestehen, ein entsprechendes Menü aus dem Vorhandenen zu bekommen!

- Falls das Flugzeug mit einer **Verspätung** von mehr als 2-3 Stunden fliegt, servieren die besseren Airlines ihren Passagieren im Flughafenrestaurant eine kostenlose Mahlzeit. Bei den Billig-Linien tut man sich weitaus schwerer damit, und das Essen muß oft eingefordert werden. Bei Verspätungen deshalb beim Bodenpersonal der betreffenden Fluggesellschaft um Essenscoupons bitten. Bargeld gibt es natürlich nicht. Dieser Essens-Service ist kein Gefallen, den die Airline den Passagieren erweist, sondern Vorschrift der IATA, des Dachverbandes der Fluggesellschaften.
- **Fällt der Flug** gar gänzlich **aus**, hat die Gesellschaft die Passagiere in Hotels unterzubringen und dort solange zu verpflegen, bis die Maschine endlich fliegt. Nach 8 Stunden vergeblicher Wartezeit müßte ein Hotelzimmer bereitgestellt werden. Auch hier trennt sich die Spreu vom Weizen, und es zeigt sich oft (nicht immer), daß die billigen Airlines auch die unkooperativsten sind.
- **Rail-and-Fly-Tickets:** Viele Fluggesellschaften geben mehrere Städte in Deutschland als Abflugorte an. Meist handelt es sich dabei jedoch um Orte, von denen aus der eigentliche Abflugort, z.B. Frankfurt, per Bahn erreicht wird. Das dafür benötigte Ticket ist im Flugpreis enthalten. Viele Gesellschaften bieten zusätzliche Ermäßigungen auf die Rail-and-Fly-Tickets an.
- **Fly & Drive:** Hier ist eine Fahrt vom und zum Flughafen mit einem Mietwagen im Ticketpreis inbegriffen.
- **Zubringerflüge:** Flüge einiger Airlines kosten das gleiche, egal, wo man in Europa einsteigt. Man erspart sich also die Anreise per Zug.

Jet Lag – Probleme mit der Zeitverschiebung

Ärzte definieren Jet Lag als „die Summe sämtlicher subjektiven **Befindlichkeitsstörungen**, die durch Zeitverschiebung eintreten", stellen aber auch fest, daß es keine Krankheit ist. Gestört wird vor allem das Schlaf- und Eßverhalten.

Die **Umstellung der inneren Uhr** dauert einige Tage, und es ist dementsprechend ganz normal, wenn man nach einem langen Flug nicht oder nur schlecht schlafen kann. Wer normalerweise um Mitternacht zu Bett geht, wird in Thailand erst um 5 Uhr morgens (Mitternacht zuhause) müde; ähnlich steht es mit dem Appetit. Als Faustregel gilt, daß pro Stunde Zeitverschiebung der Körper einen Tag der Anpassung benötigt.

Zahlreiche Vielflieger schwören auf das in einigen Ländern erhältliche Mittel **Mela-**

tonin, ein Schlafhormon, das der menschliche Körper zur Schlafenszeit produziert. Durch Einnahme von Melatonin werden die vom Jet-Lag hervorgerufene Schlafstörungen gemildert, der Körper findet schneller seinen normalen Schlafrhythmus. Die Langzeitwirkung des Mittels Melatonin ist aber noch unerforscht, und in Deutschland wie auch Thailand ist es legal nicht erhältlich (aber z.B. in den USA und Singapur).

Um den Jet-Lag anderweitig abzumildern, empfiehlt sich schon vom Tag des Fluges an, nur **leicht** zu **essen,** aber **viel Flüssigkeit** zu sich zu nehmen. Das ist auch in den ersten Tagen am Zielort weiterzuverfolgen. Außerdem sollte man den Körper, der sich zudem noch an ein völlig anderes Klima und ungewohnte Kost gewöhnen muß, ganz allgemein nicht überfordern.

Bei der Beachtung einiger Regeln treten die Symptome des Jet Lags nicht so stark auf: So früh wie möglich an die **Zeit im Zielland** anpassen. Die **Schlafzeiten** in den ersten drei Nächten nach der Zeitumstellung auf etwa 8 Stunden beschränken. Sonst besteht die Gefahr, daß man nach einem „erholsamen" Schlaf von vielleicht 10 oder 12 Stunden in der nächsten Nacht partout nicht einschlafen kann.

Nach der Zeitumstellung in der ersten Woche tagsüber nicht schlafen und möglichst viel im Freien aufhalten, denn **Sonnenlicht** erleichtert das Wachbleiben und die Zeit-Kompensation.

Im Flugzeug wenig oder besser gar keinen **Alkohol** trinken, statt dessen Fruchtsäfte oder Wasser. **Schlaf- und Aufputschmittel** meiden.

Oftmals kommt die **Verdauung** nach einer großen Zeitverschiebung nicht so recht in Gang. Wer im Flugzeug vegetarisches Essen bestellt und im Zielland ballaststoffreiche Kost zu sich nimmt, tut sich da erheblich leichter ...

In vielen Ländern ist beim Rückflug eine **Flughafengebühr** *(airport tax)* zu zahlen. Eine Ausnahme besteht u.U. bei Charter-Gesellschaften, die die Zahlung selbst übernehmen. Manchmal ist sie auch im Ticket-Preis enthalten und wird mit diesem verrechnet. Ansonsten schadet es nicht, das Geld gleich am Anfang des Aufenthalts zusammen mit dem Ticket zurückzulegen (in der geforderten Währung, um unnötiges Wechseln zu meist schlechten Konditionen am Flugplatz zu vermeiden). Ohne Airport Tax kein Flug!

Anreise von Asien

●**Von Hongkong:** Täglich bestehen etwa 20 Flugverbindungen nach Bangkok, die meisten davon mit Thai Airways und Cathay Pacific. Preise ab ca. 250 DM einfach. Flugzeit 2,5 Std. Direkte Flüge auch nach Phuket.

●**Von Indien:** Flüge ab Indien sind etwas preiswerter als in umgekehrter Richtung. Air India fliegt für ca. 350 DM von Delhi oder Bombay nach Bangkok. Weitere Verbindungen zu ähnlichen Preisen mit Air France, Thai Airways u.a., Flugzeit. 4 Std.

Indian Airlines fliegt für ca. 200 DM von Kalkutta nach Bangkok, Flugzeit 2 Std. Vielleicht noch etwas darunter liegt die Bangladesh Biman, bei der man allerdings in Dhaka umsteigen muß. Unzuverlässige Verbindungen, Verspätungen und schlechter Service sind dabei in Kauf zu nehmen.

Von Madras fliegt nur Indian Airlines direkt (ca. 300 DM einfach; Flugzeit 3 Std.); ansonsten gibt es Verbindungen mit der malaysischen MAS (umsteigen in Kuala Lumpur oder Penang), Singapore Airlines (umsteigen in Singapur) und Air Lanka (umsteigen in Colombo).

●**Von Indonesien:** Ab Jakarta gehen täglich mehrere Direktflüge mit Thai Airways und der indonesischen Garuda, Flugzeit ca. 2,5 Std., dazu weitere Verbindungen mit Singapore Airlines (umsteigen in Singapur), Quantas (umsteigen in Singapur) und Cathay Pacific (umsteigen in Hongkong).

Ab Denpasar auf Bali gibt es Direktflüge mit Thai Airways und Garuda; Flugzeit ca.

AUSREISE

4 Std., dazu weitere Anreisemöglichkeiten mit Umsteigen, z.B. mit Singapore Airlines, Silk Air und Cathay Pacific.

● **Von Kambodscha:** Von Phnom Penh nach Bangkok fliegen Royal Air Cambodge, Thai Airways (beide je zweimal tägl.) und eventuell auch Orient Thai Airlines, Flugzeit gut 1 Std.

● **Von Laos:** Flüge mit Lao Aviation und Thai Airways von Vientiane nach Bangkok, Flugzeit knapp 1 Std. Lao Aviation fliegt auch nach Chiang Mai.

Die Anreise über Land ist ebenfalls möglich; es besteht eine Brückenverbindung über den Grenzfluß Mekong zum thailändischen Nong Khai.

● **Von Malaysia:** Thai Airways und MAS fliegen ab Kuala Lumpur (KL) und Penang nach Bangkok (ca. 150 DM; Flugzeit 1,5 Std.), sowie von Penang nach Phuket (ca. 50 DM). Die MAS fliegt auch von Pulau Lankawi nach Phuket. Geplant ist eine Verbindung mit der MAS ab Kuala Lumpur.

Dazu bestehen zahlreiche Busverbindungen, vor allem von Kuala Lumpur und Penang. Ab Penang fahren auch Sammeltaxis.

Singapur, Malaysia und Thailand sind auch per Schiene verbunden; Züge ab Singapur, Kuala Lumpur und Butterworth (bei Penang). Bei Fahrten ab Singapur muß in KL und Butterworth umgestiegen werden, ab KL nur in Butterworth.

● **Von Myanmar (Burma):** Flüge mit Myanmar Airlines und Thai Airways von Yangon (Rangoon) nach Bangkok und Chiang Mai. Nach Chiang Mai gehen auch Flüge ab Mandalay mit Air Mandalay.

● **Von Nepal:** Flüge ab Kathmandu nach Bangkok mit der Royal Nepal Airlines und Thai Airways, Flugzeit 3 Std. 15 Min. Preise ab ca. 350 DM einfach. Noch billiger geht es oft mit der Bangladesh Biman, mit Umsteigen in Dhaka.

● **Von Singapur:** Täglich ca. 20 Verbindungen nach Bangkok, die meisten davon mit Singapore Airlines und Thai Airways. Besonders preiswerte Verbindungen mit Bangladesh Biman, PIA, Alitalia, Air New Zealand und Saudia. Flugzeit 2 Std.; Preise ab ca. 200 DM einfach.

Günstige Angebote hat das Reisebüro Phya Thai Tours im Golden Mile Complex, einem Thai-Shopping-Center an der Beach Road.

Die Silk Air, eine Tochtergesellschaft der Singapore Airways, fliegt von Singapur nach Chiang Mai, Phuket und Hat Yai. Bangkok Airways fliegt direkt nach Ko Samui.

Möglich ist auch die Anreise per Bus. Luxusbusse fahren ab dem Golden Mile Complex in Singapore (Beach Road) nach Hat Yai und Bangkok. Kostenpunkt nach Bangkok ca. 70 DM, Fahrzeit allerdings mindestens 24 Std.

Bei Zugfahrten (ab der Keppel Station) muß in Kuala Lumpur und Butterworth (Malaysia) umgestiegen werden. Eine Ausnahme besteht beim sündhaft teuren, hochluxuriösen Orient Express – Kostenpunkt ab 1.130 US$ einfach! Der Zug fährt die Strecke von insgesamt 1.943 km mit durchschnittlich weniger als 50 km/h, um die Passagiere so ihr Geld ein wenig genießen zu lassen. Fahrzeit 41 Std., Buchungen unter Tel. Singapur (0065) 2272068 oder Fax 2249265; Bangkok Tel. (00662) 2514862; Deutschland Tel. (0211) 162106-7; Schweiz Tel. (022) 3664-2222.

● **Von Sri Lanka:** Flüge mit Air Lanka und Thai Airways von Colombo nach Bangkok zu ca. 350 DM. Flugzeit ca. 3,5 Std. Oder zu etwas mehr mit der Singapore Airlines, wobei aber in Singapur umgestiegen werden muß. Ein längerer Aufenthalt dort ist auf Wunsch möglich.

● **Weitere Anreisemöglichkeiten** (z.T. Direktflug) bestehen u.a. ab Pakistan, Bangladesch, den Malediven, Vietnam, Brunei, den Philippinen, China, Japan und Süd-Korea.

Ausreise

Beim Abflug von Bangkok (ins Ausland) muß eine **Flughafengebühr** von 500 Baht bezahlt werden. Der entsprechende Coupon kann nach dem Einchecken an einem Automaten gezogen oder an einem Schalter gekauft werden.

Bangkok ist seit langem einer der besten Orte, um **Flugtickets** zu **kaufen,** auch wenn die Preisdifferenz heute nicht mehr ganz so

Rückerstattung der Mehrwertsteuer

 Vorsicht! Thailand ist ein Zentrum des **Drogenschmuggels,** und niemand sollte irgendwelche Pakete oder Gepäckstücke von Wildfremden unter seinem Namen durch den Zoll bringen, auch wenn der Fremde „irgendwie ganz okay" aussieht. Dasselbe gilt fürs Überqueren der thailändisch-malaysischen Grenze, vor der schon manchem Reisenden unbemerkt ein Päckchen zugeschoben wurde. Kurz vor Grenzübertritt nach Malaysia sollte man das eigene Gepäck noch einmal gründlich durchsuchen!

Touristen können sich bei größeren Einkäufen die auf die Waren aufgeschlagene Mehrwertsteuer (oder VAT = *Value Added Tax*) rückerstatten lassen. Die Mehrwertsteuer beträgt 7 %. Voraussetzung ist, daß die Waren einen Wert von mindestens 5.000 Baht haben (und mindestens 2.000 Baht pro Artikel) und daß sie in einem speziell ausgezeichneten Geschäft oder Kaufhaus (siehe Ausschilderung „VAT Refund for Tourists") gekauft wurden. Derzeit gibt es über 300 solcher Geschäfte oder Kaufhäuser. Beim Kauf kann man nach Formularen verlangen, die dann ausgefüllt an einem Schalter im Flughafen vorzulegen sind. Die erstandenen Waren sind im Handgepäck mitzuführen, da sie vorgezeigt werden müssen. Die Rückzahlung erfolgt auf das Bankkonto des Touristen, unter Abzug einer Bearbeitungsgebühr.

erheblich ist wie früher einmal. In allen Touristengegenden – so in der Khao San Road, um das Hotel Malaysia, Sukhumvit u.a. – liegen eine Vielzahl von Reisebüros, die alle mehr oder weniger ähnlich günstige Preise bieten.

Wer ein Ticket in Bangkok gekauft hat, das mit einem „OK" versehen ist, sollte dennoch die betreffende Airline anrufen, um zu checken, ob man wirklich auf der Passagierliste steht. Viele Reisebüros lassen einfach ein „OK" aufs Ticket setzen, weil sie wissen, daß sich ein „RQ"-Ticket (Name auf der Warteliste) schlecht verkaufen läßt. Am Flughafen gibt's dann unter Umständen eine böse Überraschung!

Viele Billigflug-Airlines neigen dazu, ihre Flüge zu **überbuchen,** da immer wieder Leute in letzter Minute abspringen, die Maschine aber möglichst voll besetzt sein muß, um den Flug rentabel zu machen. Daher: So früh wie möglich einchecken, am besten gleich, wenn der Schalter aufmacht (mind. 2 Std. vor Abflug).

Wer **nach Indien** fliegen möchte, sollte sich besonders in den kleinen Reisebüros in Bangkoks indischem Viertel Pahurat umsehen. Die scheinen oft die besten Preise zu bieten.

PREISLISTE

Preisliste

Eine kleine **Preisliste** von Waren und Dienstleistungen, die ein Gefühl für das Preisniveau vermitteln soll:

Tasse Tee: 6-25 Baht (in Nobelrestaurants natürlich noch teurer!)
Zuckerrohrsaft: 5-6 Baht (¼Literflasche am Straßenrand)
Coca Cola: 8-15 Baht (¼Literflasche)
Milch: 7 Baht (pasteurisiert; ¼Literpackung)
Seife: ab 6 Baht (im Dreier- oder Fünferpack noch billiger)
Zahnbürste: ab 15 Baht (in Kaufhäusern gibt's bei Werbeangeboten oft ein kostenloses Zahnputzglas dazu!)
Dia-Entwicklung: 90-100 Baht (Chinatown ist am billigsten, mit Rahmung 40 Baht extra)
Haarschnitt: 30-200 Baht, Herren (hier lohnt es sich, mehr auszugeben. Die besseren Friseure in Bangkok machen 1a-Haarschnitte!)
Filterzigaretten: 20 Baht (Marke Krung Thep, in der Provinz manchmal etwas teurer)
Mekhong-Whisky: 55-65 Baht (für die 0,3 Liter-Flasche)
Aspirin: pro Tabl. 1 Baht (Die Folge nach dem Whisky ist kein Zufall: Häufig taucht imitierter Mekhong auf dem Markt auf, der optisch und geschmacklich vom Original nicht zu unterscheiden ist. Die Nachwirkungen sind dafür die Hölle!)
Heftpflaster: Streifen 1 Baht (Manche Sorten kleben nicht gut)
Breitbandantibiotikum: 5-15 Baht (Doxycyclin, 200 g; Firmen mit einem „großen" Namen sind im allgemeinen teurer)
Portion Obst: 10 Baht (ca. 200-250 g, kann Ananas, Papaya, Guave oder sonst was sein, am Straßenrand alles der gleiche Preis)
Bündel Bananen: 8-18 Baht (Bananen werden ungern einzeln verkauft)
Apfel: Stück 8-12 Baht (Vorsicht, übermäßig besprayt)
Rambutans: pro Pfund 8-15 Baht (je nach Gegend und Saison)
Portion Khao Phat: 10-35 Baht (gebratener Reis mit Gemüse, im Normalrestaurant)
Gummisandalen: Paar ab 20 Baht (Die billigeren Sorten sind schnell dahin!)
Musikkassette: 80-105 Baht (Orginal-Kassetten; Piratenprodukte werden aufgrund strengerer Gesetze rarer)
Batterien: 30-40 Baht Typ AA 1,5 Volt, alkalin, 2 Stck. (am billigsten in Chinatown)
Paar Shorts: 40-100 Baht (am besten am Straßenstand!)

Zuckerrohr-Saftstand

Preise und Kosten

Wer ein Land zum ersten Mal bereist, hat natürlich keine Ahnung, wieviel er für was zu zahlen hat. Möglicherweise hat man das Gefühl, ein Supergeschäft gemacht zu haben, aber der Händler lacht sich ins Fäustchen, weil *er* nämlich den dicken Reibach gemacht hat. Das Handeln ist auf asiatischen Märkten obligatorisch, und in Thailand sollte man versuchen, ein Drittel des zuerst genannten Preises herunterzuhandeln. Thai-Kenntnisse sind von unschätzbarem Wert, weil die auf einen erfahrenen Reisenden schließen lassen, den man nicht so leicht übervorteilen kann – auch, wenn der nichts versteht außer den Zahlen!

Gesundheitsvorsorge

Man sollte nicht annehmen, in Thailand krank werden zu „müssen", nur weil es in Asien liegt. Die hygienischen Verhältnisse sind weitaus besser, als in den meisten anderen asiatischen Ländern. Selbst die Straßen Bangkoks, einst gefürchtet, sind mittlerweile auffallend sauber (letzteres ist dem früheren Bürgermeister *Chamlong Srimuang* zu verdanken, dem Sauberkeit einer der wichtigsten Programmpunkte ist, und der es sich nicht nehmen läßt, gelegentlich selber als Straßenreiniger Hand anzulegen – inkognito!).

Was dem Reisenden am ehesten zu schaffen machen wird, ist eine **normale Erkältung,** denn die Wechsel von heißen Tagen und eventuell sehr kühlen Nächten oder von der glühenden Straße ins klimatisierte Restaurant können einem schwer zusetzen.

Ebenso sind **Verstopfungen** relativ häufig, denn die Thais neigen dazu, allzu unterkühlte Getränke zu servieren, was den Darm regelrecht einfrieren läßt. Dazu kommt der Genuß von allzuviel weißem Reis, und die Verstopfung ist perfekt. Mit Papayas läßt die sich aber leicht beheben.

Die **hygienischen Verhältnisse** in Bangkok sind im allgemeinen besser als die auf dem Lande. Selbst Bangkoks Trinkwasser ist „relativ" sauber. Leute, die Länder wie Indien oder Nepal gesund überstanden haben, wird das Wasser nichts anhaben können. Reiseneulinge sollten es dennoch meiden – um ganz auf Nummer Sicher zu gehen.

Alle wichtigen Informationen bezüglich **Tropenkrankheiten** sind dem Kapitel Gesundheitstips für Fernreisen zu entnehmen. Im folgenden noch einige Thailand-spezifische Besonderheiten:

Impfvorschriften

Vorgeschrieben sind Impfungen nur, wenn man aus einem Gelbfiebergebiet einreist (Ausnahme: Kinder unter 1 Jahr). Tropeninstitute empfehlen Impfungen gegen Hepatitis-A, Polio, Diphterie und Typhus; in zweiter Linie auch gegen Hepatitis-B, Japanische Encephalitis und Tollwut. Die Risiken bezüglich dieser Krankheiten sind jedoch in Thailand relativ gering, viel geringer als z.B. in Indien oder Nepal.

Krankheiten und Risiken

Malaria

Im Zuge der weltweit dramatisch ansteigenden Malaria-Erkrankungen besteht auch in Thailand ein erhöhtes Risiko. Als so gut wie malariafrei gelten Bangkok, die südlich daran angrenzenden Provinzen, Ko Samui, Phuket, Hat Yai, Songhkla, Chiang Mai, sowie die höheren Lagen im Gebirge. Ein hohes Risiko besteht in den waldreichen Grenzgebieten zu Myanmar (Burma), besonders in der Provinz Tak, und auch in der nahe Kambodscha gelegenen Provinz Trat. Zu letzterer gehört auch die besonders gefährdete Insel Ko Chang, auf der sich schon mehrere Touristen eine tödliche Malaria zugezogen haben. Als sehr gefährlich galt bis vor einigen Jahren auch die Insel Ko Samet, das Risiko scheint derzeit aber verringert. Ein oder zwei vereinzelte Malaria-Fälle wurden von den Phi Phi Islands gemeldet.

Die in Thailand gemeldeten Malaria-Erreger sind etwa zu 60 % Pl. falciparum, ansonsten Pl. vivax.

In wenig gefährdeten Gebieten empfiehlt sich vorbeugend die **Expositions-Prophylaxe** – mit anderen Worten sollte man versuchen, sich nicht von Moskitos stechen zu lassen. Dazu hilfreich sind Mittel wie Autan oder das in Thailand erhältliche Jaico, ein pflanzliches Produkt, das in einer Art Deo-Roller auf die Haut aufgetragen wird. Hilfreich sind auch die Moskitospiralen (mosquito coils; auf Thai *yaa-gan-yung*), die bei Abbrennen einen Geruch erzeugen, der Moskitos angriffsunfähig macht. Die Spiralen enthalten jedoch auch für Menschen schädliche Stoffe und sollten nur in gut belüfteten Räumen benutzt werden.

In Gebieten mit erhöhtem Risiko sollte man (neben Expositions-Prophylaxe) das Mittel Mefloquin einnehmen.

Tollwut

Die Tollwut, auf Thai *rog pit-sunak-baa* („Krankeit des verrückten Hundes"), ist sehr verbreitet im Lande. Pro Jahr sterben derzeit über 100 Personen daran. 1995 erwischte es auch einen Ausländer, der in Bangkok von einem Hund gebissen und nur leichte Kratzer davongetragen hatte. Jedwede Bißwunde durch Warmblüter (Hunde, Katzen, Wölfe, Affen, Fledermäuse u.a.) ist äußerst ernst zu nehmen und als potentieller Tollwut-Fall zu behandeln. Nach einem Biß ist die Wunde sofort mit fließendem Wasser, Seife und – falls vorhanden – Wassersuperoxyd zu reinigen. Danach ist unverzüglich ein Arzt aufzusuchen.

Bilharziose

Vereinzelte Fälle werden aus den Provinzen Phitsanulok, Phichit und Surat Thani gemeldet.

Japanische Encephalitis

Eine erhöhte Gefahr besteht in den Monaten Mai bis Oktober, in ländlichen Gebieten des Nordens und Südens.

Magen- und Darmerkrankungen

Aufgrund der fremden, stark gewürzten Speisen, wie auch durch eventuelle Krankheitskeime sind solche Beschwerden relativ häufig. Eine Prophylaxe ist nicht möglich. Im Falle von lang anhaltenden oder blutigen Durchfällen ist ein Arzt aufzusuchen. Bei leichten Verstimmungen leistet ein in Thailand erhältliches Kräuterpulver namens *Haa Chedi* („Fünf Chedis") ausgezeichnete Dienste. Für ein paar Baht ist es in Apotheken erhältlich.

AIDS

Bei AIDS-Verdacht kann die Einreise verweigert werden.

Außerdem relativ verbreitet

Darminfektionen, Dengue, Geschlechtskrankheiten (siehe Kapitel „Tourismus, Prostitution"), Hepatitis-A, Polio, Typhus.

Gesundheits-Information

Aktuelle Telefoninformationen (Tonband) gibt das **Tropeninstitut Heidelberg** unter der Nr. (06221) 565633.

Vorsicht, Umweltgifte!

An Thailands Straßenständen läßt sich wunderbar preiswert und lecker essen – aber nicht unbedingt gesund. Gefährlich sind dabei weniger eventuell vorhandene Krankheitskeime, als Umweltgifte. Essen, das offen an den Straßen ausliegt, wird stark mit **Schwermetallen,** die von Fahrzeugabgasen herrühren, belastet. Das gilt in allererster Linie für Bangkok, aber ansonsten auch für alle übrigen verkehrsreichen Orte. Die mit dem Essen aufgenommenen Schwermetalle werden vom Körper nicht ausgeschieden; sie sammeln sich an und können nach 15, 20 oder mehr Jahren schwere Schäden an Gehirn, Nervensystem, Nieren oder Leber hervorrufen.

Alle **offen ausliegenden Speisen** sind folglich zu meiden – auch, wenn man so auf manch exotischen Eßgenuß verzichten muß. An Straßenständen sollte man nur dann essen, wenn die Speisen in abgedeckten Gefäßen aufbewahrt werden oder natürlich da, wo keine Verkehrsabgase sind.

Auch nicht gerade gesund ist der **Geschmacksverstärker** MSG (Monosodiumglutamat), der unter anderem unter dem Namen *Ajinomoto* auf dem Markt ist. Viele Restaurants und Essensstände bedienen sich dieses weißen Pulvers, das allergische Reaktionen – bis hin zur Ohnmacht – hervorrufen kann. Bei den kleinen Restaurants und Ständen, wo die Mahlzeit vor den Augen des Kunden bereitet wird, sollte man die Anweisung *may say em-es-dji* geben – ohne MSG, bitte!

Versicherungen

Reisekrankenversicherung

Thailand gehört nicht zu den Ländern, mit denen ein Sozialversicherungsabkommen besteht, und so sollte der Reisende eine private Reisekrankenversicherung für die Dauer der Reise abschließen.

In den meisten Reisebüros läßt sich eine Reise-Krankenversicherung abschließen, dabei sollte aber auch das Kleingedruckte genauestens beachtet

Versicherungen

werden. So erbringen z.B. einige Versicherungen keine Ersatzleistungen für Kosten, die aufgrund einer schon bei Versicherungsabschluß bestehenden chronischen Krankheit entstanden sind. Wenn man chronisches Asthma hat, würde man dann bei Asthma-Anfällen in Bangkok die Folgekosten nicht erstattet bekommen. Wer gar über 70 Jahre alt ist, wird bei den meisten Versicherungen nicht angenommen.

Eindeutig geklärt sollte sein, daß bei Erkrankung im Land und daraus resultierender Verlängerung des Aufenthalts auch der Versicherungsschutz weiterläuft, selbst wenn die maximale Aufenthaltsdauer überschritten wird.

Auch nicht so einfach ist es mit den **Rückführungen** per Rettungsjet, die einige Versicherungen versprechen. Der am Ort behandelnde Arzt muß zunächst glaubhaft begründen, warum er selber den Patienten nicht auf die Beine bekommen kann. Ebenso muß er die Transportfähigkeit des Kranken bescheinigen. Bei den meisten Versicherungsgesellschaften ist zudem am Wochenende das Telefon nicht besetzt, und so sollte man die schwereren Erkrankungen günstigerweise auf einen Montag oder Mittwoch verschieben. Es sollte auch abgeklärt werden, ob bei im Urlaub hervorgerufener Invalidität (durch Unfall/Gewalttakte) ein Pensionsanspruch besteht.

Bei allen Erkrankungen müssen Bescheinigungen des behandelnden Arztes bzw. Krankenhauses ausgestellt werden mit genauer Diagnose und den verabreichten Medikamenten. Dabei wird von den Versicherungen maximal nur der Preis erstattet, die die Behandlung bzw. Medikamente in Deutschland gekostet hätten. Das ist aber kein Problem, da die Kosten in Thailand selbst in einer guten Privatklinik unter deutschem Level liegen.

Die thailändischen Ärzte sprechen im allgemeinen Englisch (in Privatkliniken arbeiten viele Ärzte mit Auslands-Doktortitel), einige davon sehr gut. Die Behandlungspapiere können also problemlos in Englisch ausgefüllt werden.

Dennoch – aus dem oben beschriebenen Versicherungs-Hickhack geht hervor, daß es nicht so leicht ist, seine Versicherungsleistung tatsächlich zu bekommen. Gesundbleiben ist die beste Lösung.

Reisegepäckversicherung

Für den unangenehmen Fall eines Diebstahls am Urlaubsort lassen sich gleich im Reisebüro Versicherungen abschließen. Ist es zum Verlust gekommen, muß sich der Geschädigte von der örtlichen Polizei ein detailliertes Protokoll ausstellen lassen, das den Verlusthergang präzise beschreibt. Die von der thailändischen Polizei ausgestellten Protokolle sind allerdings in Thai, so daß der Tourist zunächst keine Möglichkeit der Überprüfung hat, inwieweit der Tathergang korrekt dargestellt wurde. Zudem kann es auf den Polizeirevieren zu höchsten Sprachverwirrungen kommen, da nur wenige Beamte Englisch sprechen. In Orten die über eine Abteilung der Tourist Police verfügen (diese sind in den

Ortsbeschreibungen angegeben) sollte immer diese aufgesucht werden, da dort Englisch gesprochen wird.

Aber auch dort wird das Protokoll nur in Thai ausgestellt, und so sollte man bei Versicherungsabschluß gleich abklären, inwieweit die Versicherung fremdsprachige Protokolle akzeptiert. Zur Not sollte die Deutsche/Österreichische/Schweizer Botschaft um eine beglaubigte Übersetzung gebeten werden, die allerdings etwas kostet. Natürlich kann man auch ein Übersetzungsbüro aufsuchen.

Vor Versicherungsbetrug sei ausdrücklich gewarnt. Wer bei der thailändischen Polizei sein Gepäck als gestohlen meldet, muß u.U. mit einer Durchsuchung seines Hotelzimmers rechnen. Ein Holländer, der sein Gepäck auf der Wache an der Khao San Road (Bangkok) als gestohlen gemeldet hatte, wurde überprüft, und das Gepäck kam in seinem Zimmer zum Vorschein. Es folgte eine Überführung ins Gefängnis. Ebensowenig sollte man annehmen, daß die Versicherungsleute daheim auf den Kopf gefallen sind. Ein Traveller, der seiner Versicherung angegeben hatte, er sei „nur mit den Klamotten am Leib" aus Thailand zurückgekehrt, wurde aufgefordert, sein Flugticket zur Versicherung zu schicken. Das tat er auch. Auf dem Ticket entdeckte die Versicherung die Eintragung der Airline, daß er mit 16 Kilo Übergepäck ausgeflogen war. Die Versicherung gab dem Schwindler die Gelegenheit, seine Forderung zurückzuziehen. Mit dieser Kulanz kann man aber nicht immer rechnen.

Ausrüstung

Wer gerade angekommen ist und durch die Kaufhäuser schlendert, wird sich wohl ärgern, daß er/sie soviel Gepäck mitgenommen hat. Das meiste gibt es hier preiswerter und beileibe nicht unbedingt schlechter als daheim. Da gilt besonders für leichte Baumwollbekleidung wie T-Shirts, Hemden, Hosen etc. Leute mit Übergrößen (d.h. in Thailand über Schuhgröße 42 oder über einem Hüftumfang von 32) sollten allerdings genügend Kleidungsstücke von zu Hause mitbringen. Aber selbst maßgeschneiderte Sachen sind noch absolut erschwinglich. Vorsicht: Viele der Schneider – die Mehrheit davon Sikhs oder Inder im allgemeinen – jubeln dem unwissenden Kunden gerne Polyester statt der gewünschten Baumwolle unter!

Unbedingt ins Reisegepäck gehört mindestens ein Satz **„ordentliche Kleidung"** – für den Fall, daß man auf ein Amt gehen muß, bei einer Thai-Familie eingeladen ist oder für andere etwas formellere Anlässe. Die Thais legen äußersten Wert auf standesgemäße und saubere Kleidung, und wäre ich boshaft, so würde ich behaupten, daß selbst der ärmste Thai noch gepflegter einherwandelt als der durchschnittliche Traveller! Absolut unpassend ist es, außerhalb der Touristenzentren, fern von Strand und Düne, in Shorts und Gummisandalen einherzuschlurfen! Die Thais lassen sich zwar nichts anmerken, aber eigentlich empfinden sie ein solches Verhalten

AUSRÜSTUNG

als unhöflich. Die Thais selber sind wiederum viel zu höflich, um sich darüber offen zu beklagen.

Lediglich hinter vorgehaltener Hand hört man häufig Beschwerden über das unansehnliche Äußere vieler Westler. Völlig unpassend ist es auch, etwa in Shorts einen Tempel besuchen zu wollen. Frauen sollten unbedingt einen BH tragen!

Alle **Medikamente** gibt es in Thailand (problemlos) zu kaufen, und sie sind außerdem sehr billig. Häufig erscheinen aber Präperate unter einem anderen Namen als bei uns. Leute, die auf gewisse Medikamente angewiesen sind, sollten daher die chemischen Inhaltsstoffe dieser Medikamente kennen, um die unter Umständen dem Apotheker nennen zu können. Einfacher ist es natürlich, eine leere Packung mit dem entsprechenden Aufdruck von zu Hause mitzubringen!

Hygieneartikel des täglichen Gebrauchs sind in der Regel billiger als bei uns oder höchstens gleich teuer. Wer auf sein exquisites französisches Parfüm aber nicht verzichten möchte, wird mehr zahlen müssen als daheim.

Rasierschaum ist einer der wenigen Artikel, die teurer sind als in Deutschland. Der Grund? Nicht jeder Thai muß sich rasieren!

Gebißmacherladen in Chinatown, Bangkok

AUSRÜSTUNG

Vorhängeschlösser sind sehr wichtig, da die meisten Hütten auf Ko Samui z.B. kein eingebautes Schloß haben.

Ebenso werden oft **Taschenlampen** benötigt, denn abends kann es fernab der Hüttensiedlung stockdunkel sein, und in der Hütte selber fällt oft genug der Strom aus. Beides läßt sich billiger in Bangkoks Chinatown einkaufen als bei uns.

Moskitonetze werden von den vielen indischen Kleinhändlern, die über's Land fahren, verkauft, und **Hängematten** wiederum werden (von einigen Thais) am billigsten im indischen Viertel Pahurat (Bangkok) angeboten. Wer gut handelt, bekommt eine Hängematte dort für 50 Baht. Dieselben Matten werden dann auf Ko Samui oder Phuket teilweise für über 200 Baht verkauft.

Was sollte nun eigentlich doch noch **von zu Hause** mitgebracht werden? Nicht viel. **Tampons** sind manchmal schwer erhältlich, und **Sonnenöl** ist etwas teurer. Für die (relativ) kühlen Winterabende sollten **Jacke** und **Pullover** griffbereit sein, ebenso für die teilweise grausig kalten Nachtfahrten in einem A.C.-Bus. Ansonsten: So wenig mitbringen wie möglich!

Karten

Empfehlenswert ist die Nelles-Karte Thailand (Maßstab 1:1,5 Mio.), die im Buchhandel erhältlich ist. Wer sie nicht schon unbedingt zu Hause braucht, kann diese Karte auch in Bangkok (in der Reihe APA Maps) erheblich billiger kaufen.

Wer sehr genaue Karten einer speziellen Gegend benötigt, kann sich eine ONC- *(Operational Navigation Chart)* oder TPC- *(Tactional Pilot Chart)* Karte des entsprechenden Gebietes besorgen. Es sind reine Fliegerkarten, die für normale Touren nicht geeignet sind, aber erstklassig die **Topographie** des Gebietes angeben. ONC-Karten haben den Maßstab 1:1 Mio., sie sind in jeweils 4 TP's (1:500.000) unterteilt. Man erhält sie über DÄRR Expeditionsservice GmbH, Theresienstraße 66, 80333 München.

In allen **Buchhandlungen** Thailands, die auch englischsprachige Bücher führen, gibt es umfangreiches Kartenmaterial. Die besten Läden sind die in Bangkok und Chiang Mai. Buchketten wie Asia Books oder D.K. Books führen ein großes Programm an Thailand-Karten, Detail-Karten und Stadtplänen (in der Regel Bangkok, Chiang Mai und Phuket).

Besonders **gute Detailkarten** bietet Periplus Editions. Derzeit erhältlich sind „Bangkok & Zentralthailand", „Phuket & Südthailand", „Ko Samui & Südthailand", „Chiang Mai & Nordthailand", Kostenpunkt jeweils ca. 200 Baht, erhältlich auch bei der Firma DÄRR (s.o.).

Ebenfalls sehr gut sind die Karten von Berndtson & Berndtson (Fürstenfeldbrück), besonders für Selbstfahrer; der Verlag bietet etwa dieselben Regionalkarten wie obiger.

Bei den zahlreichen **Stadtplänen von Bangkok** ist zu beachten, daß die Nummern der Buslinien eingezeichnet sind. Das erspart oft die Taxikosten.

Ausrüstung

Trekking- oder Wander-Ausrüstung

- **Schuhe:** Am besten sind Jogging-Schuhe mit kräftigem Profil. Bei längeren Touren sollte ein Ersatzpaar mitgenommen werden. Neue Schuhe sollten unbedingt vorher eingelaufen werden, sonst wird die Strecke zum Humpel-Marathon. Für Flußüberquerungen sind Plastik-Sandalen zu empfehlen, die den Füßen rutschfesten Halt geben.
- **Socken/Strümpfe:** Baumwolle ist am besten, und ein Ersatzpaar sollte vorhanden sein, da die Socken sich auf schlammigen oder nassen Wegen schnell vollsaugen. Besonders günstig wären Anti-Blutegelstrümpfe aus Leinen, die es möglicherweise bei Trekking-Ausrüstern zu kaufen gibt.
- **Kleidung:** Je bequemer, desto besser. Für höhere Lagen oder die kühle Jahreszeit auch Pullover, Anorak und/oder Trainingsanzug mitnehmen. Ausreichende Kleidung zum Wechseln ist wünschenswert, denn die Thais sind Ästheten, denen der geringste Übelgeruch mißfällt. Als Sonnenschutz empfiehlt sich eine Mütze oder ein Hut.
- **Rucksack:** Am besten wasserdicht und sowohl leicht als auch geräumig.
- **Zum Schlafen:** Isoliermatte, sowie Nylon- oder Plastikplanen gegen eventuellen Regen. Bei höheren Lagen und in der kühlen Jahreszeit einen (möglichst leichten und transportablen) Schlafsack.
- **Essen:** Möglichst leicht transportierbar und vor allem nahrhaft. Die besseren Kaufhäuser in Bangkok und Chiang Mai offerieren gesundes Müsli (teuer; ab 200 Baht pro Pfund), Milchpulver (ab 60 Baht pro 400 Gramm- Dose), Ovaltine und auch Fertiggerichte in Schnellkochpackungen (letzteres nicht unbedingt so gesund). In den Kaufhäusern an Bangkoks Sukhumvit kann man sich mit Vollkornbrot eindecken. Für extrem lange Touren empfehlen sich konzentrierte Nahrungsmittel, wie sie von einigen Trekking-Ausstattern angeboten werden. Ebenso mitzubringen: Salz, Tee/Kaffee, Kekse u.ä.
- **Ansonsten:** Kochtopf, Streichhölzer/-Feuerzeug, Besteck, Taschenmesser, Eß- und Trinkgefäße (leichtes Plastik), Taschenlampe etc.
- **Medikamente:** Der stärkste Chemiehammer ist in Thailands Apotheken frei verkäuflich, nach Rezepten fragt niemand. Zur Standard-Ausrüstung gehören Breitband-Antibiotikum, Durchfallmittel, Desinfektionsmittel, Brandsalbe, Heftpflaster, Mittel gegen Insektenstiche, Aspirin und eventuell Mineralsalzgetränke.
- **Insektensprays** gibt es in Thailands Kaufhäusern ab ca. 60 Baht, wobei lokale Produkte billiger sind als ausländische.
- **Am wirkungsvollsten gegen Kakerlaken** ist die sogenannte Kakerlaken-Kreide, eine Kreide, mit der man auf dem Fußboden und um die Türen und Fenster Linien zieht. Jede Kakerlake, die in die Nähe der Kreide kommt, fällt nach kurzer Zeit tot auf den Rücken. Die Kreide (Packungen ab 10 Baht) ist unter dem Namen *tschork malängsaab* auf thailändischen Märkten erhältlich (z.B. in der Sampeng Lane, Bangkok).

Ganz unnütz sind die Kakerlaken übrigens nicht: In Thailand wird aus ihrem Kot eine Medizin namens *Yaa Thepmankhon* („Medizin des engelhaften Drachen") gewonnen. Diese soll gegen bestimmte Racheninfektionen bei Kindern helfen.

- **Gegen die ebenfalls unpopulären Blutegel** (in Thai: *thaak,* die im Wasser lebende Spezies heißt *pling*) hilft das Einreiben mit einer Tabaktinktur oder zur Not Tabak selbst. Schon am Fleische saugende Egel sollten nicht abgerissen werden, besser ist das Aufstreuen von Salz oder heißer Zigarettenasche.

AUSRÜSTUNG

Außerdem sollten die Stadtteile und die größeren Straßen auch auf Thai eingetragen sein. Das erleichtert die Kommunikation mit Taxifahrern oder Busschaffnerinnen enorm. Da die Buslinien sich häufig ändern (meistens im Februar), sollte man darauf achten, ein möglichst neues Exemplar zu bekommen. Für Selbstfahrer führen die o.g. Ketten auch Straßenkarten.

Bar zu verkaufen

Reisetips A–Z

Praktische Reisetips A-Z

Fahrbare Garküche

Tha Dan, das Hauptpier von Phang-Nga

Vollbeladenes Songthaew

Behinderte unterwegs

Wie die meisten Länder Asiens ist Thailand nicht gerade behindertenfreundlich; kaum ein Gebäude und schon gar kein Verkehrsmittel ist bewußt so eingerichtet, daß Rollstuhlfahrer erleichterten Zugang finden. Das liegt zum einen daran, daß in Thailand Behinderte kaum am öffentlichen Leben teilnehmen und so im Bewußtsein der Bevölkerung fast gar nicht existieren. Eine gute Portion Verdrängung dürfte ebenfalls mit im Spiel sein.

Ausländische Rollstuhlfahrer werden viel Verwunderung oder gar **Unverständnis** dafür ernten, daß sie überhaupt reisen. Andererseits ruft der Anblick eines Behinderten in vielen Thais auch Mitgefühl hervor – eine der Haupttugenden im Buddhismus –, und es werden sich oft helfende Hände anbieten.

Einkaufen

Aufgrund der günstigen Wechselkurse und der allgemein guten Qualität der Waren ist Thailand das Paradebeispiel eines Einkaufslandes. Bangkok ist, wie nicht anders zu erwarten, der beste Ort zum Shoppen, gefolgt von Chiang Mai und Hat Yai. Im Gegensatz zu den Märkten und kleineren Geschäften wird in den Department Stores nicht gefeilscht; häufig gibt es aus irgendeinem Grund automatisch einen Discount von 10% oder mehr auf die betreffende Ware. Anstatt zu handeln sollte man in den Kaufhäusern diskret anfragen, ob gerade irgendein Discount gegeben wird!

Thai-Kaufhäuser haben meist ein Überangebot an Personal, und bei jedem Prüfversuch einer Ware werden sogleich ein bis drei Verkäufer/innen herbeigeeilt kommen, den Kunden zu bedienen. Der Übereifer hat mehrerlei Gründe: Langeweile, Neugier auf den Fremden und die Gelegenheit etwas zu verdienen, denn die Kaufhaus-Angestellten bekommen häufig einen prozentualen Bonus auf den Umsatz.

Textilien

Die in Thailand verkaufte Kleidung ist von sehr guter Qualität, modisch auf dem neuesten Stand und zudem billig. Gute Baumwollhosen gibt es schon ab 200 Baht (Bangkok), Hemden ab 100 Baht und T-Shirts ab 40. Ebenso lassen sich Stoffe kaufen, aus denen man sich dann das gewünschte Kleidungsstück nähen (lassen) kann. Ein Herrenanzug bester Qualität kostet bei den besseren Schneidern Bangkoks 2000 Baht – Material und Arbeitslohn inklusive! Viele Schneider bieten einen 24-Stunden-Service, es ist aber immer besser, ihnen etwas mehr Zeit zu lassen. Jeder hat ja schon mal von der schnellen oder heißen Nadel gehört, mit der gelegentlich genäht wird!

Empfehlenswert ist die bekannte **Thai-Seide.** Diese wird im Nordosten hergestellt, ist aber problemlos in Bangkok erhältlich.

EINKAUFEN

Edelsteine und Schmuck

Thailand ist einer der größten Edelsteinexporteure der Welt, der Export dieser Waren bringt jährlich etwa 2 Mrd. DM ein. Am begehrtesten sind thailändische **Rubine** und **Saphire**. Es lohnt sich also durchaus, in den Geschäften auf die Schmuck- oder Edelsteinsuche zu gehen. Kaufen sollte man nur bei bekannten Juwelieren oder aber genügend eigene Sachkenntnis haben, um die Ware beurteilen zu können. Die besseren Geschäfte sind natürlich etwas teurer, dafür ist die Gewißheit, daß man nicht gelinkt worden ist, höher. Am lohnenswertesten sind Rubine, Saphire und Jade. **Gold** ist etwas billiger als bei uns, aber bei größeren Mengen dürfte der deutsche Zoll Schwierigkeiten bereiten.

Fächermaler in Chiang Mai

EINKAUFEN

Vorsicht: Viele Kaufhäuser bieten billigen aber ziemlich gut aussehenden Schmuck an, die Steine sind auch echt, aber nach ein paar Tagen blättert die oberste Goldschicht ab, und darunter liegt dann bloß noch Silber! Viele Schmuckläden bieten dem Käufer einen kostenlosen Rückfahr-Service per Taxi zum Hotel. Der Fahrpreis wird über den höheren Verkaufspreis wieder hereingeholt.

Antiquitäten

Echte Antiquitäten dürfen nur mit Sondergenehmigung ausgeführt werden! (Siehe „Ausfuhrbestimmungen" im Kapitel „Einreisebestimmungen")

Handarbeiten

Thailands Bergvölker stellen eine Vielzahl von traditionellen Waren her wie Schmuck, Kleidung, Umhängetaschen, Figuren etc. Der beste Ort zum Kaufen ist zweifellos der **Nachtmarkt von Chiang Mai** – erstens wegen der Auswahl, und zweitens sind die Preise logischerweise niedriger als in den kunsthandwerklichen Läden der Hauptstadt. Opiumpfeifen oder Opiumgewichte (zum ausweisen) werden ebenfalls angeboten.

Lackarbeiten

Holzschälchen oder -schachteln werden mit verschiedenen Schichten Lack überzogen – ein **altes burmesisches Verfahren,** das hübsche Geschenke oder Souveniers entstehen läßt. Städte an der burmesischen Grenze wie Mae Hong Son oder Mae Sot haben oft die besten Preise, Bangkok die beste Auswahl.

Celadon

Celadon-Töpferwaren sind eine Spezialität Thailands, die wahrscheinlich aus China stammt und im 13. Jahrhundert in Nordthailand Einzug hielt. Die Waren sind mit einer hellen jade-grünen oder dunkelbraunen Glasur überzogen. Diese wird ohne die Hilfe von Färbemitteln aus verschiedenen reinen Holzaschen hergestellt. Charakteristisch für die Celadon-Glasur ist der hell poliert erscheinende Glanz der Oberfläche.

Celadon findet Anwendung bei der Herstellung von Geschirr, Lampen, Vasen und Dekorationsstücken.

Spezialisiert auf Celadon-Produkte ist das Celadon House, 278 Silom Road, Bangkok.

Imitate

Auf Druck der USA, die mit einem Einfuhrstopp thailändischer Waren drohte, geht es seit 1993 den thailändischen Plagiatherstellern an den Kragen. Die USA waren eines der Länder, die durch die Imitate Riesensummen an Copyright-Gebühren einbüßten. Für die Liebhaber falscher Rolex-Uhren und LaCoste-Hemden ist Thailand vielleicht schon bald gestorben! Zwar gibt es noch einige Imitate („Marken"-Lederwaren, Uhren etc.), doch längst nicht in dem Ausmaß wie zuvor, und die Händler leben in ständiger Angst vor der nächsten Razzia. Daß die Waren noch nicht ganz verschwunden sind, liegt an Korruption bei der thailändischen Polizei, die die Händler sogar häufig vor anstehenden Razzien warnt – gegen Zahlung regelmäßiger Schmiergelder, versteht sich.

Vorsicht, wer Imitate in Europa einführt, kann Ärger bekommen!

Elektrizität

Die Netz-Spannung ist wie bei uns **220 Volt** Wechselstrom. Die gebräuchlichen Steckdosen sind Zweipolsteckdosen, in einigen besseren Hotels findet man aber auch dreipolige Sicherheitssteckdosen vor. Falls man einen Zweipolstecker in diese einführen will, sind sie normalerweise blockiert und unbenutzbar; mit einem Kugelschreiber aber läßt sich der dritte Sicherheitspol nach hinten wegdrücken (nicht ganz ungefährlich), und man kann den Stecker einbringen.

Wer ein elektrisches Gerät wie z.B. einen Lap-Top-Computer benutzen möchte, sollte sicherheitshalber ein Verlängerungskabel mitbringen; in manchen Hotelzimmern sind die Steckdosen hinter einem Kühlschrank oder sonstwo versteckt, und mit dem normalen Anschlußkabel kommt man eventuell nicht hin.

Die Stromversorgung in Thailand ist im allgemeinen sehr gut, Stromausfälle sind äußerst selten. Keinen Strom gibt es allerdings auf einigen weniger entwickelten kleinen Inseln, und manche Bungalow-Kolonie behilft sich dann mit einem eigenen Generator. Die Mitnahme einer Taschenlampe kann aber trotzdem nie schaden.

Essen und Trinken

Was essen?

Die Basis einer Thai-Mahlzeit ist **Reis** (khao). Dieser kann auf herkömmliche Weise gekocht oder gebraten, oder aber als Reismehl zu Nudeln (kuay tio) verarbeitet sein. Eine Spezialität des Nordostens ist der „klebrige Reis" (khao niu; engl. sticky rice), Klumpen von glutenhaltigem gekochten Reis, der entweder mit frischen Mangos bzw. Durian oder mit einer süßen Paste gegessen wird. Es gibt auch eine blau-rote Variante, die heißt dann khao niu däng – „klebriger roter Reis". Dieser Reis läßt sich auch in einem Bambusrohr kochen (khao laam), was als Spezialität von Nakhon Pathom gilt. In vegetarischen Thai-Restaurants, derer es allerdings relativ wenig gibt, wird Vollkornreis gereicht (khao däng oder khao dam). Gebratener Reis mit Gemüse (khao phat) ist das Standardgericht vieler Traveller, da es überall erhältlich und äußerst billig ist, besonders an den Straßenständen.

Zudem gibt es eine **Vielzahl von Gemüsearten,** und diese werden nur leicht angekocht, niemals zerkocht. Meistens wird eine kleine Schale mit rohem Gemüse zum Essen gereicht, z.B. grüne Bohnen, Salatblätter und Gurkenstücke.

Essen und Trinken

Muslimischer Roti-Bäcker auf Phuket

Alle Thai-Gerichte werden durch eine Menge Kräuter, Blätter und **Gewürze** verfeinert, so daß eine Vielzahl von Geschmäckern den Gaumen reizt. Übliche Würzhilfen sind: Ingwer, schwarzer Pfeffer, roter Chili, Tamarind, Zitronengras, Koriander, Shrimp-Paste und eine scharfe Fischsauce. Zu jeder Mahlzeit wird zudem ein ganzes Arsenal an Extragewürzen auf den Tisch gestellt. Dabei fehlt aber oft Salz, das durch die scharfe und salzige Fischsauce *(naam plaa)* ersetzt wird. Thai-Speisen, man sei gewarnt, können extrem scharf sein! Einige Gerichte werden durch die Zugabe von Kokosmilch etwas abgemildert.

Eine thailändische **Suppenspezialität** ist die *tom yam,* ein sauerscharfes Kunstwerk, das den Schweiß auf die Stirn treibt. Aber köstlich!

Zu alldem essen die Thais **Fleisch und Fisch** – und Mengen davon! Es gibt Huhn, Schwein, Ente, Rind, geröstete Heuschrecken (5 Baht pro Tüte), jede Art von Meeresfrüchten, Frösche, und Thailands Soldaten lieben einen Cocktail, den sie sich aus Kobrablut und Whisky zusammenmixen. (Den kann man morgens gegen 6.00 Uhr am Soi Sarasin, nördlich des Lumpini-Parks kosten.)

Der **Whisky** ist thailändischen Ursprungs und unter dem Namen *Mekhong* inzwischen weithin bekannt. Dieses beliebte Getränk hat einen Alkoholgehalt von 20% und ist – im

Gegensatz zu seinem schottischen Namensvetter – selten älter als 10 Tage. Als Rohmaterial dienen glutenhaltiger Reis, Melasse, Hefe und ein Schimmelpilz vom Typ Ryzophus. Viele Geschichten ranken sich um den Mekhong, beispielsweise, daß er gegen Malaria immun mache etc. Die meisten davon sind offensichtlicher Humbug. Wahr ist, daß oft Mekhong-Imitate auf den Markt kommen, die üble Vergiftungserscheinungen hervorrufen können. Außer Mekhong gibt es noch eine Reihe billigerer Thai-Whiskys, die nicht unbedingt empfohlen werden können.

Alkoholische Getränke sind überall frei erhältlich, wenn auch nicht immer so billig. Die bekanntesten **Biermarken** sind Singha, Singha Gold, Chang und Kloster. Der Preis einer kleinen Flasche (1/3 Liter) in den Bars Bangkoks liegt derzeit bei etwa 55-90 Baht, in einigen Nobel-Etablissements sogar bei 180 Baht. Im Zuge des ökonomischen Niedergangs Thailands kam 1998 ein neues Billig-Bier auf den Markt, Leo, das nur etwa halb so teuer ist wie die anderen Marken. In den besser bestückten Warenhäusern gibt es importiertes Dosenbier, zumeist europäische oder japanische Marken.

Auf der gesunderen Seite des **Getränkeangebotes** gibt es Milch (pasteurisiert und relativ teuer), Sojamilch, Kaffee (Marke Instant), Tee (außer in indischen Restaurants immer Beuteltee der Marke Lipton), Soda, Trinkwasser (versch. Marken: Naam Thip, Polaris u.a.), Cola, Fanta, Milchshakes. In vielen Restaurants wird kostenfrei ein dünner, chinesischer Eistee *(tscha yen)* ausgeschenkt.

Nicht zu empfehlen sind die kleinen Fläschchen mit **Muntermachern** (Lipovitan D, M 100, M 150 u.a.), die in den Kühlschränken der Lebensmittelhändler gleich neben der Milch stehen. Diese enthalten zwar auch ein paar Vitamine, die Hauptwirkstoffe sind jedoch Koffein und ein Kodein-Derivat. Die Flaschen werden gerne von den einheimischen Busfahrern getrunken oder bei Trinkfesten dem Mekhong beigemischt. Ein ähnliches Produkt, Red Bull, ist in Thailand unter dem Namen *Kratin Daeng* erhältlich, was ebenfalls „Roter Bulle" bedeutet. Die chemische Zusammensetzung ist aber anscheinend nicht die gleiche.

Wie essen?

Die Thais essen mit Löffel und Gabel, wobei mit der Gabel das Essen auf den Löffel geschoben wird. Nudeln werden mit **Stäbchen** gegessen. Kellner/innen sollten sehr dezent herbeigerufen werden, am besten durch eine leichte Ziehbewegung der Hand. Lautes Rufen, Schnalzen oder Pfeifen gilt als unhöflich!

Wo essen?

Neben einer Vielzahl von preiswerten Restaurants gibt es die **Straßenstände,** an denen man für ein paar Baht essen kann. Diese haben allerdings keine Speisekarte, und man sollte sich die verschiedenen Speisen einfach zeigen lassen und dann auf die gewünschte

Obst in Thailand

- **Ananas** *(sapparot):*
Saison: das ganze Jahr. Die thailändische Version dieser Frucht ist besonders köstlich, da perfekt ausgewogen süß-sauer.
- **Banane** *(gluey):*
Thailand bietet über 100 verschiedene Sorten Bananen, und fast so vielfältig sind die Zubereitungsmöglichkeiten: Sie werden an Straßenständen geröstet oder gebacken, mit „sticky rice" vermengt oder in dünnen Scheiben gebraten. Saison: das ganze Jahr hindurch.
- **Custard Apple** *(noina):*
Saison: Juli-September. Die Schale ist dick und hellgrün und wie mit pyramidenförmigen Wülsten behaftet. Das Fleisch ist weiß und schmeckt leicht feigenartig.
- **Durian** *(thurian):*
Saison: April-Juni. Riesenfrucht mit stacheliger und harter grün-gelb-brauner Schale. Der Geruch ist unbeschreiblich und der Geschmack nicht jedermanns Sache. Wird auch als Füllung kleiner, runder Kuchen verwendet.
- **Guave** *(falang):*
Saison: das ganze Jahr. Grüne leicht rauhe Schale und weißes Fruchtfleisch. Dazu Kerne, die sich gerne in Zahnhöhlen ansiedeln und nicht mehr rauswollen. Der Thai-Name dieser Frucht, *falang*, bedeutet auch „Ausländer". Ein Hinweis, daß diese Frucht nicht immer in Thailand heimisch war.
- **Jackfruit** *(ka-nun):*
Saison: das ganze Jahr. Optisch der Durian ähnlich, auch ihr Geschmack ist umstritten. In der Frucht befinden sich kleine Fächer mit gelbem Fruchtfleisch.
- **Longan** *(lamyai):*
Saison: Juli-Oktober. Kleine runde Frucht mit hell-brauner Schale, die beim Aufbrechen sehr klebt. Das Fruchtfleisch ist klar/weiß und herrlich sauer-süß. Beim Verzehr geraten die Kerne leider oft zwischen die Zähne und geben einen unangenehmen bitteren Geschmack ab.
- **Lychee** *(linchi):*
Die thailändische Lychee ist durch Züchtung in den letzten Jahren erheblich gewachsen, und ebenso wurde sie durch die Manipulatoren von Mutter Natur um einige Grade süßer gemacht. Vor einem Jahrzehnt nämlich hatten die Thais die Frucht als zu sauer befunden, und dementsprechend schlecht ließ sie sich verkaufen. Saison: April-Mai.
- **Mango** *(ma-muang):*
Saison: März-Mai. Wird am Anfang der Erntesaison in unreifer Form verzehrt, später erst die vollgelben, saftigen Mangos. Werden dann oft mit „sticky rice" (khao niu) zusammen gegessen.
- **Mangostine** *(mangkhut):*
Saison: April-September. Die Schale ist blaurot und färbt beim Aufbrechen enorm schnell ab. Das Fruchtfleisch ist weißlich und mild süß.
- **Papaya** *(malakor):*
Saison: das ganze Jahr. Kürbisartige Frucht mit orangefarbigem Fleisch. Der Feind jedweder Verstopfung! Am besten in Fruchtsalaten. Werden wie jedem Obsthändler angeboten und sind wie die Ananas eine Art Standardfrucht.
- **Pomelo** *(som-o):*
Saison: das ganze Jahr. Ähnelt vom Aussehen der Grapefruit, ist aber weniger bitter, dafür etwas trocken.
- **Rambutan** *(Ngork):*
Saison: Juli-September. Rot-grüne runde Frucht mit einer Art langem Stachelpelz (weich!). Die Schale ist recht dick, das Fruchtfleisch klar/weiß und sehr süß. Erinnert etwas an die Lychee.
- **Rose Apple** *(chomphu):*
Saison: April-Juli. Hellrosa oder grüne Frucht, innen weiß und hat etwa die Konsistenz eines Apfels. Schmeckt auch ein bißchen so. Wird von Straßenhändlern oft eisgekühlt verkauft.

ESSEN UND TRINKEN

zeigen. Vor dem Essen nach dem Preis fragen, danach läßt sich nichts mehr ändern!

In den einfachen **Restaurants** ist die Speisekarte meist nur in Thai, aber auch hier kann man zeigen, was man will. Die Speisekarten in den besseren (und teureren!) Restaurants sind normalerweise zweisprachig, oder aber irgendwer vom Personal spricht etwas Englisch.

Die Thais sind notorische Esser, und dementsprechend wird es in keinem Ort schwer fallen, ein Restaurant oder einen Essensstand zu finden. Man behauptet, daß die Thais immer entweder gerade essen oder daran denken, was sie als nächstes essen werden!

Nicht ganz einfach ist die **Klassifizierung** bei Restaurants und Essensständen. So kann man in mancher Brutzelhütte für 40-50 Baht köstlich dinieren, in manchen Feinschmecker-Restaurants dagegen zahlt man 2.000 Baht für die Haifischflossen-Suppe und fühlt sich übers Ohr gehauen, weil's nicht schmeckt. Die sicherste Methode, gute von schlechten Restaurants zu unterscheiden, ist das Urteil der Einheimischen. Gute und auch preiswerte Essensmöglichkeiten sprechen sich schnell herum, und die Lokale werden dann von Scharen von Thais aufgesucht. Die wirklichen „Geheimtips" sind dabei äußerlich oft unscheinbar.

„Schwimmendes Restaurant"
am Strand Tham Phra Nang bei Krabi

Essen und Trinken

Gerichte

kaeng phet gai	scharfes Hühnercurry
kaeng som	Fisch- und Gemüsecurry
kaeng nüa	Beef-Curry
kaeng phanaeng	mildes Hühner- oder Beef-Curry
khao phat	gebratener Reis mit Gemüse
khao phat muu	gebratener Reis mit Schweinfleisch
khao phat gai	gebratener Reis mit Huhn
kuay tio naam	Reissuppe mit Gemüse und Fleisch
phat thai	Reisnudeln, mit Gemüse gebraten
phat siyu	gebratene dünne Nudeln mit Soyasauce
bami naam	Weizennudeln in Brühe mit Gemüse und Fleisch
plaa prior waan	süß-saurer Fisch
kung tort	gebratene Garnelen
plaa phao	gegrillter Fisch
puu nüng	gedämpfte Krabben
por pia	Frühlingsrolle
pet yang	geröstete Ente
gai yang	geröstetes Huhn
som tam	Papaya-Salat
gai phat khing	gebratenes Huhn mit Ingwer
naam yaa	Nudeln mit Fisch-Curry
gai sap tua ngork	Huhn mit Soyasprossen
khai tom	gekochtes Ei
khai dao	Spiegelei
khai jior	Omelette

Getränke

naam plao	einfaches Wasser
naam soda	Soda-Wasser
naam Chaa	Tee
gafää	Kaffee
tschaa dam	schwarzer Tee
gafää dam	schwarzer Kaffee
tschaa djin	chinesischer Tee
tschaa yen	Eistee
naam däng	Limonade
naam som	Orangenlimonade
naam maphrao	Kokoswasser
nomm	Milch
bia	Bier

Vegetarisch

Die meisten Thais sind hoffnungslose Fleischliebhaber, doch essen sie gelegentlich (besonders an buddhistischen Feiertagen), gerne vegetarisch. Vegetarische Restaurants dürften auch für viele fleischessende Traveller interessant sein, da dort oft exzellentes Essen für nur wenig Geld serviert wird. Ein Standardgericht aus Reis und einem Gemüsecurry kostet zwischen 8 und 20 Baht. Viele dieser Restaurants sind in einer „vegetarischen Gesellschaft" zusammengeschlossen, deren Förderer Bangkoks ehemaliger Bürgermeister *Chamlong Srimuang* ist – selbst ein hundertprozentiger Vegetarier. Die meisten dieser Restaurants schließen allerdings schon am frühen Nachmittag, da sie zum größten Teil nur von Angestellten in der Mittagspause besucht werden.

Vegetarier, die ein entsprechendes Restaurant suchen, sollten sich den Ausdruck *mangsawirat* (in Bangkok Aussprache: *mangsawilat*) merken, was „vegetarisch" bedeutet. Ein *raan ahaan mangsawirat* ist ein „vegetarisches Restaurant".

Viele Thai-Chinesen essen aus religiösen Gründen *ahaan jää,* d.h. vegetarische Kost, die ohne Verwendung von Knoblauch und Zwiebeln zubereitet wird. Dementsprechende Restaurants nennen sich *raan-ahaan jää*. Die vegetarischen Restaurants sind besonders gut besucht an den sogenannten *wan phra* oder „Mönchstagen", an denen viele Thais vegetarisch essen, um sich „spirituellen Verdienst" zuzule-

FOTOGRAFIEREN

gen. Die *wan phra* werden durch den Mondkalender bestimmt; sie fallen auf den ersten und achten Tag des abnehmenden und zunehmenden Mondes.

Fotografieren

Das erste kleine Problem für Fotofreunde sind die **Einfuhrbestimmungen,** die nur das Mitbringen von 5 Filmen gestatten. In der Regel werden Westler aber so gut wie nie nach Filmen durchsucht, so wie ohnehin kaum Zollkontrollen durchgeführt werden. Wer nicht genügend Filme dabei hat, kann sie sich relativ preiswert in Bangkok zulegen.

Die günstigsten Preise für **Filme** – Dia und Papier – erhält man in den Fotoläden von Chinatown in Bangkok, entlang der Charoen Krung Road. Hier sind die Filme nur unerheblich teurer als bei uns: Einen Kodak-Ektachrome-Diafilm gibt es ab 180 Baht, Farbfilme (Fuji, Kodak, etc.) ab 100 Baht. Die Entwicklung von Diafilmen kostet ab 90 Baht, die Rahmung 40 Baht extra. Beim **Kauf der Filme** muß unbedingt auf's Verfallsdatum geachtet werden; in der tropischen Hitze verderben die Filme schneller als daheim. Filme aus Geschäften mit Klimaanlage sind we-

Seafood-Restaurant Savoey
in Patong auf Phuket

Foto-Know-How

Die **Wahl des Films** hängt natürlich von den äußeren Bedingungen ab. ASA 100 dürfte die Standardwahl sein, für Dschungel- oder Abendaufnahmen empfiehlt sich ASA 200 oder 400. Die feinkörnigsten und farbenprächtigsten Aufnahmen gelingen jedoch mit 50 ASA-Diafilmen, wie z.B. Fujichrome Velvia. Die schönsten Farbfotos ergeben sich in den Tropen morgens oder am Spätnachmittag. Mittags ist das Licht oft zu grell, und man wird manches Mal ein Blitzgerät benötigen, um die unliebsamen Schatten (Sonneneinstrahlung von senkrecht oben!) zu vermeiden. Für diese Tageszeit ist ansonsten ein Pol-Filter hilfreich.

Die **Kamera-Tasche** sollte wasserdicht und stoßsicher sein. Monsungüsse oder die wirren Bremsmanöver eines Busfahrers können die teure Ausrüstung im Nu vernichten. Probleme gibt es auch wegen der hohen Luftfeuchtigkeit, die auch ins Innere der Kamera eindringt und u.U. zu Pilzbefall führt. Auch der in tropischen Ländern vermehrt auftretende Staub dringt durch die feinsten Ritzen (jede Hausfrau in Thailand kann das bestätigen). Nach der Reise empfiehlt es sich, die Kamera von einem Fachmann reinigen zu lassen.

Beim Kampf gegen Feuchtigkeit hilft Silikon-Gel, gegen den Staub hilft nur eine möglichst dichte Verpackung.

Die Wahl der **Kamera-Ausrüstung** ist natürlich eine Frage des Foto-Interesses und des Geldbeutels. Es gibt mittlerweile hervorragende, „idiotensichere" Kameras mit Festbrennweite (meistens 35 mm), die tolle Bilder bringen – am oberen Ende der Preisskala liegen professionelle Kameras mit einem Sammelsurium von Objektiven oder Großbildkameras. Zur gehobeneren Ausstattung gehören Objektive von 28 mm und 50 mm Brennweite. Teleobjektive (z.B. 200 mm) sind günstig für Aufnahmen in der freien Wildbahn, aber auch bei Aufnahmen von Personen, weil diese sich „unbeobachtet" fühlen.

Dabei wären wir bei einem wichtigen Thema angelangt: Die Thais sind ein sehr schüchternes Volk und nicht immer scharf darauf, als Urlaubssouvenir herhalten zu müssen. Bei **Nahaufnahmen von Menschen** sollte immer um Fotoerlaubnis gefragt werden, am besten mit viel Höflichkeit, leiser Stimme und einem freundlichen Lächeln im Gesicht. Brutales Draufhalten aus zwei Meter Entfernung wird einem nicht viele Freunde bringen. Richtig problamtisch wird das **Fotografieren bei den Bergvölkern,** die sich mittlerweile fühlen müssen wie eine vom Aussterben bedrohte Affenart. Tausende Trekker fallen in die Bergdörfer ein und „schießen" auf alles, was sich bewegt. Das beste wäre:

Nur fotografieren, wenn man darum gebeten wird! Wenn die Bergbewohner Geld für die Aufnahme verlangen, ist das aus deren Sicht durchaus legitim. Grundsätzlich sei also gesagt, daß ein frech ins Gesicht gehaltenes Kameraobjektiv verletzender sein kann als ein böses Wort.

Filmempfehlung – die besten Diafilme für die Tropen

- **Kodachrome 25 P** (25 ASA), extrem „langsamer", feinkörniger und scharfer Film mit satten Farben, wie alle Kodachrome-Filme muß der Film zur Entwicklung bei Kodak-Labors eingeschickt werden.
- **Fujichrome Velvia** (50 ASA), extrem feinkörnig und mit hoher Farbsättigung, der Standard-Film vieler Profis.

FOTOGRAFIEREN

- **Agfachrome RSX 50 II** (50 ASA), ebenfalls sehr feinkörnig, aber mit etwas gedämpfteren Farben als der Velvia.
- **Kodachrome 64 P** (64 ASA), feinkörniger Profi-Film mit sehr stabilen Farben, bei richtiger Lagerung halten die Dias ewig.
- **Fujichrome Provia 100** (100 ASA), ausgezeichneter feinkörniger und scharfer Allround-Film mit satten Farben.
- **Fujichrome Astia** (100 ASA), sehr feinkörniger Film mit realistischer Farbgebung, der speziell für die Werbe- und Portraitfotografie entwickelt wurde; sehr geeignet für Objektfotografie (z.B. Makrofotografie).
- **Ektachrome Professional 100 S** – der feinkörnigste 100-ASA-Film. Ausgezeichneter Allround-Film, aber mit leicht „kühler" Farbgebung; die Version 100 SW („saturated-warm") hat einen wärmeren Farbton.
- **Agfachrome RSX 100 II** (100 ASA), feinkörnig, mit sehr realistischen Farbtönen.
- **Ektachrome E 200** (200 ASA), ein etwas „schnellerer" Film mit ausgezeichneter Farbsättigung und sehr guter „Push"-Qualität: Er kann ohne nennenswerten Qualitätsverlust wie ein 400- oder 800-ASA-Film benutzt werden, was ihn um 1 bzw. 2 Blenden „schneller" macht; im Fotolabor ist natürlich anzugeben, welchen ASA-Wert man benutzt hat. Sehr guter Allround-Film.
- **Kodachrome 200 P** (200 ASA), leicht grobkörnig, aber scharf, mit sehr stabilen Farben.
- **Agfachrome RSX 200 II** (200 ASA), ein guter 200-ASA-Allround-Film, mit leicht gedämpften Farben.
- **Fujichrome Provia 400** (400 ASA), für einen „schnellen" Film relativ feinkörnig und mit satten Farben.
- **Fujichrome Multispeed 100/1000** (100-1000 ASA), ausgezeichneter neuer Film für alle Situationen, kann als 100-, 200-, 400-, 800- oder 1000-ASA-Film benutzt werden.

niger gefährdet, diese Läden (z.B. Department Stores) nehmen aber auch höhere Preise.

Vor Großeinkäufen von Filmen sei gewarnt, auch wenn man ein besonders günstiges Geschäft gefunden zu haben glaubt. Es ist besser, erst nur ein paar Filme zu kaufen und einen davon sofort zu verknipsen und entwickeln zu lassen. Das erspart u.U. den Ärger, einen Großposten verdorbener Filme erstanden zu haben.

Von Filmkäufen in der Provinz sei ebenfalls abgeraten, weil dort die Preise zu hoch sind. Das gleiche gilt hier für die Entwicklung. Kodachrome-Filme können in Thailand nicht entwickelt werden, diese müssen nach Europa geschickt werden.

Für den **Transport der Filme** empfiehlt sich das Verpacken in einem strahlensicheren Bleibeutel. Zwar sind die meisten Roentgengeräte in den Flughäfen heute auf eine solch niedrige Strahlung eingestellt, daß dem Film nichts passiert – aber auch da dürfte es unliebsame Ausnahmen geben. Wer ganz sicher gehen möchte, kann die Kontrollbeamten um einen „handcheck" ohne Durchleuchtung bitten. Die meisten Beamten werden dieser Bitte nachkommen.

Zu guter Letzt noch ein paar wichtige **Vokabeln:** *Khoo thai ruup?* heißt „Darf ich fotografieren?" „Bitte recht freundlich!" heißt auf Thai *yim noy!,* wörtlich „Lächle mal ein bißchen!" Englischsprechern wird die folgende Aufforderung bekannt vorkommen: *act noy!* oder *action noy!,* zu Deutsch: „Bitte'n bißchen Äkschen!"

Rund ums Geld

Die thailändische Währungseinheit ist der **Baht**, der sich in 100 Satang unterteilt. Im März 1999 galten etwa die folgenden **Wechselkurse:**

1 DM	21 Baht
1 Schw. Franken	25,5 Baht
1 Österr. Schilling	2,9 Baht
1 Holl. Gulden	18,5 Baht
1 Brit. Pfund	59,5 Baht
1 US-Dollar	37,5 Baht
1 Euro (nur TCs)	40 Baht

Für Traveller-Schecks gelten etwas höhere Kurse als für Bargeld. Bei baren Dollars erzielen große Scheine etwas mehr als kleine.

Was Reisende immer wieder verwirrt, ist die unglaubliche Anzahl verschiedener **Münzen**, die in Thailand in Umlauf sind. Sie sind alle unterschiedlichen Prägedatums und kommen in allen erdenklichen Größen vor. Es gibt Münzen zu 10, 25 und 50 Satang, sowie zu 1, 2, 5 und 10 Baht.

1-Baht-Münzen gibt es etwa in der Größe eines Markstückes, die zweite Variante ist um ein paar Millimeter kleiner, und die dritte Version ist etwa nur so groß wie unser deutsches 5-Pfennigstück. Die Farbe ist jeweils silber.

2-Baht-Münzen haben etwa das Format eines deutschen Groschens, oder ein paar Millimeter kleiner. Der Rand ist kupferfarben, die Münze ansonsten silber.

Schwierig wird es bei den **Fünfern:** Die kommen entweder in der Größe eines deutschen 5-Markstückes (die alte Version) vor, oder sie sind den oben beschriebenen 2-Baht-Münzen zum Verwechseln ähnlich. Selbst die Bankangestellten sind sich nicht immer sicher, und so malen viele Banken eine blaue „5" auf die kleinere Variante. Alle Fünfer haben einen kupferfarbenen Rand und sind ansonsten silber.

10-Baht-Münzen haben etwa die Größe eines deutschen 2-Markstückes und sind silbern, mit einem messingfarbenen, runden Einsatz in der Mitte.

Banknoten gibt es zu 10 Baht (braun), 20 Baht (grün), 50 Baht (blau), 100 Baht (rot), 500 Baht (violett) und 1.000 Baht (beigebraun). Verwechslungen sind bei den Geldscheinen nicht zu befürchten, da der Wert in deutlichen, uns vertrauten Zahlen aufgedruckt ist.

Die **Banken** sind außerhalb von Bangkok Mo-Fr von 8.30-15.30 Uhr geöffnet, nicht aber an öffentlichen Feiertagen. In Bangkok sind Banken seit 1996 „versuchsweise" von 9.30-15.30 Uhr geöffnet. Es soll herausgefunden werden, ob diese Regelung Bangkoks Verkehrsstaus lindern kann. Falls sich das als erfolglos erweisen sollte, werden möglicherweise wieder die alten Öfnungszeiten eingeführt. In Gebieten mit hoher Touristenkon-

---

Zahlen, die auf Münzen und Geldscheinen vorkommen:

๑	1	๒	2	๕	5
๑๐	10	๒๐	20	๕๐	50
๑๐๐	100	๒๕	25	๕๐๐	500
๑๐๐๐	1000				

Baht, Tical und Muschelgeld

Mindestens ab der Mitte des 14. Jh. war im alten Siam die Währungseinheit **Tical** (sprich „Tickel") in Gebrauch. Der Tical war ursprünglich ein Silberstück von 15 g Gewicht, das zu verschiedenen Zeiten in unterschiedlichen Formen auftrat. Manche Stücke hatten die Form einer Gewehrpatrone, andere sahen aus wie kleine Stangen, manche wie schmale, längliche Rhomben, und andere wiederum waren mehr oder weniger rund.

Der Tical war unterteilt in **4 Salüng** oder „Viertel", ein Salüng wiederum bestand aus **2 Füang**; beides waren Silbermünzen. Dazu waren kleinere Münzen aus Kupfer in Umlauf, so der Song-Pai (1/16 Tical), der Pai (1/32 Tical), der At (1/64 Tical) und der Solot (1/132 Tical). Diese Stückelung in Achter- oder Sechzehner-Einheiten läßt sich bis in die prähistorische Indus-Kultur zurückverfolgen und wurde später von Indien und dem ihm verwandten Kulturkreis übernommen (8 und 16 waren mystische Zahlen in Indien). Ortsweise wurden auch **Kauri-Muscheln** als Währung gehandelt, wobei 1.200 Muscheln den Wert von 1 Füang hatten.

Neben dem Tical war lange Zeit auch die **britisch-indische Rupie** in Umlauf; in Nordthailand (ab der Höhe von Tak) war sie bis in die 90er Jahre des 19. Jh. hinein sogar fast ausschließliches Zahlungsmittel. Reisende in den Norden mußten ihre Tical in Rupien umwechseln, wollten sie nicht plötzlich mittellos dastehen. Fälscherwerkstätten in der Nähe von Chiang Mai brachten korbweise falsche Rupien in Umlauf, und die Markthändler der Region pflegten jede Münze zum Test „klingen" zu lassen.

Anfang des 20. Jh. versuchte die siamesische Regierung, den Gebrauch von Rupien zu unterbinden; gleichzeitig führte sie **Papiergeld** ein. Letzteres wurde zunächst mit Mißtrauen betrachtet, und für einen 10-Tical-Schein wurden anfänglich nur 9 Tical Silber (135 g) ausbezahlt.

Was die damaligen **Wechselkurse** angeht, so gab es um das Jahr 1615 für ein Britisches Pfund 8 Tical, gegen Ende des 19. Jh. jedoch schon 20 Tical. Der Wert des Tical war ursprünglich an den Preis von Silber gebunden, der zu jener Zeit beständig sank. 1902 wurde ein **auf Gold basiertes Währungssystem** eingeführt. Ende der dreißiger Jahre verdienten Arbeiter in Bangkok etwa 2 Tical pro Tag.

Das Wort *Tical* stammt vom arabischen *thaqal*, das mit dem hebräischen *shekel* und der in Bangladesch benutzten Währung *Taka* (wörtl. „Münze" oder „Geld") verwandt ist. Der Hindi-Begriff *tikali* bedeutet „kleines, rundes Stück Metall".

In den vierziger Jahren wurde der Tical durch den **Baht** ersetzt. Dieser ist ebenfalls vom Ursprung her eine Gewichtseinheit (15 g); noch heute werden Silber und Gold in Baht gewogen. Das Wort *Baht* stammt vom Hindi-Begriff *baat*, was einfach „Gewicht" oder „Gewichtseinheit" bedeutet.

Seltsamerweise gebrauchen einige ältere, in Thailand ansässige Inder bei Preisangaben noch immer den Begriff Tical. Den meisten Thais ist dieser heute völlig unbekannt.

● In Bangkok befindet sich ein **Münz-Museum**, das wochentags von Gruppen (mindestens 10 Personen) nach Voranmeldung besucht werden kann. Adresse: 273 Samsen Road (neben Bank of Thailand), Tel. 2835286.

zentration (Khao San Road, Siam Square, Patpong, Sukhumvit u.a.) gibt es zahlreiche Wechselschalter, die weit länger geöffnet sind, bis 20.00 oder auch 22.00 Uhr. Die Kurse sind im allgemeinen die gleichen, die man auch bei den normalen Banken erhält.

Beim Einlösen eines **Traveller-Schecks** ist der Reisepaß vorzulegen und dann die Unterschrift auf dem Scheck zu leisten. Gelegentlich muß auf der Rückseite nochmal unterschrieben werden, das hat aber nichts zu bedeuten, ist nur eine kleine Sicherheitsmaßnahme. Je Scheck wird eine Wechselgebühr von 10 Baht erhoben, dazu kommen noch einmal 3 Baht pro getätigtem Wechsel. Wenn ich also 2 Schecks einlöse, werden mir 2mal 10 Baht (für die Schecks) und weitere 3 Baht (für das Wechseln) abgezogen, insgesamt also 26 Baht. Verschiedene Banken erheben u.U. geringfügig abweichende Gebühren.

Es gibt in Bangkok eine Bank, die **Eurocheques** akzeptiert: die Thai Farmers Bank (142 Silom Road).

Bangkoks Banken arbeiten extrem effizient, und ein Wechsel dürfte nicht mehr als ein paar Minuten in Anspruch nehmen, wenn überhaupt. Beim Wechseln von **Bargeld** ist kein Reisepaß notwendig, es wird nur ein kleines Formular ausgefüllt, und das war's dann auch schon. Die üblichen Weltwährungen (Dollars, DM, Pfund, Yen, Schweizer Franken, Gulden, Austr. Dollars. etc.) werden überall angenommen. Mit österreichischen Schillingen kann es aber schon Probleme geben. Wird man mit einer Währung bei den kleineren Banken abgewiesen, so sollte man es bei der Bangkok Bank, 333 Silom Road, versuchen. Dort (2. Stock) werden auch „unübliche" Währungen akzeptiert. Hier kann man auch Währungen anderer asiatischer Länder einkaufen, z.B. malaysische Ringgit (auch malays. Dollars genannt) oder indonesische Rupien. Andere Banken oder Bankschalter verkaufen diese Währungen nicht.

Wer längere Zeit in Bangkok bzw. Thailand bleiben will, kann auch ein **Bankkonto** eröffnen. Die empfehlenswerteste Bank ist wahrscheinlich die Bangkok Bank, die einen sehr effizienten Kundendienst bietet und auch das dichteste Netz an Filialen im Lande besitzt. Eher abzuraten ist von der Thai Farmers Bank, über die viel Negatives zu vermelden ist: schlechter Kundendienst, Eilüberweisungen aus dem Ausland, die Wochen dauern, bis sie gutgeschrieben werden u.ä.

Sparkonten können bei jeder Filiale der Bangkok Bank (oder bei anderen Banken) beantragt werden. Am schnellsten geht es aber wohl in der Hauptstelle der Bangkok Bank (333 Silom Road, Bangkok, im Erdge-

> ## Welche Schecks oder Währungen mitbringen?
>
> Deutsche tun gut an **DM-Reiseschecks**, da es unsinnig ist, die DM erst in Dollar umwechseln zu lassen, um dann Dollar-Schecks wiederum in Baht einzutauschen. DM-Reiseschecks von namhaften Banken (also American Express, Bank of America, Deutsche Bank etc.) werden überall in Bangkok angenommen. Schweizer können **Schecks in Schweizer Franken** mitbringen, in diesem Falle gehen DM oder Dollars natürlich auch. Neuerdings gibt es auch die Möglichkeit der PTT-Postcheques (bis zu 300 SFr pro Scheck), die man sich in Schweizer Postämtern ausstellen lassen kann. Diese werden von einigen Postämtern in Thailand gegen Landeswährung eingetauscht. Einzelheiten sollten bei den schweizerischen Stellen erfragt werden. Österreicher sollten sich ihre Währung in DM- oder Dollar-Schecks umwechseln lassen, Niederländer ebenfalls. **In Euro ausgestellte Reiseschecks** lassen sich bei praktisch allen Banken oder Wechselschaltern einwechseln. Einen Kursvorteil gegenüber Schecks in DM bieten sie bisher allerdings nicht.
>
> Ein paar Scheine **Bargeld** sollten zusätzlich zu den Schecks mitgebracht werden. Damit kann zur Not mal ein Taxi o.ä. bezahlt werden. Außerdem muß man so am Schluß der Reise nicht womöglich einen großen Scheck einlösen, um noch schnell den letzten Kauf zu tätigen.

schoß links). Das ganze dauert keine Viertelstunde, und 5,0 % (z.Zt.) Zinsen gibt's obendrauf. Zur Kontoerteilung muß aber eine feste Adresse angegeben werden. Am besten wäre die Adresse eines/einer Einheimischen oder ein gemietetes Apartment; ein Hotel macht sich nicht so gut.

Bei der Kontoerteilung sollte gleich eine ATM-Karte mitbeantragt werden (ATM = *Automatic Teller Machine*). Die normalen ATM-Karten kosten 30 Baht, und ihre Ausstellung läßt etwa 10 Tage auf sich warten. Mit diesen Karten kann man täglich bis zu 20.000 Baht abheben (2 mal 10.000). Für 250 Baht gibt es die „Premier"-ATM-Karten, die sofort ausgestellt werden, mit diesen lassen sich täglich bis zu 40.000 Baht abheben (2 mal 20.000). Die Geldautomaten sind in der Regel von 7.00-22.00 Uhr in Betrieb, eine zunehmende Zahl aber auch rund um die Uhr.

Mit den „Premier"-Karten läßt sich auch im Ausland Geld aus Automaten holen (z.B. Singapur, Malaysia und auch Europa). Man schaue nach der Ausschilderung „Plus" an den Automaten. Dabei wird pro Automatenbenutzung eine Gebühr von 75 Baht eingezogen; der berechnete Wechselkurs liegt u.U. etwas schlechter als der offizielle. An einigen **Geldautomaten** kann auch mit Visa-, Master- oder American-Express-Karte abgehoben werden; man achte diesbezüglich auf die Ausschilderung am Automaten.

Der Währungs-Crash '97/'98

Im Juli 1997 sah sich die thailändische Regierung aufgrund starken Drucks auf den Baht dazu genötigt, die **Bindung der thailändischen Währung an ein Devisenpaket** (angeführt vom US-Dollar) **aufzuheben.** Zuvor hatte sie vergebens versucht, den Baht durch Dollar-Verkäufe und Baht-Einkäufe stabil zu halten. Die Staatsbank „verspielte" so etwa 25 Mrd. Dollar, der Druck auf den Baht aber blieb bestehen (siehe auch Kap. Wirtschaft).

Nach der Freigebung der Währung sank diese kontinuierlich, innerhalb eines halben Jahres **verlor der Baht etwa die Hälfte seines Wertes.** Für 1 DM bekam man im September '98 ca. 23 Baht, im Juni '97 waren es nur 14 Baht gewesen. Ein Ende der Währungskrise war Mitte '99 noch nicht in Sicht.

Die Gründe für den Crash? Die hoffnungslose Überschuldung vieler Banken und Privatunternehmen, wirtschaftliches Mißmanagement, Fehlinvestitionen sowie weitreichende Korruption, was zusammengenommen das Vertrauen ausländischer Investoren schwer erschütterte. Dazu kamen Währungsspekulanten, die – in Erwartung eines fallenden Baht – die thailändische Währung in hohem Maße auf den Markt warfen, um denn Dollars einzukaufen, was den Baht wie erwartet abstürzen ließ; für den Dollar gab es somit mehr Baht und es war ein schöner Gewinn gemacht. Die entstehende Panik verleitete wiederum andere Spekulanten dazu, ihre Baht abzustoßen und die Währung verlor noch einmal an Wert. Zur Ehrenrettung der Spekulanten sei gesagt, daß sie eine Währung nur dann massiv herunterdrücken können, wenn die Wirtschaft des betreffenden Landes fundamentale Schwächen aufweist.

Mit dem fallenden Baht sank auch die Stimmung in Thailand. Den meisten Thais wurde plötzlich klar, daß der Traum vom Wohlstand westlicher Couleur am einmal ausgeträumt war; das vielgepriesene „Wirtschaftswunder" hatte sich als heiße Luftblase entpuppt. In kürzester Zeit verloren über eine Million Thais ihre Arbeit, und viele ehemalige Wohlstandsbürger sahen sich gezwungen, ihre Rolex-Uhren und Mercedes zu Schleuderpreisen zu verkaufen. Die Misere hat die Selbstmordrate in die Höhe schnellen lassen, bei Eigentumsdelikten ist ein starker Anstieg zu verzeichnen und Soziologen warnen vor ernsten sozialen Spannungen. Dabei hätte vielleicht alles vermieden werden können: Der International Monetary Fund (Internationale Währungsfonds) hatte die thailändische Regierung seit 1993 vor einer drohenden Krise gewarnt, und selbst viele im Land lebende Ausländer – gar nicht mal Wirtschaftsexperten – hatten sie heraufziehen sehen. Doch die meisten Thais haben dies nicht wahrhaben wollen.

Wie ist nun der ausländische **Tourist** betroffen? Zunächst einmal geht es ihm blendend, denn er **bekommt nun viel mehr für**

Rund ums Geld

seine **Devisen**. In einigen Bereichen wird der Vorteil jedoch wieder zunichte gemacht, nämlich dann, wenn Importwaren eingekauft werden sollen – also z.B. Filme, ausländische Bücher und Zeitschriften, importierte Lebensmittel etc. Ebenso betroffen sind solche Waren, die unter Mitverwendung ausländischer Produkte hergestellt sind, wie z.B. Kleidung, deren Farbstoffe häufig aus dem Ausland importiert werden müssen. Dann wird der Währungsvorteil wieder etwas eingeschränkt. Aufgrund der starken Erhöhung des Benzinpreises (bisher ca. 30 %) dürften sich in naher Zukunft die Transportpreise erhöhen.

Der gestiegene Benzinpreis zieht natürlich auch ganz allgemein eine Inflation nach sich, da ja praktisch alles, was konsumiert wird, unter Benzinverbrauch herangeschafft werden muß. Für 1999 wurde mit einer **Inflationsrate um 8 %** gerechnet; diese wird noch höher ausfallen, falls der Baht noch einmal sinken sollte. Kurz zusammengefaßt: Der Tourist hat viele Vorteile durch den Währungsverfall, diese werden jedoch durch ein paar Nachteile wieder etwas reduziert. Auf jeden Fall ist Thailand derzeit ein erheblich preiswerteres Reiseland als noch vor ein oder zwei Jahren.

Einige wenige Luxushotels nehmen die Krise zum Vorwand, ihre Preise in Dollars statt in Baht anzugeben (der Dollar-Preis wird dabei nach dem Tageskurs in Baht umgerechnet und es wird in Baht bezahlt). Solange dabei der umgerechnete Baht-Preis dabei immer noch günstig ist, sollte das nicht weiter stören; oft ist er es aber nicht – die Hotels versuchen auf derlei Art eine versteckte Preiserhöhung durchzudrücken. Taschenrechner mitnehmen und genau klarstellen, nach welchem Wechselkurs der Preis berechnet wird!

Bei den meisten anderen Unterkünften sind z.Zt. noch keine Preiserhöhungen zu beobachten, da in diesem Bereich ein Überangebot besteht: Fast alles Geld, das in den Boom-Jahren in Thailand verdient wurde – und noch Unsummen geliehenes Geld dazu – wurde in Hotels, Appartement- und Büro-Gebäude gesteckt.

Sowohl der thailändischen Regierung als auch weiten Teilen der Bevölkerung ist klar, daß der Heilsweg aus der Krise zunächst einmal im Verdienen von ausländischen Devisen liegt. Aus diesem Grunde wird der Tourismus in nächster Zeit eine wichtigere Position einnehmen denn je. Touristen waren noch nie so gern gesehen wie heute.

Kreditkarten

In vielen besseren Hotels, Restaurants und Geschäften kann mit Kreditkarten bezahlt werden. Dabei ist vorher abzuklären, ob dabei ein Aufschlag auf den Preis erhoben wird. In einigen Geschäften werden bei Zahlung mit Kreditkarte 5 % auf den Kaufpreis aufgeschlagen.

Vorsicht! Beim Bezahlen ist die Karte nicht aus den Augen zu lassen – es hat reichlich Fälle gegeben, in denen blitzschnell ein Abdruck gemacht wurde.

Gegen eine kleine Gebühr läßt sich bei einigen Banken (z.B. der Bangkok Bank) auch **Bargeld** mit der Kreditkarte abheben.

Geld überweisen

Ist einem das Geld ausgegangen, kann man sich problemlos welches schicken lassen. Alle **Geldüberweisungen** von Europa aus sollten aber grundsätzlich per Telex oder besser sogar SWIFT (s.u.) abgewickelt werden. So sollte es dann nicht länger als 2 Tage dauern, wohingegen Normalüberweisungen Wochen dauern können. Aber Telexüberweisungen kosten 50-70 DM(!). Preiswerter sind die neuen SWIFT-Überweisungen (ca. 30 DM). Man sollte sich jedoch vorher bei sei-

RUND UMS GELD

Reisetips

ner Heimatbank erkundigen, ob diese von dort schon möglich sind.

Die meiner Erfahrung nach **schnellste Methode** ist folgende: Man lasse die gewünschte Summe von einer Filiale der Deutschen Bank in Deutschland zur Deutschen Bank Asia in Bangkok überweisen (Deutsche Bank Asia, 208 Wireless Rd., Tel. 6515000). Wenn das Geld in Deutschland um 9 Uhr morgens abgetelext wird, kann man es im Normalfall schon am nächsten Morgen in Bangkok abholen!

Bei der Auszahlung des Geldes wird eine **Courtage** von 200-300 Baht einbehalten. Das Geld wird in Baht ausgezahlt, und man sollte es möglichst nicht gleich wieder in DM umwechseln lassen. Dabei wird nämlich wieder eine Wechselgebühr erhoben, und man macht Verlust.

Wer nicht per Deutsche Bank überweisen kann/will, sollte sich vor der Reise bei seiner Bank erkundigen, welche **Verbindungsbanken** in Bangkok bestehen. Die Überweisung zu einer solchen Verbindungsbank sollte ebenfalls nicht länger als 2 Tage in Anspruch nehmen. Die zuvor erwähnte Bangkok Bank verfügt über zahlreiche Verbindungbanken in europäischen Städten. Beim Abholen des Geldes ist selbstverständlich der Reisepaß vorzulegen.

Falls das Geld nach 2 Tagen nicht eingetroffen ist, sollte man die Bankangestellten unbedingt sowohl unter Vor- als auch nach **Nachnamen** nachchecken lassen! Thais können in fremden Pässen oft nicht unterscheiden, welcher Name nun was ist. Führt auch das nicht zum Erfolg, sollte in der Telex-Abteilung nachgefragt werden. Das Telex könnte dort verlorengegangen sein.

Maße und Gewichte

Die in Thailand gebräuchlichen Maße und Gewichte folgen dem metrischen System, also Kilometer, Kilogramm, Liter etc. Ausnahmen bestehen bei **Flächenangaben,** zu denen oft alte thailändische Maße zuhilfe genommen werden. Grundstücke oder andere große Areale werden meist in **rai** gemessen (1.600 m^2), die Wohnfläche von Häusern oder andere kleinere Flächen in **Trang-Wah.** Ein Trang-Wah oder „Quadrat-Wah" entspricht 4 m^2. Der Wah ist ein altes Längenmaß und entspricht vier „Ellen" (der Arm von den Fingerspitzen bis zum Ellenbogen), d.h. 2 m.

Gold wird in **Baht** gewogen, was in diesem Falle nicht mit der Währungseinheit zu verwechseln ist. 1 Baht sind 15 g. Der in den Fenstern der Juwelierläden angegebene Goldpreis bezieht sich immer auf 1 Baht. Der Baht ist in 4 Salüng unterteilt. Da Salüng somit so etwas wie „ein Viertel" bedeutet, wird oft auch die thailändiche 25-Satang-Münze Salüng genannt.

„Kilometer" auf Thai ist schlicht **Kilomet.** 1 Kilomet besteht aus 1.000 **Met.** Thais haben in der Regel nur wenig Vorstellungen von Entfernungen, und wer Passanten nach der Entfernung zu Hotel So-und-So fragt, wird oft durch völlig falsche Angaben verwirrt.

Früher gaben die Thais (wie auch andere Völker Asiens) Entfernungen und Zeitspannen dadurch an, wieviele Betelnüsse man zwischenzeitlich kauen könnte. Auf die Frage, wie weit es denn beispielsweise nach Lamphun sei, bekam man also vielleicht Antworten wie „Das schaffst du in sieben Betelnüssen"

Medizinische Versorgung

Thailands Ärzte sind relativ gut ausgebildet, dennoch gibt es darunter auch zahlreiche schwarze Schafe. Einige Ärzte betreiben das sogenannte *liang khai*, das „Hegen des Fiebers" – sie halten den Patienten möglichst lange krank, um ordentlich an ihm zu verdienen. Wenn die Behandlung nach einer angemessenen Zeit nicht angeschlagen hat, sollte man den Arzt wechseln. Gelegentlich werden des Profits wegen sogar Operationen anberaumt, die eigentlich völlig überflüssig sind. Man sollte immer die Meinung eines zweiten, wenn nicht gar dritten Arztes einholen, möglichst in einem anderen Krankenhaus!

Private thailändische Krankenhäuser können sehr teuer sein (Tagessätze von bis zu 5.000 Baht), in staatlichen kommt man mit sehr niedrigen Summen davon. Ein Leser der „Bangkok Post" berichtete, daß ihm nach der Behandlung in einem privaten Hospital beschieden wurde, daß „Malaysier doppelt so viel zu zahlen haben wie Thais, Westler das Dreifache".

Das thailändische Gesundheitsministerium plant, demnächst eine Standardisierung der Preise in privaten Krankenhäusern einzuführen, was die Kosten verringern dürfte. Ob diese auch die Übervorteilung von Ausländern ausschalten kann, ist fraglich. Vor der Behandlung sollte man sich auf jeden Fall nach den zu erwartenden Kosten erkundigen.

Im Notfall seien folgende Adressen in Bangkok empfohlen:

- **Dr. Wongphaet** (Mr. & Mrs.)
Samrong Hospital
Tel. 3931050, 3932131-5
- **Dr. Lopachak**
6/23 Soi Nana Nuea
Sukhumvit Road, Soi 3
Tel. 2535857, Fax 32545537
- **Dr. Watanayakorn** (Chirurg)
Police Hospital
(*Roong-Phayabaan-Thamruat*)
Rama 1 Road
Tel. 2528111-20
- **Dr. Tiensiri** (Zahnarzt)
Bamrungrad Medical Center
Soi Nana Nuea
Sukhumvit Road, Soi 3
Tel. 2530250-9, Anschluß 637

Post und Telefon

Die thailändische Post ist im allgemeinen recht zuverlässig, zumindest was **Briefe und Postkarten** angeht: Was abgeschickt wurde, kommt meist auch an.

Etwas schlechter sieht es bei **Päckchen oder Paketen** aus. Deren Inhalt scheint einige Postler zu interessieren, und es kommt zunehmend zu Klagen über verlorengegangene Sendungen oder solche, bei denen etwas herausgenommen wurde. Das gilt sowohl für ein- als auch ausgehende Sendungen. Wichtige Sendungen sollten deshalb unbedingt per Einschreiben geschickt werden (auf Thai: *long tabiyen*).

Wer noch sicherer gehen will, ist gut mit einem der zahlreichen **Kurierdienste** beraten, die auch eine kürzere Zustellungszeit versprechen. Die folgenden Kurierdienste in Bangkok holen die Sendung auf Telefonanruf vom Hotel (oder sonstiger Adresse des Kunden) ohne Aufpreis ab:

- **Airborne**, Tel. 3921383
- **City-Link Express**, Tel. 5415303-7
- **CSS Couriers**, Tel. 2873278-9
- **Dragon Courier International**, Tel. 6569019-21
- **DHL Worldwide Express**, Tel. 2070600
- **DPE Worldwide**, Tel. 2374751-6
- **Emery Worldwide**, Tel. 2357613-4
- **Excellent Courier**, Tel. 9397469
- **Federal Express**, Tel. 3673222
- **GDM Company**, Tel. 2853512
- **OCS**, Tel. 2559950-4
- **Skynet Worldwide Express**, Tel. 6364939
- **Speedy**, Tel. 2542536
- **TNT Express Worldwide**, Tel. 2495702-6
- **United Parcel Service**, Tel. 7123000
- **Worldpak Express**, Tel. 2583896

Die Kosten für die Courier Services sind allerdings recht hoch: Eine Dokumentensendung von bis zu 500 g kostet ca. 1.000 Baht; Warensendungen sind etwas billiger.

In einigen Städten gibt es Niederlassungen des privaten Unternehmens **Mail Boxes Etc.** (MBE), das alle möglichen postalischen Dienste anbietet: das Versenden von Paketen, Briefen, Faxen oder E-Mail-Service. Filialen finden sich bisher in Bangkok (Tani Rd., Banglamphoo), Phuket (Phuket Rd.) und Chiang Mai (Chan Klan Rd. nahe Night Bazar und Thanon Inthawarorot).

Doch zurück zur Post: Es ist nicht nötig, Postkarten oder Briefe vor den Augen abstempeln zu lassen, wie in einigen anderen asiatischen Ländern, wo die Marken abgelöst und wiederverkauft werden. Einige Marken kleben jedoch schlecht, und Vielschreiber sollten sich Klebstoff zulegen.

Ein Brief von Bangkok nach Westeuropa ist selten länger als eine Woche unterwegs, umgekehrt sind's oft nur 4 Tage. Bei Post von/zur Provinz sind 1-3 Tage dazuzurechnen.

Post kann man sich auch postlagernd schicken lassen, am besten zum G.P.O. *(General Post Office)* in Bangkok. Den Briefen ist ein deutliches **poste restante** aufzumalen, und wer die Briefe abholt, sollte die Beamten bitten, sowohl unter dem Vor- als auch dem Nachnamen nachzusehen, da die Briefe oft falsch einsortiert werden. Abholgebühr 1 Baht.

American Express unterhält einen Postlagerservice, allerdings muß der Abholer American Express Travellerchecks haben oder Besitzer einer Scheckkarte selbiger Firma sein.

Pakete

Pakete lassen sich per Luftpost schicken (sehr teuer, ca. 1.000 Baht/kg) oder per Sea-Mail.

Je schwerer die Pakete also, desto niedriger der Kilopreis. Das Limit liegt allerdings bei 20 Kilo.

Post und Telefon

Portogebühren	
Innerhalb Thailands:	
Postkarte	1,50 Baht
Aerogramm	3 Baht
Nach Europa:	
Postkarte	9 Baht
Brief (bis 10 Gramm)	17 Bath
Brief (10-20 Gramm)	24 Baht
Aerogramm	15 Baht

Sea-Mail-Preise für Pakete	
4- 5 Kg	550 Baht
6-10 Kg	770 Baht
11-15 Kg	990 Baht
16-20 Kg	1.210 Baht

Sea-Mail-Pakete können mehr als drei Monate unterwegs sein, Beteuerungen der Beamten, die Pakete kämen in vier Wochen an, sind unter der Rubrik „Legende" einzuordnen.

In allen Postämtern gibt es Fertigpakete zu kaufen, inklusive Schnürband und Klebestreifen. Diese sind allerdings etwas knapp bemessen. Ein mittelgroßes kostet 12 Baht.

In Thailand **eingehende Pakete** werden gelegentlich vom Zoll einbehalten und müssen bei einem Zollamt (Postal Customs House), ca. 300 m rechts hinter der Hualamphong Station, abgeholt werden. Man erhält in diesem Fall ein schriftliche Benachrichtigung – auf Thai. Im Zollamt werden die Pakete in Anwesenheit des Empfängers geöffnet, und der Inhalt wird überprüft. Dabei versuchen die Beamten häufig, auch auf zollfreie Waren eine „Zoll"-Gebühr zu erheben, die sie einfach spontan erfinden. Mit Glück und höflicher Entschlossenheit kann man die Summe herunterhandeln oder kommt eventuell sogar ganz ohne Zahlung davon.

Telefonieren

Orts- und Inlandsgespräche

Gespräche innerhalb Thailands können von **grünen Telefonkarten-Automaten** geführt werden (Telefonzellen mit grünem Dach, siehe Aufschrift „Cardphone"). Die Telefonkarten für Orts-und Inlandsgespräche sind nicht dieselben wie die für Auslandsgespräche (s.u.). Inlands-Telefonkarten heißen auf Thai *bhat thorasap nay pathet*. Die allmählich aussterbenden Münzautomaten sind in Telefonzellen mit blauem Dach untergebracht und nehmen 1- und 5-Baht-Münzen an. Ein Ortsgespräch von einer Minute kostet 3 Baht. Die günstigsten Tarife für Ferngespräche gibt es in der Zeit von 21.00 bis 6.00 Uhr.

Seit einiger Zeit gibt es aber noch eine besonders preiswerte Möglichkeit zu Inlandsgesprächen: Da die Telekommunikations-Firmen ihre Kunden mit einer größeren Anzahl von kostenlosen Telefoneinheiten umwerben, „verkaufen" viele **Mobil-Telefon-Besitzer** ihre so erlangten Einheiten. Am

Straßenrand wird dann ein Tisch aufgestellt, darauf liegt das Telefon, und der Besitzer sitzt dabei auf einem Klappstuhl und wartet auf Kunden. Abends nach Arbeitsschluß bilden sich oft größere Warteschlangen. 1 Minute Inlandsgespräch kostet 3-4 Baht, egal ob es ein Orts- oder ein Gespräch in weiter entfernte Provinzen ist. Bei reinen Ortsgesprächen lohnt diese Methode folglich nicht.

Auslandsgespräche

Von **gelben Telefonkarten-Automaten** (Zelle mit gelbem Dach) können Gespräche ins Ausland geführt werden.

Vorwahlnummern

Deutschland	0149
Österreich	0143
Schweiz	0141
Thailand von Deutschland	0066
Ayutthaya	035
Bangkok	02
Buriram	044
Cha-Am	032
Chantaburi	039
Chayaphum	045
Chiang Khan	042
Chiang Mai	053
Chiang Rai	053
Chonburi	038
Chumphon	077
Hat Yai	074
Hua Hin	032
Kamphaeng Phet	055
Kanchanaburi	034
Khon Khaen	043
Khorat	044
Ko Samui	077
Krabi	075
Lampang	054
Lamphun	053
Loei	042
Lopburi	036
Mae Hong Son	053
Mae Sot	055
Mukdahan	042
Nakhon Phanom	042
Nakhon Pathom	034
Nakhon Sawan	056
Nakhon Si Thammarat	075
Narathiwat	073
Nong Khai	042
Nonthaburi	02
Pattani	073
Pattaya	038
Petchaburi	032
Phang-Nga	076
Phatthalung	074
Phayao	054
Phitsanulok	055
Phuket	076
Phrae	054
Prachuap Khiri Khan	032
Ratchaburi	032
Ranong	077
Rayong	038
Roi-Et	043
Saraburi	036
Satun	074
Si Saket	045
Sukhothai	055
Suphanburi	035
Songkhla	074
Surat Thani	077
Surin	045
Tak	055
Trat	039
Ubon Ratchathani	045
Udon Thani	042
Uttaradit	055
Yala	073
Yasothon	045

Die dazu benutzten Telefonkarten sind andere als die bei Inlandsgesprächen; auf Thai nennen sie sich *bhat thorasap tang pathet*. Es gibt sie zwar überall zu kaufen, leider funktionieren sie aber nicht in jeder Telefonzelle.

Auslandsgespräche können auch von besseren Hotels, Postämtern und den sich stetig vermehrenden, privaten Telecommunication Offices geführt werden. Eine Gesprächsminute nach Deutschland kostet im Postamt 45 Baht, zu Nachtzeiten oder an Sonn- und Feiertagen nur ca. 35 Baht. In den privaten Kommunikationsbüros und in den Hotels wird darauf noch ein Zuschlag von ca. 10-20 Baht erhoben, in den ganz teuren Hotels unter Umständen noch erheblich mehr. Bei den Kommunikationsbüros ist die Mindestgesprächsdauer zumeist eine Minute, d.h. auch wenn man kürzer spricht, muß die volle Minute bezahlt werden.

Die **preiwerteste Möglichkeit** bieten einige Büros in der Khao San Road in Bangkok, bei denen die Telefonverbindungen übers Internet geknüpft werden. Hier kostet eine Minute Auslandsgespräch (egal welches Land) nur 25 Baht.

Von den Postämtern lassen sich in der Regel auch **Person-to-Person-Calls** führen. Bei diesen fragt die Vermittlung nach einer bestimmten Person am anderen Ende; ist sie nicht zu sprechen, braucht die Verbindung nicht bezahlt zu werden. Für ein zustandegekommenes Gespräch bezahlt man dafür aber 210 Baht/3 Min.

Gewählt wird, wie bei uns, die Landeskennziffer und die Vorwahl (ohne die erste 0), dann die Teilnehmernummer.

Handy-Anschlüsse haben die Vorwahl 01. Mobile Telefone sind in Thailand sehr verbreitet, erstens aus Statusgründen und zweitens, weil es in einigen abgelegenen Gegenden (z.B. auf kleineren Inseln) oft keine herkömmlichen Telefonanschlüsse gibt.

Faxe lassen sich von zahlreichen privat betriebenen Communication Centers aus schicken, die sich in den meisten Touristengegenden finden. Das Faxen einer Din A4-Seite nach Deutschland kostet ca. 85-90 Baht. Von Postämtern aus ist es meist teurer und oft auch sehr zeitraubend.

E-mail

Die Vernetzung von Thailand mit dem Internet ist noch nicht sehr weit fortgeschritten, vor allem verglichen mit dem Hi-Tech-bewußten Singapur, das die höchste Anschlußrate in Asien hat. Die Benutzergebühren gehören zu den höchsten der Welt und passen nicht zu den vielbeschworenen Plänen, Thailand zum „Kommunikationszentrum Südostasiens" zu machen. In Bangkok gibt es mittlerweile zahlreiche Cyber-Cafés, vor allem in der Gegend um die Khao San Road (siehe Kap. „Adressen, Bangkok").

Sicherheit

Ob man's wahrhaben will oder nicht: Die thailändische **Kriminalitätsrate** ist in den letzten Jahren als Folge der zunehmenden „Vermaterialisierung" der Gesellschaft stark gestiegen. Diese Entwicklung dem westlichen Einfluß zuzuschreiben, wäre aber vollkommen falsch, denn es gibt genügend Sprengstoff in der thailändischen Psyche selbst: den Hang zum verschwenderischen Wohlleben oder das hitzige Temperament unter dem so stoisch scheinenden Äußeren. Um in die weiteren tiefenpsychologischen Gründe einzudringen, ist hier wohl nicht der Platz.

Von den zahlreichen **Kapitalverbrechen** (über 10.000 Morde/Jahr) bekommt der Tourist zumeist gar nichts mit, in den englischsprachigen Tageszeitungen wird nur in Ausnahmefällen davon berichtet. In den thailändischen Zeitungen hingegen bietet sich ein völlig anderes Bild: Gewalttaten beherrschen das Tagesgeschehen. Glücklicherweise werden Ausländer nur selten von solchen Straftaten betroffen, zumeist handelt es sich um „thai-interne" Racheakte o.ä.

Eigentumsdelikte wären da schon eher möglich, aber mit ein wenig Umsicht kann man auch dieses Risiko stark verringern. Grundsätzlich sollte man sich nicht alleine in abgelegenen Gebieten herumtreiben, und auch nächtliche Spaziergänge in den Städten sind nicht mehr so sicher wie sie einmal waren. Denken Sie daran, daß Sie mit Ihrer Reisekasse – auch wenn Sie sie selber eher für spärlich halten – ein lohnenswertes Opfer darstellen!

Unter den Thais sind einige **Gebiete** als überdurchschnittlich kriminell bekannt, die vielleicht noch erwähnt werden sollten: Die Provinzen (*changwat*) Surat Thani, Nakhon Si Thammarat, Phattalung, Trang, Petchaburi, Chonburi und Ayutthaya. Bangkok ist – verglichen mit ähnlich großen Metropolen des Westens – wahrscheinlich als sehr sicher zu bezeichnen.

Wie ansonsten in Thailand auch, zielen aber auch in diesen Gebieten die Aktivitäten der Dunkelmänner in erster Linie auf die eigenen Landsleute ab; Touristen sind selten betroffen. Hier aber noch einige spezielle Punkte, die beachtet werden sollten:

Unterwegs mit öffentlichen Verkehrsmitteln

Gelegentlich machen Ganoven die Züge und Busse unsicher, die Touristen zu einem Drink oder Imbiß einladen, von dem letztere erst nach Stunden wieder das Bewußtsein erlangen. Die Aufmerksamkeiten wurden durch ein wohldosiertes Schlafmittel verfeinert! Daß die Reisenden dann bis aufs Hemd ausgeplündert sind, versteht sich von selbst. Überfälle dieser Art werden besonders im Süden des Landes registriert. Mittlerweile macht die Polizei vor Abfahrt der A.C.-Busse

Bereitschaftspolizei

SICHERHEIT

Videoaufnahmen, um einen eventuell schon im Bus sitzenden Banditen gleich auf Film zu haben, oder um potentielle Täter von vornherein abzuschrecken.

Für den Reisenden gilt: Vorsicht bei Fremden, die einem unbedingt einen Imbiß aufschwatzen wollen!

Reisebüros

Wiederholt ist es in den letzten Jahren zu Fällen gekommen, in denen Reisebüros ihre Kunden um deren Anzahlungen prellten. Manch Reisebüro-Leiter kassierte die Anzahlungen von Dutzenden von Travellern ab, machte am nächsten Tag seinen Laden dicht und tauchte bei einem Vetter auf dem Lande unter. Derlei scheint sich besonders bei Reisebüros in der Khao San Road in Bangkok zu häufen. Die Klagen bei der Polizei führen in der Regel zu nichts, das Geld ist weg.

Um derlei zu vermeiden, sollte man nur sehr geringe Anzahlungen leisten. 500 Baht sollten ausreichen. Verständlicherweise will sich das Reisebüro versichern, daß der Kunde das bestellte Ticket tatsächlich kauft. Falls das Reisebüro sich jedoch auf eine kleine Anzahlung nicht einläßt, zum nächsten gehen! In Bangkok bietet sich als Alternative zur Khao San Road das indische Viertel Pahurat an, das eine Vielzahl von kleinen und sehr preiswerten Reisebüros aufweist. Diese verlangen im allgemeinen keine Anzahlung. (Am zuverlässigsten: Zoom Travel in der Gasse links neben dem ATM Department Store, Tel. 2248046, 2227772; Raj International, Bunty Travel in der Chakraphet Rd.)

Angebote

In vielen Touristengegenden treiben Gauner ihr Unwesen, die naiven Reisenden scheinbar verlockende Angebote machen: Da soll etwa ein Werbefilm für Coca Cola gedreht werden, und man sucht noch einen westlichen Hauptdarsteller, oder der Tourist soll in einer Pokerrunde mitmachen, für die man ihn erst einmal mit 10.000 Dollar ausstattet. Bei all diesen dubiosen Angeboten entwickelt sich im Normalfall ein so ausgeklügelter Plot, daß der Tourist am Ende mit seinem Geld draufzahlt! Allen Anbietern von plötzlichem Reichtum sei eine gesunde Portion Skepsis entgegenzubringen, denn auch in Thailand verschenkt niemand etwas!

In unserem Beispiel könnte man ohne weiteres die Promotion-Abteilung von Coca Cola anrufen, um herauszufinden, ob wirklich ein Darsteller gesucht wird. Und ohnehin: Firmen dieser Größenordnung schicken bestimmt keine Agenten in Bangkoks Khao San Road, um einen Touristen für Werbeaufnahmen zu gewinnen!

Im zweiten Beispiel ist es noch offensichtlicher, daß etwas faul sein muß: Glücksspiel ist in Thailand streng verboten, und der Reisende, der in einer Pokerrunde mitmischt, macht sich strafbar und ist somit mögliches Opfer von Erpressungen.

Von den beiden oben angeführten Möglichkeiten, reingelegt zu werden, bestehen natürlich zahlreiche Varianten, die ausgeklügelt werden, wenn die alten Tricks bekannt sind.

Edelsteinkauf

In den touristischen Gegenden von Bangkok – vor allem Banglamphoo und Silom Road – lauern etliche Betrüger, die sich als Repräsentanten eines Edelsteingeschäftes ausgeben. Diese versuchen, wie gediegene Geschäftsmänner zu wirken, mit dickem Goldschmuck am Hals und möglichst noch einem portablen Telefon in der Hand, und locken Touristen mit angeblichen Superangeboten in Edelsteinläden. Meist wird vorgegeben, daß „es gerade heute besonders günstige Preise gibt", etwa weil zufällig ein „Edelstein-Promotion-Tag der thailändischen Regierung" stattfindet oder ähnlich haarsträubender Blödsinn. Die Steine, die in den angepriesenen Läden geboten werden, sind in den meisten Fällen zwar echt, jedoch von schlechtester Qualität und extrem übertreuert. Beteuerungen, daß die Steine in Europa einen vielfachen Wiederverkaufswert erzielen können, sind schlichtweg gelogen, meist bringen sie nicht einmal den Kaufpreis wieder ein. Nachträgliche Rückerstattungen, wie sie oft versprochen werden, sind unmöglich und wenn, dann nur zu einem Bruchteil der bezahlten Summe. Beschwerden bei der Polizei sind oft sinnlos, da sich die betreffenden Geschäfte die Polizei durch Zahlungen gefügig machen.

SICHERHEIT

Nepper und Schlepper

Besonders der Sanam Luang in Bangkok ist Tummelplatz vieler Schlepper, die sich als arme Studenten ausgeben und den Touristen „umsonst" zu einer Darbietung klassischen Thai-Tanzes führen wollen. Am Ende zahlt der Tourist jedoch meistens eine dicke Rechnung. Für sich selber, für den angeblichen Studenten und noch ein paar Extras.

Um ein Lokal ausfindig zu machen, in dem klassische Tänze aufgeführt werden, braucht man keinen „Führer"; Angebote dieser Art sollten grundsätzlich abgelehnt werden.

Tuk-Tuk-Fahrer

Viele Tuk-Tuk-Fahrer, besonders solche, die sich in der Nähe der Khao San Road in Bangkok herumtreiben, behaupten oft, daß die eine oder andere Sehenswürdigkeit „heute geschlossen" sei. Dafür bieten sie dem Touristen eine spottbillige Fahrt in irgendein Geschäft an, das gerade einen „besonders günstigen, einmaligen Sonderverkauf" o.ä. anbietet. Das ganze ist natürlich ein Schwindel, die Sehenswürdigkeit ist mit aller Wahrscheinlichkeit doch geöffnet, der Tuk-Tuk-Fahrer aber bekommt vom Besitzer des betreffenden Geschäftes gleich 50 oder 100 Baht, egal ob der Tourist dort etwas kauft oder nicht. Manche Händler geben dem Fahrer einen Benzingutschein. Es liegt auf der Hand, daß man in derlei Läden besonders unsanft zum Kauf gedrängt wird.

Gathoeys

Thailands berühmt-berüchtigte *gathoeys* sind Transsexuelle oder Transvestiten, die Frauen oft zum Verwechseln ähnlich sehen und diese Tatsache für diverse Machenschaften ausnutzen. Sie machen mit Vorliebe männliche Touristen an, um sich ein paar schnelle Baht zu verdienen, sei dies durch gewisse „Dienstleistungen" oder durch Räubereien. Kenner der Szene achten immer auf eine eventuell allzu tiefe Stimme oder das Vorhandensein eines Adamsapfels. Mittlerweile läßt man sich den Adamsapfel auch wegoperieren, Kostenpunkt ab 10.000 Baht aufwärts.

Gelegentlich kurven zwei oder drei gathoeys in einem Auto durch Bangkok, um durch Versprechungen erotischer Art Touristen in den Wagen zu locken. In der Dunkelheit einer Bangkok-Nacht läßt sich oft nicht ausmachen, daß die Anbieter keine leibhaften Frauen sind! Am Ende wird der Tourist ausgeraubt und hatte ein Abenteuer ganz besonderer Art! Viele gathoeys tragen auch Messer bei sich und sind als äußerst aggressiv bekannt.

Die üblichen Tummelplätze der gathoeys in Bangkok sind: Der Sanam Luang (nachts), der Rajdamnoen Klang, 50 m östlich des Democracy Monument (nachts), sowie Patpong, Sukhumvit und die Petchaburi Road (zu jeder Tageszeit).

Zu meiden ist auch der Lumpini-Park nach 19 Uhr, da sich auch hier dubioses Volk einfindet: gathoeys,

SICHERHEIT

kleine Banditen und eventuell Polizisten nach Feierabend, die allzu gerne mit ihren Dienstpistolen spielen. Mittlerweile wird der Park um 20 Uhr geschlossen, eine Teilsektion sogar schon um 18 Uhr. In den 80er Jahren war er bis Mitternacht geöffnet, doch war es zu einer Vielzahl von Morden gekommen, an denen gathoeys nicht unbeteiligt waren.

Am Tage jedoch, das sei klar gesagt, ist der Lumpini Park absolut ungefährlich und ein herrliches Fleckchen Grün in der Steinwüste Bangkok. Schlimmstenfalls wird man von einem jugendlichen Leimschnüffler um ein paar Baht angeschnorrt.

Transvestit und Freundin

Diebstahl

Nicht nur von (einer Minderheit von) Einheimischen werden Diebstähle begangen, sondern auch von Travellern. Die Khao San Road ist da ein trauriges Beispiel. Außerdem gibt es reichlich Touristen, die glauben, ihre Hotelrechnung nicht begleichen zu müssen.

Wertsachen sollte man (gegen Quittung!) im Hotelsafe lassen, das scheint am sichersten. Kreditkarten sollte man nur hinterlassen, wenn unbedingt nötig, da gelegentlich Kreditkarten von Hotelangestellten zu Käufen benutzt wurden, was der Kartenbesitzer erst nach der Heimkehr bemerkte.

In Bangkok gilt erhöhte Aufmerksamkeit auf Märkten, in Kaufhäusern und Bussen. Hier ist es in den letzten Jahren zu einem Anstieg von Taschendiebstählen gekommen (Die Diebe sind nicht selten illegale Einwanderer aus Kambodscha.) Zur Vorbeugung sollten Geldbörse und Papiere so sicher wie möglich verstaut sein: in Brustbeutel und Geldgürtel, solange man diese nicht sieht oder als solche erkennt. Andernfalls kann man die Wertsachen gut getarnt in eine Umhängetasche stecken. Sich ein gut getarntes Versteck auszudenken und auch zu benutzen ist allemal besser, als nach einem Verlust Botschaft, Bank und Airline abklappern zu müssen.

Überfälle

Überfälle auf Touristen sind selten, aber nicht unbekannt. Wanderungen oder Trekking-Touren durch abgelegene Gebiete sollten keinesfalls allein, am besten nur in größeren Gruppen, unternommen werden. Bei unbekannten Gebieten, die normalerweise nicht von Trekking-Gruppen besucht werden, sollte man sich zuvor nach der Sicherheit in dem betreffenden Gebiet erkundigen. Bei Auskünften seitens der Einheimischen sind dabei einige Abstriche nach unten hin zu machen, da Thais Probleme vor Ausländern gerne herunterspielen.

In der jüngsten Vergangenheit wurden einige dreiste Überfälle auf öffentliche Busse in Bangkok verübt – am hellichten Tage, und in einem Falle sogar direkt an einer Polizeiwache. Derlei ist extrem selten, wer dennoch vorsichtshalber keine Wertsachen mit sich führen möchte, sollte sie im Hotelsafe lassen, falls vorhanden; Geld ist am allersichersten auf einem Bankkonto aufgehoben, das man sich problemlos einrichten kann. (S. „Rund ums Geld".)

Bei einem Überfall gilt es, auf keinen Fall den Helden spielen zu wollen. Die meisten Banditen haben Schußwaffen und machen auch skrupellos Gebrauch davon. Schußwaffen, mehr illegale als legale, gibt es in Thailand zuhauf: Statistisch gesehen besitzt jeder männliche Thai über sechzehn Jahre eine.

Alleinreisende Frauen

Generell gesagt, ist Thailand für alleinreisende Frauen eines der sichersten Länder Asiens. Belästigungen auf offener Straße sind weitaus seltener als etwa in Indien, Indonesien und wohl auch Malaysia. Was aber nicht heißt, daß derlei nicht vorkäme. Einige Frauen berichten von dümmlicher Anmache oder, sehr selten, Grapschereien.

Die meisten Frauen haben aber keinerlei Probleme, und das mag sie zu der Ansicht führen, daß Thailand absolut sicher sei. Doch dieses Gefühl von Sicherheit ist gefährlich, wenn es zum Nachlassen der Aufmerksamkeit führt. Einige Sicherheitsregeln sollten immer beachtet werden.

Ganz allgemein ist von allzu großer Vertrauensseligkeit abzuraten; nicht jedes freundliche Gesicht hat lautere Motive. Zimmertüren sollten nachts gut verschlossen werden. Es empfiehlt sich auch, abends und nachts einsame Gegenden zu meiden und gänzlich menschenleere Gebiete völlig auszulassen, egal zu welcher Tageszeit. Allein oder zu zweit reisende Frauen, die sich auf eine Trekkingtour durch abgelegene Bergregionen begeben, fordern Angriffe heraus. Insgesamt scheinen Städte sicherer zu sein als ländliche Gebiete, mit Ausnahme vielleicht von Chiang Mai, aus dem besonders viele Belästigungen gemeldet werden.

Einige sehr brutale Überfälle auf westliche Frauen wurden 1994/95 vom Khao Takiab Beach bei Hua Hin gemeldet. 1997 wurde eine Touristin in einer Bar auf Ko Phangan durch ein untergemischtes Schlafmittel betäubt und vom Bar-Besitzer, einem ortsbekannten Drogenhändler, vergewaltigt. Die Anzeige bei der Polizei führte zu nichts. Wie oft in Thailand üblich, wurde das Protokoll (auf Thai) von den Beamten dermaßen verdreht, daß quasi überhaupt keine strafbare Handlung

Sicherheit

stattgefunden hatte. Daß die Polizei mit einflußreichen (sprich gut zahlenden) Gangstern gemeinsame Sache macht, ist in Thailand ein offenes Geheimnis. Bei ernsteren Fällen ist deshalb immer die als weniger korrupt geltende **Tourist Police** einzuschalten.

1998 kam es zu einem Mord an einer Touristin (auf Ko Samet) sowie zu einer Vergewaltigung mit Raub (in Chiang Mai). In beiden Fällen wurden die Täter sofort dingfest gemacht und innerhalb einer Woche verurteilt: zum Tode bzw. zu lebenslänglich. Man will sich im Zuge der Tourismus-Aktion „Amazing Thailand" beim Schutz von Touristen entschlossen zeigen.

Nächtliche Spaziergänge an Stränden sind auch für Männer wegen möglicher Raubüberfälle gefährlich.

Alles in allem ist Thailand aber auch in dieser Hinsicht wohl noch sicherer als die meisten westlichen Länder.

Polizei und Korruption

Die Polizei ist – jeder Thai weiß es aus eigener Erfahrung – in hohem Maße korrupt – und viele Straftaten werden von den wackeren Ordnungshütern

Die größte Gefahr im Urlaub?

Der Tourist selber! Nach Polizeiangaben starben 1995 196 Touristen in Thailand, die meisten davon durch **Unfälle** (oft durch Leichtsinn im Verkehr) und **Drogenüberdosen**. Einige Touristen wurden beim Schwimmen durch umherrasende Water-Scooter getötet. Sechs Touristen wurden ermordet.

selber begangen. Völlig unkorrupte Polizisten sind die absolute Ausnahme, manche Thais würden sogar behaupten, es gäbe überhaupt keine. Die Polizei verdient mit beim Rauschgifthandel, bei Prostitution, Erpressung und Menschenhandel. Polizisten, deren Missetaten publik werden, werden in den seltensten Fällen bestraft, sondern lediglich versetzt. Diese unangebrachte Milde ist ein Ergebnis des thailändischen Systems der „Patronage", in dem Vorgesetzte ihre Untergebenen stets in allen Taten und Untaten decken; dafür erwarten sie ihrerseits fraglose Ergebenheit. Ernsthafte Anstrengungen, die Korruption einzudämmen, sind trotz vieler Versprechungen der jeweiligen Regierungen und einer neuen Verfassung, die gerade die Korruption eindämmen sollte, bisher noch nicht unternommen worden. Thailand rühmt sich zwar, das „Land der Freien" zu sein (*thai* = „frei"), in der Praxis aber ist der Durchschnitts-Thai allzuoft der Willkür erpresserischer Polizisten oder sonstiger Beamter ausgeliefert. Tatsächlich „frei" ist nur der, der Geld oder politischen Einfluß hat und der dadurch so gut wie unantastbar ist.

Touristen sind in der Regel nicht von dem Problem betroffen, mit wenigen Ausnahmen: Seit in Bangkok eine **„Reinlichkeits-Kampagne"** ausgerufen wurde, macht die Polizei gelegentlich Jagd auf Touristen, die Zigarettenkippen oder Papierschnipsel auf die Straße werfen. Dafür werden 2.000 Baht abkassiert; Thais zahlen dafür nicht mehr als 100 Baht. Der Verdacht liegt natürlich nahe, daß die Strafgelder in der pri-

SICHERHEIT

vaten Taschen der Polizisten landen. Auf Ko Samui stellt die Polizei gerne motorradfahrenden Touristen nach, um sie entweder wegen fehlenden Schutzhelmes (es besteht Helmpflicht) oder aufgrund ihrgendeines anderen echten oder imaginären Vergehens über Gebühr zu bestrafen.

Ansonsten werden Ausländer im allgemeinen nicht behelligt. Falls doch, sollte man 1. sich **nicht einschüchtern lassen** und keine unberechtigten „Strafgelder" zahlen, und 2. möglichst unverständliches oder sehr schnelles **Englisch sprechen** (oder sogar Deutsch!). Nur sehr wenige Polizisten haben englische Grundkenntnisse, und bei Sprachproblemen verlieren sie „ihr Gesicht" und ziehen sich zurück. Etwaige Beschwerden gegen Polizisten können bei der als zuverlässiger

Tourist Police bei einer Übung auf Ko Samui

Sicherheit

geltenden **Tourist Police** vorgebracht werden. Wie die Polizei sind auch fast alle anderen staatlichen Stellen von Korruption durchsetzt. Die meisten Thais sind der Korruption mittlerweile völlig überdrüssig geworden, aber kaum jemand glaubt, daß sie in absehbarer Zukunft eingedämmt werden kann. Die Korruption ist ein Teil thailändischen Lebensstils geworden.

Drogen

Thailand ist einer der größten Drogenproduzenten der Welt. Dem Dealer und Konsumenten drohen hohe Strafen, auch die **Todesstrafe** wird ausgesprochen. Bei Ausländern wird diese in der Regel in eine lebenslängliche Haftstrafe umgewandelt, doch das sollte kein Trost sein.

Weiter verbreitet als Heroin sind **Amphetamine** (yaa-maa = „Pferdemedizin"), die in fast allen Gesellschaftsschichten eingenommen werden. Besonders beliebt sind sie bei Schülern, Arbeitern und – allen voran – Bus- und Lastwagenfahrern. Die aufputschende Wirkung hält die Fahrer lange wach. Nicht zufällig werden die Tabletten oft an Tankstellen (illegal) angeboten. Nicht minder traurig ist die Tatsache, daß mittlerweile viele Mahouts ihre Arbeitselefanten mit Amphetaminen füttern, damit auch sie länger arbeiten können. Daß die Tiere nach einigen Jahren physisch ruiniert sind, liegt auf der Hand. Die Amphetamine werden großenteils aus Myanmar eingeschmuggelt, wo sie in Labors nahe der Grenze hergestellt werden. Die Kuriere stammen meist aus dem einst kopfjagenden Volk der Wa. 1999 begannen die thailändischen Behörden mit einer Großoffensive gegen die Schmuggler. Zeitweise wurden einige Grenzübergänge nach Myanmar geschlossen, um den Schmugglern ihr Geschäft zu erschweren. Berichte von der Verhaftung von Amphetamin-Händlern sind fast täglich in den thailändischen Zeitungen zu lesen.

Bei Menschen (und wohl auch bei Elefanten) kann der Dauergebrauch von Amphetaminen Wahnzustände auslösen, und nicht umsonst sind die thailändischen Zeitungen voll mit Berichten von Irrsinnstaten, die unter Einfluß der Drogen begangen wurden. Aus diesem Grunde wird die Droge landläufig oft yaa-baa genannt, „verrückte Medizin".

Zu warnen ist auch vor den „**magic mushrooms**", psychedelischen Pilzen mit Langzeitwirkung. Besonders in den Hütten von Ko Samui verspeisten manche Traveller gern ein Omelett mit besagten Pilzen. Sie wachsen auf Ko Samui in und auf Büffelmist, und deshalb ist der lokale Name het ki khwai – „Büffel-Scheiß-Pilze". Die Bezeichnung wird oft zu het khwai abgekürzt: „Büffelpilze". Zuerst wuchsen die Pilze nur wild, doch nachdem eine große Zahl von Travellern die Nachfrage in psychedelische Höhen schießen ließ, begannen Inselbewohner, die Pilze auf kleinen Farmen zu züchten. Die Pilzfarmer verdienen etwa 800-1.000 Baht pro Kilo het khwai.

Nachdem es in vielen Fällen bei Travellern zu Überdosen und Vergiftungserscheinungen gekommen war, sah

SICHERHEIT

sich die in Surat Thani gelegene Vertretung der Tourist Authority of Thailand veranlaßt, vor den Pilzen zu warnen. Gemäß TAT können falsch dosierte Pilzmahlzeiten zu schweren Vergiftungen oder sogar zum Tod führen.

Zahlreiche wohlhabende junge Thais nehmen **Ecstasy,** auf Thai *yaa-e* gennant, die „E-Droge". Viele Konsumenten finden sich unter Thailands jungen Schauspieler/innen und Musiker/innen; bei Polizei-Razzien in einschlägigen Discos oder Clubs wurden etliche wegen Besitzes der Droge festgenommen. Da sich der Gebrauch von Ecstasy nach Regierungseinschätzung „epidemiehaft" ausbreitet, läßt die Polizei neuerdings angebliche Ecstasy-Konsumenten gleich in der Disco zu einer Urinprobe antreten – eine häufig kritisierte Maßnahme, initiiert von Innenminister *Sanan Kachornprasart*. Eine junge Schauspielerin, die bei einer derartigen Razzia ihren Urin abgeben mußte und als Ecstasy-Konsumentin überführt wurde, bekam von der Sensations-Presse den Spitznamen *dara-chii-muang,* „der Star mit dem violetten Urin".

Als Hintermänner des thailändischen Drogengeschäftes werden oft „einflußreiche Persönlichkeiten" vermutet. Unter diesem schwammigen Sammelbegriff verbergen sich gutsituierte Geschäftsleute, Gangster, Politiker und die auf lokaler Ebene sehr mächtigen Dorfvorsteher.

Hohe Militärs

Sport und Erholung

Die Sportmöglichkeiten in Thailand sind relativ begrenzt, einmal abgesehen von den Fünfsterne-Hotels die **Schwimm-, Tennis-** oder **Badminton-Gelegenheiten** bieten. Manche Fünf-Sterne-Hotels haben Health Clubs oder Saunas, die gegen Gebühr auch Nichtbewohnern des Hauses zugänglich sind.

Parks zum Joggen sind besonders in Bangkok eine Rarität (am günstigsten wäre noch der Lumpini-Park), aufgrund der hohen Luftverschmutzung in der Stadt dürfte der Nutzen sportlicher Aktivität allerdings ohnehin fraglich sein. In den kleineren Orten findet man Jogging-Möglichkeiten entlang ländlicher Straßen.

Gute **Schwimmöglichkeiten** ergeben sich auf Inseln wie Ko Samet, Ko Chang, Ko Tao, Ko Phangan, Ko Samui, Phuket sowie auf zahlreichen kleineren Inseln und an vielen Stränden des Festlandes. Sehr gut zum **Tauchen** geeignet sind die Similan Islands, Surin Islands, Phuket und die umliegenden Inseln, Ko Tao und die Küste um Chumphon (siehe eigenes Kapitel im Anschluß).

Zwar ist besonders der Norden Thailands bekannt für seine **Trekkingmöglichkeiten,** getrekkt werden kann aber auch im Süden. Sehr gut dafür geeignet ist das Banthat-Bebirge zwischen Trang und Phattalung, in dem sogar noch einige Ureinwohner des malaiischen Regenwaldes leben, die Sakai. Es gibt hier einige Gipfel zu besteigen. Auf Ko Phangan kann der Khao Ra bestiegen werden, ein von dichter Vegetation umgebener Berg. Gute Trekking-Möglichkeiten bieten sich auch im Khao Sok National Park, einem der am leichtesten zugänglichen Nationalparks. Auf Phuket bietet sich der Phra Thaew National Park zu Wanderungen an.

Die Gewässer um Phuket bieten auch gute **Paddelmöglichkeiten.** Das Unternehmen Sea Canoe auf Phuket ist bekannt für seine ökologisch-behutsamen **Paddeltouren** mit Schlauchbooten oder Kajaks durch die Inselwelt um Phuket und Phang-Nga. Inzwischen hat Sea Canoe viele Nachahmer gefunden, und die bizarren kleinen Felsinseln in der Bucht von Phang-Nga werden mittlerweile von so vielen Touristen aufgesucht, daß die Ökologie schon wieder gefährdet wird. (1998 forderten lokale Banditen, die ein Stück am Geldkuchen mizuverdienen gedachten, „Schutzgelder" von den Bootsunternehmern. Sea Canoe weigerte sich zu zahlen, woraufhin einer seiner Manager niedergeschossen wurde. Die meisten anderen zahlten und zahlen noch immer.)

Die Bucht Ao Chalong auf Phuket ist ein **Treffpunkt von Seglern** aus aller Welt, und mit etwas Glück kann man hier auf einer Jacht anheuern; man frage in den Restaurants und Bars nahe dem Pier von Ao Chalong nach, in denen sich die Segler treffen.

Zahlreiche **Golfplätze** zieren das Land. Phuket ist ein Zentrum für Golf, es gibt mehrere Golfplätze von internationalem Standard.

Am Strand von Pattaya Patong (Phuket) gibt es ein weites Angebot an Freizeit-Möglichkeiten wie **Wasserski, Parasailing,** Water-Scooter-Fahren und **Bungee-Springen.** Die lauten und oft rücksichtlos gesteuerten **Water-Scooter** (kleine Motorboote) sind leider alles andere als der Erholung zuträglich. Auf Phuket und den umliegenden Inseln sind sie inzwischen offiziell verboten worden, doch die Betreiber der Geräte weigerten sich, ihr Geschäft aufzugeben, und die Behörden sahen – wie so oft – tatenlos zu.

Die Felsen am Strand von Ao Phra Nang bei Krabi ziehen einige **Bergsteiger** und **Freeclimber** an. So kann man dann einen Stranduralub mit der Kletterei verbinden. **Wandermöglichkeiten** ergeben sich praktisch überall im ländlichen Thailand.

Tauchen

Thailand besitzt **wunderschöne Tauchgründe,** die teilweise zu den besten der Welt gezählt werden. Sie bieten sowohl für Neulinge im Tauchsport als auch erfahrene Taucher herrliche Erlebnisse unter Wasser. Es gibt ideale Gebiete für Anfänger mit geringen Tauchtiefen, aber auch Stellen, die nur für erfahrene Taucher empfehlenswert sind. Einige sehr schöne Saumriffe reichen bis in 30 m Tiefe. Zudem gibt es zahlreiche vorzügliche Tauchreviere an Steilwänden, Unterwassercanyons, Cavernen und Höhlen. Manche Tauchplätze ähneln skurrilen Mondlandschaften. Im Golf von Thailand liegen einige schöne Wracks am Meeresgrund. Die Meeresfauna läßt in ihrer Vielfalt nichts zu wünschen übrig. Von farbigen Nacktschnecken bis zu gigantischen Walhaien gibt es (fast) alles zu sehen.

Die **Tauch-Infrastruktur** Thailands ist hervorragend ausgebaut, so daß in den allermeisten Gebieten mehrere Tauchschulen ihren Service anbieten. Alle haben englisch- oder deutschsprachige Guides. Das Tauchsportzentrum Thailands ist sicherlich Phuket, aber auch Ko Samui, Ko Tao, Pattaya, Ko Chang, Ko Phi Phi oder Ko Lanta sind bedeutende Ausgangspunkte für Tauchfahrten.

Neben Tagestouren bieten einige Veranstalter auch mehrtägige Törns an, die insbesondere zu Inseln in der Andaman-See veranstaltet werden. **Tagestouren** kosten je nach Ziel und Saison ungefähr 1.000-2.000 Baht. **Mehrtagestouren** werden je nach Ort und Dauer zwischen 3.000 und 37.000 Baht angeboten.

Tauchkurse und Schnuppertauchgänge sind überall erhältlich. Anfängerkurse mit Theorie und Praxis (Poolübungen und mindestens vier Freiwassertauchgänge) kosten etwa 8.000 Baht. Die meisten Tauchschulen bilden nach den Richtlinien des Tauchsportverbandes PADI aus. Manche Tauchlehrer können auch Prüfungen nach den Richtlinien anderer Verbände (NAUI, Verband Deutscher Sporttaucher) abnehmen.

Vor der Anmeldung zum Tauchen oder Kurs sollte man sich mit den Tauchguides unterhalten sowie einen

Blick auf die Ausrüstung und das Tauchboot werfen. In dieser Hinsicht kann man ansonsten böse Überraschungen erleben. Hierbei trennt sich die Spreu vom Weizen unter den Tauchläden. Neben einwandfreier Ausrüstung sollten sich Ersatzteile für Tauchgeräte, Erste-Hilfe-Sets, Funk, ggf. ein Beiboot an Bord befinden. Kleine Pannen und Defekte können natürlich immer passieren, aber der verantwortungsbewußte Umgang der Tauchschulen damit ist wichtig.

Tauchausrüstung

- **Tauchermaske** aus bruchfestem, thermisch entspanntem (tempered) Glas. Sie sollte ein möglichst kleines Volumen haben, damit sie leichter ausgeblasen werden kann, falls einmal Wasser eindringt. Außerdem wird das Gesichtsfeld mit abnehmendem Maskenvolumen größer. Die Nase muß mit in die Maske eingeschlossen sein. Die Tauchermaske muß dicht sitzen. Zum Test der Dichtigkeit die Maske auf das Gesicht drücken und einatmen. Bleibt die Maske am Gesicht haften, dringt keine Luft ein, und der Sitz ist perfekt.
- **Schnorchel** dürfen nicht länger als 35 cm und dicker als 2,3 cm sein. Das Mundstück sollte einen Dichtrand und Beißnoppen aufweisen.
- Es gibt **Schwimmflossen** mit umschlossenem Fersenteil und **Tauchflossen** mit Fersenband, für die Füßlinge benötigt werden. Im warmen Wasser genügen Schwimmflossen. Anfänger sollte keine sehr harten Flossen nehmen, weil bei fehlender Tauchtechnik und -erfahrung leicht die Gelenke überstrapaziert werden und Krämpfe auftreten können.
- **Tauchanzüge** bestehen aus geschäumtem Neopren. Bei den Wassertemperaturen in Thailand reichen 3-4 mm Dicke aus. Man kann auch ohne Anzug mit T-Shirt oder einem „Stinger-suit" als Schutz vor Nesseltieren im Wasser tauchen. Bei mehreren Tauchgängen am Tag über einige Tage hinweg kann es aber dennoch mit der Zeit kühl werden. Dann empfiehlt sich ein Anzug oder zumindest ein Nierenschutz.
- Der **Lungenautomat** bzw. **Atemregler** reduziert den Flaschendruck auf Umgebungsdruck. Deshalb kann in jeder Tiefe mit dem gleichen Atemwiderstand wie an der Oberfläche eingeatmet werden. Am Flaschenventil sitzt die 1. Stufe, die den Flaschendruck auf etwa 10 bar über dem Umgebungsdruck reduziert. Die 2. Stufe des Atemreglers im Mundstück reguliert den Atemdruck auf die Umgebung ein. Sicherheitshalber sollte an der 1. Stufe ein zweites Mundstück (Oktopus) angeschlossen sein. Damit kann der Tauchpartner atmen, falls er im Notfall Luft benötigt. Der Atemregler muß leichtgängig arbeiten, und bei geöffneter Flasche darf das Mundstück nicht selbsttätig Luft abblasen. Wer einen DIN-Lungenautomaten mit nach Thailand nimmt, sollte einen **Bügeladapter für INT-Anschlüsse** mitnehmen, damit der Automat a die in Thailand üblichen Flaschenventile paßt. Adapter sind auf den Tauchbasen rar gesät.
- Das **Finimeter** mißt den Restdruck in der Flasche und zeigt somit den verbleibenden Luftvorrat an. Es wird auch an der 1. Stufe angeschlossen. Der Schlauch steht unter Hochdruck (200 bar) und sollte deshalb keine Risse aufweisen.
- **Tarierwesten** (BCD-Jackets) sind aus Sicherheitsgründen erforderlich. Durch Einblasen bzw. Auslassen von Luft reguliert man den Auf- und Abtrieb unter Wasser. So kann man ohne Kraftaufwand auf einer Tiefenstufe schweben (Erfahrene Taucher tarieren viel mit der Lunge). An der Oberfläche dienen sie als Schwimmhilfe und ggf. als Rettungsweste. Die Westen müssen unbedingt dicht sein.
- Der Tauchanzug und die Tarierweste besitzen unter Wasser einen Auftrieb. Um den Auftrieb auszugleichen, benötigt man **Bleigewichte**, die an einem Gürtel getragen werden. Mit der Tiefe werden Anzug und Weste (sowie die Lunge) zusammengedrückt, und deren Auftrieb wird verringert sich. Überbleite Taucher müssen ab einer bestimmten Tiefe gegen Abtrieb ankämpfen. Deshalb sparsam mit dem Blei umgehen!

TAUCHEN

- In einer Konsole am Finimeter befinden sich oft **Kompaß** und **Tiefenmesser**. Sie können auch am Arm getragen werden. Der Tiefenmesser soll gut lesbar und in größeren Tiefen möglichst exakt sein. Ideal ist ein Schleppzeiger, der die größte erreichte Tiefe festhält. Unabdingbar ist auch eine **Taucheruhr**. Sie sollte mindestens bis auf 100 m wasserdicht sein und einen rastenden Stellring mit einer deutlichen Nullmarke aufweisen. Tiefenmesser und Uhr sollten ebenso wie **Dekompressions-Tabellen** (sie zeigen die Verweildauer - Nullzeit - in einer bestimmten Tiefe an, ohne Austauchstops beim Aufstieg einhalten zu müssen) mitgeführt werden, auch wenn man mit einem **Tauchcomputer** taucht, der diese Funktionen vereinigt.
- Die **Tauchflasche** enthält Preßluft unter 200 bar. Das ist quasi eine Bombe. Deshalb müssen die Flaschen regelmäßig geprüft werden (Stahlflaschen 2 Jahre, Aluminium 6 Jahre, siehe TÜV). In Thailand gibt es Prüfzentren, so daß sich ein Stempel auf der Flasche befinden sollte. Rostige Flaschen und Ventile sind nicht gerade empfehlenswert.
- Das **Tauchmesser ist ein Werkzeug** und soll helfen, wenn sich der Taucher einmal in einem Netz verheddern sollte.

Druckkammern

Für den Notfall stehen Druckkammern in:
- **Royal Thai Navy, Division of Underwater & Aviation Medicine** (Department of Medicine), Thaksin Rd., Thonburi, Bangkok 10600, Tel. (02) 4601105
- **Apakorn Kiatiwong Hospital,** Division of Internal Medicine (Sections of Underwater & Aviation Medicine), Sattahip Naval Base, Sattahip - Chonburi, Tel. (038) 436164

Tauchregeln

Für den Tauchneuling ist eine solide, sicherheitsbewußte Ausbildung und entsprechendes, eigenständiges Tauchen im Anschluß an einen Kurs wichtig. Tauchen ist ein wundervolles Erlebnis, insbesondere in klaren, tropischen Gewässern. Doch es gilt einige elementare Regeln und Voraussetzungen zu beachten, um sich und seine(n) Tauchpartner nicht in Gefahr zu bringen:

- **Keine Angst** vorm Tauchen (nicht nur aus Solidarität mit dem/der Partner/in einen Kurs belegen)
- Normale **körperliche Fitneß** sollte vorhanden sein! Vor der Reise sollten Tauchtauglichkeits-Untersuchungen vom Sportarzt durchgeführt werden.
- In der **Theorieausbildung** müssen grundlegende Kenntnisse aus Gerätekunde, Tauchphysik, Tauchmedizin und Erste-Hilfe-Maßnahmen vermittelt werden.
- Die **Tauchausrüstung** ist vor jedem Tauchgang zu **überprüfen** (Funktion, Risse, Rost, Dichtungs-/O-Ringe, Dichtigkeit der Weste, etc.) und in gutem Zustand zu halten (z.B. nicht an Bord herumwerfen). Nach dem Tauchen sollte alles mit Süßwasser gespült werden.
- **Tauchplatzbesprechung, Tauchplanung** und **Partnercheck** vor dem Einstieg vornehmen!
- **Keine Selbstüberschätzung,** d.h. niemals allein tauchen, nie tiefer als 40 m, nie bei Unwettern, sehr starkem Wellengang oder Strömungen tauchen und nicht die Nacht vor dem Tauchtag durchzechen (Restalkohol und Übelkeit können fatale Folgen haben - auf bedröhnte Tauchpartner sollte man im Eigeninteresse verzichten)!
- Bei Strömung stets **gegen die Strömung** schwimmen.
- Beim Tauchen stets auf den **Partner,** die **Tauchtiefe** und den abschließenden **Sicherheitsstop achten!**
- Tauchgang so planen und durchführen, daß sich bei der **Rückkehr** an Bord noch **50 bar Luft** in der Flasche befinden und keine Dekompressionsstops erforderlich sind **(Nullzeittauchgänge)!**
- Der Unterwasserwelt **keine Schäden** zufügen (Korallen abbrechen etc.).
- Spätestens **24 Stunden** vor dem **Rückflug** nicht mehr tauchen!

Bei Beachtung dieser Regeln kann nicht viel passieren, und Tauchen wird zu einem Genuß unter Wasser. Schwerelos im Wasser zu schweben und dabei eine fremde Welt zu genießen, zählt sicher zu den größten Vergnügen im Thailandurlaub.

Literaturtip

Dieser Text ist dem Buch **Thailand – Tauch- und Strandführer** von *Klaus Becker* entnommen, das sowohl ein umfassender Naturführer als auch ein praktisches Handbuch für die Erkundung von Thailands Küstenregionen ist. Mit der detaillierten Beschreibung aller bedeutenden thailändischen Tauchplätze ist das Buch für Tauch- und Schnorchelfreunde die ideale Ergänzung zu diesem Reiseführer. (Erschienen im Reise Know-How Verlag Peter Rump, Bielefeld 1999)

Unterkunft

Thailand ist ein touristisch sehr gut erschlossenes Land und bietet somit eine Vielzahl von verschiedenen Übernachtungsmöglichkeiten. Deren Qualität und Hygiene-Standard ist zumeist höher als in anderen asiatischen Ländern.

Auf den Inseln gibt es noch immer **Hütten für 100 Baht** oder weniger, und für denselben Preis läßt sich sogar in Bangkok noch ein Zimmer auftreiben. Am anderen Ende der Skala stehen Luxusherbergen wie das Oriental in Bangkok oder das Amanpuri in Phuket, deren teuerste Unterbringungsmöglichkeit annähernd 100.000 Baht kostet.

Die **Zimmer unter oder um 100 Baht** haben zumeist keine eigenes Bad, dafür steht dann ein *common bath* zur Verfügung. Zimmer mit eigenem Bad *(attached bath)* kosten in der Regel ab 150 Baht. Zahlreiche Guest Houses bieten auch ein **Dorm** (Schlafsaal, von engl. *dormitory*); die darin befindlichen Betten kosten ca. 40-60 Baht pro Übernachtung.

Die Zimmer in der Preislage von **200-300 Baht** sind zumeist schon recht ordentlich; sie haben ihr eigenes Bad (eventuell nur mit kaltem Wasser), einen Deckenventilator *(fan)* und – da, wo es notwendig ist – möglicherweise auch ein Moskitonetz *(mosquito net)*.

Die Zimmer in der Preislage von **400-800 Baht** sind durchaus komfortabel, zumeist haben sie eine Klimaanlage (A.C.) und Telefon, dazu eventu-

Preiskategorien

Für die Kennzeichnung des Preisniveaus der einzelnen Unterkünfte wird die folgende Einteilung verwendet, die sich aber ausschließlich auf die Preisgruppe und nicht auf den Service bzw. die Qualität bezieht.

Klassifizierung der Unterkünfte

*	bis 100 Baht
**	100-300 Baht
***	300-600 Baht
****	600-1.200 Baht
*****	1.200-2.400 Baht
LLL	Luxusklasse, über 2.400 Baht

Unterkunft

ell Kühlschrank und Fernseher. Der Fernseher lohnt für den Normalverbraucher nur, wenn darauf auch ausländische Satellitenkanäle zu sehen sind; eine zunehmende Zahl von Hotels in dieser Preisklasse rüstet sich damit aus.

Um die 1.000 Baht beginnt die **Oberklasse,** bei 2.000 oder 3.000 Baht die **Luxusklasse,** deren Hotels oft mit großartigen Gartenanlagen umgeben sind. Darin befindet sich immer ein Swimming-Pool, weiterhin eventuell ein Tennis- oder Badmintonplatz u.ä. Die Zimmer entsprechen internationalem Standard, sie haben A.C., Telefon (z.T. mit Nebenanschluß in der Toilette!), eventuell ein hauseigenes Videoprogramm, Satelliten-TV, Mini-Bar etc.

In den Luxusunterkünften werden auf den annoncierten Preis meist 10 % Bedienungsgebühr *(service charge)* und 7 % Steuern aufgeschlagen. Einige Hotels nennen auf Anfrage gleich den Endpreis (dann handelt es sich oft um eine merkwürdig „krumme" Summe).

Ein **Sterne-System,** wie es anderswo im Hotelgewerbe üblich ist, gibt es in Thailand nicht generell, nur die Luxushotels lassen es sich oft nicht nehmen, sich als Fünf-Sterne-Hotels zu bezeichnen. In Zukunft wird das Sterne-System möglicherweise weiter Fuß fassen.

Der Zimmerpreis versteht sich üblicherweise gleich **für 2 Personen,** so daß ein Einzelreisender genauso viel

Luxushotel auf Phuket

zahlen muß wie ein Paar. In vielen Touristengegenden haben die Thais aber mittlerweile unser System vom Einzel- und Doppelzimmer eingeführt. Der Doppelzimmerpreis liegt dann etwa 80 % höher als der Einzelzimmerpreis.

In der Provinz sind Hotels häufig gleichzeitig **Bordelle,** und Zimmer werden auch stundenweise vermietet. Der so entstehende rege Durchgangsverkehr kann den Reisenden erheblich stören. In ganz kleinen Orten besteht aber oft keine Alternative zu diesen Hotels, die oft leicht an ihren Schildern zu erkennen sind: Meistens sind es rotleuchtende (was sonst?) Neonschilder mit Thai-Schrift und einem Pfeil, der den Weg in die versteckte Gasse weist.

Auf Ko Samet, Ko Tao, Ko Lanta, Ko Chang und einigen anderen kleineren Inseln sind die Unterkünfte oft einfache **Hütten** ohne eigenes Bad und mit Strom aus dem Generator. Wichtig ist ein Moskitonetz und der Ventilator. Die meisten der Hüttenkolonien besitzen ihr eigenes Restaurant, das möglicherweise mit einem Videogerät ausgestattet ist. Wer das Unglück hat, genau zwischen zwei solcher Kolonien zu wohnen, dürfte wohl schwer um seinen Schlaf ringen müssen!

In den Nationalparks gibt es zumeist nur **teure Bungalows** zu mieten, die durchaus 1.000 Baht kosten können. Dafür ist die Zahl der Bewohner pro Bungalow nicht begrenzt. Doch das nützt Einzelreisenden nichts, diese kommen besser mit den **Zelten** weg, die oft zu mieten sind.

Hotel-Vokabular

Bett/Bettlaken	thii-norn/ phaa-thii-norn
Decke	phaa-horm (ph = p-h, nicht f)
Elekrizität	fay-faa
Fernsehgerät	thorathat
Frühstück	ahaan-tschao
Handtuch	phaa-tschet-tua
Klimaanlage	äi-sii (engl. A.C.)
Kopfkissen	mon
Kühlschrank	tho-yen
Licht	fay
Moskitonetz	mung
Parkplatz	thii-gep-rot
Preis/Preisnachlaß	rakha/rakha-lot
Rechnung	bill
Restaurant	raan-ahaan
sauber machen	tham sa-ad
Seife	saabuu
Schlüssel	kundjä
Sonderpreis	rakha phiset
Swimming-Pool	sra-wainaam
Tennisplatz	sanaam-tennit
Toilette/Badezimmer	hong-naam
Toilettenpapier	kradaat-hong-naam
Ventilator	phatlom
Wächter	yaam
(warmes/kaltes) Wasser	naam (ron/yen)
Zimmer	hong
Zimmer frei?	mii hong, mai?

Männliche Reisende können in der Provinz auch häufig – normalerweise kostenlos – in **Klöstern** unterkommen. Dort ist allerdings ein besonders (!) dezentes Verhalten angeraten!

Achtung, die **Hotels mit den Nummernbezeichnungen** *(Hotel 27, Hotel 38 etc.)* sind Stundenhotels oder Bordelle. Wo liegt da der Unterschied?

Nun, im ersten Fall bringt der Gast selber jemanden mit, im zweiten sucht er sich jemanden im Hotel aus. Diese Hotels liegen meist etwas versteckt in kleinen Seitengassen oder auf Hinterhöfen. Die Stundenhotels sind daran erkennbar, daß davor Autos geparkt sind, die durch einen Vorhang diskret verborgen werden – damit niemand das Kennzeichen sieht! Rote Neonschilder in (meistens) Thai-Schrift, mit einem Pfeil, der den Weg weist, deuten auf diese Hotels hin.

Eigentumswohnung gefällig?

Mit Thailands zunehmender Beliebtheit als Urlaubsland erhöhte sich in den letzten Jahren auch sprunghaft die Zahl derer, die sich dort dauerhaft niederzulassen gedachten, möglichst in einer eigenen Wohnung. Seit dem Condominium Act von 1991 ist Ausländern der Erwerb von Eigentumswohnungen gestattet, wogegen der **Kauf von Grundstücken** (und somit Eigenheimen) nach wie vor **nicht erlaubt** ist (was durch thailändische Strohmänner bzw. -frauen jedoch oft umgangen wird).

Vorbedingung für den Erwerb einer Eigentumswohnung ist die **Aufenthaltsberechtigung** des Käufers in Thailand. Wird diese widerrufen, verfällt auch das Eigentumsrecht an der Wohnung, die somit zu veräußern ist. Bei Personen, die sich aus beruflichen Gründen in Thailand aufgehalten haben und nun woanders arbeiten, verfällt ebenfalls das Besitzrecht, und die Wohnung (bzw. das Büro) muß innerhalb eines Jahres verkauft werden.

Insgesamt darf die Beteiligungsrate von Ausländern an Wohn- oder Bürogebäuden nicht mehr als 40% betragen; bei Überschreiten dieser Quote verliert der überschreitende Käufer sein Eigentumsrecht und hat das Objekt ebenfalls innerhalb von Jahresfrist zu veräußern. Außerdem ist der Käufer – anders als z.B. in Deutschland – rein juristisch nur der Besitzer seiner eigenen Wohnung und nicht auch gleichzeitig Mitbesitzer der Gesamtanlage.

Soweit die groben Richtlinien, die aber eines sicher nicht ersetzen: einen versierten **Rechtsanwalt** aus Thailand, der die mit einem derartigen Kauf verbundenen Risiken mindern kann. Zu guter Letzt ist ausreichendes Kapital mitzubringen, vor allem bei Käufen in Bangkok, wo selbst kleine Eigentumswohnungen leicht die Millionen-(Baht-)Grenze überschreiten. Wegen der thailändischen Wirtschaftskrise sind die Preise für Appartements heute dennoch weit niedriger als noch vor einigen Jahren. Am teuersten sind diejenigen im Bereich der Sukhumvit und Silom Road.

1997 plante die Regierung, Ausländern in Zukunft auch den Erwerb von kleinen Grundstücken (z.B. von 1 rai, d.h. 1.600 m^2) zu gestatten, um so vermehrt ausländische Devisen ins Land zu locken. Ob und wann daraus etwas wird, ist z.Zt. unklar. Derzeit dürfen nicht einmal Thais, die mit einem/einer Ausländer/in verheiratet sind, Grundstücke erstehen, eine Maßnahme, die den „Ausverkauf" des Landes an Ausländer (in diesem Fall solche, die vielleicht nur eine Scheinehe eingehen) verhindern soll. 1998 schien der Plan erst einmal auf Eis gelegt. Die nahezu bankrotte thailändische Regierung hatte wohl reichlich anderes zu tun.

Zur Übernachtung für Touristen „nur so" stehen diese Hotels im allgemeinen nicht zur Verfügung. Ausnahmen gibt es aber auch da. Dann kostet die Übernachtung ab 200 Baht, und die Raumausstattung ist einigermaßen komfortabel: Bad, A.C., dazu Mehrkanal-Video mit chinesischen Kung-Fu- und europäischen Pornostreifen.

Ausländer zahlen mehr!

Viele Hotels, besonders in stark touristisch geprägten Gebieten, haben zwei verschiedene Preisklassen: eine für Einheimische und eine für Ausländer, die ca. 30-100 % höher liegt. Die „Logik" darin ist, daß Ausländer in der Regel viel mehr Geld haben als Thais. Daß es aber auch steinreiche Thais gibt und Traveller, die sich das Geld für die Reise hart ersparen müssen, wird geflissentlich übersehen. Das zweigleisige Preissystem wäre wohl in den meisten Ländern des Westens illegal, in Thailand wird es jedoch von der Regierung vorexerziert, z.B. bei staatlichen Museen, wo Ausländer ebenfalls tiefer in die Tasche greifen müssen. Das System wird immer wieder bemängelt - von Ausländern. Anzeichen, daß es in naher Zukunft aufgehoben werden könnte, gibt es jedoch nicht.

Wer gerne feilscht, kann an der Rezeption versuchen, den Thai-Preis *(rakha kon thai)* zu ergattern. Die Tatsache, daß der Ausländer um die Existenz des Thai-Preises weiß, läßt das Personal „das Gesicht verlieren", und möglicherweise geht man auf den niedrigeren Preis ein, um schnell der peinlichen Situation zu entkommen!

Wenn dies dennoch nicht klappt, könnte man es noch mit dem „Firmen-Preis" *(rakha bolisat)* versuchen. Viele Hotels geben Leuten, die beruflich reisen, Rabatte von ca. 10-40 %. Wer eine Visitenkarte samt Firmennamen vorlegen kann, hat durchaus Chancen. Daß man dabei aber nicht mit Shorts und Gummisandalen aufkreuzen kann, liegt auf der Hand.

Verhaltensregeln

Allgemeines

Thais sind Ausländern gegenüber in der Regel sehr tolerant und werden Fehler, die der Reisende unwissentlich begeht, gerne übersehen. *„Mai pen rai!"* heißt die vielgehörte Floskel, „Das macht doch nichts!"

Ein mildes Lächeln auf den Lippen gehört zum Alltags-Habitus der Thais, was ihrem Land auch den etwas überstrapazierten Namen **„Land des Lächelns"** (in Landessprache *Siam Yi-im,* „Lächelndes Siam") eingetragen hat. Man sollte sich aber klar darüber

VERHALTENSREGELN

sein, daß das Lächeln oft nur eine rituelle Funktion hat, so z.B. um das Gegenüber zu besänftigen, Konflikte zu vermeiden oder um zufrieden und ausgeglichen zu wirken. Wenn Thais lächeln, so muß das also noch lange nicht heißen, daß sie auch nette und wohlmeinende Menschen sind. Die Thais selber wissen das nur allzu gut, und sie sagen von manchem ihrer Mitbürger *„Phak waan, gond priau",* zu Deutsch „Der Mund ist süß, der Hintern aber sauer!"

Bis in die jüngere Vergangenheit war der Umgang der Thais miteinander (und mit Ausländern) stark von der sprichwörtlichen thailändischen Freundlichkeit und Gelassenheit geprägt. Der Ruf der „sanftmütigen" Thais verbreitete sich über die ganze Welt. Heute haben diese Eigenschaften etwas nachgelassen, der Umgangston ist kühler geworden. Thailand befindet sich zur Zeit in einem Rausch nach Geld und Gut, die Gesellschaft hat sich enorm „vermaterialisiert". Der plötzliche Sprung von der Agrar- zur Beinahe-Industriegesellschaft ist dem Land – zumindest was die ethisch-moralischen Werte anbelangt – nicht sehr gut bekommen. Der neue Gott heißt Mammon, und es gibt nicht viele andere Götter neben ihm. Möglicherweise leitet die ernste Wirtschaftskrise des Landes (siehe Kapitel „Wirtschaft") in Teilen der Bevölkerung ein Umdenken ein.

Das alles soll natürlich nicht heißen, daß es heute keine selbstlosen, freundlichen Menschen mehr gibt – man trifft sie noch reichlich, besonders abseits der Touristenzentren –, nur sollte man keine überhöhten Erwartungen hegen. Das Image Thailands muß etwas umgezeichnet werden.

Größere **Konflikte oder Auseinandersetzungen** sind dennoch nicht zu befürchten. Die Thais sind Fremden gegenüber sehr zurückhaltend (wie untereinander auch), was auf manche Reisende, z.B. solche, die gerade aus Indien kommen, vielleicht sogar sehr angenehm wirkt. **Belästigungen** sind extrem **rar**. Allein schon die Verständigungsprobleme (nur wenige Thais sprechen Englisch) lassen die meisten eine distanzierte Haltung Ausländern gegenüber einnehmen.

Nach Thai-Auffassung ist das Nichtbeherrschen von Englisch oder das Nichtkommunizierenkönnen ein „Gesichtsverlust", und den vermeidet man am besten, indem man sich von den Fremden fern hält. Hinzu kommt, daß der thailändische Normen-Kodex das Ansprechen von Fremden kaum gutheißt. Wer andere anquasselt, wirkt möglicherweise *yung* (nervig), vielleicht sogar *süak* (aufdringlich wie die Pest). Das Verhältnis zu Ausländern könnte insgesamt vielleicht als „desinteressierte Toleranz" bezeichnet werden: Niemand stört die Fremden, und sie können sich auch einiges herausnehmen, man macht aber auch keine großen Anstrengungen, ernsthaft mit ihnen in Kontakt zu kommen.

So tolerant die Thais den *falang* (Westlern) gegenüber zumeist sind – untereinander haben sie sich an eine **Vielzahl von sozialen Regeln** zu halten, die oft wie ein zu eng geschnürtes Korsett wirken. Die Diskrepanz zwischen dem, was man oft tun *muß* (z.B. lächeln und freundlich sein), und dem, was man tun *möchte* (z.B. sein Gegenüber in der Luft zerreißen), führt zu starkem psychologischen Druck. Dieser macht sich oft in Affekthandlungen Luft, und wer die thailändischen Tageszeitungen studiert, wird zahllose Beispiele dafür finden.

Um nicht allzusehr anzuecken, sollte man sich in jedem Fall der wichtigsten Spielregeln bewußt sein.

Respekt gegenüber religiösen Empfindungen

Jede Religion ist durch das Gesetz geschützt, und der König ist der Schutzherr eines jeden Glaubens. Eine Handlung, die eine Religion beleidigt, kann mit Gefängnisstrafe geahndet werden. Darunter fällt z.B. auch das **Besteigen einer Buddha-Statue** oder das mutwillige Stören einer religiösen Versammlung. Ein Tourist, der auf einer Buddha-Statue sitzend für Fotos posierte, kam dafür ein paar Monate ins Gefängnis, ebenso die Person, die die Fotos machte! Als in Thailand bekannt wurde, daß ein dänisches Magazin Bilder gedruckt hatte, auf denen ein Thaimädchen leicht bekleidet auf einem Buddha gesessen hatte, waren viele Thais empört.

1997 mußte eine amerikanische Schuhfirma nach Protesten aus Thailand ihre Werbung mit einem Thai-Mönch zurückziehen, der unter der Robe Sportschuhe trug.

VERHALTENSREGELN

Einer Buddhafigur oder anderen Bildern von Göttern oder verehrten Mönchen ist Respekt zu zeigen; die mutwillige **Verunglimpfung des Buddha** ist eines der übelsten Vergehen, dessen man sich schuldig machen kann.

Wer eine Buddhafigur in seinem Zimmer aufstellt, sollte darauf achten, daß die Statue hoch steht; so hoch, daß sie sich möglichst über dem eigenen Kopf befindet.

Mönche

Mönche genießen trotz sich häufender Skandale ein hohes Ansehen in Thailand, und einer alten Tradition zufolge sollte jeder Junge oder Mann mindestens 3 Monate seines Lebens in einem Kloster verbracht haben. Dort erlernt er die Meditation und studiert die in Pali verfaßten heiligen Schriften. Das wird heute nicht mehr ganz so genau eingehalten, dennoch gibt es zu jeder Zeit etwa 300.000 Männer im Mönchsstand.

Frauen dürfen Mönche nicht berühren oder ihnen keine Gegenstände oder Essen direkt übergeben. Die Frau muß den Gegenstand erst einem Mann überreichen, der ihn dann dem Mönch weitergibt. Oder aber der Mönch breitet ein Stück seiner safranfarbenen Robe aus, worein die Frau den Gegenstand legt.

In öffentlichen Bussen sitzen Mönche meist in der letzten Reihe (zum halben Preis oder kostenlos), und man muß von dort aufstehen, falls Mönche einsteigen.

Sitzen Mönche (z.B. an einem Tisch im Restaurant), so gehen die Thais an ihnen vorbei, indem die sich etwas bücken, sich also kleiner machen. Das bezeugt Respekt. Diese Regel kann von Ausländern außer Acht gelassen werden.

Das Königshaus – keine Beleidigungen!

Die königliche Familie, insbesondere König *Bhumipol* (Thai-Aussprache: *Phumipon*), wird von allen Thais verehrt und geliebt. Die Portraits von König und Königin zieren die meisten Wohnhäuser und Geschäfte. **Majestätsbeleidigung** ist ein schweres Vergehen, das mit Gefängnis bestraft wird.

1995 wurde ein Franzose, der an Bord eines Thai Airways-Flugzeuges auf dem Weg von Paris nach Bangkok angeblich abfällige Bemerkungen über das Königshaus gemacht hatte, bei der Ankunft in Bangkok verhaftet. In der folgenden Gerichtsverhandlung, zu der er in Ketten vorgeführt wurde, erhielt er allerdings einen Freispruch. Der Passagier hatte sich im Flugzeug lediglich darüber mokiert, daß die Hostessen ihm das Anschalten seiner Leselampe verboten hatten. Die Begründung der Hostessen war, daß ein paar Sitze weiter Prinzessin *Somsawali* schliefe, die nicht gestört werden dürfe.

Der Reisende sollte es so halten wie die Thais: Am besten das **Thema Königshaus** gänzlich **meiden,** denn eine unbedachte oder mißverstandene Bemerkung kann eine Menge Ärger einbringen. Das bekam auch ein Tourist zu spüren, der in einem Streit mit ei-

VERHALTENSREGELN

König Bhumipol Adulyadej

Das Bildnis des Königs ziert jeden Geldschein auf der Vorderseite, und in unzähligen Haushalten Thailands hängt ein Portrait von ihm. Die Thais sprechen nur in tiefer Ehrfurcht von ihm, und in Zeiten politischer Krisen wirkt er als einender Faktor, der das Land zusammenhält. Gemeint ist Seine Majestät König *Bhumipol Adulyadej*, Rama 9.

Im Jahre 1946 hat er den Thron bestiegen, nachdem sein älterer Bruder König *Ananda* erschossen in seinem Bett aufgefunden worden war. Seitdem herrscht König Bhumipol über die Thais und hat es wie kaum ein Monarch vor ihm verstanden, die Herzen seines Volkes zu gewinnen. Als der König am 5. Dezember 1987 seinen 60. Geburtstag feierte, strömten Hunderttausende Thais aus allen Landesteilen nach Bangkok, um an den Feierlichkeiten teilhaben zu können. Seit dem 2. Juli 1988 ist König Bhumipol der am längsten herrschende Monarch Thailands. 1996 feierte das Land das 50jährige Thronjubiläum des Königs und den königlichen „Weltrekord".

Früher hatte man Thailands Herrscher als „Herren des Lebens" bezeichnet, und man führte ihre Herkunft direkt auf die Götter zurück. Der Thai von heute ist zumeist nüchterner und kann die Verehrung, die der derzeitige König genießt, handfest begründen:

Schließlich bemüht sich der König seit Anbeginn seiner Regierungszeit unermüdlich um seine Untertanen, er bereist die entlegensten Gebiete, um sich über die Probleme vor Ort zu orientieren, überwacht höchstpersönlich das Vorankommen von Projekten, und auf dem Gelände seines Wohnsitzes, des Chitlada-Palastes, unterhält er eine Experimentierfarm, auf der landwirtschaftliche Forschung betrieben wird. Zudem ist der König ein Mann vieler Talente, u.a. ein begnadeter Musiker, der in seiner Freizeit mit Vorliebe ein heißes Jazz-Saxophon bläst. Die königliche Hymne, die in Kinos vor der Vorstellung gespielt wird, ist eine Komposition des Königs selbst.

Bei seinen Bestrebungen, die Probleme Thailands zu lösen, wird der König von seiner Familie unterstützt, und wo immer Königin *Sirikit*, Kronprinz *Maha Vijiralongkorn* oder die Prinzessinnen *Maha Chakri Sirindhorn* und *Chulabhorn* im Lande erscheinen, wird ihnen die tiefe Hingabe ihrer Untertanen zuteil. Die königliche Familie ist ein unerschütterlicher Faktor in einem Land, das politisch gesehen häufig Erdrutsche erlebt hat.

Möglicherweise geht mit Bhumipol Adulyadej das alles zu Ende: Einer alten Weissagung zufolge ist er, Rama der 9., der letzte Herrscher der Chakri-Dynastie.

Wer in Bangkoks Touristenviertel Banglamphoo wohnt, kann möglicherweise einen Blick Seiner Majestät erheischen: An vielen Nachmittagen fährt der königliche Konvoi den Rajdamnoen entlang. Dabei ist, wie immer wenn der König passiert, die gesamte Straße für einige Minuten abgesperrt. Dem königlichen Konvoi voran fährt eine Ehrengarde von Motorrädern, gefolgt von einem halben Dutzend deutscher Luxuslimousinen (die mit dem Stern). Der König selbst sitzt in seiner Lieblingskarosse: Einem gelben Prachtexemplar der Marke Rolls Royce.

nem Restaurantbesitzer, bei dem es um die zu zahlende Summe ging, wutentbrannt einen Geldschein zerknüllte und dann darauf herumtrampelte. Da auf dem Geldschein der König abgebildet war, machten sich alle Gäste über den Frevler her.

Im Umgang mit Thais

Berührungen

Absolut zu unterlassen ist es, Menschen an den **Kopf** zu fassen! Der Kopf ist nach thailändischer Auffassung der Sitz der Seele und somit der höchste Teil des Körpers. Das Berühren des Kopfes ist eine schwere Beleidigung! In früheren Zeiten sollen sich selbst die Scharfrichter bei ihren zu richtenden Opfern für das Berühren des Kopfes im vorab entschuldigt haben.

Kopf-Berührungen zwischen Personen, die ein inniges oder intimes Verhältnis zueinander haben, wie Mutter und Kind oder Ehepartner, sind hingegen erlaubt.

Männliche Reisende sollten sich davor hüten, fremde oder nur flüchtig bekannte Frauen zu berühren! **Zwischengeschlechtliche Berührungen** deuten auf ein intimes Verhältnis hin und können die Frau so in eine peinliche Situation bringen.

Begrüßungen

Das Händeschütteln ist in Thailand nicht üblich, es sei denn bei einer geringen Minderheit von Leuten, die im Ausland studiert haben etc.

Die traditionelle Art des Grußes ist der **Wai**. Dazu werden die Handflächen wie zum Gebet aneinandergelegt. Wie hoch die Handflächen gehalten werden, ist abhängig von der Person, die gegrüßt wird. Von Ausländern wird nicht erwartet, daß sie den Wai beherrschen, doch hier sicherheitshalber eine kleine Anleitung:

- **Niedriggestellte** werden gegrüßt, indem sich beim Wai die Daumen etwa in Brusthöhe befinden.
- **Bei Gleichgestellten** haben sich die Daumen etwa in Kinnhöhe zu be finden.
- **Höhergestellte** werden durch Wai mit den Daumen in Höhe der Unterlippe gegrüßt.
- **Mönche** mit den Daumen zwischen den Augenbrauen grüßen.

Der Wai wird im allgemeinen durch ein leichtes Senken des Kopfes unterstützt: Je angesehener die zu grüßende Person ist, desto tiefer wird der Kopf gesenkt.

Wais von eindeutig niedriger Gestellten (z.B. Bettler) sollten nicht durch einen Wai erwidert werden, sondern lediglich durch ein kurzes Lächeln oder Nicken. Wird eine eindeutig niedrigere Person durch einen respektvollen Wai gegrüßt, kommt dieses einer Verhöhnung gleich!

Lärm und Aggression

Beobachtet man Thais beispielsweise in einem Restaurant, so fällt auf, daß sie sich meist sehr leise unterhalten. Lärm wird nur von angetrunkenen Rowdies verursacht. Lautstarkes Auftreten in der Öffentlichkeit gilt als unhöflich. Wer durch ein Lokal brüllt, bringt Thais zum Erschaudern, denn Lärm ist ihnen gleichbedeutend mit Aggression.

VERHALTENSREGELN

Wer in einer Konfliktsituation herumschreit, macht sich lächerlich und bekommt erst recht nicht das, was er will. Die beste Methode ist: Dezent und leise bleiben, lächeln und ruhig und vernünftig reden! Höflichkeit erreicht mehr als laute Worte.

Das Prinzip des *jai yen* (Jai yen bedeutet „kühles Herz", d.h. daß man sich durch nichts aus der Ruhe bringen läßt) ist äußerst wichtig für den täglichen Umgang miteinander. Jemand, der einen Wutanfall bekommt, verliert sein Gesicht und wird gleich deutlich weniger Respekt zu spüren bekommen.

Schmeicheleien

Thais sind ein sehr positiv eingestelltes Volk, und es gilt als unfein, sich allzu negativ zu äußern. Das drückt sich auch im Sprachgebrauch aus: Selten wird ein Thai sagen, daß etwas „schlecht" sei, eher umgeht er den Affront und sagt „nicht gut".

In Gesprächen mit Ausländern werden die Thais immer wieder das angeblich gute Aussehen oder deren tolle Thai-Kenntnisse bewundern. Dieses gutgemeinte Lobpreisen gehört zum 'Thai way of life'. Darauf sollte man sich nichts einbilden.

Füße

Die Füße sind der unterste Teil des Körpers, sie gelten damit – als Gegenstück zum Kopf sozusagen – als unrein. Beim Sitzen sollte man einem Thai *nie* die Fußsohlen entgegenstrecken, das wäre eine Beleidigung. Absolut verwerflich ist es, wenn man z.B. einem Tempel oder **einer Buddha-Figur die Fußsohlen entgegenhält.**

Niemals sollte man mit dem Fuß **auf einen Menschen zeigen,** selbst das Zeigen mit dem Finger gilt als unhöflich. Besser ist es, kurz mit dem Kinn in Richtung der betreffenden Person zu nicken.

Am Boden liegendes Essen oder eine schlafende Person dürfen nicht überstiegen werden! Beim Betreten traditionell ausgerichteter Thai-Haushalte sind die **Schuhe** *vor* der Tür **auszuziehen,** ebenso beim Betreten des Innenraums eines Tempels!

Kleidung

Wer andere vergleichbare „Dritte-Welt"-Länder bereist hat, wird möglicherweise überrascht sein, welch großen Wert die Thais auf **gepflegte Kleidung** legen. Ordentliche Kleidung ist sehr wichtig, um in der Gesellschaft sein Gesicht zu wahren, und wer sich nicht anständig kleidet, gilt entweder als „arm" (was um Himmels Willen niemand möchte) oder gar als asozial (was nur ein paar wenige „Rebellen" möchten). Zudem gilt schludrige Kleidung in den Augen der ästhetisch geprägten Thais als „häßlich". Sie wird nur am Strand als statthaft angesehen.

Westliche Touristen, die in der **typischen Traveller-Kleidung** auftreten (kurze Hose, verwaschenes T-Shirt, Gummisandalen etc.) werden dementsprechend häufig belächelt, und niemand möchte eigentlich etwas mit ihnen zu tun haben. In Thai-Augen gelten sie als „arme" und oft „schmutzige" Ausländer. Diese werden *falang kii-nok* genannt, zu deutsch „Vogelkot-Guave" oder „Vogelkot-Westler"! *Falang* bedeutet sowohl „Westler" als auch „Guave", und eine *falang kii-nok* ist eine Art Zwergen-Guave, deren Größe die Thais an ein Stück „Vogelkot" erinnert. Im übertragenen Sinne steht der Begriff somit etwa für einen „armen westlichen Schlucker". Und mit denen möchte man nicht zusammen gesehen werden!

Wer von Thais Respekt verlangt, hat sich „anständig" zu kleiden – Hose bzw. Rock sollten lang, ordentlich und sauber sein, das Hemd sauber und gebügelt, und als Schuhe sollte man keine Schlappen oder Sandalen tragen. Dieser **Kleider-Kodex** gilt in erhöhtem Maße auf Ämtern oder zu **offiziellen Anlässen,** bei denen eine schludrige Kleidung gar als bewußte Mißachtung ausgelegt werden könnte.

Betteln

Bettler sieht man in Thailand kaum häufiger als in Mitteleuropa. Die wenigen, die es gibt, betteln meist völlig unaggressiv, still am Straßenrand sitzend und den Kopf gesenkt. Diese Demutshaltung ist bei den auf Etikette bedachten Thais am erfolgversprechendsten.

Die meisten Bettler finden sich verständlicherweise im relativ wohlhabenden **Bangkok,** das auf Landbewohner die größte Sogwirkung ausübt. Manche Bettler stammen aus Myanmar oder Kambodscha. Chiang Mai hat ebenfalls eine Anzahl Bettler, viele davon sind Mitglieder der Bergvölker. Einige davon verirren sich auch gelegentlich nach Bangkok.

Etwas merkwürdig wirkt es, wenn sich sonntags morgens thailändische Bettler um den Sikh-Tempel im Stadtteil Pahurat scharen, um von den wohlhabenden Sikhs einen Obulus zu erbetteln. Die Sikhs, von denen die meisten zur Zeit der indischen Unabhängigkeit 1947 aus Indien eingewandert sind, sind heute um ein Vielfaches wohlhabender als die meisten Thais.

Gelegentlich wird berichtet, daß **Verbrecherbanden** Kinder entführen, sie verstümmeln und dann zum Betteln ausschicken. Unterbinden lassen sich diese Verbrechen nur dadurch, daß man nichts gibt. Auch erwachsene Bettler sind oft „Angestellte" von Syndikaten, die den Großteil der erbettelten Gelder für sich einbehalten. Andere sind tatsächlich Menschen in Not, oft solche, die keine Familie haben, die sie ernähren könnte.

Verkehrsmittel

Eisenbahn

Vom Flugzeug einmal abgesehen, ist die Bahn wohl das bequemste Mittel, innerhalb Thailands zu reisen. Bei Nachtfahrten stehen exzellente *Sleeper* zur Verfügung: Zwei gegenüberliegende Sitze werden von einem Bahnangestellten ausgezogen, darauf kommt ein sauberes Bettlaken, Kopfkissen und Decken werden verteilt und ein Vorhang wird vor das neu entstandene Schlafabteil gehängt. Darüber wird eine zweite Schlafkoje heruntergeklappt, die *upper berth,* das einem weiteren Fahrgast zur Schlafstelle bereitet wird. Fertig sind die Betten!

Der Nachteil der Bahn ist, daß sie bedeutend langsamer ist als die A.C.-Busse und dazu teurer. Die Strecke Bangkok – Chiang Mai schafft ein Bus in 10 Stunden (Preis: 180-220 Baht), die Bahn braucht dafür 13 Stunden (mit *lower berth,* der unteren Schlafkoje und in der 2.Kl. je nach Zugart ab 435 Baht). Auf die Grundpreise werden Aufschläge für die verschiedenen Züge und auch für die Schlafkojen erhoben (s.u.).

Bangkok ist der **Verkehrsknotenpunkt** des Landes. So haben alle Eisenbahnlinien und wichtigen Fernstraßen hier Ausgangspunkt bzw. Ende.

Die **Northern Line** der staatlichen Eisenbahnbetriebe führt von Bangkok nach Nong Khai an der Grenze zu Laos, die **Eastern Line** nach Ubon Rachathani, 65 km vor der kambodschanischen Grenze und die **Southern Line** bis Malaysia. Es gibt noch einige Nebenlinien, am wichtigsten die Strecke Bangkok – Kanchanaburi.

Der früher recht umständliche **Fahrkartenkauf** ist mittlerweile sehr vereinfacht worden: In den meisten wichtigen Orten wird die Buchung per Computer bewerkstelligt. Im Reservierungsbüro des Hauptbahnhofs von Bangkok, der Hualamphong Station, braucht man nur noch eine Nummer zu ziehen, und wenig später wird man aufgerufen. Dank des Computers lassen sich heute auch problemlos **Rückfahrkarten** buchen, außer in einigen sehr kleinen und unbedeutenden Bahnhöfen. In Bangkok können die Karten auch in Reisebüros gekauft werden, in der Regel ohne Aufpreis.

Zu den thailändischen Feiertagen kann es zu Engpässen kommen, da jeder die Gelegenheit zu Verwandtenbesuchen nutzt. Die Züge sind dann oft ein oder zwei Wochen im voraus ausgebucht. Tickets können 90 Tage im voraus gekauft werden. Zu Tagesausflügen, an Wochenenden und zu Feiertagen treten oft **Sondertarife** in Kraft, man erkundige sich diesbezüglich am Ticket-Schalter. Außerdem ist ein **Rail Pass** erhältlich, mit dem man

20 Tage lang für 1.100 Baht (2. oder 3. Klasse) das Land bereisen kann (**Blue Pass**). Zu dieser Summe kommen allerdings die diversen Zuschläge. Für 2.000 Baht bekommt man einen Paß, bei dem alle Zuschläge schon inbegriffen sind (**Red Pass**). Kinder bis 12 Jahre zahlen jeweils die Hälfte. **Informationen** in Bangkok unter Tel. (02) 2237010, 2237020 und 2250300, Anschluß (auf Thai *thor*) 5100 bis 2.

Zuschläge: *Rapid Train* 40 Baht, *Express Train* 60 Baht, *Special Express Train* und *Air-Conditioned Coach* in der 2. und 3. Kl. 70 Baht.

Die **Schlafkojen** kosten: in den *Special Express Trains* (2. Kl. mit A.C.) 260 Baht für die obere, 320 Baht für die untere Schlafkoje; in den *Special Express Trains* ohne A.C. 130/200 Baht; in den *Rapid Trains* (2. Kl. mit A.C.) 250/320 Baht; in den *Rapid Trains* ohne A.C. 100/150 Baht; in der 1.Kl. mit A.C. 520 Baht (in einer Doppelkabine).

Die **untere Koje** ist in mehrfacher Weise bequemer als die obere: Erstens ist sie besser gepolstert und zweitens nicht so heiß, da mit einem Fenster versehen. (Es wird nachts als Schutz vor Dieben mit einem Metallgitter geschützt). Außerdem sind bei nächtlichen Toilettengängen keine großen Klettertouren erforderlich.

Busse

Staatliche: Fast jedes Nest in Thailand ist durch die Busse der staatlichen Transportgesellschaft (*Borisat Khon Song*) mit der Außenwelt verbunden. Die meisten dieser Busse sind nicht-air-conditioniert *(rot thammada)*, einige haben A.C. *(rot thua* oder *rot är)*. Letztere sind selbstverständlich bequemer und haben dazu eine Hostess an Bord, die freie Cold Drinks serviert. Die Non-A.C.-Busse sind extrem billig.

Private: Zahlreiche private Busgesellschaften betreiben einen Transport-Service zwischen den wichtigsten Städten. Die Tickets für die Busse der Privatgesellschaften gibt es in deren Büros zu kaufen, die oft direkt am Busbahnhof liegen. Die Busse haben A.C. und eine Hostess, die Snacks und Drinks verteilt, und längere Fahrten werden durch einen Imbiß in einer Raststätte unterbrochen. Das Essen ist im Fahrpreis enthalten!

Leider wird die Klimaanlage oft auf so kalt gestellt, daß einem bei Nachtfahrten das Blut in den Adern gefriert. Da nützen auch die verteilten Decken nichts! Wer sich auf eine längere Nachtfahrt begibt, sollte sicherheitshalber Jacke und Socken bereithaben! Außerdem wird man in den Bussen oft mit lautstarker Musik beschallt, oder es laufen ebenso laute Videofilme. Dieser „Service" ist oft nur mit Ohrstöpseln zu ertragen!

Gelegentlich bestehen erhebliche Preisunterschiede für ein und dieselbe Strecke zwischen den privaten A.C.-Bussen und den staatlichen. Preise vergleichen! Eine Strecke von 100 km kostet knapp 2 DM, bei längeren Entfernungen sinkt der Kilometerpreis noch. Die A.C.-Busse kosten jeweils etwas weniger als das doppelte des Normalbus-Preises.

VERKEHRSMITTEL

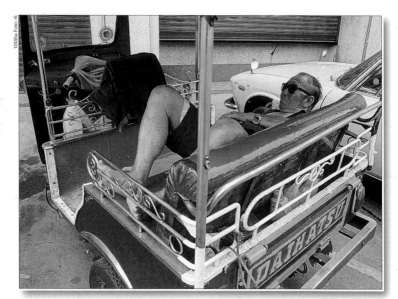

Einige private Unternehmen betreiben sogenannte **V.I.P.-Busse,** besonders auf längeren Strecken. Diese Busse sind noch etwas komfortabler als die A.C.-Busse mit mehr Beinfreiheit, besseren Sitzen und oft auch mit Bordtoilette. Die V.I.P-Busse kosten noch einmal etwa ein Viertel mehr als die A.C.-Busse.

Vorsicht: Aus zwei Gründen kann eine Busfahrt zu einem bösen Erlebnis werden: Erstens sind die Fahrer gelegentlich angetrunken und halten auf der Strecke Wettfahrten mit Bussen anderer Unternehmen ab, und dann ist es besser, die Reise vorzeitig zu unterbrechen, als im Krankenhaus zu landen oder in der Todesstatistik.

Zweitens kommt es ab und an zu Überfällen auf Busse, wobei die teureren A.C.-Busse logischerweise ein beliebteres Ziel sind als die billigeren Normalbusse. Die Überfälle sind häufiger im Süden als im Norden, besonders in Nähe der malaysischen Grenze kommen sie extrem oft vor.

Zwei Maßnahmen zur Risikoverringerung kann der Reisende selber treffen: erstens Nachtbusse (besonders im Süden) meiden und auf Tagbusse umsteigen und zweitens, wenn immer möglich, statt Bus den Zug nehmen.

Ein Tuk-Tuk, das gerade keinen Krach macht

Songthaews

Songthaews (sprich etwa: *soongthäos*) sind **kleine Pick-Up-Trucks,** auf deren Ladefläche sich zwei Sitzreihen befinden. Songthaew bedeutet soviel wie „zwei Reihen". Die Songthaews sind überdacht und bieten gut 10 Leuten Platz, werden aber häufig darüber hinaus vollgestopft. In vielen Provinzstädten kurven Songthaews permanent durch die Straßen, ohne einer festgelegten Route zu folgen. Wer mitgenommen werden will, hält den Wagen an und nennt dem Fahrer seinen Zielort. Liegt dieser etwa in der Richtung, die die anderen Fahrgäste eingeschlagen haben, kann man mitfahren.

Der übliche Fahrpreis innerhalb einer Ortschaft liegt zwischen 3 und 7 Baht (je nach Stadt verschieden), und für die in der betreffenden Stadt übliche Summe kann jeder Zielort angefahren werden.

Samlors und Tuk-Tuks

Motorisierte Samlors und Tuk-Tuks sind dasselbe: **Dreirädrige Minitaxis,** in Indien und anderswo auch unter dem Namen Motor-Riksha bekannt. Samlor bedeutet soviel wie „Dreirad" und tuk-tuk ist das Geräusch, das sie verursachen. Ganz nebenbei erzeugen sie noch eine Menge Abgase, von denen der Fahrgast die meisten selber zu schlucken scheint.

Nachts neigen die Fahrer dazu, wie die Besinnungslosen zu rasen, und wer sich nicht gut festhält, wird unter Umständen aus dem Fahrzeug katapultiert. Wie beim Taxi muß auch hier der Fahrpreis vorher ausgehandelt werden, Englisch-Kenntnisse der Fahrer sind aber leider so gut wie nicht existent. In Bangkok lohnt das Tuk-Tuk-Fahren ohnehin kaum, denn die neuen **Taxi-Meter** dort kosten oft genausoviel oder sind sogar preiswerter als die Tuk-Tuks.

Als Samlor werden auch die dreirädrigen **Fahrrad-Rikshas** bezeichnet, die in vielen Provinzstädten zu finden sind. In Zentral-Bangkok fahren diese Samlors nicht, aber in einigen Randbezirken der Metropole (z.B. Nonthaburi). Auch her gilt es zu handeln, und der übliche Minimalpreis liegt bei 10 Baht (für eine Strecke bis 1 km).

Taxis

Außer in Bangkok und auf Ko Samui haben die Taxis **keine Fahrpreisanzeige,** und so muß der Preis im vorab ausgehandelt werden. Rudimentäre Thai-Kenntnisse drücken den Preis gleich um ein Drittel, da der Fahrer weiß, keinen Anfänger vor sich zu haben. Ein Strecke von 10 km sollte etwa 80-90 Baht kosten, nachts wird's manchmal etwas teurer, da die Fahrer die Konkurrenz der öffentlichen Busse nicht fürchten müssen. Die meisten Taxis sind klimatisiert, die Fahrer können aber kaum englisch. (Wer etwa zu seinem Hotel will, ist gut beraten, wenn er eine Visitenkarte des Etablissements in Thai-Schrift besitzt.) Je länger die Strecke, desto besser läßt sich handeln und der Kilometerpreis sinkt.

Taxi-Meter: siehe Bangkok

VERKEHRSMITTEL

Motorrad-Taxis

Besonders in Bangkok nimmt die Zahl der Motorrad-Taxis rapide zu, da diese die Staus am besten durchfahren können. In der Provinz sind sie seltener. Motorrad-Taxis stehen an speziellen Halteplätzen, meist nahe Einkaufszentren oder in belebten Einkaufs- oder Wohngebieten, die Fahrer sind an ihren roten oder orangenen Jacken mit einer Nummer auf dem Rücken zu erkennen. Die Fahrpreise sind auszuhandeln und liegen fast so hoch wie die der Tuk-Tuks.

Vorsicht, unter den Fahrern sind viele Ganoven! Vor allem Frauen sollten abends oder in einsamen Gegenden auf dieses Verkehrsmittel verzichten!

Radfahren

Die ländlichen Gebiete Thailands eignen sich bestens zum Radfahren, und in vielen touristisch gut besuchten Orten gibt es Fahrräder oder Mountainbikes zu mieten. Radfahrende Thais allerdings sind eine absolute Rarität, was in dem in der thailändischen Gesellschaft stark ausgeprägten Statusbewußtsein begründet liegt: Wer Fahrrad fährt gilt als „arm", und er/sie fährt nur Rad, weil das Geld nicht für ein Moped reicht.

Der thailändische Straßenverkehr ist, verglichen mit dem in Mitteleuropa, chaotisch und unberechenbar. Radfahrer tun gut daran, sich möglichst **ganz links am Straßenrand** zu halten (Linksverkehr!). Andererseits berichtete eine Leserin, die mit dem Rad ganz Thailand bereiste, daß ihr der Straßenverkehr weniger aggressiv erschien als der in Deutschland (Unfallstatistiken zeichnen allerdings ein anderes Bild).

Entsprechend dem Status von Radfahrern gibt es in Thailand auch **keine Radwege.** In Bangkok, derzeit noch denkbar ungeeignet für Radfahrer, sind für die nähere Zukunft einige geplant.

Mietfahrzeuge

Motorräder, Fahrräder und **PKW** sind in allen Orten mit größerer Touristendichte auszuleihen.

Problematisch ist, daß beim Anmieten von Motorrädern meist der **Reisepaß als Pfand** einbehalten wird. Eine unangenehme Situation, zumal es schon zu Erpressungen gekommen ist, in denen der Ausleiher genötigt wurde, größere „Schadens"-Summen zu berappen, ehe er seinen Paß wiedersah. Außerdem steht dieser Usus im Gegensatz zur thailändischen Gesetzgebung, die Ausländern vorschreibt, allzeit ihren Ausweis mit sich zu tragen (was in der Praxis aber so gut wie nie kontrolliert wird). Man sollte darauf

VERKEHRSMITTEL

bestehen, nur eine Fotokopie des Passes und eventuell eine Geldsumme als Pfand zu hinterlegen (gegen Quittung!). Außerdem sollte das Leihfahrzeug auf Schäden überprüft werden, und auf die eventuellen Mängel sollte dann schon im Vetrag hingewiesen werden. Weiterhin sollte die Fahrzeugmiete unbedingt eine **Vollversicherung** mit einschließen, das muß deutlich auf dem Mietvertrag vermerkt sein. Vorsicht bei Unternehmen, die gar keinen Vertrag vorlegen! Sehr zu empfehlen sind professionell geführte Unternehmen wie *Pure Car Rent* in Phuket Town, bei denen keinerlei Probleme zu erwarten sind.

Zum Mieten von Motorrädern und Autos/Jeeps ist ein **internationaler Führerschein** nötig. Beim Mieten von Motorrädern verlangt allerdings nicht jeder Vermieter auch danach.

Die **Preise** für Mietmotorräder sind von Ort zu Ort sehr unterschiedlich, sie liegen bei 100 bis 500 Baht/Tag. Kleine Jeeps wie den Suzuki Caribien gibt es schon für 700 bis 1.000 Baht, für größere Personenwagen muß man etwa ab 1.200 Baht rechnen. Die großen Verleihfirmen haben meist die höchsten Preise, dafür sind sie oft auch am zuverlässigsten.

Fahrräder werden meistens von Guest Houses verliehen und kosten 50-100 Baht pro Tag.

Tanken

Benzin ist bisher (steigende Inflation = steigende Preise für Importwaren) in Thailand relativ billig, je nach Sorte und Marke kostet der Liter ca. 10-13 Baht. Relativ teuer (Anm.: Der Steuervorteil ist weggefallen) ist bleifreies Benzin, auf Thai *naman ray-san takua* oder kurz *ray-san*. Normalbenzin heißt *naman bensin,* Super spricht sich etwa wie *supör* aus, mit der Betonung auf der letzten Silbe. Die Anweisung *them* bedeutet „volltanken". „Öl nachsehen" heißt *check* (wie im Englischen) *naman,* „Wasser nachsehen" *check naam.*

Die wichtigsten Highways
- **Highway Nr. 1** Bangkok – Chiang Mai
- **Highway Nr. 2** Bangkok – Nong Khai (von den Amerikanern im Vietnam-Krieg erbaute „Friendship Highway")
- **Highway Nr. 3** Bangkok – Trat
- **Highway Nr. 4** Bangkok – Malaysia

Verkehrsregeln

Es gibt Leute, die behaupten, es gäbe keine Verkehrsregeln in Thailand. So ganz falsch ist das nicht. Zu beachten ist allerdings der **Linksverkehr!** Ansonsten gelten die international bekannten Verkehrsschilder oder leichte Varianten derselben.

Unfälle

Vorsicht, Irrwitz auf Rädern! Die Thais haben, euphemistisch gesprochen, einen sehr individuellen **Fahrstil**, und man sollte zu jeder Zeit auf alles vorbereitet sein. Jeder fährt so, wie es ihm gerade einfällt. Das gilt vor allem für die LKW-fahrer, die oft mit Amphetaminen (auf Thai *yaa-maa* = „Pferdemedizin") vollgepumpt sind und sich durch den Verkehr pflügen, als steuerten sie ein Schlachtschiff. Ihr Fahrstil ist extrem aggressiv, wer ihnen nicht rechtzeitig ausweicht, hat das Nachsehen. Ein Großteil der Verkehrstoten geht auf das Konto dieser Wahnsinnskapitäne. Am gefürchtetsten sind die ganz schweren Laster, die sogenannten *Sip-Lor* oder „Zehnrädrigen". Die Grundregel im thailändischen Verkehr lautet, knapp formuliert: Je größer das Fahrzeug, umso mehr Rechte hat es. Da erübrigt sich auch eine Erläuterung, wie es um die Fußgänger bestellt ist.

Nach offiziellen Angaben sterben täglich durchschnittlich 48 Personen im Straßenverkehr, das sind über 17.000 pro Jahr. Damit sind Verkehrsunfälle die zweithäufigste Todesursache im Land (nach AIDS). Allzu oft kommt es zu Karambolagen mit gleich mehr als einem Dutzend Toten.

So gut wie alle Unfallmeldungen enden mit dem Satz *„The driver fled the scene"* – „Der Fahrer beging Fahrerflucht." Das ist die Regel, nicht die Ausnahme.

Inlandsflüge

Die thailändische Fluggesellschaft **Thai Airways International** verfügt über ein großes Flugnetz und ist zudem (für europäische Verhältnisse) äußerst billig. So kostet beispielsweise der Flug Chiang Mai – Mae Hong Son 345 Baht (Flugzeit 35 Min.), ein Flug Bangkok – Hat Yai kostet 2.280 Baht. Auf den Flugpreis wird eine **Flughafengebühr** von 30 Baht erhoben; diese wird seit einiger Zeit gleich beim Kauf des Tickets auf dessen Preis aufgeschlagen.

Thai Airways ist in der Regel recht pünktlich, und Buchungen werden zuverlässig gehandhabt.

Auf allen längeren Strecken steht neben der **Economy Class** auch eine **Business Class** zur Verfügung. Die Business-Class-Tickets kosten meist 600 Baht mehr als die der Economy Class, bei den längsten Flügen (z.B. Chiang Mai – Phuket) sind es 1.000 Baht mehr.

Inlandsflüge ab Bangkok gehen vom Domestic Terminal (*Sanaam Bin Nay Prathet*) aus, der sich ca. 2 km südlich des internationalen Terminals befindet. Dort kann man an jedem beliebigen Thai-Airways-Schalter einchecken, die Schalter sind nicht mehr wie früher nach Zielorten unterteilt. Inlandsflüge sind **Nichtraucherflüge.**

VERKEHRSMITTEL

Von ihren diversen Stadtbüros unterhält die Airline einen **Pendeldienst vom/zum Flughafen,** der mit Minibussen und/oder Limousinen bewerkstelligt wird. Die Preise für diesen Zubringerdienst liegen je nach Ort etwa bei 50-70 Baht bei den Bussen, und 100-400 Baht bei den Limousinen.

Tip für Vielflieger

1997 schloß sich die Lufthansa mit der Thai Airways, SAS, United Airlines, Air Canada und Varig Brazilian Airways zum Flugverbund „Star Alliance" zusammen; mittlerweile sind Air New Zealand, All Nippon Airlines und Mexicana hinzugekommen, und die Singapore Airlines ist bald wohl auch dabei.

Teilnehmer des „Miles and More"-Vielfliegerprogrammes der Lufthansa, des „Royal Orchid"-Programmes der Thai Airways oder Vielflieger auf einer der anderen oben genannten Airlines können sich alle auf Star-Alliance-Mitgliedern erflogenen Meilen gutschreiben lassen und sich dafür Freiflüge oder andere Vergünstigungen einholen. Auch Flüge mit der Singapore Airlines werden bereits angerechnet.

Für 35.000 geflogene Meilen gibt es z.B. einen beliebigen Inlands-Returnflug mit Thai Airways (Economy Class; Business Class 50.000 Meilen).

Für 50.000 Meilen kann man mit Thai Airways von Bangkok zu näher gelegenen Auslandzielen fliegen (retour), z.B. nach Kathmandu, Kalkutta, Delhi, Colombo, Kuala Lumpur, Singapur oder Denpasar.

Zu beantragen sind die Flüge jeweils 14 Tage vor dem gewünschten Flugtermin, ansonsten fällt eine Bearbeitungsgebühr von 50 DM an. Wer eine „Miles & More"-Karte besitzt, muß sich die Flüge bei der Lufthansa ausstellen lassen, auch wenn es sich um Flüge mit Thai Airways handelt.

Thai Airways bietet auch ein **Rundflugpaket** aus vier Flügen nach eigener Wahl an. Dieses kann sowohl in Thailand als auch schon zu Hause gebucht werden. Dabei muß der erste Flug bezüglich Zielort und Flugdatum schon festgelegt sein, die anderen können erst einmal offen bleiben. Kostenpunkt in Deutschland ca. 450 DM. Der Haken ist, daß jede Bearbeitung des Tickets in Thailand – also jede Festlegung von Strecke/Termin oder Umbuchung – mit 520 Baht zu Buche schlägt. Das Ticket lohnt eigentlich nur, wenn man die längsten und teuersten Flüge nimmt, z.B.: Bangkok - Chiang Mai - Phuket - Hat Yai - Bangkok. Bei kürzeren Rundflügen macht man eventuell sogar Verlust.

Neben der staatlichen Thai Airways existieren einige Privatgesellschaften, deren Flugnetze noch im Ausbau sind. Die wichtigste der Privatgesellschaften ist die **Bangkok Airways,** die z.T. ihre eigenen Flughäfen betreibt, so z.B. auf Ko Samui. Die **Orient Thai Airlines** hatte 1998 ihren Betrieb eingestellt, war aber 1999 gerade dabei, einen Neuanfang zu versuchen. Dazu gesellen sich noch die **P.B.Air** und **Angel Air,** letztere auch mit einigen internationalen Flügen (z.B. Bankok – Singapur). Bei den privaten Fluggesellschaften wird sich in Zukunft noch einiges tun, manche mögen hinzukommen, andere ihren Dienst aufgeben. Der übermächtigen Thai Airways machen sie bisher keine ernstliche Konkurrenz, vor allem deshalb, weil ihnen oft nur Konzessionen auf den weniger profitablen Routen erteilt werden.

VERKEHRSMITTEL

Was die **Flugpreise** angeht, so ist die Bangkok Airways die teuerste Airline: Die Route Bangkok – Ko Samui kostet z.B. 3.150 Baht, die von der Thai Airways geflogene Route Bangkok – Surat Thani (kilometermäßig etwa genausolang) nur 1.710 Baht. Die anderen Airlines liegen gelegentlich etwas unter der Thai Airways.

Für 1999/2000 plante die Thai Airways eine Erhöhung ihrer Preise um durchschnittlich 13,5%. Die in den einzelnen Städtekapiteln angegebenen Preise haben sich somit möglicherweise schon erhöht. Zur Zeit der Drucklegung standen weder die neuen Preise noch der genaue Termin der Preiserhöhung fest.

Boote und Fähren

Thais haben eine innige Beziehung zum Wasser, und als es noch keine Straßen gab, dienten die **Klongs** (Flüsse, Kanäle) des Landes als Verkehrswege. Noch heute paddeln Gemüse- oder Obsthändlerinnen in einigen Gebieten über die Klongs und bieten auf ihren *sampan* (kleine Boote) Waren feil. Auch der Tourist wird bei der Reise oft von Booten oder Schiffen Gebrauch machen müssen.

Von zahllosen kleinen oder größeren Piers auf dem Festland fahren Boote zu vorgelagerten Inseln, oder verbinden die Inseln untereinander. Oft stehen fahrplanmäßig fahrende **Linienboote** zur Verfügung, nicht selten aber ist es notwendig, sich selbst ein **Boot zu chartern.** Handeln ist dabei oberstes Gebot. Gecharterte Boote sind relativ teuer, da man Hin- und Rückweg bezahlen muß, weil der Fahrer am Zielort nur selten jemanden finden wird, der ihn für die Rückfahrt anheuert. Als Faustregel könnte gelten, daß eine Fahrt zu einer 1-1½ Std. entfernten Insel ca. 1.000 Baht kostet, wobei die Rückfahrt für den Bootslenker inbegriffen ist. Macht man eine Ausflugsfahrt mit häufigen Stopps und fährt auch zum Ausgangspunkt wieder zurück, dann kostet eine Stunde ca. 250-300 Baht.

Die zu charternden Boote sind zumeist *rüa haang yao* oder „Langschwanzboote", schmale, lange Boote mit mehreren schmalen Sitzreihen (Holzbretter) und einem ohrenbetäubend lauten Dieselmotor (in der Regel

Überdachte Boote erübrigen den Sonnenhut

Weiterreise in die Nachbarländer

Über den Flughafen Bangkok

ein umgemodelter LKW-Motor). Viele der Boote haben ein Dach oder zumindest einen Sonnenschirm; falls nicht, sollte Sonnencreme und eventuell ein Sonnenhut zur Hand sein. Schon eine einstündige Fahrt auf dem Meer, bei der die frische Brise über die wahre Temperatur hinwegtäuscht, kann einen gefährlichen Sonnenbrand zur Folge haben.

Die linienmäßig fahrenden Schiffe können ebenfalls „Langschwanzboote" sein oder aber größere Passagierschiffe. Nach Ko Samui, Ko Phangan und Ko Tao fahren unter anderem die modernen **Expreßboote** *(rüa duan)* von Songserm Co. Komfortable Schiffe gibt es auch auf der Strecke von Phuket nach Ko Phi Phi. Auf einigen Strecken werden Passagiere auf Frachtschiffen mitgenommen.

Zum **Überqueren von Flüssen** stehen vielerorts **Fähren** *(rüa kham faak)* zur Verfügung, die die Passagiere für zumeist 2 Baht ans andere Ufer bringen.

In einem Aspekt ähneln sich fast alle Schiffe: Der **Sicherheits-Standard** scheint nicht sonderlich hoch zu sein. Bei fast keinem Schiff sind Schwimmwesten oder Schwimmreifen an Bord, mit Ausnahme der größeren Schiffe auf der Strecke Ko Samui – Ko Phangan – Ko Tao und Phuket – Ko Phi Phi. Dennoch ist auch bei diesen fraglich, ob im Notfall tatsächlich ausreichend Schwimmwesten für alle Passagiere vorhanden wären. Im Gegensatz zu Ländern wie Indonesien und den Philippinen aber sind Schiffsunglücke in Thailand sehr selten.

Zum Flughafen gelangt man per Taxi, Flughafen-Bus oder normalem Stadtbus und auch mit dem Zug. Es gelten dieselben Preise wie bei der Anfahrt ab dem Flughafen, siehe Kapitel Bangkok, „Ankunft".

Vor dem Abflug vom Don Muang International Airport erkunden Sie sich am besten bei Ihrer Airline, ob Ihr Flug von Terminal 1 oder dem neuen Terminal 2 aus geht. Die Terminals liegen zwar direkt nebeneinander, aber so erspart man sich u.U. einen Fußweg von einigen Hundert Metern. Die Thai Airways z.B. fliegt von Terminal 1, Lufhansa, LTU, Swissair Lauda Air und Singapore Airlines von Terminal 2.

Die Check-In-Schalter befinden sich im 3.Stock der Terminals, vor denen die Taxis direkt halten können. Im 4.Stock von Terminal 2 stehen einige Restaurants zur Verfügung (Pizza Hut, ein chines. Rest. u.a.), dazu ein Pub und sogar ein Cyber-Café, in denen sich noch restliche Baht ausgeben lassen. Auf demselben Stockwerk finden sich auch die Büros der diversen Airlines, in denen sich Flüge buchen bzw. umbuchen lassen. Falls Sie noch Bares brauchen, finden Sie im 2.Stock Geldautomaten.

Vor der Paßkontrolle im 1.Stock müssen noch an einem Schalter oder Automaten die Tickets für die Flughafengebühr gekauft werden (500 Baht).

WEITERREISE IN DIE NACHBARLÄNDER

In der Abflughalle hinter der Paßkontrolle befinden sich zahlreiche Duty-Free-Geschäfte (nicht sehr preiswert), ein Buchladen, mehrere Wechselschalter und einige Fast-Food-Restaurants.

Nach Laos

Über Chiang Khong

Seit einigen Jahren kann man über **Chiang Khong,** durch **Houei Sai** (auch: Huay Xai) auf der anderen Mekong-Seite nach Laos einreisen.

Die notwendigen **Visa** erhält man über Reisebüros in Chiang Khong (ca. 1.600 Baht) oder Reisebüros in Bangkok.

Von Chiang Khong setzen Fähren für 20 Baht/Pers. über zum laotischen Huoei Sai. Von dort fahren täglich **Frachtschiffe,** die auch Passagiere aufnehmen, nach Luang Phabang in Laos, Kostenpunkt 300 Baht; Fahrzeit 2 Tage, samt einem Halt in Pak Baeng, Provinz Udomsai; einfache Unterkunft ist dort vorhanden. Von Luang Phabang fahren weitere Boote in Richtung Vientiane, aber nicht jeden Tag. Alle Notwendigkeiten wie Essen, Getränke, eventuell eine Decke etc. müssen von den Passagieren selber mitgebracht werden. Außerdem kann es zu unvorhergesehenen Stopps kommen, für die man am besten gut gewappnet ist. Nach Anbruch der Dunkelheit können die Boote oft nicht durch die gelegentlich auftretenden starken Strömungen navigieren, besonders bei Fahrten stromaufwärts. Dann müssen die Boote anlegen.

Für die Strecke **Houei Sai – Luang Phabang** können auch die typischen laotischen „Langschwanz-Boote" angeheuert werden. Diese kosten 600 Baht/Pers., bei einer Mindestanzahl von fünf Passagieren.

Über Nong Khai

Visa für Laos können in einigen Reisebüros und Guest Houses in Nong Khai eingeholt werden (oder in der laotischen Botschaft in Bangkok und dem Konsulat in Khon Kaen), Kostenpunkt ca. 2.000-3.125 Baht. Vier Paßfotos sind mitzubringen. Bis das Visum vorliegt, können allerdings 4-10 Tage vergehen.

Seit der Fertigstellung der **Thai-Friendship Bridge** über den Grenzfluß Mekong ist nur noch die **Einreise per Bus** möglich. Die Fährboote, die früher hin- und hergependelt sind, haben ihren Dienst zur Zeit eingestellt. Die Busse fahren regelmäßig bis zur laotischen Hauptstadt Vientiane (25 km).

Andere Grenzübergänge

Es bestehen weitere Grenzübergänge bei Ban Huey Kon, Nakhon Phanom, That Phanom, Mukdahan und Chong Mek. Außerdem in Ban Huey Kon (Provinz Nan) sind alle für westliche Reisende passierbar. Möglicherweise wird auch Ban Huey Kon bald geöffnet.

● **Weitere Informationen** bietet das **Reisehandbuch Laos,** das im Reise Know-How-Verlag erschienen ist.

An der Grenze zu Myanmar in Mae Sai

WEITERREISE IN DIE NACHBARLÄNDER

Nach Myanmar (Burma)

Über Mae Sai

Mae Sai im hohen Norden ist z.Zt. der beste Landzugang zu Myanmar.

Der kleine Ort **Tachilek,** auf der anderen Seite des Mae-Sai-Flusses gelegen, kann problemlos während eines **Tagesausflugs** besucht werden. Dazu brauchen die Pässe nicht mehr – wie zuvor üblich – auf der thailändischen Seite der Grenze abgegeben werden.

Viele ausländische Langzeitbewohner von Chiang Mai nutzen diesen Grenzübergang, um nach Ablauf des Visums dort auszureisen und eine halbe Stunde später neu in Thailand einzureisen.

Die Grenze ist Mo-Fr 6.00-20.00 Uhr geöffnet, Sa-So 8.00-21.00 Uhr.

Um ein paar Devisen mehr abzubekommen, haben die burmesischen Behörden mittlerweile auch die **Straße von Tachilek nach Kengtung** (163 km), der Hauptstadt des Eastern Shan State, für Touristen geöffnet. Das ist allerdings nicht billig. Die Besucher müssen in Dollars bezahlen und dürfen nur regierungseigene, teure Unterkünfte und von der Regierung gestellte Transportmittel benutzen. Die maximale Aufenthaltsdauer beträgt 4 Tage.

Kengtung ist ein unberührter Ort, in dem die Zeit stehengeblieben zu sein scheint. Man sieht goldene Buddhas, beeindruckende Pagoden und lachende Frauen mit bunten Turbanen.

WEITERREISE IN DIE NACHBARLÄNDER

Weitere Grenzübergänge

Es bestehen drei weitere Grenzübergänge nach Myanmar: **Mae Sot – Myawaddy**, der **Three Pagodas Pass** und der **Victoria Point** westlich von Ranong (per Boot zu erreichen).

Bei Mae Sot wurde Mitte 1997 die **Thai-Burmese Friendship Bridge** in Betrieb genommen, über die in Zukunft ein reger Grenzverkehr fließen soll. Thais dürfen bis zur burmesischen Stadt Myawaddy reisen. Derzeit ist noch unklar, ob auch Reisenden anderer Nationalitäten der Zugang zu Myawaddy erlaubt werden wird.

Den Grenzübergang am Three Pagodas Pass bei **Sankhlaburi** dürfen nur Thais und Burmesen passieren.

Von **Ranong** aus können westliche Touristen nur auf die in burmesischen Gewässern befindliche „Casino-Insel" **Ko Song** reisen; eine Weiterreise von dort auf das Festland von Myanmar ist nicht möglich.

Nach Kambodscha

Zur Einreise in Kambodscha ist zuvor ein Visum einzuholen, das gilt sowohl für die Einreise über Land als auch per Flug. Eine Ausnahme bildet der großartige Khmer-Tempelkomplex Khao Phra Viharn (10.-12. Jh.), der von Si Saket auf der thailändischen Seite aus besucht werden kann. Von der kambodschanischen Seite aus ist der Tempel kaum zugänglich; eine Straße dorthin ist geplant, deren Fertigstellung wird jedoch noch Jahre auf sich warten lassen.

Ansonsten bestehen bisher zwei Grenzübergänge, über die Westler offiziell nach Kambodscha einreisen können, dazu gibt es einige noch „inoffizielle" Übergänge.

Über Hat Lek

Von Trat fahren Songthaews und Sammeltaxis zum Marktflecken (und Schmuggelparadies) Hat Lek an der thailändischen Ostküste (Preis circa 30-60 Baht/Pers., je nach Fahrzeug); Fahrzeit 45 Min. Vom Grenzposten in Hat Lek (geöffnet tägl. 7.00-17.00 Uhr) fahren Songthaews zu 100 Baht/Pers. oder kambodschanische *motos* zu 50 Baht/Pers. zum kambodschanischen Fischerort Koh Kong. Etwa 500 m in kambodschanisches Gebiet hinein findet sich rechts an der Straße ein Spielcasino. Von Koh Kong fahren dann Expreßboote für 14 US$ über Koh Sdach nach Ko Kompong Som (Sihanoukville).

Von der thailändischen Seite der Grenze fahren auch Boote nach Koh Kong. Auf dieser Strecke werden aber gemäß einem Bericht im Bangkoker Stadtmagazin „Metro" Passagiere oft zu weiteren Geldzahlungen genötigt und bei Nichtzahlung einfach „über Bord geworfen".

Über Baan Phakkad

Von Baan Phakkad in der Provinz Chantaburi führt ein Straße nach Pailin, kambodschanisches Edelsteinzentrum und ehemalige Hochburg der Roten Khmer. Es ist eine Stadt nach klassischem Wild-West-Vorbild, mit allerlei illegalen Aktivitäten und regem

WEITERREISE IN DIE NACHBARLÄNDER

Schmuggel über die Grenze nach Thailand. 1999 baten die kambodschanischen Behören Thailand, hier einen offiziellen Grenzübergang einzurichten, worüber derzeit jedoch noch nicht entschieden ist.

Über Aranyaprathet

Von Aranyaprathet in der Provinz Sa Kaew führt die Eisenbahnstrecke weiter nach Osten zur kambodschanischen Grenze (5 Baht; 30 Min.). Als Alternative bieten sich Songthaews von Aranyaprathet aus an (5 Baht). Von der Grenze gehe man über die Klong Luek Bridge nach Poipet auf der kambodschanischen Seite, von wo Taxis und Minibusse weiter nach Sisophon fahren (50 km). Die Grenze ist täglich 7.00-7.00 Uhr geöffnet.

Über Ta Phaya

Obwohl der Grenzübergang von Ta Phaya (Provinz Buriram) nach Phumi Thma Pok in Kambodscha noch nicht offiziell für westliche Reisende geöffnet ist, haben ihn dennoch schon einige passiert. Auf der anderen Seite der Grenze findet sich der Khmer-Tempelkomplex Banteay Chhmar (aus dem 11. Jh.).

War die Gegend einst ein Tummelplatz der Roten Khmer, so wird sie heute von kriminellen Elementen der kambodschanischen 7. Division unsicher gemacht, die wahrscheinlich auch für den großangelegten Raub an historischen Kunstschätzen verantwortlich sind. 1999 stöberte die thailändische Polizei Hunderte von Skulpturen aus Banteay Chhmar in Prachinburi auf, von denen einige mit Kettensägen entfernt worden waren.

Solange in der Gegend noch nicht Ruhe eingekehrt ist, ist der Übergang zu meiden.

Über Kap Choeng

Nachdem der berüchtigte „Schlächter" der Roten Khmer, *Ta Mok*, im Jahre 1999 in Kambodscha verhaftet worden ist, gibt es Pläne, den einst so wichtigen Grenzposten bei Kap Choeng wieder zu eröffnen. Von Kap Choeng in der Provinz Surin führt eine Straße nach Phumi Ph'ang nahe Anlong Veng, in dem sich der letzte harte Kern von Ta-Mok-Anhängern nach dessen Verhaftung ergab.

Nach Malaysia

Die Grenzstationen schließen üblicherweise um 18.00 Uhr malaysischer Zeit, das heißt also um 17.00 Uhr thailändischer Zeit.

Über Thungmo – Pedang Besar

Von **Hat Yai** fahren Busse zum Preis von 15 Baht zum 60 km entfernten Thungmo, einem winzigen Grenzposten. Auf der anderen Seite der Grenze liegt der malaysische Ort Padang Besar. Die Fahrt dauert circa 1 Stunde. Gemeinschaftstaxis ab Hat Yai kosten 50 Baht, und wer nur kurz einreisen will, um sofort wieder nach Thailand zurückzukehren, könnte sich in Hat Yai auch ein Songthaew dafür chartern. Das kostet ca. 400 Baht für Hin- und Rückfahrt.

WEITERREISE IN DIE NACHBARLÄNDER

Nachdem man sich den Ausreisestempel geholt hat, muß man ca. 1 km weiter die Straße geradeaus, bevor man zur malaysischen **Paßkontrolle** kommt.

Zwischen dem thailändischen und malaysischen Grenzposten kursieren auch Motorräder, die 10-20 Baht für die Fahrt verlangen. Bezahlt werden kann auch in malaysischer Währung, d.h. in diesem Falle mit 1-2 malaysischen Ringgit. (Derzeit gibt es für 1 Ringgit ca. 11,5 Baht.)

Das malaysische Pedang Besar kann auch **per Zug** von Thailand aus erreicht werden. Ab der Hualamphong Station in Bangkok fährt um 15.15 Uhr der Special Express Nr. 11 ab, der ungefähr um 8.00 Uhr in Pedang Besar einläuft.

> **Vorsicht: unfreiwilliger Drogenschmuggel**
>
> In Malaysia steht auf **Drogenvergehen** maximal die **Todesstrafe**. Darauf wird an den Grenzen ausdrücklich hingewiesen. Die auszufüllenden Einreiseformulare weisen ebenfalls einen entsprechenden Hinweis auf.
>
> Vor dem Grenzübertritt sollte das eigene Gepäck noch einmal gründlichst auf irgendwelche „Zugaben" durchsucht werden. Es sind schon Fälle vorgekommen, bei denen ahnungslosen Travellern ein **Paket zugesteckt** worden ist. Leider wird das kaum jemand auf der malaysischen Seite glauben.

Die **Fahrtkosten** betragen in der 2. Klasse 376 Baht, in der 1. Klasse 744 Baht, dazu Zuschläge. Zusteigemöglichkeiten bestehen auch bei Nakhon Pathom, Ratchaburi, Petchaburi, Hua Hin, Prachuap Khiri Khan, Chumphon, Surat Thani, Thung Song, Phattalung und Hat Yai. Nach den Grenzkontrollen in Pedang Besar fährt der Zug weiter bis **Butterworth** (Ankunft 12.40 Uhr), von wo man nach Penang gelangt.

Am Bahnhof von Hat Yai

Über Sadao

Hier befindet sich ein Grenzposten, der von den Bussen passiert wird, die **von Hat Yai nach Penang** fahren. Zwischen dem thailändischen und dem malaysischen Grenzposten liegt wieder ein guter Kilometer. Das macht aber nichts aus, da man wahrscheinlich ja eh mit dem Bus oder Taxi weiterreist.

Über Betong

Dieses ist der **südlichste Ausreisepunkt** nach Malaysia. Ab Hat Yai fahren Busse für 70 Baht, Sammeltaxis für 110 Baht. Ab Yala gehen Busse für 31 Baht.

Über Sungai Golok

Von der **Bahnstation** in Sungai Golok sind es noch 1-1,5 km bis zur Grenze. Auch hier fahren wieder Motorräder für 10 Baht. Das ist besser, als die Strecke mit Gepäck zu laufen.

Busse weiter nach **Kota Bahru** kosten 2 Ringgit, Sammeltaxis 3,80 Ringgit. Gegenüber der Bushaltestelle liegen einige Geschäfte, die Thai-Geld wechseln. Der Kurs ist 1 RM für 10 Baht. In den Grenzgebieten kann man aber problemlos beide Währungen benutzen.

Über Tak Bai

Tak Bai liegt direkt an der Ostküste und ist wie Sungai Golok ein Ausreisepunkt für Leute, die die **malaysische Ostküste** besuchen wollen.

Busse ab Narathiwat kosten 10 Baht, die Fahrzeit beträgt gut eine halbe Stunde. Um auf die malaysische Seite zu gelangen, nehme man eine Fähre für 5 Baht oder 0,5 RM (Malaysische Ringgit). Hier liegt der malaysische Grenzort **Pengkalan Kulor,** von dem aus der Bus Nr. 27 für 1,40 Ringgit nach Kota Bahru fährt.

Zeit und Kalender

Zeitverschiebung

Zur mitteleuropäischen Sommerzeit ist Thailand Mitteleuropa um **5 Stunden voraus,** zur Winterzeit um 6 Stunden; d.h. wenn es 12 Uhr mittags in Deutschland ist, ist es in Thailand 17.00 bzw. 18.00 Uhr.

In den letzten Jahren hat es gelegentlich Überlegungen gegeben, die thailändische Zeit um eine Stunde vorzustellen, um sie der von Malaysia und Singapur anzugleichen und somit auch näher an die fernöstlichen Zeitzonen heranzurücken. Diese Angleichung könnte für die asiatischen Geschäftsverbindungen von Vorteil sein, da kein bzw. weniger Zeitverlust aufgrund unterschiedlicher Bürozeiten auftreten würde. Nach Europa würde sich der Abstand allerdings vergrößern. In der nächsten Zeit ist wohl nicht mit einer Änderung zu rechnen.

Der Thai-Kalender

Gemäß dem traditionellen Thai-Kalender (*pa-thi-tin*) werden die Jahre von Buddhas Todesjahr an gezählt (dem

ZEIT UND KALENDER

Monate

Januar	Mokhara-kom
Februar	Khumpha-phan
März	Mina-kom
April	Mesa-yon
Mai	Prütsa-pha-kom
Juni	Mithuna-yon
Juli	Karakada-kom
August	Singha-kom
September	Kanya-yon
Oktober	Thula-kom
November	Pritsajika-yon
Dezember	Thanwa-kom

Wochentage

Die thailändischen Wochentage sind den Planeten gewidmet:

Montag	Wan-Chan, „Mond-Tag"
Dienstag	Wan-Ankaan, „Mars-Tag"
Mittwoch	Wan-Phut, „Merkur-Tag"
Donnerstag	Wan-Pharühat, „Jupiter-Tag"
Freitag	Wan-Suk, „Venus-Tag"
Samstag	Wan-Saao, „Saturn-Tag"
Sonntag	Wan-Athit, „Sonnen-Tag"

vermuteten, nicht dem historischen). Das Jahr 2000 ist demnach das thailändische Jahr 2543.

In den meisten Fällen wird aber auch in Thailand heute schon der westliche Kalender benutzt.

Im Gegensatz zur Jahreszählung decken sich die **Monate des thailändischen Kalenders** mit dem westlichen System. Bei den thailändischen Namen der Monate fällt auf, daß Monate, die 30 Tage haben, auf -yon enden und solche, die 31 Tage haben, auf -kom. Der Ausnahme-Monat Februar endet auf -phan.

Gasse in Phuket Town

Zeitangaben und Uhrzeit

Zur Zeiteinteilung benutzen die Thais die Begriffe wii-nathii (Sekunde), nathii (Minute) und chuamong (Stunde im Sinne von Zeitdauer). Der Begriff nalika bedeutet „Stunde" bei Uhrzeitangaben, im Sinne von z.B. „Es ist 3 Uhr" etc.

Neben den auch bei uns gebräuchlichen Zeitangaben (z.B. „3 Uhr 15") benutzen die Thais das folgende System: z.B. „erste Stunde nach Mittag" (baai-nüng) = 13.00 Uhr oder z.B. „zweite Stunde des Abends und ein halb" (song thuum khrüng) = 20.30 Uhr etc.

Das Wort **nalika** hat übrigens eine interessante Herkunft: Zur **Zeitmessung** im alten Indien wurden ghatika

benutzt, d.h. flache Schalen, in die ein kleines Loch gebohrt war und die auf eine Wasseroberfläche gesetzt wurden. Durch das einströmende Wasser sank die Schale. Die Zeit, die bis dahin verstrich, wurde zur Maßeinheit erhoben und *nalika* genannt. Ein nalika war damals 24 Minuten lang. Die kulturell mit den Indern verwandten Thais übernahmen zwar das Wort *nalika*, nicht aber dessen ürsprünglichen Zeitwert. Nalika heißt nebenbei auch „Uhr" im Sinne von Armbanduhr oder Wecker.

Land und Natur

Land und Natur

Blick über den Nai Harn Beach, Phuket

Blick über den
Khao-Sok-Nationalpark

Pipal-Baum mit Geisterhaus

Geographie

Thailand liegt etwa zwischen dem 6. und 21. Breitengrad der nördlichen Hemisphäre und bedeckt eine **Fläche** von 514.000 km², was ungefähr der Größe Frankreichs entspricht. In der größten nordsüdlichen Ausdehnung beträgt die Distanz zwischen den Landesgrenzen 1650 km, von Westen nach Osten 800 km. An seiner schmalsten Stelle, dem Isthmus von Kra, ist Thailand jedoch kaum 15 km breit.

Bangkok, die Hauptstadt des Landes und sowohl Handels- als auch Verkehrszentrum, liegt etwa auf derselben geographischen Breite wie Madras, Khartoum, die Karibikinsel Martinique und Manila. Im Westen und Norden grenzt Thailand an Burma, im Nordosten an Laos, im Osten an Kampuchea, und im Süden teilt es eine schmale Grenze mit Malaysia. Entsprechend seiner großen Ausdehnung haben die diversen Landesteile innerhalb Thailands in weitem Maße ihre kulturelle Identität bewahrt. So hat ein Mitglied der hoch im Norden lebenden Bergstämme kaum etwas gemein mit dem moslemischen Thai, der ganz im Süden des Landes lebt. Ein Bauer, der in der kargen Nordost-Provinz Issaan sein Auskommen hat, ahnt nur wenig vom Leben seines Landsmannes, der in Bangkoks Silom Road die Tasten eines Computers bedient.

Thailand läßt sich in vier topographisch unterschiedliche Zonen unterteilen: Das fruchtbare **Zentral-Thailand,** das vom Chao Phraya-Fluß und dessen Nebenflüssen durchzogen wird, der bergige und waldreiche **Norden** mit Doi Inthanon, der mit 2565 m höchste Berg des Landes, das trockene, von Menschenhand kahlgeschlagene **Nordost-Plateau** Issaan, sowie den schmalen **Südzipfel,** der sowohl tropischen Regenwald aufweist, als auch sonnenverwöhnte, palmengesäumte Strände.

Kaum 15% der Landesfläche sind heute mit **Wald** bedeckt, im Jahre 1961 waren es noch 53% gewesen, 1950 gar 58%. Den größten Waldanteil hat der bergige Norden, wo noch 50% der Fläche mit Wald bewachsen sind; im Nordosten, dem waldärmsten Gebiet, sind es gerade noch 14%.

Das unbedachte Abholzen lebenswichtigen Waldes blieb nicht ohne ökologische Folgen: So mancher Monsun wird zur Dürre oder Flutkatastrophe. Fruchtbarer Boden wird – da es keine Baumwurzeln gibt, ihn zu halten – hinweggespült (Bodenerosion) und schließlich in die Flußmündungen getragen, wo er Verschlickungen verursacht und die Schifffahrt behindert.

Die thailändische Regierung hat es zum längerfristigen Ziel erklärt, wieder 40% der Landesfläche unter einen ökologisch wichtigen Mantel von Wald zu bekommen. Zur Wiederaufforstung werden Baumarten gesucht, die erstens besonders schnell wachsen und zweitens noch ein Einkommen abwerfen. Als vielversprechend in diesen Punkten hat sich der **Eukalyptus-Baum** erwiesen, der rapide wächst und sehr widerstandsfähig ist. Die Aufforstung mit Eukalyptus hat aber auch zahlreiche Kritiker, da der Baum den Boden schnell auslaugt, und die Regierung zuviel des Guten tut und die Gefahr von Monokulturen nicht erkennt.

Weiterhin wird mit Gummi- und Cashewbäumen, Pinien, *krathin yak* (Leucaena leucocephala) und *krathin narong* (Acacia auriculiformis) aufgeforstet. Insgesamt ist Thailand aber ein sehr fruchtbares Land. Es ist der größte Reis- wie auch Gummi-Exporteur der Welt, und weitere Exportprodukte sind Mais, Gummi, Früchte, Tapioca- Produkte und Fisch. Thailands Fischerei-Flotte ist die elftgrößte der Welt.

Ein wesentlicher Teil des thailändischen Lebens spielt sich auf dem **Wasser** ab, das Land wird von einer Vielzahl von Flüssen durchzogen, die überquert werden wollen, als Transportwege dienen oder gar schwimmenden Häusern Platz bieten. Die Thais hegen eine sentimentale Liebe für ihre Flüsse, und nicht umsonst heißt Fluß auf Thai *mae nam*, wörtlich „Mutter des Wassers" (*mae* sprich mä).

Thailand wird von seinen Einwohnern *prathet thai* oder *müang thai* genannt – was beides unserem „Thailand" gleichkommt. *Thai* wiederum bedeutet „frei", was zu dem reichlich überstrapazierten Klischee vom **„Land der Freien"** geführt hat.

Einige geographische Begriffe

Auf Landkarten wird der Reisende immer wieder auf bestimmte Begriffe stoßen, die nicht etwa nur ein Name sind, sondern auch etwas bedeuten. Beispiel *Ko Samui* = Insel Samui- oder *Chiang Mai* = neue Stadt.

amphoe	Distrikt (oe sprich ö)	nakhon	Stadt
ao	Bucht	nam	Wasser
ban	Haus, Dorf	nam tok	Wasserfall
bang	Siedlung a.e. Fluß	nong	Sumpf
bo	Quelle	paknam	Flußmündung
buri	Stadt	phu, phu khao	Berg
changwat	Provinz	phanon	Hügel
chiang	Stadt	sanam	großer Platz
doi	Berg (im Nord-Dialekt)	sapan	Brücke
hat	Strand	soi	Gasse
keng	Stromschnellen	sra	Teich
khao	Berg, Hügel	suan	Park
king-amphoe	Unter-Distrikt	talat	Markt
klong	Kanal	tha	Pier
ko	Insel	tha rüa/ruea	Hafen
kuen	Damm	thale	See
laem	Kap (ae sprich ä)	thale sap	Binnensee, Lagune
mae, mae nam	Fluß (ae sprich ä)	thanon	Straße
müang/mueang	Stadt	tham	Höhle

Tatsächlich ist Thailand im Gegensatz zu all seinen Nachbarn niemals von einer fremden Macht kolonialisiert worden. Und nicht zuletzt daraus erklärt sich wohl, warum die Thais Fremden gegenüber so freundlich und unvoreingenommen sind.

Pflanzen- und Tierwelt

Thailands regional verschiedene Klimazonen sowie die unterschiedlichen Bodenbeschaffenheiten sorgen für eine enorm artenreiche **Flora,** wie sie nicht jedes tropische Land aufzuweisen hat.

Das Landschaftsspektrum reicht von tropischen Regenwäldern im immerwarmen, regenverwöhnten Süden bis zu den europäisch anmutenden Wäldern des temperierten Nordens, wo das Quecksilber nicht selten in Gefrierpunktnähe fällt.

Neueste Satellitenaufnahmen beziffern den Waldanteil an der Gesamtfläche des Landes auf karge 15 % – eine erschreckende Zahl, bedenkt man, daß zur Zeit des 2. Weltkrieges noch 85 % der Fläche bewaldet war. Der **Baumbestand** der Wälder umfaßt Akazien, Bambus, Redwood, Sandel- und Teakholzbäume, wovon letztere wertvolle Exportartikel sind.

Ebenso ist Thailand mit einer unglaublichen Vielfalt von **Obstbäumen** gesegnet – so wollen allein über 100 Sorten Bananen gekostet werden, von der großen *gluey hom,* der „duftenden Banane" bis hin zu *gluey khai,* der winzigen aber süß-schmeckenden „Eierbanane". Dazu kommen die beliebten Mangos, Mangostinen, Ananas, Papayas, Lichees, Pomelos, Orangen, Lamyai, Rambutans und Durians. Klingen schon viele dieser Namen exotisch-fremd und appetitanregend, so sind andere Früchte wie die kleinen gelben *Langsart* oder die zuckersüßen braunen, etwa kartoffelgroßen *Lamut* gänzlich unbekannt. Im Norden des Landes gedeihen sogar Erdbeeren, von den Thais *Strawberry* genannt, wenn auch in typisch thailändischer Aussprache.

Tausende von **Blumen** verschönen Wald und Wiese, darunter allein 1.000 Arten von Orchideen. Diese Vielfalt hat dazu beigetragen, die Thais zu schönheitsliebenden Ästheten zu machen, die die schmückende Farbenpracht der Blumen zu jeder Gelegenheit nutzen. Außerdem sind thailändische Blumen – vor allem die Orchideen – ein wichtiger Exportartikel. Die Orchidee ist so etwas wie die thailändische Nationalblume, die als Opfergabe an Tempeln abgelegt wird, oder deren Blütenform zur Vorlage kunstvoller Verzierungen dient (siehe das Logo der Thai Airways International!).

Der Rückgang der Wälder hat zu einschneidender Dezimierung der **Tierwelt** geführt. Acht Spezies sind bereits ausgestorben oder „so gut wie", sechzehn weitere gehören zu den **gefährdeten Arten.** Die Sumatra- oder Java-Rhinozerosse waren schon vor einem halben Jahrhundert fast verschwunden, und der Glaube vieler Chinesen, das Nashornpulver habe

PFLANZEN- UND TIERWELT

potenzfördernde Eigenschaften, geben der Spezies den Rest. Der noch in geringen Zahlen vorhandene *Kouprey*, eine wilde Ochsenart, ist das seltenste große Säugetier der Erde. Noch immer vorhanden sind Elefanten, Tiger, Leoparden und Wasserbüffel.

In freier Wildbahn existieren noch ca. **1.000-1.500 Elefanten,** weitere 3.500 dienen als Arbeitstiere. Sowohl Elefanten als auch Tiger sind begehrte Zielscheiben für Wilderer, die einen guten Absatzmarkt für Elfenbein, Tigerfelle und Tigerknochen vorfinden. Tigerknochen sind Bestandteil der traditionellen chinesischen Medizin, und so landen sie bei Chinesen in Malaysia, Singapur oder Hongkong, die hohe Preise dafür zahlen. Derzeit gibt es nach Angaben des Royal Forestry Department noch **200-250 Tiger.**

Seltener geworden sind auch die **Schlangen,** deren Lebensraum entwaldet oder hinwegasphaltiert wurde. Alte Dorfbewohner erzählen noch, daß sie früher täglich Schlangen beobachten konnten, heute seien sie nur noch gelegentlich zu sehen. Dennoch existieren noch über 100 Schlangenarten, wovon 16 giftig sind und 6 tödlich. Die lebensgefährlichen Spezies sind die Kobra, die bis zu 6 m lange Königskobra, die Green Pit Viper, die Malayische Viper, die Russel's Viper und die Banded Krait.

In den Bäumen und Palmen tummeln sich verschiedene **Affenarten,** meist Gibbons und Makkaken.

500 verschiedene **Schmetterlingsarten** umflattern die Vegetation, und viele davon enden in Schaukästen, als aufgespießte Touristensouvenirs an den Straßenständen Bangkoks oder Chiang Mais.

880 **Vogelarten,** 10 % aller Vogelarten der Welt, nisten in den Bäumen, und gelegentlich verirrt sich sogar ein Geier aus der freien Wildbahn ins zubetonierte Bangkok.

Tausende von **Insektenarten** vervollständigen das Bild, und Ameisen aller Größenordnungen, Moskitos und Kakerlaken „bereichern" jedes Heim. Als natürlicher Insektenvertilger fungieren die scheuen Geckos, die mit Vorliebe nachts auf die Jagd gehen.

Manche Insekten müssen allerdings auch als Nahrung für den homo sapiens ihr Leben lassen: So verkaufen viele Straßenstände geröstete Heuschrecken *(dagkathään tort)* oder Wasserkäfer *(määngdaa tort)*. Die Tüte zu 5 Baht.

Thailands „weiße" Elefanten

Elefanten sind überall in Asien hochverehrte Tiere. Bewundert werden ihre Sanftmut, ihre Ausdauer und vor allem ihre Intelligenz. Im Englischen gibt es den Ausdruck elephant's memory" – ein Tribut an das unglaubliche Gedächtnis, das Elefanten an den Tag legen können. So gibt es zahlreiche Geschichten von Elefanten, die durch irgendwelche Umstände von ihrem *mahout* (Elefantentreiber) getrennt wurden und ihn noch Jahrzehnte später wiedererkannten. Die Hindus erhoben das gutwillige Tier gar zum Gott und verehren ihn noch heute unter dem Namen *Ganesha* oder *Ganapati*. Der Elefantengott wird immer dann angebetet, wenn man zu irgendeinem Unterfangen viel Glück benötigt. Gar nicht so weit entfernt ist auch der alte thailändische Brauch, schwangere Frauen unter einem Elefantenbauch durchkriechen zu lassen, um ihnen eine problemlose Geburt zu garantieren.

Einen ganz besonderen Status hatten im alten Siam die „weißen" Elefanten. Eigentlich waren es eher rosa-farbene oder rosa-graue Tiere, mit weißen Haarbüscheln an Kopf und Schwanz, sowie roten Augen, deren Iris gelb und rotgerändert zu sein hatten. Die Thais bezeichneten solche Elefanten als *chaang phueak*, wörtlich „Albino-Elefanten".

Die Albino-Elefanten, selten wie Albinos nun einmal sind, wurden als Glücksbringer für das Land betrachtet. Wurde in irgendeinem Dschungel ein solcher chaang phueak gesichtet, setzte man alles daran, ihn einzufangen und dem König zum Geschenk zu machen. Der Besitz möglichst vieler „weißer" Elefanten sollte dem Reich einen glücklichen Fortbestand garantieren. Als besonders glücklich galt das Auffinden eines solchen Tieres zu Anbeginn der Herrschaft eines neuen Königs – ein göttliches Zeichen, daß der König wahrhaft gesegnet sei. Nicht verwunderlich also, wenn Könige bei Raubzügen in fremden Territorien großen Wert auf die Besitznahme von neuen chaang phueak legten. So bemächtigte sich im 11. Jahrhundert der burmesische Heerführer *Anawrahta* bei einem Überfall auf Thaton 32 solcher Elefanten. Bis 1917 zeigte die Flagge Siams einen weißen Elefanten auf rotem Grund, und so mußte das Tier auch symbolisch als Glücksbringer herhalten.

Die große Verehrung der weißen Elefanten beruht auf einer Legende, die sich um Buddhas Geburt rankt:

In einem Traum sah Königin *Maya*, die zukünftige Mutter Buddhas, wie sie von vier Königen samt ihrem Bett in die Höhe gehoben und zum Himalaya getragen wurde. Die vier Frauen der Könige badeten sie, um so jegliche menschlichen Unreinheiten von ihr zu waschen, schmückten sie mit Blumen und rieben kostbare Öle in ihre Haut. Dann bereiteten sie ihr ein himmlisches Bett, das mit dem Kopf nach Osten

Thailands „weisse" Elefanten

zeigte. Als die Königin schlief, erschien ihr die Figur eines weißen Elefanten, der eine Lotusblume im Rüssel hielt. Unter lautem Trompeten näherte sich der Elefant, der nichts anderes war als der zukünftige Buddha, dem Bett seiner Mutter. Er umschritt das Bett dreimal, gab der rechten Körperseite Königin Mayas einen leichten Hieb und verschwand in ihrem Bauch. Als die Königin von ihrem Traum erzählte, sahen diese darin ein glückliches Omen. Die Königin würde einen Buddha zur Welt bringen, einen Erleuchteten, der die Menschheit vom Schleier des Unwissens befreien würde.

Aufgrund dieser Legende, die in der Pali-Schrift nidana-katha zitiert worden war, wurden „weiße" Elefanten mit dem Buddha gleichgesetzt. Die Könige von Ayutthaya strebten demzufolge nach dem Besitz von möglichst vielen solcher Repräsentanten des Erleuchteten. Die Pflege der Dickhäuter war äußerst aufwendig – so hatte jedes Tier vier Diener, die ihm kühle Luft zufächelten und die Fliegen vertrieben. Sonnenschirme schützten sie vor der Glut des Tages, und das Futter wurde ihnen auf goldenen Tellern serviert. Die Körper der Elefanten wurden in prächtige „Kleider" gehüllt, die Stoßzähne mit Goldringen verziert, und auf dem Kopf trugen sie kostbare Kronen.

Bei Prozessionen gingen den Elefanten Musikanten voraus, die die Ankunft seiner Durchlaucht durch fröhliche Lieder und Fanfaren verkündeten.

Wurde ein Elefant krank, so wurde er vom Hofpriester mit geheiligtem Wasser besprizt und mit kostbaren Ölen gepflegt. Man betete nach Leibeskräften für seine Gesundheit, denn mit dem Leben des Elefanten stand auch das Schicksal des gesamten Reiches auf dem Spiel. Starb der Elefant, so mußten die Diener des Tieres damit rechnen, vom verzweifelten König hingerichtet zu werden. So geschehen im Jahre 1633, als ein weißer Elefant dahingeschieden war, und König *Prasat Thong* von Ayutthaya die Exekution der Diener befahl. Im Jahre 1862 war ein Elefant am Hofe König *Mongkuts* verstorben, doch niemand wagte es, dem König die schlechte Nachricht zu überbringen. Als der König schließlich vom Ableben des Tieres erfuhr, brach er hysterisch schluchzend zusammen.

War ein Elefant verstorben, so wurden ihm Hirn und Herz entnommen, und beides wurde in einer ehrenvollen Zeremonie verbrannt. Der übrige Körper wurde in weißes Leinen gehüllt und unter Wehklagen zum Fluß getragen und ins Wasser geworfen.

Wie weit das hohe Ansehen der geheiligten Jumbos reichte, bekam auch Königin Victoria von England zu spüren – wenn auch auf etwas uncharmante Weise. Als sich der siamesische Botschafter in England für einen Hofempfang bedanken und der Königin ein paar Komplimente machen wollte, griff er zu folgenden Worten: „Man kann über einen bestimmten Aspekt der erlauchten Königin von England nur allerhöchst verblüfft sein. Zunächst stammt sie aus einer gottgesegneten Erbfolge von Krieger-Königen und Beherrschern der Welt. Und dazu sind ihre Augen, ihr Teint und vor allem ihre körperliche Erscheinung gleich einem prächtigen weißen Elefanten".

Über die Reaktion der Königin auf das Kompliment ist nichts bekannt.

Auch heute noch gelten die Tiere als nationale Glücksbringer, und auf dem Gelände des Königpalastes wird gut ein Dutzend weißer Elefanten gehalten. Insgesamt gibt es in Thailand heute etwa 3.500 Arbeitselefanten. Sie sind mittlerweile aber oft „arbeitslos", und ihre Besitzer treiben sie in die Städte, um mit ihnen Geld zu erbetteln.

PFLANZEN- UND TIERWELT

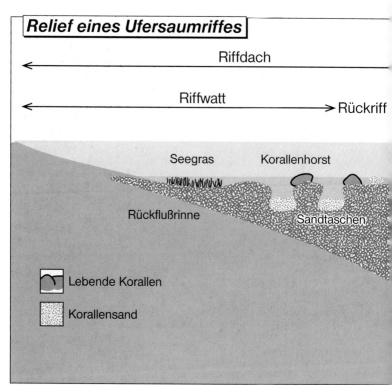

Korallenriffe

Felsengrund in klarem, lichtdurchflutetem Wasser erlaubt die Ansiedlung von riffbildenden **Steinkorallen.** Sie bilden das Grundgerüst eines Riffes. Korallenriffe sind typische Flachwasser-Gemeinschaften der Tropen. Sie kommen nur dort vor, wo die Wassertemperatur niemals unter 20 °C absinkt. Korallenriffe gehören zu den artenreichsten und produktivsten Ökosystemen der Erde.

Seeleute und Naturfreunde bezeichnen gerne alle festsitzenden, krustenförmig oder verzweigt wachsenden Lebewesen als „Korallen". Es kann sich hierbei um Steinkorallen, Kalkalgen, Moostierchen etc. handeln. Für Zoologen sind „Korallen" Vertreter der Nesseltiere.

Die **Nesseltiere** umfassen vier Tierklassen: Polypentiere *(Hydrozoa)*, Quallen *(Scyphozoa)*, Blumentiere *(Anthozoa)* und Würfelquallen *(Cubozoa)*. Mit Ausnahme der Feuerkorallen, die

PFLANZEN- UND TIERWELT

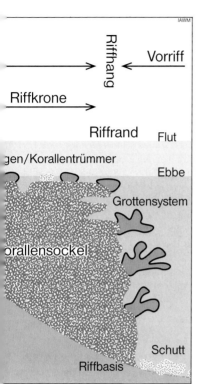

zu den Polypentieren gehören, zählen Korallen zu den Blumentieren. Riffbildende Korallen sind festsitzende Formen mit einem festen, zusammenhängenden Kalkskelett, das nach Absterben des Tieres über einen langen Zeitraum erhalten bleibt.

Riffe in Thailand

Typisch ausgebildete Saumriffe mit breitem Riffdach sind in Thailand selten. Meistens sind sie sehr kurz. Das gilt insbesondere für den Golf von Thailand, der grundsätzlich schlechtere Bedingungen für die Riffentstehung als die Andaman-See bietet. In Thailand gibt es an der Festlandsküste und an den großen Inseln (Ko Chang, Ko Tarutao, Ko Lanta) keine Riffe. Sie existieren durchweg nur an kleinen, vom Festland entfernten Inseln. Korallenwuchs beginnt an vorgelagerten Inseln der **Ostküste** bei Chonburi und an der **Südostküste** ab Petchaburi.

Korallenformationen im Golf von Thailand werden in folgende Typen unterteilt: **Korallen-Gemeinschaften** sind dichte Korallenbestände, ohne daß sich ein Riff gebildet hat. In diesen Gemeinschaften sind vor allem Gelbe Poren-, Erdbeer- und Favites-Korallen vertreten. Korallengemeinschaften findet man in **sandigen Gebieten** mit wenigen Felsflächen und in Regionen, die häufig von starken Stürmen betroffen sind.

Bei **Korallen-Gemeinschaften in Entwicklung zum Saumriff** sind Riffdach, Riffkante und Riffhang ausgebildet, die einzelnen Riffabschnitte aber nicht klar voneinander getrennt. Das Riff erstreckt sich maximal 100 m seewärts. Am Riffhang sieht man bereits viele verschiedene Wuchsformen. Viele Riffe im zentralen Golf von Thailand befinden sich in diesem Stadium.

In einem **jungen Saumriff** schufen frühere Korallengenerationen bereits einen Kalksockel. Das Riff ist bis zu 500 m breit und deutlich in unterschiedliche Abschnitte gegliedert. Auf dem Riffdach findet man Ansammlungen von toten und lebenden Korallen, zwischen denen Seegräser wachsen.

Pflanzen- und Tierwelt

An der Riffkante wachsen große, massive Korallen, und der steile Riffhang ist mit vielen Arten bedeckt. Der Riffhang reicht im Golf von Thailand selten tiefer als 10 m hinab. Es existieren junge Saumriffe um **Chumphon, Ko Tao** sowie an einigen Inseln um **Ko Chang.**

Die **schönsten Saumriffe** Thailands liegen in der Andaman-See. Häufig findet man dichte Bestände mit Geweihkorallen, die klares Wasser lieben. Der Riffhang reicht bis auf 30 m herab. Wundervolle Saumriffe befinden sich bei den nördlichen Inseln in der Andaman-See: **Ko Surin, Ko Bon** und **Ko Tachai** (Provinz Phang-Nga) sowie um **Ko Rok** und **Ko Hai** (Krabi).

Lebensraum Riff

Thailands Korallenriffe gehören zum Indopazifik, der größten zusammenhängenden Riffregion der Erde. Die riesige Ausdehnung ermöglichte die Entstehung einer **immensen Artenfülle.** Außerdem überlebte im äquatorialen Indopazifik während der vergangenen Eiszeiten ein Artenreservoir, das nach dem Ende der Eiszeiten neue Riffe entstehen ließ. Während der Eiszeiten starben die meisten damals existierenden Riffe ab, als sich der Meeresspiegel um 120 m senkte.

Beim Schnorcheln und Tauchen in Thailands Riffen begegnet man einer schillernden Vielfalt an Formen und Farben. Fast alle Stämme des Tierreiches sind im Korallenriff vertreten. **Schwämme,** wie die gewaltigen **Neptunskelche,** gehören zu den ursprünglichsten, mehrzelligen Tieren. Ihr Körper besteht aus einem Zellverband ohne innere Organe und Nervengewebe. Sie leiten Wasser durch ein Kanalsystem im Körperinnern, wo kleine Nahrungspartikel herausgefiltert werden.

Lederkorallen (*Sarcophyton, Sinularia, Lemnalia*) und **Krustenanemonen** wie Seematten, überziehen große Flächen. **Felsaktinien** schmiegen sich zwischen Korallenblöcken und Sandtaschen. Buntgefärbte **Stachelige Prachtkorallen** bilden fantastisch anmutende Korallengärten. Biegsame **Hornkorallen** (Gorgonien, Peitschenkorallen) wiegen sich in der Strömung. Fächergorgonien wachsen stets senkrecht zur Hauptströmungsrichtung, um Nahrung aus dem vorbeifließenden Wasser zu fangen.

Schnorcheln und Tauchen

Zum Schnorcheln eignen sich am besten Korallengründe im Flachwasser (bis max. 5 m). Dann kann die Lebenswelt im Riff leicht von der Oberfläche aus beobachtet werden. Gute Schnorchelgründe gibt es an vielen Stellen, z.B. Ko Kradat, Ko Wai (Trat), Ko Tao (Surat Thani), Ko Phi Phi, Ko Hai, Ko Poda (Krabi) und Ko Rawi (Satun).

Flaschentauchern bieten sich im Golf von Thailand die besten Möglichkeiten um Ko Tao und in der Andaman-See von Phuket aus, dem Tauchsportzentrum Thailands. (Siehe auch „Praktische Reisetips: Tauchen")

●**Literaturtip:** Der Text über Korallenriffe ist dem Buch **Thailand – Tauch- und Strandführer** von Klaus Becker entnommen, das sowohl ein umfassender Naturführer als auch ein praktisches Handbuch für die Erkundung der thailändischen Küstenregionen ist. Mit der detaillierten Beschreibung aller bedeutenden Tauchplätze ist das Buch für Tauch- und Schnorchelfreunde die ideale Ergänzung zu diesem Reiseführer (erschienen im Reise Know-How Verlag Peter Rump, Bielefeld 1999).

Nationalparks

Thailand besitzt 63 Nationalparks und 32 Naturschutzgebiete, es bietet sich also ein weites Feld für Naturfreunde. Über 11% der Landesfläche stehen unter Naturschutz, das ist beachtlich. Leider sehen sich die Park Rangers des Forestry Department und der National Parks Division ständig mit Wilderei, illegaler Abholzung und Besiedlung der Gebiete konfrontiert. Etwa 50 Ranger sind in den letzten zwanzig Jahren von Wilderern oder sogenannten „einflußreichen Persönlichkeiten" erschossen worden, da sie handfesten Geschäftsinteressen im Wege standen. Nicht alle Forstbeamte sterben allerdings diesen Heldentod, es gibt auch einige schwarze Schafe darunter, die mit den Dunkelmännern zusammenarbeiten.

Aufgrund kurzfristigen Profitdenkens sind Thailands Wälder heute einer solchen Beanspruchung ausgesetzt, daß ihre Zukunft düster aussieht. 1990 beging *Sueb Nakhasathien*, der Leiter des Naturschutzgebietes Huai Kha Khaeng, Selbstmord, da er an der Aussichtslosigkeit des Kampfes gegen die Wilderermafia verzweifelt war. Er war zuvor mehrfach in Feuergefechte mit Wilderern verwickelt gewesen. Vier seiner Kollegen waren dabei umgekommen.

Information und Reservierungen

●**Royal Forestry Department,** Phaholyothin Road, Bang Khen, Bangkok 10900, Tel. 5790529, 5794842.
●**National Park Division of the Royal Forestry Department,** Phaholyothin Road, Bang Khen, Bangkok 10900, Tel. 5970529, 5794842.
●Eine ausgezeichnete Informationsquelle ist auch das Buch „National Parks of Thailand" von *Denis Gray*, *Collin Piprell* und *Mark Graham*; erschienen bei Communications Resources (Thailand) Ltd., Bangkok. Erhältlich ist es in Buchläden in Bangkok und Chiang Mai.

Die wichtigsten Nationalparks

Im folgenden nur eine stichwortartige Übersicht zu den bedeutendsten Nationalparks. Etliche werden im Verlaufe des Buches ausführlicher beschrieben. (Abkürzungen: **T** = viele Tiere, **N** = schöne Natur, **W** = gut zum Wandern, **S** = Schwimmen, Tauchen.)

Tham Than Lod (Rattanakosin National Park)
●**Provinz**: Kanchanaburi.
●**Anreise:** über Highway Nr. 3199 ab Kanchanaburi, nach 16 km links in Highway Nr. 3086 abbiegen und 80 km weiterfahren. (Entfernung: ab BKK 225 km, ab Kanchanaburi 97 km.)
●**Unterkunft:** 12 Bungalows zu 500-1000 Baht oder Zeltunterkünfte zu 5 Baht pro Person/Übernachtung.

Ang Thong Islands
- **Provinz**: Surat Thani
- **Anreise**: Mit dem Schiff ab Ban Nathon/Ko Samui. (Entfernung: ab BKK 990 km, ab Ko Samui 25 km.)
- **Unterkunft**: 5 Bungalows zu 600-1000 Baht, sowie Dorm.

Ao Phang-Nga
- **Provinz**: Phang-Nga.
- **Anreise**: Mit Booten ab dem Tha-Dan-Pier in Phang-Nga. (Entfernung ab Bkk: 710 km.)
- **Unterkunft**: 9 Bungalows zu 350-700 Baht.

Erawan National Park
- **Provinz**: Kanchanaburi.
- **Anreise**: ab Kanchanaburi über Highway Nr. 3199, in nördlicher Richtung fahren. Nach 56 km rechts abbiegen und 4 km weiterfahren. (Entfernung ab BKK: 190 km.)
- **Unterkunft**: 5 Bungalows zu 250-800 Baht oder Zeltunterkünfte zu 5 Baht pro Person/Übernachtung.

Khao Saam Roi Yot
- **Provinz**: Prachuap Khiri Khan.
- **Anreise**: von Highway Nr. 4 (Petchakasem Road) bei Kilometer 286 vor Prachuap links abbiegen und 4 km weiterfahren. (Entfernung ab BKK: 320 km.)
- **Unterkunft**: 7 Bungalows zu 500-600 Baht oder Zeltunterkünfte zu 5 Baht pro Person/Übernachtung.

Tarutao National Park (N, T)
- **Provinz**: Satun.
- **Anreise**: mit Booten ab dem Pak Bara Pier in Satun. (Entfernung: ab Satun 25 km, ab BKK 1.300 km.)
- **Unterkunft**: 12 Bungalows zu 600-2200 Baht.

Kaeng Krachan
- **Provinz**: Petchaburi.
- **Anreise**: über Highway Nr. 4 ab Bangkok, dann bei Kilometer 186 rechts abbiegen und 40 km weiterfahren. (Entfernung ab BKK: 220 km.)
- **Unterkunft**: 11 Bungalows zu 300-1000 Baht.

Klima

Thailands Klima läßt sich in **drei Jahreszeiten** unterteilen: Die trockene (nicht überall!) und relativ kühle Zeit von November bis Februar, die heiße Zeit bis Mai und den **Monsun** von Juni bis Oktober. Im August kommt es dabei in Phuket zu den stärksten Regengüssen, im September in Bangkok. Im November und Dezember regnet es noch an der Südost-Küste, und dabei kann es recht zugig und kühl werden. Um Ko Samui kann es zu dieser Zeit so stürmen, daß der Fährverkehr eingestellt werden muß.

Bangkok gilt offiziell als die **heißeste Metropole der Welt**, mit Tagestemperaturen von selten unter 32 °C. Selbst im Dezember und Januar sinkt das Quecksilber bei Nacht kaum unter 21 °C. Im April klettert das Thermometer in Bangkok normalerweise auf **39 °C,** was gar nicht so schlimm klingt, aber die unglaubliche **Feuchtigkeit** trägt das ihrige dazu bei. Wer dann in einem voll besetzten Stadtbus stehend fahren muß und von einem Stau in den nächsten gerät, versteht, was Buddha mit seiner Lehre vom Leid gemeint hatte!

In Chiang Mai in Nordthailand kommt es zu dieser Zeit zu Höchsttemperaturen von bis zu 42,5 °C. Im Winter dagegen wird es empfindlich kühl, nachts wurden in Chiang Mai schon 4 Grad registriert. In Thailands Süden ist das Klima dagegen deutlich ausgeglichener, was in der folgenden Übersicht gut zu sehen ist.

KLIMA

Temperaturen in °C

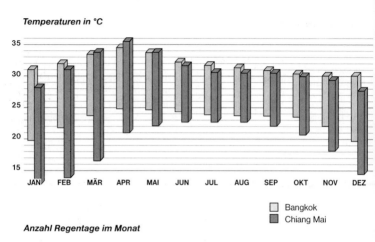

- Bangkok
- Chiang Mai

Anzahl Regentage im Monat

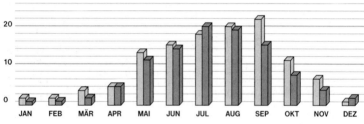

Luftfeuchtigkeit in %

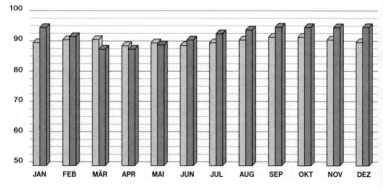

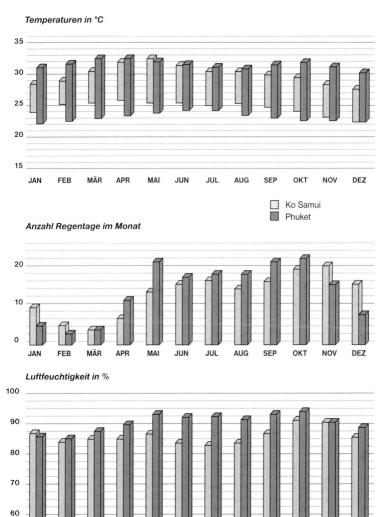

Kultur und Gesellschaft

Kultur und Gesellschaft

Totenfeier in einem Dorf im Süden

Opfergaben chinesischer Geschäftsinhaber, Krabi

Klassischer Thai-Tanz auf Phuket

Geschichte

Die frühe Geschichte der Thais ist bis heute umstritten. Als Ayutthaya **1767** von den Burmesen zerstört wurde, verschwanden auch alle wichtigen Dokumente, die eventuell Aufschluß über die Anfänge der Besiedlung des Landes hätten geben können. Neuere Ausgrabungen deuten zumindest daraufhin, daß schon etwa vor 7000 Jahren eine weit entwickelte Kultur auf dem Gebiet des heutigen Nordost- Thailands bestanden haben muß. Die Ausgrabungen bei Ban Chiang (nahe Udon Thani) brachten eine Vielzahl von Töpfereiwaren und Bronzeobjekten zum Vorschein.

In **prähistorischer Zeit** war Thailand wahrscheinlich von einer Bevölkerung australischer, melanesischer und indonesischer Herkunft besiedelt. Diese lebte, so wird vermutet, in einer matriarchalischen Gesellschaft und betrieb Ahnenkult.

Im **5. und 6. Jahrhundert n. Chr.** lebten die Mon in dieser Region. Über die Mon ist nur wenig bekannt, soviel aber, daß sie von Indien stark beeinflußt waren. Viele indische Ideen bezüglich Technik, Religion und Literatur wurden von den Mon übernommen.

Im **7. Jahrhundert** erwähnten chinesische Quellen ein buddhistisches Königreich namens *Dvaravati* (= „Ort der Pforten"), das sich im unteren Chao Phraya-Tal befand. Wahrscheinlich war Dvaravati die lose Zusammenfassung einiger Stadtstaaten und erstreckte sich von Zentralthailand bis ins heutige Kampuchea. Das Zentrum war vermutlich Nakhon Pathom (= „die erste Stadt"). Die Dvaravati-Periode endete im 11. oder 12. Jahrhundert und hinterließ einen großen Schatz an Kunstwerken.

Vom Jahre **802** an hatten die Khmer das Land mit steigender Intensität bedroht, und Anfang des 13. Jahrhunderts war der größte Teil des heutigen Nordost-Thailand unter ihre Herrschaft geraten.

Die Thais stammten ursprünglich aus Südchina, wo sie im Bereich der heutigen Provinz Yünnan im **7. Jahrhundert** das Königreich Nanchao gegründet hatten. Als die Chinesen sie mehr und mehr zu bedrängen begannen, wanderten sie südwärts und spalteten sich – so lautet die erste Version – in drei Gruppen: Die erste ging nach Osten ins heutige Laos, die zweite in die Chao Phraya-Ebene, wo sie das Thai-Königreich begründete, die dritte in die Shan-Staaten Burmas, die heute von den Thai Yai („große Thai") bewohnt werden.

Die zweite Version besagt, daß sich die Thai auf ihrer Wanderung südwärts mit den Mon, Khmer und Burmesen vermischten.

Als Nanchao im Jahre **1253** von den Mongolen eingenommen worden war, beschleunigte sich der Wanderungsprozeß. Einige Thais verdingten sich als Söldner bei den Khmer, die die Thais *syam* nannten, „die Dunklen" (Sanskrit: *shyama* = der Dunkle). Daraus wurde später der Name *Siam* für das thailändische Königreich.

Im **13. und 14. Jahrhundert** hatten sich einige der von den Thai beherrschten Gebiete zusammengeschlossen, und Thai-Prinzen nahmen den Mon Haripunjai (Lamphun) ab und den Khmer Sukhothai (= „der Anbeginn des Glücks").

Im Jahre 1238 erklärte das Königreich Sukhothai seine Unabhängigkeit. Noch heute wird der Sukhothai- Periode von vielen Thais mit Wehmut gedacht, als der Beginn der nationalen Identität und einer Zeit, in der jedermann satt zu essen hatte und glücklich war.

Unter dem zweiten König von Sukhothai, *Ramkamhaeng*, erstreckte sich das Reich von Nakhon Si Thammarat im Süden bis Vientiane und Luang Prabang in Laos und Pega in Südburma. Ramkamhaeng schuf die heute bekannte Thai-Schrift und verankerte den von Sri Lanka herübergekommenen Theravada-Buddhismus in der Gesellschaft.

Auf Sukhothai folgte Ayutthaya . Mitte des **14. Jahrhunderts** waren die Könige von Ayutthaya immer mächtiger geworden. Im Jahre 1376 annektierten sie Sukhothai, und **1431** eroberten sie Angkor in Kambodscha. Ayutthaya wuchs zu einer der größten und wohlhabendsten Städte Asiens heran, und Europäer, die es besuchten, waren vom Glanz der Stadt überwältigt.

Im Jahre **1511** wurde eine portugiesische Botschaft eingerichtet, um den wachsenden Handelsbeziehungen Rechnung zu tragen. Es

GESCHICHTE

folgten die Holländer (1605), Engländer (1612), Dänen (1621) und die Franzosen (1662).

Im **18. Jahrhundert** wurde das Königreich von den Burmesen angegriffen, die zunächst die südlichen Städte des Reiches einnahmen. **1766** standen sie vor den Toren Ayutthayas, das sich jedoch heftig widersetzte. Nach einem Jahr des erbitterten Kampfes fiel Ayutthaya (1767), und die Burmesen zerstörten alles, dessen sie habhaft werden konnten. Tempel, religiöse Kunstwerke und wichtige Dokumente wurden ein Opfer der tobenden burmesischen Armee. Ist Sukhothai der Anbeginn einer nationalen Identität der Thais, so ist die Verwüstung Ayutthayas ein dunkles Trauma in der nationalen Psyche.

Lange konnten die Burmesen sich nicht behaupten, und im Jahre **1769** krönte sich ein Thai-General *(Phya Taksin)*, zum König. Er erkor Thonburi, auf der anderen Flußseite von Bangkok gelegen und mittlerweile ein Stadtteil der Metropole, zur neuen Hauptstadt. Thonburi, so hatte Taksin gehofft, sollte ein neues Ayutthaya werden, doch es kam ganz anders.

Taksin wurde wahnsinnig, und als seine Minister die Ekzentrizitäten des Königs nicht mehr ertragen konnten, ließen sie ihn hinrichten. Ein anderer General kam an die Macht, *Chao Phya*, und **1782** wurde er zum König gekrönt. Ihm wurde der Titel Rama 1. verliehen, und so wurde eine Dynastie begründet, die bis heute fortbesteht. (Der heutige König *Bhumipol* ist Rama 9.) Die Dynastie heißt – ihrem Begründer zufolge – Chakri-Dynastie. Aus strategischen Gründen wurde die Hauptstadt nun auf die andere Flußseite verlegt, und Bangkoks Werdegang von einem unbedeutendem Dorf zu einer Weltstadt hatte begonnen.

Unter den nun folgenden Königen sollte zunächst König *Mongkut*, (Rama 4.) hervortreten. Mongkut war ein Gelehrter, der vor seiner Thronbesteigung 27 Jahre als Mönch gelebt hatte. Er führte ein europäisch-ausgerichtetes Schulsystem ein und unterzeichnete Handelsabkommen mit den europäischen Mächten. Auf religiösem Sektor führte er eine Reihe von Reformen durch. Sein größter Verdienst ist wohl der, daß er den geschickten Balance-Akt zwischen den damaligen Großmächten begann, der es erlaubte, allseits gute Beziehungen zu pflegen, das Land aber vor einer Kolonialisierung schützte.

Mongkuts Sohn *Chulalongkorn* (Rama 5.) setzte den Reform- und Balancekurs fort und erneuerte vor allem das Verwaltungswesen. Mongkut und Chulalongkorn werden als die Väter des modernen Thailand betrachtet.

Im **Ersten Weltkrieg** kämpfte Thailand auf der Seite der Alliierten.

In den **20er Jahren** breitete sich unter den Intellektuellen, besonders jenen, die in Europa studiert hatten, Mißmut gegen den zu jener Zeit herrschenden König *Prajadhipok* (Rama 7.) aus. Prajadhipok zeigte keine Interesse an Reformen, sein Hofstaat war erzkonservativ. **1932** kam es deshalb zu einem Staatsstreich, nach dem die Monarchie nie wieder dieselbe sein sollte: Die absolute Monarchie wurde abgeschafft, und mußte dem britischen Modell der konstitutionellen Monarchie weichen, das bis heute besteht.

Im Jahre **1939** wurde Siam offiziell umbenannt – in das uns heute bekannte Thailand. Die offizielle Thai- Bezeichnung ist *prathet thai*.

Mongkut, König von Siam

GESCHICHTE

Im **2. Weltkrieg** wurde Thailand von den Japanern besetzt, und unter deren Druck erklärte das Land den USA und Großbritannien den Krieg. Der damalige thailändische Botschafter in den USA aber weigerte sich, die Kriegserklärung weiterzuleiten.

Die **Nachkriegszeit** entwickelte sich zu einer unstabilen politischen Phase, in der immer wieder die Militärs das Sagen hatten. **1973** sah blutige Demonstrationen an Bangkoks Thammasat-Universität, die am Ende die zwei wichtigsten Militärs aus dem Land vertrieben.

Bis 1976 herrschte darauf eine gewählte, konstitutionelle Regierung. Als aber einer der zuvor vertriebenen Militärs als Mönch wieder ins Land zurückkehrte, kam es abermals zu blutigen Demonstrationen. Die Folge: Eine ultra-rechte Regierung ergriff die Macht, und die Intellektuellen wandten sich desillusioniert von der Politik ab. Einige wenige gingen in den Untergrund und schlossen sich kommunistischen Guerillagruppen an.

Von 1980 bis zum Juli 1988 war *Prem Tinsulonand* Premierminister. In dieser Zeit war Thailand politisch relativ stabil, und der Premier, ein Mann des Militärs, handelte sich den Ruf ein, alle innenpolitischen Hürden elegant zu umgehen. Nach den Wahlen vom Juli '88 entschloß sich Prem, nicht mehr für das höchste Staatsamt zu kandidieren. Er zog sich aus dem aktiven politischen Leben zurück.

An seine Stelle trat *Chatichai Choonhavan* (sprich *Tschatschai*), zu dessen Amtszeit Thailand ein ungeahntes Wirtschaftswachstum verzeichnen konnte.

Am **23.2.1991** übernahm in einem unblutigen Putsch wieder einmal das Militär die Regierung, das Chatichais Kabinett Korruption unerhörten Ausmaßes vorwarf. Das Militär setzte einen Interimspräsidenten ein, *Anand Panyarachun*, und versprach Neuwahlen innerhalb eines Jahres.

März 1992: Nach den Wahlen vom 22. des Monats wird nach längerem politischen Tauziehen *Suchinda Kraprayoon*, zuvor das Oberhaupt der thailändischen Armee, Premierminister. Da er kein gewähltes Parlamentsmitglied ist – nach der Konstitution können auch Personen in dieses Amt berufen werden, die nicht dem Parlament angehören – regt sich heftiger Widerstand gegen seine Ernennung.

Mai 1992: Eine Demonstrationswelle fegt über Thailand – besonders Bangkok – hinweg, die den Rücktritt Suchindas fordert. Die Demonstranten verlangen zudem eine Änderung der Konstitution, nach der in Zukunft nur noch Parlamentsmitglieder Premierminister werden können. Die Proteste erreichen ihren Höhepunkt am 17.-20. des Monats, als die Armee mit brutaler Gewalt gegen die Demonstranten vorgeht. Nach einem mehrtägigen Blutbad sind nach offiziellen Angaben 50 Opfer zu beklagen, die wahren Zahlen liegen aber wahrscheinlich weit höher. Nach dem Ereignis gelten 50 Personen als „vermißt". Suchinda, der als „Schlächter von Bangkok" in die thailändische Geschichte eingeht, tritt nach Intervention des Königs zurück – eher nolens als volens. Der vormalige Premier *Anand Panyarachun* wird zum Interimspräsidenten ernannt, der die den Demonstranten geforderte Verfassungsänderung herbeiführt und Neuwahlen vorbereitet.

Sept. 1992: Am 22.9. finden Wahlen statt, nach denen eine Fünfparteien-Koalition die Regierungsgeschäfte übernimmt. Die dem Militär zugeneigten Parteien sind die großen Verlierer der Wahl. Premierminister wird *Chuan Leekpai* (Democrat Party).

1993: Die Regierung erklärt der Kinderprostitution – nach eigener Verlautbarung – den „Krieg". Zuhälter und Kunden von Prostituierten unter 15 Jahren werden mit erheblichen Gefängnis- und Geldstrafen bedroht. Aber: Weitreichende Korruption bei der Polizei und sonstigen Behörden erschwert oder verhindert die Einhaltung des neuen Gesetzes. Das lauthals angekündigte Gesetz läßt leider auch vergessen, daß jegliche Prostitution in Thailand illegal ist und demnach verfolgt werden müßte. Das ist, abgesehen von einigen Vorzeigerazzien, in der letzten Zeit jedoch nur selten der Fall.

1995: Nach den Wahlen wird *Banharn Silpa-Archa* von der Chart Thai Party Premierminister; er hatte sich in der vorangegangenen Wahlkampagne den scherzhaften Titel „Mr. ATM" (nach den Bankautomaten) errungen. Banharn soll sich großzügig Stimmen erkauft

DER „SCHWARZE MAI" '92

Kugeln, Blut und Tränen – der „Schwarze Mai" '92

Es waren wohl die unheimlichsten Tage, die Bangkok in den letzten zwei Jahrzehnten erlebt hat – Soldaten schossen mit Maschinengewehren auf wehrlose Demonstranten, trampelten auf Verletzten herum und verbreiteten gemeinhin eine Aura von Tod und Schrecken. Die Fernsehbilder, die um die Welt gingen, zeigten eine Facette Thailands, die bisher wohl nur wenige Besucher erlebt hatten. Was war geschehen in diesem Land, das sich oft seiner buddhistischen Sanftmut preist?

Nach den nationalen Wahlen vom 22. März 1992 war nach längerem politischen Tauziehen *Suchinda Kraprayoon* zum Premierminister ernannt worden. Suchinda war zuvor der oberste Heereschef der thailändischen Armee. Die Ernennung des Militärs erhitzte die Gemüter vieler Thais, vor allem der gebildeten und zunehmend wohlhabenden Mittelschicht in Bangkok: Diese war schon lange der tragenden Rolle des Militärs in der thailändischen Politik überdrüssig, und besonders erzürnte die Tatsache, daß Suchinda nicht einmal ein gewähltes Parlamentsmitglied war – gemäß der thailändischen Verfassung konnten auch solche Personen zum Premierminister ernannt werden, die nicht dem Parlament angehören. Was aber war der Sinn von Wahlen, wenn die gewählten Parlamentsabgeordneten dann jedbeliebigen Außenstehenden zum Premierminister küren konnten?

Als Folge von Suchindas Ernennung fegte eine Demonstrationswelle über Thailand hinweg, vor allem Bangkok. Die Demonstranten forderten den Rücktritt Suchindas und eine Verfassungsänderung, nach der in Zukunft nur noch Parlamentsmitglieder in das höchste Staatsamt berufen werden könnten. Die Demonstrationen erreichten ihren ersten Höhepunkt am Abend des 17. Mai, als *Chamlong Srimuang*, Gründer der PDP (Palang Dhamma Party) und Führer der Opposition gegen Suchinda, zu einer Massenveranstaltung auf den Sanam Luang rief. Es kamen ca. 150-200.000 Demonstranten aus allen Schichten – darunter Schüler und Studenten, aber auch ganz „normale" Hausfrauen und Geschäftsleute.

Protestversammlung unmittelbar vor dem Massaker von 1992

Gegen 22.00 Uhr entschließt sich Chamlong, die Demonstranten zum Parlamentsgebäude zu führen, um dort den sofortigen Rücktritt Suchindas zu fordern. Doch der Weg wird ihnen versperrt: Polizeieinheiten stoppen die Menschenmassen auf der Höhe der Phan Fah-Brücke am Wat Saket. Die Demonstranten stauen sich vor den hastig errichteten Absperrungen und bilden ein riesiges Menschenmeer, das von besagter Brücke bis zum Sanam Luang reicht – eine Strecke von ca. 1 km, genau in der Mitte das Democracy Monument, das wie schon in den Unruhen der siebziger Jahre zum Drehpunkt des Geschehens werden sollte.

Bald gehen einige Polizeistationen und Polizeifahrzeuge in Flammen auf. Später bestätigt sich ein Verdacht, den schon viele Demonstranten während der Brände hegen – die Feuer waren von agents provocateurs der Regierungsseite gelegt worden, um einen Vorwand zum Einsatz gegen die Demonstranten zu schaffen. Gegen Mitternacht erklärt die Regierung den Notstand, die Polizeieinheiten werden durch Soldaten ersetzt. Diese fordern die Demonstranten auf, nach Hause zu gehen, doch niemand folgt den Appellen. Man will Suchindas Rücktritt, heute, jetzt, sofort.

Gegen 4.00 Uhr morgens folgt die erste blutige Eskalation. Ohne Vorwarnung eröffnen die Soldaten das Feuer, mit mörderischen Maschinengewehren vom Typ M-16. Tausende von Schüssen fetzen über die Köpfe der Demonstranten hinweg, die sich flach auf den Boden werfen. Auch ich bin dabei und sehe, wie die Kugeln etwa 30 cm über meinen Kopf hinwegsausen. Daß man Kugeln nachts richtig sehen kann, als kurze schnelle Lichtblinker, etwa wie helle Glühwürmchen, ist mir bis dahin noch nicht klar gewesen. Im Verlaufe der Nacht werden noch einige Male Salven geschossen. Insgesamt sind an diesem Tage „nur" etwa 20 Tote zu beklagen. Es gab Momente, da hätte ich schwören können, ich wäre bald einer davon.

Von diesen Stunden an herrscht in Bangkok Krieg. Noch im Morgengrauen werden an alle wichtigen Punkte der Stadt Armee-Einheiten beordert. Vor den um das Democracy Monument aufgebauten Absperrungen versammeln sich wütende Einwohner und belegen die Soldaten mit derben Verwünschungen.

Die Opposition läßt sich durch die Aufmärsche jedoch nicht von ihrem Ziel abbringen. Für den Abend des 18. Mai wird eine neuerliche Demonstration auf dem Sanam Luang angekündigt. Da Militärrecht herrscht und öffentliche Versammlungen illegal sind, ist wohl allen Teilnehmern klar, wie explosiv die Situation ist. Gegen 5 Uhr morgens werden die schlimmsten Befürchtungen Wirklichkeit. Von den Bereichen um das traditionsreiche Royal Hotel eröffnen die Soldaten ein halbstündiges Non-Stop-Maschinengewehrfeuer, der Lärm von Hunderttausenden von Kugeln zerfetzt die Nacht. Die Soldaten schießen, meucheln, morden. Einige Verletzte werden, hilflos am Boden liegend, richtiggehend exekutiert; Schwerverwundete und Ärzte, die in der Lobby des Royal Hotel eine Art Notklinik eingerichtet haben, werden von Soldaten mißhandelt. Friedliches, buddhistisches Thailand? Irgendwo muß es auf der Strecke geblieben sein in dieser Nacht.

Die Ausschreitungen halten noch weitere zwei Tage an, Bangkok steht am Rand der Anarchie. Motorrad-Banden machen sich die Lage zunutze, gegen die lang gehaßte Polizei zuzuschlagen, Polizei und Soldaten schießen dafür auf alles, das zufällig gerade Motorrad fährt. Währenddessen gehen die Proteste gegen Suchinda weiter, z.B. auf dem Gelände der Ramkamhaeng-Universität. Insgesamt werden in diesen Tagen über 2.000 Demonstranten verhaftet, zum Teil mißhandelt.

Am 22. Mai endlich greift der thailändische König, der sich ansonsten traditionell aus der Politik heraushält, in das Geschehen ein. In einer Fernsehansprache erscheint er mit dem verhaßten Premierminister Suchinda und Oppositionsführer Chamlong, der zuvor noch verhaftet worden war. In seiner Rede appelliert der Monarch, die Auseinandersetzungen einzustellen und einen Kompromiß zu suchen. Unter dem Druck des Königs verspricht Suchinda seinen baldigen Rücktritt, als auch einer Verfassungsände-

GESCHICHTE

rung nicht mehr im Wege zu stehen. Schon Momente nach der Fernsehansprache verändert sich das Leben in Bangkok wieder, die Worte des Königs wirken wie Balsam, Angst und Schrecken machen der Hoffnung Platz. Allein der König hat in Thailand einen solchen Einfluß, eine hochbrisante Situation im Nu zu entschärfen; niemand würde es wagen, gegen seinen Wunsch zu handeln.

Im Zuge der Einigung wird eine Amnestie erlassen, die alle an den Ausschreitungen beteiligten Personen von Schuld freispricht – eine kontroverse Entscheidung, denn dürfen Massenmörder ungestraft davonkommen? Nach offiziellen Angaben sind etwa 50 Tote zu beklagen, noch 1 Jahr nach dem „Schwarzen Mai", wie der blutige Monat bald genannt wird, gelten ca. 50 Personen als „vermißt". Augenzeugen wollen gesehen haben, wie Militär-Lastwagen Leichen an unbekannte Orte verfrachteten. Suchinda Kraprayoon geht als „Schlächter von Bangkok" in die thailändische Geschichte ein und wird bitter verspottet.

Am 24. Mai tritt Suchinda zurück, und Bangkok atmet auf. An seine Stelle tritt der hochangesehene *Anand Panyarachun*, der nach dem Putsch vom Februar '91 schon einmal für 14 Monate Premierminister gewesen war. Anand führt die von den Demonstranten geforderte Verfassungsänderung herbei, nach der in Zukunft nur noch gewählte Parlamentsabgeordnete Premierminister werden können und bereitet Neuwahlen vor. In Thailand ist Ruhe eingekehrt.

Dennoch wird das Land nach den Mai-Ereignissen wohl nie wieder dasselbe sein. Das Militär, das Thailand seit 1932, dem Beginn der konstitutionellen Monarchie, fest im Griff gehalten hatte, hat viel an Respekt verloren. Im Zuge der Geschehnisse wurden viele hohe Militärs, denen man die Mitschuld an den Massakern zusprach, von Premier Anand auf unwichtige Posten versetzt, und der Institution wurde ganz allgemein das Versprechen abgerungen, sich von nun an aus der Politik herauszuhalten. Ob der Frieden andauern wird? Wie so oft in Thailand könnte die Antwort lauten: Jein, sicher, natürlich nicht, vielleicht doch. Oder genau das Gegenteil von alledem.

haben – eine Praxis, die in Thailand aber nichts neues ist. Das von Banharn erstellte Kabinett erfährt sogleich Kritik, dem Premierminister wird Cliquenwirtschaft vorgeworfen. Auch ansonsten zeichnet er sich nicht sehr positiv aus. Nachdem der wenig geschliffene und in weiten Teilen der Bevölkerung als intellektueller Zwerg angesehene Banharn einen Magistertitel von der Ramkamhaeng-Universität verliehen bekommt, regt sich der Verdacht, daß die Magisterarbeit ein Plagiat ist. Schlimmer noch: Hervorgerufen durch allgemeines Mißmanagement, Korruption, einen starken Rückgang der Exporte und ein großes Außenhandelsdefizit wird Thailand von einer schweren wirtschaftlichen Krise erschüttert.

1996-97: Weniger als ein Jahr nach seiner Wahl wird das ungeliebte Staatsoberhaupt gestürzt, und nach Neuwahlen Ende 1996 wird *Chavalit Yongchaiyudh* von der New Aspiration Party neuer Premierminister. Chavalit, ein ehemaliger Militär und Machtpolitiker, der seit langem auf diesen Posten brennt, gilt vielen Thais als Inbild der Korruption. Auch die Regierung Chavalit erweist sich schnell als überfordert, und die Äußerungen und Handlungen des Kabinetts scheinen oft einem Satiremagazin entnommen: Nur einen Tag, nachdem Chavalit das Volk auffordert, „den Gürtel enger zu schnallen" und nur noch Thai-Waren zu kaufen, legt er sich einen neuen Mercedes zu – Kostenpunkt 8 Mio. Baht. Der stellvertretende Innenminister, der als großmäulig bekannte *Chalerm Yubamrung*, prahlt in einem Interview, er habe „60 Hemden von Versace, keines billiger als 10.000 Baht". Seine Schuhe, so der redselige Chalerm weiter, kämen alle handgemacht aus Italien.

Den meisten Thais bleibt das Lachen freilich im Halse stecken, denn die Wirtschaft geht Mitte 1997 vollends auf Crash-Kurs. Tausende Firmen machen bankrott, die Regierung rät arbeitslosen Industriearbeitern, wieder „zurück in die Landwirtschaft" oder auf Arbeitssuche ins Ausland zu gehen.

Um den thailändischen Baht abzuwerten, wird die Währung, deren Wert zuvor an ein vom Dollar dominiertes Währungspaket gekoppelt war, „gefloatet", d.h. dem Wechselkurs wird freier Lauf gelassen, er wird von nun an vom Devisenmarkt bestimmt. Der Baht sinkt im Verhältnis zu den wichtigsten ausländischen Währungen sogleich um ca. 20%. Die Regierung erhofft sich durch den billigeren Baht vermehrt Investitionen aus dem Ausland. Der Sofort-Effekt der Maßnahme aber ist bitter: Für viele Firmen mit Auslandsschulden bedeutet der niedrigere Baht eine effektive Mehrverschuldung und damit häufig auch den Ruin. Weiterhin werden Importwaren und Benzin teurer, was die Inflation schürt. Thailand versucht, den drohenden Staatsbankrott durch einen massiven Kredit des International Monetary Fund (IMF) abzuwenden (siehe auch „Wirtschaft").

Im November '97 bleibt dem ungeliebten Chavalit nur der Rücktritt. Neuer Premierminister wird der als grundehrlich angesehene *Chuan Leekpai* von der Democrat Party, der nun zum zweiten Male diesen Posten übernimmt. Chuan steht vor der immensen Aufgabe, die immer noch tiefer sinkende Wirtschaft wieder auf Genesungskurs zu bringen.

1998: Der Baht fällt Anfang des Jahres auf seinen bisher tiefsten Kurs (1 US$ = 56 Baht), danach erholt er sich wieder etwas. Dennoch gehen Dutzende von Finanzinstituten bankrott und die Arbeitslosenzahl steigt rapide. Im Herbst '98 sieht es so aus, als würde es mindestens fünf Jahre dauern, bis Thailand wieder den Wohlstand erreicht, den es Anfang der neunziger Jahre einmal hatte – wenn überhaupt.

1999: Thailands Wirtschaft bleibt auf Depressions-Niveau, obwohl es gegen Ende des Jahres so scheint, als sei die Talsohle erreicht. Es macht sich verhaltener Optimismus breit, daß es bald wieder aufwärts geht.

Die thailändische Flagge

Bis zum Jahre 1917 war die thailändische Flagge blutrot mit einem weißen Elefanten darauf. Der weiße Elefant galt als Glücksbringer für das Königreich, und selbst ein Gesetz aus dem Jahre 1921 besagt, daß, immer wenn ein weißer Elefant aufgefunden wurde,

er sofort dem König übergeben werden müsse.

Die Elefantenflaggen waren aber leider unsorgsam hergestellt, und der Elefant nicht immer als solcher zu erkennen: Viele Ausländer hielten das königliche Tier glatt für ein Schwein.

Daraufhin entschied sich König *Vajiravudh*, Rama 6., ein neues Staatssymbol schaffen zu lassen, das zudem „moderner" aussehen sollte. Mit Blick auf die Flaggen anderer Länder entschied sich Vajiravudh für eine Staats-Flagge mit verschiedenfarbigen Streifen.

Die heutige thailändische Fahne besteht aus fünf horizontalen Streifen, von denen der mittlere etwas breiter ist als die anderen. Die beiden äußeren Streifen sind rot und symbolisieren die Nation, die weiter innen befindlichen zwei weißen Streifen stehen für die Religion, und der breite blaue Mittelstreifen symbolisiert den König. Diese drei Elemente gelten als Grundpfeiler des Staates.

Alle Regierungsgebäude ziert dazu eine Abbildung des **Kruth**, des mystischen Garuda-Vogels aus dem Hindu-Epos Ramayana (in Thailand *Ramakien* genannt). Der Kruth ist auch auf allen Geldscheinen zu sehen.

Bevölkerung

1999 hat Thailand 62 Mio. Einwohner, der jährliche Zuwachs beträgt etwa 1%. Hatte die Zuwachsrate in den sechziger Jahren noch besorgniserregende 3 Prozent pro Jahr betragen, so liegt sie heute gut unter dem asiatischen Durchschnitt (ca. 2%/Jahr).

Thailand betreibt ein konsequentes Familienplanungs-Programm, und der Erfolg auf diesem Sektor ist nicht zuletzt einem gewissen Herrn *Meechaii Veeravaidya* zu verdanken (ee sprich i). Besagter Herr Veeravaidya war einmal Beauftragter für Familienplanung und ist heute Regierungssprecher. In seiner Funktion als Familienplaner sorgte er dafür, daß jedermann in Thailand wußte, was ein Kondom ist, und was damit zu tun wäre: In Schulen wurden z.B. Kondom-Aufblas-Wettbewerbe abgehalten, um den Schulkindern zu zeigen, daß es sich um einen ganz „normalen" Gegenstand handelt, mit dem man eine Menge Spaß haben kann.

Auf diese Weise wurde ein tabuisiertes Gummiprodukt zu einer alltäglichen, lustigen Angelegenheit. Knallbunte Kondome wurden produziert und jederman(n) konnte sich nun seine Lieblingsfarben aussuchen oder die Farben der Saison. Doch der gute Mr. Veeravaidya hätte damit rechnen müssen: Aufgrund seiner Kondom-Kampagnen bekam das Gummi nun einen neuen Namen verpaßt: Im Thai-Slang heißt Kondom seit einigen Jahren *meechai* – genau wie Mr. Veeravaidya!

BEVÖLKERUNG

Wie überall in der „Dritten Welt" geht Armut und die daraus resultierende fehlende Schulbildung mit Kinderreichtum zusammen. Aus diesem Grunde beträgt die Größe einer durchschnittlichen Familie des armen Nordostens über 6,5 Familienmitglieder, während der Landesdurchschnitt bei etwa **5,5 Personen pro Haushalt** liegt. Die durchschnittliche Lebenserwartung eines Thais liegt bei etwa 69 Jahren.

Etwa jeder 6. Thai wohnt in Bangkok (9-10 Mio. Einw.), das eine **Bevölkerungsdichte** von etwa 5.000 Menschen pro km^2 aufweist. Die Gesamtbevölkerungsdichte von Thailand liegt dagegen bei nur etwa 105 Personen pro km^2. (Zum Vergleich: alte Bundesländer: 246 E/km^2; Malaysia: 45 E/km^2)

Bangkok ist mit Abstand die größte Stadt des Landes, gefolgt von Chiang Mai mit über 300.000 Einwohnern und Hat Yai mit 150.000 Einwohnern.

Etwa 82% der **Bevölkerung** sind „echte" Thai, der Rest eine bunte Völkervielfalt von Chinesen, Burmesen, Malayen, Mon, Khmer, Laoten und Indern. Über die Generationen haben sich viele dieser Völker vermischt – besonders Thais und Chinesen – und einen kleinen ethnischen Schmelztiegel geschaffen.

In Thailand leben ca. fünf Millionen **Chinesen** die – ihrer relativ geringen Zahl zum Trotz – einen enormen Einfluß auf Handel und Wirtschaft ausüben. Viele dieser Chinesen sprechen noch heute ihre Heimatsprache, und die Geschäftsschilder in Bangkoks Chinatown sind immer zweisprachig: Zuerst in Thai, wie es gesetzesmäßig verordnet ist, dann Chinesisch.

Eine weitere größere Minderheit bilden die **Bergvölker** des Nordens, deren Bevölkerungszahl über 500.000 beträgt. Sie sprechen unterschiedliche Sprachen und pflegen ihre eigenen Traditionen. Die wichtigsten Bergvölker sind die Akha, die Meo oder Hmong, die Lawa, die Yao, Lahu und Lisu sowie die Karen. Die Angehörigen dieser Bevölkerungsgruppen gehören zu den ärmsten Einwohnern des Landes und leben häufig – notgedrungen – nur vom Opiumanbau.

Die im Lande lebenden ca. 100.000 **Inder** unterteilen sich etwa zur Hälfte in Hindus aus dem Punjab und aus Uttar Pradesh, zur anderen Hälfte in Sikhs. Erstere verdingen sich meist mehr schlecht als recht als umherreisende Textil- und Moskitonetzverkäufer oder als Nachtwächter, letztere sind durchweg wohlhabende Geschäftsleute.

Zu all diesen legalen Bewohnern des Landes gesellt sich eine nicht unerhebliche Dunkelziffer von illegalen Einwanderern, zumeist Burmesen, Nepalis und Bangladeshis, die zu Fuß die thailändisch/burmesische Grenze überqueren, um ein besseres Leben zu finden. Die auf der burmesischen Seite der Grenze lebenden **Karen-Rebellen,** die gegen die burmesische Regierung und für ihren eigenständigen Staat kämpfen, führen illegale Einwanderer für ein Entgelt von 1.000 Baht über das schwer zugängliche Grenzgebiet nach Thailand hinein.

Doch hat Thailand auch mit eigenen Rebellen zu kämpfen. In den vier südlichsten Provinzen des Landes – Yala, Pattani, Sadao, Narathiwat – streiten die Pattani United Liberation Organization sowie andere Separatisten für einen selbständigen, moslemischen Staat. Gut 80% der Bewohner der o.g. Provinzen sind Moslems malaiischer Herkunft. In letzter Zeit ist es um die Aufständischen etwas stiller geworden, viele der Rebellen haben sich inzwischen den Behörden gestellt. Dennoch kommt es noch zu vereinzelten Überfällen und Erpressungsaktionen, die versprengten Freischärlern angelastet werden. Die einstigen politischen Ideale sind verflogen und haben schlichtem Banditentum Platz gemacht.

Aufgrund der kunterbunten Völkermischung sind „**Mentalitätsunterschiede**" innerhalb des Landes selbstverständlich. Die Südler werden allgemein als etwas rauher, trotziger eingestuft, was sich auch schon in der Sprache bemerkbar macht. Die Nordler dagegen gelten als das Abbild der Sanftmut. Die Chinesen sind als gewiefte Geschäftsleute bekannt, die um jeden Pfennig schachern, während die „echten" Thais eigentlich nichts anderes wollen als *sanuk,* ihren Spaß.

Religion

Etwa 95 % der Thais sind **Theravada-Buddhisten,** der Rest Moslems, Christen, Hindus und Sikhs.

Buddha wurde um das Jahr 500 v. Chr. als *Siddharta Gautama* im heutigen Nordindien geboren (der Ehrentitel *Buddha* – „der Erleuchtete" – wurde ihm erst später verliehen). Siddharta war in einer fürstlichen Familie zur Welt gekommen und genoß in seinem Palast, abgeschirmt von dem Elend der Welt, das Leben in Freuden und Luxus. Früh wurde er verheiratet, und eines Tages entschloß er sich aus Neugier, hinaus in die Welt außerhalb seines

Buddha-Statue in Sukhotai

RELIGION

Palastes zu gehen. Das Bild, das sich ihm bot, erschreckte ihn zutiefst: Wohin er blickte sah er Krankheit, Alter und Tod. Siddharta entschloß sich, einen Weg zu suchen, der die Menschheit aus der ewigen Kette des Leidens führen könnte. Heimlich verließ er seine Frau und seinen gerade erst geborenen Sohn und verbrachte lange Jahre als wandernder Asket. Bei einer Meditation unter einem Baum wurde ihm schließlich die Erleuchtung zuteil, Buddha entdeckte die **vier edlen Wahrheiten.**

Das Endziel des Buddhismus ist das **Nirvana** (Pali: *nibbana),* das Auslöschen aller Wurzeln des Leidens, was der Beendigung allen körperhaften Lebens gleichkommt.

Der Buddhist glaubt an die **Wiedergeburt,** d.h. alle Wesen müssen sich so lange in verschiedenen Körpern inkarnieren, bis sie das Nirvana erreicht haben. Das Schicksal, das die Wesen in ihrer nächsten Geburt zu durchleben haben, wird bestimmt durch die Taten, die sie in diesem Leben begehen. Gute Taten fördern ein gutes Schicksal, schlechte ein böses und unglückliches. In diesem Prinzip des **Karma,** der Lehre von Ursache und Wirkung, liegt die thailändische Tradition von **tham buun** (= gute Taten tun und damit Pluspunkte für sein nächstes Leben gewinnen.)

Das sichtbarste Beispiel von *tham buun* ist die frühmorgendliche Speisung von Mönchen, die mit einem Bettelgefäß durch die Straßen ziehen. Die Gläubigen füllen die Gefäße der Mönche mit Speisen, ohne diesen morgendlichen Rundgang der Mönche als Betteltour zu betrachten. Im Gegenteil: Man ist den Mönchen dankbar, daß sie den Gläubigen die Möglichkeit geben, Verdienste zu erwerben.

In den ersten 500 Jahren nach Buddhas Erleuchtung verbreitete sich die neue Lehre in ganz Indien. Im

Die „vier edlen Wahrheiten":

1. **Dukkha** – alles Leben ist Leiden
2. **Samudaya** – alles Leiden wird durch Begierden hervorgerufen
3. **Nirodha** – das Leiden kann durch die Zerstörung der Begierden beendet werden
4. **Magga** – die Begierden können durch Begehen des „edlen achtfachen Pfades" zerstört werden , somit auch das Leiden

Der „achtfache Pfad":

1. Die **richtige Erkenntnis,** d.h. das Erkennen der Grundprobleme aller Existenz
2. **Rechtes Denken,** d.h. Denken, ohne zu verletzen, edle Gedanken zu hegen
3. **Rechte Rede,** d.h. Rede, ohne zu verletzen oder die Unwahrheit oder aus eigennützigen Motiven zu sprechen
4. **Rechte Taten,** d.h. nicht zu töten, stehlen etc.
5. **Rechter Lebenserwerb,** d.h. Lebenserwerb, der nicht auf Kosten anderer geht
6. **Rechte Bestrebung,** d.h. mit eigener Kraft die eigenen unheilvollen Gedankenströme überwinden
7. **Rechte Aufmerksamkeit,** d.h. durch Meditation und Kontemplation die Selbsterkenntnis erlangen
8. **Rechte Konzentration,** d.h. Konzentrationskraft, durch die man einen Gedanken verfolgen kann, ohne abzuschweifen.

3. Jahrhundert v. Chr. erreichte diese frühe Form des Buddhismus, das „kleine Fahrzeug", **Hinayana,** (in Thailand *Theravada*) Sri Lanka und dann Teile Süd- und Südostasiens.

In Indien bildete sich eine neue Form des Buddhismus heran, das „große Fahrzeug", **Mahayana,** die weniger Wert auf das Nirvana als auf liebendes Mitgefühl mit allen Kreaturen legte. Das Idealbild dieser Lehre war der *Boddhisattva,* ein vollkommenes Wesen, daß die himmlische Ruhe des Nirvana aufgab, um anderen zu helfen, die Erlösung zu erlangen.

Erst um das 1. Jahrhundert n. Chr. waren die Doktrinen und Mönchsregeln des Buddha schriftlich niedergelegt, und ebenso die Predigten, die zuvor nur mündlich weitergegeben worden waren.

Der Mahayana-Buddhismus verbreitete sich zwischenzeitlich über China, Zentralasien, Japan, Vietnam, Kambodscha und andere Teile Ostasiens.

Thailand kam schon im 3. Jahrhundert v. Chr. unter den Einfluß des Buddhismus, noch bevor sich dieser Glaube in seine zwei Hauptströmungen gespalten hatte. Der indische Herrscher Ashoka hatte zwei Missionare in das „Land aus Gold" entsandt, womit wahrscheinlich das Mon-Königreich Dvaravati gemeint war, dessen Zentrum bei Nakhon Pathom lag (55 km westlich von Bangkok).

Im 13. Jahrhundert, zur Zeit des ersten unabhängigen Thai-Reiches mit der Hauptstadt Sukothai, knüpften buddhistische Mönche aus dem Süden des Landes Kontakte nach Sri Lanka. Auf diese Weise kamen sie unter den Einfluß des Hinayana-Buddhismus, dessen heilige Schriften in Pali verfaßt waren.

König *Ramkamhaeng* (1279-1298) von Sukhothai berief die Mönche in die Hauptstadt und förderte schließlich die Verbreitung des Hinayana. Durch diese königliche Patronage und die daraus resultierenden engen Beziehungen zu Sri Lanka faßte der Hinayana-Buddhismus (Theravada) Fuß in Thailand.

Auf Sukhothai folgte das Königreich von Ayutthaya, und dessen Herrscher erbauten zahllose Tempel und Klöster und förderten den Glauben uneingeschränkt weiter.

Bei der Zerstörung Ayutthayas im Jahre 1767 durch die Burmesen wurden viele der heiligen Schriften und Dokumente vernichtet, und der Buddhismus erlitt einen Rückschlag.

Erst König *Mongkut,* (Rama 4., 1851-1868) verhalf dem Glauben zu neuer Blüte. Vor seiner Thronbesteigung war Mongkut 27 Jahre lang Mönch gewesen und hatte sich in dieser Zeit zu einem hervorragenden buddhistischen Gelehrten herangebildet. Zum Zwecke der Wiedererneuerung der religiösen Praxis gründete er einen neuen, strengeren Mönchsorden, Thammayut. Dieser besteht bis heute neben dem traditionellen Orden Mahanikai fort.

Wie wohl überall, sind auch die religiösen Institutionen Thailands recht begütert. Es wird geschätzt, daß jeder Wat in Bangkok mindestens 200 Millionen Baht auf seinem Bankkonto hat.

Tempel-Terminologie

Bot: Gebäude im Tempel, in dem religiöse Zeremonien durchgeführt werden. Es besitzt einen Altar und ringsherum Grundsteine

Chedi: glockenförmiger Turm, in dem häufig die Reliquien des Buddha oder einer anderen verehrten Person aufbewahrt werden

Chofa: an den Giebeln von Tempeldächern angebrachtes Ornament, das gelegentlich wie eine Flamme aussieht. Symbolisiert den Garuda

Garuda: mystischer Vogel, halb Mensch, halb Tier, auf dem Gott Vishnu reitet

Mondop: quadratischer Bau mit gewölbtem Dach, der häufig über einer geheiligten Reliquie errichtet wird, z.B. über einem Fußabdruck des Buddha

Phra: Bezeichnung für den Buddha, Statuen Buddhas oder auch Mönche

Prang: länglicher Turm, hauptsächlich bei Khmer-Bauwerken. Die Spitze ist gewöhnlich abgerundet

Prasat: turmartiger Bau aus der Khmer-Architektur. Das Wort wird oft benutzt, um einen gesamten Tempelkomplex zu bezeichnen

Sema: an einem Bot plazierter Grundstein. Unterscheidet so den Bot vom Viharn

That: Reliquien-Turm aus der Architektur Nordost-Thailands mit quadratischem Sockel

Viharn: Tempelgebäude, in dem geheiligte Objekte aufbewahrt werden. Hier werden weniger wichtige Zeremonien abgehalten.

Wat: buddhistischer Tempel

Zu den „wohlhabenderen" Tempeln gehören Wat Mahathat mit 550 Millionen, Wat Phra Buddha Chinaraj mit 700 Millionen, und Wat Thammakai hat 800 Millionen Baht auf der hohen Kante. Insgesamt dürfte sich der gesamte Geldbesitz aller Wats des Landes in Billionenhöhe befinden. Zehn Milliarden Baht alleine lassen die Wats verleihen und verdienen so an den Zinsen.

Buddhistische Meditation

- **Sorn-Thawee Meditation Centre,** Bangkla, Provinz Chachoengsao (ca. 17 km nördlich von der Provinzhauptstadt Chachoengsao gelegen);
- **Sunnataram Forest Monastery,** Provinz Kanchanaburi (180 km Richtung Sankhlaburi, an der Straße Kanchanaburi – Sankhlaburi gelegen);
- **Wat Benchamabopit,** Si Ayutthaya Road, Bangkok;
- **Wat Boworniwet,** Phra Sumen Road, Banglamphoo, Bangkok;
- **Wat Cholaprathan Rangsarit,** Pakkret, Nonthaburi;
- **Wat Kow Tahm,** Ko Phangan, Surat Thani;
- **Wat Mahathat,** Sanam Luang, Bangkok;
- **Wat Paknam,** Thoet Thai Road, Phasi Charoen, Thonburi, Bangkok;
- **Wat Phleng Vipassana,** Soi Ying Amnuay, an der Charan Sanitwong Road, Thonburi, Bangkok;
- **Wat Phra Thammakai,** Phaholyothin Road, Rangsit, Bangkok;
- **Wat Suan Mokh,** Chaiya, Surat Thani;
- **World Fellowship of Buddhists,** 33 Sukhumvit Road (zwischen Soi 1 und 3), Tel. 2511188

RELIGION

Die thailändischen Mönche

In den Bussen sitzen sie immer bescheiden in der letzten Sitzreihe, und im Stadtbild fallen sie durch ihre leuchtend orangenen Roben und die kahlgeschorenen Schädel auf – Thailands 300.000 Mönche *(Phra)*. Jeder männliche (buddhistische) Thai sollte einer alten Regel entsprechend mindestens 3 Monate seines Lebens als Mönch verbringen. Daran hält sich heute nicht jeder junge Thai, andere bleiben dafür aber gleich Jahre im Mönchsstand und einige ihr ganzes Leben.

Die Mönche wohnen in den Unterkünften, die ihnen Thailands 30.000 **Wats** zur Verfügung stellen. Diese Unterkünfte machen von außen einen recht bequemen Eindruck, doch entbehrungsreich ist das Mönchsleben. Ein Mönch muß sich an **227 buddhistische Vorschriften** halten. Vor Sonnenaufgang stehen die Mönche auf und meditieren, danach – immer noch früh morgens – geht man auf die Almosen-Tour. Mit ihren **Bettelgefäßen** *(baat)* sammeln sie die Speisen, die die Mitbürger ihnen geben. Dabei soll der Mönch keine Präferenzen entwickeln. Alles, was der Mönch von den Gläubigen zur Speise erhält, hat er klaglos zu verzehren – doch spätestens bis 11 Uhr morgens, denn danach darf nicht mehr gegessen werden.

Der Rest des Tages wird mit Meditation, dem Lesen der heiligen Schriften und dem Studieren verbracht. Viele Mönche lernen Englisch und sprechen gerne Reisende an, um ihr Englisch zu verbessern!

Will ein Mönch sein Mönchsleben aufgeben, so kann er dies jederzeit tun, eine „Bestrafung" gibt es nicht.

Neben den „klassischen" Mönchen gibt es aber auch Rebellen. So etwa die Anhänger der **Santi-Asoke-Sekte**, die viel „unnützes Beiwerk" wie Riten etc. außer Acht lassen und sich auf den Kern des Buddhismus zurückbesinnen wollen. Die Mönche der Sekte (z.Zt. sind es nur 93) sind Mönche auf Lebenszeit, rasieren sich nicht wie die anderen Mönche die Augenbrauen und sind strikte Vegetarier – alles Gründe, warum *Santi Asoke* vom Sangha, dem Obersten Buddhistischen Rat, im Jahre 1990 für „abweichlerisch" erklärt wurde. Seither dürfen die Mönche bei Androhung von Gefängnisstrafen nicht mehr die üblichen orangenen Roben tragen, sondern kleiden sich in Weiß. Die Sekte, zu deren zahlreichen Laienanhän-

Einsiedlermönch in Südthailand

RELIGION

gern auch *Chamlong Srimuang* zählt, der charismatische Gründer der Palang Dharma Party (PDP) und langjährige Gouverneur von Bangkok, ist jedoch weiterhin sehr aktiv. Unter anderem betreibt sie organische Landwirtschaft (in ihrem Zentrum bei Nakhon Pathom) und besitzt zahlreiche vegetarische Restaurants, die rein auf kostendeckender Basis fungieren.

Doch nicht alles, was sich heilig gibt, ist es auch. **Skandale** um Mönche, die vom rechten Pfad abgekommen sind, scheinen sich zu mehren. In mancher Mönchsunterkunft fand die Polizei Schußwaffen oder Pornos, und einige Mönche wurden unehrenhaft „entrobt", da ihnen sexuelle Eskapaden nachgewiesen wurden. Von jüngeren Mönchen wird gemunkelt, daß manche nachts heimlich die Disco besuchen – in „Zivil" und mit einer flotten Mütze auf dem verräterischen Kahlkopf.

Einer der größten Skandale brauste 1994-95 um den populären Mönch *Phra Yantra Amaro Bhikku* (geb. 1951), der es auf Auslandsreisen besonders wild getrieben haben soll. Eine seiner Damenbekanntschaften verklagte ihn gar, da er der Vater ihrer Tochter sein soll. *Phra Yantra,* der die Anschuldigungen als ein Komplott gegen ihn bezeichnete, lehnte einen DNA-Test, der hätte beweisen können, daß er nicht der Vater ist, mal als „unzuverlässig", dann als „unbuddhistisch" ab. Kreditkartenrechnungen mit der Unterschrift des Mönchs belegten, daß er bei Reisen nach Australien und Neuseeland auch in Rotlicht-Etablissements eingekehrt war – gemäß der Ordensregeln Grund genug, ihn zu entroben. Die Anhänger Phra Yantras führten die Astrologie zur Verteidigung an: Der Mönch sei unter einem „absteigenden Mars" geboren und somit frei von Sexualität.

Im März '95 wurde der Mönch entthront, und die Polizei mußte Kämpfe zwischen Yantra-Anhängern und -gegnern verhindern.

Hatte der Fall Yantra jedoch noch einige Beobachter süffisant schmunzeln lassen, so folgte bald darauf das Grauen: Im Dezember 1995 ermordete ein Mönch des Höhlentempels Wat Tham Khao Poon bei Kanchanaburi eine britische Touristin, die er zuvor zu berauben und vergewaltigen versucht hatte. Der Mönch, ein amphetaminsüchtiger ehemaliger Sträfling, der zweieinhalb Jahre wegen Vergewaltigung abgesessen hatte, wurde bald darauf zum Tode verurteilt. Aus Anlaß des 50jährigen Thronjubiläums des thailändischen Königs wurde die Strafe jedoch bald darauf in lebenslänglich umgewandelt.

Der **Mord** schlug hohe Wellen in Thailand, und das Ansehen des Mönchsstandes erlitt seinen bisher größten Schlag. Eine Karikatur in einer Thai-sprachigen Zeitung zeigte eine Mutter, die ihren unartigen Sohn mit den folgenden Worten einschüchterte: „Wenn du dich nicht anständig benimmst, dann holt dich bald der Mönch!" Wenige Tage später druckte eine Thai-Zeitung ein Foto, das einen Mönch und eine Nonne in eindeutig amouröser Pose zeigte. Aufgrund der sich häufenden Negativ-Vorfälle wird derzeit erwogen, bei der Ordinierung eine Art Auslese zu treffen und die Mönche mit einem „Mönchs-Ausweis" auszustatten.

In früheren Zeiten wurden Mönche, die aus dem Mönchsstand enthoben worden waren, durch eine Tätowierung im Gesicht gebrandmarkt; heute ziehen sie oft einfach in eine andere Stadt und lassen sich erneut ordinieren.

Die Nonnen

Einen weit **geringeren Status** als die Mönche genießen die buddhistischen Nonnen *(Mae Chi)*. Sie scheren sich ebenfalls die Köpfe, hüllen sich aber in weiße Gewänder. Eigentlich können Frauen offiziell gar nicht ordiniert werden, da die thailändische Auslegung des Buddhismus dies nicht vorsieht; die Nonnen sind somit genau genommen nur Nonnen von eigenen Gnaden, **ohne Sanktionierung** durch den Sangha.

Sporadisch wird von Frauenverbänden gegen die Diskriminierung protestiert, ändern wird sich an der Regelung dennoch nichts. Die Benachteiligung setzt sich auch innerhalb der Tempelmauern fort. Meist werden die Nonnen – häufig **Witwen ohne jeglichen Lebensunterhalt** – zu Putzfrauen und Bediensteten degradiert. Ihre Unterkünfte sind viel unkomfortabler als die der Mönche. Im Gegensatz zu letzteren studieren sie nicht die religiösen Schriften; spirituellen Verdienst erhalten sie dem Glauben gemäß schon durch ihre Dienste im Tempel. Da das Almosengeben an Nonnen weniger „Heil" verspricht als an Mönche, kommen sie auch hier schlechter davon als ihre männlichen Kollegen. Kein Wunder, wenn viele Nonnen einen äußerst bedauernswerten Eindruck machen und oft westliche Tempelbesucher um Geld anbetteln – oft sogar auf sehr fordernde Weise.

Geisterhäuschen

Beim **Bau eines Hauses** in Thailand müssen Dinge beachtet werden, die dem Westmenschen gänzlich fremd erscheinen. Wird ein Thai-Haus errichtet, so muß der Bauherr die vom Grundstück vertriebenen Geister dadurch besänftigen, in dem er ihnen eine neue Bleibe verschafft. Ein spirituelles Umsiedelverfahren sozusagen.

Dazu werden die kleinen Geisterhäuschen geschaffen, Vogelhaus-ähnliche Gebilde, ohne die fast kein Thai-Haus komplett ist. Doch das Errichten selbst eines Geisterhauses ist gar nicht so einfach, müssen dabei doch zahlreiche Regeln beachtet werden.

Zunächst einmal sollte das Geisterdomizil östlich, nordöstlich oder südlich des Wohnhauses liegen, dessen Schatten niemals auf das Geisterhäuschen fallen darf. Der Zeitpunkt der Errichtung des Häuschens ist astrologisch berechnet, und die „Einweihungszeremonie" sollte auf jeden Fall vor 11 Uhr morgens beendet sein, damit die Geister noch in Ruhe zu Mittag essen können. (Da die Thais selber permanent ans Essen denken, gestehen sie gerechterweise auch ihren Geistern ausgedehnte Mahlzeiten zu!)

RELIGION

Während der Einweihungszeremonie werden den Geistern **Opfer** dargebracht, z.B. Reis mit einem in Bananenblättern gewickelten harten Eiern, Kokosnüsse, Bananen, Fleisch, Tee und sogar ganze Schweinsköpfe. Hat man diese Gaben den Geistern gebracht, kann man hoffen, daß sie sich in ihrem neuen Domizil wohlfühlen und die Hausbesitzer nicht aus Rache ob der Vertreibung von ihrem Platz schikanieren. Im Gegenteil, anständige Hausgeister sorgen sogar für das Wohl des Haushaltes und beschützen ihn vor Unglück.

Doch wie sehen die Geisterhäuschen nun eigentlich aus? Schwer zu sagen, denn da gibt es viele Varianten (wie es Arten von Geistern gibt). Manche Geisterhäuser, beispielsweise von großen Hotels oder sogar Banken, weisen oft die **Größe eines kleinen Wohnhauses** auf und sehen aus wie verkleinerte Nachbildungen von buddhistischen Tempeln – und das obwohl Buddha selber mit Geistern nicht viel im Sinne hatte.

Das wohl bekannteste Geisterhaus Thailands ist der **Erawan-Schrein** in Bangkok, an der Kreuzung Rajdamri und Ploenchit Road gelegen. Der Schrein ist nichts anderes als das übergroß ausgefallene Geisterhäuschen des vormals daran gelegenen Erawan Hotels, das Anfang 1988 abgerissen wurde.

Weit weniger prächtig fallen zumeist die Geisterhäuser normaler Wohnhäuser aus. Meist sind es auf einem Pfahl stehende kleine Tempelnachbildungen von der Größe der schon erwähnten Vogelhäuschen. Ausgefüllt werden sie mit Opfergaben und mit magischen Figuren. Vor den Häuschen brennen oft ein paar Räucherstäbchen.

Am unteren Ende der Geisterhausarchitektur stehen die zu Geisterdomizilen umfunktionierten **Blechbüchsen oder -kanister,** die ebenfalls auf einen Pfahl gestellt und mit Opfergaben versehen werden – spirituelle Slumsiedlungen sozusagen. Aber auch diese Geister wollen beachtet sein, und die Häuschen müssen immer mindestens in Augenhöhe der Menschen angebracht sein, eine niedrigere Bauweise könnte die Geister erzürnen.

Glauben denn nun wirklich alle Thais an die Macht der Geister? Gibt es niemanden, der der Geisterwelt mit aufgeklärtem, rationalem Blick in die Augen sieht? Nun, wenn selbst die großen Banken und Hotels den Geistern ihre Huldigung darbringen, wie könnte sich der normale Hausherr da versagen? Aber nicht alle Thais glauben wirklich an die Geister, die sie beschwören.

Doch man kann ja nie wissen, sicher ist halt sicher ...

Geisterhaus in Südthailand

Aberglauben

Auf den ersten Blick mögen uns die Thais „verwestlicht" vorkommen – die allgemein getragene westliche Kleidung, die modernen Verkehrsmittel und die beeindruckende Skyline von Bangkok geben jedoch ein falsches Bild ab. In seinem Inneren ist der Thai Asiat, er denkt und fühlt asiatisch. Zu dieser Denkweise gehört sowohl der Glaube als auch der Aberglaube. Oft vermischt sich beides zu einem undefinierbaren Etwas.

Um ein wenig Einblick in die Denkweise der Thais zu geben, seien hier einige weit verbreitete Vorstellungen der Thais dargelegt. Ob Glaube oder Aberglaube – wer vermag das zu sagen?

Unterschreibe nie ein Dokument mit einem **roten Stift!** Das kann den Tod bedeuten. (Da bei thailändischen Bestattungsunternehmen der Name mit roter Farbe an den Sarg geschrieben wird, ist diese Vorstellung verständlich!)

Lasse dir nie die **Haare an einem Mittwoch schneiden,** das bringt Unglück! (Der Ursprung dieses Glaubens ist mir nicht bekannt. Viele Friseurläden in der Provinz bleiben am Mittwoch geschlossen.)

Man soll **keinen Frangipani-Baum** an seinem Hause **pflanzen!** (Grund: Das Thai-Wort für Frangipani ist *lantom*, und das klingt *ratom* allzu ähnlich. *Ratom* bedeutet „gebrochenes Herz".)

Kleine Kinder sollten als *na-gliet* („**häßlich"**) bezeichnet werden! (Würde ein Baby als besonders hübsch bezeichnet, würden die Geister darauf aufmerksam werden und es peinigen!)

Das **Hindurchkriechen unter einer Wäscheleine** bringt Unglück! (Da der Kopf der höchste Körperteil ist, sollte dieser sich nicht unter Wäsche befinden, die eventuell an „unreinen" Körperpartien getragen wird.)

Ein **Mädchen,** das beim Gehen zu **ungraziös trampelt,** beleidigt dadurch *Thorani*, die Mutter der Erde. (Mit diesem Argument bekommen Thai-Mütter ihre Töchter dazu, sich einen eleganten Gang zuzulegen.)

Tritt nie auf die **Schwelle des Hauses,** sondern immer darüber hinweg! (Das Treten auf die Schwelle verstört die Geister, die im Hause wohnen!)

Schwangere Frauen sollten unter dem **Bauch eines Elefanten** hindurchkriechen, das bringt Glück! Bis vor kurzen sah man zu diesem Zweck sogar noch in Bangkok Elefanten. 1995 verbannte die Stadtverwaltung die Tiere jedoch, um das dortige Verkehrschaos nicht noch zu vergrößern – Strafe 500 Baht. Als darauf die Elefantenfreunde protestierten, beschloß die Stadtverwaltung, die Verordnung zwar „beizubehalten, sie aber nicht anzuwenden". Rätselhaftes Thailand!? 1998 jedenfalls wurde verkündet, die Verordnung trete nun „unwiderruflich" in Kraft ...

Betritt eine **schwangere Frau** als erste Kundin des Tages ein **Geschäft,** so wird das ein ertragreicher Tag für den Geschäftsmann. (Ein fruchtbarer Bauch als gutes Omen für einen ertragreichen Geschäftstag!)

Ist ein **Kind erkrankt,** so sollte es rituell von einer Buddha-Statue, einer Götterfigur oder einem verehrten Mönch „adoptiert" werden! Die bösen Geister, die die Krankheit verursacht haben, werden sich daraufhin zurückziehen. Die Eltern dürfen ihr Kind aber nicht mehr schlagen, sonst kommen die Geister zurück.

Ereignet sich eine **Sonnenfinsternis,** sollte jedermann mit Kochtöpfen und Schüsseln möglichst laut Radau schlagen! Viele Dorfbewohner glauben, daß der Dämon *Rahu* die Sonne verschlucken will, und daß der Lärm ihn verjagt. Erstaunlicherweise läßt er nach dem Getrommel ja tatsächlich von der Sonne ab ...

Feste und Feiertage

Thai-Feiertage sind oft übermütige Angelegenheiten, bei denen die Thais ihren Sinn für Humor und Spaß so richtig entfalten können. Selbst religiöse Feiertage fallen weit weniger ernst aus als bei uns.

Viele der Feiertage richten sich nach dem **Mondkalender** und liegen somit von Jahr zu Jahr auf einem anderen Datum, andere sind unbeweglich. Für den Reisenden ist wichtig: Die Banken sind an diesen Tagen geschlossen.

Fällt ein Feiertag auf einen Samstag oder Sonntag, so ist der erste Wochentag danach normalerweise arbeitsfrei!

Januar

Der 1. Januar ist als **Neujahrstag** offizieller Feiertag. Die Feiern fallen aber weniger lärmend aus als bei uns, da dies halt der westliche Neujahrstag ist, das Thai-Neujahr (Songkran) aber am 13. April beginnt. Trotzdem rufen viele Thais den Reisenden ein herzliches „sawatdi pimai!" zu: frohes neues Jahr!

Februar

Am Vollmondtag wird **Makha Puja** gefeiert, ein buddhistischer Feiertag, der an den Tag erinnert, an dem sich 1.250 Jünger versammelt hatten, um Buddhas Rede zu hören. Abends werden Kerzen Prozessionen um die Tempel geführt.

Der Februar ist auch der Beginn der **Drachenflug-Saison,** die bis in den April oder Mai dauert. Drachenflugwettbewerbe werden abgehalten, und auf dem Sanam Luang in Bangkok versammeln sich oft Tausende von Menschen, um den Zweikampf von Riesendrachen zu beobachten.

April

Am 6. wird der **Chakri Day** begangen, der an die Gründung der bis heute fortdauernden Chakri-Dynastie (König Bhumipol) erinnert.

Der 13. April ist **an,** der Beginn des neuen Jahres im Thai-Kalender. Zu dieser Gelegenheit bespritzen sich die Thais mit gefärbtem Wasser und bunten Farbpulvern und haben wohl mehr sanuk (Spaß), als an irgendeinem anderen Feiertag. Ausländer sind beliebte Zielscheiben für die gut gemeinten Spritzattacken aus Farbbeuteln und Wasserpistolen.

Leider wird das Fest Jahr für Jahr rowdyhafter, und wer den Tag unbehelligt überstehen will, sollte lieber im Hotelzimmer bleiben. In Chiang Mai wird besonders ausgiebig gefeiert, etwa eine Woche lang! Das Songkran-Fest ähnelt sehr dem indischen Frühlingsfest Holi, von dem es möglicherweise auch herrührt. Das Wort Songkran stammt von sankranti (Sanskrit) und bedeutet „Überwechseln in ein anderes Tierkreiszeichen".

Mai

An einem Tag der von Brahmanen-Priestern, die für alle königlichen Zeremonien zuständig sind, bestimmt wird, feiert man den Beginn der Pflanz-Saison. Bei der **„Zeremonie des Pflügens"** (ploughing ceremony; Thai: räk nakwan) werden geheiligte Ochsen zu einer rituellen Pflügezeremonie herangeholt und geheiligte Pflügekörner gepflanzt. Die Brahmanen geben dazu Prophezeiungen ob der zu erwartenden Ernte ab.

Der 1. Mai ist der uns bekannte **Tag der Arbeit,** der 5. Mai der **Tag der Krönung** (coronation day), zur Erinnerung an die Krönung des gegenwärtigen Königs.

Visakha Puja, der auf den Vollmondtag fällt, ist der wichtigste Feiertag der Buddhisten, an dem Buddhas Geburt, Erleuchtung und Todestag gefeiert werden. Abends veranstaltet man an den Tempeln Kerzenprozessionen.

Juli

Am Vollmondtag wird **Asanha Puja** gefeiert, der Jahrestag, an dem Buddha seine erste Predigt vor seinen ersten fünf Schülern gehalten hat. Dieser Tag ist der Beginn der buddhistischen Fastenperiode (khao phansa) und somit auch der Beginn einer dreimonatigen Meditationszeit für die Mönche.

August

Am 12. August wird der **Geburtstag der Königin Sirikit** gefeiert, der auch als „Muttertag" (wan mä) gilt. Viele öffentliche oder private Gebäude sind mit Lichterketten und Portraits der Königin geschmückt.

Gebete zum buddhistischen Makha-Puja-Fest

Kunst und Kultur

Oktober

In diesem Monat wird **Ok Phansa** gefeiert, die Erinnerung an Buddhas Rückkehr aus dem Himmel, nachdem er dort eine Fastenperiode lang gepredigt hatte. Ok Phansa markiert das Ende der Fastenperiode und den Beginn von Krathin, der traditionellen Zeit, in der Mönche von den Gläubigen neue Roben oder andere Geschenke bekommen.

Der 23. Oktober ist **Chulalongkorn Day,** der Todestag des Königs Chulalongkorn (Rama 5.).

In der Vollmondnacht wird *Mae Khongkha* gehuldigt, der Göttin der Flüsse und des Wassers. **Loy Krathong** ist das wohl malerischste aller Thai-Feste: Die Thais versammeln sich an Flüssen, Seen und Teichen und lassen kleine lotusförmige Gestecke aus Blumen und Blättern schwimmen. Auf diesen Gestecken *(krathong)* befinden sich eine Kerze, Weihrauch und eine Münze – Opfergaben für die Göttin. Am schönsten ist dieser Feiertag in Chiang Mai und in Sukhothai, wo eine bezaubernde Umgebung für ein unvergeßliches Erlebnis sorgt.

Dezember

Am 5. Dezember wird der **Geburtstag von König Bhumipol Adulyadej** (Rama 9.) begangen. Straßen und Häuser sind mit Lichtern, Flaggen und dem Portrait des Königs geschmückt.

Der 10. Dezember ist der **Tag der Konstitution,** ein allgemeiner Feiertag, ebenso wie der **31. Dezember,** der letzte Tag des Jahres.

Kunst und Kultur

Tanz

Es wird angenommen, daß der Thai-Tanz eigentlich aus der Puppenspielerei entstand.

Im 16. und 17. Jahrhundert wurden große Büffelfelle zu Figuren aus dem Ramakien (das Hindu-Epos Ramayana) zurechtgeschnitten. Diese Figuren wurden vor einer von Fackeln beleuchteten Leinwand von Puppenspielern geführt. In der Hitze des Spieles konnten die Spieler nicht umhin, sich mit den Emotionen der gespielten Szenen hin- und herzubewegen... Schließlich tanzten die Puppenspieler mit den ansonsten unbeweglichen Puppen und brachten so die auszudrückenden Emotionen klarer hervor. Aus diesem Tanz entwickelte sich schließlich eine eigene Kunstform.

Die populärste Form des Tanz-Dramas ist der **Khon,** in dem Tänzer in bizarren Masken Episoden aus der Ramakien darstellen. Lediglich die Figuren Rama, Sita und Phra Lak treten ohne Masken auf, doch werden deren Gesichtszüge so unbeweglich gehalten, daß sie wie Masken wirken. Durch die maskierten bzw. ausdruckslosen Gesichter wird die Aufmerksamkeit der Zuschauer auf die Tanzbewegungen konzentriert. Der Tanz fordert den Darstellern ein enormes Maß an Körperbeherrschung ab, und trotz der tänzerischen Schwierigkeiten schaffen sie es, ein Bild von Anmut und Grazie zu vermitteln.

KUNST UND KULTUR

Noch anmutiger anzuschauen ist die Tanzform des **Lakhon,** von dem zwei Versionen existieren: *lakhon nay* („innerer Lakhon"), der ursprünglich nur innerhalb des Palastes aufgeführt wurde und *lakhon nork* („äußerer Lakhon"), der außerhalb des Palastes nur von Männern getanzt wurde.

Lakhon nay ist heute die populärere Form: Die Tänzerinnen sind in die farbenprächtigsten und fantasievollsten Kostüme gekleidet und bewegen sich fast gleitend und langsam einher. Dabei wird durch scheinbar unbedeutende und geringfügige Bewegungen die Handlung ausgedrückt.

Eine sehr derbe Form des Lakhon ist der Likay (sprich *likeh*), in dem oft nicht stubenreine Possen oder Szenen dargestellt werden. Dabei kann auch schon manches mal auf das Publikum eingegangen und improvisiert werden. Der Likay ist eine Art dörfliche Version des Lakhon, und das Publikum ist entsprechend informell. Während der Vorstellungen, die die ganze Nacht dauern k<önnen, herrscht im Auditorium ein stetiges Kommen und Gehen.

In vielen Wats werden gelegentlich **chinesische Theaterdarbietungen** geboten, hauptsächlich in der Hauptstadt Bangkok, das eine große chinesische Bevölkerung aufweist. Die Darsteller sind in die buntesten und zum Teil absurdesten Kostüme gekleidet,

Musiker in Südthailand

die zum Vortrag kommenden Tanzdarbietungen sind dabei aber recht rudimentär und optisch nicht so attraktiv. Wie alle chinesischen Darbietungen, geht es recht laut zu, und das begleitende Orchester bemüht sich nach Leibeskräften, alle Geister aus der Hörweite zu vertreiben.

Musik

Wie bei der Durian-Frucht, so muß man sich auch hieran erst gewöhnen: Beim ersten Hinhören ist die **klassische Thai-Musik** weder „verständlich" noch leicht verdaulich. Dem Uneingeweihten scheint die klassische Musik ein absurdes Neben-, Mit- und Gegeneinander der verschiedenen Melodiekaskaden, die die beteiligten Instrumente spielen. Thai-Musik wird in einer pentatonischen Tonleiter, also einer Tonleiter bestehend aus fünf Tönen, gespielt, und das macht sie für westliche Ohren (auf eine Tonleiter aus acht Tönen ausgerichtet) zunächst sehr disharmonisch. Wie bei der Durian gewöhnt man sich bei längerem Genuß aber auch an die fremde Tonleiter.

Ein klassisches **Phipat-Orchester** besteht aus Oboen-ähnlichen Blasinstrumenten, den *phi nai,* die von verschiedenen Rhythmusinstrumenten begleitet werden. Der Rhythmus wird von der *ching* vorgegeben, einer kleinen Art Schelle, die ihrerseits von mit Fingern geschlagenen Trommeln unterstützt wird. Die Melodie wird von zwei Arten *ranad* gespielt, einer Art Xylophon aus Bambusholz. Dazu kommen schließlich zwei Sätze Gongs *(gong wong),* die gestimmt sind und mit denen man so Melodien spielen kann.

Literatur

Die Thais pflegten von je her die Tradition der mündlichen Überlieferung, und das erwies sich von Vorteil, als im Jahre 1767 Ayuthaya zerstört wurde und dabei das gesamte Schriftgut verloren ging. Dazu kommt, daß sich tropische Insekten mit Vorliebe auf Palmblatt-Papier stürzen, eher aus handfestem Überlebensinstinkt als aus literarischem Interesse.

Das Kernstück thailändischer Literatur ist die **Ramakien,** die sich von Indien aus (dort heißt sie Ramayana) über ganz Südostasien einschließlich Indonesien verbreitete.

Die Ramakien ist die Geschichte um den Gott-König *Rama* und dessen schöne und treue Ehefrau *Sita.* Diese wird von dem Dämonenkönig *Tosakan* auf der Insel Longka (Sri Lanka) gefangengehalten. Tosakan drängt Sita, Rama zu verlassen und stattdessen ihn zu ehelichen. Auf seiner Suche nach Sita wird Rama von seinem Bruder *Phra Lak* unterstützt, und gemeinsam widerfährt ihnen so manches Abenteuer. Rama gewinnt schließlich die Unterstützung des Affengottes *Hanuman,* der ein hervorragender, wenn auch gelegentlich neckischer Krieger ist. Hanuman und seine Armee von Affen bauen schließlich eine Brücke nach Longka, bekämpften das Monster *Tosakan,* der wie alle Bösewichte am Ende sterben muß, und befreien Sita.

Kunst und Kultur

Ist die Ramakien eigentlich indischen Ursprungs, so ist das klassische Werk **Khun Chang, Khun Phaen** ganz Thai. Darin geht es in einer Liebes-Dreiecksgeschichte um eine schöne junge Frau und ihre zwei Geliebten. Der eine ist ein kahlköpfiger Witwer, der andere ein gutaussehender aber armer Bursche.

Das Stück, das so eine Art klassischen Schmachtfetzten darstellt, stammt aus der Ayutthaya-Periode und gibt einen guten Einblick in die zeitgenösischen Sitten und Moralvorstellungen.

Das Werk **Phra Aphaimani**, im 18. Jahrhundert von dem Dichter *Sunthorn Phu* geschrieben, ist die Geschichte eines aufmüpfigen Prinzen, der nichts mit dem Studium der Regierungskunst im Sinn hat, sondern sich voll und ganz dem Flötenspiele hingegeben hat. Der König und Vater des Prinzen ist verständlicherweise erbost über das Verhalten seines Nachfolgers, und der Sohn sucht das Weite. Nach einer Reihe von Abenteuern kehrt er schließlich an den Königshof zurück und wird am Ende – anders als der Königssohn Buddha – doch zum König gekrönt.

Die **moderne thailändische Literatur** macht vor allem soziale Themen zum Mittelpunkt, so wie die Armut auf dem Lande oder die Probleme von Landflüchtigen, die in der Stadt ein besseres Auskommen suchen, dafür aber Entfremdung und Einsamkeit finden.

Wat Tha Ruea auf Phuket

Architektur

Thailands eigenständige Architektur konzentriert sich in erster Linie auf religiöse Bauwerke und hat so **Wats** geschaffen, die selbst dem wenig kunstkundigen Touristen ein ehrfürchtiges Staunen abzuringen in der Lage sind (siehe z.B. Wat Phra Kaeo, Wat Po oder Wat Arun in Bangkok). Die Thais haben Architekturelemente aus Indien, Kambodscha und China übernommen, und seltsamerweise verschmelzen diese Einzelteile zu einem ganz neuen, eigenen Stil. (Nicht weniger beeindruckend sind Thailands Paläste, bzw. deren Ruinen.)

Jeder Teil an einem Wat hat eine symbolische Bedeutung. So sind die Sockel von Säulen z.B. wie Wasserlilien oder Lotusblüten geformt – ein Symbol für die Reinheit der Gedanken des Buddha. Besonders die Lotusblüte wird oft zu religiöser Symbolik herangezogen (so auch in Indien), da sich ihre Wurzeln im Schlamm und

Thai-Boxen

... oder *muey thai* ist so etwas wie der thailändische Nationalsport – eine Form des Boxens, die auf den ersten Blick grob und gewalttätig wirkt. Doch wie so häufig täuscht der erste Blick, und hinter dem Anschein von zügelloser Brachialgewalt verbirgt sich eine in hohem Maße reglementierte Sportart, die außerdem noch Unterhaltungswert besitzt.

Wie Judo, Karate oder Kung Fu war auch muey thai anfangs ein System der Selbstverteidigung, das von Kriegern angewendet wurde. Im Laufe der Zeit wurden die Bewegungsabläufe von den Lehrmeistern immer mehr ritualisiert und systematisiert, was die Boxkunst verfeinerte. Ein Nebeneffekt dessen war aber auch, daß die Bewegungsabläufe nun von den Lehrern an die Schüler unverändert weitergegeben werden konnten, und die Kampfart so in ihrer Form über die Generationen erhalten blieb.

Ein Thai-Boxkampf ist in erster Linie ein Männerereignis. Die Stimmung ist erregt bis chaotisch, Wetten werden abgeschlossen, und am heißesten geht es – wie so häufig – auf den Plätzen der 2. und 3. Klasse zu. Auf den Plätzen der 1. Klasse versammelt sich die etwas verhaltenere Geldaristokratie.

Vor dem eigentlichen Kampf – eine Thai-Boxveranstaltung besteht zumeist aus fünf oder mehr verschiedenen Kämpfen – nimmt ein Orchester mit klassischen Thai-Instrumenten neben dem Ring Platz. Dann betreten die zwei ersten Boxer den Ring, gefolgt von ihren Trainern und Asssistenten. Wie die Boxer der westlichen Schule des Sportes tragen auch sie Boxshorts und zunächst auch einen Umhang, der zum Kampf abgelegt wird. Um den Kopf tragen die Thai-Boxer ein Stirnband, das ihnen von ihren jeweiligen Lehrmeistern verliehen wurde und als Glücksbringer fungieren soll. Doch auf einen einzigen Talismann will sich der Thai-Boxer nicht verlassen, und so trägt er um seinen Oberarm ein weißes oder buntes Band, in das ein Amulett eingenäht ist. So ausgestattet kann dann nichts mehr schiefgehen, und das Vorspiel zum Kampf kann beginnen. Doch Moment einmal, haben die Boxer da nicht ihre Schuhe vergessen? Nein, ein Thai-Boxer kämpft mit blanken Füßen, an seinen Fäusten jedoch drohen 12 oder 16 Unzen schwere Boxhandschuhe.

Vor dem Kampfbeginn spielt sich ein festgelegtes Ritual ab: Das Orchester beginnt eine langsame, gleichförmige Kadenz zu spielen, während sich die Boxer niederknien und dreimal vor ihren Lehrmeisten verbeugen. Auf diesen wai khru oder „Gruß an den Meister" folgt eine Art ritualisierter Tanz, der ram muey. Dieser Tanz ist äußerst kompliziert zu erlernen, und die perfekte Ausführung dessen läßt ein bewunderndes Raunen durch die Zuschauerreihen gehen. Nebenbei soll der Tanz noch ein paar unglückverheißende Geister vertreiben und dem Gegner das Fürchten ob der eigenen Geschicklichkeit lehren.

Während des Kampfes, der fünf 3-Minuten-Runden dauert, wird mit allem gekämpft, mit dem sich schlagen läßt: Da wird mit den Füßen zugetreten oder mit dem Ellenbogen ein Seitenhieb verpaßt; da wird mit den Fäusten gehämmert oder mit dem Knie gekickt. Mit allem darf geschlagen werden, mit Ausnahme des Kopfes, denn der ist auch einem Thai-Boxer dafür zu schade. Den ganzen Kampf hindurch begleitet das Orchester das Geschehen im Ring mit improvisiertem Getöse – je nach der Intensität im Ring, mal zaghaft, dann wieder wie ein entfesselter Orkan. Die Geräuschkulisse des Orchesters vermischt sich wieder um mit den Anfeuerungsrufen des erhitzten Publikums, das „seinen" Favoriten gewinnen sehen will.

Zuschauen ...

Die besten Orte, sich selber unter ein Thai-Boxpublikum zu mischen, sind das Lumpini-Stadion an Rama 4, etwas östlich des Lumpini-Parks oder das Rajdamnoen-Stadion an der Rajdomnoen Nok Avenue, nahe der TAT in Bangkok.

Die Veranstaltungen im **Rajdamnoen-Stadion** (Tel. 2814205, 2810879) finden Mo und Mi 18.00-22.00 Uhr, Do 17.00-20.30 Uhr und 21.00-22.00 Uhr statt. Eintritt 200-500 Baht, sonntags 50-500 Baht.

Kämpfe im **Lumpini-Stadion** (Tel. 2514303, 2804550) finden Di und Fr 18.00-22.00 Uhr statt, Sa 16.30/20.30-24.00 Uhr und So 14.00/18.00-22.00 Uhr. Eintritt 220-800 Baht.

... und Mitmachen

Wer selber zulangen möchte, kann an den folgenden Orten Thai-Boxen lernen:
- **Imperial Queen's Park Hotel,** 199 Sukhumvit Soi 22, Tel. 2619000, Fax 2619546-7; Mo und Mi 19.00-20.30 Uhr.
- **Jitti's Gym,** abseits der Chakra Bongse (Chakrapong) Road (etwas südwestl. der Khao San Rd.), Tel. 2827854, 01-9068133; tägl. 7.00-9.00 Uhr und 15.00-19.00 Uhr.
- **Muay Thai Institute,** 336/932 Moo 1 Prachatipat, Thanyaburi, Pathum Thani, Rangsit, Tel. 9920096-9, Fax 9920095; Mo-Sa 8.00-18.00 Uhr.

Schmutz des Teiches befinden, ihre Blüte aber faszinierend schön ist. Die flammenförmigen Gebilde an den Giebeln der Tempeldächer, die *chofa*, symbolisieren den Garuda, den mystischen Halb-Vogel, Halb-Menschen, auf dem Gott Vishnu reitet.

Alle anderen Elemente am Wat begründen sich ebenfalls auf Legenden und Mythen.

Malerei

Die inneren Wände eines *bot* oder *viharn* (siehe „Tempel-Terminologie") sind traditionellerweise mit filigranen Gemälden geschmückt. Diese erfüllten bis in die jüngste Vergangenheit einen didaktischen Zweck: Da die Mönche oft Männer von gehobener Bildung und großem Wissen waren, diente der Wat auch als ein Ort des Lernens für die einfacheren Bevölkerungsschichten. Die mit religiösen Motiven bemalten Wände dienten so als Schautafeln und sagten manchem simplen Dorfbewohner mehr als tausend Worte.

Das Hauptthema der **Tempelgemälde** ist das Leben des Buddha, sowie der Werdegang der Seelen auf ihrer Suche nach Erlösung von den Wiedergeburten.

Die hintere Wand der Tempel zeigt üblicherweise *maravijaya*, oder den „Sieg über Mara". Mara symbolisiert die dunklen Kräfte, die den Buddha während seiner Meditation vom Erreichen des Nirvana abhalten wollten. Buddha zu Hilfe kommt *Mae Torani*, die Göttin der Erde, sich ihr langes

Haar auswindet, aus dem eine Flut von Wasser fließt, das Buddhas Feinde schließlich vertreibt (siehe den Torani-Brunnen an der Nordostseite des Sanam Luang in Bangkok).

Sprache

Die offizielle Landessprache Thailands ist **Thai** (*phasa thai*), das der sino-tibetischen Sprachenfamilie zuzuordnen ist. Ein erheblicher Wortschatz stammt zudem aus dem Sanskrit, dessen Ableger **Pali** auch heute noch die heilige Sprache der Buddhisten ist. Alle wichtigen religiösen Schriften der Buddhisten sind in Pali verfaßt, und diese Sprache gehört somit zum Pflichtfach eines jeden thailändischen Mönches. Der Sanskriteinfluß macht sich vor allem bei den Familiennamen bemerkbar, als auch bei den offiziellen Bezeichnungen für Ämter oder Würdenträger.

Da das Deutsche ebenfalls mit dem Sanskrit verwandt ist – beide Sprachen gehören der indo-germanischen Sprachgruppe an – kommt es tatsächlich zu einigen Sprachgemeinsamkeiten zwischen Thai und Deutsch! Wer weiß, wie Thai klingt, wird nicht wenig erstaunt darüber sein!

Der Laie wird allerdings Schwierigkeiten haben, diese Gemeinsamkeiten in einem Gespräch mit einem Thai herauszuhören.

Was das Thai für europäische Zungen und Ohren so schwierig macht, sind die darin vorkommenden **fünf verschiedenen Tonhöhen** oder Ton-

Beispiele für Sprachgemeinsamkeiten

Deutsch	Sanskrit	Thai
Zahn	danta	fan
Gans	hansa	hongse
Saal	sala	sala
Minister	mantrin	montri
Nase	nasika	nasik
Wissenschaft	vidhya	wittayasaat
Weste	vastra	pastraporn (formell für „Kleidung")

fälle. Ein Wort kann praktisch 5 verschiedene Bedeutungen haben, je nach dem in welchem Tonfall es gesprochen wird. Die Tonfälle können sein: Steigend, fallend, steigend und dann abfallend, abfallend und dann steigend oder gleichbleibend. Klingt konfus? Dem Reisenden sei hiermit das im gleichen Verlag erschienene „Thai für Globetrotter" (Kauderwelsch-Band 17) empfohlen, das die Sprache leicht erlernen läßt. Für jemanden, der länger im Lande bleiben will, sind rudimentäre Thai-Kenntnisse fast ein Muß: Nur wenige Leute außerhalb der Touristen-Ghettos sprechen Englisch, selbst in Bangkok kann es Probleme geben. (Bei der Untersuchung einer Universität kam heraus, welcher Berufszweig in Thailand das beste Englisch sprach: Es waren die Bar-Girls!)

Die besseren Buchläden in Bangkok bieten eine Vielzahl von Wörter- oder Lehrbüchern in Englisch für Thai an, doch lassen viele die tonalen Zeichen einfach weg. Ohne diese tonalen Zeichen sind die Bücher jedoch wertlos, da die betreffende Vokabel unmöglich richtig ausgesprochen werden kann!

Die in den verschiedenen Landesteilen gesprochenen **Dialekte** können sehr unterschiedlich sein – fast wie eng verwandte, fremde Sprachen – und wer in Bangkok-Thai kommuniziert, muß noch lange nicht das Issaan-Thai *(phaasa issaan)* verstehen.

Bei den **Bergvölkern** wird die Kommunikation wohl im allgemeinen noch schwieriger, da diese ihre jeweils eigenen Sprachen sprechen. Einige der Stämme haben Muttersprachen, die der Mon-Khmer-Sprachfamilie angehören, so die Mon, Palaung und Wa. An der Grenze zu Malaysia ist Yawi, ein Dialekt des Malaiischen, weit verbreitet, Thai ist jedoch die Amtssprache und wird auch von Nicht-Moslems gesprochen.

Die **Thai-Schrift** wird seit dem 13. Jahrhundert benutzt und wurde von König *Ramkamhaeng* aus der Devnagari-Schrift entwickelt, in der Sanskrit geschrieben wurde. Da es schwierig ist, Thai-Begriffe in unser Schriftsystem zu transskribieren, kommt es immer wieder zu den verschiedensten Schreibweisen für ein und dieselbe Thai-Vokabel. Dieses ist zu beachten, wenn sich gelegentlich Orts- oder Eigennamen in diesem Reiseführer nicht exakt mit den korrespondierenden Worten in anderen Büchern decken.

Das Thai – eine Sprache mit „Kastensystem"

Das Thai ist eine Sprache mit einem sehr differenzierten Wortschatz, und je nach dem beabsichtigten **Höflichkeitsgrad** hat man oft die Wahl zwischen mehreren Begriffen für ein und dieselbe Sache. Im Umgang mit dem **König** wird sogar eine eigene, stark Sanskrit-lastige Sprache gesprochen, das **Rajasap** (von Sanskrit *raja-shabda*: „königliche Worte"). Da kaum ein Thai vom Rajasap mehr als ein paar Worte beherrscht, hat der Großteil der Bevölkerung Hemmungen, mit dem König zu parlieren. Bei seinen Dorfbesuchen bemüht man sich, so höflich und „hochgestochen" wie möglich mit dem Monarchen zu sprechen. Die unvermeidlichen verbalen Fehltritte werden als Mangel an Bildung ausgelegt, nicht als böse Absicht.

Aber auch in der Alltagssprache gibt es viele Feinheiten zu beachten. So existieren für die **persönliche Anrede** mehrere Möglichkeiten:

müng = du (sehr grob und pöbelhaft)
thö = du (etwas derbe, aber oft unter guten Freunden oder Verwandten üblich)
khun = Sie (formell und höflich; die geläufigste Anredeform, mit der man nie allzufalsch liegen kann)
than = Euer Hochwürden (bei Mönchen und anderen sehr hochgestellten Personen; Thai Airways spricht bei den Borddurchsagen so die Fluggäste an)

lich; das gesamte Programm umfaßt zehn solcher Kurse, Dauer 19 Monate.
● **BIS International School,** 591/9 Sukhumvit Soi 33/1, Bangkok, Tel. 2585099. Klassen mit maximal 8 Personen; ein 20-Stunden-Kurs kostet 2.000 Baht inklusive Lehrmaterial.
● **British Council,** 428 Siam Square, Rama 1 Road, Bangkok, Tel. 2526136-8. 10wöchige Kurse zu 4,5 Std./Woche zu 5.400 Baht, weiterhin Intensivkurse u.a.
● **In-Company Language Service,** 5th Floor, 110 Soi Pramote 3 Mahesak Rd., Bangkok, Tel. 2341624-5. 20std. Kurse zu 8.000 Baht.

Thai-Schulen

● **A.U.A.,** 179 Rajdamri Rd., Bangkok, Tel. 2528170. Sechswöchige Kurse mit 6 Std. täg-

MEDIEN

- **Inlingua,** 7th Floor, Central Chidlom Tower, 22 Ploenchit Rd., Bangkok, Tel. 254 7028. Diverse Kurse zwischen 6.400 und 16.200 Baht, dazu 500 Baht für Lehrmaterial.
- **Kingswood Language Centre,** Sukhumvit 682/4 (zwischen Soi 24 und 26), Bangkok, Tel. 2586920. 20stündige Privatkurse zu 7.300 Baht, weiterhin Gruppenunterricht, Intensivkurse u.a.
- **Nisa Thai Language School,** Collins House (YMCA Bldg.), Sathorn Tai Rd., Bangkok, Tel. 2869329, 2871900. 10wöchige Kurse in Gruppen zu 4-5 Personen zu 9.990 Baht, dazu weitere Kurse.
- **Rachada Language School,** 294/7 Pradipat Rd., Samsen Nai, Phyathai, Bangkok, Tel. 2790605, 2797506. Einfache Konversationskurse ab 6.000 Baht sowie Intensivkurse bis zu 22.500 Baht.

Literaturtip

Der Sprachführer „Thai – Wort für Wort" von M. Lutterjohann aus der Reihe **Kauderwelsch** ist speziell auf die praktischen Bedürfnisse von Reisenden zugeschnitten und ermöglicht den schnellen Einstieg ohne Grammatikstreß und Paukerei. (Reise Know-How Verlag Peter Rump, Bielefeld,; Begleitcassette erhältlich.)

Medien

Presse

Drei englisch-sprachige Morgenzeitungen erscheinen in Thailand, die Bangkok Post (Aufl. ca. 56.000), The Nation (Aufl. ca. 45.000) und das Wirtschaftsblatt Business Day. Preis jeweils 20 Baht.

Die hervorragenden Bangkok Post und The Nation gehören zu den besten Tageszeitungen Asiens und sind seit langem die Standard-Morgenlektüre vieler Thailand-Besucher.

Die Bangkok Post scheint manchmal die aktuellere der beiden zu sein, dafür hat die Nation mehr „Biß" und spart nicht mit Kritik an der Regierung. Der internationale Nachrichtenteil ist in beiden Blättern sehr umfangreich und besser als Vieles, das in heimischen Landen gedruckt wird.

Eine internationale Ausgabe der International Herald Tribune (nachmittags) wird zumeist nur in größeren Buchläden verkauft.

Alle guten Buchhandlungen führen auch die Asien-Ausgaben von Time und Newsweek. Beide erscheinen Dienstags und kosten 80 Baht. Interessant für Asienreisende ist auch die Asiaweek (80 Baht).

Wer **Nachrichten aus Deutschland** sucht, dem bieten einige Zeitungshändler Abhilfe, die deutsche Magazine und Zeitungen führen: So The Bookseller (Patpong, Bangkok), D.K. Books (Suriwong Rd./Ecke Patpong, Bangkok), das Teck Heng Bookshop (Charoen Krung Rd., nahe Kreuzung Silom Rd., Bangkok) sowie einige andere (z.B. in Phuket Town oder am Patong Beach, Phuket). Der Spiegel kostet 180, Stern 160, Tageszeitungen (3 Tage alt) 70-140 Baht.

Radio

Insgesamt senden in Thailand an die 450 FM- und AM-Stationen, knapp 100 davon in Bangkok. Die Programme sind für westliche Besucher allerdings nicht sehr interessant; die gesendete Musik ist zumeist seichter Pop – Thai oder Englisch –, wie man ihn

Die wichtigsten FM-Stationen

- **94.5 Love FM** (94 MHz) – lascher Pop in Thai und Englisch, Ansagen auf Thai.
- **95.5 Gold FMX** (95,5 MHz) – Pop, Rock, Oldies etc., Ansagen auf Englisch.
- **99 FM Post Meridien** (99 MHz) – seichte Pop-Musik und gelegentlich etwas Jazz und Alternative Rock, Ansagen auf Thai.
- **Chulalongkorn 101.5** (101,5 MHz) – westliche Klassik, Ansagen auf Thai oder Englisch.
- **Smooth 105 FM** (105 MHz) – westliche Pop-Musik, Ansagen auf Englisch.
- **107 Soft FM** (107 MHz) – westlicher Pop, Rock, Blues, Jazz; Ansagen: Thai/Englisch.

auch in der Kaufhausberieselung hören könnte.

Wer einen Kurzwellenempfänger hat, kann die Programme der BBC, Voice of America oder Radio Australia überall im Lande klar empfangen. Die Programme dieser Stationen werden von der Bangkok Post und The Nation abgedruckt.

Die **Deutsche Welle** ist etwas weniger klar zu empfangen; am besten ist der Empfang abends und nachts. Man versuche die Kurzwellen-Frequenzen 9.655, 11.795, 12.055, 13.690 15.415 KHz (abends) und 9.750 MHz (morgens) oder Mittelwelle 1.548 Mhz.

Wer ein **Radio** erst noch **kaufen** möchte, sollte sich direkt in Bangkoks Chinatown begeben. In den kleinen Gassen zwischen Jawarat und der Charoen Krung Road, ziemlich genau in der Mitte von Chinatown, gibts's jede Menge Stände, die kleine Radios (FM/AM) ab 200 Baht aufwärts verkaufen. Winzige UKW-Empfänger (nur mit Ohrhörer zu hören) sind schon ab 200 Baht zu haben. Ansonsten gibt es überall in Chinatown Geschäfte, die auch größere Radios oder Radiorecorder verkaufen. Hier ist es billiger als in den meisten anderen Stadtteilen. Aber mehr als Anderswo ist hier Handeln angesagt, ein Drittel läßt sich in den meisten Fällen mindestens noch herunterschachern!

Fernsehen

... dürfte in Thailand nur mäßig interessant sein, weil die Programme meist auf Thai gesendet werden, auch ist das Niveau nicht immer das anspruchsvollste. Seichte Unterhaltungsprogramme, Quiz-Shows und Seifenopern beherrschen den Bildschirm. Es gibt **5 Stationen:** Channel 3 (privat), Channel 5 (in Militärbesitz), Channel 7 (in Militärbesitz; Sendezeit wird aber auch an privat vermietet), Channel 9 (staatlich) und Channel 11 (in Besitz des Erziehungsministeriums).

Channel 5 sendet zwischen 6 und 10.00 Uhr englischsprachige Nachrichten, die von ABC oder CNN übernommen werden, sowie Thai-Nachrichten mit englischen Untertiteln. Das abendliche Nachrichtenprogramm auf **Channel 9** (Mo-Fr, 19.00 Uhr) wird von einer englischen Synchronfassung auf UKW (107 MHz) begleitet. Bei **Channel 3** kommt der englische Nachrichtentext auf 105,5 MHz, bei **Channel 7** auf 103,5 MHz (um 19.00 Uhr). Zu abendlich gesendeten ausländischen Spielfilmen, die grundsätzlich

MEDIEN

auf Thai synchronisiert sind, wird auf der jeweiligen UKW-Frequenz der englische Originalton ausgestrahlt. **Channel 11** ist auf kulturelle Programme, Dokumentarsendungen u.ä. spezialisiert und gilt daher bei vielen Thais als Langweilerkanal.

Der private Sender **ITV** ist ein relativer Neuzugang und hat sich einen Namen für seine guten, objektiven Nachrichtensendungen gemacht.

Außerhalb von Bangkok sind häufig nur drei oder vier Kanäle zu empfangen.

Wie woanders auch sind heute viele Haushalte in Thailand verkabelt oder haben eine Satellitenschüssel auf dem Dach. Wer in den besseren Hotels wohnt, kann wahrscheinlich ebenfalls eine Reihe von Satelliten- oder Kabelkanälen empfangen. Dazu gehören **Star TV** (mehrere Kanäle), die Musiksender **MTV** und **Channel [V]**, **BBC-TV, IBC, CNN** u.a. Viele Hotels bieten zusätzlich hauseigene Videoprogramme.

Kino

Kinos, die thailändische oder drittklassige Hongkong-Filme zeigen, gibt es in jeder Provinzstadt, in Bangkok zeigt eine Reihe von Kinos dazu ausländische Filme, in englisch mit Thai-Untertiteln. Zu jeder beliebigen Zeit, kann man in Bangkok ein gutes halbes Dutzend (meistens) amerikanische Filme sehen. Leider wird das Programm nicht sehr häufig geändert, die meisten Filme laufen gleich wochenlang, da jeder Film mit einer hohen Importsteuer belastet ist.

Die englischsprachigen Tageszeitungen Bangkok-Post und The Nation bringen täglich Annoncen der Kinos mit ausländischen Filmen. Der Eintrittspreis liegt in Bangkok bei 60-100 Baht.

Etwas ärgerlich ist, daß viele Filme aufgrund eines Pornographiegesetzes aus dem 19. Jh. (!) zensiert werden. Intime Körperteile, auch weibliche Busen, werden durch Weichzeichnung unkenntlich gemacht, und erotische Szenen werden meist völlig herausgeschnitten. Leider gilt dasselbe nicht bei Gewaltszenen, und es darf nach Belieben gemetzelt und gemeuchelt werden. Der im Jahre 1988 Oscar-preisgekrönte Film „The Last Emperor" wurde um 15 Minuten verkürzt, da befürchtet wurde, man könnte es sich mit der chinesischen Regierung verscherzen.

Wirtschaft

Thailand ist an erster Stelle ein Agrarland, und erst an zweiter Stelle steht die Produktion von Industriegütern. Dieses verdeutlichen die folgenden Zahlen: Etwa 65 % der arbeitenden Bevölkerung sind in der Landwirtschaft beschäftigt, nur 11 % dagegen in der Industrie.

Als wichtigste **Agrargüter** exportiert Thailand (in der Reihenfolge ihrer Bedeutung) Fisch- und Krabbenprodukte, Reis, Tapioca-Produkte, Gummi, Zucker und Mais.

Die zehn einträglichsten **Industrieprodukte** sind Textilien, Microchips, Stoffe, Computer, Schmuck und Edelsteine, integrierte Schaltungen, Schuhe, Plastikprodukte und Möbel- bzw. Möbelteile.

In den achtziger Jahren erlebte Thailand ein enormes **Wirtschaftswachstum,** was nicht zuletzt auf massiven Investionen aus westlichen Ländern und Japan beruhte, aber auch auf dem Tourismus, der der größte einzelne Devisenbringer ist. Über viele Jahre verzeichnete die Wirtschaft jährliche Zuwachsraten von 7, 8 oder gar über 10 Prozent.

Das durchschnittliche **Monatseinkommen** stieg auf fast **200 US$ pro Kopf,** und Thailand galt als einer der dynamischen „asiatischen Tiger", eine der aufstrebenden Industrienationen des Kontinents.

1996, während der Amtszeit von Premierminister *Banharn Silapa-archa,* setzte jedoch ein rapider **Abstieg** ein, hervorgerufen durch einen schwachen Export, Überschuldung, finanzielles Mißmanagement und, nicht zuletzt, die allgegenwärtige Korruption. Häufig wurden von den Politikern solche Maßnahmen ergriffen, durch die sie sich zwar selber die Taschen füllen konnten, die dem Lande aber nur schadeten. Premierminister Banharn z.B. verlegte noch schnell ein paar Sitzungen vor seine Amtsaufgabe 1996, die eigentlich für die Zeit nach seinem Rücktritt geplant waren und die somit eigentlich sein Nachfolger hätte führen müssen; bei diesen Sitzungen waren über einhundert Entscheidungen zu treffen. Der bauernschlaue Banharn sicherte sich so die Möglichkeit, selbst von diesen Entscheidungen

WIRTSCHAFT

Reklamewagen für die bekannte thailändische Rock-Band Carabao

zu profitieren, anstatt den Gewinn seinem Nachfolger zu überlassen.

Thailands Außenhandelsdefizit stieg rasant, ebenso die **Verschuldung.** Unter der Regierung von *Chavalit Yongchaiyudh*, Premierminister von Dezember '96 bis November '97, verschlimmerte sich die Lage weiter, und die Regierung sah sich gezwungen, die Koppelung des Baht an den US-Dollar aufzuheben („floating"). Zuvor hatte die thailändische Zentralbank vergebens versucht, den Baht durch Dollar-Verkäufe zu stützen. Im Verlauf der von vornherein zum Scheitern verurteilten Aktion verlor die Zentralbank 25 Mrd. Dollar, was den Großteil der thailändischen Reserven ausmachte. Die Restreserven betrugen noch ca. 15 Mrd. US$; denen standen aber Auslandsschulden von über 90 Mrd. US$ gegenüber (staatliche sowie private). Die meisten der Gelder waren in „unproduktive" Projekte gesteckt worden, vor allem riesige Appartement-Gebäude und Hotels. Viele von ihnen stehen nun leer.

Nach der **Abkopplung vom US-Dollar** sank der Baht im Verhältnis zu allen wichtigen Weltwährungen sogleich stark ab. Der stete Verfall der thailändischen Währung, wie auch der immer schwächer werdende Arbeitsmarkt – Tausende von Unternehmen gingen bankrott – zwangen den widerborstigen Chavalit im November '97 schließlich zum Rücktritt. Vom International Monetary Fund (IMF) hatte sich Thailand mittlerweile einen Kredit von 17, 2 Mrd. US$ gesichert, der dem Land zunächst aus dem Ärgsten heraushelfen sollte. Der Kredit war aber, wie immer wenn der IMF einen Kredit erteilt, an strikte wirtschaftliche Auflagen gebunden.

Die Tatsache, daß eine von Ausländern geführte Organisation nun das Sagen über Thailands Finanzpolitik haben sollte, traf das auf seine Freiheit so stolze Land sehr tief. Es blieb ihm aber keine andere Wahl, Thailand stand in vielen Momenten direkt vor einem Staatsbankrott. Bald darauf konnten die Thais sich damit trösten, daß der IMF auch Süd-Korea und Indonesien, die beide ebenfalls tief in einer Wirtschaftskrise steckten, mit Krediten unter die Arme greifen mußte.

Viele andere Länder Südostasiens befanden sich in einer ähnlich mißlichen Lage. Bis zum Januar '98 hatte die thailändische Währung in einem halben Jahr die Hälfte ihres Wertes verloren. Darüber freuen konnten sich nur die Touristen, die nun weit mehr Baht für ihre ausländischen Devisen bekamen als jemals zuvor.

Dann erholte der Baht sich wieder, und 1999 war er relativ stabil, aber immer gut ein Drittel unter seinem Wert vor Beginn der Wirtschaftskrise. Ab Mitte 1999 ließ die Regierung vermehrt verlauten, das Schlimmste der Krise sei vorüber und Thailand wieder auf dem Weg nach oben. Die meisten Thais sahen dies jedoch nur als Stimmungsmache, denn im Alltagsleben war noch nichts von einer Besserung zu spüren.

Thailand, lange als „asiatischer Tiger" gepriesen, war eine schwerkranke Hauskatze geworden, von der niemand zu sagen wagte, ob sie jemals wieder auf die Beine kommen würde. Nach Ansicht vieler Beobachter wird Thailand wohl nur wieder gesunden können, wenn einige seiner Grundprobleme ausgemerzt werden – Korruption, Vetternwirtschaft, Inkompetenz und Laissez-Faire –, und darauf wagt kaum jemand zu hoffen.

Tourismus

Seit Mitte der 70er Jahre konnte Thailand stets steigende Touristenzahlen erreichen, bis der Tourismus in den 80er Jahren schließlich der größte Devisenbringer des Landes wurde.

Thailands touristischer Erfolgskurs begann in vollem Maße im Jahre 1987, das zum „Visit Thailand Year" erklärt worden war. In diesem Jahre feierte der thailändische König seinen 60. Geburtstag, ein wichtiger Meilenstein in thailändischen Augen (5 mal 12 „Lebenszyklen"), und man nahm die dazu veranstalteten Feierlichkeiten zum Anlaß, in verstärktem Maße Touristen ins Land zu locken.

Auch danach stiegen die Touristenzahlen beständig. 1998 besuchten **7,76 Mio. Touristen** das Land.

Etwa **350.000 Touristen** pro Jahr kommen aus **Deutschland,** 100.000

TOURISMUS

aus der Schweiz und 40.000 aus Österreich. Die größte einzelne Touristengruppe stellen Jahr für Jahr die Malaysier – die meisten sind auf ein- oder zweitätigem Kurzurlaub –, die derzeit fast eine Million Einreisen pro Jahr verbuchen.

Die Einnahmen aus dem Tourismus betrugen 1998 ca. 20 Mrd. DM, womit die Tourismus-Branche der wichtigste einzelne Devisenbringer des Landes ist. (An zweiter Stelle steht der Textilexport mit etwa nur dem halben Umsatz.) Für die Jahre 1998/99 hatten die Touristenbehörden eine neue Tourismus-Kampagne ausgerufen, genannt **Amazing Thailand** („erstaunliches Thailand") von der man sich einen ähnlich durchschlagenden Erfolg verspricht, wie von der Kampagne von 1987. In den zwei Jahren erhofft man sich insgesamt 17 Mio. Touristen, die 40 Mrd. DM im Lande ausgeben sollen.

Der damalige Premierminister *Chavalit Yongchaiyuth* warnte 1997, daß es dem von einer starken wirtschaftliche Krise erschütterten Land „sehr übel ergehen werde", wenn diese Summe nicht erreicht würde. Aufgrund der schlechten Exportlage benötige Thailand vermehrt Deviseneinnahmen durch den Tourismus (Chavalit vergaß dabei zu erwähnen, daß es vor allem seine Regierung war, die Thailand überhaupt in diese Notlage bugsiert hatte).

Die negativen Folgen des Tourismus-Booms

Einem dramatischen weiteren Anstieg des Tourismus – der aufgrund Thailands vielfältiger Attraktionen durchaus denkbar wäre – steht vor allem ein Problem entgegen: die **Umweltzerstörung.** Fehlende Planung, Korruption sowie ein nur schwach ausgeprägtes oder gar nicht vorhandenes Umweltbewußtsein haben einige Touristenziele innerhalb eines Jahrzehnts in ökologische Sorgengebiete verwandelt.

Das beste (oder schlimmste) Beispiel ist die Insel Ko Phi Phi Don, einst eine **Paradiesinsel** wie aus dem Bilderbuch, die heute mit **Müll** übersät ist. Auf Phuket hat der Bau-Boom des letzten Jahrzehnts der herrlichen Na-

tur erheblich zugesetzt. Weniger eklatante Beispiele gibt es noch reichlich. Thailand läuft heute Gefahr, die Gans, die die goldenen Eier legt (sprich die wunderschöne und vielfältige Natur des Landes) aus Unwissenheit und Profitgier zu schlachten.

Um die ökologischen Probleme zu begrenzen, hat die TAT gelegentlich Pläne laut werden lassen, in Zukunft hauptsächlich „quality tourists" anzulocken, d.h. solche, die nur kurz bleiben, aber viel ausgeben. Dies ist jedoch nicht nur eine sehr undankbare Haltung (gegenüber den weniger betuchten Besuchern), sondern eine sehr kurzsichtige, denn es sind zumeist nicht die Touristen, die die Umwelt verschandeln, sondern einheimische Tourismus-Unternehmen, die – mit Hilfe von korrupten Lokalpolitikern und Polizisten – die bestehenden Umweltvorschriften unterlaufen. Gelegentlich wird eine überflüssige Straße oder ein anderes Projekt in die Natur gesetzt, nur weil ein Kommunalpolitiker dadurch eine Provision von der Baugesellschaft einstreichen kann. An vielen Stränden läßt sich beobachten, welche Mengen Müll thailändische Tagesausflügler hinterlassen.

Thailands Behörden werden in den nächsten Jahren massive Anstrengungen unternehmen müssen, dieses von der Natur so gesegnete Land vor weiterem Schaden zu bewahren. Diese Maßnahmen können jedoch nur greifen, wenn gleichzeitig auch massiv gegen die allgegenwärtige Korruption angegangen wird. Die Hoffnung auf letzteres ist sehr gedämpft.

Prostitution

Eng verknüpft mit dem Tourismus ist die hinlänglich bekannte Prostitution in Thailand, so scheint es zumindest auf den ersten Blick. Bangkoks Massage-Parlours, Go-Go-Bars und Coffee Shops haben mittlerweile traurigen Weltruhm erlangt, und wahrscheinlich etwa 14 % des thailändischen Bruttosozialprodukts werden durch Prostitution erwirtschaftet.

Die ersten Bordelle der Stadt hatten sich Anfang des 19. Jh. entlang der Sampeng Lane in Chinatown etabliert. Die damaligen Prostituierten stammten alle aus der chinesischen Provinz Kanton, erst später kamen thailändische Frauen dazu. Allen Prostituierten wurde der chinesische Vorname „Kim" gegeben, und auch die thailändischen (damals „siamesischen") Frauen mußten sich so nennen, wenn sie sich denn auf diese Art und Weise ihr Brot verdienten. Die Prostituierten hießen also alle Kim Lung, Kim Hiang, Kim Kie etc. Da Sampeng das Zentrum der Prostitution war, wurde der Ausdruck „Frau aus Sampeng" gleichbedeutend mit „Prostituierte".

Sampeng war das geeignete Pflaster für lockere Damen, denn in der Umgebung hatten sich viele Immigranten, vor allem aus China, angesiedelt und lebten nun fernab von Frau und Familie. Langsam wurden Polygamie und das „Sammeln" von Konkubinen zu einer Art Statussymbol. Zur gleichen Zeit wurde der thailändische Adel „durchsichtiger", und es wurde be-

PROSTITUTION

kannt, in welchem verzwickten Netz von Frauen, Nebenfrauen und Konkubinen dessen männliche Mitglieder zu leben pflegten. Diese Tradition von Haupt- und Nebenfrauen existiert noch heute. Im Thai gibt es sowohl eine Vokabel für das rechtlich angetraute Weib, *mia-luang,* als auch für die „Nebenfrau", *mia-noy* (wörtlich Hauptfrau bzw. kleine Frau).

Allmählich wurde das „Recht" auf mehrere Frauen zu einer legitimen, sozial akzeptierten Angelegenheit, und Prostituierte fanden einen festen Platz in der Gesellschaft.

Als in den 60er Jahren der Vietnam-Krieg wütete, entspannten sich die amerikanischen G.I.'s gerne bei den vielen tausend „service girls", die sie in Thailand vorfanden. Als die Kunde vom offensichtlichen Reichtum der fremden Soldaten weitere Mädchen in die Nähe der Militärbasen lockte, war der zweite Bordell-Boom hereingebrochen. Es wird geschätzt, daß die amerikanischen Soldaten Ende der 60er etwa 400 Mio. Baht pro Jahr ausgaben, etwa genauso viel wie 250.000 Thais durchschnittlich pro Jahr verdienten!

Auf die Soldaten folgten schließlich die Touristen. Waren es in den 70er Jahren stets doppelt so viel männliche wie weibliche **Touristen,** die Thailand besuchten, so haben sich die Zahlen heute auf ein Verhältnis von etwa 60/40 zubewegt.

Gemäß verschiedenen Schätzungen gibt es in Thailand einige Hunderttausend bis gar zwei Millionen Prostituierte. Eine „Studie" der thailändischen Regierung im Jahre 1997 nannte eine lächerliche Zahl von etwas über 70.000 – ein schlechter Scherz in den Augen von Landeskennern. Alleine in Bangkok dürften es schon weit mehr sein. Untersuchungen von nichtstaatlichen Hilfsorganisationen gehen von über 800.000 minderjährigen Prostituierten aus, von den volljährigen ganz zu schweigen. Auch dieses scheint jedoch etwas am Ziel vorbeizuschießen. Realistisch betrachtet dürfte die Zahl bei **500.000–1 Mio.** liegen.

Doch was sind die Gründe für die verblüffend hohen Zahlen? Zunächst natürlich das Geld. **Arbeitsplätze** für Mädchen sind besonders auf dem Lande **rar.** Die wenigen, die es gibt, bringen kaum etwas ein. Selbst in Bangkok verdient eine Kaufhaus-Angestellte kaum über 6.000 Baht im Monat, auf dem Lande verdient ein Mädchen oft nur 2.000 Baht. Oft müssen die Mädchen noch ihre Familien unterstützen und für die Ausbildung ihrer jüngeren Geschwister sorgen, was in Thailand als selbstverständlich gilt. Das Geld reicht vorne und hinten nicht, wie verlockend (besser: zwingend) ist es da, in einem „Massage-Salon" 20.000 Baht oder mehr zu verdienen?

Nicht ganz unschuldig an der hohen Zahl von „service girls" sind auch Thailands Männer. Auf dem Lande wird oft im Alter von 18 oder 19 geheiratet, ein Jahr später ist das erste Kind da, und noch 2 oder 3 Jahre später setzt sich der Vater ab – auf Nimmerwiedersehen. Den jungen Müttern fällt somit die Erziehung der Kinder anheim, Geld muß verdient werden, und möglicherweise müssen noch die eigenen Eltern unterstützt werden.

Etwa 3/4 aller Bar-Girls in Bangkoks berühmt-berüchtigter Patpong oder dem weniger bekannten Soi Cowboy haben mindestens ein Kind.

Viele Eltern, besonders im armen Nordosten, sehen sich gezwungen, ihre Tochter an einen Zuhälter zu verkaufen. Durchschnittspreis 10-15.000 Baht. Der Zuhälter steckt das Mädchen in eines seiner Bordelle, wo es diese Summe „abzuarbeiten" hat. Wann das Geld abgearbeitet ist, bestimmt natürlich der Zuhälter selber. Bezeichnenderweise stammen 48% der Prostituierten aus dem Norden, 26% aus dem Nordosten, 20% aus Zentralthailand und nur 2% aus dem relativ wohlhabenden Süden. Andere Studien bringen häufig andere Zahlen, die Dominanz des Nordens ist aber allgemeingültig.

Die meisten Mädchen des Gewerbes bekommen nur selten einen Ausländer oder Touristen zu sehen, denn die weitaus meisten Bordelle werden fast aussschließlich von Thais besucht. Jede Provinzstadt hat mindestens ein halbes Dutzend solcher Häuser. Die Mädchen aus Bankoks Coffee Shops sind also keineswegs repräsentativ für ihre Zunft, schon eher das 19jährige Landmädel, das in einem schmierigen Kleinstadtbordell hockt und auf einen 100-Baht-Kunden wartet.

Die große Zahl von Prostituierten, die den Thais „zur Verfügung" stehen, weist aber auch darauf hin, daß es nicht einfach ist, bei einem „normalen" Mädchen zum Zuge zu kommen.

Die Thai-Gesellschaft ist traditionellerweise streng und voreheliche Beziehungen sind unerwünscht bis verboten.

So lebt also die Prostituierte in einer mehr als unangenehmen Situation: Einerseits macht sie ihren Job nur um des Überlebens willen (oft auf Veranlassung engster Verwandter), andererseits wird sie von der Gesellschaft dafür verachtet. (Auch, wenn die Thais sich das dem Fremden gegenüber nicht so sehr anmerken lassen!) So greifen nicht wenige Mädchen zum Alkohol, und Bangkoks Patpong-Girls betäuben sich mit Schmerzmitteln oder Muntermachern.

Krankheiten sind Teil des Berufsrisikos. Etwa 40-50% aller Prostituierten leiden an mindestens einer durch Geschlechtsverkehr übertragenen Krankheit. Die Mädchen vieler Bars versuchen ihre Kunden durch die hellblauen oder rosafarbenen Ausweise zu beschwichtigen, in denen der allwöchentliche Gesundheitsscheck registriert wird. Wer jedoch noch gestern gesund war, muß es heute schon lange nicht mehr sein.

Geschlechtskrankheiten

Im Zeitalter von AIDS haben die Geschlechtskrankheiten fast schon ihren Schrecken verloren. Dennoch sind sie sehr präsent. Einige Erreger erweisen sich sogar als resistent gegenüber Medikamenten, da viele Prostituierte prophylaktisch Antibiotika einnehmen, was die Erreger im Laufe der Zeit immun macht.

Der käufliche Sex – ein Blick hinter die Kulissen

Zwar sind dank AIDS die „Bumsbomber"-Zeiten vorbei, in denen 70% aller Thailand-Besucher alleinreisende Männer waren, die zum Teil gleich vom Flughafen aus das erstbeste Bordell ansteuerten. Der „klassische" Sextourist ist heute die unrühmliche Ausnahme, nicht die Regel. Den übriggebliebenen harten Kern der Bar- oder Bordellkunden wird es aber leider kaum interessieren, was sich hinter den Kulissen der Sex-Etablissements abspielt:

Szene 1: Hotel xy in einer Seitenstraße Bangkoks. In fünf Schauzimmern stellen sich gut 100 Mädchen, zumeist im Alter von 15 bis 22 aus. Die meisten von ihnen stammen aus dem armen Norden oder Nordosten und müssen mit ihren Einnahmen ihre daheimgebliebenen Familienmitglieder ernähren. Kaum eines der Mädchen erzählt daheim die Wahrheit über ihr Schaffen: Meistens erklärt man die Zuwendungen an die Familie durch die Trinkgelder, die man angeblich in einem Restaurant als Serviererin einnimmt. Das Geld wird zwar gebraucht, eine Prostituierte als Tochter zu haben, wäre dennoch eine unüberwindliche Schande für die meisten Familien.

„Short-Time", oder die schnelle Stundennummer, kostet 160-200 Baht, je nach Laune des Kassierers, der in einem kleinen Kassenhäuschen im ersten Stock des Hotels seiner Arbeit nachgeht. Hat ein Mädchen einen Kunden geangelt, so händigt er ihm eine Art Gutschein aus, auf dem geschrieben steht, wie viel ihm von dem Geld, das der Freier hinblättert, zusteht: 35 Baht, nach augenblicklichem Kurs etwa 2 DM.

An Samstagen und Sonntagen drängen sich hunderte von jungen Thais durch die Gänge des Hotels und suchen sich – eher recht schüchtern als forsch – ein Mädchen aus. An solchen Tagen, wenn es also richtig heiß hergeht, hat manches Mädchen 5, 7 oder mehr Kunden pro Nacht. Was es dadurch verdient reicht so gerade aus, sich und seine Familie zu ernähren.

Szene 2: Die xy-Bar in einer kleinen Straße, in der 40 sogenannte Go-Go Bars die Mädchen tanzen und auf Freier hoffen lassen. In der Bar tanzen der Reihe nach 30 Mädchen auf einer kleinen Bühne, jeweils drei oder vier zur gleichen Zeit. Jedes der Mädchen trägt an ihrem Dress – meistens am Bikini-Oberteil – ein rundes Plastikschildchen mit ihrer Nummer. Ausländische Bargäste können sich die Namen der Mädchen schlecht merken, die Nummern helfen zu identifizieren. Der Bargänger kann so dem Kassierer hinter dem Tresen zu verstehen geben, daß er „Nummer 16" in ein Hotel zu führen gedenkt.

„Nummer 16" erhält wie alle Mädchen in der Bar ein Grundgehalt von etwa 2.500 Baht pro Monat (etwa 150 DM). Doch das kann sich durchaus verringern: Jedes der Mädchen ist dazu verpflichtet, im Monat mindestens 40 Drinks an Gäste zu verkaufen. Bleibt sie unter dieser Mindestzahl, werden ihm für jeden zu wenig verkauften Drink 20 Baht vom Gehalt abgezogen. Damit nicht genug: Jedes Mädchen muß im Monat außerdem mindestens fünf Freier bedienen, denn Gäste, die ein Mädchen mit ins Hotelzimmer nehmen wollen, müssen der Bar eine Auslösesumme von 200 Baht zahlen. Hat ein Mädchen weniger als fünf Freier im Monat, werden ihm pro fehlenden Kunden 200 Baht vom Gehalt abgezogen. Wieviel Geld es vom Kunden für den außerbarmäßigen Dienst verlangt, bleibt ihm selbst überlassen, das Geld muß nicht an die Bar abgeführt werden.

In dieser Bar finden sich, wie in den meisten Go-Go Bars Bangkoks viele Gäste aus Deutschland ein. Die fühlen sich hier möglicherweise sehr daheim: Der Besitzer der Bar ist selbst Deutscher.

AIDS

AIDS ist ein ernsthaftes Problem in Thailand; die Zahlen, die dazu genannt werden, geben zu denken: So erwiesen sich bei einer Testgruppe von einigen hundert **Prostituierten** in Chiang Mai 80 % als HIV-positiv, in Pattaya waren es bei ähnlichen Tests 40 %. Diese Zahlen geben zwar nicht unbedingt Aufschluß über die Infektionsrate bei den Prostituierten im allgemeinen, trotzdem scheint klar, daß ein Bordellbesuch in Thailand eine Art Russisch Roulette ist.

Seit im Jahre 1984 der erste AIDS-Fall in Thailand registriert worden war, hat die Regierung einige Sinneswandel in Sachen **AIDS-Aufklärungspolitik** durchgemacht, was nicht ohne Folgen blieb. Zahlreiche Touristen, durch die Bangkok Post und die Nation gut informiert, verzichteten auf intimere Urlaubserlebnisse, und das Geschäft mit dem käuflichen Sex in Bangkoks Patpong und anderswo ging deutlich zurück. Und einschneidender noch – der malaiische Touristenstrom, der tagtäglich Hat Yai im Süden heimsuchte, ebbte drastisch ab.

Ärzte und Gesundheitsbehörden sind sich jedoch klar darüber, daß AIDS nur in den Griff zu kriegen ist, wenn die Thais (vor allem die Männer) ihren **hedonistischen Lebensstil** einschränken. Ein Bordellgang gehört für viele Männer zur normalen Alltags-Entspannung, und viele Ehefrauen finden sich klaglos mit den Eskapaden ihrer Gatten ab. Kein Wunder, wenn sich die Seuche in Windeseile ausbreitet.

1999 gab es **über 100.000 bekannte AIDS-Fälle** in Thailand, die Rate der HIV-Infizierten, bei denen die Krankheit noch nicht zum Ausbruch gekommen ist, liegt aber Schätzungen gemäß bei ca. 1 Mio. Derzeit sterben täglich 70 Thais an AIDS. Mit Abstand am stärksten betroffen sind die Provinzen Phayao, Chiang Rai und Chiang Mai, wo sich in manchen Krankenhäusern **20 % der gebärenden Mütter** als HIV-positiv entpuppen.

Die Krankheit ist heute längst aus dem Dunstkreis der sogenannten „Hauptrisikogruppen" ausgebrochen. In den **Dörfern des Nordens,** auch bei den Bergvölkern, gehören AIDS-Kranke schon zum Alltagsbild. Gemäß der Weltgesundheitsbehörde WHO wird in den nächsten Jahren der größte Zuwachs an HIV-Fällen in Thailand und Indien registriert werden.

Verschont von der Seuche bleibt keine gesellschaftliche Schicht, selbst **Mönche** zählen zu den Betroffenen. Ein besonders makaberer Ansteckungsfall wurde aus Chonburi vermeldet: Bei einer Mönchsweihe wurde, wie die Tradition es will, den Novizen der Kopf kahl geschoren, wobei nur ein einziges Rasiermesser verwendet wurde. Einer der Mönchsanwärter war unwissenderweise Träger des HIV-Virus. Über das Messer, das winzig kleine Wunden verursacht haben muß, wurde der Virus auf einige andere Aspiranten übertragen. Bekannt wurde dies jedoch erst viel später, als der Ansteckungsweg einiger erkrache verfolgt wurde.

Bangkok

Wat Prayunwong

Chinesische Oper

Buddha-Statuen in Wat Suthat

Überblick

Bangkok – Paradies oder Katastrophe? Diese Frage mag sich manch Neuankömmling stellen. Einerseits hat Thailands Hauptstadt alles, was Touristen begehren: Unzählige **Sehenswürdigkeiten** (allein ca. 400 Tempel), günstige **Einkaufsmöglichkeiten** an jeder Ecke, **Nachtleben** aller Schattierungen und Tausende von **Restaurants,** die alle namhaften Küchen der Welt servieren. Bangkok ist heute zweifellos die pulsierendste und aufregendste Metropole Südostasiens, oft aber auch die aufreibendste.

Schuld an letzterem ist vor allem der unsäglich **chaotische Verkehr** und die damit verbundene hohe Luftverschmutzung und der ohrenbetäubende Lärm. Über 2 Millionen Fahrzeuge quälen sich durch Bangkoks völlig überlastete Straßen; in den Jahren des thailändischen Wirtschaftsboomes wuchs die Zahl der Fahrzeuge in Bangkok jährlich um etwa 200.000 bis 300.000. Zu ihren schlimmsten Zeiten wurden die berüchtigten Verkehrsstaus Bangkoks sogar als „nationaler Notstand" betrachtet, durch den täglich Millionen von Baht verlorengingen.

Ganz so schlimm ist es heute jedoch nicht mehr. Durch die Wirtschaftskrise haben Abertausende von Fahrzeugbesitzern, die die Raten für ihre Vehikel nicht mehr aufbringen konnten, die Fahrzeuge verloren. Somit ist der Verkehr heute um etwa 40 Prozent lichter als zuvor. So mancher Einwohner Bangkoks verlor noch sein schmuckes Haus dazu, und somit stehen Tausende von Wohnungen heute leer. Ähnlich ist die Situation bei Büroräumen. Nach Schätzungen sind gegenwärtig setwa ein Drittel aller Büroräume ungenutzt.

Die Wirtschaftskrise hat also geschafft, was thailändischen Verkehrsplanern jahrzehntelang mißlungen war. Die Stadt Bangkok ist heute wieder um einige Grade lebenswerter geworden, große Verkehrsstaus gibt es nur noch zu den Stoßzeiten morgens und am späten Nachmittag. Dazwischen hat man meistens freie Bahn.

Fairerweise sei gesagt, daß auch die in den letzten Jahren auf Hochtrassen errichteten **Expressways** dem Verkehr recht gut getan haben. Diese Schnellstraßen sind jedoch an relativ hohe Gebühren gebunden und nicht für jedermann erschwinglich.

Ende 1999 wurde aus Anlaß des 72. Geburtstages von *König Bhumipol* endlich der lang geplante und oft aufgeschobene **Skytrain** in Betrieb genommen, eine elektrische Hochbahn, deren Streckennetz vorerst jedoch nur 19 km umfaßt.

Derzeit ist auch eine **U-Bahn** im Bau, die im Jahre 2002 die ersten Fahrgäste befördern soll.

Die ausufernden Bauaktivitäten der letzten Jahre haben allerdings dem Stadtbild alles andere als gutgetan. Die einst so zahlreichen, palmengesäumten Klongs oder Kanäle, die Bangkok den Beinamen „Venedig des Ostens" eingetragen hatten, sind nur noch in einigen Außenbezirken der Stadt zu sehen. Ältere Einwohner berichten, daß man in Bangkoks Klongs vor dreißig oder vier-

ÜBERBLICK

zig Jahren noch mit den bloßen Händen Fische fangen konnte. Heute sind die Klongs stark verschmutzt, genau wie der **Chao-Phraya-Fluß,** der sogenannte „König der Flüsse", der sich durch Bangkok schlängelt und in dessen Nähe sich einige der wichtigsten Sehenswürdigkeiten befinden.

Bangkok nimmt derzeit eine **Fläche** von ca. **2.000 km²** ein und beherbergt **ca. 8 Millionen Einwohner** – niemand kennt die genaue Zahl. Die offizielle Statistik spricht zwar nur von 6,8 Millionen Einwohnern, doch darin sind nicht die zahlreichen Zuzügler aus der Provinz enthalten, die ohne behördliche Anmeldung in der Stadt wohnen. Der größte Zustrom wird aus der verarmten Nordostprovinz Issaan verzeichnet.

Aufgrund der Wirtschaftskrise und dem damit in vielen Fällen verbundenen Verlust des Arbeitsplatzes war in den letzten Jahren aber auch eine Rückwanderung in die ländlichen Gebiete zu verzeichnen.

Trotzdem bietet Bangkok als **Wirtschafts-, Verkehrs- und Industriezentrum** immer noch zahlreiche Arbeitsmöglichkeiten, und die Löhne liegen weit höher als in den meisten anderen Landesteilen. Bangkok ist in jeder Be-

Ein typischer Klong

GESCHICHTE

> **Der längste Städtename der Welt**
>
> Bangkok heißt heute offiziell *Krung Thep Mahanakhon* („die große Stadt der Engel"), was oft zu *Krung Thep* verkürzt wird. Der volle Name der Stadt lautet aber so:
>
> Krungthep-mahanakhorn-
> bowornrattanakosin-
> mahintarayutthaya-
> mahadilokpop-
> noppharatchathani-
> burirom-udomratchaniwet-
> mahasthan!

ziehung das Herz Thailands oder, vielleicht besser gesagt, sein Motor.

Auf den Besucher wirkt die Stadt extrem verwirrend. Es gibt kein konkretes Stadtzentrum, alles ist ein einziger, endloser **Beton-Dschungel**. Aus dem Wirrwald an Hochhäusern ragt bestenfalls der Baiyoke 2 Tower im Stadtteil Pattunam heraus, das mit 320 m derzeit höchste Gebäude Thailands (eigentlich sollte es das höchste der Welt werden, doch aufgrund von Thailands Wirtschaftskrise begnügte man sich mit dieser verkleinerten Version!).

Die Sehenswürdigkeiten liegen zum Teil weit auseinander, und von einem Punkt zum anderen zu gelangen ist oft ein kleines Abenteuer. Bangkok, als Paradebeispiel ungezügelten, unkontrollierten Wachstums, kann die Nerven arg strapazieren. Wenn man sich aber aufrafft, hinter die Fassade des Molochs zu sehen, entdeckt man ein anderes Bangkok: **fesselnd, faszinierend und dynamisch.** Wer es nicht glaubt, frage einen der zahlreichen Westler, die als Traveller nach Bangkok kamen und sich dann dauerhaft oder für sehr lange Zeit dort niederließen und anscheinend zufrieden sind.

Kurz gesagt ist Bangkok ein großes Chaos mit viel Kultur, Charme und Charakter. Das beste ist, sich einfach kopfüber hineinzustürzen.

Geschichte

Bangkok heißt übersetzt „Dorf der Oliven" und war zunächst ein unbedeutendes Dorf, in dem sich einige chinesische Händler angesiedelt hatten und das als Zollposten diente. **1782** beschloß Rama 1. die Hauptstadt von Thonburi auf die andere Flußseite nach Bangkok zu verlegen, da dort eine strategisch günstigere Lage bestand. Bangkok lag in einer Flußschlaufe, und durch das Graben einiger Kanäle wäre die gesamte Stadt von Wasser umgeben – ganz wie zuvor das legendäre Ayutthaya. Der Königspalast wurde gebaut und zwar an einer Stelle, die als einzige niemals von Hochwasser erreicht wurde. Die dort zuvor angesiedelten Chinesen mußten weichen und wurden in neuen Quartieren untergebracht. Der Stadtteil, in den sie zogen, ist heute als Chinatown bekannt.

Hunderte von Tempeln wurden errichtet, die den Glanz des alten Ayutthaya wiederaufleben lassen sollten, und Kanäle gezogen, die – mangels eines Straßennetzes – als Transportwege dienten. **1855** unterzeichnete König Mongkut (Rama 4.) ein Handelsabkommen mit den Engländern, worauf Verträge mit anderen europäischen Staaten und den USA folgten. Botschaften und Handelsniederlassungen wurden errichtet, und Hunderte von Fremden ließen sich in Bangkok nieder. Als diese sich beim König über die schlechten Transportwege innerhalb der Stadt beschwert hatten, ordnete der König **1861** den Bau der ersten Straße der Stadt an: Die New Road (Charoen Krung Road) sollte vom südlichen Bangkok entlang des Flusses bis zum königlichen Palast führen. 1864 war die Straße fertiggestellt, und weitere sollten folgen. Bangkoks Aufstieg als Handelsstadt war nun unaufhaltsam. Um die Jahrhundertwende war die Bevölkerung auf eine halbe Million angewachsen. Etwa 1000 waren Ausländer, denen zum Teil Verwaltungsaufgaben anvertraut waren. Die Handelsgesellschaften bauten ihre Kontore aus, und deren Baustil ist noch heute entlang des Chao Phraya zu bewundern.

Die alten Wasserstraßen, die Klongs, sind mittlerweile fast verschwunden: Beim gewaltigen Bauboom, der die Stadt umfunktioniert, sind sie zum größten Teil zugebaut worden. Nur in Thonburi, das mittlerweile mit Bangkok zusammengewachsen ist und in dem die radikale Entwicklung der letzten Jahrzehnte langsamer vor sich ging, dienen sie noch als Transportwege für Menschen und Material.

Ankunft

Ankunft am Flughafen

Schon im Flugzeug wird dem Reisenden vom Bordpersonal eine **Embarkation Card** ausgehändigt, auf die er seine persönlichen Daten einzutragen hat. Diese Karte wird später von den thailändischen Grenzbeamten in den Reisepaß geheftet, an die Stelle, wo sich das Visum befindet (falls ein Visum vorhanden ist – bis zu 30 Tagen Aufenthaltsgenehmigung erhält man bekanntermaßen auch ohne Visum). Die Karte sollte gut gehütet werden, da sie bei der Ausreise wieder von den Schalterbeamten einkassiert wird.

Die **Paßkontrollen** in Bangkoks Don Muang Airport sind in der letzten Zeit zügiger geworden, und die Wartezeiten dürften ca. 10-20 Minuten betragen. Falls mehrere Flüge gleichzeitig eintreffen, könnte es jedoch länger dauern.

Hinter den Paßbeamten führen Rolltreppen eine Etage tiefer zu den Rollbändern mit dem **Gepäck.** Das Ganze ist sehr übersichtlich, also keine Sorge. Gleich seitlich von den Rollbändern befinden sich die Ausgänge in die Ankunftshalle. Zuvor muß man die **Zollschalter** passieren (grün – nichts zu verzollen, rot – Waren zu verzollen). Im allgemeinen werden Touristen aus dem Westen nicht angehalten, kaum jemand muß den Koffer öffnen.

Nahe den Rollbändern stehen einige **Wechselautomaten,** an denen Banknoten der wichtigsten Währungen in Baht gewechselt werden können. Ansonsten befinden sich noch einige herkömmliche **Wechselschalter** in der Ankunftshalle des Flughafens. Die Kurse sind eventuell leicht niedriger als in der Innenstadt und so sollte man nur erst einmal das Notwendigste wechseln. Wer keine Lust hat, nach einem langen Flug an Schaltern oder Automaten anzustehen, kann thailändisches Bargeld auch schon von zu Hause mitbringen (siehe „Einreisebestimmungen").

In der Ankunftshalle befindet sich ein **Meeting Point,** an dem sich Verabredete treffen können. Pfeile weisen den Weg.

Bei der **Ausreise** ist übrigens eine Flughafen-Gebühr von 500 Baht zu zahlen. Die entsprechenden Coupons sind an Schaltern kurz vor der Paßkontrolle zu kaufen.

ANKUNFT

Weiterfahrt per Taxi

In der **Ankunftshalle** befinden sich Schalter für Limousinen- und Minibus-Fahrten in die Innenstadt. Die **Limousinen** werden von zwei verschiedenen Unternehmen, Thai Airways und einer Privatgesellschaft, betrieben. Die Angestellten der letzteren (grüne Jacken) kreisen meist schon zwischen dem Ausgang vom Zollschalter und der Ankunftshalle herum, um dort Touristen abzufangen. Das artet bisweilen leider in dreiste Aufdringlichkeit aus.

Von den beiden Gesellschaften scheint Thai Airways die verläßlichere zu sein: Die Limousinen sind neuer und komfortabler, die Fahrer besser und unaufdringlicher: Manche Fahrer der Privatgesellschaft jammern einem gleich nach Fahrtantritt vor, wie wenig Geld sie doch verdienen – eine mehr oder wenig subtile Trinkgeldforderung.

Die Limousinen beider Gesellschaften kosten 500 Baht bis in die Innenstadt, zu weiter entfernten Außenbezirken etwas mehr. Für die ganz Anspruchsvollen gibt es noch Luxus-Limousinen, Kostenpunkt 700 Baht. Zu zahlen ist jeweils am Schalter selber. Vorsicht, gelegentlich wird vorgegeben, die normalen Limousinen seien alle besetzt, um so die teureren Luxuswagen an den Mann zu bringen!

Nahe dem Ausgang befindet sich ein weiterer Schalter, siehe Schild „Airport Taxi", an dem spezielle **Flughafen-Taxis** gebucht werden können. Kostenpunkt bis in die Innenstadt 500 Baht.

Außerhalb des Flughafens, an beiden Ausgängen, befinden sich die Warteschlangen für Taxameter-Taxis und Taxis, die für einen Fixpreis fahren.

Die **Fixpreis-Taxis** kosten in die Innenstadt pauschal 230 Baht (plus eventuelle Highway-Gebühren: pro zu passierendem Kassenhaus 25-40 Baht). Diese Taxis sollen aber im Laufe des Jahres 1999 eingestellt werden.

Bei den **Taxameter-Taxis** wird der Preis bezahlt, den das Taxameter angibt, dazu ein Flughafenaufschlag von 50 Baht (nicht zu zahlen bei der Fahrt *zum* Flughafen). Je nach Verkehrslage liegt der Taxameterpreis bis in die Innenstadt bei ca. 150-250 Baht plus Aufschlag und evtl. Highway-Gebühren.

Es ist nicht ganz ausgeschlossen, daß die Fahrer versuchen, an mehr Geld zu kommen. Die Winselei um ein Trinkgeld ist dabei noch das geringste Übel. Beschwerden über unlautere oder rüde Taxifahrer sind vorzubringen bei der Airports Authority of Thailand (AAT), Tel. Bangkok (02) 535 1519, 5351616 oder 5351432.

Falls am Taxi-Schalter gerade keine Taxis zur Verfügung stehen (kommt gelegentlich vor, wenn mehrere Flüge gleichzeitig eintreffen!), kann man von der Ankunftshalle mit dem Lift in die **Abflugebene** hochfahren. Dort kommen andauernd Taxis mit abreisenden Passagieren an, und die Fahrer nehmen nur allzu gerne wieder Fahrgäste in die Innenstadt mit. Eigentlich dürfen sie das an dieser Stelle gar nicht, das scheint aber niemanden zu kümmern. Manche Fahrer weigern sich allerdings, das Taxameter einzuschalten und fordern 300-400 Baht; dann hat die ganze Aktion natürlich keinen Zweck.

Ansonsten ließe sich noch ein Taxi an der Hauptstraße anhalten, die vor dem Flughafengebäude vorbeiführt. Das erfordert jedoch einen zwei- bis dreiminütigen Fußmarsch. Die Hauptstraße ist vom Ausgang der Ankunftshalle aus zu sehen; über die am Ausgang vorbeiführende Zufahrtsstraße – über die die Taxis an- und abfahren – gelangt man sowohl linksherum als auch rechtsherum zur Hauptstraße.

Die an der Straße angehaltenen Taxis müßten je nach Zielort und Verkehrsverhältnissen ungefähr 150 bis 250 Baht kosten, aber bei Staus tickt das Taxameter fröhlich weiter (siehe „Verkehrsmittel").

Achtung, **unlizensierte Taxis!** Am Flughafen treiben sich einige Fahrer herum, die ankommende Passagiere mit besonders preisgünstigen Angeboten in ihre Wagen zu locken versuchen. Diese Wagen sind keine lizensierten Taxis, sondern ganz normale Privatwagen. Die Fahrer sind oft zwielichtige Gestalten, und Fahrgäste wurden schon beraubt und ermordet. Für ein paar ersparte Baht sollte man sich diesem Risiko nicht aussetzen. Nicht umsonst nennen die Thais diese Taxis *teksii phii*, „Geister-Taxis"!

Thai Airways betreiben auch einen **Minibus-Service** zum Asia Hotel an der Phya Thai Road für 100 Baht/Person, Abfahrt etwa alle halbe Stunde. Dieser Service dürfte aber nur interessant sein, falls man in der Nähe des Hotels (im Bereich Siam Square, Pattunam oder Phetchaburi Rd.) zu wohnen gedenkt. Taxi-Fahrten von dort zu den anderen wichtigen Hotelbezirken wie Khao San Road, Sukhumvit oder Soi Ngam Duphli kosten noch einmal 70-100 Baht.

Andere Minibusse der Thai Airways unternehmen eine Ochsentour zu einigen der größeren Hotels, wo sie die Passagiere auf Wunsch absetzen. Der Verkehr in Bangkok ist aber schon schlimm genug. Erst ein paar andere Hotels ansteuern zu müssen, bevor man in sein eigenes kommt, ist wohl nicht sehr attraktiv. Kostenpunkt 100 Baht/Person.

Wer vom internationalen Flughafen zum **Inlands-Flughafen** (Domestic Airport) weitermöchte, um direkt innerhalb des Landes weiterzufliegen, kann von einem kostenlosen Bus-Service zwischen den beiden Terminals Gebrauch machen. Die Busse fahren etwa jede halbe Stunde. Der **Inlands-Terminal** (auf Thai *Sanaam Bin Nay Prathet*) befindet sich ca. 2 km südlich des internationalen Terminals.

Inlandsflughafen

Wer nach einem Inlandsflug an Bangkoks **Domestic Airport** ankommt (ca. 500 m südlich von Terminal 2 des internationalen Flughafens), ist im Prinzip mit denselben Problemen konfrontiert wie beim internationalen Flughafen. Zwar werden an einem Schalter mit der Aufschrift „Public Taxi" sowohl Taxameter- als auch Fixpreis-Taxis (s.o.) vermittelt, oft wird aber behauptet, es sei gerade kein Taxameter-Taxi zur Stelle. Da hilft nur Druck machen, damit man schnell eins bekommt! Das Personal ist zum Teil sehr unfreundlich, doch davon sollte man sich nicht einschüchtern lassen. Die Fixpreis-Taxis kosten 230 Baht bis in die Innenstadt. Daneben gibt es wiederum die bequemeren Thai-Airways-Limousinen – Preis, wie vom internationalen Flughafen aus, 500 Baht.

Airport-Busse

Es stehen spezielle Airport-Busse, die wohl die beste Alternative zu den unrühmlichen Taxis darstellen, zur Verfügung. Die Busse fahren über drei veschiedene Routen in die Innenstadt und halten vor allem an größeren Hotels. Abfahrt alle 15 Minuten, Fahrpreis 70 Baht. Fahrzeit bis zur Endstation je nach Verkehrssituation ca. 60-100 Minuten. Die Haltestellen an den Strecken sind mit dem Schild „Bus Stop Airport Bus" ausgezeichnet.

Bus Nr. A1 passiert den Vibhavadi-Rangsit Highway, Ratchaprarob Road, Rajdamri Road, Silom Road, Suriwong Road und Charoen Krung Road (New Road); die Endstation ist gegenüber dem Lardsin Hospital. Die Haltepunkte entlang der Strecke liegen am Indra Hotel, Arnoma Swissotel, Grand Hyatt Erawan Hotel, Regent Hotel und Dusit Thani Hotel.

Bus Nr. A2 fährt entlang der Phya Thai, Petchaburi und Larn Luang Road und dem Ratchadamoen über Sanam Luang bis zur Khao San Road. Haltestellen liegen am Victory Monument, dem Siam City Hotel und nahe dem Majestic und dem Royal Hotel. Dieser Bus eignet sich für Leute, die in der Khao San Road im Stadtteil Banglamphoo zu wohnen gedenken, Haltestelle etwa zwei Querstraßen dahinter.

Bus Nr. A3 bedient in erster Linie die noble Sukhumvit Road. Die Haltepunkte befinden sich am Amari Hotel, am Ambassador Hotel, Delta Grand Pacific Hotel, Ban Chang Building, Novotel und gegenüber dem Eastern Bus Terminal (Sai-Tai). Von der Busstation kann man direkt weiter in Richtung Ostküste fahren.

Die Busse fahren ebenfalls alle 15 Minuten wieder **zurück zum Flughafen,** aufgrund der zahlreichen Einbahnstraßen wird jedoch streckenweise eine leicht veränderte Route eingeschlagen.

Normalbusse

Direkt an der Hauptstraße befindet sich auch eine Haltestelle für Busse, mit denen man von für wenige Baht in die **Innenstadt** fahren kann (mit dem Flughafen im Rücken links herunter).

Vorsicht! Busse, die vorne am Fahrerfenster statt einem blauen ein rotes Schild mit den Zielorten (in Thai) aufweisen, fahren zwar die angegebene Strecke, enden aber ausnahmsweise schon vor ihrer normalen Endhaltestelle. Außerdem ändern sich gelegentlich auch die Routen, also vorsichtshalber beim Fahrer oder Schaffner nachfragen. Die Khao San Road spricht sich auf Thai *Thanon Khao Sarn*, die Hualamphong Station ist *Satthani Rot-Fay Hualampong*, die Silom Road *Thanon Siilom*, Soi Ngam Duphli *Soi Ngaam Dup-li*, und Sukhumvit heißt *Sukkumwitt*.

Normalbus Nr. 59 fährt bis zur Ratchadamnoen Road, in die Nähe der Guest Houses der Khao San Road (letzter Bus ca. 19.00 Uhr). Man sollte den Schaffner bitten am Democracy Monument, auf Thai *Anusaweri Pratcha Thipatai*, herausgelassen zu werden. Am Democracy Monument überquert man die Ratchadamnoen Road und gelangt über die davon abzweigenden Thanon Tanao (Tanao Road) zur Khao San Road.

A.C.-Bus Nr. 13 fährt in Richtung Sukhumvit, wo sich viele Mittel- und Oberklasse-Hotels befinden (letzter Bus gegen 20.00 Uhr). Der Bus endet am **Eastern Bus Terminal,** von dem **Fernbusse nach Osten** abfahren.

A.C.-Bus Nr. 10 passiert für Neuankömmlinge relativ uninteressante Stadtteile (letzter Bus gegen 20.00 Uhr). Der Bus endet aber am **Southern Bus Terminal,** von wo man direkt mit einem **Überlandbus in Richtung Süden** weiterreisen könnte.

A.C-Bus Nr. 4 passiert den Stadtteil Pattunam, dann die Rajdamri und Silom Road (letzer Bus ca. 19.00 Uhr). Sowohl in Pattunam als auch an der Silom Road finden sich viele Unterkünfte, jedoch kaum welche in der Low-Budget-Kategorie. Wenn man aber an der Kreuzung Silom Rd./Rajdamri Rd./Rama 4 Rd. aussteigt und dort einen beliebigen Bus in östliche Richtung (die Rama 4 Rd. entlang) nimmt, gelangt man nach wenigen Minuten zum Soi Ngam Duphli. Hier befinden sich zahlreiche preiswerte Hotels.

Normalbus Nr. 29 sowie **A.C.-Bus Nr. 29** fahren zur Hualamphong Station, Bangkoks **Hauptbahnhof** (letzter Bus je um 24 Uhr).

Bahn

Die Straße vor dem Flughafen wird von einer Fußgängerbrücke überquert, über die man zu einem kleinen **Bahnhof** gelangt. Von dort fahren täglich zehn Züge zum Hualamphong-Bahnhof in der Innenstadt. Fahrpreis je nach Klasse 5/10/18 Baht, Fahrzeit 45-50 Min. Abfahrt der Züge am Flughafen um 3.41, 4.42, 5.09, 5.34, 8.51, 9.46, 14.01, 14.42, 17.03 und 19.01 Uhr.

Wer allerdings nicht in unmittelbarer Nähe des Bahnhofs zu wohnen gedenkt (die Unterkunfts-Möglichkeiten dort sind sehr begrenzt), muß jedoch noch per Bus oder Taxi weiterfahren. Vom neben dem Bahnhof gelegenen Klong läßt es sich auch per Boot in die Nähe der Khao San Road (viele preiswerte Unterkünfte) fahren; mit großem Gepäck ist dies jedoch nicht sehr ratsam.

Erste Orientierung in der Stadt

Bangkok unterteilt sich, grob gesagt, in **zwei Teile:** Einen westlich des Chao-Phraya-Flusses, genannt **Thonburi,** und einen östlich davon, das **eigentliche Bangkok.** Beide Teile zusammen machen das „Greater Bangkok" aus, auch wenn Thonburi administrativ separat behandelt wird. Thonburi ist der provinzieller wirkende Teil von Bangkok, hier gibt es sogar noch die Klongs, die Stadt einst so berühmt machten.

Der östlich vom Fluß gelegene Teil ist das modernere Bangkok, hier finden sich die wichtigsten touristischen Einrichtungen, wie Shopping-Center, Büros und die meisten Sehenswürdigkeiten.

Das Herzstück dieses östlichen Teiles ist die sogenannte **Rattanakosin Island** oder Alt-Bangkok. Dieses ursprüngliche Bangkok wird im Westen und Süden vom Chao Phraya begrenzt, im Norden vom Klong Banglamphoo, und im Osten von Klong Ong Ang. Da der Stadtteil somit von Wasser umgeben ist, bezeichnete man ihn früher als „Insel"; davon ist allerdings heute, wo den Klongs kaum mehr Bedeutung zugemessen wird, nur noch selten die Rede.

Historisch gesehen ist Alt-Bangkok der interessanteste Stadtteil. Hier finden sich die wichtigsten und schönsten Tempel als auch das Touristenviertel **Banglamphoo** mit seinen zahllosen Guest Houses. Als wichtige und unübersehbare Anhalts- oder Orientierungspunkte in diesem Viertel kann das Democracy Monument dienen, oder der **Sanam Luang,** eine weite Rasenfläche, die von wichtigen historischen Gebäuden flankiert wird.

Nördöstlich, östlich und südöstlich von Alt-Bangkok erstreckt sich die moderne Innenstadt, die alles bietet außer einem: einem Stadtzentrum. Bei Bangkoks planlosem Wachstum hat sich kein Viertel als Stadtzentrum herauskristallieren können.

Die Bankenstraße **Silom Road,** die sogenannte „Wall Street Thailands", ist genauso „Zentrum" wie die touristische **Sukhumvit Road** oder das Einkaufsviertel **Siam Square** oder das Viertel um das Hauptpostamt herum, **Bangrak**. Oder, oder ...

Um sich in der Riesenstadt nicht zu verlaufen, ist ein **Stadtplan** unabkömmlich. Die gibt es in allen Touristenvierteln – überall da, wo sich mehrere Hotels oder Guest Houses nahe beieinander finden – dazu in fast jedem Buchladen und bei der Tourist Authority of Thailand (TAT). Am besten sind solche Stadtpläne, bei denen die Nummern der Buslinien eingezeichnet sind, da man sich so gut per Bus bewegen kann. Die Busrouten ändern sich aber gelegentlich, und ausserdem kommen laufend neue Bussysteme dazu. Es gilt also, einen möglichst druckfrischen Plan zu ergattern, auf dem die wichtigsten Stadtteile auch in Thai stehen sollten. Einfaches Draufzeigen erspart meist aufregende Kommunikation in Thai.

Um wieder zu seinem Wohnort zurückzufinden, lasse man sich vom Personal eine **Visitenkarte des Hotels/Guest House** aushändigen, auf der die Adresse auf Thai angegeben ist. Diese läßt sich notfalls einem Taxi- oder Tuk-Tuk-Fahrer präsentieren, die in der Regel nur über minimale (wenn überhaupt) Englischkenntnisse verfügen. Ihnen Stadtpläne unter die Nase zu halten hat übrigens gar keinen Zweck: Für die meisten Thais sind Stadtpläne ein Buch mit sieben Siegeln.

Informationsstellen

Die Tourist Authority of Thailand oder **TAT,** das thailändische **Fremdenver-**

kehrsbüro, betreibt eine Reihe von Informationsstellen im Lande, deren Zentrale sich in Bangkok befindet. Sie liegt relativ günstig nahe dem Touristenviertel Banglamphoo:

●**TAT:** 4 Ratchadamnoen Nok Avenue, Bangkok 101000, Tel. (02) 2810422.

Das offizielle **Hauptbüro** befindet sich etwas weit außerhalb des Stadtkerns, am östlichen Rand der Innenstadt. Diese Stelle lohnt eigentlich nur für Bewohner der Gegend um die Sukhumvit Road herum:

●**TAT:** Le Concorde Office Building, 202 Ratchadapisek Road, Huey Kwang, Bangkok 10300, Tel. (02) 6941222, Fax 6941220-1. E-mail in allen Fällen tatinfo@ksc15.th.com

Das Personal der TAT händigt Informationsbroschüren aus: Busfahrpläne, Hotellisten, Broschüren zu diversen Reisezielen u.v.m. Allerdings muß man eventuell mehrmals nachhaken, um das zu bekommen, was man will. Angeschlossen ist der TAT die für Touristen zuständige **Tourist Police,** Tel. 1699.

Kommunikationshilfe für Bangkok

Auch in Bangkok kann es reichlich Verständigungsprobleme geben, der Neuankömmling wird das schnell merken. Kaum jemand spricht flüssig Englisch, die Kommunikation erfolgt allzu häufig mit Händen und Füßen. Das kann bei Verkäufern oder Taxifahrern zum Problem werden. Und erst recht, wenn man sich verlaufen hat (das passiert jedem Touristen in Bangkok!) und das Hotel nicht mehr wiederfindet. Was tun also?

Im Taxi

Taxifahrer können die Anweisungen des Touristen meistens nicht verstehen. Wie sollten sie auch, wenn die Reisenden die Thai-Namen so unverständlich hervorstammeln! Das ist halt das spezifische Problem des Thai, daß man es anfangs nie richtig aussprechen kann. Versteht der Taxifahrer die Anweisung nicht, so sollte man versuchen, den Orts- oder Straßennamen in allen möglichen Tonvarianten (siehe Sprachhilfe im Anhang) auszusprechen. Mit etwas Glück trifft man nach dem zehnten Mal den richtigen Ton. Englisch-sprachige Stadtpläne können von den Fahrern meistens nicht entziffert werden.

Will man zu irgendeiner obskuren Seitenstraße, so sollte man besser einen in der Nähe befindlichen bekannten Punkt nennen. Wats sind da recht günstig, die kennen die Fahrer meistens. Auf der ersten Seite des Buches stehen die wichtigsten Sehenswürdigkeiten Bangkoks in **Thai-Schrift.** Man kann also auf das entsprechende Wort und die Stelle im Stadtplan zeigen.

Im Hotel

Verläßt man sein Hotel, sollte man dessen Visitenkarte in der Tasche tragen. Und die sollte natürlich in Thai sein! Ist sie nur englischsprachig, kann man einen Hotelangestellten bitten, die Adresse in Thai auf die andere Seite zu schreiben. Zudem kann man sich wichtige Hilfspunkte in der Nähe des

Hotels merken, z.B. einen bekannten Wat. Von dem kann man dann zur Not zu Fuß zum Hotel finden.

Vom Hotelpersonal sollte man sich auch den Standort des Hotels in den Stadtplan einzeichnen lassen. Und ohne Stadtplan nicht aus dem Haus gehen! Jedenfalls in den ersten Tagen nicht – danach wird man feststellen, daß die Stadt nicht so verwirrend ist, wie sie anfangs scheint. Kann der Taxifahrer die Anweisung zum Hotel nicht verstehen, kann man auch gemeinsam mit dem Fahrer das Hotel anrufen und sich vom Personal lotsen lassen.

Telefonieren

Wer seine Airline oder das Tourist Office anruft, wird keine Probleme haben, dort spricht man Englisch. Ansonsten könnte es schwierig werden, weil die Kommunikation per Telefon immer problematischer ist: Die hilfreiche Gestik kommt nicht rüber! Bei wichtigen Anrufen am besten dem Hotelpersonal (das im Durchschnitt weit mehr Englisch versteht als der Rest der Bevölkerung) erklären, worum es geht. Dann einen Thai anrufen lassen.

Sehenswertes

Bangkok bietet eine solche Vielfalt von Sehenswürdigkeiten, daß ein normaler touristischer Aufenthalt längst nicht für alles reicht. Hinzu kommt der stockende Verkehr, der den Transport zwischen den oft weit auseinander liegenden Sehenswürdigkeiten erschwert. Aus diesem Grunde eine Übersicht über das, was man unbedingt gesehen haben sollte:

- Wat Phra Kaeo und Grand Palace
- Wat Po
- National Museum
- Wat Arun
- Wat Suthat
- Wat Rajanadta mit Amulettmarkt und Lohaprasad
- Wat Saket und Golden Mount
- Wat Benchamabopit (Marmortempel)
- Vimarnmek Palace

Im Bereich Sanam Luang

Der Bereich um den Sanam Luang ist der ursprüngliche Stadtkern Bangkoks, der aufgrund seiner „Insellage" – umgeben vom Fluß und von Klongs – auch Rattanakosin Island genannt wird. Rattanakosin ist die Bezeichnung für die Epoche von der Gründung Bangkoks im Jahre 1782 bis zur Gegenwart.

Derzeit sind Bestrebungen im Gange, den **Stadtteil zu verschönern,** um so das kulturelle Erbe Bangkoks zu würdigen, ihn damit aber auch attraktiver für Touristen zu machen. Der Gesamtplan besteht aus 25 Einzelprojekten und soll 7,25 Mrd. Baht kosten. Bis zum Jahre 2010 soll alles abgeschlossen sein. Als erstes widmet man sich den Bereichen entlang des Flusses, vom Blumen- und Obstmarkt Phak Klong Talaat bis nördlich zum Bootspier Tha Phrachan. Die **Straßenhändler** an mehreren Bootspiers entlang der Strecke mußten ihre Plätze schon räumen, darunter auch der bekannte Amulett-Markt am Wat Mahathat. Baufällige Gebäude in der Gegend werden abgerissen, um Platz für Parks oder andere erholsame Einrichtungen zu schaffen.

Sanam Luang

Der große, weite Rasenplatz diente seit je her königlichen Zeremonien. So wird hier die „ploughing ceremony" abgehalten (siehe „Feste & Feiertage"), oder am 5. Dezember 1987 erschien hier z.B. der König, um an diesem seinem 60. Geburtstag die Huldigung seines Volkes entgegenzunehmen. Zur Zeit Rama 3. hatte der Platz sogar einmal als Reisfeld gedient, damit andere Länder sähen, wie fruchtbar und reich Thailand sei.

Im Frühjahr läßt man hier heute Drachen steigen, was in Thailand nicht nur ein Spaß für Kinder ist. Besonders an Wochenenden finden sich hier Tausende von Menschen ein und halten auf dem Platz – auf gemieteten Teppichen sitzend – ihr Picknick ab.

An der Nordostseite des Sanam Luang befindet sich der **Thorani-Brunnen.** Gemäß einer Legende vertrieb die Göttin Thorani Buddhas Feinde, indem sie sich Fluten von Wasser aus dem Haarzopf wrang.

Wat Arun

Dieser Tempel, in Thonburi gelegen, hieß zunächst Wat Makok, doch als eines Tages König *Taksin* bei Morgengrauen an dem Tempel vorbeisegelte und die im frühen Sonnenlicht strahlenden *Prangs* (Chedis im Khmer-Stil) sah, nannte er ihn „Tempel der Morgenröte" (Wat Chiang oder Wat Arun). Die Prangs sind mit Stücken farbig lackierten chinesischen Prozellans dekoriert, die das Sonnenlicht reflektieren. Der höchste Prang ist 74 m hoch und durch enge und steile Treppen zu besteigen.

Wie in vielen Tempeln in Bangkok (z.B. Wat Suthat) stehen auch hier eine Reihe chinesischer Statuen, die als Schiffsbalast von China nach Thailand gebracht wurden. Die Schiffe hatten Reis nach China geliefert. Viele der Statuen zeigen Europäer in den Uniformen des 18. und 19. Jahrhunderts.
- **Geöffnet** tägl. von 8.30-16.30 Uhr, 10 Baht

Lak Muang

Dies ist der offizielle Mittelpunkt Bangkoks, die Stelle von der aus alle Entfernungen gemessen werden und hier steht der Tempel, der den Schutzgeistern der Stadt gewidmet ist. Das Haupheiligtum ist ein Pfeiler aus dem Holz des Chaiyapruk-Baumes (Cassia renigera), der mit Goldplättchen beklebt ist. Hierhin kommen auch Frauen, die bisher keine Kinder haben konnten, und wer die Form des Pfeilers gesehen hat, erkennt den Zusammenhang!

Auf einem Tisch liegen Opfergaben für die Stadtgeister, darunter auch rotgefärbte Eier und Schweinsköpfe, denen man respektlos Räucherstäbchen in die Nasenlöcher gesteckt hat! Hier finden täglich kostenlose Aufführungen klassischen Thai-Tanzes statt.
- **Geöffnet** 9.00-17.00 Uhr, Eintritt frei.

Wat Po

Dieser Wat beherbergt den 45 m langen und 15 m hohen, mit Gold-

SEHENSWERTES

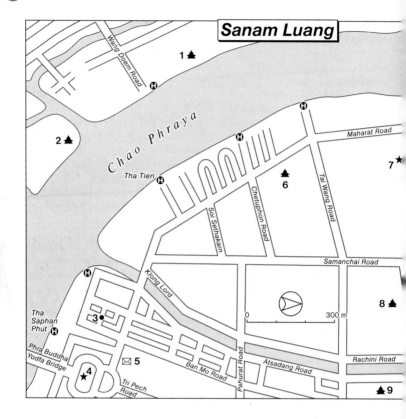

plättchen verzierten „liegenden Buddha" *(reclining Buddha)*. Die Figur zeigt Buddha in dem Moment, in dem er ins Nirvana hinübergeht. An seinen Füßen sind symbolisch die 108 Zeichen eingearbeitet, an dem man einen Buddha (= Erleuchteten) erkennen kann. Die um den Buddha gebaute Wandelhalle ist leider recht knapp bemessen, so daß man keine gute Perspektive von der Dimension der Figur erhält.

Auf dem Tempelgelände befinden sich weitere 400 Buddhafiguren aus den verschiedensten Epochen, sowie mit Porzellanstücken bedeckte Chedis. Der Tempel ist ein Zentrum der traditionellen Medizin und der Massage, und zahlreiche Masseure und Masseurinnen bieten ihre Dienste an. Oft ist der Effekt der Massagen in der Tat erstaunlich. Eine halbe Stunde kostet 100 Baht, eine volle Stunde 180 Baht (Thais zahlen nur 70/100 Baht!).

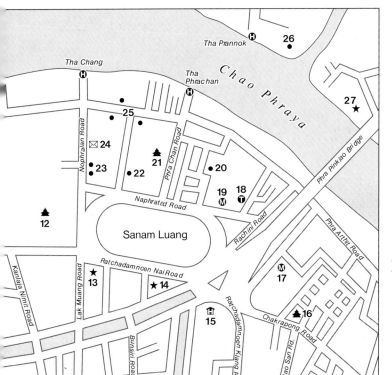

Ein zweisprachiges Schild auf dem Tempelgelände weist darauf hin, daß die Mönche nicht mit den ausländischen Touristen sprechen dürfen, doch nicht alle Touristen halten sich daran!

Zusammen mit Wat Phra Kaeo ist dies wohl der touristischste Wat Bangkoks. Hierher werden die Touristen busladungsweise rangekarrt.

● **Geöffnet** tägl. von 8.00-17.00 Uhr, Eintritt 20 Baht.

Wat Phra Kaeo und Grand Palace

Einer der berühmtesten Wats des Landes (und so etwas wie ein Wahrzeichen) beherbergt den Emerald Buddha oder „smaragdenen Buddha", der aber wahrscheinlich aus Jade besteht.

Im Jahre 1434 schlug ein Blitz in die Pagode des Wat Phra Kaeo in Chiang Rai ein und zerstörte einen Gipsbuddha. Unter dem gebrochenen Gips kam plötzlich ein grün leuchtender Buddha zum Vorschein. Der Herr-

Sehenswertes

SEHENSWERTES

- ♣ 1 Wat Arun
- ♣ 2 Wat Kanlayanimit
- • 3 Pak Klong Talaat (Großmarkt)
- ★ 4 Phra-Buddha-Yodfa-Statue
- ✉ 5 Post
- ♣ 6 Wat Po
- ★ 7 Grand Palace
- ♣ 8 Wat Rajapradit
- ♣ 9 Wat Rajabopit
- ★ 10 Schweine-Schrein
- • 11 Außenministerium
- ♣ 12 Wat Phra Kaeo
- ★ 13 Lak Muang
- ★ 14 Thorani-Brunnen
- 🏨 15 Royal Hotel
- ♣ 16 Wat Chanasongkhram
- Ⓜ 17 Nationalgalerie
- 🎭 18 Nationaltheater
- Ⓜ 19 Nationalmuseum
- • 20 Thammasat-Uni
- ♣ 21 Wat Mahathat
- • 22 Dept. of Fine Arts
- • 23 Foto-Läden
- ✉ 24 Post
- • 25 Amulett-Markt
- • 26 Bangkok-Noi Bahnhof
- ★ 27 Royal Barges
- Ⓗ Expreßboot-Anleger

scher von Chiang Mai brachte die Statue 1486 in sein Reich, und in einer Kette von Ereignissen landete der Buddha schließlich in Vientiane, wo er 215 Jahre verblieb. 1778 wurde Vientiane von der Thai-Armee eingenommen, und der Buddha kam zurück nach Thailand. Zunächst brachte man ihn nach Thonburi, später nach Bangkok in den Wat Phra Kaeo, das gleichzeitig mit der Gründung der Stadt im Jahre 1782 erbaut wurde.

Heute sitzen Dutzende oder Hunderte von Thais andächtig betend vor dem Emerald Buddha, die Füße nach Thai-Sitte zur Seite gewendet, damit die Fußsohlen respektvoll von ihm wegzeigen. Westliche Besucher sollten es ähnlich halten. Die Statue steht in einer prunkvollen Halle, hoch auf einem reich geschmückten Thron. Fotografieren ist hier streng verboten.

Die Anlagen um die Halle herum sind nicht minder interessant – da stehen furchterregende Yaks, die dämonisch aussehenden, steinernen Tempelwächter; die Chedis sind mit Kinaris oder Fabelwesen verziert, und es gibt großartige Wandmalereien zu bestaunen. Wenn jemand nur Zeit für eine einzige Sehenswürdigkeit in Thailand hätte, so sollte es Wat Phra Kaeo sein! Störend wirken leider die vielen japanischen oder anderen ostasiatischen Reisegruppen, die nichts besseres zu tun haben, als sich vor den diversen Attraktionen gegenseitig abzulichten, und andere Besucher dazu aus der „Schußbahn" scheuchen.

Der nebenan gelegene Königspalast – fast wirkt er bescheiden neben den anderen Anlagen – wird heute nicht mehr als Residenz für die königliche Familie genutzt, sondern nur für einige zeremonielle Ereignisse.

Blick von Wat Arun

Leute in schludriger Kleidung werden vom Personal wieder zurückgeschickt, also keine Shorts, Gummilatschen oder tief ausgeschnittene Blusen etc. Die so entstandene Marktlücke hat ein Geschäft genau gegenüber dem Eingang von Wat Phra Kaeo genutzt, das lange Hosen verleiht! Gegen Vorlage des Reisepasses werden aber auch an der Eintrittskasse kostenlos Schuhe und Kleidungsstücke verliehen.

●**Geöffnet** 8.30-12.00 und 13.00-16.00 Uhr, Sa und So geschlossen. Eintritt 140 Baht, darin ist auch eine Eintrittskarte zum Vimarnmek Palace enthalten. Wer übrigens Wat Phra Kaeo vor der Mittagspause betreten hat, braucht diesen um 12.00 Uhr nicht verlassen. Zwischen 12.00 und 13.00 Uhr werden lediglich keine weiteren Besucher eingelassen. Der hohe Eintrittspreis beinhaltet übrigens eine Informationsbroschüre, aus der weitere Einzelheiten zu Wat Phra Kaeo zu entnehmen sind.

Wat Rajabopit

Dieser Tempel wurde 1863 von König *Chulalongkorn* nach dem Vorbild des Phra Pathom Chedi in Nakhon Pathom errichtet. So wird der Mittelpunkt wie dort von einem hohen goldenen Chedi gebildet; darin ist ein auf einer Naga sitzender Buddha aus Lopburi untergebracht.

Der Chedi wird von Tempelgebäuden mit einem zweistöckigen Dach umgeben. Besondere Aufmerksamkeit sollte den Details geschenkt werden; Türen und Fenster sind mit Perlmutt-Arbeiten besetzt, Wände und Säulen mit bunten Kacheln bedeckt. Auf der der Atsadang Road zugewandten Seite des Tempelgeländes ist ein kleiner Friedhof mit eng aneinandergereihten Gräbern angelegt.

●**Geöffnet** tägl. 9.00-17.00 Uhr; Eintritt frei.

Schweine-Schrein

An der Ratchini Road nahe Wat Rajabopit und direkt am Klong Lord befindet sich ein Schrein, der wohl schon manchem Touristen ein Rätsel aufgegeben haben mag: Sein Mittelpunkt ist ein auf einem ca. 3 m hohen Fels stehendes Bronzeschwein, das etwas hochnäsig in Richtung Süden blickt. Das Schwein wird von Gläubigen mit Goldblättchen überklebt und an seiner Schnauze mit Blumengirlanden behängt. Davor betet so mancher um „schweinisches" Glück.

Das mysteriöse Schwein wurde von König Chulalongkorn zu Ehren seiner Frau, Königin *Saowabha,* errichtet. Diese war im chinesischen Jahr des Schweines geboren! Wieso das Schwein aber plötzlich zu religiöser Verehrung gelangte, scheint niemand genau zu wissen.

Royal Barges

Die „königlichen Barken" sind in einem Bootsschuppen nahe der Phra-Pinklao-Brücke auf der Thonburi-Seite untergebracht. Die großartig gearbeiteten Barken, die zu festlichen Anlässen benutzt wurden, kamen zuletzt 1996 zum 50jährigen Thronjubiläum des Königs zum Einsatz. Die wichtigste Barke, in der jeweils die Könige zu sitzen pflegten, ist der Suwannahongse (das -se am Ende spricht man nicht), zu Deutsch der „Goldene Schwan".

●**Geöffnet** tägl. von 8.30-16-30 Uhr, Eintritt 20 Baht.

Thammasat-Universität

Hier begann der blutige Aufstand von 1976, und die Universität gilt als die Hochburg linksgerichteter Intellektueller. Staatsstreiche oder versuchte Staatsstreiche – und derer gab es im letzten halben Jahrhundet mehr als ein Dutzend – kündigten sich häufig durch aufgeregte Studentenversammlungen an, was der Uni den Ruf einbrachte, die Nase immer im (politischen) Wind zu haben.

Viele Reisende dürften sich aber mehr für die Unikantine interessieren, die jedermann zugänglich ist und die gutes und preiswertes Essen serviert.

Nationalmuseum

Auf dem Gelände des Museums hat einst der Palast des „stellvertretenden" oder „zweiten" Königs gestanden. Diese wohl einmalige Einrichtung geht auf eine Gepflogenheit aus der Zeit Ayutthayas zurück. Teile des Palastes sind noch erhalten. Am Eingang des Geländes steht Wat Buddhaisawan, ein Tempel vom Ende des 18. Jahrhunderts. (Schuhe, die ordnungsgemäß vor dem Tempel ausgezogen wurden, werden häufig gestohlen. Also besser in eine Umhängetasche stecken!)

Das Nationalmuseum ist das größte Museum Südostasiens und der beste Ort, einen Gesamteinblick in thailändische Geschichte und Kultur zu erhalten. Die Exponate umfassen alle kulturellen Epochen des Landes, von Dvaravati bis Rattanakosin. Außerdem sind zahlreiche noch ältere Funde zu sehen, z.B. aus den ersten Jahrhunderten unserer Zeitrechnung, als weite Teile Südostasiens unter indischem Einfluß standen. Einige Ausstellungsstücke sind gar römischen Ursprungs.

●**Geöffnet** Mi-So, 9.00-12.00 und 13.00-16.00 Uhr, Eintritt 40 Baht. Donnerstags um 9.30 Uhr werden kostenlose Führungen in Deutsch gegeben, Führungen in Englisch dienstags (Thema thailändische Kultur), mittwochs (Buddhismus) und donnerstags (thailändische Kunst). Wer es sich zutraut, kann mittwochs noch an französischen oder japanischen Führungen teilhaben. Weitere Informationen unter Tel. 2158173.

Das Schwein im Schrein

SEHENSWERTES

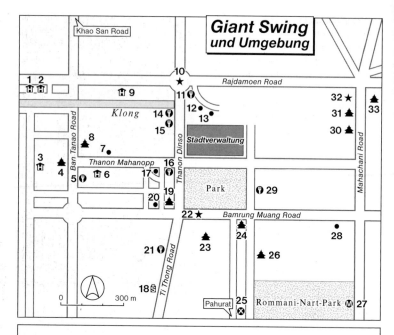

- 🏨 1 Palace Hotel
- 🏨 2 P. Guest House
- 🏨 3 T.I.C. Guest House
- ▲ 4 Sanjao Por Sua (chin. Tempel)
- 🍴 5 Vegetarische Restaurants
- 🏨 6 Mahanopp Hotel
- • 7 Galaxy Entertainment Complex
- ▲ 8 Wat Mahanopp
- 🏨 9 Hotel 90
- ★ 10 Democracy Monument (Anusaweri Pracha Thipatai)
- 🍴 11 Sorn Daeng Restaurant
- • 12 Sai Baba Found.
- • 13 Thai-Bharata Library
- 🍴 14 Restaurant, Essensstände
- 🍴 15 Vegetarisches Restaurant
- 🍴 16 Restaurants
- • 17 Wäscherei
- Ⓢ 18 Pokal-Geschäfte
- ▲ 19 Bot Phram (Brahmanen-Tempel)
- • 20 Buddha-Fabrik
- 🍴 21 Kanit's Restaurant
- ★ 22 Sao Ching-Chaa (Giant Swing)
- ▲ 23 Wat Suthat
- ▲ 24 Vishnu-Mandir-Tempel
- ✕ 25 Taxis nach Kanchanaburi
- ▲ 26 Dev-Mandir-Tempel
- Ⓜ 27 Prison Museum
- • 28 Polizei
- 🍴 29 Pattakhan Phu House (Chinesisches Restaurant)
- ▲ 30 Wat Theptidaram
- ▲ 31 Wat Rajanatda und Amulett-Markt
- ★ 32 Rama 3. Park
- ▲ 33 Wat Saket (Golden Mount)

Wat Mahathat

Dieser Tempel wurde während der Ayutthaya-Periode gebaut und später von Rama 1. und Rama 4. restauriert. Hier ist ein Zentrum der Mahanikai-Sekte des Buddhismus, und an buddhistischen Feiertagen wird ein Markt abgehalten, auf dem es traditionelle Arzneien zu kaufen gibt. In Section 5 des Tempels befindet sich ein Meditationszentrum, das nach Voranmeldung auch Ausländer aufnimmt.
● **Geöffnet** tägl. 9.00-17.00 Uhr, Eintritt frei.

Im Bereich Giant Swing

Wat Suthat

Dies ist ein relativ wenig besuchter Wat, doch einer der schönsten. Um eine große Wandelhalle thronen Dutzende von Buddhas, und das Gelände ist mit vielen Statuen übersät, die meisten davon aus China. Die kleine parkähnliche Anlage rund um den Tempel lädt zur Erholung ein. Der Bau des Tempels wurde von Rama 1. begonnen und von Rama 3. vollendet.

An der Ostseite von Wat Suthat in der Unakan Road befindet sich ein kleiner Hindu Tempel, **Vishnu Mandir,** der erst aus den 60er Jahren stammt und von indischen Priestern instand gehalten wird.

Buddha-Staue in Wat Suthat

Giant Swing („Gigantische Schaukel")

Giant Swing

Zwischen Wat Suthat und dem massiven weißen Gebäude des Rathauses befindet sich die leuchtendrot gestrichene Giant Swing oder **„große Schaukel"** (*sao ching-chaa*). Hier fanden früher vom Brahmanismus geprägte **Feste** zu Ehren des Hindu-Gottes Shiva statt.

Neben der Schaukel befand sich ein 25 m hoher Pfahl, an dem ein Beutel mit Geld befestigt war. Die Teilnehmer des Festes mußten sich hochschaukeln und versuchen, den Geldbeutel mit dem Mund vom Pfahle zu klauben. Wie nicht anders zu erwarten, kamen viele der Teilnehmer dabei ums Leben. Aus diesem Grund wurde das Fest 1935 verboten.

Die heute an dieser Stelle befindliche Schaukel ist nur eine **originalgetreue Kopie,** die im Lauf der Jahre auch schon etwas morsch geworden war. Deshalb wurde sie im Jahr 1997 renoviert.

Bot Phram

Etwa 50 m nordwestlich von Wat Suthat, in der Ban Dinso Road, befindet sich Bot Phram, ein Tempel der **Thai-Brahmanen.** Diese Brahmanen stammten eigentlich aus Südindien, kamen dann über Angkor in Kambodscha nach Thailand und sind bis heute für alle religiösen Zeremonien am Königshofe verantwortlich. Die Thai-Brahmanen haben im Laufe der Zeit ihr indisches Aussehen verloren, kleiden sich aber mit indischen Wickelgewändern *(dhoti),* tragen einen Haarknoten und sind traditionell Vegetarier – die sechs verbliebenen Priester werden aber gelegentlich an den fleischverkaufenden Essensständen in der Nachbarschaft gesehen.

Auf dem Tempelgelände stehen mehrere Gebäude, in denen sich Figuren von Hindugöttern befinden, u.a. auch *Shiva-Lingams,* die phallischen Symbole des Gottes Shiva. Nach Absprache mit den Brahmanen kann man die Gebäude besichtigen.

In der Gasse hinter dem Brahmanen-Tempel (Westseite) befindet sich eine größere **Fabrik für Buddha-Statuen.** Hier kann man den Arbeitern gerne über die Schulter sehen; überall stehen Buddha-Statuen verschiedener Größenordnung und in unterschiedlichem Fertigungsstadium herum. Sie werden zusammen mit anderen buddhistischen Paraphernalia in vielen Geschäften an der nahen Bamrung Muang Road verkauft.

●**Unregelmäßige Öffnungszeiten,** Eintritt frei.

Wat Saket (Golden Mount)

Schon vor der Gründung Bangkoks hatte an dieser Stelle ein Tempel gestanden, der eigentliche Wat Saket wurde aber von Rama 1. erbaut. Der Tempel wurde auf einem aufgeschütteten Hügel errichtet, da der Boden immer wieder absank. Die goldene Kuppel des Chedi ist am Spätnachmittag der Traum eines jeden Fotografen (am fotogensten von Rajdamnoen).

Die Plattform um den Chedi kann bestiegen werden (10 Baht), von dort ergibt sich ein ausgezeichneter Ausblick auf Bangkok.

Das Gelände um Wat Saket wurde bis ins letzte Jahrhundert als Exekutionshof genutzt, auf dem Verbrecher öffentlich hingerichtet, zerhackt und den Geiern zum Fraß vorgeworfen wurden. Heute geht es hier beschaulicher zu, und anstelle des Henkersplatzes findet man einen kleinen **Vogelmarkt,** auf dem Singvögel zum Kauf angeboten werden (Zugang von der Mahachai Rd., nahe Einmündung Rajdamnoen). Die Vögel mit dem schönsten Gezwitscher können gut 100.000 Baht kosten.

Jedes Jahr im November findet auf dem Tempelgelände ein vielbesuchter **Jahrmarkt** statt, mit Essenständen, Schaustellern, Magiern u.ä.

Amulettmarkt

Bangkoks berühmtester Amulettmarkt liegt am **Wat Ratchanatda,** gegenüber Wat Saket (Ecke Rajdamnoen/Mahachai Road). Hier werden kleine Anhänger verkauft, denen man nachsagt, daß sie wundersame Dinge vollbringen. Bestimmte Amulette sollen jeweils eine bestimmte Art von Schutz herbeizaubern können. Besonders beliebt sind Amulette, die den Träger so unverwundbar machen, daß ihm weder Messer noch Kugeln etwas anhaben können. Buddhastatuen und allerlei religiöses Zubehör werden hier ebenfalls verkauft.

Das auffallendste bauliche Merkmal von Wat Rachanatda ist jedoch der **Lohaprasad** oder „Eisenturm", ein 33,5 m hohes Steingebäude, das unter Rama 3. errichtet wurde. Es wurde einem Tempel aus dem 2. Jh. auf Sri Lanka nachempfunden und ist vom Stil her für Thailand einmalig. Das etwas klobig wirkende Gebäude ist mit zahlreichen kleinen Eisentürmen versehen – daher sein Name – und neben den eleganten Tempelbauten im Thai-Stil wirkt es fast deplaziert, bizarr. Irgendwie sieht es aus wie ein gigantischer Geburtstagskuchen!

An der Nordseite der Tempelanlage befindet sich der hübsche kleine **Rama 3. Memorial Park,** der erst im Jahr 1990 angelegt wurde. Dieser beherbergt eine überlebensgroße Statue des Monarchen, einen filigran verzierten Pavillon und einige Sitzbänke für die Rast. Der Ausblick von hier, auf Wat Saket und Wat Rachanatda, ist sicher einer der fotogensten der Stadt. An der Stelle des Parks hatte sich zuvor das traditionsreiche Chaloerm Thai Cinema befunden, ehemals ein bekanntes Theaterhaus, das unter zahlreichen Bürgerprotesten abgerissen wurde.

Wat Theptidaram

Genau an der anderen Seite von Wat Rachanatda, der Südseite, steht ein weiterer Tempel, Wat Theptidaram. Darin befindet sich ein winziges, unausgeschildertes **Museum,** das *Sunthorn Phu* (1786-1855), Thailands berühmtestem Dichter, gewidmet ist. *Sunthorn Phu* hatte einige Zeit als Mönch in diesem Tempel zugebracht – andere Lebensphasen verbrachte der Exzentriker dagegen in Zecherei und Frohsinn. Das Museum besteht nur aus der *Kuti* oder Mönchsunterkunft, die der Dichter seinerzeit bewohnt hat. Darin sind einige seiner Utensilien ausgestellt. Der Raum ist normalerweise verschlossen, und man sollte einen der Mönche bitten, hineinsehen zu dürfen.

In anderen Stadtteilen

Marmortempel (Wat Benchamabopit)

Dieser Tempel besteht, wie der Name treffend angibt, zu großen Teilen aus italienischem Carrara-Marmor und ist sicher einer der schönsten Tempel Bangkoks. Der Thai-Name bedeutet „Fünf Prinzen" und bezieht sich auf einen alten Tempel, der einst an dieser Stelle gestanden und fünf Chedis besessen hatte. 1899 ließ König *Chulalongkorn* diese, die zu einem größeren Tempelkomplex gehörten, abreißen, um Platz für eine Palasterweiterung zu schaffen. Dafür ließ er Wat Benchamabopit errichten, womit er den Prinzen *Narisaranuwatiwongse*, kurz *Naris* genannt, beauftragte. Das Ergebnis war eine wunderschöne Konstruktion mit harmonisch ineinander verschachtelten, eleganten Dächern, die mit gelben Ziegeln gedeckt wurden. Im Inneren des Tempels befindet sich eine Nachbildung des Phra Buddha Chinnarat, einer hochverehrten Buddha-Figur aus Phitsanulok.

● **Geöffnet** täglich 9.00 bis 17.00 Uhr, Eintritt 10 Baht.

Vimarnmek Palace

Ende des 19. Jahrhunderts hatte König Chulalongkorn einen Palastbau auf der Insel Ko Si Chang nahe Si Ratcha in Auftrag gegeben. Schon kurz nach Baubeginn wurde das Vorhaben jedoch aufgrund politischer Spannungen mit Frankreich aufgegeben. Im Jahre 1901 stattete Chulalongkorn der Insel einen erneuten Besuch ab und beschloß, den begonnenen Palast nach Bangkok transportieren und dort weiterbauen zu lassen. Der verantwortliche Architekt sollte wiederum Prinz *Narisaranuwatiwongse* sein, der bis heute als Vater der thailändischen Architektur gilt. Aus ungeklärten Gründen wurde die Arbeit später einem deutschen Architekten namens *Sandreczki* übertragen.

Es entstand ein L-förmiger Prachtbau mit 81 Zimmern, gefertigt aus dem heute raren goldfarbenen Teakholz. Der Vimarnmek Palace ist die weltgrößte Teakholzkonstruktion.

Tempelgebäude am Wat Benchamabopit

Wat Benchamabopit

Heute ist der Palast ein Museum, in dem ein wunderbares Sammelsurium von Objekten zu bewundern ist; darunter sind auch Souvenirs, die der König von seinen Auslandsreisen mitgebracht hat, und die Räumlichkeiten selber sind von betörender „thai-viktorianischer" Eleganz.

Der Palast hat übrigens noch einen weiteren Superlativ aufzuweisen: So besaß das Badezimmer des Königs die erste Dusche Thailands. Bedienstete mußten Wasser in einen Tank gießen, von dem aus es hinab durch den Duschkopf floß.

●**Geöffnet** tägl. 9.30-16.00 Uhr, Eintritt 50 Baht. Zutritt wie beim Wat Phra Kaeo nur mit „korrekter" Kleidung.

Chitlada-Palast

Der Palast König *Bhumipols* und seiner Familie befindet sich auf einem fast quadratisch angelegten, weitläufigen Gelände von ca. 1 km² im Stadtteil Dusit. Der Palast liegt hinter Bäumen versteckt und kann nicht eingesehen werden, auch sind Besucher in der Regel nicht erlaubt. Eine Ausnahme besteht zum Geburtstag des Königs (5. Dezember), wenn Tausende von Thais zum Palast strömen, ihrem Herrscher ihre Aufwartung zu machen. Westliche Besucher sind zwar unüblich, werden aber nicht abgewiesen.

Auf dem Palastgelände werden auch Forschungsprojekte betrieben, und von außen sieht man einige Nutzgebäude, die wohl solchen Zwecken dienen.

Der Palast ist von einem Wassergraben umgeben, an dessen Eckpunkten sich Wachposten befinden.

Wat Boworniwet

Der Tempel wurde von Rama 3. begründet, diente seinem Sohn König *Monkut* als Ort der Sammlung und ist das Zentrum der von Mongkut begründeten strengen Thammayut-Sekte des Buddhismus. Der Tempel war von Anfang an mit der Chakri-Dynastie verbunden, und König Bhumipol verbrachte die Fastenperiode des Jahres 1956 als Mönch in Boworniwet. Vor ihm hatten schon sein Urgroßvater König Mongkut und sein Großvater König Chulalongkorn eine Zeit als Mönch in dem Tempel verbracht.

● **Geöffnet** tägl. 9.00-17.00 Uhr, Eintritt frei.

Wat Indraviharn

Am Nordrand von Banglamphoo, der von Dutzenden von Bordellen besetzt und eine Art von Patpong des kleinen Mannes ist, überragt der 41 m hohe Stehende Buddha von Wat Indraviharn die Szenerie. 1867 hatte ein Mönch mit der Konstruktion der riesenhaften Figur begonnen, wobei er als Stütze 16 Teakholzstämme verwendete, die mit Stein ummauert wurden. Nachdem das Projekt etliche Male zum Stillstand gekommen war, wurde die Figur 1967 endlich fertiggestellt – lange nach dem Tod des so baufreudigen Mönches. Zur 200-Jahr-Feier Bangkoks im Jahre 1982 wurde die Statue mit einer Goldschicht überzogen. Im überdimensionalen Haarknoten der Figur befindet sich angeblich ein Teil der Asche Buddhas, die 1978 von Mönchen aus Sri Lanka herbeigeschafft wurde.

● **Geöffnet** tägl. 8.00-17.00 Uhr, Eintritt frei.

Phallus-Schrein

Auf dem Gelände des Hilton International Hotels (Wireless Road oder auf Thai *Thanon Witthayu*) am Klong Saen Sap befindet sich ein merkwürdiger Schrein, der aus Hunderten von Phalli der unterschiedlichsten Größen besteht. Der Schrein ist der Göttin *Chao Mae Tabtim* geweiht, und die Phalli (in Indien würde man sie *lingam* nennen) sind Opfergaben an die Göttin. Niemand weiß so recht, warum gerade diese Form der Opfergabe gewählt wurde, sicher ist, daß die Gläubigen Chao Mae Tabtim allerlei Wundertaten zutrauen. Dazu gehört das Fruchtbarmachen von bisher kinderlosen Frauen (das könnte die Phalli erklären), aber auch das Bringen von Glück im allgemeinen. Eine Verbindung zum hinduistischen Shiva-Kult mit dem Phallussymbol lingam ist nicht auszuschließen.

Suan Pakkad Palace

Dieser „Palast im Kohlgarten" – so lautet die Übersetzung – ist eine Ansammlung aus sechs traditionellen Thai-Häusern samt einem wunderschönen Pavillon, die 1952 von *Prinz Chumbhot* von Nakhon Sawan und seiner Frau als Privatresidenz errichtet wurde. Die hölzernen Bauteile dazu sind aber noch mindestens ein Jahrhundert älter und dienten Vorfahren des Prinzen als Wohnsitz. Thai-Häuser wurden früher so angelegt, daß sie leicht transportabel waren.

Der Phallus-Schrein

Die Häuser, denen auch eine neu hinzugebaute Kunstgalerie angeschlossen ist, dienen heute als Museum. Das Museum besitzt eine sehr vielfältige Sammlung von Exponaten. Zu sehen sind Fotos der königlichen Familie (zumeist aus dem 20. Jh.), sitzende Buddha-Figuren (13./14. Jh.), ein Torso der Hindu-Göttin Uma aus dem 7. Jh. (von der Prinzessin selbst nahe der kambodschanischen Grenze entdeckt), religiöse Texte, Betelgefäße, Urnen u.v.m. In der angeschlossenen Kunstgalerie werden die Werke zeitgenössischer thailänischer Künstler ausgestellt. Mit seiner Vielfalt an Ausstellungsstücken und seiner idyllischen Lage mitten im chaotischen Herzen von Bangkok ist die Anlage sicher einen Besuch wert. Sie befindet sich an der Südseite der Sri Ayutthaya Road, am Nordrand des Stadtteils Pattunam. Vom Baiyoke 2 Tower ist es nur ein kurzer Fußweg dorthin.

●**Geöffnet** Mo-Sa 9.00-16.00 Uhr; Eintritt 150 Baht, Studenten 30 Baht.

Wat Chakrawat

An der Chakrawat Road, etwa zwischen dem indischen Viertel Pahurat und Chinatown liegt Wat Chakrawat, ein Tempel aus dem 17. Jahrhundert, der zunächst Wat Samphlum hieß – „Der Tempel der drei Freuden". Damit waren die drei Grundpfeiler des Buddhismus gemeint: der Buddha, der Mönchsstand und Dhamma, das religiöse Gesetz. Ende des 18. Jahrhunderts wurde der Wat von einem ehemaligen Adligen erneuert, der kurz zuvor ohne ersichtlichen Grund aus dem Adelsstand enthoben worden war, und der sich nun mit aller Energie der Religion zuwandte. Nach einigen Jahren wurde er in den Adelsstand zurückberufen, und sein Sohn setzte die Tempelrenovierung fort. Im Jahre 1849 wurde der Tempel in Wat Chakrawat umbenannt, „Der Tempel des großen Führers", eine Hommage an König Rama 1.

Wat Chakrawat ist heute ein wunderbar ruhiger Tempel, inmitten eines der geschäftigsten Viertel der Stadt. Sein heiligster Aspekt ist ein Schatten des Buddhas, den der Erleuchtete bei einer seiner astralen Reisen auf einer Felswand hinterlassen haben soll. An diesem Schatten wurde ein kleiner Schrein errichtet, an dem die Thais beten und Opfergaben ablegen.

In einer anderen Ecke des Geländes befindet sich ein Krokodilsteich, an dessen Seite ein Glaskasten mit ausgestopftem Krokodil zu sehen ist. Dieses Krokodil war einäugig und irgendwann in den dreißiger Jahren von jemandem zum Tempel gebracht worden. Der Abt nahm das Tier auf und brachte es in einem Teich unter. Die Geschichte des einäugigen Krokodils machte die Runde, und nun brachten auch andere Leute Krokodile zum Tempel, die der Abt wiederum alle aufnahm. Das aber bedeutete den Tod des einäugigen Krokodiles, das in einem Kampf mit einem Rivalen ums Leben kam. Heute leben nur einige kleinere Krokodile in dem Teich, die sich aber nur selten über der Wasseroberfläche sehen lassen.

●**Geöffnet** tägl. 8.00-18.00 Uhr, Eintritt frei.

Gebete an König Chulalongkorn – ein neuer Kult ist geboren

Wer Dienstags abends nichts besseres vorhat, könnte vielleicht an der Royal Plaza vorbeischauen, dem großen Platz schräg gegenüber Wat Benchamabopit, am Nordende der Rajdamnoen Nok Road.

Jeden Abend, vor allem aber dienstags, strömen hier Tausende von Thais zusammen, um vor der schwarzen Reiterstatue von König Chulalongkorn, Rama 5., (1868-1910) zu beten.

Die ersten Gläubigen finden sich am frühen Abend ein, und die letzten gehen erst am frühen Morgen. Die Betenden sind davon überzeugt, daß der Geist von König Chulalongkorn der Statue innewohnt, und daß er Wünsche erfüllen, Krankheiten heilen oder andersweitig behilflich sein kann – besonders auch bei der nationalen Lotterie. So werden ihm Kerzen, Blumen und gar Flaschen mit Whisky geopfert, und man hofft auf Erhörung der Gebete.

Manche Gläubige bringen eigene Gebetsschreine mit, auf denen sich kleine Imitationen der verehrten Reiterstatue befinden. Bilder des Königs und „magische" Amulette mit seinem Abbild finden reißenden Absatz. Die Getränke- und Snackverkäufer, die überall da in Thailand auftauchen, wo sich mehr als fünf Personen versammeln, verdienen auch nicht schlecht.

Wie und warum der Kult um König Chulalongkorn enstanden ist, niemand weiß es genau. 1991 fanden sich zum ersten Mal einige Königsverehrer an der Royal Plaza ein, und durch „Mundpropaganda" wurden es bald Hunderte, dann Tausende.

Dem Glauben gemäß ist die Statue mit *saksit* erfüllt, spiritueller Kraft. Heute gehört der Dienstagabend an der Royal Plaza zum festen Programm vieler Bewohner Bangkoks; sehr viele Gläubige reisen auch von außerhalb an. Warum gerade der Dienstag? Angeblich steigt der Geist des Königs aus unerfindlichem Grunde nur dienstags in die Statue hinab.

Paradoxerweise war König Chulalongkorn einer der aufgeklärtesten und reformerischsten Könige Thailands, dazu der Initiator der „Verwestlichung" Thailands (ob zum guten oder nicht, sei dahingestellt). Der König hatte nach Reisen in Europa vieles, was ihm dort nachahmenswert erschien, auf Thailand zu übertragen versucht. Unter anderem hielt er die Thai-Frauen dazu an, ihre Haare auf europäische Art lang zu tragen, anstelle kurzgeschorenen, wie traditionell üblich. Er förderte den Gebrauch von Stühlen, anstelle des Sitzens auf dem Boden, und propagierte den Gebrauch von Eßbesteck, anstelle der nackten Hand. Dazu versuchte er das Betelkauen einzudämmen, das damals bei Jung und Alt universell verbreitet war. Das Betelkauen verfärbte die Zähne dauerhaft rot-schwarz, was damals bei Frauen als Schönheitsmerkmal galt. Eins der größten Verdienste des Königs war die Abschaffung von Sklaverei und Fronarbeit.

Heute schwebt sein Geist über der Royal Plaza und wundert sich wahrscheinlich. Wäre er noch am Leben, würde er wohl als erstes den Chulalongkorn-Kult abschaffen.

Santa-Cruz-Kirche

Wat Prayunwong

Dieser Tempel mit einer interessanten Vorgeschichte steht in Thonburi, etwas westlich der Memorial Bridge (sapan phut). Der Legende nach soll Rama 3. eines Nachts bei Kerzenschein gelesen haben, als sein Berater bemerkte, daß sich das geschmolzene Wachs zu einem bizarren Klumpen geformt hatte. Man beschloß, ein Wat zu bauen und baute daneben die exakte Kopie jenes Wachsklumpens. Dieser Hügel ist heute am Wat Prayunwong zu bewundern, und darauf befinden sich kleine Häuschen, in denen die Asche von Verstorbenen aufbewahrt wird.

Eine weitere, etwas makabere Beziehung zum Tod eröffnet sich in einem Tempelgebäude an der Westseite des Hügels: Hier sind in Glaskästen die Leichen von einer Frau, einem Mann und einem Kinde ausgestellt. Frau und Kind wurden Opfer der Tollwut, und der Mann war allem Anschein nach zu Lebzeiten ein passionierter Raucher – in seinem Mund steckt eine Zigarette! Damit wird womöglich angedeutet, was ihn in sein (gläsernes) Grab gebracht hat.

● **Geöffnet** 9.00- 17.00 Uhr, Eintritt frei.

Wat Kalayanimit

Läuft man von Wat Prayunwong weiter in nordwestlicher Richtung, sieht man die **Santa-Cruz-Kirche** aus dem 18. Jh., die von einer idyllischen, von Christen gegründeten Wohnkolonie umgeben ist. Daran schließt sich einige Fußminuten weiter nordwestlich Wat Kalayanimit an, einer der vielen Tempel, die von Rama 3. begründet wurden. Sein auffallendstes Merkmal ist die enorm hohe Vihara, in der sich eine massive, riesige Buddha-Figur befindet. Auf dem Tempelgelände ist eine Bronzeglocke aufgestellt, die größte Thailands, die in den 20er Jahren in Japan gegossen wurde.

Wat Paknam

Ebenfalls in Thonburi befindet sich der ruhige Wat Paknam, in dessen Gebetsraum sich eine Figur des Watgründers befindet. Die Figur des Mönches thront auf einem Altar, vor dem die Gläubigen beten. Dem Wat, der als einer der wichtigsten Meditations-Wats gilt, ist ein prächtiges Wohngebäude für die dort lebenden Mönche angeschlossen. Das Gebäude ist aus hochglanzpoliertem Teakholz und erinnert an die Architektur des Nordens. Ein dahinter gelegenes Wohngebäude für die ansässigen Nonnen fällt weitaus einfacher aus.

Der Wat liegt nahe der Endstation des Busses Nr. 4 in Thonburi. Von der Haltestelle etwa 200 m nach rechts gehen (entweder am Klong entlang oder durch die kleine Straße rechts). Bus Nr. 4 läßt sich z.B. ab Kreuzung Soi Ngam Duphli/Rama 4 nehmen (in westl. Richtung) oder von der Chrakrawat Road im Norden von Pahurat (dann südl. Richtung).

Wat Nang Chi

Geht man von der Endstation des Busses Nr. 4 etwa 100 m zurück (aus Fahrtrichtung des Busses gesehen), überquert die Hauptstraße und geht an der anderen Seite derselben die kleine Straße entlang, kommt man zu Wat Nang Chi (nach dem Wat fragen, er liegt etwas verborgen). In einer Ecke der Mauer, die den Wat umgibt, befindet sich ein gläserner Sarg mit der Mumie einer verehrten Nonne. Während oder nach der Regenzeit liegt diese Ecke des Tempels meist unter Wasser.

Von diesem Wat bietet sich noch ein **kleiner Ausflug** an: Geht man den kleinen Weg weiter, der direkt hinter dem Sarg mit der Mumie abzweigt, auf dem man einen Klong überquert, landet man urplötzlich in einer Ko Samui ähnlichen Landschaft. Palmen, Palmen und ländliche Idylle! Man glaubt kaum, sich noch mitten in Bangkok zu befinden! In der herrlichen Landschaft liegt auch ein kleiner **Privatzoo,** und meistens wird man von Einheimischem angesprochen, die einen dahin führen wollen. Der Zoo weist u.a. Elefanten und Schlangen auf. Der Eintrittspreis beruht allerdings mehr oder weniger auf Verhandlungen. Der Handel beginnt so etwa bei 100 Baht, was aber zuviel des Guten ist. 30-50 Baht pro Person sind okay.

Wat Trimit

Dieser Wat beherbergt den berühmten „Goldenen Buddha", eine Buddha-Statue aus 5,5 Tonnen purem Gold! Er wurde erst 1955 entdeckt, als man einen vermeintlichen Gipsbuddha mit dem Kran transportieren wollte. Der Buddha löste sich, fiel hin. Unter der Gipsschicht kam der wahre Buddha zum Vorschein. Es wird angenommen, daß die Gipsschicht dazu diente, den Buddha vor feindlichen Armeen zu tarnen. Seine Entstehungsgeschichte ist unbekannt, der Tempel stammt wahrscheinlich aus dem 13. Jh.
● **Geöffnet** 8.30-17.00 Uhr, Eintritt 20 Baht.

Jim Thompson House

Der Amerikaner *Jim Thompson* hat sich nach dem 2. Weltkrieg um die thailändische Seidenindustrie verdient gemacht. Durch seine Anstrengungen erlebte die Seidenweberei eine unerwartete Renaissance, und allein ihm ist es wohl zu verdanken, daß das Handwerk heute noch nicht ausgestorben ist. 1967 verschwand er bei einem Spaziergang spurlos in den Cameron

Highlands von Malaysia, und bis heute ist sein Verschwinden eines der asiatischen Mysterien des 20. Jh. Einer Theorie nach wurde er von einem Tiger gefressen, einer anderen zufolge war er ein Spion, der umgebracht wurde.

In dem in traditioneller Bauweise errichteten Haus sind Kunstschätze zu sehen, die *Thompson* zusammengetragen hatte, aber auch das Haus allein ist schon einen Besuch wert. Wer sich mit dem Rätsel um den eifrigen Kunstmäzen beschäftigen möchte, dem sei das Buch „Jim Thompson – An Unsolved Mystery" von *William Warren* empfohlen (erschienen bei Archipelago Press, Singapur, in einigen Buchhandlungen Bangkoks erhältlich).

● **Geöffnet** Mo-Fr 9-17.00 Uhr, Eintritt 100 Baht, unter 25 Jahren 40 Baht.

Sri-Mariammam-Tempel (Wat Khaek)

Dieser von südindischen Einwanderern erbaute Tempel wird von den Einheimischen Wat Khaek genannt oder „Tempel der Gäste". *Khaek* bedeutet soviel wie „Gast", bezeichnet oft aber Inder, Pakistanis oder auch Moslems – Fremde schlechthin. Der Tempel wurde in den 60er Jahren des letzten Jahrhunderts vollendet und ist der Hindugöttin *Umadevi* geweiht. 1990-93 wurde er von südindischen Handwerkern restauriert, wobei besondere Arbeit auf den *Gopuram* verwendet wurde,

Tänzerinnen am Erawan-Schrein

den Turmaufbau über dem Eingang. Dieser ist traditionell mit zahllosen bunten Götterfiguren übersät. Freitag morgens finden spezielle Gebetsstunden statt und danach – etwa um 11.30 Uhr – gibt's ein südindisches vegetarisches Essen! Gäste sind willkommen! Der Eintritt zum Tempel ist frei.

Wat Thammamongkhon

Dieser erst vor wenigen Jahren fertiggestellte Tempel besitzt Bangkoks höchsten Chedi (95 m). Der Chedi hat 14 Stockwerke, und mit einem Fahrstuhl kann man bis zur Spitze gelangen. Im Chedi werden Reliquien des Buddhas aufbewahrt, darunter ein Haar, die vom buddhistischen Oberhaupt von Bangladesch gestiftet wurden. Die Anlage befindet sich weit außerhalb in Sukhumvit Soi 101, und es ist fraglich, ob sich die lange Fahrt dorthin lohnt.

Erawan-Schrein

Der Erawan-Schrein ist im Grunde genommen ein überdimensionales Geisterhäuschen, das für das ehemals danebenliegende Erawan-Hotel gebaut wurde. Die Thais glauben, daß beim Bau eines Hauses, den Geistern, die das Stück Land bewohnt haben, eine neue Bleibe geschaffen werden muß. Beim Bau des Hotels soll es zu vielen schweren Unfällen gekommen sein, die erst aufhörten, als den Geistern ein prächtiges neues Haus gebaut worden war. Der Schrein, obwohl erst 1956 gebaut, ist einer der heiligsten Orte der Stadt, und zu jeder Tages- oder Nachtzeit kann man Trauben von gläubigen Thais beim Gebet sehen. Bei Nacht ist die Atmosphäre besonders faszinierend. Hier werden auch klassische Tanzaufführungen mit Musikbegleitung dargeboten, die nichts kosten. Die Tänzer und Musiker werden von Gläubigen engagiert, die sich dafür etwas von den Göttern erhoffen.

Der Schrein ist eigentlich *Indra* gewidmet, dem hinduistischen Regen- und Wettergott. Indras geliebtes Reittier war der Erawan, der mystische Urelefant, der in den Tiefen des Ozeans entstand. Aus diesem Grunde spenden viele Besucher hölzerne Elefantenfiguren am Schrein, und einige Straßenhändler bieten diese recht aufdringlich an. Erawan (von Sanskrit *Airawata*) bedeutet „der Wasser-Besitzende" und bezieht sich auf das Wasser, das der Elefant mit seinem Rüssel versprüht.

Das Erawan-Hotel, mit dem alles begonnen hatte, wurde 1988 abgerissen. An seiner Stelle steht heute das bombastische Bangkok Hyatt Erawan.

● **Geöffnet** etwa bis Mitternacht, kein Eintritt.

Lumpini-Stadion

Hier finden die berühmten **Thai-Boxkämpfe** statt, bei denen fast alles erlaubt ist. Beginnt der Kampf noch zurückhaltend mit einem *wai khru*, einem Gruß im Geiste an den Lehrmeister des jeweiligen Boxers, bricht danach die Hölle los – zu infernalischer Musikbegleitung und den Anfeuerungsrufen der Zuschauer. (Preise und Veranstaltungstermine siehe Exkurs Thai-Boxen im Kapitel „Kultur und Gesellschaft".)

Dusit-Zoo

Dieser Zoo ist nicht gerade ein Muß auf der Besichtigungstour. Etwas Besonderes gibt es nicht zu sehen, und viele Thais kommen nur für einen geruhsamen Spaziergang in die parkähnliche Anlage. Ausländer erregen sich oft über die wenig professionelle, zum Teil unwürdige Art der Tierhaltung.

● **Geöffnet** tägl. von 7.30-18.00 Uhr, Eintritt 10 Baht, Mitführen einer Kamera 1 (!) Baht.

Schlangenfarm

Die „Snake Farm" wurde 1923 gegründet und ist somit die zweitälteste Schlangenfarm in der Welt (die erste wurde in Brasilien geschaffen). Hier wird zweimal täglich den giftigsten Schlangen, die das zoologische Wörterbuch kennt, das Gift abgemolken, um daraus Antiserum zu gewinnen. Die zwei Shows (11 und 2.30 Uhr, Sa, So/Fei nur 11 Uhr) sind für Besucher zugänglich. Unter den Schlangen sind Kobras, Kraits und verschiedene Vipernarten.

● **Geöffnet** Mo-Fr 8.30-16.30, Sa, So/Feiertage 8.30-12.00 Uhr, Eintritt 70 Baht.

Parks

Lumpini-Park

Dies ist die „Lunge" der Innenstadt von Bangkok, einige der wenigen größeren **grünen Oasen** in der Stadt. Frühmorgens sieht man hier alte Chinesen bei ihren Tai-Chi-Übungen. Ansonsten kann man joggen, ein paar Gewichte stemmen, sich ein Tretboot mieten oder ganz einfach ein Nickerchen machen, so wie viele Thais es tun.

Der Park ist bestens angelegt, alle hundert Meter steht ein Toilettenhäuschen, und an den Zugängen werden Obst und Getränke verkauft. An Wochenenden wimmelt es von Thai-Familien, die entspannen wollen. Nach Anbruch der Dunkelheit kann es etwas bizarr werden (s. Kapitel „Sicherheit", Stichwort „gathoeys").

● **Geöffnet** 5.00-20.00 Uhr. Der Park befindet sich zwischen Rajdamri Rd., Witthayu (Wireless) Rd., Rama 4 Rd. und Soi Sarasin und kann mit zahlreichen Buslinien erreicht werden.

Chatuchak-Park

An der Phaholyothin Road, nördlich an den Chatuchak oder Weekend Market (siehe 'Einkaufen/Märkte') anschließend, befindet sich dieser weitläufige Park, der etwa dieselben Attraktionen bietet wie der Lumpini Park. An Wochentagen ist es hier relativ ruhig, am Wochenende dafür recht überlaufen, es treffen sich hier vor allem Bewohner der Nordostprovinz Issaan. Gelegentlich finden sich auch dubiose Gestalten ein, und es gibt zahlreiche verbriefte Fälle, in denen junge Mädchen von hier verschleppt wurden, um dann in einem Bordell zur Arbeit gezwungen zu werden. Touristinnen sind davon nicht betroffen, dennoch sollte man vor Einbruch der Dunkelheit den Park verlassen.

● **Geöffnet** von 5.00-20.00 Uhr.

Rama-9.-Park

Gut 20 km außerhalb der Innenstadt befindet sich dieser Park. Er wurde 1987 zu Anlaß des 60. Geburtstag König Bhumipols angelegt. Es ist wohl der ruhigste aller Parks in Bangkok, zumindest an Wochentagen. Es gibt einen künstlich angelegten fischreichen Lotus-See, an dessen Ufern Wasservögel nisten, und in einigen Pavillons werden exotische Pflanzen ausgestellt, darunter eine umfassende Sammlung von Kakteen. Der Romaneeya Garden wurde den fünf geographischen Hauptregionen Thailands nachempfunden und präsentiert so ein anschauliches Bild der Geographie des Landes. Das Zentrum des Parks bildet die futuristische Rajamonkol Hall, die etwa wie ein zukünftiges Raumschiff-Terminal aussieht, und in der gelegentlich kulturelle Veranstaltungen stattfinden.

●**Geöffnet** 6.00-18.00 Uhr. Der Park ist der Entfernung entsprechend etwas umständlich zu erreichen: Man nehme zunächst einen Bus bis Sukhumvit, Soi 103, und fahre von dort mit einem beliebigen Bus weiter in Richtung Norden bis zum Parkeingang. Einfacher wäre ein Taxi, Fahrtkosten ca. 160-200 Baht.

Rommani-Nart-Park

Dieser für Bewohner der Khao San Road nächstgelegene Park befindet sich zwischen der Mahachai Road und der Unankan Road an der Ostseite von Wat Suthat. Auf dem relativ kleinen Gelände hatte sich bis vor einigen Jahren ein Durchgangsgefängnis befunden, von dem heute nur noch ein paar Wachttürme übrig sind; diese überblicken nun die 4 Ecken des Parks.

Um ca. 18.00 Uhr wird der Park mit lauter Disco- oder **Techno-Musik** beschallt, und einige Hundert Fitnessbewußte hüpfen sich unter Anleitung eines Aerobic-Trainers dazu die Seele aus dem Leib. An der Ostseite des Parks, an der Mahachai Road, ist ein ehemaliges Gefängnisgebäude vom Corrections Department, dem Amt für Strafvollzug, zu einem **„Gefängnis-Museum"** (Corrections Museum) umgewandelt worden; leider scheint dieses aber nie geöffnet zu sein.

●Der Park ist **geöffnet** von 5.00-20.00 Uhr. Man erreicht ihn mit den roten oder blauen **Bussen** Nr. 35, 42, 89 und 96 oder von Banglamphoo aus mit grünem Minibus Nr. 56.

Das Indische Viertel Pahurat

Das kleine indische Viertel Pahurat, am Südwestrand von Chinatown gelegen, erstreckt sich entlang der Chakraphet Road, von der aus mehrere kleine Gassen ausgehen. Dort könnte man sich fast nach Old Delhi versetzt fühlen. Es gibt Dutzende kleiner Restaurants, preiswerte Stoffgeschäfte, Reisebüros und sogar einige Betelhändler.

Die meisten Geschäfte gehören thailändischen Sikhs. Aufgrund des hohen Sikh-Anteils befindet sich hier auch Thailands größter **Sikh-Tempel,** Siri Guru Singh Sabha, der gut einen Besuch wert ist. Frühmorgens wird dort das traditionelle *langar* abgehalten – das gemeinsame, kostenlose Essen der Sikhs (vegetarisch), zu dem jedermann willkommen ist.

Gleich am Tempel (die Sikhs nennen ihre Tempel *gurudwara,* „Tor zum Guru") liegt der **Pahurat Market,** mit zahllosen Stoffgeschäften. Im zweiten Stock, zugänglich von einer ziemlich versteckten Treppe an der Pahurat Road, finden sich einige Geschäfte, die Kleinkram aus Indien verkaufen (Räucherstäbchen, Schmuck etc.)

Die wohlhabendsten Händler indischer Abstammung – die meisten haben heute Thai- Nationalität – sind die Sikhs der Namdhari-Sekte, zu erkennen an ihren weißen Turbanen. Die Namdharis sind (sehr im Gegensatz zu den anderen Sikhs) strikte Vegetarier. Einer der reichsten Männer Thailands, *Sura Chansrichawla,* ist Namdhari-Sikh indischer Abstammung. (Dummerweise ging die Laem Thong Bank, die ihm gehörte, 1998 pleite). Die Namdharis lehnen das Töten von Tieren ab – trotzdem ist Business nun mal Business: Am Südende der Unakan Road, am Rande von Pahurat, betreiben sie einige gutbestückte **Waffengeschäfte!**

Aufgrund der vielen indischen Geschäfte und Restaurants ist Pahurat gut ein paar Stunden Aufenthalt wert. Die **besten Restaurants** sind das Royal India (ist auch das teuerste im Viertel), Cha Cha, Samrat und Indrathep (letzteres rein vegetarisch). In der Gasse links neben dem ATM Department Store – ca. 50 m von der Chakraphet Road entfernt – befindet sich das kleine, von einem freundlichen Sikh geleitete Zoom Travels (Tel. 2227772), ein zuverlässiges **Reisebüro** mit Niedrigstpreisen.

Geschichte des Viertels

Nachdem Rama 1. dem vietnamesischen König bei der Unterdrückung eines Aufstandes geholfen hatte, waren zahlreiche Vietnamesen ins Land gekommen. Diese siedelten sich im Gebiet des heutigen Pahurat an und bildeten dort „Baan Yuan", das „Dorf der Vietnamesen". Mitte des 19. Jahrhunderts brannte das gesamte Dorf ab, wurde wieder aufgebaut und vom Rama 1. nach seiner verstorbenen Tochter benannt – Pahurat.

Auf die Vietnamesen folgten die Inder. Hauptsächlich Sikhs kamen zuerst, mittelllos, aber mit dem Vorsatz, hart zu arbeiten. Einige Sikhs wurden um die Jahrhundertwende Polizisten, ganz im Geiste ihrer kämpferischen Tradition. Andere wurden kleine Geschäftsleute, und ein oder zwei Generationen später wurde aus den armen Immigranten eine wohlhabende Schicht.

Hindus aus Nordindien kamen nun und verdingten sich als Arbeiter oder wurden kleine Händler. Man konzentrierte sich in Pahurat, machte es zum „indischen Viertel".

Nachtleben

... in Bangkok, das bedeutet nicht nur die Go-Go-Bars von Patpong oder Soi Cowboy, deren leichtgeschürzte Tänzerinnen ihr Haupteinkommen aus anderen, außerfahrplanmäßigen Aktivitäten beziehen. Neben diesen Etablissements gibt es jede Menge „normale" Bars oder Discos.

Doch noch ein paar Sätze zu **Patpong,** das eigentlich aus zwei parallel verlaufenden kleinen Straßen besteht, Patpong 1 und Patpong 2. Die Gegend ist voll auf Tourismus eingestellt, und so mancher Spaziergänger wird von den Türstehern/-steherinnen fast ins Lokal gezogen.

Häufig kommt es zu unliebsamen Zwischenfällen, vor allem bei den sogenannten „Live Shows", bei denen dem ausländischen Gast regelmäßig um ein Vielfaches **überhöhte Rechnungen** präsentiert werden. Das beste ist, sich vorher genau nach den Preisen der Getränke zu erkundigen, und dann jedes Getränk nach Erhalt sofort zu bezahlen. So merkt man dann schnell, wie der Hase läuft. Überhöhte Preise auf keinen Fall zahlen! Eine Drohung mit der Tourist Police macht sich ganz gut. Die Stimmung ist dann mit Sicherheit hin, und man sollte den Club schnellstens verlassen, um nicht noch mehr Ärger zu bekommen.

Soi Cowboy, eine kleine Straße in Sukhumvit, zwischen Soi 21 und Soi 23, wird gerne von länger im Lande lebenden Ausländern besucht, und hier ist das Barpersonal weit weniger aufdringlich.

Westliche Touristinnen sind oft enttäuscht darüber, daß Bangkoks Nachtleben allerlei Vergnügungen für die Herrenwelt zu bieten hat, aber nichts Spezielles **für die Dame.** Zwei Clubs aber sind rein weiblichen Gästen vorbehalten, Männer werden höflich zurückgewiesen.

Im Monte Carlo Club (Hotel Windsor, Sukhumvit Soi 20) und im Chippendale's (Hotel Manhattan, Sukhumvit Soi 15) werden Damen von ausgewählt ansehnlichem männlichem Personal bedient, und auf einer Bühne gibt selbiges Tanznummern zum besten. Man munkelt, daß sich die Herren auch für außerdienstliche Nettigkeiten zur Verfügung stellen, was die jeweiligen Managements bestreiten. Beide Clubs gehören der gehobenen Klasse an, und das Tragen von korrekter Abendkleidung sowie gefüllter Börse wäre angesagt.

Discos

Bangkok beherbergt eine stattliche Anzahl von Discos, und für viele Nachtschwärmer ist die Stadt **das Unterhaltungs-Zentrum Südostasiens** (auch wenn es zunehmend Konkurrenz durch Singapur bekommt). Nach einer städtischen Verordnung müssen alle Nightlife-Etablissements um 2 Uhr schließen, doch ganz genau hält sich niemand daran – oft wird die Tür dann zwar zugemacht, drinnen geht es aber noch etwas weiter.

Noch ein **Tip an männliche Reisende:** Discos sind keine Anmach-Bars, und die lokale Damenwelt ist besonders Ausländern gegenüber schüchtern und zurückhaltend. Viele Thais kommen in einem großen Freundeskreis, und man tanzt nur miteinander. Ausnahmen bestätigen die Regel, und gelegentlich mischt sich das Gunstgewerbe unter das Normalvolk.

Männliche Besucher dürften ansonsten sehr erstaunt darüber sein, daß in manchen Herrentoiletten **„Masseure"** bereitstehen, dem Wasserlasser während seiner Aktion eine Schulter- und Rückenmassage zu verpassen! Das mag zwar dem thailändischen Sinn des *sabai-sabai* (angenehm, entspannend) entsprechen, die meisten Westler dürften da aber eher Berührungsängste haben. Die Floskel *mai ao!* („Das will ich nicht!") erspart dem Toilettenbesucher die ungewollte Rückenbehandlung.

Einige typische Thai-Discos (mit hauptsächlich thailändischer Pop- oder „Country"-Musik) haben **weibliches Personal, das die männlichen Gäste zum Tanz auffordert.** Am Ende werden ihnen für jede Minute Tanz ein paar Baht berechnet. Ein Angestellter mißt die vertanzte Zeit mit einer Art Stechuhr, und wer nicht zahlen will, bekommt sicher Ärger.

- Das **Taurus** in Sukhumvit Soi 26 ist ein mehrstöckiges, ansprechend ausgestattetes Entertainment-Center mit Disco, einem Pub mit Live-Bands, einem Restaurant und einer Sushi-Bar. Das Publikum besteht in erster Linie aus wohlhabenden Thais.
- Ähnlich im Konzept ist der **Phoebus Amphitheatre Complex** in der Ratchadapisek Road, mit Live-Bands, Disco, Bar, Restaurant etc. Gelegentlich spielen bekannte Bands aus dem Westen.
- Das **Discovery** in Sukhumvit Soi 12 ist eine größere Disco mit mediterranem Dekor, einem Pub mit Live-Bands und einem Restaurant. Gute Lichtanlage.
- Der **Rome Club** in Soi 3 der Silom Road (dem „Gay-Zentrum" Bangkoks) war ursprünglich eine reine Schwulen-Disco, heute ist das Publikum aber recht gemischt. Die Musik ist auf dem letzten Stand, und täglich gegen Mitternacht oder 1.00 Uhr erklimmt ein Transvestiten-Kabarett die Bühne und präsentiert eine fetzige Show.
- Die populärste Schwulen- und Lesben-Disco ist **DJ Station** in Soi 2 der Silom Road, aber es finden sich auch reichlich Heteros ein. Das Publikum ist zumTeil extravagant bis bizarr gekleidet, und auf erhöhten Plattformen im Tanzsaal können „Exhibitionisten" ihre Tanzkünste vorführen.
- In Patpong 1 findet sich das **Peppermint**, eine kleine Disco, die meist randvoll ist, besonders am Wochenende. Die Klientel besteht aus vielen in Bangkok lebenden Westlern und wohlhabenden Thais.
- Freunde von Techno und Dancefloor kommen im **Capitol City** auf ihre Kosten, gelegen in der 93 Ratchadapisek Road.
- **T-Bar** in Sukhumvit Soi 4 spielt Underground-Musik und Rave und hat ein entsprechend junges, energiegeladenes Publikum.
- Das **NASA Spacedrome** ist eine der größten Discos der Stadt, und, wie der Name schon anzeigt, eine futuristische Angelegenheit mit hochmoderner Lichtanlage und riesiegr Tanzfläche. Es finden sich vornehmlich sehr junge, wohlbetuchte Thais ein. Das NASA liegt weit im Nordosten der Stadt, in der 999 Ramkamhaeng Road, Stadtteil Klongton. Taxis von den zentraleren Stadtbereichen dürften ab 150 Baht kosten.
- Eins der nobelsten Etablissements ist das **Spasso** im Grand Hyatt Erawan Hotel an der Rajdamri Road. Eine Mischung aus Disco, Bar und Restaurant, bei der sehr gute ausländische Bands, vor allem aus den USA, aufspielen. Die Preise sind recht hoch, und da sich hier gutsituierte Kunden einfangen lassen, finden sich gelegentlich auch Vertreter des „hochklassigeren" Gunstgewerbes ein. Ganz kann man dem in Bangkok nie entgehen!
- Ebenfalls auf das Top-Ende des Marktes zielt **Narcissus**, eine Nobel-Disco in Sukhumvit Soi 23. Die DJ's kommen zumeist aus westlichen Ländern, und es spielen recht gute Bands. Wer sich vom Normalvolk abheben will, kann einen der teuren „V.I.P.-Räume" buchen und sich separat vergnügen.

Bars

Kaum eine Ecke in Bangkok, in der sich nicht irgendeine Bar befindet: Das kann eine sogenannte **Cocktail-Lounge** sein, in der die Hostessen auch anderweitig tätig werden, oder eine typische Thai-Bar *(hong ahaan)* mit einer Band und Sängerinnen, die sich nach ein oder zwei Musikstücken abwechseln. In den **Go-Go-Bars** tanzen halbnackte bis gelegentlich auch gänzlich nackte Mädchen und tragen (im ersten Falle) rote Plastikschildchen

Werbeplakat für einen Schnulzensänger

mit einer Nummer drauf, die dem Gast das Identifizieren erleichtert. In anderen Bars geht es gesetzter zu, und zu Jazzmusik von der Hausband gibt's ein Dinner mit erlesenen Weinen. Bangkok hat einfach alles.

Ein paar interessante „normale" Bars befinden sich in **Soi Sarasin,** am Nordrand des Lumpini-Parks, nahe der Kreuzung Rajdamri Road. Hier treffen sich Modedesigner und Studenten, Musiker und Büroangestellte. Die Getränke sind im Allgemeinen nicht sehr teuer (Ausnahme: Brown Sugar), das Interieur gediegen aber nicht übertrieben. Die Musik ist Rock, und einige der Bars zeigen Musikvideos. Die Bars haben Namen wie Busy Booze, Shakin' oder Brown Sugar und sind ideale Orte für einen Umtrunk nach dem Besuchsprogramm des Tages.

Im **Brown Sugar** spielt täglich eine Live-Band, manchmal ist's Reggae, ein anderes Mal Rock oder Jazz. Dies ist aber auch der teuerste Laden in der Straße. Ein Bier kostet 180 Baht! Dementsprechend findet sich hier auch zumeist ein wohlbetuchtes und gut durchgestyltes Publikum ein. Relativ schlicht in der Aufmachung ist die **Blue's Bar,** spielt aber exzellente Musik vom Tape. Zudem ist sie wohl eine der preiswertesten Bars überhaupt.

● Die **Woodstock Bar** im Nana Plaza (1 St., Soi 4 Sukhumvit) ist einer der besten Orte für Live-Musik, mit hervorragenden Bands und Bargirls, die zwar wie die meisten Bargirls auf Freiersuche sind, denjenigen aber, der nur zum Musikhören gekommen ist, unbehelligt lassen. Das Nana Plaza beherbergt eine Reihe weiterer Bars, die meisten davon sind von der Go-Go-Sorte, ein paar „normale" Bierbars sind aber auch dabei.

● Einer der beliebtesten Treffpunkte für Rockfans, darunter viele Westler, ist das **Hard Rock Café.** Gelegen im Siam Square, Soi 11, ist es kaum zu verfehlen: Über dem Eingang ragt ein halbes Tuk-Tuk aus der Wand! Das Ambiente des Hard Rock ist irgendwo zwischen Rockkneipe und Fast-Food-Restaurant angesiedelt, man könnte es vielleicht den McDonald's der Rockmusik nennen. Die Musik ist aber recht ordentlich, und selbst das Essen (Thai und westlich) ist gar nicht mal so schlecht. An Wochenenden gibt es Live-Musik von oft sehr guten westlichen Bands, und es ist meist gerammelt voll.

● Das **Planet Hollywood** im Gaysorn Plaza (999 Ploenchit Road) ist Restaurant, Bar und Musikschuppen und Teil der von einigen Hollywood-Stars gegründeten Planet-Hollywood-Kette. Die Besitzer heißen *Demi Moore, Bruce Willis, Arnold Schwarzenegger* und *Sylvester Stallone.* Einige Gerichte auf der Speisekarte sind ihre Leib- und Magengerichte, die sie hier mit dem unglamourösen Normalvolk teilen. Passend zum Hollywood-Image ist das Lokal vollgestopft mit Film-Souve-

nirs, und es gibt auch einige Souvenirs zu kaufen, z.B. T-Shirts.
- Wer eher dem Schwermetall zugetan ist (eigentlich sollte das Blei in Bangkoks Luft schon reichen!), findet vielleicht die Erleuchtung im **X-Rock** (Hollywood Street Entertainment Complex, Petchaburi Rd., gegenüber dem First Hotel). Hier kämpfen jeden Abend drei oder vier Heavy-Metal-Gruppen gegeneinander an.
- Im **Rock Pub** an der Phya Thai Road (gegenüber Asia Hotel) gibt es ebenfalls Heavy-Metal. Freitags spielen *Bastard,* die einzige Heavy-Metal-Band in Bangkok, der ausschließlich Westler angehören. An manchen Abenden tritt *Lam Morrison* auf, Thailands bekanntester Rock-Gitarrist, ein Veteran aus den Zeiten, als noch amerikanische GI's die Pinten unsicher machten.
- Bekanntere Bands aus dem Westen spielen häufig im **Dance Fever** (71 Ratchadapisek Road), in dem eine Unzahl von Personal in merkwürdigen orangenen oder violetten Anzügen herumwieselt. Anfragen bezüglich des Programmes unter Tel. 2474295-6 (22.00-2.00 Uhr).
- Nicht ganz so laut geht es im **Saxophone** zu (3/8 Phya Thai Rd.), gelegen direkt an der Südostseite des Victory Monument. Das Lokal erinnert an eine europäische Rock-Pinte, und man trifft auch immer zahlreiche Westler an. Es spielen lokale Rock-, Jazz- oder Blues-Bands. Ausländische Musiker sind aber zu Jam-Sessions willkommen.
- Englische Pub-Atmosphäre bietet **Bobby's Arms** in Patpong 1 (Zutritt durch ein Parkhaus), umgeben von zahllosen Go-Go-Bars und Live-Sex-Kaschemmen. Während eine Ecke weiter befremdliche Dinge mit Bananen veranstaltet werden, kreist hier fröhlich der Ale-Krug. In dem Pub betrinken sich mit Vorliebe britische und australische Airline-Crews – nach dem Flug wohlgemerkt. Entgegen britischer Pub-Tradition ist das Essen hier gar nicht mal so übel, und außerdem ist dieser Ort einer der wenigen Oasen der Normalität (halbwegs) im sonst so dekadenten Patpong.
- **Delaney's** in der Convent Road (zwischen Silom Rd. und Sathorn Rd.) ist ein irischer Pub, der natürlich auch das dazugehörige Guinness serviert. Ein Großteil des Publikums sind in Bangkok lebende „Expats".
- In Sukhumvit Soi 55 (Soi Thonglor) findet sich das **Blue Moon Junction,** ein größeres Unterhaltungs-Zentrum, das von der Aufmachung her eine Mischung aus Kitsch und Science-Fiction präsentiert. Oft spielen sehr gute Live-Bands, darunter gelegentlich auch westliche. Wer aber lieber selber Stimme anlegen will, kann in die Karaoke-Anlage schallern.
- Die **Banana Bar** nahe dem Chart Guest House (in einem Soi zwischen Ratchadnoen und Khao San Rd.) macht äußerlich nicht viel her, für Liebhaber zeitgenössischer Popmusik ist es jedoch einer der besten Orte. Dazu liegt es günstig im Touristenviertel um die Khao San Road. Gespielt werden Hip-Hop, Indie-Musik, Acid-Jazz und andere eklektische moderne Musikrichtungen. Gelegentlich schaut die Polizei vorbei, um den Gästen in die Hosentaschen zu sehen!
- Bangkoks populärste Straße bei Teenagern und Früh-Twens ist die **Royal City Avenue** (oder kurz RCA) zwischen der Rama 9. Road und der Petchaburi Road. Hier liegen Dutzende von Pubs und Bars dicht beieinander. Allerdings findet sich auch recht dubioses oder heißblütiges Volk ein, und es kam schon des öfteren zu gewalttätigen Auseinandersetzungen.
- In der unmittelbaren Umgebung der Khao San Road hat sich eine Reihe von kleinen Bars und Clubs angesiedelt. Eine besondere Konzentration findet sich in der **Phra Arthit Road** (Thanon Phra Arthit) die auch von der Stadtverwaltung als eine Art Künstlerviertel – das die Straße zu Beginn dieses Jahrhunderts auch einmal war – gefördert wird, mit gelegentlichen Straßenfesten und kulturellen Veranstaltungen.
- Eine weitere Ansammlung von Bars findet sich in der **Tanao Road** (Thanon Tanao) direkt südlich der Kreuzung Tanao Road mit Ratchadamnoen Klang.

Nightlife-Info

- Um in Sachen Nachtleben auf dem Laufenden zu bleiben, empfiehlt sich das Studium der Kolumne „*Nite Owl*" in der Freitagsausgabe der Bangkok Post. Darin berichtet der amerikanische Autor *Bernard Trink* ausführlich über alle Ereignisse in der Bar- und Pub-Szene. Die Kolumne wird allerdings häufig dafür kritisiert, daß sie auch als eine Art Guide zu Orten fungiert, wo kommerzieller Sex angeboten wird.

● Ausführliche Tips zu Pubs, Discos, Restaurants u.v.m. finden sich auch im monatlich erscheinenden, sehr informativen **Bangkok Metro Magazine,** erhältlich für 100 Baht in zahlreichen Buchläden.

Kinos

Eine Reihe von Kinos in Bangkok zeigt amerikanische Filme in Originalsprache, andere zeigen sie auf Thai synchronisiert. Ausländische Filme erfreuen sich bei jungen Thais steigender Beliebtheit, und in diesem Zuge hat sich auch der Standard der Kinos in den letzten Jahren stark verbessert. Filmtickets kosten üblicherweise 60-100 Baht. Annoncen mit den aktuellen Programmen finden sich in den Tageszeitungen *Bangkok Post* und *The Nation*. Rezensionen der laufenden Filme siehe im Stadtmagazin Metro.

Zu den besten Kinos gehört das 1999 eröffnete **Grand EDV** (6. & 7.St., Disovery Center, Rama 1 Rd.), ein Kinokomplex mit sieben Leinwänden, einem Shopping-Center und einem Restaurant. Die Gesamtfläche beträgt 8.000 m². Zwei der darin enthaltenen Kinos sind Super-Deluxe-Kinos, mit Sitzen wie in der First Class im Flugzeug. (Ticketpreise bis zu 300 Baht).

Das **Thai IMAX Theatre** (1837 Phaholyothin Rd.) präsentiert unter anderem Filme in IMAX-Projektion (zum Preis von 120 Baht), als auch dreidimensionale Produktionen (150 Baht).

Vor der Vorstellung wird übrigens die königliche Hymne abgespielt, und Bilder der Königsfamilie werden gezeigt. Dabei haben alle Zuschauer aufzustehen. Der ausländische Gast kann dabei für sich keine Ausnahmeregel beanspruchen und sollte dem Beispiel folgen. Das gleiche gilt, wenn morgens um 8 und abends um 6 Uhr landesweit über öffentliche Lautsprecher die Nationalhymne gespielt wird. Wie die Thais auch, so sollte der Reisende während des Abspielens stehenbleiben bzw. aufstehen.

Thai-Tanz

Liebhaber klassischen Thai-Tanzes können die Vorstellungen besuchen, die von einigen Restaurants angeboten werden, was eine reichhaltige Mahlzeit mit beinhaltet. Die Preise sind allerdings nicht niedrig, ca. 350 Baht. Außerdem sollte man sich im klaren sein, daß alle derartigen Veranstaltungen mehr oder weniger touristischer Nepp sind, mit einem echten kulturellen Ereignis haben sie nur entfernt etwas gemein.

● Eines der besseren Restaurants ist das **Baan Thai,** 7 Sukhumvit Soi 32 (Tel. 258 5403 und 2589517). Öffnungszeiten: 19.30-22.00 Uhr, die Shows ab 21.00 Uhr.

● Daneben gibt es noch die Möglichkeit des **kostenlosen Zuschauens,** so am Erawan-Schrein oder am Lak Muang. An beiden werden den ganzen Tag über Vorstellungen gegeben. Die Auftraggeber sind Gläubige, die die Götter durch die ihnen dargebotene Unterhaltung gnädig stimmen wollen.

Shopping

Einkaufen kann man in kleinen Läden, an Straßenständen, auf Märkten oder in den großen Department Stores, von denen einige das meiste in den Schatten stellen, was wir von zu Hause kennen. Besonders empfehlenswert:

Kaufhäuser

Riesige Kaufhäuser gibt es in Bangkok heute in jedem Stadtviertel, die meisten sehen nicht anders aus als ihre Gegenstücke im Westen. In den letzten Jahren ist aber speziell in Bangkok der Sicherheits-Standard der Giganto-Gebäude ins Gerede gekommen, denn viele der Kaufhäuser sind zum Teil entgegen den Sicherheitsvorschriften konstruiert worden; manche haben einfach ein paar Stockwerke mehr aufgetürmt, als sie durften. Zudem ist es in den letzten Jahren zu mehreren mysteriösen Bränden gekommen, wovon am schlimmsten das Central Chidlom betroffen war.

Die üblichen Öffnungszeiten der Kaufhäuser sind 10.00-21.00 Uhr, einige schließen schon um 20.00 Uhr.

Der **New World Department Store** in Banglamphoo (Ecke Phra Sumen/Chakrabongse Rd.) war einst das wichtigste Kaufhaus für Bewohner der nahen Khoa San Road. Da es jedoch einige Etagen illegal oben aufgestockt hatte, lag es lange mit der Stadtverwaltung im Rechtsstreit und mußte nun doch die oberen Stockwerke abreißen lassen. Lange Zeit waren nur die untersten zwei Stockwerke in Betrieb, und was in Zukunft aus dem Kaufhaus werden wird, ist noch fraglich.

Das **Siam Center,** Rama 1, gegenüber dem Siam Square, ist mehr eine noble Angelegenheit mit modischen Sachen und höheren Preisen, ebenso das daneben gelegene **Discovery Centre,** wo sich vor allem gehobene Boutiquen finden; im 4. Stock gibt es ein Cyber-Café: Byte-in-a-Cup (Room 401), und im 6. und 7. Stock ist das Grand EDV angesiedelt, ein riesiges Kino-Center (siehe „Kinos").

Nahebei, an der Kreuzung Rama 1 und Rajdamri Road, steht das protzige **World Trade Center** mit dem **Zen Department Store.** Darin gibt es vor allem Kleidung von hoher Qualität, aber auch Eletronikartikel, Kameras etc. Das Ambiente ist sehr gediegen, und die Preise sind dementsprechend hoch. Gleich gegenüber, an der Ploenchit Road, findet sich das gediegene **Gaysorn Plaza,** eines der chromblinkenden neuen Kaufhäuser, die sich an Singapur zu orientieren scheinen.

Etwa 100 m südlich des Erawan-Schreins an der Rajdamri Road liegt das **Peninsula Plaza,** ebenfalls ein recht gehobenes Kaufhaus, vor allem mit Kleidungs-Boutiquen. Etwas um die Ecke, an der Ploenchit Rd., ein paar Schritte östlich des Erawan-Schreines liegt das **Amarin Plaza** und an Rama 4, Ecke Silom Road der noble **Robinson Department Store.** Die unterste Etage sowie die Lebensmittelabteilung im Kellergeschoß haben bis Mitternacht geöffnet! Aus den im Kaufhaus gelegenen Cafes mit Blick auf den Lumpini Park läßt sich gut das geschäftige Treiben Bangkoks beobachten. Der **Central Department Store** an der Ecke Soi Chidlom/Ploenchit Rd. (auch **Central Chidlom** genannt) bietet ein ausgezeichnetes Rundumangebot, darunter viele westliche Nahrungsmittel im Supermarkt.

Das **Panthip Plaza** an der Petchaburi Road, etwas westlich der Kreuzung mit der Rajaprarop (Ratprarop) Road, ist Bangkoks Zentrum der Soft-Ware-Piraterie. Kopierte Computer-Programme werden ebenso verkauft wie Raubkopien von Videos oder CDs. Aufgrund einiger Razzias wird die heiße Ware nicht immer offen ausgestellt, sondern erst auf Verlangen herbeigeholt. Angeboten werden auch preiswerte VCD-Player und anderes technisches Gerät.

Einen Preis für Originalität verdient das **Old Siam Plaza** im Stadtteil Pahurat, zwischen der Pahurat Road und der New Road (Charoen Krung Rd.). Die Architektur des Hauses ist einem Markt aus der Jahrhundertwende nachempfunden, mit einer hohen, gewölbten Halle, von der altertümlich-gemütliche Shopping-Arkaden ausgehen. Tatsächlich hat sich Anfang des Jahrhundertes an dieser Stelle ein bekannter Markt befunden, der Talaat („Markt") Ming Muang. Das Old Siam Plaza knüpft stilistisch an diesen an. Wahrscheinlich ist es heute das optisch gefälligste Shopping-Plaza der Stadt. Zu kaufen gibt es vor allem Kunsthandwerkliches und Antiquitäten, aber auch Schmuck und Kleidung. Im 3. Stock finden sich einige sehr dezent eingerichtete Cafés, im Erdgeschoß einige Restaurants mit Thai- und westlichen Speisen sowie Essensstände.

Das Nonplusultra eines Kaufhauses ist jedoch das **Mah Boonkrong Center** an der Phya Thai Road, nahe Ecke Rama 1, das mit dem Tokyu Department Store zusammen gewachsen ist. Zwischen beiden Häusern bestehen Durchgänge. Das Mah Boonkong Center ist mehr als nur ein Kaufhaus: Man kann sich die Haare schneiden lassen, einen Arzt aufsuchen, einen Film sehen oder eine Live-Show bewundern (nicht von der Patpong-Sorte!). Bei einem Hi-Fi-Händler kann man sich kostenfrei an Rockvideos ergötzen oder im 6. Stock schlemmen gehen. Auf dieser Etage gibt es eine unglaubliche Zahl von Essensständen, die verschiedene Spezialitäten anbieten. Man könnte einen ganzen Tag im Mah Boonkrong verbringen.

The Emporium an der Silom Road /Ecke Soi 24 ist ein hochklassiges und etwas teureres Kaufhaus, das vor allem die in der Umgebung wohnenden wohlhabenden Thais und westlichen Expats bedient. Neben teurer Boutiquen-Ware findet sich auch Handwerkliches, und im 5. Stock lockt ein sehr gutes Food-Center mit zahlreichen Ständen und Restaurants. Auf dieser Etage findet sich auch eine Weinabteilung, wahrscheinlich die umfangreichste, die ein Kaufhaus in Bangkok zu bieten hat. Das Emporium schließt erst um 22.00 Uhr.

An der Srinakharin Road, ganz im Osten der Stadt, liegt das ausufernde **Seacon Square,** das größte Kaufhaus

Südostasiens. Hier findet sich wahrhaft alles unter einem einzigen Dach, manchem mag es aber schon zu verwirrend groß sein. Außerdem ist der Anfahrweg von der Innenstadt aus beträchtlich: Ein Taxi von der Khao San Road kostet ca. 170 Baht.

Märkte

Auf dem berühmten Wochenendmarkt oder **Weekend Market** am Chatuchak (auch *Jatujak Park* geschrieben), gegenüber dem Northern Bus Terminal, gibt es so gut wie alles: von der Topfpflanze bis zum Kampfhahn, von der second-hand Elektronik bis zum Büfelschädel, auch fast neue Magazine wie „Stern" und „Spiegel" an den Buchständen an der Südwestseite des Marktes. Der Markt ist immer brechend voll. Geöffnet ist er Mittwoch bis Sonntag ca. 7-18 Uhr; Mittwoch und Donnerstag sind jedoch nur die Geschäfte mit landwirtschaftlichen Produkten sowie Restaurants und Getränkestände geöffnet.

Der **Bobay (Bo Bae) Markt** an der Krung Kasem Road, gut einen Kilometer nördlich von Hualamphong Station, ist der billigste Markt in Sachen Kleidung, auch sehr gut dafür ist der **Pattunam Markt** an der Kreuzung Rajdamri/Petchaburi Road.

Auf dem **Theves Markt,** am Nordende der Lak Luang Road, nahe dem Klong gibts's Blumen aller Gattungen und Sorten, auf dem **Bangrak Markt** an der New Road, südlich der Einmündung Silom Road, ebenfalls Blumen, sowie Obst und Textilien.

Der **Pak Klong Talaat** („Markt an der Klong-Mündung") nahe der Memorial Bridge (Nähe Stadtteil Pahurat) ist ein Großmarkt für Gemüse, Blumen und Süßigkeiten, und dem Fotografen bieten sich hier zahlreiche kunterbunte Motive. Nachmittags, wenn der Markt zu Ende geht, lassen sich hier riesige Blumensträuße zu Pfennigbeträgen kaufen. Der Markt sollte vor einiger Zeit geschlossen und verlegt werden, was aufgrund von Protesten jedoch vorläufig verworfen wurde.

Unter der **Memorial Bridge** findet abends ein **Kleidermarkt** statt, mit modischer Kleidung zu Niedrigstpreisen.

Der **Klong Toey Markt** (auch **Penang Market** genannt) an der Ratchadapisek Road, etwas nördlich der Highway-Überführung ist besonders günstig für Obst, Gemüse, Kleidung und billige Elektronikartikel. Wer die unter dem Autobahnkreuz verlaufende Eisenbahnlinie in südwestlicher Richtung verfolgt und dann an der ersten Weiche rechts abbiegt, erreicht nach einigen Minuten Klong Toey, Bangkoks berüchtigten Slum. Das Viertel ist kein Vergleich zu den Slums Kalkuttas, aber dennoch ist es hier aufgrund der vielen Heroinsüchtigen nicht ganz ungefährlich.

Ein einziger großer Markt ist **Chinatown,** wo es absolut alles gibt und das zu den oft tiefsten Preisen in der Stadt. Interessant sind die vielen Geschäfte mit traditioneller chinesischer Medizin, die von der Ginseng-Wurzel (genau so teuer wie bei uns) bis zu eingelegten Schlangenbabys ein merkwürdiges Sortiment an Heilmitteln bieten.

Wer an einer Erkältung leidet, sollte sich dort aus den samowarähnlichen Gefäßen *yaa khom* (3 Baht pro Glas) ausschenken lassen, ein kaffeeartiges, bitteres Gebräu (*yaa khom* = „bittere Medizin"). Das bringt einen enorm zum Schwitzen und vertreibt die Erkältung. Viele Thais trinken die Medizin auch als Stärkungsmittel, kippen aber gleich ein paar Schluck *yaa waan* (= „süße Medizin") hinterher – um den Geschmack wegzukriegen! Yaa waan ist ein goldfarbenes, gesüßtes Getränk, das nach Kamille schmeckt. (Die Anweisung „Chinatown" wird von nicht vielen Taxifahrern verstanden. Am besten, man sagt „Sampeng".)

Der **Pahurat Markt** (siehe Karte) liegt genau im **indischen Viertel,** und hier verkaufen indische Händler Stoffe und Kleidung. In der zweiten Etage des zum Bersten vollen Marktes gibt es zudem Schmuck, Räucherwerk und Kunstgegenstände aus Indien.

Gleich vom Pahurat Markt, unter der Fußgängerbrücke an der Chakrapet Road, geht die **Sampeng Lane** (Soi Wanit) ab. Diese schmale Gasse, die sich bis tief nach Chinatown hineinzieht, bietet wieder ein absolutes Allround-Angebot. Besonders nützlich: die für etwa 30 Baht erhältlichen (wirklich funktionierenden) Kakerlakenfallen *(baan malängsaab)*!

Aufgrund einer städtischen Verordnung müssen alle Straßenstände mittwochs geschlossen bleiben. Eine Ausnahme bildet jedoch der lebhafte Markt, der sich inmitten der berüchtigten Rotlichtmeile Patpong angesiedelt hat. Mitten auf der Straße, flankiert von Go-Go-Bars und aufreizenden Türsteherinnen, drängen sich Dutzende von Ständen, die preiswerte Kleidung, Lederwaren, Uhrenkopien, Musik- und Videokassetten und Souvenirs feilbieten. Der Markt zieht scheinbar mehr Besucher an als die von den Ständen fast vedeckten Bars. Weitere Straßenstände ziehen sich entlang der Silom Road, östlich der Einmündung der Patpong Road.

Spezialgeschäfte

Das preiswerteste Geschäft für **Stoffe** ist das im westlichen Bereich der Sampeng Lane (nahe Pahurat) gelegene Hare Ram, Hare Krishna. Dieses wird, wie der Name schon treffend andeutet, von einem Anhänger der Hare-Krishna-Bewegung geleitet, der prinzipiell billiger verkauft als andere. Morgens (ca. 9 Uhr) werden Hindu-Zeremonien im Laden abgehalten!

Sehr günstig für **Elektroartikel** ist die Charoen Krung Road zwischen Mahachai Road und Atsadang Road, sowie die Jawarat Road in Chinatown. Hier befinden sich zahllose Elektrogeschäfte mit exzellenten Angeboten. So gibt's brauchbare **Stereo-Recorder** etwa ab 1.200 Baht; **Farbfernseher** kosten von preiswerten 4.900 Baht aufwärts, **Video-Recorder** gibt's ab unglaublichen 5.600 Baht. (Das nur, falls jemand noch Platz im Rucksack dafür hat! Ein Einkauf am Ende der Reise ist da wohl am angebrachtesten.)

Um die Kreuzung Paharut Road/ Ban Mo Road haben sich jede Menge Läden mit **Hi-Fi-Teilen** angesiedelt.

Hier gibt's alles für Elektrobastler, vom Riesenlautsprecher bis zum Lötkolben.

Braucht jemand eine **Mönchskutte?** Oder einen **Hausaltar?** Religiöses (buddhistisches) Zubehör gibt es beiderseits der Giant Swing (Sao Ching-Chaa), entlang der Bamrung Muang Road. Weiterhin werden **Riesenkerzen, Gongs** in allen Größen, **Räucherstäbchen** und bunte **Fächer** verkauft. Goldene Buddha-Statuen sind ebenfalls zu bewundern, die dürfen aber bekanntermaßen nicht ausgeführt werden.

Wer der Mönchsrobe eine **Armee-** oder **Marineuniform** vorzieht, kann

Handwerker im
„Dorf der Bettelgefäßmacher"

diese in Geschäften entlang der Atsadang Road (an der Ostseite des Klong Lord, südlich des Royal Hotel) erstehen.

An derselben Straße verkaufen zahlreiche Läden **Schreibmaschinen, second-hand Kameras** und außerdem (neue) Hi-Fi-Waren.

Wer nicht die passenden **Schuhe** findet, kann sich in der Thanon Tanao (zwischen Thanon Mahanopp und der Kanlaya Nimit Road) in mehreren Läden Schuhe maßarbeiten lassen. Ein Paar kostet um die 1.000 Baht; dafür gibt's zuhause so gerade noch Schuhwerk vom Regal. Zwei weitere Schuhmacher befinden sich in der schmalen Straße (kein Straßenschild) rechts vom Thai-Brahmanen Tempel (Bot Phram).

Die Geschäfte liegen im Schatten eines unglaublich schmalen rosafarbenen Hauses. Das Haus ist an seiner schmalsten Seite nur 50 cm breit.

Die Inder in Pahurat nähen **Anzüge** und **Hemden nach Maß,** das Material sollte man sich aber vorher selber besorgen (im Pahurat-Markt), da die Schneider meist nur Ware aus gemischten Fasern (Kunstfasern und Baumwolle) auf Lager haben. Reine Baumwolle ist selten.

Teurere Schneiderläden liegen an Sukhumvit und dessen Sois, sowie an der Silom Road. Auch hier sind die meisten Schneider Inder.

Jede Menge **Korbwaren,** vom Bastsofa bis zum Blumentopfuntersatz gibt es an der Mahachai Road, etwas südlich der Einmündung Bamrung Muang Road. Hier liegen gleich mehrere Geschäfte nebeneinander.

Die **Bettelgefäße,** in denen die Mönche bei ihren morgendlichen Rundgängen Speisen einsammeln, werden etwas südlich des Wat Saket in Handarbeit hergestellt. Südöstlich der Kreuzung Boriphat/Mahachai Road liegt eine kleine Handwerkersiedlung, in der die Gefäße gefertigt werden. Die Siedlung heißt *baan baat* oder „Das Dorf der Bettelgefäße". Ein dort hergestelltes Bettelgefäß *(baat)* kostet 100 Baht, industriell gefertigte allerdings nur 40 Baht. Die handgearbeiteten sind aber haltbarer und können zur Not auch repariert werden. Das Handwerk der Bettelgefäßmacherei stirbt allerdings aufgrund der übermächtigen Konkurrenz der Industrie allmählich aus.

Chinesische Medizin, darunter zum großen Teil (angebliche) Aphrodisiaka und sonstige Stärkungsmittel, verkaufen zahlreiche Geschäfte entlang der Charoen Krung Road in Chinatown (also etwa zwischen Chakrawat Rd. und Mitsamphan Rd.).

In diesem Bereich findet man auch die preiswertesten **Fotoläden** der Stadt, wenn nicht gar ganz Thailands. Seit dem starken Wertverfall des Baht gibt es hier äußerst günstig Kameras und Objektive zu kaufen. Die Preise liegen meist auf dem selben Level wie in Singapur, oft sogar noch etwas darunter (handeln!). Im Vergleich zu Deutschland sind die Waren erheblich billiger. Nebenbei läßt sich gut Filmmaterial einkaufen. Diafilme (Kodak Ektachrome oder Fujichrome) kosten ab 180 Baht, die Diaentwicklung kostet ab 90 Baht pro Film, für Rahmung 40 Baht extra. (Kodachrome-Filme können in Thailand nicht entwickelt werden!)

Östlich der Kreuzung Mahachai/ Charoen Krung Road liegen einige Läden mit **Kuriosa.** Da gibt's dann alles mögliche, von der alten Taschenuhr bis zum Totempfahl.

Entlang der Charoen Krung Road in Chinatown liegen zahlreiche **Münzgeschäfte** und -stände, die alte (vielleicht nur gezinkte?) Münzen und Geldscheine verkaufen.

Modische und preiswerte **Kleidung** gibt es vor allem an den Straßenständen um das New World Department Store in Banglamphoo, ebenso in den Shopping-Arkaden am Siam Square (Rama 1, gegenüber dem Siam Center) oder an Ständen, die abends an der Silom Road aufgebaut werden (etwa 18.00-23.00 Uhr, zwischen dem Robinson Department Store und Patpong). Ebenfalls gut ist der Pattunam-Markt, auf dem man äußerst billig Kleidung erstehen kann .

Edelsteine können in Geschäften entlang der Silom Road erstanden werden, ebenfalls **Kunstgegenstände, Schmuck** etc. Das alles aber zu Silom-Road-angemessenen Preisen, also nicht gerade für das Budget des Billig-Travellers.

Die berühmte **Thai-Seide** gibt's sehr gut (aber nicht so billig) bei Jim Thompson's Thai Silk Co., 9 Suriwong Road. In derselben Straße (Nr. 23/15-6) befindet sich P. Shinawatra Thai Silk, ebenfalls mit Seide, Baumwollstoffen etc. Um übrigens echte Seide von Polyester-Gemischen zu unterscheiden, lasse man sich ein kleines Stück des zu kaufenden Materials geben und brenne es an – echte Seide verbrennt zu einem feinen Pulver und riecht wie angebranntes Fleisch. Polyester-Gemische riechen dagegen eindeutig nach Plastik.

Eine Riesenauswahl an **CDs** (ca. 435-500 Baht) gibt es bei Tower Records. Eine größere Auswahl in Südostasien gibt es nur noch bei HMV in Singapur. Die Firma Tower Records in Bangkok betreibt mehrere Filialen in der Stadt, so im Siam Center und im World Trade Center (beide Rama 1 Rd.), in The Emporium (Sukhumvit, Ecke Soi 24), in The Mall (Bangkapi) und im Central Pinklao (Pinklao Road).

Stadtverkehr

Außer den im Kapitel „Verkehrsmittel" erwähnten Taxis und Tuk-Tuks verfügt Bangkok über ein hervorragendes Busnetz sowie über Fähr- und Expreßboote.

Bus

Busfahrten innerhalb Bangkoks kosten sowohl in den staatlichen blauen und beige-roten wie auch in den kleineren privaten grünen Bussen 3,50 Baht. Das gilt, egal wie lang die Strecke ist. Die relativ neuen blau-weißen Busse (bisher nur wenige Linien) kosten 5 Baht.

Dazu gibt es noch blaue **A.C.-Busse,** deren Liniennummern nicht mit denen der Normalbusse übereinstimmen. Die Nr. 1 der A.C.-Busse fährt also nicht dieselbe Strecke wie die Nr. 1 der Normalbusse. Die klimatisierten Busse kosten zwischen 6 und 16 Baht, je nach Strecke.

Die privat betriebenen, kompakt gebauten **Micro-Busse** (bas maicro) sind mit A.C. ausgestattet und an ihrer rot-silbrigen Farbgebung zu erkennen. Die Macro-Busse sind etwas kleiner als die blauen A.C.-Busse, dafür aber noch bequemer. Es werden keine Stehpassagiere geduldet, sobald alle Sitzplätze belegt sind, werden keine Fahrgäste mehr aufgenommen. Alle Fahrten kosten 20 Baht, egal wie weit man fährt. Das Geld ist passend in eine Box am Fahrersitz zu werfen; Wechselgeld wird nicht herausgegeben. Das Macro-Bus-Netz ist noch sehr dünn, wird aber erweitert.

Weiterhin kommen einige gasbetriebene und klimatisierte **Luxus-Busse** (Thai: *por or por*) dazu, die aber nur die nordöstlichen Vororte mit der Innenstadt verbinden. Der Fahrpreis beträgt je nach Strecke 6-16 Baht.

Die beiden zuletzt genannten Linien haben ihre eigenen Nummern, die sich nicht mit denen der anderen Busse decken.

Wenig zu empfehlen sind die eingangs erwähnten **grünen Mini-Busse.** Erstens bieten diese den Komfort einer rollenden Konservendose, und dazu liefern sich die Fahrer oft mit anderen Bussen halsbrecherische Rennen, bei denen die Sicherheit der Fahrgäste völlig außer acht gelassen wird.

Alles in allem: Bangkoks Bussystem ist höchst kompliziert und verwirrend, dafür aber auch enorm preiswert.

Boot

Die langen, schmalen **Klongboote** haben umgebaute LKW-Motoren als Antrieb und sind dementsprechend schnell. Diese Boote verkehren oft in den schmalen Kanälen, die vom Fluß ausgehen. Bei den Anlegestellen hinter Wat Po und Wat Mahathat können

Expreßboot auf dem Chao Phraya

diese Boote auch stundenweise angemietet werden. Die Stunde kostet ca. 300 Baht, die Anfangsforderung beträgt aber leicht 1.000-2.000 Baht.

Auf dem Chao Phraya fahren verschiedene Typen von Booten: Die kurzen und hohen **Fährboote** pendeln zwischen bestimmten Anlegestellen zwischen den Flußseiten hin und her. Eine Überfahrt kostet 1 Baht, zu zahlen an einem Kassenhäuschen oder auf dem Boot.

Die **Expreßboote** sind das angenehmste Transportmittel in Bangkok: schnell, luftig und preiswert. Wenn sich eine Möglichkeit bietet, eine bestimmte Strecke per Expreßboot zurückzulegen, ist dieses dem Bus allemal vorzuziehen.

Expreßboote verkehren auf dem Chao Phraya zwischen 6 und 18.00 Uhr und kosten je nach Strecke 3-9 Baht. Die von vielen Travellern befahrene Strecke vom Wat Mahathat zum Wat Muang Kae (2 Min. Fußweg vom G.P.O.) kostet 6 Baht.

Die Boote verkehren alle 20 bis 30 Minuten, sind aber nicht immer ganz pünktlich. Nach Norden fahren Expreßboote bis Nonthaburi, nach Süden bis zum Stadtteil Thanon Tok.

Ein weiterer Expreßverkehr, allerdings mit den **schmalen Klongbooten,** bietet sich auf dem Klong Mahanak: Ab Wat Saket fahren die Boote bis zum nordöstlichen Vorort Bangkapi, Kostenpunkt bis dort 15 Baht, bei kürzeren Strecken entsprechend weniger. Von Wat Saket aus erreicht man in wenigen Minuten den Stadtteil Pattunam, zu dem man per Bus mindestens eine Dreiviertelstunde benötigt. Aber Vorsicht, speziell auf diesem Streckenabschnitt stinkt der Klong ganz erbärmlich! Die Mitnahme eines Taschentuches als Geruchsschutz ist anzuraten.

Auf den in Bangkok erhältlichen Stadtplänen sind zumeist die Routen und Anlegestellen der Boote auf dem Chao Phraya eingezeichnet, nicht aber die der Klongboote.

Taxameter-Taxi

Nachdem die Taxis ohne Taxameter, bei denen der Fahrpreis im vorab auszuhandeln war, mittlerweile so gut wie verschwunden sind, gibt es nun ca. 40.000 Taxis mit Taxameter in Bangkok. Eine Klimaanlage gehört ebenfalls zur **Grundausstattung.**

Die Taxis sind an dem auf dem Dach angebrachten Schild „Taxi-Meter" zu erkennen und kommen aber ansonsten in allen erdenklichen **Farbkombinationen** daher. Taxis mit grün-gelbem Anstrich weisen aus, daß sie Eigentum des Fahrers sind; alle andersfarbigen Taxis sind solche, deren Fahrer die Wagen von einem *taukey*, einem „großen Geschäftsmann", mieten. Das kostet sie etwa 450-500 Baht pro 12-Stunden-Schicht.

In der Vergangenheit waren Bangkoks Taxifahrer oft wegen ihrer rüden **Umgangsart mit den Kunden** gefürchtet, inzwischen hat sich jedoch ihr Niveau entscheidend verbessert. Das liegt vor allem daran, daß viele zuvor gut bezahlte Angestellte, die aufgrund des Wirtschaftskollapses ihre Arbeit verloren, nun Taxi fahren. Diese eher sanften Zeitgenossen haben die derben Haudegen von einst weitgehend verdrängt (was allerdings nicht auf die berüchtigten Airport-Taxis zutrifft), und das Taxifahren in Bangkok ist heute so angenehm wie lange nicht mehr.

Aufgrund der engen finanziellen Lage in Thailand und der **mangelden Kundschaft** läßt heute auch so gut wie kein Taxifahrer mehr einen Kunden abblitzen – in den (für die Taxifahrer) besseren Zeiten war es so, daß sich so manch Taxifahrer seine Kundschaft aussuchte und nur fuhr, wenn ihm die Strecke genehm war.

Sollte es dennoch Ärger geben (z.B. eine überlange „Stadtrundfahrt"), kann man eine **Beschwerde** vorbringen beim *Land and Transport Department*, Tel. 2725489. Beschweren kann man sich übrigens auch, wenn ein Taxifahrer eine Fahrt ablehnt. Ihm droht dafür eine Geldstrafe von 1.000 Baht. Soviel kostet es auch, wenn der Fahrer das zentrale Türverschlußsystem einschaltet und den Passagier somit quasi gefangen hält; die Regel wurde eingeführt, nachdem einige Fahrer so Passagiere beraubt oder vergewaltigt hatten. Mit 2.000 Baht wird es geahndet, wenn der Fahrer den Passagier vor dem vereinbarten Fahrtziel aus dem Wagen komplimentiert.

Die **Preiskalkulation** der Taxameter-Taxis sieht wie folgt aus: Anfangsgebühr (bis 2 km) 35 Baht; jeder weitere Kilometer bis 12 km kostet 4,50 Baht, von 13-20 km 5 Baht/km, darüber 5,50 Baht/km. Standzeiten werden mit 1 Baht/Min. berechnet. Beim Befahren der Schnellstraßen, was erhebliche Fahrzeit einsparen kann, muß die **Straßengebühr** (30-40 Baht) vom Fahrgast getragen werden. In der Regel sind Taxis nicht teurer als die Tuk-Tuks (s.u.), oft sogar noch billiger!

Taxameter-Taxis können gegen einen Aufpreis von 20 Baht auch **per Telefon** gebucht werden. Man wende sich an VMS Communication, Tel. 1545 oder 3199911-3. Wie lange es allerdings dauert, bis das Taxi bei Bangkoks Verkehrsstaus beim Anrufer eintrifft, ist eine andere Frage.

Tuk-Tuk

Der Fahrpreis für Bangkoks Tuk-Tuks ist im voraus auszuhandeln. In der Regel sollten sie ca. ein Drittel weniger kosten als die Taxis. Einige Tuk-Tuk-Fahrer, besonders die in der Khao San Road, neigen zu Wucherpreisen. Vorsicht auch vor Fahrern, die sich anbieten, für 10 Baht oder eine ähnlich lächerliche Summe eine Stadtrundfahrt zu veranstalten – am Ende versuchen sie, den Passagier in ein Edelsteingeschäft o.ä. zu locken, wo er dann ordentlich zur Kasse gebeten wird. Eine Kurzstrecke per Tuk-Tuk (1-2 km) kostet etwa 30 Baht. Bei langen Strecken sind die Tuk-Tuks oft teurer als die Taxis!

Periodisch gibt es immer wieder mal Bestrebungen, die Tuk-Tuks abzuschaffen, was aus ökologischer Sichtweise sicher gerechtfertigt wäre. Tuk-Tuks sind ohrenbetäubend laut und gehören mit zu den schlimmsten Luftverpestern.

Motorrad-Taxi

Vor Kaufhäusern oder an Zugängen zu längeren Sois (Gassen) finden sich oft Motorrad-Taxis, deren Fahrer zumeist rote oder blaue Westen tragen. Die Motorrad-Taxis sind günstig, um schnell die Staus zu durchfahren, dafür ist die **Unfallgefahr** relativ hoch, und sie **kosten** fast genausoviel wie die Tuk-Tuks oder Taxis. Die Fahrer werden oft von Polizisten zu hohen Schmiergeldzahlungen genötigt und müssen sich das Geld irgendwie wieder zurückverdienen.

Einige der Fahrer sind selber keine unbescholtenen Blätter, und **Frauen** sollten Fahrten in einsame Gebiete oder während der Dunkelheit vermeiden.

Skytrain

Ende 1999 wurde endlich die lang geplante **elektrische Hochbahn** oder Skytrain eröffnet (auf Thai *rot-fay fay-fa loy* = „schwebender Elektro-Zug"). In Amtssprache nennt er sich auch BMTS oder *Bangkok Mass Transit System*.

Die **Preise** für die Fahrten lagen bei Drucklegung noch nicht fest, sie dürften sich zwischen 15 und 30 Baht bewegen, je nach Länge der gefahrenen Strecke. Die Züge, Baumarke Siemens, dürften diesen Aufpreis im Vergleich zu den Bussen durchaus wert sein, zumal man bei den Fahrten einen interessanten Ausblick auf den Beton-Dschungel Bangkok erhält.

Es existieren zwei **Linien,** die auf recht unansehnlichen Hochtrassen durch die Stadt führen: Die Silom-Linie, die vom National Stadium (nahe Mah Boonkrong Shop. Ctr.) über die Ratchdamri Road und Silom Road zur Sathorn Bridge führt. Die zweite Linie, die Sukhumvit-Linie, führt vom Bahn-Depot in Morchit (relativ nah am Northern und Northeastern Bus Terminal) über das Victory Monument, National Stadium und die Ploenchit Road bis zu Soi Onnuj an der Sukhumvit Road.

Das Bahnnetz ist bislang insgesamt 19 km lang, soll aber in Zukunft, falls das Geld dafür da ist, noch ausgebaut werden.

U-Bahn

Arbeiten an einer U-Bahn, die im Jahre 2002 in Betrieb genommen werden soll, sind im Gange. Die Bahn wird von der Hualamphong Station über die Silom Road (am Dusit Thani Hotel), über die Rama 4 Road und Ratchadapisek Road zum Northern und Northeastern Bus Terminal führen (Kamphaeng Phet Road).

Unterkunft

Die Auswahl an Unterkünften in Bangkok ist riesig, doch sind die Distanzen in der Stadt gewaltig, und man sollte bei der Ankunft eine Vorstellung davon haben, wo man zu wohnen gedenkt.

Die wichtigsten Hotelbezirke

Bangrak: Der Stadtteil um das Hauptpostamt (G.P.O.) herum, mit einigen zum Teil dubiosen Guest Houses (vorwiegend pakistanisches Publikum), aber auch einigen recht guten Mittelklasse-Hotels. In den Guest Houses wird des öfteren von Diebstählen berichtet.

Chinatown: Hier finden sich einige Hotels der oberen Mittelklasse und auch zahlreiche billige Bordell-Hotels. Aufgrund der enormen Verkehrslautstärke und der Abgasbelastung braucht man hier aber sowohl Nerven als auch Lungen aus Stahl.

Hualamphong Station: Am Ostrand von Chinatown, mit denselben Lärm- und Abgasproblemen. Außerdem sind auch hier die Unterkünfte größtenteils Bordelle.

Khao San Road: Die günstigste Wohngegend, für Bangkoker Verhältnisse ruhig und in der Nähe zahlreicher Sehenswürdigkeiten gelegen. Es gibt Dutzende von sehr preiswerten Guest Houses und einige Hotels der unteren Mittelklasse. Besonders ruhig gelegen sind die Unterkünfte westlich der Khao San Raod, um Wat Chanasongkhram herum. Gelegentlich werden Diebstähle gemeldet: begangen zumeist von Travellern! Ein paar sehr gute Unterkünfte finden sich ca. 1,5 km nordöstlich der Khao San Road, nahe dem National Museum.

Pahurat: Das „indische Viertel" am Südrand von Chinatown, fast ebenso laut und abgasbeladen. In den kleinen Gassen abseits der Hauptstraße finden sich einige preiswerte, wenn auch nicht gerade gut in Schuß gehaltene Hotels.

Pattunam (Pratunam): Einige teurere Hotels, umgeben von viel Verkehrschaos und einem lebendigen Markt.

Silom Road: Bangkoks quirlige „Wall Street", mit einigen teuren Hotels. Abseits der Straße liegt der berühmtberüchtigte Barbezirk Patpong.

Soi Ngam Duphli: Die erste Traveller-Straße der Stadt, die heute allerdings einen etwas verlassenen Eindruck macht. Es gibt mehrere preiswerte Guest Houses. Die Gegend ist leider auch ein Treffpunkt für Konsumenten harter Drogen.

Sukhumvit: Eine schier endlos lange Ausfallstraße in Richtung Osten, mit internationalem Flair. In den zahlreichen von Sukhumvit abzweigenden Sois (Gassen) finden sich Dutzende von Hotels der Mittel- und Oberklasse; diese gehören zu den besten Wohnmöglichkeiten in der Stadt. Preiswerte Guest Houses wie in der Khao San Road gibt es allerdings nicht.

Suriwong Road: Eine Parallelstraße der Silom Road, allerdings häßlicher und lauter. Es gibt ein paar teure Hotels.

Unterkunft

Zimmersuche

Wer in Bangkoks Don Muang Airport gelandet ist, sollte eine ungefähre Vorstellung haben, wieviel Geld er für ein Zimmer auszugeben bereit ist. Danach kann er sich aus den Stadtteilbeschreibungen einen Bezirk aussuchen und diesen am Taxischalter im Flughafen nennen.

Die Taxifahrer am Flugplatz kennen die Hotelgegenden sehr gut, so wird es da keine Probleme geben. Doch Vorsicht, gelegentlich behaupten die Fahrer, daß gerade das Hotel der Wahl „bis an die Decke voll" ist, weil sie den Touristen lieber in ein Hotel schleppen würden, das ihnen Kommission zahlt. Bangkok ist voll von Hotels, und man sollte sich durch solche Bemerkungen nicht verängstigen lassen. Niemand muß auf der Straße schlafen! Ist das gewünschte Hotel tatsächlich belegt, so liegen in dessen Umgebung bestimmt noch eine Menge anderer.

Die **beste Zeit,** ein Zimmer zu suchen, ist morgens oder um 12 Uhr mittags, weil dann viele Gäste auschecken. Wer spät abends eintrifft, ist nicht so gut dran, das gewünschte Hotel könnte belegt sein. Dann: Einfach ein Zimmer in der Nähe für nur eine Nacht nehmen und am nächsten Morgen etwas besseres suchen.

Das Viertel um die Khao San Road

Dies ist der z. Zt. **größte Traveller-Treff** der Stadt, und daran wird sich

Preiskategorien

Für die Kennzeichnung des Preisniveaus der einzelnen Unterkünfte wird die folgende Einteilung verwendet, die sich aber ausschließlich auf die Preisgruppe und nicht auf den Service bzw. die Qualität bezieht.

Klassifizierung der Unterkünfte

*	bis 100 Baht
**	100-300 Baht
***	300-600 Baht
****	600-1.200 Baht
*****	1.200-2.400 Baht
LLL	Luxusklasse, über 2.400 Baht

vorläufig auch nichts ändern. In der ein paar hundert Meter langen Straße befinden sich gut 50 Guest Houses, in der weiteren Umgebung noch mindestens drei Dutzend mehr. Die Häuser sind durchweg sauber und zudem sehr preiswert. Die große Konkurrenz hält die Preise tief. Wer in der Hauptsaison am späten Abend eintrifft, kann das Pech haben, alles voll vorzufinden und sollte dann bei den Guest Houses in der Umgebung auf die Suche gehen.

Die meisten Guest Houses führen auch **Restaurants,** in denen das in Asien übliche Traveller-Essen serviert wird: vom Muesli zum Banana Pancake, vom 3-Minuten-Ei zum angeblichen Vollkorntoast (sieht verdächtig nach eingefärbtem Weißbrot aus!). Viele Restaurants haben Video, und die abendlichen Vorstellungen werden auf Kreidetafeln angekündigt.

Achtung, Rabatte! In Bangkok ist es in den letzten Jahren zu einer großen Zahl von Hotelneubauten gekommen. Es gibt heute mehr Hotels, als eigentlich benötigt werden, vor allem im Mittel- und Oberklassenbereich. Aus diesem Grunde kann man bei vielen Hotels den Preis herunterhandeln, manche geben gleich von sich aus einen Rabatt. Preisnachlässe kann man oft auch durch Buchungen über Reisebüros in Bangkok herausschlagen: Man zahlt so weniger, als wenn man direkt an der Rezeption aufkreuzt.

In der Straße befinden sich mehrere **Wechselschalter,** die von 8.00 bis 20.00 Uhr geöffnet sind.

Das dort eingewechselte Geld kann immer leichter in der Khao San Road ausgegeben werden, finden sich dort doch zunehmend teure Bekleidungsgeschäfte – allesamt von indischen Sikhs geleitet – und Restaurants. In den letzten Jahren hat sich das Flair der Straße stark auf das des nobleren Sukhumvit zubewegt, alles wird etwas gepfleger, glatter und leider auch teurer. Vorsicht vor den Tuk-Tuk-Fahrern, die dort Wucherpreise verlangen. Handeln und nochmals handeln! Die guten Verdienstmöglichkeiten in dem Viertel haben sogar Dutzende von indischen Wahrsagern angelockt, indische Sikhs aus der wenig gut beleumundeten Kaste der Bhatare, die von Zukunftsängsten geplagte Touristen auflauern.

Die preiswerten Unterkünfte – und das sind die meisten in dieser Gegend – ähneln sich alle mehr oder weniger. Großer Komfort ist nicht zu erwarten, es sei denn, man zahlt 200 oder 300 Baht. Störend kann der Straßenlärm sein. Die in den schmalen Gassen abseits der Khao San Road gelegenen Guest Houses sind meist ruhiger als die direkt an der Straße.

Die Preise schwanken gelegentlich je nach Saison. Wenn die Straße gerammelt voll ist, kostet sogar ein Bett im Dorm schon 60 Baht. Die unten angegebenen Preise können sich leicht um 20-40 Baht erhöhen.

Khao San Road und Nebengassen

Hier gibt es jede Menge Restaurants, Reisebüros und Geschäfte. Zahlreiche Unterkünfte finden sich auch in Trok Mayom, einer zwischen der Khao San Road und dem Rajdamnoen verlaufenden Gasse; diese Unterkünfte sind meist ruhiger. Einige Guest Houses liegen in den kurzen Verbindungsgassen zwischen Khao San Road und Trok Mayom. Die Auswahl ist riesig. Khao San wird gelegentlich auch Kao Sarn oder in anderen Varianten geschrieben.

● Sehr gut ist das **Top Guest House**** (1 Khao San Rd., Tel. 2819954), mit sauberen Zimmern (Bad).
● Das **Thai Guest House*** (24/1 Khao San Rd., Tel. 2819041, 2829397) hat ordentliche Zimmer (Bad) für bis zu vier Personen. Störend wirkt allerdings die etwas exzentrische Musik, die von der nahen Banana Bar herüberdröhnt.
● Ausgesprochen gut für seinen Preis ist das **D & D Inn***** (68-70 Khao San Rd., Tel. 629 0526-8; Fax 6290529); es gibt Zimmer mit Bad, A.C., TV und Telefon. Gleich daneben plant das Unternehmen einen Anbau, der auch einen Swimming-Pool bekommen soll.

UNTERKUNFT

- 🏠 1 Nana Plaza Inn
- 🏠 2 Neo House
- ❶ 3 Pub Bayon
- 🏠 4 Nat G.H.
- 🏠 5 Marco Polo Hostel
- 🏠 6 Siam Oriental Hotel
- 🏠 7 New Nith Charoen Hotel
- 🏠 8 Bonny G.H.
- 🏠 9 Top G.H.
- 🏠 10 Khao San Garden Inn
- 🏠 11 Khao San Privacy G.H.
- ❶ 12 Khao San Restaurant
- 💲 13 Krung Thai Bank
- 🏠 14 Khao San Palace Hotel
- 🏠 15 Lek G.H.
- 🏠 16 Hello G.H.
- 🏠 17 D+D Inn
- ❶ 18 Chart Restaurant
- 🏠 19 Chart G.H.
- ❶ 20 Hello Restaurant
- • 21 Polizei
- 🏠 22 Ploy G.H.
- 🏠 23 J+Jor G.H.
- 🏠 24 Thai G.H.
- 🏠 25 Joe G.H.
- ❶ 26 Gaylord (Indian) Restaurant
- 💲 27 Bank
- 🏠 28 Sawasdee Hotel
- 🏠 29 My House G.H.
- 🏠 30 Marry V. G.H.
- 🏠 31 Green G.H.
- 🏠 32 New Siam G.H. 21
- 🏠 33 Roof Garden G.H.
- 🏠 34 Apple G.H.
- 🏠 35 Peachy G.H.
- 🏠 36 New Merry V.
- 🏠 37 Phra Arthit Mansion
- 🏠 38 Apple G.H. 2
- ❶ 39 Riverstar Tour
- 🏠 40 Sak G.H.
- ❶ 41 Ptt Tankstelle
- 💲 42 Bank
- 💲 43 New World Department Store

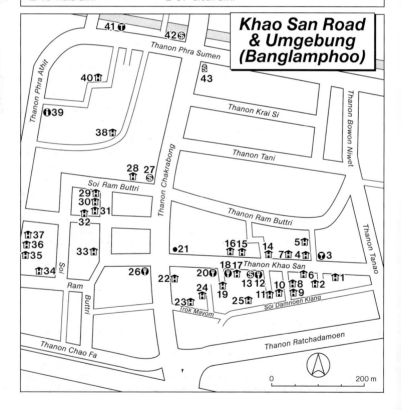

Khao San Road & Umgebung (Banglamphoo)

- Relativ ruhig hinter der Straße liegt das **Khao San Privacy Guest House****-*** (86 Khao San Rd., Tel. 2817512, 2814708); akzeptable Zimmer ohne und mit Bad.
- Recht gute Zimmer hat das **Marco Polo Hostel & Restaurant****, gelegen in einer Seitengasse (108/7-10 Khao San Rd., Tel. 2811715, 282039); Zimmer mit Bad und A.C.
- Ebenfalls etwas zurückversetzt liegt das **Bonny Guest House**** (132 Khao San Rd., Tel. 2819877); Einzel/Doppel ohne eigenes Bad, dazu gibt's Betten im Dorm.
- Nahebei liegt das kleine **Khao San Garden Inn**** (126/2 Khao San Rd., Tel. 2826655, 2817818), das Schild besagt in leichter Variation „Kao Sarn Garden Inn". Zimmer ohne Bad. Im Haus kann man sich auch eine traditionelle Thai-Massage verabreichen lassen oder in einer Kräutersauna schwitzen.
- Das **Khao San Palace Hotel****-*** (139 Khao San Rd., Tel. 2820578, 2813272) ist eine der ältesten Unterkünfte in der Straße, mittlerweile ist sie jedoch gründlich renoviert. Es gibt ordentliche Zimmer mit Bad.
- Für den Preis sehr gut ist das **Nith Charoen Hotel**** (183 Khao San Rd., Tel. 2819872); Zimmer mit Bad.
- Das **Siam Oriental Hotel***** (190 Khao San Rd., Tel. 6290311, 6290312) hat gute Zimmer (Bad). Sehr beliebt ist das Restaurant des Hauses, das meist gerammelt voll ist.
- Einfache Zimmer ohne eigenes Bad hat das **Nat Guest House**** (217-219 Khao San Rd., Tel. 2826401).
- Zimmer ohne eigenes Bad im **J & Joe House***-** (1 Trok Mayom, Tel. 2812949).
- Das **New Joe House****-*** (81 Trok Mayom, Tel. 2812948) hat einen kleinen Garten.
- Zu den ältesten Unterkünften in der Straße gehört das **Lek Guest House**** (125-127 Khao San Rd., Tel. 2812775;), Zimmer ohne eigenes Bad.
- Besser ist das **Chart Guest House****-*** mit Zimmern mit und ohne eigenes Bad, kann aber nachts recht laut werden (Musik).
- Das **Ploy Guest House****-*** nahe der verkehrsreichen Ecke Khao San Road/Chakrabong Rd. (Tel. 2819247) hat Zimmer mit und ohne eigenes Bad.
- Das **Viengtai Hotel****** in der nödlichen Parallelstraße zur Khao San Road (42 Tani Rd.,

Tel. 2828119; Fax 2803527) hat komfortable Zimmer (Bad, A.C., TV, Tel., Kühlschrank).

Nahe Wat Chanasongkhram und Phra Arthit Road

Am Westende der Khao San Road sieht man an der Chakrabong Road den Tempel Wat Chanasongkhram, und dahinter finden sich einige der besten und vor allem ruhigsten Unterkünfte des Viertels. Die Chakrabong Road wird auch oft Chakrabongse geschrieben, das se am Ende wird in Thai aber nicht ausgesprochen.

- Gute und preiswerte Zimmer und einen sehr freundlichen Besitzer hat das **Sun Guest House***-**, zuvor Roof Garden G.H., (62 Soi Chanasongkhram, Phra Arthit Road, Tel. 6290626).
- Preiswerte und ordentliche Zimmer ohne eigenes Bad im **Green Guest House*** (27 Soi Chanasongkhram, Phra Arthit Rd., Tel. 2828994).
- Relativ neu ist das **New Siam Guest House****-*** (21 Soi Chanasongkhram, Phra Arthit Rd., Tel. 2824554, Fax 2817461).
- Nördlich des Tempels liegt das saubere **Sawasdee House****-*** (147 Soi Rambutri, Chakrapong Rd., Tel. 2818138, 6290993) mit

UNTERKUNFT

ordentlichen aber kleinen Zimmern ohne eigenes Bad, dazu A.C.-Räume mit Bad.
- Sehr beliebt ist das ruhig gelegene kleine **Sak Guest House*** (20 Trok Khan Nivas, Phra Arthit Rd., Tel. 2800400); Zimmmer ohne eigenes Bad.
- Gut und preiswert ist das **Peachy Guest House*-**** (10 Phra Arthit Rd., Tel. 2816471) mit Einzelzimmern ohne eigenes Bad sowie Doppelzimmern ohne Bad aber mit A.C.
- Das **Apple Guest House*** (10/1 Phra Arthit Rd., Tel. 2816838) hat Zimmer ohne eigenes Bad sowie Betten im Dorm.
- Das **Apple Guest House 2**** (11 Phra Sumen Rd., Trok Kai Chae, Tel. 2811219) hat Einzel ohne eigenes Bad, Doppel und Betten im Dorm.
- Sauber und ruhig ist das **Merry V. Guest House**** (33-35 Soi Chanasongkhram, Phra Arthit Rd., Tel. 2829267-8); Zimmer ohne eigenes Bad.
- Das **New Merry V. Guest House**-**** (18-20 Phra Arthit Road, Tel. 2803315) hat ordentliche Zimmer ohne eigenes Bad sowie Doppel mit Bad und Doppel mit Bad und A.C.
- Das **Phra Arthit Mansion***** (22 Phra Arthit Rd., Tel. 2800742; Fax 2800749) hat sehr komfortable Zimmer mit Bad, A.C., TV und Kühlschrank.
- Das **River Guest House*-**** liegt sehr ruhig nahe dem Fluß (18/1 Soi Wat Sampraya oder Soi 3, Samsen Rd., Tel. 2800876); ordentliche Zimmer ohne eigenes Bad.

Im weiteren Umkreis der Khao San Road

- In einer Seitengasse nördlich des Democracy Monument liegt das beliebte **Prasuri Guest House**-**** (85/1 Soi Prasuri, Dinso Rd., Tel. 2801428); komfortable Zimmer mit Bad, teilweise jedoch Straßenlärm.
- **Palace Hotel*****, eine Art Motel mit auffälligem „Durchgangsverkehr" in einer Parallelgasse südlich des Rajdamnoen; nichts großartiges, aber durchaus zu erwägen, falls in der Khao San Road alles voll sein sollte. Zimmer mit Bad und A.C.
- **Royal Hotel*****, gehobenes Hotel am Rajdamnoen (Tel. 2229111-20); die nach vorne gelegenen Zimmer (Bad, A.C., TV; Mini-Bar) sind aufgrund des infernalischen Verkehrslärms aber nur Leuten mit starken Hörschäden zu empfehlen. Die hinteren sind erträglich. Ab 960 Baht, gelegentlich kann man handeln.

Während der blutigen Demonstrationen im Mai 1992 (siehe „Geschichte") diente die Lobby des Hotels eine Nacht lang als Behelfshospital. Unter chaotischen Bedingungen versorgten hier Ärzte die von Polizei und Militär angeschossenen Demonstranten und wurden dafür von den Uniformierten oft noch selber malträtiert. Am Morgen nach den Ausschreitungen waren an der Rückseite des Hotels Hunderte von blutduchtränkten Kleidungsstücken aufgestapelt, und zornige Bürger versammelten sich, um die Ereignisse zu diskutieren. Das Royal Hotel hat sich so seinen Platz in der thailändischen Geschichte gesichert.

Soi Ngam Duphli

Diese kleine Straße, mit dem Malaysia Hotel als ihrem berühmt-berüchtigten Mittelpunkt, war der erste Traveller-Treffpunkt der Stadt, hat aber seit dem Aufstieg der Khao San Road an Wichtigkeit eingebüßt. Zudem ist die Gegend ein beliebter Junkie-Treff.

- **Malaysia Hotel**** (54 Soi Ngam Duphli, Tel. 287 1457-8; Fax 2493120): Die abgetakelte Hure unter den Hotels der Gegend, mit einer langen Geschichte als Fixerherberge; heute gibt sich das Hotel etwas nobler, ein Hauch von Schmuddel hängt jedoch nach. Mit Swimming-Pool.
- **Sala Thai**** (15 Soi Si Bamphen, Tel. 287-1436): sehr wohnlich, nette Zimmer (Gemeinschaftsbad); Eingang über Hinterhof.
- **Madam G.H.*-**** (11 Soi Saphan Khu, Tel. 286 9289), ordentliche Zimmer.
- **Lee Guest House 3**** (13 Soi Saphan Khu, Tel. 2863042), saubere Zimmer (Gemeinschaftsbad).
- **Lee Guest House 4**** (9 Soi Saphan Khu, Tel. 2867874), bequeme Zimmer mit und ohne Bad.

UNTERKUNFT

- **Anna G.H.***-** (21/30 Soi Ngam Duphli, Tel. 286 8904), Zimmer mit und ohne Bad, preiswertes Reisebüro angeschlossen.
- **ETC** („Educational Travel Center") **Guest House**** (5/3 Soi Ngam Duphli, Tel. 287 1477- 8), sehr saubere Zimmer (Gemeinschaftsbad), mit Frühstück.

Chinatown

Bangkoks Chinatown läßt sicher keine Assoziationen von Shanghai aufkommen, ein chinesisches Flair findet sich nur noch versteckt in einigen Gassen,

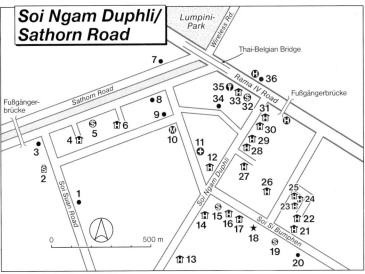

- 1 Immigration Office
- Ⓢ 2 Markt
- 3 Auto-Vermietung
- 🏠 4 YMCA
- Ⓢ 5 Deutsche Bank
- 🏠 6 YWCA
- 7 Avis Autovermietung
- 8 Deutsche Botschaft
- 9 Österreichische Botschaft
- Ⓜ 10 Shrirasri Institute of Modern Art
- ✚ 11 Pitak-Klinik
- 🏠 12 Malaysia Hotel
- 🏠 13 Freddy 4 Guest H.
- 🏠 14 Thung Mahamek Privacy Hotel
- Ⓢ 15 Geldwechsel
- 🏠 16 T.T.O. Guest House
- 🏠 17 Tukh Guest House
- ★ 18 Sri Bumphen
- Ⓢ 19 Geldwechsel
- 20 Kit's Youth Center
- 🏠 21 Lee Guest House
- 🏠 22 Sala Thai Guest H.
- 🏠 23 Lee Guest House 3
- 🏠 24 Madam Guest House
- 🏠 25 Lee Guest House 4
- 🏠 26 Home Sweet Home Guest House
- 🏠 27 Lee Guest House 2
- 🏠 28 Anna Guest House
- 🏠 29 Tokyo Guest House
- 🏠 30 Pinnacle Hotel
- 🏠 31 ETC Guest House
- Ⓢ 32 Bank
- 🏠 33 Freddy 4 Guest H.
- 34 Goethe-Institut
- 🚻 35 Chandrphen Rest.
- 36 Lumphini Stadion
- 🚌 Bushaltestelle

UNTERKUNFT

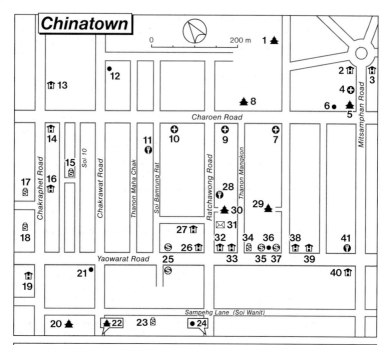

- ▲ 1 Sanjao Li-Thoe-Bia (chin. Tempel)
- 🏠 2 Tai Pei Hotel
- 🏠 3 22 July Hotel
- ✚ 4 Chin. Klinik
- ▲ 5 Wat Chakrawat
- • 6 Kino
- ✚ 7 Klinik
- ▲ 8 Wat Mangkon (chin. Tempel)
- ✚ 9 Chin. Klinik
- ✚ 10 Zahnklinik
- 🍴 11 Likee Restaurant
- • 12 Polizei
- 🏠 13 Miramar Hotel
- 🏠 14 Burapa Hotel
- Ⓢ 15 Antiquitäten
- 🏠 16 Grand Ville Hotel
- Ⓢ 17 Central Department Store
- Ⓢ 18 Merry Kings Department Store
- 🏠 19 Golden Bangkok Guest House
- ▲ 20 Chin. Tempel
- • 21 Phandhaus
- ▲ 22 Wat Chakrawat
- Ⓢ 23 Hare Ram Hare Krishna Shop
- • 24 Thai-Airways-Büro
- Ⓢ 25 Geldwechsel
- 🏠 26 Grand China Hotel u. Business Center
- 🏠 27 und Guest House
- 🍴 28 Schwalbennester-Restaurant
- ▲ 29 Chua Hoi Kanh Tempel
- ▲ 30 Wat Maeploy (chin. Tempel)
- ✉ 31 Post
- 🏠 32 King Liang Seng Hotel
- 🏠 33 Nine Storey Hotel
- Ⓢ 34 Cathay Department Store
- Ⓢ 35 Geldwechsel
- • 36 Kino
- Ⓢ 37 Geldwechsel
- 🏠 38 White Orchid Hotel
- 🏠 39 Broadway Hotel
- 🏠 40 Chinatown Hotel
- 🍴 41 Haifischflossen-Restaurant

wo an manch taoistischem Schrein Bündel von Räucherstäbchen glimmen. Chinatown ist ein unglaublich quirliges Geschäftsviertel mit einem noch unglaublicheren Verkehr, gegen deren Abgase auch die Weihrauchbündel nichts auszurichten vermögen. Das Viertel verwandelt sich zur Hauptverkehrszeit in ein reines Chaos. Andererseits bieten sich hier zahlreiche Einkaufsmöglichkeiten (Elektroartikel, Kameras, Uhren, Goldschmuck, chinesische Medizin, Antiquitäten, Kitsch u.v.m.), und wer nachts durch die engen Gassen jenseits der Yaowarat Road oder Charoen Krung Road schlendert, entdeckt die stille, geheime Seite Chinatowns, mit alten chinesischen Wohnhäusern und dubiosen Spelunken. Vorsicht, die alten chinesischen „Hotels" – (*Roong-Rääm*) – sind allesamt Billigbordelle, ebenso die sogenannten „Teehäuser", Rong-Naam-Chaa.

- Nicht schlecht ist das **Nine Storey Hotel**** (255-257 Yaowarat Rd., Tel. 2219181-2), gegenüber dem Cathay Department Store. Zimmer mit und ohne Bad.
- Das **Tei Pei Hotel****-*** (Mitsamphan Rd., Tel. 2227 587) befindet sich am Wong Wien Yiip- Song Karakadda, dem „Kreisverkehr des 22. Juli", der auch das Zentrum eines ganz anderen Verkehrs, nämlich des Straßenstriches ist. Die Zimmer sind ganz akzeptabel (A.C.), 250-350 Baht.
- Besser ist das **Dhaka Café & Guest House**** (78 Soi Wiwat, Rajawongse Rd., Tel. 2246714), ein einfaches kleines Hotel mit Bangladeshi-/Pakistani-Restaurant. Zimmer (Gemeinschaftsbad) für 1-2 und 3-4 Pers.
- **Grande Ville Hotel******* (903 Mahachai Road, Tel. 2255050; Fax 2257593) – komfortables Hotel am Westrand von Chinatown, z.T. mit gutem Ausblick darauf; gegenüber dem Einkaufsviertel Wang Burapha; Zimmer mit allem Drum und Dran und Luxus-Suiten.
- Luxusunterkunft im **White Orchid Hotel******-***** (409-412 Yaowarat Rd. Tel. 2260026).

Hualamphong Station

Wie zuvor erwähnt – die folgenden Hotels seien nur Leuten empfohlen, die unbedingt am Bahnhof übernachten müssen. Die Hotels, die sich alle an der **Rongmuang Road,** direkt an der Ostseite des Bahnhofes befinden (rechts, wenn man vor dem Bahnhof steht) wirken alle ein wenig dekadent. Aber vielleicht zieht das ja Leute an.

- Das beste der abgewrackten Herbergen ist noch das **Station Hotel****.
- Besser: **Krung Kasem Hotel*****-**** (1860 Krung Kasem Road, Tel. 2250132); komfortable Zimmer (A.C., TV). Etwa 100 m links vom Bahnhof gelegen.
- **Tai Pei Hotel****-*** (Mitsamphan Road, Tel. 2227587), ca. ½ km westlich des Bahnhofs in Chinatown und direkt am Straßenstrich gelegen; akzeptable aber z.T laute Zimmer (A.C.).
- **Bangkok Centre Hotel******-LLL (328 Rama 4 Rd., Tel. 2384848-57; Fax 2361862), Luxushotel ca. 100 m südlich des Bahnhofs; Einzel, Doppel und Luxus-Suiten.

Indisches Viertel (Pahurat)

Pahurat bietet mehrere Dutzend **kleine Hotels,** die in den letzten Jahren jedoch zunehmend heruntergekommen sind. Die meisten Gäste sind Inder, Bangladeshis oder Nepalesen, die Bangkok als Zwischenstation benutzen, um von dort illegal in westliche Länder einzureisen. Viele von ihnen haben abgelaufene Visa oder arbeiten

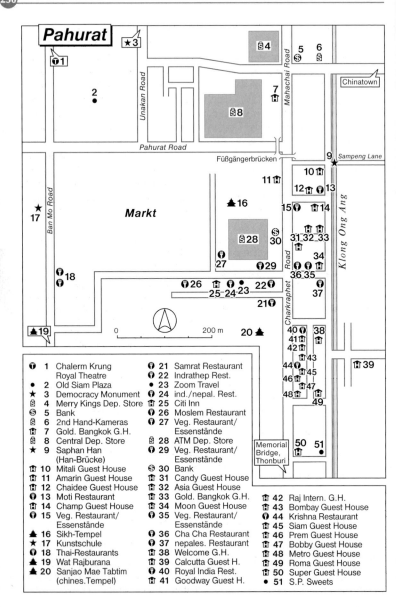

ohne Genehmigung, und Polizei-Razzien sind fast an der Tagesordnung. Da in Thailand jedoch nichts endgültig ist, können sich die Verhafteten meist gegen „Lösegelder" von bis zu 5.000 Baht wieder freikaufen.

Die Hotels im Viertel sind preiswert, aber meist nicht gerade sauber. Außerdem ist der Straßenlärm beträchtlich. Das Wohnen hier sei nur abgehärteten Asien-Freaks empfohlen.

●**Golden Bangkok G.H.****-*** (641/1-2 Chakraphet Road, Tel. 2253786), ordentlich, Einzel mit Bad, Doppel oder auch mehr; Handeln versuchen.
●Das **Evergreen Guest House****-*** (zuvor Asia Guest House) ist die teuerste Unterkunft in dem kleinen Viertel, mit sauberen Zimmern; große „Familien-Räume" vorhanden.
●Schräg gegenüber liegt das recht gute **Candy Guest House****, eine der beliebtesten Unterkünfte des Viertels. Zimmer mit Bad, Tel.
●**Citi Inn****-*** (links neben ATM Department Store), akzeptable Zimmer (A.C.) in verschiedenen Größen, mit der Anzahl der Bewohner pro Zimmer nimmt man es nicht so genau.
●**Welcome G.H.**** (i.d. Gasse hinter Royal India Restaurant), ordentliche Zimmer mit und ohne Bad und TV. Indisches Restaurant im Erdgeschoß.
●Daneben gibt es noch jede Menge weitere Guest Houses, die meisten davon sind mittlerweile aber ziemlich abgewohnt. Zu den besseren Unterkünften gehören noch das **Roma-, Metro-** und **Money G.H.**

Sukhumvit, New Petchaburi Rd., Silom Road, Suriwong Rd.

In diesen Straßen befinden sich zumeist teurere Unterkünfte, die mit etwas Glück so um die 400 Baht kosten, oft jedoch erheblich teurer sind. Die zentrale Lage, hautnah am Geschäfts- und Nachtleben hat halt ihren Preis. Da Bangkok derzeit ein Überangebot an Hotelzimmern aufweist, das sich durch weitere geplante Bauten in den nächsten Jahren womöglich noch vergrößern wird, sollte man ruhig versuchen, den Preis herunterzuhandeln. Schließlich geben viele Hotels einheimischen Gästen einen inoffiziellen „Thai-Preis", der niedriger liegt als der für Ausländer. Häßlich, aber wahr! Zwecks guter Unterkünfte in diesen Gegenden siehe die vorangegangenen Hotellisten. Preiswerte Unterkünfte sind rar, einige wenige gibt es dennoch:

●Sehr ruhig gelegen ist das angenehme **Madras Café & Guest House****-*** in der Vaithi Lane (Soi 13), die schräg gegenüber vom Narai Hotel von der Silom Road abzweigt. Tel. 2356761. Das Haus wird von einem netten, älteren Moslem aus Madras und seiner Thai-Ehefrau geleitet und bietet im Erdgeschoß ein sauberes und sehr gutes südindisches Restaurant. Die Zimmer (Bad) kosten bei der günstigen Lage nicht zuviel, auch wenn es gelegentlich Klagen ob der Hygiene gibt.
●Sehr gut ist das gleichfalls ruhig gelegene **Niagara Hotel****-*** in Soi Susan (Soi 9) abseits der Silom Road. Tel. 2335783-4. Die Zimmer sind sehr sauber, freundlich und groß. Angeschlossen ist ein Coffee Shop.
●Einige preiswerte pakistanische Guest Houses befinden sich um das G.P.O., nahe der Einmündung der Suriwong Road in die Charoen Krung Road. Diese kosten um die 500 Baht. Eine der besseren dieser Unterkünfte ist das **Kabana Inn***** direkt gegenüber dem G.P.O., mit einem recht guten indisch-pakistanischen Restaurant im Erdgeschoß. Das danebengelegene **Naaz***** und einige in der kleinen Gasse dahinter versteckte Guest Houses sind noch billiger, aber nicht gerade Vorbilder an Sauberkeit.

Weitere gute Unterkünfte

●**Anne's Travellers' Home***** (c/o Anne Nimcharoen, 30 Soi Ramkhamhaeng 48, Ramkhamhaeng Rd., Hua Mark, Bangkok 10240, Tel. 3776793) – Gemütliches Privathaus mit Garten, weit außerhalb im Osten der Stadt, nahe der Ramkhamhaeng-Universität. Das Viertel ist aufgrund der zahlreichen Studenten sehr lebendig, ganz und gar nicht provinziell. Die Zimmer inklusive Frühstück.

Für die Anfahrt von der Innenstadt nimmt man am besten ein Klong-Boot von der Phan-Fah-Brücke und dem dortigen Klong Saeb Saen. Über diesen erreicht man in ca. 45 Min. das Pier am Wat Klang; von dort gehe man zur Ramkhamhaeng Road, wo nahebei Soi 48 abzweigt. Bei Voranmeldung wird man vom Flughafen abgeholt.

●**Baiyoke Sky Hotel******-***** (222 Ratprarop Rd., Pattunam, Tel. 6563000, 6563456, Fax 6563555, 6563666, E-mail baiyoke@mozart.inet.co.th) – das höchste Hotel der Welt, im schon weit sichtbaren, 320 m hohen Baiyoke 2 Tower untergebracht. Die Rezeption befindet sich im 19. Stock, in den darüber gelegenen Stockwerken bieten sich 673 luxuriöse Zimmer und Suiten. Die Aussicht auf die Stadt ist fabelhaft!

●**Bangkok Inn****** (155/12-13 Sukhumvit, Soi 11, Tel. 2544834-7; Fax 2543545) – schöne Zimmer (A.C., TV, Kühlschrank); deutscher Chef.

●**Bossotel******-***** (55/12-14 Soi Charoen Krung, Charoen Krung Rd., Tel. 2358001, 2332474) – ordentliches, ruhig aber zentral gelegenes Hotel im Stadtteil Bangrak, nahe dem Westende der Silom Road und dem Shangri-La Hotel. Angeschlossen ist das israelische Shalom Kosher Restaurant und sogar eine kleine Synagoge. Das Restaurant war ursprünglich dazu gedacht, die Gläubigen nach dem Synagogen-Gang mit kosheren Mahlzeiten zu versorgen.

●**Business Inn*****-**** (155/4-5 Sukhumvit, Soi 11, Tel. 2547981-4; Fax 2557159) – ordentliche Zimmer (A.C., TV) und Suite.

●**Carlton Inn******-***** (22/2-4 Soi Asoke, Sukhumvit, Tel. 2580471; Fax 2583717) – sehr gemütliche Zimmer (A.C., TV, Kühlschrank), nahe Soi Cowboy.

●**Chinatown Hotel*******-LLL (526 Yaowarat Road, Tel. 2261267-95; Fax 2261295) – sehr gutes Hotel mitten im Trubel von Chinatown, die Zimmer verfügen über A.C., TV und vieles mehr.

●**City Lodge****** (137/10 Sukhumvit, Soi 9, Tel. 2537 759; Fax 2554660) – gute Zimmer (A.C., TV, Kühlschrank).

●**Consort Inn****** (1/11-12 Sukhumvit, Soi 10, Tel. 2525680; Fax 2551843) – für den Preis sehr gute Zimmer mit A.C., TV, etc.; gute Lage mitten in Sukhumvit.

●**Dynasty Inn****** (5/4-5 Soi 4, Sukhumvit, Tel. 250 1397; Fax 2529930) – saubere Zimmer (A.C., TV, Radio).

●**Fortuna Hotel******-***** (Sukhumvit, Soi 5, Tel. 2515121-5) – gute Zimmer (A.C., TV, Kühlschrank).

●**M.P. Villa***** (Soi Kasemsan 2, Rama 1 Road, Tel. 2802041-2; Fax 2803145) – sehr schönes Haus etwa gegenüber Mah Boonkrong Center, nahe Jim Thompson's House; sehr angenehme Zimmer (A.C., TV, Kühlschrank); Monatsmiete 12.000 Baht.

●**New Light House***** (120/187-188 Ratprarob Road, Tel. 2522481) – bequeme Zimmer (A.C., TV) im lebendigen Stadtteil Pattunam, aber ruhig.

●**Newrotel****** (1216/1 New Road, Bangrak, Bangkok 10500, Tel. 2331406; Fax 2371102) – nahe G.P.O. gelegen, saubere Zimmer (A.C.) und Suite. Aufpassen, einige Zimmer haben keine Fenster!

●**New World House**** (2 Samsen Road, Banglamphoo, Bangkok 10200, Tel. 281-5596-605) – saubere Guest-House-Zimmer (A.C.) und Apartments, auch wochen- und monatsweise vermietet.

●**Orchid G.H.***** (499/21-23 Soi Hasadin, Ratprarob Road, Pattunam, Tel. 2532437; Fax 2535421) – etwas abseits aber noch nah genug am Trubel von Pattunam.

●**Paradise Guest House*** (57 Si Ayutthaya Rd., Bangkok 10300, Tel. 2824094) – ruhig am Nordrand von Banglamphoo neben der National Library (Thai: *hong samut häng chaart*) gelegen; Zimmer (Gemeinschaftsbad) und Dorm.

●**President Inn****** (Soi 11, Sukhumvit, Tel. 2554230-4; Fax 254235) – gute Zimmer A.C., TV, Kühlschrank) und Suite.

UNTERKUNFT

- **Reno Hotel****** (40 Soi Kasemsan 1, Rama 1 Road, Tel. 2150026) – nahe Siam Square gelegen.
- **River View G.H.***** (768 Soi Panunrangsri, Songvad Road, Talad Noi, Tel. 2345429/ 2348501), ungewöhnliche Lage direkt am Chao Phraya, zwischen Chinatown und G.P.O.
- **Royal Asia Lodge****** (91 Sukhumvit, Soi 8, Bangkok 10100, Tel. 2515514-6; Fax 25325554, 2533541) – Gutes Hotel mit komfortabel eingerichteten Zimmern (Bad, A.C., Kühlschrank). Preise oft Verhandlungssache. Auf dem Dach befindet sich eine Sonnenterasse und ein Jacuzzi, Swimming-Pool ebenfalls vorhanden. Ein hauseigenes Tuk-Tuk sorgt für den kostenlosen Transport zur einige hundert Meter entfernten Sukhumvit Road.
- **Sawatdee Guest House***-** (72 Si Ayutthaya Rd., Bangkok 10300, Tel. 2810757, 2825349) – gleich neben der National Library gelegen, angenehm ruhige Lage im Norden von Banglamphoo.
- In unmittelbarer Nähe finden sich noch weitere gute Unterkünfte: **Backpacker Lodge***-** (86 Sri Ayutthaya Rd.; Tel. 2823231), **Little Home***-** (23/12 Sri Ayutthaya Rd., Tel. 2813412) und **Santi Lodge***-*** (37 Sri Ayutthaya Rd., Tel. 2812497).
- **S.K. Mansion***** (336/15 Soi Phayanak, Phyathai Road, Tel. 2803210) – nahe Siam Square und um die Ecke vom Asia Hotel gelegen, gute Zimmer (A.C., Kühlschrank).
- **Stable Lodge****** (39 Sukhumvit, Soi 8, Bangkok 10100, Tel. 2533410-1; Fax 2525125) – angenehmes Hotel unter dänischer Leitung.
- **Swan Hotel*****-**** (31 Soi Charoen Krung, 36 New Road, Bangrak, Bangkok 10500, Tel. 2348594/2338444) – gute Zimmer (A.C.) und für die zentrale Lage, etwa zwischen G.P.O. und Silom Road, sehr preiswert.
- **Swisshotel** (3 Convent Road, Silom, Bangkok 10500, Tel. 2335345; Fax 2369425) – Luxuszimmer für den anspruchsvollen Touristen oder Geschäftsmann, mit A.C., TV, Minibar u.a.; Strom aus Sonnenenergie! Ein Teil des Rezeptionspersonals spricht Deutsch; Schweizer Management.
- **Tavee Guest House**** (Soi 14, Si Ayutthaya Rd., Bangkok 10300, Tel. 2801447, 2825983) – Beliebtes Guest House in Nähe der National Library, nette Atmosphäre, Garten und gutes Frühstück. Die Zimmer (Gemeinschaftsbad) sind oft aber etwas zu laut.
- **Thai House******* (Buchungsbüro: 22 Phra Arthit Rd., Banglamphoo, Bangkok 10200, Tel. 2800740-41; Fax 2800741) – dieses sehr idyllisch gelegene traditionelle Thai-Haus befindet sich zwar in Nonthaburi, was offiziell eine von Bangkok separate Provinz ist, praktisch ist es jedoch mittlerweile ein Vorort von Bangkok geworden. Das wunderbare Haus ist von Grün umgeben und liegt an einem Klong, auf dem man Paddel-Touren unternehmen kann; Fahrradausflüge sind ebenfalls möglich. Außerdem werden viertägige Thai-Kochkurse geboten. Die insgesamt 9 Zimmer haben jedoch kein eigenes Bad und sind nicht billig.
- **TIC Guest House*** (105 Bunsiri Road, Tel. 224 6269) – einfache Zimmer (Gemeinschaftsbad); abseits des Traveller-Rummels der Khao San Road gelegen, ca. 5 Min. Fußweg vom Sanam Luang.
- **T.T.Guest House**** (516-518 Soi Sawang, Si Phya Rd., Bangkok 10500, Tel. 2362946, 2363 053-4; Fax 2363054) – sehr empfehlenswertes Guest House in „untouristischer" Lage. Es befindet sich, grob gesagt, zwischen der Hualamphong Station und dem G.P.O. Zimmer mit Bad.
- **Venice House****-*** (548-546/1 Krung Kasem Rd., Bangkok 10100, Tel. 2818262) – nettes und sauberes Guest House. Gleich nebenan befindet sich ein kleiner Tempel, Wat Somanat. Zimmer mit Bad, A.C.
- **Welcome Palace Complex*** (30 Naret Rd., Tel. 2377920, Fax 6315126) – dieses Gebäude, gleich rechts neben der Polizeistation des Stadtteils Bangrak gelegen, war einst ein Hotel, jetzt wurde es zu einem Appartement-Haus umfunktioniert. Für günstige 5.000 Baht/Monat gibt es überraschend gute Zimmer (Bad, A.C., TV, Kühlschrank, Tel.) und die zentrale Lage (zwischen Phya Thai Rd. und Suriwong Rd.) hat auch ihre Vorteile. Allerdings beherbergt das Haus einige dubiose Bars, und es treiben sich Vertreterinnen des Rotlicht-Milieus herum.

- **White Lodge***** (Soi Kasemsan 1, Rama 1 Road, Tel. 2168867; Fax 2168228) – sehr nettes, ruhig gelegenes Haus in der Nähe des Siam Square, mit ordentlichen Zimmern (Bad, A.C.). Die teuersten Zimmer haben einen Kühlschrank. Um zum Haus hinzugelangen, orientiere man sich am Mammut-Kaufhaus Mah Boonkrong Center an der Rama 1 Road: Schräg gegenüber dem Mah Boonkrong zweigt Soi Kasemsan 1 von der Rama 1 Road ab. Dort hineingehen; die White Lodge liegt nach ca. 100 m auf der linken Seite.
- **Woodlands Inn****** (1158/5-7 New Road, Bangrak, Bangkok 10500, Tel. 2353766/ 2356640; Fax 2240805) – am Hauptpostamt gelegen, mit komfortablen Zimmern (A.C., Sateliten-TV, Kühlschrank); unten im Haus gutes indisches Restaurant (The Cholas).
- **World Inn****** (131/5-7 Soi 9, Sukhumvit, Tel. 253591-2; Fax 2537728) – gute Zimmer (A.C., TV, Kühlschr.) u. Suite in zentraler Lage.

Luxusunterkünfte

- **Amari Watergate** (847 Petchaburi Rd., Tel. 6539000-19; Fax 6359044-6), 4.680-8.775 Baht.
- **Ambassador** (171 Soi Sukhumvit 11-13, Tel. 25 40444, 2550444; Fax 2534123), 2.119-76.020 Baht.
- **Bel-Aire Princess** (16 Soi 5 Sukhumvit, Tel. 2534300; Fax 2558850), 2.800-5.880 Baht.
- **Dusit Thani** (946 Rama 4 Road, Tel. 236 0450; Fax 2366400), 5.200-37.000 Baht.
- **Felix Arnoma Swissotel** (99 Rajdamri Rd., Tel. 2553410; Fax 2553456-8), 2.400-5.600 Baht.
- **Holiday Inn Crowne Plaza** (981 Silom Rd., Tel. 2384300; Fax 2385289), 3.200-30.000 Baht.
- **Landmark Hotel** (138 Sukhumvit, Tel. 254 0404; Fax 2558419), 4.820-9.416 Baht.
- **Le Meridien President** (135/36 Gaysorn Rd., Tel. 2530444, 2536550; Fax 2537565), 3.531-10.500 Baht.
- **Marriott Royal Garden Riverside** (257/1-3 Charoen Krung Rd., Tel. 4760022; Fax 476 1120), 4.200-38.000 Baht.
- **Mansion Kempinski** (75/23 Soi 11, Sukhumvit, Tel. 2532655; Fax 2532329-13), 2.750-9.416 Baht.
- **Oriental Hotel** (48 Oriental Ave., Tel. 236 0400; 23060420), 210-2.100 US$, dazu 10% Steuern und 10% Service Charge (das Hotel ist eines der wenigen in Thailand, die ihre Preise neuerdings in Dollar nennen). Dieses über 120 Jahre alte Hotel wurde des öfteren zum besten Hotel der Welt gekürt, der Service ist legendär. Die meisten Gebäude sind neuere Zubauten, in der bekannten „Authors' Lounge" herrscht aber noch der Geist der alten Tage. Wer sich das Wohnen hier nicht leisten kann, könnte dort zumindest auf einen Tee vorbeischauen. Das Oriental war früher die bevorzugte Herberge von Schriftstellern, darunter Somerset Maugham.
- **Novotel Bangkok** (Soi 6 Siam Square, Tel. 2556888; Fax 25518 Oriental Ave., Tel. 2360400; Fax 2361937-9), 6.000-88.000 Baht.
- **Pan Pacific** (952 Rama 4 Rd., Tel. 6329000; Fax 6329011), 4.200-35.000 Baht.
- **Royal Princess** (269 Larn Luang Rd., Tel. 2813088; Fax 2801314), 3.300-11.000 Baht.
- **Shangri-La** (89 Soi Wat Suan Phlu, Charoen Krung Rd., Tel. 2367777; Fax 2368579), 5.265-54.142 Baht.
- **Siam Intercontinental** (967 Rama 1 Rd., Tel. 2530355-7; Fax 2532275), 5.179-11.170 Baht.
- **Tai-Pan** (25 Soi 23, Sukhumvit, Tel. 260 9888; Fax 2597908), 2.825-12.000 Baht.
- **The Emerald** (99/1 Ratchadapisek Rd., Tel. 2764567; Fax 2764555), 2.600-41.100 Baht.

Essen und Trinken

Bangkok hat über **10.000 Restaurants,** die praktisch jede Küche der Welt offerieren: von Burmesisch bis Kantonesisch, von Balinesisch bis Kosher. Dazu kommen noch geschätzte **50.000 Essensstände** in den Straßen sowie einige Food Center in den größeren Department Stores. Es gibt wohl keine Metropole auf der Welt, in

Open-Air-Rösterei

der überall solche riesigen Essensberge auf Verzehr warten wie in Bangkok – überall und zu jeder Tages- und Nachtzeit findet sich etwas Eßbares.

Jeden Mittwoch müssen die Straßenstände aufgrund einer städtischen Verordnung pausieren, damit es wenigstens einen Tag in der Woche freie Bürgersteige gibt.

Empfehlenswerte Restaurants

Thai

● Einige der besten Thai-Restaurants befinden sich in Sukhumvit, so das **Green Tamarind** (Soi 39, Sub-Soi Pormjai, Tel. 2615698-9, 2615727-8) und das **Lemongrass** (Soi 24, Tel. 2588637). Beide servieren soetwas wie „Thai-Nouvelle-Cuisine" und sind sehr beliebt bei in Bangkok ansässigen Westlern. Tischreservierungen empfohlen.

● Sehr gut ist auch das originell betitelte **Cabbages & Condoms** (in der Soi 12, Telefon 2523960-4), das von der Planed Parenthood Association of Thailand geleitet wird, einer Geburtenkontroll-Organisation. Das erklärt dann auch die zum Kauf dort ausliegenden Kondome! Das Essen ist aber hervorragend, es gibt hier gehobene Thai-Kost zu erträglichen Preisen.

● Mitten im Zentrum des Nachtlebens kocht das ebenso beliebte **Thai Room** (Patpong 2, Tel. 2337920), das neben ausgezeichneten Thai-Gerichten auch westliche Küche und sogar ein paar mexikanische Gerichte anbietet, das zu für die Qualität mäßigen Preisen.

● Relativ preiswert ist das für Bewohner der Khao San Road günstig gelegene **Sorn Daeng** (Rajdamoen/Ecke Dinso Rd., Tel. 224 3210) direkt im Schatten des Democracy Monument. Es gibt traditionelle Thai-Küche und Seafood.

● Noch näher an der Khao San Road liegt das **Hemlock** (56 Phra Arthit Rd.), das besonders bei den Studenten der nahen Thammasat-

Universität beliebt ist und dementsprechend leichtes Bohème-Ambiente ausstrahlt. Es wird sehr gute thailändische Küche serviert – darunter hervorragende Seafood –, und es gibt eine sehr umfangreiche Weinkarte.
- Eines der besten und preiswertesten Restaurants an der Silom Road ist das **Charuvan** (70-72 Silom Rd.), gelegen etwa 100 m westlich des Robinson Department Store, nahe Silom Soi 4. Das Lokal hat sowohl einen A.C.-Speiseraum als auch einen ohne Klimaanlage. Es gibt sehr gute Thai- oder chinesische Gerichte zu ca. 20-50 Baht und preisgünstiges Bier.
- Das **Harmonique** befindet sich in Soi 34 der Charoen Krung Road, etwas südlich des Hauptpostamtes und ist ein stilvolles kleines Restaurant mit viel Grün darumherum – eine absolute Rarität in dieser hektischen und abgasvernebelten Gegend. Zu dem entspannten Ambiente kommt sehr gutes Thai-Essen in mittlerer Preislage, dazu Milk-Shakes, Fruchsäfte etc. Es werden auch Antiquitäten zum Kauf angeboten.
- **Ban Lao** in 49 Sukhumvit Soi 36 kredenzt die Küche Thailands Nordostens und ist in einem Scheunen-ähnlichen traditionellen Gebäude untergebracht, mit niedrigen Tischen und Sitzkissen für die Gäste. Zu den beliebtesten Gerichten gehört *khaeng pak waan khai mot daeng* (süßes Gemüse-Curry mit den Eiern roter Ameisen). Das Restaurant ist immer gut besucht, an Wochenenden empfiehlt sich eine Voranmeldung. Tel. 2566096.
- Sehr gute Seafood und andere Thai-Küche im gemütlichen **Orchid Kitchen**, in dem innen ein kleiner Wasserfall plätschert. Das Lokal befindet sich in Soi 5 der Samsen Road, ca. einen halben Kilometer nördlich des New World Dep. Store in Banglamphoo, neben Wat Sam Phraya; von der Khao San Road ist es ein ca. zehnminütiger Fußweg hierhin.
- Beschaulicher ist da ein **Essen auf einem Flußboot**: Mehrere Restaurants entlang des Chao Phraya bieten abendliche Bootsfahrten, auf denen ausgiebig diniert werden kann. Zu den empfehlenswerteren gehört das **Rim Naam**, das sich direkt neben der Phra Pinklao Bridge nahe Banglamphoo befindet, und **Yokh Yor** am Fluß abseits der Phra Samen Road in Banglamphoo gelegen (nahe der Thanakarn Chart oder „Nationalbank"). Die Boote fahren gegen 20.00 Uhr ab, schippern über den abendlichen Chao Phraya und kehren gegen 22.00 Uhr zum Ausgangspunkt zurück. Zum Essen wird pro Person ein „Bootszuschlag" von 50 Baht erhoben.

Chinesisch

Allen Erwartungen zum Trotz finden sich in Chinatown selbst nur sehr wenige gemütliche China-Restaurants, dafür aber jede Menge kleiner Brutzelhütten, die aber nicht unbedingt schlechter sein müssen. Abends werden zudem Tische und Stühle auf den Bürgersteig gestellt, und Teile der Charoen Krung Road verwandeln sich in ein ausgedehntes Open-Air-Schlemmerlokal.

- Eines der wenigen „richtigen", etwas gehobeneren Restaurants ist das nur in Thai ausgeschilderten **Texas Suki and Noodles** in der Soi Padum Dong, inoffiziell „Soi Texas" genannt (wegen eines ehemals dort vorhandenen Texas Cinema); die Soi befindet sich zwischen der Yaowarat und der Charoen Krung Road, wenige Meter westlich des Chinatown Hotel. In dem recht großen Restaurant gibt es chinesische und thailändische Standardgerichte zu mäßigen Preisen.
- Eine sehr große Konzentration von guten chinesichen Restaurants bietet der Siam Square, der wahrscheinlich eine der höchsten Restaurant-Dichten Bangkoks aufweist (bekannt ist die Gegend auch für die sich wie Kaninchen vermehrenden Restaurants mit westlichem Fast Food). Zu den besseren chinesischen Restaurants der Gegend gehören das **IATA** (Siam Square, Soi 4), Spezialität u.a. geröstete Tauben, das **PATA** (Soi 3) und das **Kirin** (Soi 2). In Soi 1, in der Nähe der Ecke Rama 1, befinden sich einige **Haifischflossen-Restaurants,** doch Vorsicht, Haifischmahlzeiten können einen leicht einige Hundert, wenn nicht gar 2.000 Baht kosten.
- Sehr beliebt bei chinesischen Geschäftsleuten ist das in der 899-903 gelegene **Rincome**

Restaurant (Tel. 2344585), das sich ebenfalls auf Haifischflossensuppe als auch auf Dim Sum, eine Art Fleischknödelgericht, spezialisiert hat.

● Für Bewohner von Banglamphoo empfiehlt sich ein Besuch im **Kraisi** (214/216 Prasumen Rd., neben dem New World Department Store), ein sehr gutes Dim-Sum-Restaurant.

Indisch

Die indische Küche ist in Bangkok auffallend häufig vertreten, insgesamt gibt es um die 100 Restaurants, hauptsächlich mit nordindischer Küche. Die preiswertesten Restaurants befinden sich im indischen Viertel Pahurat, wo sich gleich ca. 25 auf engstem Raum drängen.

● Das beste Restaurant hier ist das kleine **Royal India Restaurant** (zwecks Ortung siehe Karte Pahurat) mit Gerichten ab 35 Baht. Besonders gut ist das Shahi Panir Korma, ein cremiges Käse-Curry und die Bhaigan Bharta, ein Auberginen-Curry. Das Royal India unterhält auch zwei weniger gute Zweigstellen in der Khao San Road, das eine mit gleichem Namen, das andere heißt Maharaja.

● Ein echter Geheimtip ist das winzige **Punjabi Sweets** in Pahurat, in der Gasse links neben dem ATM Department Store. Geboten wird zunächst eine Vielfalt an indischen Süßigkeiten, dazu großartige Snacks wie *Samosas* (würzige Teigtaschen mit Gemüsefüllung; 12 Baht/2 Stck.), *Masalla Dosa* (Teigfladen mit Gemüsefüllung; 25 Baht), *Pav Bhaji* (auf Brot aufgestrichener würziger Gemüsebrei; 25 Baht) u.a. Der *Special Tea* (10 Baht) wird nur mit Milch, ohne Verwendung von Wasser gekocht und ist der beste in Bangkok. Der kleine Laden ist immer mit indischen Stammkunden gefüllt, und man könnte sich direkt in ein Teehaus in Indien versetzt fühlen.

● Ebenfalls gut und preiswert ist das einfache **Samrat Restaurant**, ebenfalls in Pahurat, in der zweiten Gasse links neben dem ATM Department Store gelegen. Das Restaurant wird von einer sehr freundlichen Sikh-Familie geleitet und ist das indische Stammlokal vieler in Bangkok ansässiger „Falang". Sehr gut sind Gerichte wie *Dal* (würziger Linsenbrei), *Alu Panir* (Kartoffeln mit Käse in würziger Soße), sowie die *Parathas* (Vollkorn-Fladen mit oder ohne Füllungen) und ebenso der hausgemachte Yoghurt.

● Eine weitere gute Gegend für indisches (als auch pakistanisches) Essen ist der Stadtteil um das G.P.O. herum. Eines der besten Restaurants dort ist das **The Cholas** im Woodlands Hotel, gleich rechts neben dem Ferngesprächsamt an der Charoen Krung Road. Es gibt sehr gute indische Gerichte in mittlerer Preisklasse, dazu auch einige Thai-Gerichte; letztere sind nichts besonderes.

● Ein alter Favorit in der Gegend ist das **Himali Cha Cha**, in einer Gasse wenige Meter südlich der Einmündung der Suriwong Road in die Charoen Krung Road (New Road) gelegen. Das Restaurant wurde vom australischen Fotografen John Everingham und dem einstigen Chefkoch der indischen Botschaft in Vientiane gegründet. Der Koch, nach dem das Restaurant auch benannt wurde (Cha Cha = „Onkel"), hatte in seiner Glanzzeit für das Wohl des indischen Vizekönigs Mountbatten gesorgt. Mittlerweile ist er verstorben, das Essen im Haus ist jedoch immer noch gut, allerdings nicht billig (ab ca. 300 Baht für 2 Personen).

● Ähnlich hochklassig ist das **Rang Mahal** im Rembrandt Hotel (Sukhumvit Soi 18), in dem abends ein indisches Orchester Hindi-Filmsongs vorträgt, wie auch die etwas anspruchsvolleren pakistanischen *Ghazals* (eine Art schwermütige Ballade). Das Essen ist ausgezeichnet, der große Speiseraum – wie ein Maharaja-Palast – macht auch einiges her. Ca. 1.000 Baht für zwei Personen.

● Ein weiteres hochklassiges und sehr teures indisches Restaurant befindet sich im Holiday Inn an der Silom Rd. Auch im **Tandoor** wird man beim Dinner von einer indischen Band unterhalten.

● Zahlreiche weitere gute indische Restaurants sind in Sukhumvit, so z.B. **Akbar's**, **Mehmaan** (beide Soi 1), **Maharaja** (Soi 8), **Dhaba** (Soi 10), **Moghul Room** und **Mrs. Balbir's** (beide Soi 11).

Essen und Trinken

Westlich

Restaurants mit westlicher Küche gibt es zuhauf, die größte Dichte herrscht entlang Sukhumvit und in dessen Sois. Da die bei den Speisen verwendeten Zutaten zum Teil importiert werden müssen, sind die Preise meist relativ hoch, wobei aber zudem wohl noch ein gewisser „Snob-Bonus" eine Rolle spielt.

- **Italienisch:** Wer nicht ohne Pizza auskommt, findet im Siam Square etliche Fast-Food-Restaurants (Shakey's, Pizza Hut), die halbwegs verdauliche Versionen davon kreieren. Die Preise sind hier relativ niedrig, doch sollte man nicht allzuviel erwarten.

Die möglicherweise besten Pizzas Bangkoks gibt es im Pizza & Pasta Shop des Narai Hotel (Silom Rd.), wohin manch Pizzafreund lange und verkehrsstaureiche Pilgerfahrten unternimmt.

Weiterhin empfehlenswert sind Sara Jane's (Convent Rd., ab dem Ostende der Silom Rd.) und Paesano (Soi Tonson, bei Soi Lang Suan, an der Nordseite des Lumpini Parks).

- **Französisch:** Kenner französischer Küche – zu denen sich der Autor leider nicht rechnen kann – schwören auf das St.Tropez (Sukhumvit Soi 18), das in einem schönen traditionellen Thai-Haus untergebracht ist, umgeben von einem Garten. Neben französischer Haute-Cuisine gibt es eine reiche Auswahl an französischem Rebsaft.

Kanit in der Teethong Road gegenüber Wat Suthat ist wahrscheinlich das älteste französische Restaurant der Stadt. Geboten werden sehr gute Suppe (z.B. Kürbis-, Karotten-, Zwiebel-S.), Salate und Seafood. Die verwandten Kräuter werden aus eigenem organischem Anbau gewonnen.

Butler in Sukhumvit Soi 33 bietet auch sehr gute französische Küche und die wohl niedrigsten Weinpreise für ein derartiges Restaurant.

- **Holländisch:** In Mike O'Henry's, (Sukhumvit Soi 23) herrscht gemütliche Atmosphäre, neben westlichen stehen auch Thai-Gerichte auf dem Programm.

- **Belgisch:** L'Ilot Sacre, 33/30 Ekamai Rd., Sukhumvit; relativ neues Restaurant, bisher liegen noch keine Testergebnisse vor.
- **Englisch:** Bobby's Arms, Patpong 2; die englische Küche ist nicht gerade für ihre Raffinesse bekannt, die gemütliche Pub-Atmosphäre dieses Etablissements, mitten im dekadenten Patpong, hat aber etwas für sich.
- **Schweizerisch:** Helvetia, Sukhumvit Soi 24, Restaurant Bodensee & Pub, Sukhumvit Soi 19, Café Swiss, Swiss Lodge, 3 Convent Rd., The Garden Bar, Indra Regent Hotel, 120 Ratchaprarop Rd., Bierstube, 569 Sukhumvit (nahe Soi 29).

Deutsch

- **Bei Otto,** Sukhumvit Soi 20 (eine Bäckerei ist angeschlossen; Schwarzbrot!);
- **Biergarten,** Sukhumvit Soi 7;
- **Bierkutsche,** Sukhumvit Soi 3;
- **Edelweiß,** Sukhumvit Soi 23;
- **German Beer House,** Sukhumvit Soi 23;
- **Haus Hamburg,** Sukhumvit Soi 15;
- **Haus München,** Sukhumvit Soi 15;
- **Heidelberg,** Sukhumvit Soi 4 (dem Namen zum Trotz Schweizer Besitzer und größtenteils Schweizer Gäste);
- **Hofbräuhaus,** Soi Sala Daeng, Silom Rd., Zweigstelle im Don Muang Airport, Terminal 2, 4. St. (eine der immer beliebter werdenden „Mikro-Brauereien", in denen an Ort und Stelle gebrautes Bier ausgeschenkt wird, dazu bayrische Kost);
- **Hosenträger Restaurant,** in der Sukhumvit Soi 20;
- **Kempinski Terrace,** Mansion Kempinski Hotel, Sukhumvit Soi 11;
- **Paulaner Brauhaus,** Sukhumvit Soi 24 (Thailands erste „Mikro-Brauerei", mit deutschem Essen – oft gerammelt voll!);
- **Ratsstube,** 18/1 Soi Attakarnprasit (im Gebäude des Goethe-Instituts, zwischen South Sathorn Rd. und Soi Ngam Duphli); Zur Taverne, Sukhumvit Soi 3.
- **Schnurrbart,** Sukhumvit Soi 23.

Vegetarisch

Bangkok besitzt über 100 vegetarische Restaurants oder Essensstände, die meisten sind jedoch sehr klein und unauffällig und zudem oft in Vororten angesiedelt. Viele der Restaurants werden von Anhängern der Santi-Asoke-Sekte geführt, deren Mitglieder allesamt Vegetarier sind. Sie bieten erstklassige vegetarische Thai-Kost zu Tiefstpreisen ab 8 Baht. Diese Restaurants nennen sich alle schlichtweg **Sala Mangsawirat** oder „Vegetarisches Restaurant".

- Bangkoks größtes vegetarisches Restaurant befindet sich an der Westseite des Chatuchak Parks, an der Endstation des Busses Nr. 77. Fragen nach Sala Mangsawirat. Hier wird eine Riesenauswahl an köstlichen Gerichten geboten, ab jeweils 8 Baht. Ein Paradies für Vegetarier! Geöffnet Di-So 6.00-14.00 Uhr. Ca. 20 m nach links gibt es zudem zwei kleine Läden mit Gesundheitsnahrung wie Honig, Weizenkeime u.v.a.
- Das Zentrum der Santi-Asoke-Sekte befindet sich im nordöstlichen Vorort Bangkapi; hier leben einige Mönche der Bewegung, und auch ansonsten finden sich sehr interessante Leute ein. Am Eingang zu dem Gelände befindet sich links ebenfalls ein Sala Mangsawirat. Der Stadtteil Bangkapi liegt gut 1,5 Busstunden vom Zentrum Bangkoks entfernt, dort dann nach dem Santi-Asoke-Zentrum fragen, jeder kennt es. Das landesweite Hauptquartier der Sekte befindet sich bei Nakhon Pathom, dort wird u.a. organische Landwirtschaft betrieben. Ein Besuch lohnt.
- Von einer ganz anderen Art ist das **Whole Earth Restaurant** (93/3 Soi Lang Suan, wenig nördl. des Lumpini Park), nämlich einer rein kommerziellen. Die Speisen sind hier zwar sehr gut, dafür aber auch sehr teuer, und gelegentlich scheinen Speisen auf der Rechnung aufzutauchen, die weder bestellt noch verzehrt wurden. Nachrechnen! Neben vegetarischen stehen auch einige (nicht sehr authentische) indische als auch Fleischgerichte auf der Speisekarte.
- Das **Whole Earth** betreibt eine Zweigstelle in Sukhumvit Soi 26.

- **Govinda in Room** J4, Plaza Village, Sukhumvit Soi 22, ist seinem indischen Namen zum Trotz ein italienisches vegetarisches Restaurant, und ein sehr gutes dazu. Es gibt vegetarische Pastas und Pizzas (90-140 Baht), Risottos, Überbackenes u.m.
- Sehr gute thailändische und indische vegetarische Gerichte bietet das **Fine Fayre** in der *Thai-Indian Chamber of Commerce*, 13 Sathorn Soi 1.
- **Khun Churn** ist ein Ableger zweier bekannter vegetarischer Restaurants in Chiang Mai. Das Restaurant kredenzt sehr preiswerte thailändische vegetarische Gerichte in gartenlokalähnlichem Ambiente. Es findet sich in Soi 10 der Sathorn Road, der Zugang ist aber auch durch Soi 9 der Silom Road möglich. Gerichte ab 25 Baht. Über dem Restaurant befindet sich eine kleine Salat- und Saft-Bar. Angeschlossen ist außerdem ein **Green Shop** mit gesunden Nahrungsmitteln und das **Saeng Arun Ashram**, in dem Thai-Massage, Yoga-Kurse und Dampfbäder geboten werden. Anfragen unter Tel. 2370080, ext. 218 und 821.
- Und noch einige Restaurant/Essensstände im Bereich Banglamphoo: **Vegetarian Restaurant**, in der Gasse links neben dem Postamt nahe der Khao San Road (siehe Karte Banglamphoo); **Ranee's Guest House**, Trok Mayom nahe Khao San Road; **Vegetarian Food**, Dinso Road (siehe Karte Sao Ching-Chaa, Nr. 13), normales Thai-Restaurant mit einigen vegetarischen Gerichten.
- Außerdem führen alle indischen Restaurants in der Khao San Road zahlreiche vegetarische Gerichte, derzeit gibt es dort drei indische Restaurants: **Royal India**, **Maharaja** und **Gaylord.**
- Weitere Möglichkeiten: Die Kantine des **Bangkok Mission (Adventist) Hospital**, Phitsanuloke Road., rein vegetarisch; **Sala Mangsawirat**, Phaholyothin Road., Sapan Khwai, gegenüber dem Paolo Hospital; **Sala Mangsawirat**, Phaholyothin Road., ca. 1 km nördl. des Victory Monument; **Veg House**, Sukhumvit Soi 3; Ambassador Food Center, Sukhumvit Soi 11, Metro's Gourmet Corner, New Petchaburi Rd. Soi 35, Mah Boonkrong Food Center, Mah Boonkrong Department Store, Phya Thai Road (Stand NC 1);

Indrathep Restaurant, Pahurat (siehe Karte Pahurat), dazu mehrere kleine Restaurants oder Essensstände in Pahurat mit Thai- oder chinesisch-vegetarischer Küche.
● Südindische vegetarische Gerichte im **Chennai Hotel** in der Pan Rd. (zwischen Silom Rd. und Sathorn Rd.), ca. 100 m südlich des hinduistischen Sri-Mariammam-Tempel (Wat Khaek). Für 80 Baht gibt eine *Thali,* einen großen runden Teller voll verschiedener Gemüse-Curries, Reis und andere Zugaben.

Food Centers

Viele Department Stores reservieren der Schlemmerei eine ganze Etage, in der sich dann Stand an Stand reiht. Diese Food Centers sind eine sehr preisgünstige Essensmöglichkeit.

● Das Center mit der wohl besten Auswahl ist das **Mah Boonkrong Center,** in dessen 6. Stock an die 200 Essensstände aufwarten (da die Thais das Erdgeschoß schon als 1. Etage mitzählen, befindet sich das Center nach deren Verständnis im 7. Stock!). Von Seafood über Moslemkost, Fast Food und Gourmetküche ist alles vorhanden – ein wahrhaftes Eßparadies! Die Preise sind etwas höher als an entsprechenden Straßenständen, da die Stände ein Drittel ihrer Einnahmen als Miete an das Kaufhaus abzuführen haben. Das Center ist täglich von 10.-20.00 Uhr geöffnet.
● Weitere gute Food Center befinden sich im **New World Department Store** in Banglamphoo und am Ambassador Hotel (**Ambassador Food Center**) in Sukhumvit Soi 11.
● Auch sehr gut ist die **Kantine der Hauptstelle der Bangkok Bank** an der Silom Road (8. Stock; geöffnet Mo-Fr. 11.00-14.00 Uhr), wo nach mittäglichen Essen bisweilen gar noch eine Band aufspielt.
● Direkt hinter dem Gebäude der Bangkok Bank, in der treffend benannten Soi Bank, befindet sich der preiswerte **Talaat Soi Bank,** ein Essens-„markt" (=*talaat*) mit zahlreichen guten Essensständen. Dies ist eine der preiswertesten Speisemöglichkeiten im Bereich der Silom Road und zur Mittagszeit dementsprechend brechend voll.

Bangkoks höchstes Restaurant

... ist das Restaurant im 78. Stock des **Baiyoke 2 Tower** im Stadtteil Pattunam. Das mit 320 m und 84 Stockwerken **höchste Gebäude Thailands** ist schon von weitem zu sehen. Im 77. Stockwerk befindet sich eine Aussichtsplattform (Eintritt 100 Baht), und von dort – sowie vom Restaurant aus auch– bietet sich ein einzigartiger Ausblick auf die architektonisch so malträtierte Stadt. Der Tower beinhaltet auch das *Baiyoke Sky Hotel*****-*****, das höchste Hotel der Welt (siehe auch Unterkunft).

Adressen

Botschaften (Auswahl)

● **Australien:** 37 Sathorn Tai (South) Rd., Tel. 2872680
● **Bangladesch:** 727 Soi Thonglor, Sukhumvit Rd., Tel. 3929437-8
● **Belgien:** 44 Soi Phraya Phiphat, off Silom Rd., Tel. 2360150
● **BRD:** 9 South Sathorn Road, Tel. 2879027, Fax 2871776, geöffnet 8.30-11.30 Uhr
● **China:** 57 Ratchadapisek Rd., Tel. 2457032
● **Dänemark:** 10 Soi Attakarnprasit, Sathorn Tai (South) Rd., Tel. 2132021-5
● **Indien:** 46 Soi Pransanmit, off Sukhumvit Soi 23, Tel. 2580300-6
● **Indonesien:** 600-602 Petchaburi Rd., Tel. 2523135-40
● **Israel:** 25/F Ocean Tower, 11 Sukhumvit Soi 19, Tel. 2604854
● **Japan:** 9/F 159 Sermit Tower, Sukhumvit Soi 21, Tel. 2590725
● **Korea (Süd):** 23 Thiamruammit Rd., Huay-Khwang, Tel. 2477537-45
● **Laos:** 502/1-3 Ramkamhaeng Rd., Tel. 5396667

Karte Umschlag vorn

ADRESSEN

- **Malaysia:** 35 Sathorn Tai (South) Rd., Tel. 2861390-2
- **Myanmar:** 32 Sathorn Nua (North) Rd., Tel. 2344698
- **Nepal:** 189 Soi Prakhanong, Sukhumvit Soi 71, Tel. 3917240
- **Neuseeland:** 93 Wireless Rd., Tel. 2542530
- **Niederlande:** 106 Wireless Rd., Tel. 2547701-5
- **Österreich:** 14 Soi Nantha, Sathorn Tai (South) Rd., Bangkok 10120, Tel. 2873970-2; Fax 2873925; geöffnet 9.00-12.00 Uhr
- **Pakistan:** 31 Soi Nana Nua (North), Sukhumvit Rd., Tel. 2530288-90
- **Philippinen:** 760 Sukhumvit Rd., Tel. 2590139-40
- **Rußland:** 108 Sathorn Nua (North) Rd., Tel. 2349824
- **Schweiz:** 35 North Wireless Rd., Bangkok 10330, Tel. 2530156-60; Fax 2554481; geöffnet Mo-Fr 9.00-12.00 Uhr
- **Singapur:** 129 Sathorn Tai (South) Rd., Tel. 2861434
- **Sri Lanka:** 48/3 Sukhumvit 1, Tel. 2512788-9
- **USA:** 95 Wireless Rd., Tel. 2525040-9
- **Vietnam:** 83/1 Wireless Rd., Tel. 251702

Tourist Police

Der Zentrale der TAT ist auch die Tourist Police angeschlossen, eine Polizeitruppe, die speziell für die Klagen von Touristen eingerichtet wurde. Landesweit umfaßt sie über 900 Polizisten. Die Truppe ist nicht immer unkorrupt (wie die normale Polizei auch), bei schwerwiegenden Fällen sollte die Heimatbotschaft eingeschaltet werden.

Bei allen Klagen bei der Tourist Police ist höflich aufzutreten – sonst läuft nichts in Thailand – aber gleichzeitig auch mit dem richtigen Nachdruck.

Die **normale Polizei** kann landesweit unter Tel. 191 erreicht werden.

- Die **Hauptstelle der Tourist Police** befindet sich im Unico House, 29/1 Soi Lang Suan, Ploenchit Road, Patumwan, Bangkok 10330, Tel. 1699, 2552964-8.
- Eine **Zweigstelle** ist in einem kleinen Pavillon an der Kreuzung Rama 4 Rd./Rajdamri Rd./Silom Rd. untergebracht. Günstig gelegen für Nachtschwärmer, die sich im nahen Rotlichtviertel Patpong über den Leisten haben spannen lassen!

Geld

Banken

- **Thai Military Bank,** 34 Phyathai Road, Tel. 2460020, 2457503.
- **Siam Commercial Bank,** 1060 New Petchaburi Road, Tel. 2513114, 2527418.
- **Bank of America,** 2/2 North Wireless Road, Tel. 2516333.
- **Banque Indosuez,** 142 Wireless Road, Tel. 2533616-9.
- **Banque National de Paris,** Dusit Thani Building, 5. Stock, 946 Rama 1, Tel. 2334310, 2331655.
- **Citibank,** 127 Sathorn Tai Rd., Tel. 2132441-2.
- **Deutsche Bank,** 208 Wireless Rd., Tel. 6515000.

American Express

- **S.E.A. Tours** (für Verlustmeldungen) im Siam Center, Rama 1, Tel. 251862-9.
- Schecks können gekauft werden in der **Bangkok Bank,** 333 Silom Road, 1.Stock.

Krankenhäuser

- **Chulalongkorn University Hospital,** Rama 4, Tel. 2528131-9 (24-Std.-Service)
- **Ramathibodi University Hospital,** Rama 4, Tel. 2461073-99 (24-Std.-Service)
- **Siriraj University Hospital,** Prannok Rd., Thonburi, Tel. 411-0241 (24-Stunden-Service)
- **Bangkok General Hospital,** 2 Soi Soonvijai, Petchaburi Rd., Tel. 3180066
- **Bangkok Christian Hospital,** 124 Silom Rd., Tel. 2336981-9

ADRESSEN

- **Bangkok Mission (Adventist) Hospital,** 43 Phitsanuloke Rd., Tel. 2811422
- **Bangkok Nursing Home,** 9 Convent Rd., Tel. 2332610-9
- **Bumrungrad Medical Centre,** 33 Soi 3 Sukhumvit, Tel. 2530250-69
- **Phyathai Hospital,** 364/1 Ayutthaya Rd., Tel. 2459621-9
- **St. Louis Hospital,** 215 Sathorn Tai Rd., Tel. 2452621
- **Samitiwet Hospital,** 133 Soi 49 Sukhumvit, Tel. 3920010-9
- **Vichaiyut Hospital,** 114/4 Setsiri Rd., Phyathai, Tel. 2710125-9

Fluggesellschaften (Auswahl)

- **Aeroflot,** 183 Mezzanine Floor, Regent House, Rajdamri Rd., Tel. 2510617-8
- **Air France,** 20th Floor, Vorawat Building, 849 Silom Rd., Tel. 6351199
- **Air India,** 16th Floor, Amarin Plaza, Ploenchit Rd., Tel. 2569614-8
- **Air New Zealand,** 1053 Charoen Krung Rd., Tel.2333400-4
- **Alitalia,** 8th Floor, Boonmitr Bldg., 138 Silom Rd., Tel. 2334004-4
- **Angel Airlines,** 3rd Floor, Tower B, Benjajinda Building, 499 Viphavadi-Rangsit Rd., Tel. 9831111
- **Balkan-Bulgarian Airlines,** 20/10-11 Soi Bangk. Bazaar, Rajdamri Rd.,Tel. 2533063-4
- **Bangkok Airways,** Queen Sirikit National Convention Centre, New Ratchadapisek Rd., Klong Toey, Tel. 2293456
- **Biman Bangladesh,** 56 Suriwong Rd., Tel. 2357643-4
- **British Airways,** 942/81 Charn Issara Tower, Rama 4 Rd., Tel. 2368655-8
- **Cathay Pacific,** 11th Floor, Ploenchit Tower, 898 Ploenchit Rd., Tel. 2630606
- **China Airlines,** 4th Floor, Peninsula Plaza, 153 Rajdamri Rd., Tel. 2534242-3
- **Czechoslovak Airlines,** 2nd Floor, Regent House, 183 Rajdamri Rd., Tel. 2543921-5
- **Egypt Air,** 3rd Floor, C.P.Tower, 313 Silom Rd., Tel. 2310505-8
- **Emirates,** B.B.Bldg., 54 Asoke Rd., Sukhumvit 21, Tel. 2607400-4
- **Finnair,** 6th Floor, Maneeya Centre, 518/5 Ploenchit Rd., Tel. 2515012
- **Garuda,** 27th Floor, Lumpini Tower, 1168 Rama 4 Rd., Tel. 2856470-3
- **Gulf Air,** 15th Floor Maneeya Center, 518/5 Ploenchit Rd., Tel. 2547931-4
- **Indian Airlines,** S.S. Building, 10/12-13 Convent Rd., Tel. 235554-5
- **Japan Airlines Wall,** Mezzanine Floor, Wall Street Tower, 33/33-34 Suriwong Rd., Tel. 2332440
- **Kampuchea Airlines,** c/o S.K.Air, 57/16 Wireless Rd., Tel. 2534108
- **KLM,** Maneeya Center, 518/5 Ploenchit Rd., Tel. 2548325-7
- **Korean Air,** Ground Floor Kongboonma Bldg., 699 Silom Rd., Tel. 2349283-7
- **Kuwait Airways,** 10th Floor, C.T.I. Tower, 191 Ratchadapisek Rd., Kong Toey, Tel. 2615056-9
- **Lao Aviation,** Ground Floor, Silom Plaza, Silom Rd., Tel. 2369821-3
- **Lauda Air,** 33/67-68 Wall Street Tower, 1403-1404 Suriwong Rd., Tel. 2332565-6
- **Lot Polish Airlines,** 485/11-12 Silom Rd., Tel. 2352223-7
- **LTU,** Rama Gardens Hotel, 9/9 Vibhavadhi Rangsit Rd., Tel. 5613784-6
- **Lufthansa,** 18th Floor, Q. House Asoke Bldg., 66 Sukhumvit Soi 21, Tel. 2642400-1, 2642395, 2642402
- **MAS,** 20th Floor Ploenchit Tower, 898 Ploenchit Rd., Tel. 2630565-71
- **Myanmar Airways,** Ground Floor, Charn Issara Tower, Rama 4 Rd., Tel. 2342985
- **Orient Thai Airlines,** 138/70, 17th Floor, Jewelry Center, Nares Rd., Tel. 2673210-4
- **P.B. Air,** 17th Floor, UBC 2 Building, 591 Sukhumvit Soi 33, Tel. 2548381
- **PIA,** 52 Suriwong Rd., Tel. 2335215-6
- **Philippine Airlines,** 56 Chongkolnee Bldg., Suriwong Rd., Tel. 2332350-2
- **Quantas,** 942/51 Charn Issara Tower, Rama 4 Rd. Tel. 2376268-73
- **Royal Jordanian,** Yada Bldg., 56 Silom Rd., Tel. 2368609-17
- **Royal Air Cambodge,** c/o MAS, 20th Floor, Ploenchit Tower, 898 Ploenchit Road., Tel. 2620565-72

- **Royal Brunei Airlines,** 4th Floor, Charn Issara Tower, Rama 4 Road., Tel. 2330056, 2330293
- **Royal Nepal Airlines,** Sivadon Bldg., 1/4 Convent Rd., off Silom Rd., Tel. 2333921-4
- **Sabena,** 57/16 Wireless Rd., Tel. 23822013
- **SAS,** 8th Floor, Glas Haus Bldg., 1 Sukhumvit Soi 25, Tel. 2600444
- **Singapore Airlines,** 12th Floor, Silom Center Bldg., 2 Silom Rd., Tel. 2360440
- **Srikankan,** 942/34-35 Charn Issara Tower, Rama 4 Rd., Tel. 2369292-3
- **Swissair,** 2nd Floor, Zuellig Bldg., 1 Silom Rd., Tel. 2332935-9
- **Tarom Romanian Air Transport,** 89/12 Bangkok Bazaar, Rajdamri Rd., Tel. 2531681-5

Thai Airways

- **Head Office,** 89 Vibhavadhi Rangsit Rd, Bangkok 10900, Tel. 5130121
- **Silom Office,** 485 Silom Rd., Bangkok 10500, Tel. 2343100-19, 2333810
- **Yaowarat** (Chinatown) Office, 45 Anuwong Rd, Bangkok 10100, Tel. 2249602-6
- **Larn Luang Office** (bei Wat Saket), 6 Larn Luang Rd., Bangkok 10100, Tel. 2800090-110, 2800070-80
- **Charn Issara Office,** 4th Floor, Charn Issara Tower, Rama 4 Rd., Bangkok 10500, Tel. 2354588, 2354595, 2354657
- **Asia Hotel Office,** Asia Hotel, 296 Phya Thai Rd., Bangkok 10400, Tel. 21520202-1
- **Airport Office,** Don Muang International Airport, Bangkok 10210, Tel. 5352081-2, 5236121

Sonstige Adressen

- **Immigration Office,** Soi Suan Phlu, Sathorn Tai Road, Tel. 2867003, 2869176, 2869230.
- **Fine Arts Department,** Naphratad Road (nahe National Museum), Tel. 241370, 2261661 (zwecks Ausfuhrgenehmigung für Antiquitäten)
- **G.P.O. (Hauptpostamt),** Charoen Krung Road (New Road), etwas nördlich der Einmündung Suriwong Road. Geöffnet Mo-Fr: 8.00-20.00, Sa: 9.00-13.00 Uhr. Die Abteilung für Telex, Fax und Ferngespräche (in einem Gebäude rechts neben dem Hauptgebäude) ist 24 Stunden geöffnet.
- **Goethe-Institut,** 18/1 Soi Attakarnprasit, Sathorn Tai (South Sathorn) Road, Tel. 2870942-4, Fax 2871829.

Hier gibt's ein paar Tage alte deutsche Zeitungen und Magazine zu lesen, und gelegentlich werden kulturelle Veranstaltungen geboten.

- Dem Institut ist auch das **Thai-Deutsche Zentrum** (Tel. 2872822, 2132410) angeschlossen, das zwei Vereine betreut: die Thai-Deutsche Kulturstiftung und den Verein der ehemaligen Thai-Studenten in Deutschland. Auskünfte unter obigen Telefonnummern. Das Haus beherbergt auch ein deutsches Restaurant, die Ratsstube. Das Institut ist Mo-Fr von 8.00-17.00 Uhr und Sa von 8.00-13.00 Uhr geöffnet.
- **Deutsch-Thailändische Handelskammer,** 4th Floor, Kong Boonma Building, 699 Silom Road Tel. 2362396, 2353510-3, Fax 2364711
- **GTZ – Project Administration Service,** 16th Floor, Lake Ratchada Building, 193 New Ratchadapisek Road, Klong Toey Tel. 6619273-80, Fax 6619282
- **Deutschsprachige Schule Bangkok,** 42 Moo 4, Soi Kumrasee, Ramkamhaeng Road Tel. 5180340, Fax 5180341
- **Swiss-Thai Business Association,** c/o Embassy of Switzerland, 35 Wireless Rd., Tel./Fax 2679705
- **Netherlands-Thai Chamber of Commerce,** 3rd Floor, Shinawatra Bldg., 94 Sukhumvit Soi 23, Tel. 2584077, Fax 2584073

Wichtige Telefonnummern

- **Tourist Police** 195, 2216206-9, 2815051, 2810372
- **Tourist Information** 2260060, 2260072, 2260098
- **Tourist Information** (Flughafen) 5238972-3

WEITEREISE VON BANGKOK

- **Feuerwehr** 199
- **Krankenwagen** 2522171-5
- **Telefonauskunft Bangkok** 13
- **Auskunft für Inlandsgespräche** 183
- **Auskunft für Ferngespräche** 100
- **Domestic Airport** 5352081-3
- **Don Muang International Airport** 5351111; Abflugzeiten 5351254, 5351386; Ankunftzeiten 5351301, 5351310
- **Airport-Limousine** (Thai Airways) 5239010-3
- **Hualamphong Station** (Hauptbahnhof) 2230341-60, 2237010, 2237020

Internet-Cafés

Allein in der Gegend um die Khao San Road finden sich mittlerweile um die 100 Internet-Büros. Die große Konkurrenz hält die Preise niedrig, die Regel sind 1-2 Baht/Min. Hier nur eine kleine Auswahl an Möglichkeiten:

- **Sawasdee Krungthep Inn,** 30 Phra Arthit Rd., Tel. 6290072; E-mail sawasdee-99@hotmail.com
- **101 Internet Service,** KS Guest House, 101 Phra Sumen Rd., Tel. 6291104; E-mail: Kae99@rocket-mail.com
- **TM Cybernet and Guest House,** 48 Chakrabongse Rd., Tel. 6294071-2; E-mail: TMGroup@samart.co.th
- **Siam Computer Center Service,** 76 Chakrabongse Rd., Tel. 6292742; E-mail: SCCS 2000@hotmail.com
- **Interaccess Internet Shop,** Soi Rambutri, E-mail: interaccess@samart.co.th
- **Hello Bar Internet Café,** Hello Guest House, 63-65 Khao San Rd., Tel. 2818579; E-mail: hellopub@loxinfo.co.th

In anderen Stadtteilen:

- **Byte in a Cup,** Room 401, Siam Discovery Center, 989 Rama 1 Rd., Tel. 6580433-5; E-mail: http:www.byte-in-a-cup.com
- **Cyber Café,** 2nd Floor, Ploenchit Center, Sukhumvit Rd., Tel. 6568472-3; E-mail: cybercafé@chomanan.co.th; Zweigstellen in Imagine Bldg., 3. St., Siam Square Soi 7, Tel. 6583941-5, Liberty Bldg., 3. St., Silom Rd. nahe Convent Rd., Tel. 312022 und (24 Std.) Don Muang International Airport, Terminal 2, Tel. 5355671.
- **Cyberia,** 654/ Sukhumvit Rd., nahe Soi 24, Tel. 259335-6; E-mail: svars@cyberia.co.th
- **Cyber Restaurant,** AM Computer Plaza, Ambassador Hotel, 171 Sukhumvit Soi 13, Tel. 2540444; E-mail: amplaza@infonews.co.th
- **Infonews,** 2nd Floor, World Trade Centre, Rama 1 Rd. (kein Tel.), Web-Site: www.infonews.co.th
- **The Café,** Suriwong Rd., nahe Soi Thaniya, kein Tel.; E-mail: ryoidii@rms.ksc.co.th

Postalische Dienste und E-mail

- Das privat betriebene Unternehmen **Mail Boxes Etc.** (MBE) erledigt alle postalischen Aufgaben (Brief- und Paketversand, Briefmarkenverkauf, Fax-Service etc.), dazu gibt es einen Postlager-Service, einen Kurierdienst, und es stehen Computer zum E-mailen (10 Baht/3 Min.) und Drucker zum Ausdrucken von Dateien zur Verfügung. 168/3 Tani Rd., Banglamphoo, Tel. 6291612-3, Fax 6291610, E-mail: dawalee2@hotmail.com.

Weiterreise von Bangkok

Mit dem Flugzeug

Inlandsflüge gehen vom **Domestic Terminal** (*Sanaam Bin Nay Prathet*) ab, der sich ca. zwei km südlich des internationalen Don Muang Airport befindet. Die Entfernung von der Innenstadt beträgt ca. 25 km. Beim Einchecken ist eine **Flughafengebühr** von 30 Baht zu zahlen.

In einer Buddha-Fabrik

Vom Zentrum zum Flughafen

Aufgrund der massiven Verkehrsstaus sollte man lieber zu früh als zu spät zum Flughafen aufbrechen. Die Fahrt von der Innenstadt zum Flughafen sollte im Taxi „normalerweise" nicht länger als **1 Stunde** dauern, doch was heißt schon normalerweise? Bangkoks Verkehrsstaus sind legendär. Am falschen Tag oder zur falschen Tageszeit kann es auch schon mal doppelt so lange dauern. Die schlechten Tage sind Montag und Freitag sowie die ersten Tage nach Feiertagen. Die schlechten Zeiten: morgens zwischen 8.00 und 10.00 Uhr und nachmittags ab 16.00 bis 20.00 Uhr. Die Taxifahrt zum Flughafen sollte 150-250 Baht kosten (dazu kommen evtl. Highway-Gebühren). Je dichter der Verkehr, umso höher der Preis. Wer kein Geld mehr fürs Taxi hat, muß wissen, daß viele Buslinien ihren Verkehr schon am frühen Abend einstellen, also Vorsicht. Tuk-Tuks fahren die lange Strecke zum Airport nicht.

Flüge mit Thai-Airways

- **Surat Thani** . . . . .1.710 Baht
- **Phuket** . . . . .2.000 Baht
- **Trang** . . . . .2.005 Baht
- **Hat Yai** . . . . .2.280 Baht

Ausreise aus Thailand

Wer **Buddhastatuen im Gepäck** hat, riskiert es, daß ihm diese im Flughafen abgenommen werden. Das Gepäck wird durchleuchtet, und da fallen die Buddhas auf. Lediglich Buddhafiguren von Amulettgröße, die also am Körper getragen werden, dürfen ausgeführt werden. Der Hintergrund für dieses Verbot ist, daß so verhindert werden soll, daß Buddhafiguren im Ausland als Briefbeschwerer oder Hutständer oder ähnliches mißbraucht werden.

Wer Buddha-ähnliche Figuren dabei hat (beispielsweise hinduistische Gottheiten etc.), sollte diese vorher von der Zollstelle, die sich in der Abflughalle befindet, überprüfen lassen. Ansonsten riskiert man, daß einem diese ausführbaren (!) Figuren „versehentlich" aus dem Gepäck gefischt werden, da man sie für Buddhas hält.

Restliche Baht können problemlos im Flughafen zurückgetauscht werden – zumindest in die geläufigen Währungen. Wer Riesensummen zurücktauschen will, sollte Bankquittungen bei sich haben, die belegen, daß man soviel Geld auch wirklich eingetauscht hatte.

Restgeld läßt sich ansonsten bestens in den im Airport auf Kundschaft wartenden Snack-Bars und Restaurants verjubeln, aber die sind – wie in allen Flughäfen – relativ teuer.

Mit dem Zug

Bangkoks Hauptbahnhof ist die **Hualamphong Station** am Westende der Rama 1 Road, oder anders gesagt, an der Ostseite von Chinatown. Von hier gehen Züge zu vielen wichtigen Reisezielen aus: Kanchanaburi, Ayutthaya, Surat Thani und Hat Yai, um nur einige zu nennen. Zudem fahren Züge zum Don Muang Airport.

Die **Tickets** können in der Schalterhalle des Bahnhofs gekauft werden, wo die Buchungen neuerdings per Computer gehandhabt werden. Man kann die Tickets aber auch in Reisebüros kaufen (oft ohne Aufpreis).

Von der kleinen **Wong Wien Yai Station** am Taksin Circle in Thonburi fahren nur Züge in die Umgebung.

Die folgenden **Preise** sind Grundpreise, d.h. dazu kommen noch die entsprechenden Zuschläge (siehe Kap. „Praktische Reisetips, Verkehrsmittel").

Bahnfahrpreise (3./2./1. Klasse)
- Ayutthaya . . . . 15/31/60 Baht
- Bang Pa-In . . . . 12/26/49 Baht
- Nakhon Pathom . . . . 14/28/54 Baht
- Petchaburi . . . . 34/71/138 Baht
- Hua Hin . . . . 44/92/182 Baht
- Surat Thani . . . . 107/224/470 Baht
- Trang . . . . 135/282/597 Baht
- Hat Yai . . . . 149/313/664 Baht
- Yala . . . . 165/346/738 Baht
- Butterworth . . . . 222/431/927 Baht
- Kuala Lumpur . . . . . . 361/659/1432 Baht
- Singapur . . . . 512/899/1965 Baht

Mit dem Bus

Die Busse zu Zielen innerhalb Thailands fahren von verschiedenen **Busstationen** ab, die sich weit außerhalb des Stadtkerns befinden. Wer per Taxi zu den Busstationen gelangen will, sollte dem Fahrer den in Klammern angegebenen Thai-Begriff (s.u.) angeben, da der englische Name oft nicht verstanden wird.

Die Busstationen sind auf den in Bangkok erhältlichen Stadtplänen eingezeichnet, dazu auch die örtlichen Buslinien, mit denen man dorthin gelangen kann.

Richtung Süden

Busse in Richtung Süden (z.B. Petchaburi, Hua Hin, Surat Thani, Krabi, Phuket, Hat Yai), aber auch nach Westen (z.B. Nakhon Pathom, Kanchanaburi u.a.).

●**Southern Bus Terminal** (Sai-Tai), Pinklao-Nakhon Chaisi Highway (Boromrat Chonnani), Thonburi, Tel. 4345557-8 (Normalbusse), 4347192 (A.C.-Busse)

●**Chumphon** .... 112/157/202 Baht
●**Hat Yai** .... 238/428/500 Baht
●**Hua Hin** .... 59/92 Baht
●**Krabi** .... 193-209/347 Baht
●**Petchaburi** .... 36/77 Baht
●**Phuket** ...... 254-356/446-497/690 Baht
●**Ranong** .... 139/250/385 Baht
●**Surat Thani** .... 158/285 Baht
●**Trang** .... 203/460/565 Baht
●**Yala** .... 255/460 /715 Baht

Die Preise gelten für Normalbusse/A.C.-Busse/V.I.P.-Busse

Die verschiedenen Busarten

Die sehr billigen **Normalbusse** (*rot thammada*) sind ohne A.C., aber keineswegs unbequem.

A.C.-Busse (*rot thua*) sind sehr komfortabel und auch schneller. Sie sind ganz grob gesagt etwa doppelt so teuer wie die Normalbusse. Die A.C.-Busse unterscheiden sich oft noch nach blauen (A.C.-Busse erster Klasse) und orangefarbenen (A.C.-Busse zweiter Klasse); letztere haben nicht ganz so bequeme Sitze, sind dafür aber ein paar Baht billiger.

Noch besser und teurer sind die sogenannten **V.I.P.-Busse** (*rot wii-ei-pii*), mit noch mehr Beinfreiheit und bequemeren Sitzen. Diese verkehren jedoch bislang nur auf einigen besonders langen Strecken.

Geht man zu einer „vernünftigen" Tageszeit (d.h. nicht hähnekrähend früh oder mitten in der Nacht) zum Terminal, so wird man immer in spätestens einer Stunde einen Bus in die gewünschte Richtung bekommen.

Vorbuchungen können bei den A.C.-Bussen gemacht werden, sind aber in der Regel nicht nötig. Ausnahmen könnten Feiertage sein, an denen jeder irgendjemanden besuchen fährt.

Die Busse sind im allgemeinen sehr **pünktlich,** was nicht zuletzt am halsbrecherischen Stil der Fahrer liegt. Manche genehmigen sich einen Schluck Mekhong vor der Fahrt, andere lieber Yaa Maa oder Aufputschmittel, oder gleich beides zusammen.

Ausflüge in die Umgebung Bangkoks

Cha-Am

Wer einen sehr attraktiven, nicht überlaufenen Strand in relativer Nähe Bangkoks sucht, ist mit Cha-Am gut beraten. Wochentags ist es hier (noch) fast menschenleer, und man hat den ganzen Strand für sich. An Wochenenden oder Feiertagen aber stürmen Tausende von Thai-Ausflüglern den Ort, und mit der Ruhe ist es vorbei. Dann scheint es, als wären alle Cassetten-Recorder Bangkoks nach Cha-Am verfrachtet worden, um dort die Küste zu beschallen. Dann verdoppeln sich auch leicht die Zimmerpreise, teilweise werden sogar bereits in den Hotels wohnende Gäste zum Berappen der Wochenendpreise aufgefordert, oder zur Evakuierung. Vom Besuch an Wochenenden sei also abgeraten.

Am Pier an der Nordseite Cha-Ams liegen einige bunt bemalte Fischerboote vor Anker, aber ansonsten ist der Strand *die* Attraktion. Überall werden Fahrräder vermietet und an einigen Stellen Tretboote. Freunde des Nachtlebens können in der Octopus Disco das Tanzbein schwingen. Die Disco liegt ca. 7 km südlich des zentralen Strandes neben dem noblen Regent Cha-Am Hotel.

Information

Ein sehr hilfreiches Informationsbüro der TAT befindet sich ca. einen halben Kilometer südlich der Stadt am Phetkasem Highway. Tel. 032-471502. Informationen auch zu Petchaburi und Hua Hin. Geöffnet tägl. 8.30-16.30 Uhr.

Unterkunft

An Wochenenden und zu Feiertagen kann es eng werden und Vorbuchungen sind zu empfehlen. An diesen Tagen schnellen die Preise nicht selten um bis zu fünfzig Prozent in die Höhe, an Wochentagen dagegen gibt es oft Reduktionen.

Cha-Am bietet eine großes Spektrum von Unterkünften: geräumige, meist von der Straße zurückversetze Bungalows, einigermaßen moderne, aber billig dahingebaute Hotel-Kästen mittlerer Preislage und eine Anzahl hochklassiger Hotels. Ähnlich wie im weiter südlich liegenden Hua Hin ist die Zahl von Budget-Unterkünften sehr begrenzt.

Im folgenden eine aufzählung von preiswerten und Mittelklasse-Unterkünften:

● Im Norden des Ortes liegt das empfehlenswerte **Kaen-Chan Hotel** (Tel. 471314), mit Bungalows ** und in einem Hotelblock untegebrachten Zimmern**-****.

● **Rua Makam Villa** ***-***** (Tel. 471073), ebenfalls an der Nordseite gelegen, hat ältere, aber geräumige Bungalows ohne Klimaanlage, dazu noch erheblich teurere mit Klimaanlage.

● Weiterhin im Nordbereich: **Jolly Jumper****-*** (Tel. 433887), Zimmer ohne Klimaanlage und etwas teurere mit Klimaanlage, westliche Speisen sind erhältlich; **Top House*****-**** (Tel. 433307), Zimmer ohne Klimaanlage und mit Klimaanlage****; **Happy Home***** (Tel. 471393), Zementbungalows, einige davon mit Klimaanlage und TV; **Prathonchok House****-*** (Tel. 471215), ein gutes Spektrum an preiswerten Zimmern ohne eig. Bad, Zimmern mit Bad und solchen mit zusätzlicher Klimaanlage; **Jitravee Resort** (Tel. 471382)**-***; **Cha-Am Villa****-*** (Tel. 471241); **Thiptaree Place*****-**** (Tel. 471879), akzeptable Zimmer mit AC.

● An der Südseite des Ortes findet sich das beliebte **Santisuk Bungalows & Beach Resort****-⊥⊥⊥ (Tel. 471212, Bangkok Tel. 2980532), mit älteren hölzernen Bungalows (Bad, z.T. AC) und ordentlichen Zimmern in einem Hotelbau.

●Weiterhin im Süden: **Cha-Am Guest House***** (Tel. 433401), saubere Zimmer mit AC und TV; **Nipon Resort** **-*** (Tel. 433193), Bungalows mit oder ohne AC (letztere gut doppelt so teuer), dazu Zimmer in einem Hotelbau mit AC und TV; **Nalumon Bungalows******-***** (Tel. 471440), große Drei-Zimmer-Bungalows mit Veranda, Bad und (die teureren) auch mit AC; Platz pro Bungalow für 10-12 Personen; **Anantachai Guest House***** (Tel. 471980), sehr ordentliche Zimmer mit Bad, Dusche und AC, dazu ein preiwertes Restaurant; **Sea Pearl Hotel***** (Tel. 471118), Hotelblock mit Zimmern ohne AC und teureren mit AC und z.T. TV; **JJ House***** (Tel. 471231), Hotelzimmer, z.T. mit AC; **Viwathana Bungalows***** (Tel. 471289, Bangkok Tel. 2433646), ältere Bungalows, die teureren mit AC.

Essen

Entlang des Strandes finden sich einige Seafood-Restaurants als auch jede Menge Straßenstände, die etwas brutzeln.
●Das **Sorn Daeng Restaurant** im Cha-Am Methavalai Hotel bietet ausgezeichnete Seafood- und Thai-Gerichte zu gehobenen Preisen.
●**Peggy's Pub** in der Gasse am Long Beach Cha-Am Hotel kredenzt thailändische und skandinavische Speisen. Außerdem ist ein Internet-Service vorhanden.

Anreise

●**Normalbusse** ab Bangkok (Southern Bus Terminal) kosten 55 Baht, ab Petchaburi 20 Baht; die Normalbusse halten ca. 1,5 km östlich des Strandes am Phetkasem Highway, von wo Motorrad-Taxis (10 Baht) oder Songthaews (5 Baht) zum Strand fahren. AC-Busse ab Bangkok zu 101 Baht.
●**Züge** ab der Hualamphong Station gehen nur einmal täglich (15.50 Uhr). Jeweils ein weiterer Zug fährt ab der Samsen Station in Bangkok (9.25 Uhr) und einer ab der Thonburi Station (7.20 Uhr). Tickets 3. Klasse kosten 40 Baht. Tickets 1. und 2. Klasse gibt es nur auf dem Zug ab Hualamphong (91/183 Baht). Ab dem Bahnhof in Cha-Am fahren Motorrad-Taxis für 20 Baht zum Strand.

Weiterreise

●**Busse** fahren für 10 Baht nach Hua Hin (25 km), AC-Busse zu 20 Baht. Mit der Bahn lohnt die Strecke wohl kaum.

Petchaburi

Der Name der Stadt (40.000 Einwohner), auch Phetburi geschrieben, bedeutet „Stadt der Diamanten", da früher in dem durch den Ort fließenden Fluß Edelsteine gefunden wurden. Zur Zeit Ayutthayas war der Ort ein künstlerisches Zentrum.

Sehenswert ist die **Khao Luang-Höhle** nördlich der Stadt, die eine Reihe verehrter Buddhastatuen enthält. Am besten wird die Höhle zwischen 11.00 und 14.00 Uhr besucht, wenn von oben einfallendes Sonnenlicht ein magisches Bild kreiert.

Wat Yai Suwannaram stammt aus dem 17. Jahrhundert, und das Bot enthält Fresken, die zu den besterhaltensten des Landes gehören.

Wat Kamphaeng Laeng ist ein alter Khmer-Tempel, dessen zentrales Bauwerk ein Prang ist, der von drei kleineren Prangs umgeben wird, und **Wat Mahathat** besitzt einen großen weißen Prang, der von weitem sichtbar und in Anlehnung an die typischen Khmer-Prangs von Lopburi oder Phimai gebaut worden ist.

Auf einem Hügel im Westen der Stadt liegt **Khao Wang,** ein königlicher Palast, der von König *Monkut* im 19. Jahrhundert erbaut wurde. Zu dem Palast gehört ein Turm für astronomische Beobachtungen, von dem aus man eine gute Aussicht über das

AUSFLÜGE IN DIE UMGEBUNG BANGKOKS

Gelände hat. Auf der Spitze des Hügels steht ein Chedi.

Der Eintritt zum Palastgelände beträgt 40 Baht, darin ist die Benutzung der Seilbahn enthalten, die in einer einminütigen Fahrt den Hügel hinaufgleitet. Vorsicht vor den zahlreichen aggressiven Affen, die den Besuchern alles aus der Hand reißen, das entfernt nach Essen aussieht. Die Affen haben sich so unbeliebt gemacht, daß sich die Stadtverwaltung 1999 gezwungen sah, männliche Affen einzufangen, um sie dann zeugunsunfähig zu machen.

Leider konnte man nur einer geringen Zahl Affen habhaft werden, die meisten entkamen der Zwangssterilisation.

Songthaews innerhalb von Petchaburi kosten 5 Baht/Person.

Unterkunft

Die in der Innenstadt gelegenen Hotels sind in den letzten Jahren arg verkommen und dienen nur noch als Stundenhotels.
- Das empfehlenswerteste Hotel ist das **Khao Wang***, das nahe des Eingangs zum Palast liegt (174/1-3 Ratchawithi Rd., Tel. 425167). Die recht großen Zimmer (Bad) können von bis zu 4 Personen bewohnt werden. Die nach vorne liegenden sind sehr laut.

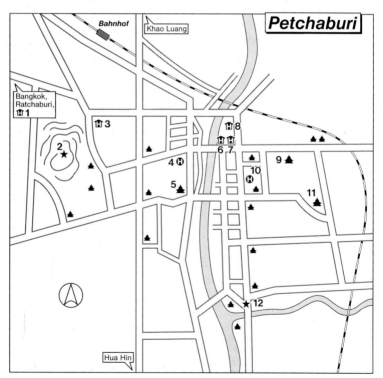

Ausflüge in die Umgebung Bangkoks

- Sehr ordentlich ist das **Phetkasem Hotel***-** (86/1 Phetkasem Rd.). Es liegt am nördlichen Stadtrand, an der Straße nach Bangkok.

Anreise

- Vom Southern Bus Terminal in Bangkok (136 km) fahren alle 20 Minuten **Busse** für 36 Baht, A.C.-Busse alle 45 Min. für 65 Baht.
- Vom Hualamphong-Bahnhof gehen neun **Züge** täglich, Fahrzeit etwa drei Stunden. Kosten nach Klasse 34/71/138 Baht.

Weiterreise

Busse nach Cha-Am 10 Baht, nach Hua Hin 20 Baht, Ratchaburi 8 Baht.

Damnoen Saduak (Floating Market)

Nachdem die Touristenscharen den „schwimmenden Märkten" von Thonburi quasi ein Ende bereitet haben, wendete man sich zunehmend denen von Damnoen Saduak zu. Damnoen Saduak bedeutet „Die günstigen Verkehrswege", was darauf hinweist, wie bedeutend die Klongs früher für die Thais waren. „Schwimmender Markt" heißt auf Thai Talaat Naam, wörtlich „Wassermarkt".

Die zahlreichen Boote auf dem Wassermarkt, voll beladen mit Obst, Gemüse, Blumen und sonstigen Naturalien, und gesteuert von Marktfrauen mit ihren traditionellen breiten Korbhüten, geben hier noch wunderbare Fotomotive her – Thailand wie in der Urlaubsbroschüre! Dennoch ist auch in Damnoen Saduak nicht mehr alles beim alten. Die Wege entlang der Klongs sind weitgehend blockiert und unbegehbar – Gerüchten zufolge teilweise sogar absichtlich! – so daß man fast gezwungen ist, zur Besichtigung ein Boot zu mieten. Dazu drängen sich auch gleich zahlreiche Bootslenker auf. Der Fahrpreis sollte bei ca. 100 Baht/Std. liegen, manche Bootsleute fordern aber absolute Wucherpreise.

Damnoen Saduak liegt 109 Straßenkilometer südwestlich von Bangkok oder etwa 54 km südlich von Nakhon Pathom, in einer von zahlreichen Klongs durchzogenen Landschaft. Das rege Treiben auf den schwimmenden Märkten beginnt schon bei Sonnenaufgang, gegen acht oder neun Uhr erreicht es seinen geschäftigsten Punkt.

Die Hauptmärkte heißen Thon Khem und Hia Kui, beide an verschiedenen Ufern des Damnoen Saduak-Kanals gelegen; etwas weiter südlich befindet sich der Markt Khun Phitak. Um 10 Uhr treffen dann die großen Tourbusse aus Bangkok ein, und der „Wassermarkt" wird von Touristen überflutet.

- 🏨 1 Phetkasen Hotel
- ★ 2 Khao-Wang-Palast
- 🏨 3 Khao Wang Hotel
- 🚌 4 Busbahnhof
- ▲ 5 Wat Mahathat
- 🏨 6 Chom Klao Hotel
- 🏨 7 Nam Chai Hotel
- 🏨 8 Phetburi Hotel
- ▲ 9 Wat Yai Suwannaram
- 🚌 10 AC-Busse nach Bangkok
- ▲ 11 Wat Kamphaeng Laeng
- ★ 12 Glockenturm
- ▲   Wat

Ausflüge in die Umgebung Bangkoks

Anreise

- Vom Southern Bus Terminal fahren derzeit ab 4.00 Uhr die ersten **Busse** nach Damoen Saduak (Linie 78), von da an alle 18 Minuten. Der Fahrpreis beträgt 30 Baht, A.C. 49 Baht, die Fahrtdauer etwa 2,5 Stunden. Der letzte Bus fährt um 19.00 Uhr zurück.
- Von der Bushaltestelle in Damnoen Saduak fahren etwa alle 15 Minuten **Boote** zum Markt Ton Khem (Kostenpunkt 5 Baht). Auch fahren Minibusse für 2 Baht, am schönsten ist aber ein frühmorgendlicher Spaziergang den Kanal entlang. Für Rundfahrten lassen sich Boote mieten, die kosten aber um die 300 Baht pro Stunde. Zum Teil werden die Klong-Brücken blockiert, um Spaziergänge zu erschweren und Touristen so zu Bootsfahrten zu zwingen!

Der **Markt Hia Kui** befindet sich noch einmal 1 km südlich des Ton Khem. Noch weiter südlich liegt der ruhigere Khun Phitak.

Wer nicht so früh aufstehen kann, hat die Möglichkeit in Nakhon Pathom zu übernachten, morgens einen **Bus** zu nehmen, der in Richtung Samut Songkhram fährt und bei Damnoen Saduak auszusteigen 20 Baht).

Ratchaburi

Ratchaburi, sprich Ratburi, ist die Hauptstadt der gleichnamigen Provinz, die an Burmas Osten angrenzt und an der Bahnlinie Richtung Süden gelegen. Die Stadt ist über 1.000 Jahre alt und war einst ein wichtiger Teil des Suwannaphum-Königreichs. Heute ist sie bestenfalls für die dort hergestellten *ong* bekannt, glasierte Keramikgefäße, die man an vielen Stellen der Stadt aufgestapelt sieht. Im Ort selber gibt es ansonsten nicht viel zu sehen, Ratchaburi kann aber der Ausgangspunkt für eine Reihe von Ausflügen sein, u.a. zu den Schwimmenden Märkten von Damnoen Saduak, die nur 40 km entfernt liegen.

In Ratchaburi selber gibt es nur einen halbwegs sehenswerten Tempel zu besichtigen, **Wat Phra Sri Ratana Mahathat,** im Volksmund Wat Na Phra That genannt. Dieser stammt aus der Khmer-Epoche und ist einem Tempel der Anlage von Angkor Wat in Kambodscha nachempfunden. Er weist die für die Khmer-Architektur typischen Prangs auf.

Etwa 3 km außerhalb der Stadt befindet sich der **Khao Wang** oder „Palasthügel", mit einem sehr gut erhaltenen Palast König Rama des 4. darauf, Baujahr 1871.

Unterkunft

- Das **Numsin Hotel***-** (2-6 Krapetch Rd., Tel. 337551, 337634), ist zwar das beste Hotel am Ort, allzu großer Komfort sollte aber dennoch nicht erwartet werden. Einem Leser erschien es wie ein „umgebautes Gefängnis"... Zimmer für bis zu 4 Personen (A.C.) vorhanden. Im Hotel gibt's auch einen Wasch-Service.
- Das **Arayah Hotel****-***, 187/1-2 Krapetch Road, Tel. 337782 hat Zimmer mit und ohne A.C..
- **Kuang Hua***-**, 1-5 Amarintra Road, Tel. 337119.

Anreise

- Vom Southern Bus Terminal in Bangkok, 109 km entfernt, fahren etwa jede Stunde **Normalbusse** für 30 Baht, A.C.-Busse für 54 Baht.
- **Züge** ab Bangkok kosten in der 2./3. Klasse 25/52 Baht, Züge ab Nakhon Pathom und Petchaburi jeweils 11/23 Baht.

Weiterreise

Busse nach Damnoen Saduak kosten 15 Baht, nach Samut Songkhram 12 Baht, 16

AUSFLÜGE IN DIE UMGEBUNG BANGKOKS

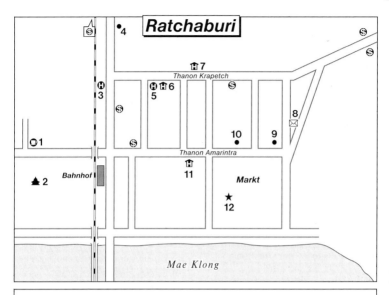

- ◯ 1 Bäckerei/Café
- ▲ 2 Wat Sattanat Paliwat
- ⓗ 3 Bushaltestelle
- • 4 Kino
- ⓗ 5 AC-Busse nach BKK
- 🏨 6 Numsin Hotel
- 🏨 7 Arayah Hotel
- ✉ 8 Post
- • 9 Polizei
- • 10 Kino
- 🏨 11 Kuang Hua Hotel
- ★ 12 Glockenturm
- Ⓢ Bank

Baht nach Nakhon Pathom. Die A.C.-Busse nach Bangkok fahren vom Numsin Hotel ab.

Umgebung von Ratchaburi

Khao-Bin-Höhle

Die Umgebung von Ratchaburi weist eine Vielzahl von Höhlen auf, von denen die interessanteste sicher die Tham Khao Bin ist, die „Höhle des fliegenden Berges" (*tham* = „Höhle"). Der Name stammt von einer der drei Bergspitzen des umgebenden Berges, der über die beiden anderen Spitzen hinwegzufliegen scheint. Die Höhle besteht eigentlich aus 8 Einzelhöhlen, genannt *hong* („Zimmer"), die durch Gänge miteinander verbunden und vollgespickt mit Stalaktiten und Stalagmiten sind. Der überwältigende Eindruck wird durch farbige Scheinwerfer unterstrichen, die die markantesten Stellen ausleuchten. In vielen Gesteinsformationen erkennt man Elefanten,

AUSFLÜGE IN DIE UMGEBUNG BANGKOKS

Gesichter und in einem Fall sogar eine *Kinnari*, ein thailändisches Fabelwesen.

Jede volle Stunde zwischen 10.00 und 17.00 Uhr finden **Führungen** statt (auf Thai allerdings), bei denen auf diese Besonderheiten hingewiesen wird. In der Höhle ist es zumeist brütend heiß, ein Besuch lohnt dennoch. Da die Provinzverwaltung von Ratchaburi diese Sehenswürdigkeit weiter zu fördern gedenkt, ist nahe der Höhle der Bau eines Restaurants und eines Hotels geplant.

●**Anfahrt:** Ab Ratchaburi (ca. 20 km) bieten sich Songthaews an (6 Baht), die jedoch meist nur an der Hauptstraße halten, von wo eine Abzweigung 2 km zur Höhle führt. Gecharterte Tuk-Tuks sollten ca. 150-200 Baht für die Hin- und Rückfahrt kosten. Eintritt 20 Baht.

Chompon-Höhle

Etwa 10 km weiter nordwestlich von Tham Khao Bin und gut mit einem Besuch dieser zu kombinieren, erreicht man eine weitere Höhle, die Tham Chompon. Der Felsen, der die Höhle umgibt, ist der Wohnsitz einer großen Affenherde, die den ganzen Tag lang ausschwärmt, um sich von den Besuchern mit Bananen und Erdnüssen füttern zu lassen, die es dort zu kaufen gibt. In die Höhle gelangt man über eine lange Holztreppe. Im Inneren befinden sich nur wenige interessante Felsformationen, dafür eine Anzahl von Buddhafiguren, darunter ein großer liegender Buddha. An dessen Standort (Liegeort?) ist die Höhle sehr hoch, mit einer runden Öffnung in der Decke, durch die Sonnenlicht einfällt.

●**Anfahrt:** Songthaew ab Ratchaburi (10 Baht) oder besser mit gechartertem Tuk-Tuk (ca. 300 Baht hin und zurück). Eintritt 10 Baht – falls das Kassenhaus besetzt ist, was nicht immer der Fall zu sein scheint.

Kangkao-Chongpran-Höhle

Eine weitere Höhle, 17 km von Ratchaburi entfernt, bietet jeden Abend ein phantastisches Naturschauspiel: In der Tham Kangkao Chongpran leben einige Millionen Fledermäuse, die jeden Tag gegen 18.00 Uhr, kurz vor Sonnenuntergang, in schier endlos langen Formationen aus der Höhle ausschwärmen, um auf Nahrungssuche zu gehen. Ein faszinierendes Spektakel, bei dem sich der Himmel vor lauter Flatterern schwarz färbt! Angeblich fliegen die Tiere in absolut festgelegter Reihenfolge aus, so daß falls eine der Fledermäuse aus der vorbestimmten Reihenfolge tanzt, sich alle zurück in die Höhle begeben, um den Ausflug von neuem zu starten – das behauptete zumindest ein Dokumentarfilm des thailändischen Fernsehens.

Im Inneren der Höhle, deren Name etwas umständlich mit „Fledermaus-Höhle mit einem schmalen Durchlaß für Jäger" zu übersetzen wäre, finden sich auch einige verehrte Buddhabildnisse.

Mittlerweile zieht die Höhle auch Tourgruppen an, und eventuell teilt man das Naturerlebnis mit einigen Dutzend anderen Besuchern.

● Zur **Anfahrt** chartere man am besten ein Tuk-Tuk, Kostenpunkt ab Ratchaburi ca. 200-300 Baht (hin und zurück).

AUSFLÜGE IN DIE UMGEBUNG BANGKOKS

Khao Ngu

Etwa 8 km nordwestlich von Ratchaburi liegt das Khao Ngu-Hügelmassiv, wörtlich die „Schlangenberge". Darin befindet sich die **Tham Russi** oder „Höhle des Weisen", mit einer Darstellung der ersten Predigt Buddhas, ausgeführt im Stil der indischen Gupta-Periode. Das Bildnis wird von der lokalen Bevölkerung hoch verehrt, und jedes Jahr im September/Oktober findet ein großes Volksfest statt, das neben Religiosität auch eine gute Dosis Jahrmarktatmosphäre aufkommen läßt. In der Nähe der Höhle ist ein „Fußabdruck

Buddha in der Chumphon-Höhle

Ausflüge in die Umgebung Bangkoks

des Buddhas" zu bewundern, dessen Alter unbekannt ist. Dieser hier ist von Menschenhand angelegt – ansonsten werden derlei Fußabdrücke stets der magischen Kraft des Buddhas selbst zugeschrieben.

● **Anfahrt:** per Songthaew oder per gechartertem Tuk-Tuk, ca. 80-100 B. hin und zurück.

Bor Klueng

Nur ernsthaften Quellforschern oder Kneipp-Fanatikern sei der Ausflug zu den **Heißen Quellen** von Bor Klueng empfohlen, ca. 15 km von Suan Phueng („Bienengarten") an der burmesischen Grenze (ca. 60 km von Ratchaburi). Hier strömt Wasser mit einer Temperatur von 52-68 Grad aus, das sehr mineralstoffreich ist und sich vorzüglich zur Behandlung von Hautkrankheiten eignen soll (Bor Klueng, sprich *bor klüng*, bedeutet soviel wie „Einreib-Quelle"!). Hier ist ein Resort geplant, in dem man in dem wertvollen Wasser kuren und sich möglicherweise verjüngen lassen kann.

● **Anfahrt:** per gechartertem Tuk-Tuk für ca. 500-600 Baht (hin und zurück).

Wat Khongkaram

Dieser über 200 Jahre alte Mon-Tempel steht in Klong Takot, ca. 22 km nördlich von Ratchaburi. Sein ursprünglicher Name lautete wenig einfallsreich Wat Klaang oder „Zentral-Tempel", bis sich König *Mongkut* sich den gegenwärtigen Namen ersann, wörtlich etwa „Mönchssitz am Ganges" (*Khongka* = „Ganges", *aram* = „Mönchsunterkunft"). Der Tempel ist mit einigen sehr schönen Wandmalereien ausgestattet, die Szenen aus Buddhas Leben zeigen.

● **Anfahrt:** am besten per Tuk-Tuk, hin und zurück ca. 200 Baht

Nakhon Pathom

Diese Stadt (50.000 Einwohner), 56 km westlich von Bangkok gelegen, soll vor über 2.000 Jahren gegründet worden sein, zu einer Zeit, als sich der Golf von Siam noch weiter nordwestlich erstreckte. Nakhon Pathom war damals also an der Küste erbaut und wurde früh die Hauptstadt eines Mon-Königreiches. Später wurde die Stadt für 300 Jahre verlassen, und zwischen dem 6. und 11. Jahrhundert war sie das Zentrum des Dvaravati-Reiches.

Die Hauptattraktion Nakhon Pathoms ist der 127 Meter hohe **Phra Pathom Chedi**, das größte buddhistische Bauwerk der Welt. Der Chedi ist unübersehbar Mittelpunkt des Ortes, und die Stadt wirkt wie um ihn herum drapiert. Der Phra Pathom Chedi wurde wahrscheinlich im 6. Jahrhundert von Theravada-Buddhisten erbaut.

Im 11. Jahrhundert wurde Nakhon Pathom von den Khmer eingenommen, die einen Prang auf das Bauwerk setzten. Im Jahre 1057 zerstörten die Burmesen den Chedi, und in diesem Zustand verblieb er bis König Mongkut im Jahre 1860 einen größeren Chedi darüberbauen ließ. Später wurden vier Viharns, ein Bot und eine Nachbildung des ursprünglichen Chedis hinzugefügt.

Um den heutigen Chedi befindet sich eine Art kreisförmiger Wandelgang, der an seiner Außenseite mit zahlreichen Buddhafiguren versehen ist. An der Nordseite des Komplexes, am Hauptzugang begrüßt ein Riesenbuddha die Besucher.

Außerhalb des Wandelganges wird auf einer kleinen, überdachten Bühne gelegentlich *Likay* aufgeführt, das sind rustikale Theatervorführungen wobei auch Männer die Rolle von Frauen übernehmen und umgekehrt, und oft kommt es zu köstlich anzüglichen Dialogen.

Etwa 2 km westlich des Chedi hat sich Rama 6. einen kleinen Palast bauen lassen, der in Sanam Chan, einem hübschen Park gelegen ist. Das Gebäude ist sehr verfallen und kann nicht besichtigt werden.

Unterkunft

● Wenn man aus dem Bahnhof kommt, befindet sich geradeaus rechts das ordentliche **Mitpaisan** oder **Mitr Paisal****, je nach Transkription (120/30 Phyapan Rd., Tel. 242422).
● Direkt daneben liegt das **Mitr Thavorn***-**(305/1-3 Thanon Rot-Fay).
● In der Straße westlich vom Chedi (Rajdamnoen Rd.), ein paar Schritte von der am Chedi entlang führenden Straße entfernt, liegt das **Mitr Sampan***-**. Die Zimmer sind sauber.

Essen

● Absolutes Muß ist der **Khao lam,** der in einem Bambusrohr mit Kokosmilch gekochte Reis, der eine Spezialität der Stadt ist. Geht man vom Bahnhof oder Busstop in Richtung Chedi, passiert man Dutzende von **Ständen,** die die gefüllten Bambusrohre anbieten. Die Preise liegen zwischen 5 und 10 Baht, je nach Volumen des Bambus. Solche Stände befinden sich auch an der Nordseite des Chedi, in der Nachbarschaft vieler Obststände. In der unmittelbaren Umgebung befinden sich auch einige Essensstände.

● Ein wenig versteckt hält sich ein sehr gutes **vegetarisches Restaurant** mit Gerichten ab 6 (!) Baht. Wie die meisten vegetarischen Restaurants nennt sich auch dieses schlicht *Mangsawirat*. Man gehe die Rajdamnoen Rd., die an der Westseite des Chedi liegt, weiter westlich, dann die zweite Straße links bis zu einem Markt *(Talaat Odien)*, dann rechts, wo ein paar neue, große Gebäude stehen. Auf der linken Seite ist das Mangsawirat mit Tischen und Stühlen draußen.

Anreise

● Vom Southern Bus Terminal fahren tagsüber alle 10 Minuten **Busse** nach Nakhon Pathom, Kostenpunkt 16 Baht. Alle 30 Minuten fahren A.C.-Busse für 30 Baht. Die Fahrt dauert knapp 1 Stunde. Die letzten Busse fahren gegen 20.00 Uhr zurück nach Bangkok.
● Vom Bahnhof in Thonburi fahren 3 **Züge** nach Nakhon Pathom: um 7.50, 13.30 und 13.45 Uhr. Züge ab der Hualampong Station in Bangkok fahren um 13.30, 14.35, 15.15, 15.50, 17.05, 18.30, 19.20, 19.45 und 22.35 Uhr. Tickets dritter Klasse kosten 14 Baht, die Fahrzeit beträgt etwa 1 Stunde 20 Minuten. Wer nur einen Tagesausflug macht, kommt mit den Bussen wohl am besten weg.

Der Süden

Der Süden

Der Big Buddha von Ko Samui

Moschee in Bang Thao, Phuket

Ko Hae

Überblick

Wogende Reisfelder, dichte Kokos-Haine und endlose Strände. Und Strände. Und Strände. Thailands Süden muß von den Designern der Tourismus-Broschüren erfunden worden sein. Er ist wirklich paradiesisch!

Das heiße Klima und die platschnassen Monsune machen das Land unendlich fruchtbar und lassen üppige tropische Vegetation aus dem Boden schießen. Reisende sollten sich unbedingt die „Fahrpläne" des Monsuns im Süden merken – oder besser der Monsune, denn es gibt zwei: Von Mai bis September wird die Westküste begossen (Südwest-Monsun), November bis Februar ist die Ostküste dran (Nordost-Monsun). Dann kann es auf Ko Samui schon einmal recht stürmisch werden, oder Songkhla stöhnt unter dem Endlos- Grau des Regenhimmels.

In dem feucht-heißen Klima des Südens gedeihen Reis, Gummibäume, Rambutans, Mangostinen, Durians, Orangen und Milliarden von Kokosnüssen. Allein auf Ko Samui stehen über 3 Millionen Kokospalmen. Neben diesen landwirtschaftlichen Produkten verhelfen die Fischerei und der Mineralabbau (Eisenerz, Mangan, Eisen, Antimon u.a.) dem Süden zu einem komfortablen Wohlstand. Dieser Wohlstand und die bis in den Anfang dieses Jahrhunderts reichende geographische Isolation des Südens machen seine Bewohner zu stolzen und freiheitsliebenden Menschen.

Die Bevölkerung des Südens ist ein bunter Mischmasch der unterschiedlichsten Landsmannschaften: Da sind die Chinesen, die sich in der Nähe der Erzminen angesiedelt haben und Städte wie Ranong und Hat Yai gründeten. Oder die Moslems, die im Grenzgebiet zu Malaysia leben und in Malay kommunizieren oder Yawi, einer Mischsprache mit malayischen und arabischen Elementen. Und nicht zu vergessen die Süd-Thais, die sich in ihrer eigenen Version des Thais unterhalten, der *phaasaa pak tai*. Das Süd-Thai wird in Maschinengewehrschnelle herausgeschossen und kulminiert am Satzende in einem hochgezogenen Ton.

Im tiefen Süden kämpften bis in die jüngste Vergangenheit diverse **Guerilla-Gruppen,** deren Mitgliederzahl Anfang der neunziger Jahre noch über 1.000 betrug. Ihre Zielsetzung war, je nach Gruppierung entweder Kommunismus oder aber die Loslösung einiger Grenzprovinzen, um einen eigenen moslemischen Staat zu gründen. In den siebziger Jahren hatte es besonders in den Provinzen Surat Thani, Nakhon Si Thammarat und Phattalung oft kriegsähnliche Auseinandersetzungen zwischen kommunistischen Untergrundkämpfern und Polizei und Armee gegeben. Dabei kam es seitens der Staatsorgane häufig zu Übergriffen, in denen Personen fast beliebig zu Kommunisten erklärt und dann eigenmächtig „liquidiert" wurden. So manch politisch unbeschriebenes Blatt wurde durch den Polizeiterror erst in die Arme der Kommunisten getrieben.

Die heftigsten Kämpfe fanden in der Gegend um Wieng Sa, Provinz Nakhon Si Thammarat, statt. Von 1989 bis 1992 ergaben sich etliche Hundert kommunistische Kämpfer den Behörden, die mittlerweile Amnestie-Programme für reumütige Guerillas erstellt hatten.

Kaum besser ist es um die **moslemischen Separatisten** bestellt, die in der Vergangenheit in den Provinzen Yala, Narathiwat und Pattani ihr Unwesen trieben. 1998 hatte sich Malaysia bereit erklärt, bei der Verfolgung von moslemischen Separatisten, die ihre Aktionen von Malaysia aus steuerten, behilflich zu sein. Malaysia verhaftete einige vermeintliche Separatisten und lieferte sie an Thailand aus – ein schwerer Schlag für die Rebellen, die sich zuvor im moslemischen Nachbarstaat Malaysia so sicher gefühlt hatten. Auch nach 1998 kam es noch zu vereinzelten Anschlägen auf staatliche Objekte im tiefen Süden – vor allem auf Schulen. Diese schienen aber reine Verzweiflungstaten einiger hartgesottener Rebellen. Im religiös so toleranten Thailand fallen die Parolen der Separatisten selbst bei den meisten Moslems auf taube Ohren.

Administrativ gesehen, beginnt Südthailand erst mit der Provinz Chumphon. Die Gebiete nördlich von Chumphon, die Provinzen Petchaburi und Prachuap Khiri Khan, gehören offiziell noch zu Zentral-Thailand, und hier wird auch noch Hoch-Thai gesprochen, genau wie in Bangkok. Für viele Reisende aber beginnt Südthailand nicht erst in Chumphon, sondern schon in Hua Hin, dem ersten wichtigen Strandort südlich von Bangkok, der allerdings administrativ zur Provinz Prachuap Khiri Khan gehört.

Hua Hin
หัวหิน

Hua Hin war Thailands erster Badeort, und als solcher verdankt er seinen Ruhm einem gewissen Prinzen Nares, einem Sohn von König Chulalongkorn. Prinz Nares war vom Strand in Hua Hin angetan, er ließ sich einen Ferienpalast am Ort bauen, und in der Folgezeit verbrachten immer wieder Mitglieder der Königsfamilie ein paar Tage in dem Badeort.

Durch den Bau der Eisenbahnlinie bis Malaysia wurde der Ort schließlich verkehrsgünstig erschlossen, und die Thai High Society wollte es ihrem Königshaus gleichtun und strömte nach Hua Hin. Prinz *Purachatra* war der Generaldirektor der staatlichen Eisenbahnlinie, und er ließ ein mondänes Hotel im viktorianischen Stil erbauen, das berühmte **Railway Hotel** von Hua Hin. Das Hotel (gegr. 1923) ist seit ein paar Jahren komplett renoviert und nennt sich nun Hotel Sofitel Central.

Ein Sohn des Prinzen Nares ließ sich später einen **Sommerpalast** am Strand bauen und nannte ihn *Klai Klang Won* – „fern von allen Sorgen". Der Palast steht noch immer, und zwar zwei Kilometer nördlich des Hafens. Seit 1998 ist der Palast auch der Öffentlichkeit zugänglich. Er ist täg-

HUA HIN

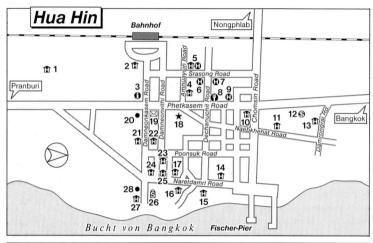

🏨	1	Grand Hotel	🚌	9	Mini-Busse nach Nongphlab	
🏨	2	Golf Inn				
ℹ	3	TAT	🏨	10	Chat Chai Hotel	
🏨	4	Subhamitr Hotel	🏨	11	Phananchan Hotel	
🏨	5	Siripetchkasem G.H.,	💲	12	Bangkok Bank	
🚌		AC-Busstation	🏨	13	Thanachai Hotel	
🚌	6	Mini-Busse nach Khao Krilas und Khao Takiab	🏨	14	Memory G.H.	
			🏨	15	Mot Guest House	
			🏨	16	Melia Hua Hin Hotel	
🚌	7	AC-Busstation	🏨	17	Forum Guest House	
🚌	8	Nachtmarkt	★	18	Uhrturm	
✉	19	Post				
•	20	Polizei				
🏨	21	Jed Pee Nong Hotel				
🏨	22	City Beach Resort				
🏨	23	Ban Boosarin Hotel				
🏨	24	Sirin Hotel				
🏨	25	Hua Hin Guest House				
💲	26	Markt				
🏨	27	Hotel Sofitel Central				
•	28	Motorrad-Verleih				

lich von 9.00-18.00 Uhr geöffnet, Eintritt 20 Baht. Besucher werden gebeten, „anständige" Kleidung zu tragen (d.h. keine kurze Hosen, freizügige Blusen etc.).

Wenn Mitglieder der königlichen Familie in Hua Hin erscheinen, so steht ihnen ein **eigener kleiner Bahnhof** zur Verfügung, ein malerisches Häuschen im thai-viktorianischen Stil, das nur ein paar Schritte neben dem eigentlichen Bahnhof liegt.

Hua Hin hat 35.000 Einwohner und ist noch immer eine recht provinziell wirkende Stadt, auch wenn an jeder Ecke Apartmentblocks aus dem Boden geschossen sind. Diese zielen zum großen Teil auf wohlhabende Bangkok-Bewohner oder investitionsfreudige *Falang* ab. Tatsächlich haben sich hier relativ viele Westler angesiedelt: Die Stadt ist möglicherweise das richtige für Leute, die sowohl einen Strand als auch Bangkoknähe brau-

HUA HIN

chen und nichts mit dem dekadenten Pattaya anfangen können. Der Strand ist allerdings nicht allzu großartig, wer Phuket- oder Ko-Samui-ähnliche Szenerien erwartet, liegt daneben. Besser, man besucht Hua Hin vor diesen Orten und nicht etwa danach; ansonsten ist man wahrscheinlich enttäuscht. Außerdem wird Hua Hin derzeit von vielen gutbürgerlichen deutschen Tourgruppen überlaufen, und Traveller fühlen sich möglicherweise deplaziert.

Ein Höhepunkt für viele Besucher ist oft der **Nachtmarkt,** der jeden Abend in der Dechanuchit Road zu brutzeln und brodeln beginnt. Wenn es dunkel wird, verwandelt sich die Straße in ein Open-Air-Schlemmerparadies mit viel Atmosphäre. Ein absolutes Muß!

Ansonsten bieten sich abends noch einige Open-Air-Kneipen entlang der Naretdamri Road an, wo sich so etwas wie ein Kneipenviertel herangebildet hat. Die Kneipen sind in bester Spießbürgermanier nach Nationalitäten getrennt (es gibt deutsche, schweizerische etc.) und sicher nicht jedermanns Sache.

Unterkunft

Zuvor eine **Warnung:** Die Samlor-Fahrer verlangen eine unverschämte Kommission von 150 Baht, wenn sie Passagiere zu den Unterkünften kutschieren. Das Geld wird logischerweise auf den Zimmerpreis aufgeschlagen. Am besten also zu Fuß von Bahnhof oder Busstation laufen; die meisten Unterkünfte sind ohnehin nur ein paar hundert Meter davon entfernt.

Viele Unterkünfte, besonders die Mittel- und Oberklasse-Hotels, heben an Wochenenden und Feiertagen die Preise an.

Guest Houses

Zahleiche Guest Houses haben sich in den letzten Jahren an der Naretdamri und ihren Seitengassen angesiedelt, und die große Konkurrenz hält die Preise in Grenzen. Zum Strand ist es zumeist ein Fußmarsch von 5-10 Minuten.

●Das **Parichart Guest House***** (Tel. 513863), am Südende der Naretdamri Road, hat komfortable Zimmer (Bad).

●Gleich daneben liegt **Daeng's House****, Zimmer mit Bad.

●Weiter nordwärts (neben dem deutschen ARD Restaurant, 152/1 Naretdamri Road, Tel. 513769) liegt das **Moti Mahal****, ein indisches Restaurant mit Zimmervermietung; Zimmer mit Bad.

●Das **Mot Guest House****-*** hat kleine Zimmer (Bad).

●Besonders gute Zimmer hat das **Bird****-***, nördlich des Melia Hotel und nahe dem Meer gelegen.

●Im nahen **Thanachote Guest House****-**** gibt es Zimmer mit Bad und teurere mit A.C., TV und Kühlschrank.

●Das **Pattana (Thai-Dutch) Guest House**** in einer Gasse, die gegenüber vom Thanachote G.H. von der Naretdamri Road abzweigt, hat akzeptable Zimmer (Bad).

●Sehr sauber und gepflegt ist das von einem Deutschen und seiner thailändischen Frau geführte **House Pala-u***** (178/5 Naretdamri Rd., P.O Box 32, Hua Hin 77110, Tel. 512687). Die Zimmer haben Bad, Balkon und A.C. Die Besitzer zahlen den Samlor-Fahrern keine Kommission, und es könnte sein, daß diese von dem Haus abraten. Wer anruft oder vorher bucht, wird auf Wunsch vom Bahnhof oder Bus abgeholt.

●In einer Gasse zwischen der Naretdamri und Poonsuk Road finden sich **Phuen Guest House****, **Relax Guest House****, **Joy Guest House****, **Sukvilay Guest House****-*** und **Ban Pak Hua Hin****.

Der Süden

HUA HIN

Preiswerte Hotels

Die Hotels in Hua Hin sind oft überteuert, ein Resultat des Booms des Mittel- und Oberklasse-Tourismus am Ort. Die Hotels nahe der Phetkasem Road und der Eisenbahnlinie können zudem sehr laut sein; die Phetkasem Road ist der Highway, der Bangkok mit Malaysia verbindet und der unglücklicherweise mitten durch den Ort führt. Einige der preiswerteren Hotels finden sich westlich der Phetkasem Road, an der dem Strand abgewendeten Seite der Stadt:

- **Subhamitra Hotel****-**** (19 Amnuaysin Rd., Tel. 511208, 511487); sehr saubere Zimmer.
- **Sri Phetkasem Hotel****-*** (7/6-8 Sra Song Rd., Tel. 511394); gleich neben der Abfahrts- und Ankunftsstelle der A.C.-Busse von/nach Bangkok gelegen.
- **Thanachai Hotel****-*** (11 Damrongraj Rd., Tel. 511755).
- **Damrong Hotel****-*** (46 Phetkasem Rd., Tel. 511574); nahe dem Chatchai Market gelegen.

Weitere Hotels

- Das **Jed Pee Nong Hotel*****-**** („Hotel der sieben Geschwister", 13/7 Damnoen Kasem Road, Tel. 512381) hat saubere Zimmer (Bad).
- In einer Gasse gleich nebenan findet sich das **Patchara House***** (Soi Kasem Samphan, Tel. 511787); Zimmer mit Bad.
- Ordentliche Zimmer mit A.C. in den benachbarten **Puangpen Villa Hotel****** und **PP Villa Guest House*****-**** (Ecke Damnoen Kasem Rd./Soi Kasem Samphan, Tel. 533785), die sich einen Swimming-Pool und einen Garten teilen.
- Das **Fresh Inn****** in der Naretdamri Road (Tel. 511389), gegenüber dem Melia Hotel, hat saubere, empfehlenswerte Zimmer mit Bad und A.C.
- Etwas nördlich der Innenstadt (73/5-7 Phananchai Road, Tel. 511707) liegt das **Phananchai Hotel*****; die relativ große Entfernung zum zentralen Geschehen wird durch die ordentlichen Zimmer mit A.C. und TV wettgemacht.
- Das **Golf Inn****** nahe dem Bahnhof (Tel. 512473) beherbergt an Wochenden viele thailändische Golfer; gute Zimmer mit Bad, TV und A.C.
- Saubere und komfortable Zimmer mit A.C., TV, Kühlschrank etc. hat das **City Beach Resort******* (16 Damnoen Kasem Rd., Tel. 512870-5).
- Nahebei an derselben Straße liegt das **Sirin Hotel****** (Tel. 511150), ebenfalls mit wohnlichen Zimmern (A.C., TV, Kühlschrank), an Wochenenden teurer.
- Etwas von der Damnoen Kasem Road in nördliche Richtung zurückversetzt liegt das saubere **Ban Boosarin Hotel****** (Tel. 512076); sehr gute Zimmer mit A.C., TV, Kühlschrank und Telefon.
- Das **Hotel Sofitel Central Hua Hin**^{LLL} (Tel. 512021-40, Fax 02-2330974-80), das ehemalige Railway Hotel ist ein stilvoller Bau im Kolonialstil, und wer es sich leisten kann, wird den Aufenthalt hier nicht bereuen. Die Zimmer im kolonialen Flügel kosten 3.100 Baht, im neueren Flügel wird's noch teurer.
- Auf der anderen Straßenseite des Sofitel stehen einige doppelstöckige, geräumige und komfortable Bungalows, die einst obigem Unternehmen dazugebaut wurden; diese gehören nun aber einer anderen Hotelkette und nennen sich **Mercure Resort Hua Hin**^{LLL} (Tel. 512036, Fax 511014).
- Das bombastische **Melia Hua Hin**^{LLL} (Naretdamri Rd., Tel. 512879, Fax 511135) hat jeden Fünf-Sterne-Luxus.
- Etwas südwestlich der Innenstadt befindet sich das ebenso monumentale **Hua Hin Grand Hotel & Plaza******* (222/2 Phetkasem Rd., Tel. 511391, Fax 511765), mit großen und sauberen aber etwas nüchtern eingerichteten Zimmern (A.C., TV, Kühlschrank etc.). Ein Buffet-Frühstück ist inbegriffen.
- Das **Chiva-Som International**^{LLL} (74/4 Phetkasem Rd., Tel. 536536, Fax 511154) ist ein Luxushotel samt Jungbrunnen – die Gäste können sich hier mit Gesundheitskost, Aerobics, Unterwasser-Massagen, Schlammbädern, Hydrotherapie und vielen anderen westlichen oder östlichen Regenerations-Techniken wieder fit machen lassen. Inklusive Unterkunft in superluxuriösen Zimmern oder Bungalows kostet der ganze Spaß 400 US$/Tag (Einzelzimmer) oder 600 US$ (Doppelzimmer).

HUA HIN

Essen

Hua Hin ist unter den Thais für sein **Seafood** berühmt, ebenso für Gemüse wie **Spargel** und die besonders köstlichen und preiswerten **Ananas,** die in der Nähe geerntet werden.
Außerdem hat Hua Hin wohl die größte Dichte von Pizzerien in Thailand – es findet sich alle paar Meter eine.

- Das **Saeng Thai** am Fischer-Pier am Ostende der Chomsin Road ist das bekannteste Seafood-Restaurant am Ort, viele Thais schwören darauf. Die Preise sind nicht niedrig, ab ca. 500 Baht für 2 Personen.
- Ein etwas preiswerteres, aber dennoch gutes Restaurant für Seafood ist das **Fa Mui** in der Dechanuchit Road nahe dem All Nations G.H.
- Das italienische **La Villa,** ein paar Meter nördlich des Ban Boosarin Hotels gelegen, kredenzt ausgezeichnete Pizzas, Lasagne und Spaghetti.
- **Bob's German Bakery** (120/2 Naretdamri Road) offeriert diverse Brotsorten, darunter gutes Vollkornbrot, und Kuchen.
- Das **Moti Mahal** in der Naretdamri Road macht ganz passables indisches Essen; zumindest kommen hier Vegetarier auf ihre Kosten, denn wie in allen indischen Restaurants gibt es zahlreiche vegetarische Gerichte.

Adressen

- An der Damnoen Kasem Road/Ecke Phetkasem Road liegt das **Postamt** (Tel. 511350) und das Büro der TAT (Tel. 511350).
- Auf der anderen Straßenseite der Damnoen Kasem Road ist das **Polizeirevier** (Tel. 511027).
- Wiederum gegenüber, aber an der Phetkasem Road, ist das **Red Cross Institute** (Tel. 511024).
- Ein weiteres **Krankenhaus** ist das Hua Hin Hospital, Phetkasem Road (Tel. 5111743).
- Ein **Tourist Information Service Center** befindet sich im Erdgeschoß des Gebäudes der Stadtverwaltung an der Ecke Phetkasem Rd./Damnoen Kasem Rd. (Tel. 511047, 532433). Hier wird Informationsmaterial zu Hotels und Sehenswürdigkeiten in und um Hua Hin großzügig ausgehändigt. Geöffnet tägl. von 8.30-16.30 Uhr.

Anreise

- **Normalbusse** ab Bangkoks Suouthern Bus Terminal fahren zu 61 Baht, AC-Busse, je nach Klasse für 85 oder 110 Baht. Die Fahrt dauert ca. 3,5 Std. Einige Büros in der Khao San Road vermitteln Mini-Busse nach Hua Hin für 150 Baht, diese sind zu dem höheren Preis auch noch reichlich unbequemer als die üblichen Busse. Busse (Normal/AC) ab Prachuap Khiri Khan zu 30/42 Baht, ab Chumphon zu 77/108 Baht, ab Surat Thani 136/190 Baht, ab Phuket 198/277 Baht, ab Krabi 177/248 Baht, ab Hat Yai 251/392 Baht.
- **Züge** ab Bangkoks Hualamphong Station fahren täglich ca. zehn Züge. Kostenpunkt je nach Klasse 44/102/202 Baht, Zuschläge exklusive.

Weiterreise

- Die **Busse** fahren von der Dechanchit Road am Markt ab, einige Busse aber auch von der Haltestelle gegenüber der Bank of Ayodhya. Am Busbahnhof fragen!

Eine Fahrt nach Surat Thani kostet 89 bzw. 161 Baht (A.C.) Fahrzeit 8,5 Std.; nach Krabi: 126 Baht, 11 Std. zwei Busse täglich; nach Phang-Nga: 115 Baht, 10,5 Std, 2x täglich; nach Phuket: 129 Baht, 11 Std., 7 Busse täglich; nach Songkhla: 146 Baht, 12,5 Std., drei Busse täglich; nach Hat Yai: 151 Baht, 13 Std., ein Bus täglich.

- **Züge** in Richtung Süden: Surat Thani: 74/154/316 Baht, Hat Yai: 116/244/513 Baht, Butterworth (Malaysia): 189/366/784 Baht. Dazu kommen neben den Zuschlägen u.U. noch die Gebühren für einen Sleeper.

Umgebung von Hua Hin

Nationalpark Khao Sam Roi Yot

Der Name *Khao Sam Roi Yot* bedeutet übersetzt „die Berge der 300 Gipfel" und ist ein relativ zugängliches Gebiet von 130 km² Fläche zwischen Hua Hin und Prachuap Khiri Khan. **Bizarre Kalksteinformationen** stellen die „300 Gipfel" dar. Das Gelände ist der Lebensraum für die asiatische Bergziege, Wildschweine, Affen und Leoparden.

Im Bereich des Parks, der nicht gebirgig ist, haben sich sage und schreibe 160 **Garnelen-Farmen** angesiedelt – und das, obwohl diese in einem Nationalpark natürlich nichts zu suchen haben. Die Farmen haben die Ökologie des Parks weitgehend zerstört. Es ist kein Geheimnis, daß sich Leute mit Geld in Thailand das Gesetz nach Belieben gefügig machen können. 1999 wurde ein Verbot erlassen, nach dem alle Garnelen-Farmen, die nicht unmittelbar am Meer liegen, zu schließen haben. Die Besitzer der Farmen protestierten dagegen, doch die Regierung ließ verlauten, hart bleiben zu wollen. Was weiter werden wird, bleibt abzuwarten. Ähnliche Umweltschutzgesetze werden in Thailand oft völlig ignoriert, und die Behörden unternehmen gar nichts gegen die Gesetzesbrecher.

• Zur **Anfahrt** nehme man einen Bus oder Zug von Hua Hin nach Pranburi (8 bzw. 7 Baht), von dort ein Songthaew nach Ban Bang Pu (20 Baht/Pers.). Von Ban Bang Pu ist es ein kurzer Fußweg bis zum Visitor Centre des Park, wo sich auch Bungalow-Unterkünfte befinden. Ansonsten könnte man auch per gechartertem Motorrad oder Songthaew gleich von Pranburi direkt zum Park fahren (Preis Motorrad ca. 150 Baht, Songthaew 250 Baht).

Prachuap Khiri Khan
ประจวบคีรีขันธ์

Prachuap Khiri Khan ist ein kleiner, ruhiger Küstenort, gelegen an einer von Felsklippen umgebenen attraktiven Bucht. Die Bucht selber wimmelt von Fischerbooten, der Strand und das Wasser sind leider unangenehm verschmutzt. Die einzige Sehenswürdigkeit ist der Ausblick vom Khao Chongkrajok, dem „Spiegelberg", auf dem sich ein kleiner Tempel befindet. An der Südseite (die Seite zur Stadt hin) führt eine 415 Stufen zählende Treppe den Berg hinauf.

Information

Die Stadtverwaltung betreibt ein kleines, aber hilfreiches Informationsbüro in der Innenstadt an der Thanon Sarachip (im Straßenblock zwischen Thanon Kong Kiat und Thanon Thetsaban Bamrung). Man informiert über die Attraktionen der Provinz Prachuap Khiri Khan.

Unterkunft

• Die **Mirror Mountain Bungalows***-*** bieten einen guten Ausblick auf die Bucht, sind an ihrem Zustand gemessen aber teuer.
• Das **Yutichai Hotel***-** wirkt etwas altertümlich, hat aber akzeptable, einfache Zimmer.
• Das **Inthira Hotel***-** hat Zimmer mit Bad.
• Das **King's Hotel**** hat Zimmer mit Bad.

PRACHUAP KHIRI KHAN

- Das **Had Thong Hotel****** (Tel. 601050, Fax 601057), an der Bucht gelegen, ist die beste Unterkunft in der Stadt, es gibt Zimmer mit Aussicht auf den Spiegelberg und solche mit Aussicht aufs Meer.
- Die **Thetsabaan Bungalows*****-***** („Städtischen Bungalows") an der Bucht bieten Bungalows in verschiedenen Größen.
- Sehr schön sind die **Aow Noi Beach Bungalows*****, an der Ao-Noi-Bucht in parkähnlicher Landschaft gelegen. Der Besitzer ist Deutscher und mit einer Thai verheiratet. Bungalows (Bad) mit Veranda, mit A.C. teurer. Fahrradverleih: 40 Baht/Tag. Buchungen und Information in Bangkok bei L. Deutsch, Tel. 5109790 (Mo-Do 7.00-7.30, 12.00-13.00 und ab 16.30 Uhr).

Essen

Es befinden sich abends zahlreiche **Essensstände** am Strand.

- Das **Coffee House** in der Nähe der Krung Thai Bank serviert gutes Frühstück und trinkbaren Kaffee.
- Frühstück gibt es auch in den **Mirror Mountain Bungalows.**
- Nahe dem Strand am Spiegelberg findet man ein gehobenes **Seafood-Restaurant.**
- Das Restaurant des **Had Thong Hotels** bietet wochentags gute Lunch-Buffets zu 65 Baht.

Anreise

- **Busse** ab Bangkok (Southern Bus Terminal) fahren ca. jede Stunde, Kostenpunkt 72 Baht. A.C.-Busse fahren für 130 Baht, Abfahrt 8 mal tägl. Busse ab Cha-Am kosten 25 Baht, ab Hua Hin 20 Baht.
- **Züge** ab Bangkoks Hualamphong Station kosten in den verschiedenen Klassen 58/122/245 Baht, Zuschläge extra.

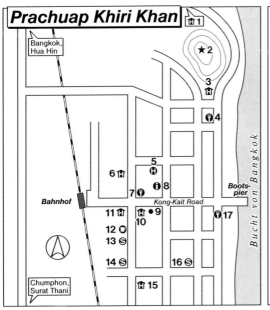

Ban Krud

Traditionelles Haus
bei Prachuap Khiri Khan

Weiterreise

- **Busse** nach Chumphon (8mal tägl.) kosten 45 Baht, die Bushaltestelle befindet sich am Highway, der 2 km westlich der Stadt vorbeiführt; Samlors dorthin kosten 10 Baht, Songthaews 5 Baht, die Fahrer weigern sich aber oft, unter 10 Baht zu fahren.
- **Züge** 3. Klasse dorthin 58 Baht. Züge nach Surat Thani 81 Baht (Rapid Train).

Ban Krud
บ้านกรูด

Die Bucht bei der kleinen Ortschaft Ban Krud (auch Ban Krut geschrieben), gelegen in der Provinz Prachuap Khiri Khan, ist vielleicht ***der* Strand-Geheimtip** Thailands. Die Bucht direkt südlich des Ortskerns von Ban Krud ist ca. 20 km lang und wird über die meiste Strecke von einem strahlend weißen, und häufig auch sehr breiten Strand gesäumt. Nur im südlichen Bereich ist das Hinterland nicht so ansehnlich. Nördlich von Ban Krud zieht sich ein weiterer ausgezeichneter Strand in die Länge, und insgesamt ist

BAN KRUD

Am Strand von Ban Krud

dies die wohl eine der schönsten Strandregionen Thailands (zumindest *noch,* siehe Exkurs).

Bisher finden sich nur einige wenige einheimische Besucher ein, Ausländer sind noch eine Rarität. Der Strand, mit dichten Palmenhainen im Hinterland, ist jedoch zu schön, um lange vernachlässigt zu werden, und hier wird sich bestimmt noch einiges tun. Bisher hat jeder Besucher aber noch einige hundert Meter Strand für sich allein.

Die **Bademöglichkeiten** sind sehr gut, und nach Aussagen eines passionierten Tauchers ist das Wasser hier besonders „weich", was auf den aus Meeresboden sprudelnden Mineralwasserquellen beruhen soll. Bei diesem schönen Strand glaubt man einfach alles.

An ihrem Nordende wird die Bucht von einem erhöhten Felsen eingefaßt, auf dem sich ein Tempel befindet, **Wat Thang Sai.** Sein Hauptmerkmal ist ein großer goldener Buddha, der bei der Anfahrt aus Richtung Süden schon von weitem sichtbar ist. Vom Tempel aus ergibt sich ein grandioser Ausblick auf die gesamte Bucht. Seit 1998/99 wird nahe dem Buddha eine großartige Tempelanlage hinzugebaut, die eine der imposantesten Thailands werden soll (z. Zt. noch im Bau). Der Tempelbau soll den 72. Geburtstag von *König Bhumipol* am 5.12.1999 markieren. Deshalb wurde der Entwurf für das Bauwerk vom königlichen Hofarchitekten vorgelegt. Der 72. Geburtstag gilt als besonders wichtig (6 mal 12 „Lebenszyklen").

Nördlich des Tempels erstreckt sich der sehr hübsche Strand **Hat Sai Geaw,** der ebenfalls noch zum Ortsbereich Ban Krud gehört.

Am Südende der Bucht von Ban Krud findet sich das recht unansehliche Dorf **Bor Thong Lang** (eine einzige Unterkunft), in dessen Nähe sich eine weitere kleine Bucht erstreckt. Diese bietet einen sehr schönen weißen Badestrand, der an Wochenenden und Feiertagen von vielen Thais aufgesucht wird.

Ein Kohlekraftwerk für Ban Krud?

1998 kam es im Bereich von Ban Krud zu gewalttätigen Protesten seitens der einheimischen Bevölkerung, die gegen ein am Ort geplantes Kohlekraftwerk rebellierte. Die Demonstranten riegelten einige Tage lang den Highway Nr. 4 ab, der Bangkok mit Südthailand verbindet, und die Polizei ging mit brutaler Härte gegen sie vor.

Die Bevölkerung von Ban Krud war aufgeschreckt, da bekannt geworden war, welche eklatante Umweltschäden ein ähnliches Kraftwerk bei Lampang hinterlassen hatte. Das für Ban Krud vorgesehene Kraftwerk (gepl. Eröffnung 2005) sollte direkt am Strand errichtet werden, ca. 7 km nördlich von Wat Thang Sai, und direkt in der Nähe von Wat Tham Khiriwong. Wat Tham Khiriwong wurde einst von König Chulalongkorn aufgesucht, der dort seine Initialen als Inschrift hinterließ.

Die Pläne sahen vor, daß das Werk mit einem Schornstein von 200 m Höhe ausgestattet würde – das höchste „Bauwerk" in Südthailand. Für seinen Betrieb müßten täglich 4,17 Millionen Kubikmeter Wasser aus dem Meer gesogen werden, und am Ende würden die schmutzigen Abwässer über eine 4 km lange Pipeline wieder ins Meer entlassen werden. Am Nordrand von Ban Krud war eine 12.800 m² große Deponie für die anfallenden festen Umweltgifte geplant.

Die Regierung vertrat den Standpunkt, das Kraftwerk von Ban Krud – sowie zwei weitere, die in der Provinz Prachuap Khiri Khan vorgesehen waren – seien „eine nationale Notwendigkeit" und „im Sinne des Fortschritts". Die Bevölkerung bestand darauf, wenigstens gefragt zu werden, ob sie diese Art von Fortschritt vor ihrer Haustür überhaupt wolle. Merkwürdigerweise hatte die Provinzregierung zu jenem Zeitpunkt eine Kampagne gestartet, die Prachuap Khiri Khan als Touristenattraktion vermarkten sollte – und wie dies mit der anstehenden Zerstörung eines der schönsten Strandgebiete Thailands vereinbar war, konnten auch die beredesten Regierungsvertreter nicht erklären. Zahlreiche Beobachter waren davon überzeugt, daß sich die Politiker durch das Großprojekt nur selber zu bereichern trachteten, so wie es in Thailand schon fast normaler Usus geworden ist.

Anfang 1999 war das Areal, auf dem das Kraftwerk entstehen sollte schon gerodet, und viele der einstigen Kraftwerksgegner hatten sich von der thailändischen Elekrizitätsbehörde EGAT mittlerweile als Arbeiter einstellen lassen. Sie ahnten, daß sie gegen den übermächtigen Gegner ohnehin nicht bestehen würden. Einige Kraftwerksgegner kämpfen jedoch weiter. Die Chancen, das Projekt noch zu stoppen, stehen allerdings schlecht.

Unterkunft

- Sehr zu empfehlen ist das **Siam Garden Beach Resort***** (Tel. 01-4587877, 01-2129021, 032-691381), dessen Besitzer, *Khun Sittichart*, sich viel Mühe gibt, daß sich seine Gäste bei ihm wohlfühlen. Alle Zimmer haben Bad und AC, dazu gibt es einige teurere mit zusätzlichem Kühlschrank. Das Resort befindet sich im mittleren Bereich der langen Bucht und ist relativ weit von den anderen Unterkünften entfernt.

- Etwas nördlich des Siam Garden Beach Resort war für das Jahr 2000 eine weitere Unterkunft geplant.

- Ca. 3 km nördlich von Wat Thang Sai oder 3,5 km südlich des geplanten Kohlekraftwerks (siehe Exkurs) befindet sich das **Thawee Beach Resort****-****, das von einem sehr netten älteren Herrn (*Khun Thawee*) geleitet wird, der außerdem noch ausgezeichnet Englisch spricht. Alle Bungalows mit Bad. Z.Zt. kein Tel.

BAN KRUD

- Etwas weiter südlich bietet sich die gepflegte Anlage des **Bayview Beach Resort******-LLL an (Tel. 01-2130317). Die Preise der Bungalows (Bad, AC, TV, Kühlschrank) erhöhen sich drastisch an Wochenenden oder Feiertagen. Ein Swimming-Pool ist vorhanden.
- Das **Banito Beach Resort*******-LLL (Tel. 032-695282 bis 3, Fax 02-5761053) bietet zweistöckige Häuser, bestehend aus Wohnzimmer, zwei Schlafzimmern, zwei Badezimmern, einer voll eingerichteten Küche und Balkon. Bei längeren Aufenthalten oder je nach Saison lassen sich die Preise (offiziell 2.900 Baht/Tag) eventuell herunterhandeln. Die Häuser können auch gekauft oder gepachtet werden. Vor der Anlage breitet sich ein besonders schöner, sehr weißer Strandabschnitt aus, und einen Swimming-Pool gibt's auch.

- Dazu gibt es einige weitere Luxusunterkünfte, so das **Tharnwara Beach Resort** LLL (Tel./Fax 02-7425883) oder das **Baan Klang Aow Beach Resort** LLL (Tel. 032-695086).

Anreise

- Von Bangkoks Thonburi Station (Bangkok Noi Stn.) per **Zug** (nur 3. Kl.) in Richtung Lang Suan (bzw. umgekehrt); Abfahrt 7.20 Uhr. Einige Züge fahren auch ab der Hualamphong Station. Abfahrt 15.50, 17.35 und 18.20 Uhr; Ankunft 22.00, 23.40 bzw. 0.40 Uhr. Aussteigen in Ban Krud oder, falls man am Hat Sai Kaew zu wohnen gedenkt, in Thap Sakae; von dort geht es jeweils per Motorrad-Taxi weiter bis zur gewünschten Unterkunft.
- Einige **Busse** fahren von Prachuap Khiri Khan nach Thap Sakae, wo wiederum auf Motorrad-Taxis umzusteigen ist.
- Am günstigsten ist die Anfahrt per **Leihfahrzeug,** zumal es auch um die örtlichen Verkehrsmittel sehr spärlich bestellt ist. Der

---

Die Bucht vor Bor Thong Lang, bei Ban Krud

nächste Ort, um Jeeps auszuleihen, ist Hua Hin, ca. 150 km entfernt. Motorräder gibt's ebenfalls in Hua Hin, dazu eventuell in Bang Saphan.

Tauchen

● Ban Krud ist der Bangkok am nächsten gelegene Ort am Südzipfel Thailands, in dem bunte Korallenriffe zu entdecken sind. Tauchkurse werden veranstaltet vom **Absolut Wreck Dive Shop,** das von einem Dänen und einer Engländerin betrieben werden. Zwei-Tages-Kurse kosten 3.560 Baht, Unterkunft und PADI-Zertifikat inklusive. Die Kurse führen zu den Inseln Ko Lamra und Ko Thalu. In der Umgebung der Inseln finden sich auch zahlreiche Schiffswracks (in 12-40 m Tiefe), zu denen Tauchtouren organisiert werden. Das Unternehmen befindet sich im Baan Klang Ao Beach Resort. Tel. Bangkok 7425883, 3316506 oder siehe www.absolutwreck.com.

Bang Saphan
บางสะพาน

Die palmengesäumte Bucht von Bang Saphan, südlich der Bucht von Ban Krud, ist ein beliebtes Ausflugsziel für Thais. Es finden sich hier zahlreiche schöne Strandabschnitte, und erstaunlicherweise sieht man kaum jemals westliche Touristen – ein kleiner Geheimtip. Im Süden geht der Strand nahtlos in den Hat Bo Kaew über.

Unterkunft

Die Auswahl ist groß, vor allem in der gehobenen Mittelklasse. An normalen Wochentagen dürfte es keine Unterbringungsprobleme geben.

- Eine der besten Unterkünfte ist das **Suan Luang Resort**** (Tel. 01-2151889), mit großen Bungalows (Bad). Motorrad-Verleih und Tauch-, Wind-Surfing- und Segelmöglichkeiten. Auf Anruf wird man vom Bahnhof abgeholt.
- **Karol L's*** (Tel. 691058), 6 km südlich von Bang Saphan Yai, gehört einem Amerikaner und seiner Thai-Frau und hat einige kleine Bungalows. Auch hier wird man auf Anruf vom Bahnhof abgeholt.
- **Van Veena Bungalows****-*** (Tel. 691251)
- **Bang Saphan Resort****-*** (Tel. 691152-3)
- Komfortable Bungalows mit TV, A.C. und Kühlschrank hat das **Suan Anan Resort***** am Hat Bo Kaew. In der Nähe finden sich zahlreiche weitere Unterkünfte.
- Am nördlichen Ende der Bucht von Bang Saphan, nahe der Ortschaft Bang Saphan Yai, finden sich die komfortablen **Bang Saphan Resort, Vanveena Resort, Western Hotel** und **Nipa Beach Bungalows**. Die Lage ist aufgrund der Stadtnähe nicht ungünstig (z.B. finden sich nahebei zahlreiche Banken und Geschäfte), der Strand ist in diesen Bereich aber nicht zum Schwimmen geeignet.

Anreise

- Per **Zug** (nur 3. Kl.) von der Thonburi Station (Bangkok Noi Stn.) in Bangkok in Richtung Lang Suan (oder umgekehrt); Abfahrt 7.20 Uhr. Einige Züge fahren auch ab der Hualamphong Station. Aussteigen in Bang Saphan am Nordende der Bucht und von dort per Motorrad-Taxi weiter zum Strand. Bang Saphan heißt offiziell Bang Saphan Yai („Großes Bang Saphan"), damit man es von der Ortschaft Bang Saphan Noi („Kleines Bang Saphan"), am Südende der Bucht, unterscheiden kann.
- **Busse** nach Bang Saphan Yai fahren ab Chumphon und Thap Sakae; Thap Sakae wiederum ist per Bus von der Provinzhauptstadt Prachuap Khiri Khan zu erreichen.
- An einigen Stellen in Bang Saphan gibt es **Mopeds** auszuleihen (ca. 150 Baht/ Tag).

Kaffee-Ausschank bei Bang Saphan

Ko Thalu
เกาะทะลุ

Diese Insel, gelegen im südlichen Bereich der Bucht von Bang Saphan, wurde erst vor kurzem für den Tourismus entdeckt. Ko Thalu bietet einige schöne **Strände,** und die sie umgebenen **Korallenriffs** dürften für Schnorchler und Taucher interessant sein.

Fahrten zu der Insel, Unterkunft und Schnorchel-Trips werden organisiert vom *Ban Ma-Praw,* einer Bungalow-Anlage in Bang Saphan Noi (Bereich Ban Chamuang). Anfragen bei Ban Ma-Praw, 111/1 Moo 10, Bang Saphan Noi, Prachuap Khiri Khan, Tel. 01-6396950, 01-4526341, 01-4569755.

Chumphon
ชุมพร

Chumphon liegt 463 km südlich von Bangkok und wird als das „Tor zum Süden" bezeichnet. Der Ort selbst ist touristisch kaum von Interesse, dafür kann er als Sprungbrett zur Insel **Ko Tao** dienen und verzeichnet so einen mehr oder weniger regen Durchgangs-Tourismus. Die Umgebung von Chumphon ist auffallend fruchtbar, im Süden und Westen befinden sich Obstplantagen, Reisfelder und Wälder.

Elf Kilometer östlich, an der Mündung des Tha-Thapao-Flusses, findet man den wichtigen Fischereihafen **Paknam Chumphon.** Die interessantesten Aspekte Chumphons aber sind

CHUMPHON

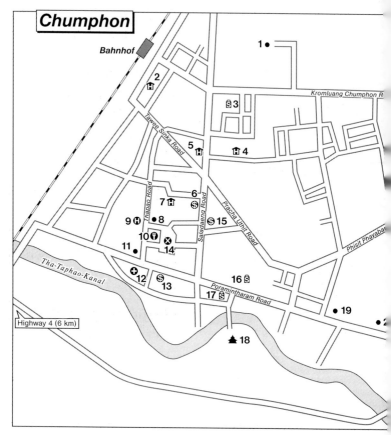

seine in der weiteren Umgebung gelegenen Strände.

Information

- Das **Chumphon Tourist Services Center** in der Provinzverwaltung an der Krezung Thanon Phoramin Mankha/Thanon Phisit Phayap bietet einige schriftliche Informationen. Bei mündlichen Informationen hapert's am mangelhaften Englisch.

Unterkunft

Guest Houses

- Nur zwei Minuten Fußweg von der Busstation befindet sich das sehr saubere **Mayaze's Rest House**** (111/35-36 Soi Bangkok Bank, Sala Daeng Rd., Tel. 504452, 502217); Zimmer mit Gemeinschaftsbad. Die freundliche Besitzerin spricht sehr gut Englisch und ist auch sonst enorm hilfsbereit. Derselben Familie gehört das M.T. Resort am Thung Mak-

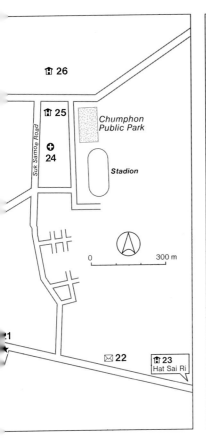

- 1 Polizei
- 🏠 2 Nora Guest House
- ⓢ 3 Markt
- 🏠 4 Paradon Hotel
- 🏠 5 Sri Chumphon Hotel
- Ⓢ 6 Bangkok Bank
- 🏠 7 Mayaze's Rest House
- 8 Infinity Travel Service
- 9 Busbahnhof
- 10 Nachtmarkt
- 11 Kino
- 12 Krankenhaus
- Ⓢ 13 Union Bank
- 14 Taxis
- Ⓢ 15 Thai Farmers Bank
- ⓢ 16 Markt
- ⓢ 17 Markt
- 18 Wat Suphan Nimitr
- 19 Distriktverwaltung
- 20 Schule
- ★ 21 Uhrturm
- ✉ 22 Post
- 🏠 23 Mix Hotel
- 24 Chumphon Provincial Hospital
- 🏠 25 Sooksamer G.H.
- 🏠 26 Chumphon G.H.

ham Noi Beach (siehe Strände), und hier kann der Transport dorthin organisiert werden.

● Sehr beliebt bei Travellern ist das **New Chumphon Guest House**** (Tel. 502900), das sich in einer kleinen Gasse abseits der Krong Luam Chumphon Road befindet. Es gibt einfache Zimmer (Gemeinschaftsbad). Dazu werden Trekking-Touren in die bergige Umgebung angeboten, Tickets nach Ko Tao können gekauft werden, und es gibt einen Auto- und Motorrad-Verleih.

● **Infinity Travel Service**** (68/2 Thapao Road, Tel. 501937) hat nur vier einfache, aber saubere Zimmer (Gemeinschaftsbad), die für ihren Niedrigstpreis einen guten Gegenwert darstellen. Das Management bietet zudem zahlreiche Information zu Ko Tao und anderen Attraktionen in der Gegend, und Traveller, die in Chumphon nur einen kurzen Halt einlegen, wird eine Dusche gestattet.

● Das **Nora Guest House****-*** besteht aus einigen kleinen Bungalows und befindet sich nur etwa 2 Minuten Fußweg vom Bahnhof

CHUMPHON

entfernt (Thanon Thawi Sinkaa, Tel. 504233). Die Lage ist recht ruhig. Bungalows mit Bad.
● Nahe dem Nordende der Suk Samoe Road (Thanon Suk Samoe) befindet sich das **Sooksamer** (Suk Samoe) **Guest House** ** (Tel. 502430). Es bietet einfache, aber gemütliche und saubere Zimmer, und dazu hat der freundliche Besitzer noch zahlreiche Informationen über die Umgebung parat.

Hotels

Die folgenden Hotels sind alle sehr sauber und bieten allgemein einen guten Standard. Oft läßt sich der Preis herunterhandeln. Nach „Reduktionen" fragen!

Mönche auf Spaziergang bei Chumphon

● **Chumphon Palace Hotel****** (328/15 Pracha-Uthit Rd., Tel. 571715-22, Fax 571 724); Zimmer mit A.C., TV.
● **Jansom Chumphon Hotel******-LLL (188/65-66 Sala Daeng Rd., Tel. 502502, Fax 502503); A.C., TV, Kühlschrank.
● **Paradon Hotel****** (180/12 Sala Daeng Rd., Tel. 511500, 511598, Fax 501112); A.C., TV, die teureren Zimmer auch mit Kühlschrank.
● **Sri Chumphon Hotel*****-**** (127/22-24 Sala Daeng Rd., Tel. 570536-8, Fax 504616); teilweise mit komfortabler Ausstattung.
● **Mix Hotel*****, an der Straße zum Sai Ri Beach, ca. 1 km außerhalb der Innenstadt (Tel./Fax 502931-3); Zimmer mit A.C., TV.
● Das **Chumphon Grand Palace Hotel***** befindet sich 3,5 km westlich der Innenstadt, an der Straße, die zum Highway 4 führt (Tel. 574800 bis 12, Fax 57667 bis 8). Es hat sehr saubere und für seinen Standard preiswerte Zimmer (Bad, AC, TV, Kühlschrank). Ihre Innenarchitektur ist allerdings sehr irritierend: Die Zimmer sind in Dunkelgrün gehalten,

werden von grellem Neonlicht beleuchtet und wirken so trotz ihrer Sauberkeit ungemütlich. Angeschlossen ist ein (abends) sehr lautes Restaurant und eine noch lautere Disco (in separatem Gebäude an der rechten Rückseite des Hotels). Die zur Disco hinaus gelegenen Zimmer bekommen einigen Lärm ab.

Essen

Chumphon hat erstaunlich wenig Interessantes in dieser Beziehung zu bieten. Am aufregendsten ist noch der **Nachtmarkt,** der sich abends entlang der Kromluang Chumphon Road bildet (nahe dem New Chumphon Guest House).

• Das **Sarakom Wine House** gegenüber dem Tha Thapao Hotel (Thanon Tha Thapao), und nahe dem Bahnhof, ist auf gehobenen thailändische Küche spezialiert. Außerdem gibt es eine große Auswahl an Weinen. geöffnet nur abends.
• Das **H & P Restaurant,** wenige Meter weiter nördlich in der Thapatao Road, macht ganz gute Thai-Curries und Seafood und hat ein sauberes, modernes Ambiente.
• Ein reguläres vegetarisches Restaurant gibt es nicht, das chinesische **Pattanakarn Tang-Sun-Ki** ist jedoch darauf spezialisiert, Mahlzeiten auf Bestellung zuzubereiten, darunter auch vegetarische. Das nur auf Thai ausgeschilderte Restaurant befindet sich in einem orangefarbenen Gebäude an der Ecke Tha Thapao Rd./Poramintharam Rd., etwas südlich des Busbahnhofs.

Anreise

• **Normalbusse** fahren ab dem Southern Bus Terminal in Bangkok um 3.30, 4.00, 6.05 und 6.50 Uhr; 112 Baht. **A.C.-Busse** um 14.00, 21.40 und 22.00 Uhr; 202 Baht. Dazu gibt es einen **A.C.-Bus zweiter Klasse** um 21.00 Uhr zu 157 Baht. **V.I.P.-Busse** um 21.40 Uhr zu 280 Baht. Fahrzeit 7 Std. Busse ab Prachuap Khiri Khan (3 Std.) kosten 37 Baht, ab Ranong (3 Std.) 30 Baht.
• **Züge** ab Bangkoks Hualamphong Station kosten in der 1./2./3. Klasse 82/172/356 Baht, plus Zuschläge.
• Ab 1999/2000 waren **Flüge** der privaten Fluggesellschaft P.B. Air von Bangkok nach Chumphon geplant.
• Der **Flughafen** befindet sich weit außerhalb der Stadt (40 km) nahe der Ortschaft Pathiu.

Weiterreise

• **Züge** nach Surat Thani kosten in der 3. Klasse 34 Baht, Züge nach Hat Yai 99 Baht, nach Bangkok 190 Baht.
• Die **Schiffe nach Ko Tao** fahren ab den Piers von Tha Yang, 12 km von Chumphon entfernt, und Pak Nam (10 km). Tickets für die Bootsfahrten wie auch der Transfer zum Pier werden vom New Chumphon Guest House und von Mayaze's Rest House organisiert. Oder man wende sich an die Songserm Travel Co., deren Büro sich nahe dem Tha Thapao Hotel befindet (66/1 Tha Thapao Rd., Tel. 502023, 502764). Die Fahrt zu den Piers kostet 30 Baht, die Bootsfahrt 200 Baht (per nächtlichem, langsamem Frachtschiff) oder 400 Baht (Schnellboot). Siehe auch Ko Tao, „Anreise".
• **Unterkunft nahe dem Pier** von Tha Yang findet sich im Tha Yang Hotel***, am Hafen von Pak Nam im Siriphet Hotel*-**.

Die Strände in der Umgebung von Chumphon

Thung Tako

Südlich von Chumphon erstreckt sich die Ao Sawi, eine weit ausholende Bucht, benannt nach dem daran liegenden Ort Ban Sawi. Die gesamte Bucht wird von einem Strand gesäumt, der über weite Teilstrecken jedoch nicht sehr ansehnlich ist. (Eine löbliche

Krathom – Kauen für Kraft und Ausdauer

Viele thailändische Landarbeiter oder andere körperlich schwer Arbeitende greifen gerne zu *Krathom*, dem **berauschenden Blatt** eines in weiten Teilen des Landes wachsenden Baumes. Krathom verleiht Energie und Ausdauer und läßt den Kauer zudem auch starke Hitze besser ertragen. Nicht zuletzt aber macht es auch *mau*, wie die Thais sagen, „berauscht" oder „high". Letzteres alleine ist vielen Krathom-Konsumenten schon Grund genug, um zu dem unscheinbaren Grünzeug zu greifen. Offiziell ist der Besitz und Genuß von Krathom verboten, das tut seiner Popularität jedoch keinen Abbruch. Besonders beliebt scheinen die Blätter in der Provinz Chumphon zu sein, wo sie oft in der Öffentlichkeit konsumiert werden.

In der Thanon Suk Samoe in Chumphon findet sich ein unauffälliger, namenloser **Coffee-Shop,** dessen Besitzer mit den Getränken gratis Krathom verteilt. Die Blätter kosten ihn nichts, denn sie stammen von einem Baum in seinem eigenen Hinterhof. Als Werbung für seinen Tee-Shop sind sie jedoch unschlagbar, sie locken zahlreiche (fast ausnahmslos männliche) Kunden an. Darunter sind Motorradtaxi-Fahrer, Arbeiter, Geschäftsinhaber und – vom Autor selbst beobachtet – gelegentlich sogar Polizisten, die mit ihren finsteren Gesichtern und dicken Sonnenbrillen allerdings eher wie Mafiosi wirken, die gerade Schutzgelder eintreiben.

Sie alle kauen das stimulierende und berauschende, illegale Krathom. Nach dem Kauen wird die Stimmung in den Runden zumeist sehr angeregt und heiter, so gut wie nie aber aggressiv. Nach Aussagen des Teeladen-Besitzers macht Krathom „berauscht, aber auch friedlich und geduldig". Zufälligerweise bedeutet der Straßenname, an dem sich sein Laden befindet, übersetzt „Straße des ewigen Glücks"!

Der Krathom- und Teeladen (dessen genaue Lokalität hier nicht angegeben werden soll) ist täglich nur von 3 Uhr morgens bis 12 Uhr mittags geöffnet und zieht auch Nachtschwärmer an, die sich dort den Kater oder die Übernächtigung hinwegkauen.

Ausnahme bildet der Hat Thung Makham Noi, der sich in einer separaten kleinen Bucht am Rande von Ao Sawi befindet; s.u.) Der beste Abschnitt von Ao Sawi liegt im südlichen Bereich, nahe der kleinen Hafenstadt Thung Tako. Der hier anzutreffende Strand ist dennoch nicht sonderlich aufregend, die weitere Umgebung aber hat viel rustikalen Charme zu bieten, mit kleinen Dörfern, vielen Kokospalmen etc. Unterkunft findet sich im *Sawee Garden Inn***-*** und den *Chumphon Sunny Beach Bungalows****-****.

●Zur **Anfahrt** nehme man einen Bus in Richtung Lang Suan oder Surat Thani und lasse an der Abzweigung nach Thung Tako anhalten. Von dort geht es per Motorrad-Taxi weiter (10 km; ca. 50-60 Baht).

Hat Sai Ri

19 km östlich von Chumphon erstreckt sich der recht attraktive Hat Sai Ri oder Sai Ree Beach; dessen bester Strandabschnitt wird von der komfortablen *Sai Ree Lodge****** eingenommen (Tel./Fax 521212). Einige Bungalows stehen etwas erhöht auf einem Felsen, und von dort bietet sich eine besonders gute Aussicht auf den Strand.

Dazu gibt es noch einige preiswertere Unterkünfte, diese befinden sich jedoch an Strandabschnitten, die von einheimischen Tagesausflüglern aufgesucht werden, und dort findet sich leider sehr viel Unrat am Strand. Eine der Unterkünfte ist das nur in Thai ausgeschilderte *Raan Ahaan Nong Mai***** (Tel. 01-9583283), wörtlich „Restaurant des neuen Stils", das über einige Bungalows verfügt.

Dem Strand vorgelagert sind einige Inseln, um die herum sich **Tauchgründe** bieten, die zu den besten Thailands gezählt werden, mit endlosen Korallenbänken und exotischer, kunterbunter Fischwelt.

● Zwecks **Anfahrt** nehme man ein Songthaew ab dem Markt in Chumphon (15 Baht). Bei der Fahrt passiert man zunächst das kleine Städtchen, das sich um den Hafen Paknam Chumphon angesiedelt hat, und dann den wenig sehenswerten Pradonpap Beach. Auch hier gibt es einige Unterkünfte.

Hat Thung Makham Noi

6 km östlich von Sai Ri gelegen, bietet der Strand von Thung Makham Noi weitaus bessere Szenerien als obiger. Er ist unvergleichlich schöner und ruhiger, und vor allem auch sauberer. Außer den kleinen Bungalows des *M.T. Resort*** (Mother House, mit Bad, Tel. 01-7260110) gibt es hier keinerlei Bauten, und absolute Ruhe ist garantiert. Ein Geheimtip für Leute, die nichts mit dem üblichen Strandrummel zu tun haben wollen.

Hat Thung Makham Noi

CHUMPHON

- Zur **Anreise** ab Chumphon kann man ein Songthaew bis Paknam Chumphon nehmen, wo in ein weiteres Songthaew umgestiegen werden muß. Einfacher ist es jedoch, die Anfahrt vom Mayaze's Rest House in Chumphon organisieren zu lassen (siehe Unterkunft Chumphon), das derselben Familie gehört wie das M.T.Resort.

Hat Thung Wua Laen

12 km nordwestlich von Chumphon befindet sich der sehr schöne Thung Wua Laen Beach oder Hat Thung Wua Laen, der „Strand der herumtrottenden Kühe". Er liegt in einer weiten Bucht, die von Felsklippen eingeschlossen ist, und hat feinen, weißen Sand. Ihm vorgelagert ist Ko Jarakae, die „Krokodilsinsel", deren Form tatsächlich an ein im Wasser lauerndes Krokodil erinnert.

Den schönsten Strandabschnitt, am Nordende der Bucht, hat sich das *Chumphon Cabana Resort****-***** (Tel. 077-501990) reserviert. Auf der gepflegten Anlage stehen Bungalows unterschiedlichen Komforts. Das Resort organisiert auch Tauchexkurse oder Bootsfahrten zu den Inseln in der Umgebung. Wer im Cabana Resort zu übernachten gedenkt, kann sich an dessen Stadtbüro in Chumphon wenden, das in diesem Falle den Transport übernimmt. Das Büro befindet sich ca. 100 m nördlich des Busbahnhofs in der Tha Tapao Road.

Im südlichen Teil der Bucht stehen weitere Unterkünfte, nur wird hier der Grünstreifen unmittelbar hinter dem Strand durch allerlei Abfälle verunziert – den haben Thai-Ausflügler hinterlassen, trotz der alle paar Meter aufgestellten Mülleimer. Der Strand ist abgesehen davon aber immer noch sehr schön und an Wochentagen auch sehr ruhig. Unterkünfte hier u.a.: *View Sea Food and Resort****-****, *Clean Wave Resort****, *Beach View Resort***-***. Besonders letztere Unterkunft bietet ein gutes Preis-/Leistungsverhältnis.

- Zur **Anfahrt** ab Chumphon gibt es einige Busse ab dem Busbahnhof (ca. 4 mal tägl.). Dazu fahren noch Songthaews zu 15 Baht.

Pathiu & Ao Khai Nao

Pathiu, ca. 40 km nördlich von Chumphon, ist eine angenehme kleine Provinzstadt, deren Hauptmerkmal ein auf einem Hügel stehender, von weitem sichtbarer goldener Buddha ist. Der Buddha ist Teil der Tempelanlage von **Wat Khao Chedi**, und von dort bietet sich ein guter Ausblick auf die Umgebung des Ortes. Am nördlichen Ortsrand befindet sich der 1999 fertiggestellte Flugplatz von Chumphon.

Etwa zehn Kilometer weiter nordöstlich erstreckt sich die hübsche Ao Khai Nao, die „Bucht der faulen Eier". Die Bucht ist absolut ruhig und gut zum Schwimmen geeignet. Die einzige Unterkunftsmöglichkeit sind (z.Zt. noch) die vier Bungalows (Bad) des trotzig betitelten *Baan Phak Ao Hom* *** , der „Unterkunft der wohlriechenden Eier", Tel. 01-6776456, 077-509004. Die Bungalows sind zugänglich über die Zufahrt zum *Chumphon Coral Beach* (Tel. 01-9528947), einer Anlage, auf der Eigentumswohnungen oder/und Mietbungalows entstehen sollen. Das *Baan Phak Ao Hom* befindet sich direkt neben der Anlage, und für

40 Baht können die Bungalow-Bewohner deren Swimming-Pool benutzen.

● **Anfahrt:** Von Chumphon per Zug oder Bus nach Pathiu, von dort weiter per Motorrad-Taxi (ca. 60 Baht). Songthaews nach Pathiu fahren ab einem Haltepunkt nahe der Thai Farmers Bank in Chumphon (25 Baht).

Hat Tham Thong

Hat Tham Thong ist ein wunderschöner, kilometerlanger, weißer und absolut ruhiger Strand ganz im Norden der Provinz Chumphon. Der isolierten Lage ist es wohl zuzuschreiben, daß sich hier touristisch noch rein gar nichts getan hat, denn der Strand ist weit besser als mancher Touristen-Beach.

Außer ein paar Fischern, die sich am Bootspier am Südende des Strandes herumtreiben, sieht man zumeist keine Menschenseele am Strand. Das Nordende von Hat Tham Thong befindet sich offiziell schon in der Provinz Prachuap Khiri Khan, ein Hinweisschild in Thai markiert die Provinz-Grenze.

Unterkünfte gibt es in Hat Tham Thong selbst nicht, dafür an dem weiter nördlich angrenzenden, in einer kleinen Bucht gelegenen Strand von Ban Boert. Hier stehen zwei namenlose Bungalow-Kolonien mit einfachen Bungalows ab 200 Baht, dazu gibt es einige Restaurants.

Chinesischer Tempel bei Chumphon

Südlich von Hat Tham Thong befindet sich die wunderschöne kleine „Sandbucht", Ao Sai, die nur über einen Feldweg zu erreichen ist.

- Zur **Anfahrt** nehme man einen Zug ab der Thonburi Station in Bangkok (Bangkok Noi Stn.), der Hualamphong Station oder ab Chumphon bis Huai Sak. Von Huai Sak geht's per Motorrad-Taxi weiter (ca. 30 Baht bis Ban Boert). Ein Mietfahrzeug ist aber auf jeden Fall vorzuziehen.

Kraburi
กระบุรี

Eine kleine Ortschaft im sattbewachsenen **burmesischen Grenzgebiet,** gelegen an Highway Nr. 4, der unter anderem Chumphon und Ranong verbindet. Chumphon ist 63 km entfernt, Ranong 59 km. Die Grenze wird hier vom Kra-Fluß (auch Pak-Chan-Fluß) gebildet, der in den Indischen Ozean mündet.

Etwa 7 km südlich von Kraburi gelangt man über einen kurzen Zufahrtsweg, der vom Highway abzweigt, zur **Höhle Tham Phra Kayang.** Diese in einem Kalksteinfelsen gelegene Höhle beherbergt abertausende von Fledermäusen, was bei der Annäherung an den Eingang auch gleich offensichtlich wird – der Geruch von Guano ist unverkennbar. In der Höhle finden sich außerdem prähistorische Wandmalereien, die darauf hindeuten, daß diese Gegend schon vor tausenden von Jahren bewohnt gewesen sein muß.

Die Höhle gilt weiterhin als Fundort von lek-lai, einem „magischen" Metall, das unverwundbar machen soll. Thailändische Männer lassen sich oft kleine Kugeln von lek-lai unter die Haut transplantieren, was sie gegen Messerstiche und Pistolenkugeln immun machen soll. Anstelle der ersehnten Unverwundbarkeit sind aber meist nur Hautentzündungen die Folge.

Der Fels, in dem sich die Höhle befindet, kann über mehrere, sich durch ihn hindurchziehende „Etagen" bestiegen werden, und von oben ergibt sich eine weite Aussicht auf die Umgebung. Die Höhle ist täglich von 8.00-16.00 Uhr ausgeleuchtet.

8 km in Richtung Chumphon findet sich der **Isthmus von Kra,** die Stelle, an der die malaiische Halbinsel am schmalsten ist. Thailändische Touristen lassen sich hier gern vor der entsprechenden Hinweistafel ablichten. An dieser Stelle hat man eine schöne Aussicht über den Kraburi-Fluß und das weiter im Hintergrund gelegene Myanmar.

Unterkunft

- Etwa 7 km in Richtung Chumphon, kurz vor dem Isthmus, steht die Anlage des deutschthailändischen Ehepaars *Bernd und Ann Ungewitter*. Diese besteht z.Zt. nur aus einem wunderschönen Holzhaus, das als Restaurant dient (das Thai-Schild davor besagt *Raan Ahaan Kratom* = „Hütten-Restaurant"), sowie einem einzigen kleinen Beton-Bungalow, den die Besitzer eigentlich für besuchende Freunde errichtet haben. Demnächst sollen hier aber noch weitere Bungalows entstehen.

Als Name für die Anlage war ursprünglich **Gasthaus zur Hütt'n** geplant, derzeit steht jedoch kein Namensschild daran. Das schö-

ne Holzhaus – in einer Art bayrisch-thailändischem Mischstil gebaut – ist bei der Anfahrt aus Richtung Chumphon aber kaum zu verpassen. Auf der rechten Straßenseite danach Ausschau halten. Im Restaurant gibt es thailändische und deutsche Küche (Tel. 01-9792388).
- Einen Kilometer von der Ortsmitte aus in Richtung Ranong steht an der linken Straßenseite eine namenlose Bungalow-Anlage**; das Schild daran besagt lediglich **Bungalow**. Die Anlage besteht aus drei kleinen, aber recht ordentlichen Bungalows mit Bad.
- Eine weitere **namenlose Bungalow-Anlage**** – sie hat nicht einmal ein Schild – befindet sich in einer ca. ½ km südlich der Ortsmitte vom Highway abzweigenden Seitenstraße (Abzweigung in westlicher Richtung). Die Bungalows sind recht gut und sauber.

Essen

Einige sehr preiswerte kleine **Restaurants und Essensstände** finden sich um den kleinen Markt von Kraburi. Abends gegen 6 oder 7 Uhr gesellt sich der eine oder ander mobile Stand dazu, an dem *Roti* verkauft werden, die indisch-inspirierten Teigfladen.

Anreise

- Ab Bangkok mit jedem beliebigen **Bus** in Richtung Ranong; Abfahrt vom Southern Bus Terminal. Normalbusse ca. 120 Baht, A.C. 230, V.I.P. 360 Baht. Zahlreiche weitere Busverbindungen ab Chumphon und Ranong.

Ranong
ระยอง

Ranong wurde etwa vor 200 Jahren von **Hokkien-Chinesen** gegründet, und der chinesische Einfluß ist noch heute sichtbar. Ein Großteil der Bevölkerung ist chinesisch, und viele Geschäftsschilder sind chinesisch beschriftet. Die Chinesen haben sich aufgrund der nahen **Erzminen** im Orte angesiedelt.

Diese Minen sind der Grund für den relativen Wohlstand der Stadt, und nicht zu vergessen der Fischfang. In

Moschee bei Ranong

Ranong

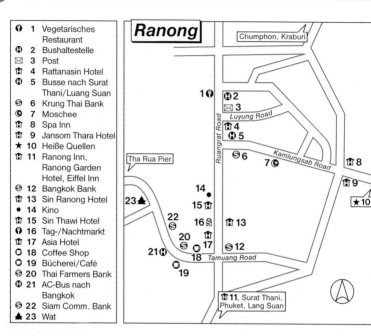

- 1 Vegetarisches Restaurant
- 2 Bushaltestelle
- 3 Post
- 4 Rattanasin Hotel
- 5 Busse nach Surat Thani/Luang Suan
- 6 Krung Thai Bank
- 7 Moschee
- 8 Spa Inn
- 9 Jansom Thara Hotel
- 10 Heiße Quellen
- 11 Ranong Inn, Ranong Garden Hotel, Eiffel Inn
- 12 Bangkok Bank
- 13 Sin Ranong Hotel
- 14 Kino
- 15 Sin Thawi Hotel
- 16 Tag-/Nachtmarkt
- 17 Asia Hotel
- 18 Coffee Shop
- 19 Bücherei/Café
- 20 Thai Farmers Bank
- 21 AC-Bus nach Bangkok
- 22 Siam Comm. Bank
- 23 Wat

die Gewässer um Ranong verirren sich auch häufig Fischer aus dem nur wenige Kilometer entfernten Myanmar, und ebenso oft fischen Thais in burmesischen Wassern. Diese Übertritte gipfeln meist in einem langwierigen diplomatischem Gerangel; für die Fischer bedeutet es aber zuerst einmal einen längeren Gefängnisaufenthalt bis zur Klärung der Angelegenheit

Aufgrund der Nähe zu Myanmar leben von dort eingewanderte ethnische Minderheiten in der Stadt. Es gibt Moslems burmesischer Herkunft und einige hinduistische Inder. Letztere waren durch die britische Kolonialmacht nach Burma umgesiedelt worden und zogen später nach Ranong. Heute wohnen sie etwas außerhalb der Stadt, in Bang Rin und Ban Ngao.

Auf der in burmesischen Gewässern gelegenen **Thatay Kyun Island** ist im Andaman Club ein **Spielcasino** errichtet worden, finanziert in erster Linie von thailändischen Geschäftsleuten. Die lokale Bevölkerung nennt die Insel auch Ko Taukey, nach dem chinesischen Wort *taukey* für „reicher Mann". Auf dieser „Insel der reichen Männer" mag sich aber so mancher in die Armut stürzen. Das Casino-Eiland kann per Boot in ca. 10 Min. vom KhaoNanghon-Pier oder vom Jansom Thara Beach aus erreicht werden (s.u.).

Für den Nichtspieler ist Ranong nicht sonderlich interessant, es kann

RANONG

aber gut als Zwischenstation auf dem langen Weg von Bangkok nach Phuket oder Khao Lak dienen. In der Regenzeit von Mai bis September ist die Stadt, die zu den regenreichsten Thailands gehört, tunlichst zu meiden. Der Name Ranong bedeutet „Ort des vielen Wassers".

Songthaews innerhalb von Ranong kosten 5 Baht.

Unter Thais bekannt sind die **Heißwasserquellen** (Wat Thapotharam) von Ranong, die 2 km östlich der Stadt aus der Erde sprudeln. Die Quellen befinden sich etwa am Treffpunkt der Ruangrat Road mit der Kamlungsab Road, 1 km östlich des Jansom Thara Hotels. Das Wasser hat bei Erdaustritt eine Temperatur von 72 °, und per Pipeline wird es ins Jansom Thara Hotel geleitet, wo es – auf 42 ° abgekühlt – für Thermalbäder verwendet wird. Diese sind der Grund für die Beliebtheit des Hotels. Nichtbewohner können gegen eine Gebühr von 50 Baht in den Thermalbädern entspannen.

12 km westlich der Stadt findet sich nur ein wenig ansehnlicher Strand, der Jansom Thara Beach, so genannt nach dem sich dort befindenden Jansom

Imbißstand bei Ranong

Thara Resort. Die meisten Einheimischen nennen den Strand noch bei seinem ursprünglichen Namen, *hat cha damri*. Gecharterte Songthaews ab dem Markt in Ranong kosten ca. 60 Baht.

Etwa 15 km nördlich von Ranong, am Highway in Richtung Kraburi und Chumphon, stürzt sich der hübsche **Bunyabaan-Wasserfall** *(naam-tok bunyabaan)* in die Tiefe. Eine Raststätte lädt zum Verweilen ein.

Unterkunft

Die meisten Hotels von Ranong sind ziemlich heruntergekommen und beherbergen oft Dutzende von Gunstgewerblerinnen. Ranong ist voll von Prostituierten aus Myanmar, die in Thailand besser verdienen können als daheim. Hier die besten Hotels:

- Das **Jansom Thara Hotel*******-LLL (Tel. 811511, 821611, Fax 821821) ist Ranongs Vorzeige-Hotel und auf jeden Fall eine Übernachtung wert. Hinter dem Haus befinden sich ein Dschungelgelände und ein kleiner Fluß. Das Haus bietet Cottages und Zimmer (A.C.), Luxus-Zimmer mit eigenem Jacuzzi und Suiten (ebenfalls mit Jacuzzi). Swimming-Pool vorhanden.
- Etwa 100 m weiter nördlich liegt das **Spa Inn***** (Tel. 811715, 823384), mit sehr günstigen, ordentlichen Zimmern (Bad, A.C., TV, zum Teil Kühlschrank). Wie fast alle Hotels in Ranong wird aber auch dieses als Stundenhotel genutzt.
- Weiter südlich an der Straße in Richtung Phuket finden sich das **Ranong Inn Hotel****-*** (Tel. 821523), Zimmer teilweise mit A.C. und TV, sowie das bessere **Ranong Garden Hotel*****-**** (Tel. 832174-81). Beide Hotels wirken eher wie Motels, und der Verdacht liegt nahe, daß auch hier ein Durchgangsverkehr ganz spezieller Art stattfindet.
- Noch weiter südlich liegt das **Eiffel Inn,** das nicht zu übersehen ist: Vor dem Haus steht eine größere Nachbildung des Eiffelturmes.
- In der Innenstadt, vor allem entlang der Ruangrat Road, finden sich einige weitere Hotels; diese sind aber oft nicht besonders gut in Schuß und/oder dienen als Stundenhotels. Dafür sind sie sehr preiswert: **Asia Hotel**** (39/9 Ruangrat Rd., Tel. 811113); **Sin Thawi Hotel**** (81/1 Ruangrat Rd., Tel. 811213); **Sin Ranong Hotel**** (Ruangrat Rd., gegenüber dem Markt, Tel. 811454); **Rattanasin Hotel****, **Suriyanan Hotel**** u.a.

Essen

Entlang der Ruangrat Road befinden sich viele preiswerte **chinesische Restaurants.** Die **Essensstände** im

Fleischige Snacks bei einer moslemischen Feier

Markt servieren zu jeder Tageszeit preiswerte Speisen, die meisten davon haben einen unverkennbaren chinesichen Einschlag. Es gibt *chok* (Reis-Porridge mit Ei), *plaa thong krapong* (chinesische Teigkrapfen) zum Frühstück und andere China-Spezialitäten. Vorsicht vor dem Kaffee, der so süß ausfällt, daß die Zahnplomben zu singen beginnen!

● An der Nordseite der Ruangrat Road befindet sich ein nur in Thai ausgeschildertes **vegetarisches Restaurant.** Gerichte ab 10 Baht; geöffnet Mo-Fr 6.00-17.00 Uhr, dazu Sa oder So, falls diese auf einen der sogenannten „Mönchstage" *(wan phra)* fallen, die viermal im Monat vorkommen und durch die Mondphasen bestimmt werden.

Anreise

● **Busse ab Bangkok** (Southern Bus Terminal) fahren um 8.50, 13.50, 18.30, 19.30, 20.50 und 21.45 Uhr. Kostenpunkt 139 Baht. A.C.-Busse fahren für 250 Baht, Abfahrt um 9.10, 20.20 und 21.10 Uhr. Außerdem fahren die besonders bequemen V.I.P.-Busse für 385 Baht. Busse ab Phuket kosten 76/137 Baht. Busse des Andaman Club fahren in 40 Min. zum Pier Khao Nanghong, von wo Speedboote ablegen; Fahrzeit 10-12 Min. Buchungen für den Andaman Club unter Tel. (Bangkok) 2856404-7, Fax 2856408. Die Genehmigung zum Besuch der Casino-Insel kostet 250 Baht.
● **Bangkok Airways** fliegt einmal täglich von Bangkok nach Ranong (2.280 Baht). Der Flughafen befindet sich 23 km südlich an der Straße in Richtung Phuket. Wer das Casino besuchen will, wird von hier aus gleich dorthin weiterbefördert.

Weiterreise

Von Ranong fahren u.a. **Busse** nach Kraburi, Chumphon, Chaiya, Surat Thani, Phang-Nga und Phuket. Die Busse in Richtung Phuket passieren auch die Strände von Bang Sak und Khao Lak

Die Inseln vor Ranong

Ko Chang erfreut sich zunehmender Beliebtheit bei Travellern. Diese Insel – nicht zu verwechseln mit der gleichnamigen Insel vor der Küste von Trat – ist im Inneren mit Wäldern bedeckt und an ihrer Ostseite wird sie von Mangrovenwäldern gesäumt. An ihrer Ostseite bietet sie einen halbwegs attraktiven Strand. Über die Insel führen nur ein paar Trampelpfade, Autos und Elektrizität gibt es nicht. Unterkunft im *Rasta Baby* (Tel. Ranong 833077), *Ko Chang Contex* (Tel. Ranong 812730), *Eden Bistro Café***, sowie *Cashew Resort, Sunset, Sabai Jai, Ko Chang Resort* (alle *-**). Anfahrt per „Langschwanzboot" ab dem Pier von Saphan Plaa in Ranong (dorthin mit Songthaews ab Ranong, 6 Baht); Fahrtkosten je nach Anzahl der Passagiere ca. 30-100 Baht.

Ko Phayam, weiter südlich von Ko Chang gelegen, bietet einige weitere Strände mit Unterkunftsmöglichkeiten. Auf der Insel befindet sich auch eine Perlenfarm. Die beste Unterkunft ist das *Phayam Island Resort**** (Tel. Ranong 812297, Bangkok 3902681), weiterhin im *Thaworn Resort**-**(Tel. Ranong 811186) und einigen weiteren Bungalows in der Preislage *-**. Anfahrt per gechartertem Boot ab dem Pier von Saphan Plaa in Ranong (ca. 2.000 Baht) oder mit einem der sehr unregelmäßig ablegenden Passagierboote ab Saphan Plaa.

Khuraburi und Ko Phra Thong

คุระบุรี
เกาะพระทอง

Khuraburi, 120 km südlich von Ranong und 45 km nördlich von Takua Pa gelegen, ist eine unauffällige Kleinstadt und touristisch nur als Sprungbrett nach Ko Phra Thong von Bedeutung.

Ko Phra Thong, die „Insel des goldenen Buddhas", befindet sich vor der Küste von Khuraburi und ist nach einer goldenen Buddha-Figur benannt, die auf der Insel gestanden hatte. Nach Erzählungen der Einheimischen wurde sie im Zweiten Weltkrieg von den Japanern geraubt. Die Erinnerung an die Japaner ist auch noch im Namen der benachbarten Ko Yipun („Japaner-Insel") wach. Ko Yipun ist der Name, den die örtliche Bevölkerung zumeist benutzt, auf Landkarten erscheint die Insel unter ihrem offiziellen Namen Ko Ra.

Ko Phra Thong weist an ihrer Westseite einen 15 km langen, zum Teil sehr schönen, weißen Strand auf und verzeichnet folglich einen ständigen, wenn auch nur mäßig starken Zustrom von Travellern. Die begrenzten Unterkunftsmöglichkeiten und die

Hier wird das Essen aufs Zimmer gebracht

spärlichen Bootsverbindungen werden größere Touristenanstürme vorerst verhindern.

Unterkunft/Essen

- Auf Ko Phra Thong, am schönsten Strandabschnitt, stehen die **Sud Koh Fah Bungalows**. Kost und Logis kosten ca. 800 Baht/Tag, es ist aber nicht alles so fix, und Einzelheiten sind vor Ort zu klären. Siehe auch unter „Anreise"
- Das **Golden Buddha Beach Resort****** wird von derselben Gruppe gemanagt wie das Similana Resort in Bang Sak (Tel. Fax/Bangkok 8631301, E-mail sandler@mozart.inet.co.th). Zur Vefügung stehen strohgedeckte Cottages und Familienhäuser, alle mit Open-Air-Badezimmern. Vollverpflegung kostet 500 Baht/Tag. Zur Hochsaison vom 22.12. -5.1. erhöhen sich die Zimmerpreise um 150 Baht. Bei Buchung übernimmt das Unternehmen den Transport zur Insel.
- Falls man aus irgendeinem Grunde in Khuraburi übernachten muß, so stehen drei im Grunde nur wenig einladende, aber preiswerte Hotels zur Verfügung. Diese sind sind in erster Linie Stundenhotels: **Hotel Extra** (Soi Sukha Phibaan 2), **Hotel Nang-Nuan** (Soi Sukha Phibaan 4) und **Hotel Saeng-Phet** (Soi Sukha Phibaan 8). Alle drei Hotels befinden sich in kleinen Seitengassen, die in westliche Richtung von der Hauptstraße abzweigen. In der Innenstadt findet man Motorrad-Taxis, die einen dorthin bringen.
- Eine weit bessere Übernachtungsmöglichkeit bietet sich im **Khuraburi Green View Resort*******⌂⌂⌂, das 12 km südlich der Stadt an der Straße in Richtung Takua Pa und Phuket befindet (129 Moo 5, Bang Wan, Khuraburi, Tel. 01-2296866 bis 7, Fax 076-4911414). Dieses bietet komfortable Bungalows (Bad, AC, Mini-Bar, Kabel-TV), die an einen kleinen Hang gebaut sind. Umgeben werden sie von einer weitläufigen, gepflegten Anlage samt Swimming-Pool. Leider bekommt man in den Bungalows aber etwas Verkehrslärm ab. Das Unternehmen bietet Elefanten-Trekking und Bootsausflüge an; unter den Bootsausflügen sind auch Camping-Trips nach Ko Phra Thong oder zu benachbarten Inseln. Ein Restaurant ist vorhanden, ansonsten gibt es weit und breit keine Essensmöglichkeit.

Anreise

- Khuraburi liegt an der Straße Ranong – Takua Pa/Phuket, und bei **Busfahrten** zwischen den Orten lasse man sich in Khuraburi bzw. nahe dem Bootspier Phae Chumphon (s.u.) absetzen. Von Khuraburi gelangt man mit Motorrad-Taxis oder Songthaews zum Pier.
- Nach Ko Phra Thong fahren **unregelmäßige Linienboote** ab dem **Pier Phae Chumphon**, 7 km nördlich von Khuraburi gelegen; im Grunde muß man warten, bis ein Boot von Ko Phra Thong herüberkommt und dann dorthin zurückfährt. Fahrzeit ca. 1 Std. **Charter-Boote** und Buchungen der Sud Koh Fah Bungalows werden arrangiert vom *Raan Somboon* („Somboon's Geschäft"), das erste Geschäft links neben dem Polizeiposten in Phae Chumphon. Bootsfahrten kosten je nach Anzahl der Passagiere ab ca. 800 Baht. In der kleinen Siedlung um das Pier herum treiben sich zahlreiche illegale burmesische Einwanderer herum, die teilweise wenig vertrauenerweckend wirken.
- **Preiswertere Boote** lassen sich am **Pier von Thung La-Ong** chartern, das 41 km von Khuraburi entfernt ist. Zunächst fahre man von Khuraburi 21 km in südliche Richtung, bis sich im Bereich der Ortschaft Ban Bang Khang eine Abzweigung auftut, an der einige Schilder auf das Bootspier hinweisen. Ab der Abzweigung fahren Motorrad-Taxis für 60 Baht/Pers. zum Pier (20 km). Am Pier frage man nach *Khun Wee*. Dieser fährt für 500 Baht nach Ko Phra Thong bzw. für 1.000 Baht einen Tages-Return-Trip.
- Eine weitere Möglichkeit zur Boots-Charter ergibt sich am **Pier von Nam Khem**, ca. 6 km südlich von Takua Pa oder ca. 1 km nördlich des Diamond Beach Resorts gelegen. Vom Busbahnhof in Takua Pa fahren Songthaews nach Nam Khem. Das Pier ist günstig für Leute, die aus Khao Lak oder Bang Sak anreisen; aufgrund der größeren Entfernung nach Ko Phra Thong ist aber mit hohen Preisen zu rechnen.

Chaiya
ไชยา

Eine kleine, unaufregende Stadt auf dem Weg nach Surat Thani. Vor 1200 Jahren war hier das Zentrum des Srivijaya-Reiches, aber davon ist nicht viel geblieben. Das Srijivaya- Reich hatte sich von Java bis zum Isthmus von Kra erstreckt und wurde vom Reich der Khmer abgelöst. Einige Fakten um das Srivijaya-Reich sind bis heute umstritten, und einiger Theorien gemäß hatte es wechselnde Hauptstädte oder Zentren.

In der Stadt gib es heute nur **Wat Phra Boromathat** (auch Wat Phra Mahathat genannt) zu sehen. Dieser große Wat ist ein gutes Beispiel für die Architektur der Srivijaya-Epoche. Er befindet sich ca. 15 km westlich.

Etwa 7 km von Chaiya entfernt liegt **Suan Mokh,** der „Garten der Erlösung" (auch Wat Mokha Pai Aram genannt oder Wat Tham Naam Lai, der „Tempel des fließenden Wassers" – also nicht verwirren lassen!) Dieser Wat ist einer der bekanntesten Meditations-Wats des Landes und wurde vor über 50 Jahren von dem angesehenen Mönch *Phra Acharn Buddhadasa* gegründet, der 1993 verstarb.

Wat Suan Mokh besteht aus mehreren Gebäuden, die von friedlicher Park- und Waldlandschaft umgeben sind. Die Gebäude selber sind nicht unbedingt schön anzusehen (gelinde gesagt). Aber vielleicht war es die Ab-

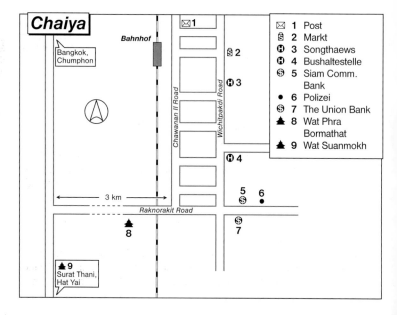

sicht des hellwachen Achaan Buddhadasa, nicht durch bestechende Architektur zu glänzen, sondern die Bewohner zum Essentiellen zu führen – nämlich zur Meditation.

Zwei Gebäude weisen die Form von Booten auf – Symbole für die Fahrt über manches wilde Wasser bis hin zum endgültigen Nirvana, der Erlösung. Das Hauptgebäude ist an seiner Basis mit vielen Reliefs geschmückt, die z.T. Szenen aus Buddhas Leben darstellen. Die Innenwände des Gebäudes sind von ehemaligen Bewohnern mit Gemälden bedeckt worden, die ebenfalls das Erreichen des Nirvana zum Thema haben – wenn auch teilweise aus anderem Blickwinkel. Da versucht z.B. eine *Miss Hook,* eine aufreizende Dame in Minimalbekleidung, die Meditationswilligen vom angestrebten Pfad der Keuschheit abzubringen. An ihrem Kleid hängen zahlreiche Haken *(hook),* mit denen sie ihre Opfer zu ködern gedenkt. Diese und andere Bilder dienen zur Ermahnung, sich nicht durch *maya* (der Welt der Sinne) vom Ziel der Erlösung abbringen zu lassen. (Aus Gründen der Gerechtigkeit sollte dem Gemälde mit der verführerischen Dame auch das Bild eines charmanten Playboys hinzugefügt werden!)

Jeden Monatsanfang wird ein 10-tägiger **Meditationskurs** in Wat Suan Mokh abgehalten, der bestens von *farang* besucht wird. Die Teilnahme ist kostenlos, bezahlt werden muß lediglich für die Verpflegung.

Wat Suan Mokh liegt direkt an der Straße, die von Surat Thani über Chaiya weiter nördlich führt, 4 km vor der Abzweigung nach Chaiya. Wer also aus Surat Thani kommt, sollte den Busschaffner bitten, direkt am Wat rausgelassen zu werden. Wer aus Richtung Norden kommt, durchfährt zuerst Chaiya und passiert dann den Wat. Von Chaiya aus fahren auch Motorräder für ca. 20 Baht dorthin. Angeblich fahren auch Songthaews, die lassen sich aber kaum blicken.

Unterkunft

● Nur im einfachen **Udomlap Hotel***.

Anreise

● **Züge** ab Bangkok (Hualamphong Station) kosten in der 3. Klasse 121 Baht. Züge ab Chumphon 27 Baht, ebenfalls 3. Klasse.
● **Busse** ab Ranong kosten 52 Baht.

Weiterreise

● **Züge** nach Surat Thani (3. Kl.) kosten 8 Baht, **Busse** dorthin 15 Baht. Busse ab Suan Mokh nach Surat Thani 14 Baht.

Surat Thani
สุราษฎร์ธานี

Surat Thani ist eine lebendige Handelsstadt mit 60.000 Einwohnern, die den Touristen allerdings nicht gerade mit großen Sehenswürdigkeiten verwöhnt.

Der **Markt** am Tapi-Fluß ist allerdings recht interessant, und Freunde exotischer Früchte können sich an den Rambutans laben, die in der Umgebung der Stadt besonders gut gedeihen. Abends ist der Marktplatz am

SURAT THANI

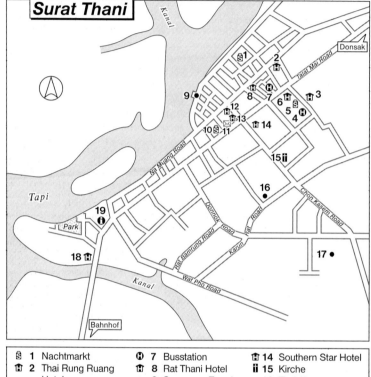

ⓢ	1	Nachtmarkt	ⓑ	7	Busstation	
🛏	2	Thai Rung Ruang Hotel	🛏	8	Rat Thani Hotel	
🛏	3	Lipa Guest House	•	9	Songserm Travel	
ⓑ	4	Busstation	ⓢ	10	Markt	
ⓢ	5	Markt	✉	11	Post	
🛏	6	Thai Thani Hotel	🛏	12	Grand City	
			🛏	13	Tapi Hotel	
🛏	14	Southern Star Hotel				
⛪	15	Kirche				
•	16	Thai Airways				
•	17	Stadthalle				
🛏	18	Wang Tai Hotel				
ℹ	19	TAT				

Flußufer eine Art Treffpunkt vieler Einwohner, und eine Blindenkapelle, die ihre fehlende Notentreffsicherheit durch ein Übermaß an Enthusiasmus wettmacht, unterhält die Passanten.

Acht Kilometer von der Stadt entfernt befindet sich der **Khao Thathep,** ein dichtbewaldeter Hügel, von dem man eine gute Aussicht auf Surat, wie sie von den Einheimischen kurz genannt wird, hat. Auf dem Gelände ist auch ein **Botanischer Garten** und ein **kleiner Zoo** angelegt. Dessen Hauptattraktion ist ein junger *Chaang Phüak* oder „Weißer Elefant", einer der traditionellen Glücksbringer Thailands – auch wenn er in diesem Falle eher gräulich ausgefallen ist!

Ansonsten ist Surat in erster Linie Durchgangsstation auf dem Weg von/nach Ko Samui.

Wer Zeit hat, sollte das Office der TAT in der Talat Mai Road (Tel. 281 828, 288818-9) aufsuchen. Dieses **Tourist Office** ist eines der besten des Landes, das Personal ist sehr hilfsbereit und überläßt einem pfundweise Informationsmaterial. Das Büro ist täglich von 8.30-16.30 Uhr geöffnet. Angeschlossen ist der TAT auch wieder die Tourist Police (Tel. 281300).

Unterkunft

- Sehr günstig, direkt am Bus Terminal liegt das **Lipa Guest House**** (Talaat Kaset 2) mit Zimmer mit Bad. Unten im Hotel befindet sich ein Restaurant und ein kleines Reisebüro.

Unterwegs mit kokosnußpflückendem Affen

- Das **Thai Thani**** (442/367-369 Talaat Mai Road, Tel. 272977), wenige Schritte vom Bus-Terminal entfernt, ordentliche Zimmer mit Bad.
- Das **Muang Thong****, 428/6-10 Na Muang Road (Tel. 2725560) liegt direkt in der Innenstadt und hat saubere Zimmer mit Bad.
- An der Nordwestseite des Marktes ist das **Rat Thani**** gelegen, mit Zimmern in der gleichen Preislage. Direkt am Markt fahren auch einige lokale Busse ab.
- Das **Hotel Surat**** (Chon Kasem Road, Tel. 272242) vermietet Zimmer mit Bad.
- Recht ordentlich sind die beiden direkt nebeneinander gelegenen **Tapi Hotel***** (Chonkasem Rd., Tel. 272575) und **Grand City Hotel****-***; in den teureren Zimmern mit A.C. und TV. Die Zimmer zur Straße hinaus sind jedoch zu meiden, da sehr laut.
- Das **Thai Rung Ruang Hotel**** (191-199 Mitkasem Rd., Tel. 273249) ist sauber und wohnlich.
- Das beste Hotel am Ort ist das neue **Southern Star Hotel******-LLL (261/16 Chon Kasem Road, Tel. 216414, 216424; Fax 216427-8). Genau genommen befindet sich das Haus etwas von der Chon Kasem Road zurückversetzt, an der Zufahrt steht ein großes, kaum zu übersehendes Schild. Die Zimmer (A.C., TV, Kühlschrank etc.) sind sauber und gepflegt, die zentrale Lage ist ein weiterer Vorteil. Die Zimmer sowie die Suiten werden oft weit unter ihrem offiziellen Preis angeboten. Im 16. Stock des Hotels befindet sich ein übeteuertes Restaurant mit sehr gutem Ausblick auf Surat Thani.

Essen

- Einer der angenehmsten Aspekte der Stadt ist der lebendige **Nachtmarkt,** der sich gegen 18.00 Uhr wenige Straßenblocks östlich des Bootspiers zu regen beginnt. Es gibt eine vielfältige Auswahl von preiswerten Speisen, von gerösteten Maiskolben bis hin zu Süßspeisen aller Art. Sehr lohnenswert!
- Wer es gerne etwas gediegener hat, ist im **Thara Coffee House** des Siam Thara Hotel gut aufgehoben. Hier wird gehobene westliche als auch einheimische Küche geboten.

Die Schule der pflückenden Affen

Die Provinz Surat Thani exportiert monatlich **3.300 Tonnen Kokosnüsse** nach Bangkok oder, besser gesagt, etwa 6.000.000 Stück. Insgesamt sind 546 km² in Surat Thani und Ko Samui mit Kokospalmen bepflanzt.

Nun ist das Ernten der Kokosnüsse – das weiß ein jeder, der es einmal versucht hat – eine anstrengende Angelegenheit, und nicht ungefährlich dazu. Aus diesem Grunde beschäftigen die Kokosnuß-Plantagen einen besonders geschickten und dazu anspruchslosen Mitarbeiter, den *Ling Kang*. Man nennt ihn auch *ling-gep-maphrao* (= der Kokosnuß sammelnde Affe).

Der Ling Kang ist ein Affe, der in einer „Affenschule" das Pflücken von Kokosnüssen gelernt hat, und der durch eine Leine mit seinem Herrn verbunden ist, mittels der er Befehle erhält.

Einige Kilometer außerhalb von Surat Thani befindet sich eine solche Affenschule, und der **„Lehrplan"** sieht wie folgt aus:

Zuerst dürfen die Affen, die zu Anbeginn der Lernzeit nicht älter als drei Jahre sein sollten, mit reifen, braunen Kokosnüssen spielen. Diese Phase dauert drei bis fünf Tage. Danach wird ihnen beigebracht, die Nüsse vertikal und horizontal herumzudrehen. Diese Phase dauert 4-5 Nächte – Nächte, weil sich die Affen am Tage nicht so gut konzentrieren können!

Dann hängt der Trainer eine Kokosnuß an eine kleine Palme und schickt den Affen los, die Nuß zu pflücken. Langsam wird die Zahl der Kokosnüsse in der Palme bis auf fünf erhöht, und der Trainer beobachtet, ob der Affe alle Nüsse abpflückt oder nicht. Läßt er auch nur eine dran, muß das Lehrprogramm intensiviert werden. Mit der Zeit lernt der Affe nun, immer mehr Kokosnüsse zu pflücken, so daß er schließlich in der Lage ist, einen halben oder ganzen Tag zu arbeiten.

Ein Trainingskurs von zwei Monaten kostet den Besitzer des Affen 600-700 Baht – eine Investition, die sich aber bezahlt macht: So kann ein gut ausgebildeter Affe 500 bis 1.000 Kokosnüsse pro Tag pflücken und verhilft seinem Herrn so zu einer Einnahme von 200-500 Baht. Wer einen voll trainierten Affen zu erstehen gedenkt, muß 3.000 Baht für ihn bezahlen.

Die „Schule" liegt östlich von Surat Thani in **Ban Tha Thong.** Wer den Unterricht beobachten möchte, nehme ein Songthaew für 5-10 Baht und frage nach *roong-rian ling kang,* der „Schule der pflückenden Affen".

Einer der Affen, der durch diese Schule ging, ist für seine Pflückkünste so bekannt, daß er mit seinem Trainer durch Thailand tourt und in Shows sein Können zeigt. Sein Name ist *Kai Nui.*

- Die **Home Bakery** ums Eck vom Grand City Hotel kredenzt recht ordentliche Kuchen als auch westliches Frühstück.
- Im Erdgeschoß des Thai Thani Hotel befindet sich ein sehr gutes **Sala Mangsawirat** oder Vegetarisches Restaurant (täglich, 6.30-14.00 Uhr), das preiswerte und leckere vegetarische Currys und Nudelgerichte serviert.
- Ein weiteres **vegetarisches Restaurant** liegt gleich neben der Lokalbusstation (rechts neben Punkt 17 auf der Karte). Es hat meist eine große Auswahl an Speisen, ist jedoch nur etwas unregelmäßig geöffnet.
- **Seafood:** Surat Thani ist für eine spezielle Muschelart, die *hoy nangrom* bekannt. In Paknam, 6 km nordöstlich der Stadt finden sich einige Seafood-Restaurants, die diese zu delikaten Gerichten verarbeiten. Die beliebtesten Restaurants sind das **Lamphu Jao Gau** („Lamphus altes Restaurant") und das demselben Besitzer gehörende **Lamphu Sorng** („Lamphu 2"). Neben Muscheln gibt es zahlreiche weitere Seafood-Gerichte, alle zubereitet unter Verwendung frischester Zutaten.

Anreise

- **Busse** ab Bangkoks Southern Bus Terminal kosten 158 Baht, A.C. 285 Baht; Fahrzeit ca. 11 Std. A.C-Busse fahren ab um 20.00, 20.20 und 20.30 Uhr. Dazu zahlreiche Busverbindungen ab Hat Yai, Phuket, Krabi, Chumphon u.a.
- Von Hualamphong Station (Bangkok) gehen täglich 9 **Züge**, Kostenpunkt 107/224/470 Baht plus Zuschläge. Fahrzeit etwa elf Stunden.
  Der **Bahnhof** von Surat Thani liegt 13 km entfernt in **Phun Phin;** direkt am Bahnhof befinden sich einige Hotels: Tai Fah**, Queens**, Kaeo Fah**.
- **Thai Airways** fliegt zwei- bis dreimal täglich von Bangkok ein, Kostenpunkt 1.710 Baht, Flugzeit eine Stunde. Flüge ab Phuket gehen einmal täglich und kosten 475 Baht, Flugzeit 35 Minuten.
  Orient Thai Airlines fliegt viermal wöchentlich ab Chiang Mai (2.450 Baht) und Hat Yai (1.150 Baht).

Weiterreise

- Wer von Surat Thani zum Bahnhof will, kommt mit einem Songthaew für 10 Baht dorthin. Bis Hat Yai fahren vier **Züge** täglich, nach Butterworth (Malaysia) nur einer.
- **Zum Flughafen** (Tel. 311795) fahren Busse vom Büro der Thai Airways für 35 Baht. Das Office ist in 3/27-28 Karoonrat Road (Tel. 272610, 273355, 273710).
- **Busse** nach Phuket kosten 77 Baht, A.C.-Busse 112/139 Baht; zum Khao Sok National Park (Busse Richtung Phuket oder Takua Pa) zu 28 bzw. 60 Baht (A.C.); nach Krabi meist für überteuerte 150 Baht (A.C.). Weitere Preise für normal/A.C.: Hat Yai 86/150; Nakhon Si Thammarat 30/60.

Mit dem Boot nach Ko Samui

Ab dem Ban Don Pier in Surat Thani fahren nur langsame **Nachtboote** (Abf. 23.00 Uhr, Ank. 5.30 Uhr, Preis 50 Baht auf dem Unterdeck, 80 Baht auf dem Oberdeck). Diese Reisemethode ist zwar preiswert, aber ansonsten nur wenig empfehlenswert. Es wird regelmäßig von Diebstählen auf den Nachtbooten berichtet. Günstiger ist eventuell die Buchung eines **kombinierten Bus-/Schiffstickets** für eines der schnelleren Tagboote, die allerdings von Piers abfahren, die mehr oder weniger weit von Surat Thani entfernt sind. Mit den Tickets wird man zunächst per Bus zu einer der östlich von Surat Thani gelegenen Piers gefahren, wo dann der Transfer auf das Schiff erfolgt. Die Piers, die dafür genutzt werden, wechseln stetig; diese sind das Pier Tha Thong, 6 km östlich von Surat Thani, als auch die weiter entfernten Piers von Donsak und Kha-

Surat Thani

nom (Khanom gehört offiziell schon zur Provinz Nakhon Si Thammarat). Die Tickets lassen sich in allen Büros von *Songserm Travel Co.* wie auch in anderen Reisebüros buchen. Eigene Songserm-Büros finden sich u.a. in Bangkok, (172 Khao San Rd., Tel. 2811463-5), Chumphon (66/1 Tha Thapao Rd., Tel. 502023, 502764), Phuket (51-53 Satun Rd., Tel. 222570-4), Patong (52 Soi Bangla, Tel. 340051-2), Krabi (92/94 Kongka Rd., Tel. 630470-2) und Surat Thani (30/2 Moo 3 Bangkung, Tel. 28555124-6).

Bei der Ankunft am Bahnhof von Phunphin bei Surat Thani stehen meist Schlepper bereit, die Überfahrten anbieten; es schadet aber auch nicht, selber zum Büro von Songserm zu fahren und dort zu buchen (Songserm-Büro siehe Karte Surat Thani).

In der Regel wird man nach der Buchung von Surat Thani in einem AC-Bus zum **Pier von Khanom** befördert, gelegen ca. 75 km östlich von Surat Thani. Von hier fahren Schiffe in ca. 1 Std. 20 Min. nach Ban Nathon auf Ko Samui. Gesamtkosten zur Zeit 130 Baht, retour 240 Baht. Die Schiffe fahren von Ko Samui weiter nach Ko Phangan. Abfahrt der Boote ab Khanom um 8.00, 10.00, 12.00, 16.00 und 18.00 Uhr. Die Preise sind dauernden Schwankungen unterworfen, sie ändern sich je nach Saison und je nachdem, ob gerade ein neu dazu gekommenes Fährunternehmen Konkurrenz macht. Derzeit liegt der Preis für die Überfahrt bei 45 Baht/Person.

Weitere Schiffe fahren ab **Donsak,** ca. 10 km westlich von Khanom; Abfahrt 8.00, 10.00, 12.00, 14.00, 16.00, 17.00, 18.00 und 19.00 Uhr. Diese kommen in der Thong Yang Bay von Ko Samui an, ca. 6 km südlich von Ban Nathon. Fahrzeit 1,5 Std, Fahrpreis 45 Baht.

Auf den Booten können auch **Autos oder Motorräder** mitgenommen werden; Autos kosten 180 Baht inklusive der Gebühr für den Fahrer. Außer den regulären Schiffen werden zu Stoßzeiten häufig noch zusätzliche Boote eingesetzt, bei denen wird dann bei den Autos ein Zuschlag auf den üblichen Preis aufgeschlagen (z.Zt. 45 Baht/Auto).

Im **November oder Dezember** kann es aufgrund von Stürmen zur Streichung einiger Bootsverbindungen oder gar zur gänzlichen Einstellung des Bootsverkehrs kommen.

 Achtung, Betrüger! Bei den Transfers am Bahnhof von Phun Phin (Surat Thani) lauern bei Verspätung der regulären Busse gelegentlich Betrüger auf, die vorgeben, zum gebuchten Transport-Unternehmen zu gehören. Unter Verbreitung von Hektik und Aufregung wird man gedrängt, schnell in ihren Wagen zu steigen, um die Fähre noch rechtzeitig zu erreichen. Während der Fahrt wird dann an einer Tankstelle angehalten, da angeblich der Tank leer ist. Die absolut überhöhte Rechnung zahlt der Passagier (ca. 250 Baht für die 50 km); falls nicht, sieht er der Aussicht entgegen, mitten auf der Strecke hinausgeworfen zu werden! Falls der Bus beim Transfer nicht sofort bereitstehen sollte, ruhig abwarten und sich von der Gruppe seiner Mitreisenden (meistens sind ja noch viele andere da, die ebenfalls auf den Bus warten) nicht trennen lassen.

Ko Samui
เกาะสมุย

Ko Samui ist mit 254 km² die drittgrößte Insel Thailands (40.000 Einwohner) und so etwas wie das preiswertere und weniger zubetonierte Pendant zu Phuket. Entsprechend zieht die Insel mehr Individualreisende an, in den letzten Jahren zeichnet sich jedoch auch hier deutlich ein Trend in Richtung Package- und Hochpreis-Tourismus ab. Die teureren Unterkünfte und Restaurants nehmen allmählich überhand, und die frühen siebziger Jahre, als nur ein paar Strohhütten auf der Insel standen, scheinen heute einer anderen Epoche anzugehören. Mittlerweile besuchen weit über eine Million Touristen die Insel pro Jahr, und oft scheint es, als gäbe es mehr Urlauber als Einheimische. Trotzdem ist es hier immer noch leichter, eine preiswerte **Unterkunft** zu finden als z.B. auf Phuket, und das entspannte Ambiente zieht viele Budget-Reisende und Langzeit-Traveller an. Es gibt noch einige schlichte Hütten für 10 DM, am oberen Ende der Skala lassen sich aber auch 1.000 DM für die Übernachtung ausgeben (siehe Santiburi Resort). Bei den teureren Unterkünften sind im Preis üblicherweise reichhaltige Frühstücks-Buffets inbegriffen.

Ko Samui ist ringsum mit herrlichen **Stränden** gesegnet, und an den bekannteren wie Lamai oder Chaweng

KO SAMUI

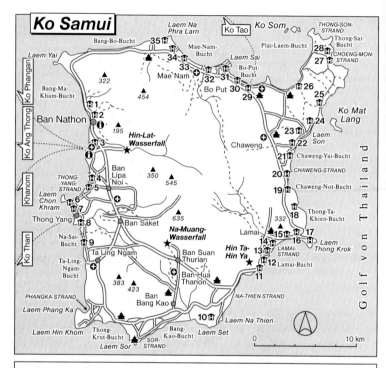

🏠 1	Chao Ko, Samui	🏠 14	Sea Breeze, Marina Villa, Lamai Inn 99, Weekender, Coconut Villa, Magic		White House, Chaweng G.H., Sea side	🏠 28	Ocean View, Sun Set, Big Buddha, Nara Lodge
🏠 2	Santikasem, Chai Thale, Jinta			🏠 22	Viking, I.K.K., Kati Lodge, Visant, Arabian		
🏠 3	Ni Nuan Court					🏠 29	Boon
🏠 4	Lipa Lodge			🏠 23	Best Beach, Marli Blue, Long Beach, King, Saentip Villa, Riviara, Royal Inn	🏠 30	Chai Hat, Peace, Kham
🏠 5	Phloen G.H.	🏠 15	Lamai Villa			🏠 31	World, Sandy, Bo Put G.H., Laem Sai
🏠 6	Sun Flower	🏠 16	Weekender Villa				
🏠 7	Samui Ferry Inn	🏠 17	Comfort				
🏠 8	Co Co Cabana	🏠 18	Coral Park				
🏠 9	Le Royal Meridien	🏠 19	Sun Shine, Thavi, New Sky, Chaweng Noi, Sak			🏠 32	Silent, Friendly, Rainbow, Lapaz Villa, Cleopatra
🏠 10	Laem Set Inn			🏠 24	Liberty, J.r., Sun East, Lucky Mother, Chaweng Villa		
🏠 11	Rocky						
🏠 12	Anika, The Rock, Sun Rise, Palm, White Sand	🏠 20	First, Fair House, Mellow, New Star, Samut Cottage			🏠 33	Holiday
				🏠 25	Coral Bay Resort	🏠 34	Golden Hut, River Beach, Shangrila
				🏠 26	Niphon, Choengmon, Island View		
🏠 13	Suan Boon Rob, Paradise, Bill, Lamai Pearl, Aloha, Golden Sand					🏠 35	Plant Inn 33
		🏠 21	Joy, Samui Resotel, The	🏠 27	P.S. Villa, Thongsai Bay	▲	Wat
						✚	Krankenhaus

reiht sich mittlerweile eine Bungalow-Kolonie an die andere. Nur im Nordosten und Südwesten der Insel gibt es noch einige abgelegene Buchten, die noch die erwünschte Ruhe versprechen.

Das Binnenland ist fast ausnahmslos mit **Kokosplantagen** bedeckt (ein Militärlager gibt es allerdings auch), und diese verleihen Ko Samui ihr so unverwechselbares Tropenambiente. Derzeit soll es noch 2 Millionen Kokospalmen geben, aufgrund der zunehmenden Hotel- und anderer Bauten nimmt ihre Zahl jedoch beständig ab. Anders als auf Phuket, so hat Ko Samui keine größeren Städte, in denen man ins lokale Leben eintauchen könnte, aber das ist ein „Nachteil", den die meisten Besucher gerne in Kauf nehmen.

Die Insel wird von einer gut ausgebauten **Ringstraße** umgeben, so daß es leicht ist, zwischen den Stränden hin- und herzupendeln. Der Nachteil der Straße ist der stark gestiegene Verkehrslärm, und bei der Auswahl der Unterkünft sind solche vorzuziehen, die nicht direkt an der Straße liegen; sonst kann es leicht um die Nachtruhe geschehen sein.

Im Inselinneren finden sich einige holprige Pfade, die mit Jeep oder Motorrad befahrbar sind. In den zentralen Bereichen von Lamai und Chaweng wurden die **Straßen** 1999 neu „ausgebaut", d.h. sie wurden aufgebaggert und dann erst einmal so liegen gelassen. Diese merkwürdige Baumethode sorgte für jede Menge Staub, schlechte Transportmöglichkeiten und viel Unbill seitens der Besucher.

Sehenswertes

Ko Samui bietet keine herausragenden Sehenswürdigkeiten, einige kleinere gibt es dennoch. Zu diesen gehören der **Hin-Lad-Wasserfall** im Nordwesten nahe der „Hauptstadt" Ban Nathon sowie der **Na-Muang-Wasserfall** im südlichen Zentralbereich der Insel; letzterer ist der eindrucksvollere von beiden, er fällt aus einer Höhe von 20 m herab; dafür ist er relativ schwierig zu erreichen, er liegt am Ende eines 2 km langen Dschungelpfades.

Wer weitere Naturwunder sucht, könnte über einige Pfade zu einer **Kokospalme mit acht Baumkronen** vordringen (ca. 1 km nordöstlich von Ban Nathon). Auf Thai frage man nach *thon-maphrao phaet-yot*. Angeblich ist die Palme dabei, weitere Kronen zu bilden.

Im Südosten der Insel befindet sich **Wat Khunaraam,** in dem ein mumifizierter Mönch in einem Glaskasten ausgestellt ist. Der Mönch, *Luang Po Daeng,* war in den siebziger Jahren gestorben, und seltsamerweise verweste sein Leichnam nicht. Heute stellt der Leichnam – mit dicker schwarzer Sonnenbrille auf den Augenhöhlen – eine groteske Touristenattraktion dar. Die Thais kommen für ein kurzes Gebet an dem vor dem Glaskasten aufgebauten Schrein.

Imposanter ist der **Big Buddha** oder *Phra Yai* im Norden der Bang Rak Bay, eine riesige goldene Buddhafigur, die auf einer kleinen Insel, Ko Faan, angelegt ist. Der Tempel ist über einen künstlich angelegten, aufgeschütteten

Weg zu erreichen. Die Figur, 12 m hoch, gibt aus allen möglichen Himmelsrichtungen und zu allen Tageszeiten ein gutes Fotomotiv ab. Um die Figur ist ein Tempel errichtet worden, Wat Phra Yai.

Über einige holprige Pfade durch die Kokosplantagen erreicht man mehrere auf Hügeln gelegene **Aussichtspunkte,** von denen man ausgezeichnete Ausblicke auf die Insel erhält. (Die höchste Erhebung auf Ko Samui ist 635 m.)

Weiterhin gibt es auf der Insel einige Unternehmen, die **kokospflückende Affen** präsentieren – alles reiner Touristenklamauk. Im **Monkey Theatre,** 400 m südlich vom Dorf Bo Phut, treten Affen und Elefanten in „Shows" auf (tägl. 10.30, 14.00, 16.00 Uhr). Genau wie auf Phuket nimmt auch auf Ko Samui die Zahl von Unternehmen zu, die **Elefanten-Treks** anbieten. Die Elefanten sich allesamt in den letzten Jahren aus dem Issaan „importiert" worden, auf Ko Samui heimisch sind sie nicht. Buchungen bei den diversen Unternehmen unter Tel. 230247 (*Na Muang Trekking*), Tel. 230827 (*Chaweng Elephant Trekking*), Tel. 425346 (*Bang Rak Trekking*) oder Tel. 230567 (*Island Safari*).

Baan Hua Thanon im Südostbereich der Insel ist ein hauptsächlich von Moslems bewohntes, eher ärmliches Fischerdorf (direkt an der Ringstraße südlich der Lamai-Bucht), das sich um eine Moschee angesiedelt hat. Im Dorf läßt sich noch relativ viel Lokalkolorit einfangen. Die Bevölkerung führt ihr althergebrachtes Leben, das vom Tourismus noch so gut wie unberührt ist. Der Mittelpunkt des Ortes ist eine Moschee, und die vor der Küste ankernden bunten Fischerboote geben ein gutes Fotomotiv ab.

Einige hundert Meter südwestlich von Baan Hua Thanon steht **Wat Samret,** der einige alte und wertvolle Buddha-Figuren beherbergt. Aufgrund einiger Diebstähle ist der Tempel in der Regel verschlossen, und man bitte einen der Mönche, ihn zu öffnen.

Am Kap (*Laem*) Sor im Süden der Insel findet sich **Wat Laem Sor,** dessen Hauptmerkmal ein exzentrisch gestalteter Chedi ist. Der Chedi scheint einen burmesischen Einfluß aufzuweisen, eine Rarität in dieser Region von Thailand.

Ban Nathon

Ban Nathon, an der Westküste der Insel gelegen, ist die kleine „Hauptstadt" der Insel; offiziell ist sie die Distrikthauptstadt (*tua amphö*) von Ko Samui.

Der Ort besteht fast nur aus drei kleinen Parallelstraßen, aber hier finden sich zahlreiche, für Reisende wichtige Einrichtungen: die Tourist Police, das Informationsbüro der TAT, das Immigration Office (zur Visumverlängerung), Banken und Wechselschalter, Buch- und Zeitungsläden, ein Postamt u.a. Tagsüber wird Ban Nathon von Hunderten oder Tausenden von Touristen überrannt, die irgendetwas zu erledigen haben (oder auch nicht); abends nach 19.00 Uhr gehört der Ort aber wieder den Einheimischen. Etwas besonderes zu sehen gibt es nicht, ab-

gesehen vielleicht von den Thai-Box-kämpfen in der Arena an der Nordseite der Thawirat Phakdi Road. Aber die sind wohl auch nicht jedermanns Sache.

Etwa 2,5 km südlich des Ortes, an der Hauptstraße, findet sich die **Tourist Police.**

Adressen

● **Tourist Information:** Ein Büro der TAT befindet sich nahe der Post. Hier werden kostenlos Hotellisten, Broschüren, Insel-Magazine (finanziert aus Anzeigen) und Karten (letztere gesponsort von Bangkok Airways) ausgehändigt. Geöffnet tägl. 8.30-16.30 Uhr.
● Ein modern eingerichtetes **Krankenhaus** findet sich in Bo Phut. Das *Bo Phut International Hospital* hat einen 24-std. Notdienst, Tel. 425382-3.
● Zwar finden sich an einigen Stränden **Wechselstuben,** diese geben aber oft schlechtere Kurse als die in Ban Nathon. Die Schalter der Siam City Bank und der Thai Farmers Bank sind von 8.30 bis 20.00 Uhr geöffnet.

Wassersport

● **Scuba-Diving** und **Wasserski** bei Ko Samui Divers, Ang Thong Rd., Ban Nathon, Tel. 421465 (Zweigstellen im Coco Cabana Beach Club am Thong Yang Beach und im Malibu Resort, Chaweng Beach) oder beim Scuba Diving Club, Highway Travel Booking, Chonwithi Rd., Ban Nathon.

Küste von Ko Samui

KO SAMUI

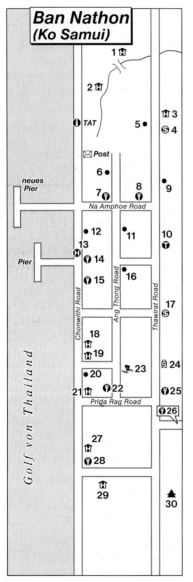

Ban Nathon (Ko Samui)

🏨	1	Chai Thong House
🏨	2	Chao Koh Bungalows
🏨	3	Damrong Town Hotel
💲	4	Bangkok Bank
•	5	Thai Boxing Stadium
•	6	Immigration
🍴	7	Restaurant
🍴	8	Restaurant
•	9	Polizei
⛽	10	Tankstelle
•	11	Wäscherei
•	12	Songserm Travel
🚌	13	Songathews nach Chaweng, Lamai, Bo Phut
🍴	14	Rueng Thong Restaurant
🍴	15	Marco Polo Restaurant
•	16	Kino
💲	17	Bank
🏨	18	Rongroj Hotel
🏨	19	Palace Hotel
•	20	Tourist Police
🏨	21	Win Hotel
🍴	22	Vegetarische Restaurants
🤿	23	Tauchschule
🛒	24	Markt
🍴	25	Sukiyaki Restaurant
🍴	26	Vegetarische Restaurants
🏨	27	Jinta Bungalows
🍴	28	Khrua Savoey Restaurant
🏨	29	Sea View Hotel
⛩	30	Wat Chaeng

Unterkunft

Es gibt eigentlich keinen stichhaltigen Grund, in Ban Nathon zu übernachten. Nach Sonnenuntergang macht der Ort einen leicht desolaten Eindruck, und daran ändert auch das halbe Dutzend Karaoke-Bars samt bizarr-gekleidetem weiblichem Personal nichts. Falls man aber abends spät auf der Insel ankommt und sich nicht am Strand auf Zimmersuche begeben will, läßt sich hier eine Übernachtung erwägen.

- **Damrong Town Hotel*****-**** (Tel. 420359); recht saubere, aber fantasielos eingerichtete Zimmer (Bad, AC, TV), und die Karaoke-Bar im Untergeschoß läßt abends die Wände wackeln.
- **Win Hotel***** (Tel. 421500-1); ordentliche Zimmer mit Bad, AC und TV.
- **Jinta Bungalows*****; angenehme Bungalow-Unterkunft.
- **Palace Hotel***** (Tel. 421080), mäßige Zimmer; das daneben gelegene *Rongroj Hotel* ist in erster Linie ein Bordell.
- **Seaview Hotel***** (Tel. 421482); mäßige Zimmer, und abends wird die Frontseite von einer nahe gelegenen Bar beschallt.

Essen

- Das **Marco Polo Restaurant** in der Nähe des Piers hat eine höchst umfangreiche Speisekarte von 27 Seiten. Es gibt hier wahrhaft alles, von Huhn-, Fisch- und Steakgerichten bis zu vegetarischen Mahlzeiten. Möglicherweise wegen der großen Auswahl scheint die Qualität allerdings etwas zu variieren.
- Wenige Meter weiter nördlich an der Uferstraße liegt das gute **Rueng Thong Restaurant** mit zahlreichen westlichen und einheimischen Gerichten und auch Backwaren.
- Das **Sukiyaki Restaurant** südlich des Marktes an der Thawirat Phakdi Road bietet gute italienische und andere westliche Speisen, wie auch preiswertere einheimische Kost. Die einheimischen Gerichte werden draußen vor dem Restaurant in Töpfen zur Schau gestellt, so daß man sich das gewünschte gleich dort aussuchen kann.
- Das vielleicht beste Restaurant für Seafood am Ort ist das **Khrua Savoey** an der Südseite der Chonwithi Road. Es gibt vorzügliche Austern- und Muschelgerichte, wie auch andere sehr gute Seafood.
- Zur fleischlosen Kost bieten sich drei **vegetarische Restaurants** an: Zwei befinden sich fast nebeneinander in der mittleren Parallelstraße; diese bieten eine kleine Auswahl an fertigen Speisen, können auf Wunsch aber auch schnell etwas anderes hervorzaubern.

Das am besten organisierte Restaurant befindet sich ca. 150 m weiter südöstlich in einer Seitengasse der Thawirat Phakdi Road. Hier gibt es thailändische Curries ab ca. 15 Baht; geöffnet täglich ca. 7-17 Uhr.

Lamai Beach

Ko Samuis beliebtester Strand, ca. 4 km lang und nicht unbedingt mit dem allerschönsten Sand gesegnet, der hier etwas grobkörnig und nicht gerade paradiesisch weiß ausfällt. Das Wasser ist jedoch recht gut zum Schwimmen geeignet, und die zahlreich vorhandenen Bars und Discos tun das Übrige, um den Lamai Beach zum meistbesuchten der Insel zu machen. Dementsprechend finden sich mittlerweile fast 100 Bungalow-Unterkünfte, die das gesamte Gelände in einen Hüttenwald verwandeln. Am Südende der Bucht finden sich zwei bizarre Felsformationen, die besonders anziehend auf einheimische und taiwanesische Touristen zu wirken scheinen: Zwei Felsformationen, die jeweils an das männliche bzw. weibliche Geschlechtsteil erinnern.

Diese Felsen, genannt Hin Yai und Hin Ta (Großmutter- und Großvater-Felsen) sind der Legende nach ein steingewordenes Liebespaar, das gemeinsam in den Tod ging.

Der beliebteste Night-Spot in Lamai – und es gibt nicht wenige – scheint derzeit der Bauhaus Pub zu sein. Ab Mitternacht geht es erst richtig los. Im daneben gelegenen Sport Pub gibt es Satelliten-Fernsehen mit allen wichtigen Fußballspielen oder sonstigen Sportereignissen.

Ko Samui

Unterkunft

- **Swiss Chalets****-***, weitläufige Anlage mit preiswerten Bungalows; **Chinda House*****-*****; **Sunrise Bungalow****-***; **Palm Bungalows****; **Nice Resort****-*****; **Paradise Bungalow*****-****; **Amadeus****; **Aloha Beach Resort*******-LLL; **Sea Breeze****-****; **Mirama****-***; **Animal House****; **Lamai Inn** ***; **Weekender Resort & Hotel******-*****; **Samui Laguna Resort******-*****; **Sand Sea Resort******-****, **Wish Bungalow****; **New Hut Bungalow****; **No Name Bungalow****; **Rose Garden****-****; **Comfort Bungalow****-***; **Bay View Villa****; **Royal Blue Laguna Beach Resort*******-LLL.

Essen

- Besonders empfehlenswert ist **Mister Pown** (sprich Porn) neben dem Bauhaus-Pub, das ausgezeichnete, frische Seafood serviert. Es ist vielleicht eines der besten Seafood-Restaurants in Südthailand.
- Ebenfalls sehr gute Seafood gibt es im **BBB Restaurant,** wie auch im **Renu Grill** schräg gegenüber dem Bauhaus Pub.
- Das **Sala Thai** ist ein ausgezeichnetes Open-Air-Restaurant, nicht ganz billig, aber immer gut.
- Ausgezeichnetes und preiswertes indisches Essen im **Taj Mahal** im Lamai Food Court.

Chaweng Beach

Dieses ist der längste Strand der Insel, der sich in Chaweng Yai („Großer Chaweng") im Norden und Chaweng Noi („Kleiner Chaweng") im Süden unterteilt. Chaweng Yai wiederum ist durch ein Riff in zwei Hälften geteilt. In der Hauptsaison liegt hier Körper an Körper. Der Sand ist schneeweiß und das Wasser klar. Chaweng Noi ist ruhiger und ein guter Ort zum Schnorcheln.

Nicht weniger populär ist Chaweng für sein **Nachtleben,** vom Strand zurückversetzt findet sich eine Ansammlung von Bars und Restaurants. Die dort gelegenen Discos Reggae Pub und Green Mango sind die derzeit beliebtesten Nightspots, meist sind sie gerammelt voll.

Eine **Warnung** noch für Leute, die direkt in Ko Samui einfliegen und in Chaweng zu wohnen gedenken: Chaweng liegt nur 10 Minuten Fahrzeit vom Flughafen entfernt, die Taxis und Songthaews verlangen aber oft 200 Baht für die Strecke. 60-80 Baht wären angemessener. Zur Fahrt von Chaweng zum Flughafen bieten sich die Busse an, die jeweils ca. 1½ Std. vor Abflug von den JR Bungalows in Zentral-Chaweng abfahren.

Unterkunft in Chaweng Noi

- **Samui Yacht Club******-*****, komfortable Bungalows in bester Lage, oft ausgebucht (Tel. 422400 oder Bangkok 4380288-9); **Golden Cliff Resort*****-****; **Hi Coral Cove****; **Coral Cove Resort*******-LLL; **Tawee Bungalow****-***; **Victorian Resort*******-LLL; **The Imperial Samui** LLL; **New Star Resort****-****; **The Fair House** *****-LLL; komfortable Bungalows in guter Strandlage (Tel. 422256).

Unterkunft in Chaweng Yai

- **First Bungalows*******-LLL, sehr wohnliche Bungalows und Reihenzimmer in ausgezeichneter Strandlage, dazu mit riesigem Swimming-Pool (Tel. 422327, 230415); **Seaside Resort****; **Chaweng Guest House*****-*****; **Samui Resotel** (zuvor *Munchies Resort*)***-*****; **Joy Resort****-****; **Poppies Cottages,** Luxusanlage mit Swimming-Pool (Tel. 422418-9, 422086-7); **Chaweng Cove******-****; **Chaweng Cabana******-*****; **Chaweng Resort******-LLL; **Central Bay Resort*****-***; **Charlie's Hut****-***; **Thai House****; **Beachcomber**LLL; **Malibu Resort*****-*****; **Montien House*****-*****; **Chaweng Villa******; **Samui Cabana****-***;

Chaweng Blue Lagoon Hotel*****-LLL (Tel. 422037-40); angeschlossen ist eine Zweigstelle von *Sea Canoe Thailand* (Tel. 422037), das Kayak-Touren zu vorgelagerten Inseln anbietet; **Samui Villa Flora*****-*****; **Jim Bungalow****, **Moon Bungalows****; **Venus Resort****; **Blue Lagoon*******-LLL; **Matlang Resort****-***; **Samui Island Resort*****; **O.P. Bungalow*****, weit im Norden des Strandes, sehr zu empfehlen.

Essen

- Außergewöhnlich gutes Essen, darunter viel Seafood, wie auch einen freundlichen und aufmerksamen Service bietet **The Terrace**, dessen Besitzer-Ehepaar zuvor im Oriental in Bangkok gearbeitet hat.
- Ausgezeichnete Seafood und gutes Ambiente auch im **Drop Inn.**
- Das kleine **Ali Baba** ist ein recht gutes indisches Restaurant, dessen Gerichte meist in Großportionen daherkommen.

Choeng Mon Bay, Thong Sai Bay & Thong Son Bay

Der Nordostzipfel von Ko Samui ist eine der ruhigsten Ecken der Insel, einige der dort befindlichen kleinen Buchten sind gar regelrecht einsam. Recht beschaulich geht es noch in den Buchten von Choeng Mon und Thong Sai zu, und die weiter westlich gelegene Thong Son Bay ist vom üblichen Touristentrubel fast gänzlich abgeschieden. Hier ist der Strand (sehr malerisch, aber nicht atemberaubend) nur über einige Trampelpfade zu erreichen. Ringsherum reiht sich eine Kokospalme an die andere.

Unterkunft in Choeng Mon

- **P.S.Villa*****; **Choeng Mon Resort****-****; **Boat House Samui**LLL; **Island View Bungalow****.

Unterkunft in Thong Sai

- **The Imperial Thong Sai Bay**LLL; **Thong Sai Bay Cottages**LLL.

Unterkunft in Thong Son

- **Thong Son Bay****; **Thong Son Resort*****; **Golden Pine Resort****.

Big Buddha Beach (Hat Phra Yai)

Eine schöne, ca. 3 km lange Bucht, die von einem 12 m hohen „Big Buddha" überblickt wird und mit feinem Sandstrand ausgestattet ist. Je nach Gezeiten ändert sich die Strandfläche je-

Big Buddha

doch kolossal, von auslaufend weit bis zu nur meterschmal. Die Touristenfülle in Lamai und Chaweng hat diesen Strand in den letzten Jahren immer populärer gemacht, es ist noch weit ruhiger als in diesen beiden.

Unterkunft

●**Nara Lodge******-*****; **Big Buddha Bungalows*****; **Family Village****; **Ocean View Bungalows****-***; **Sunset****-***; **Number One Bungalow****-***; **Kinnaree Bungalow** **.

Bo Phut Beach

Kaum minder populär als obiger ist der Strand von Bo Phut, der allerdings nicht gerade den feinsten Sand aufweist. Ab hier besteht eine direkte Bootsverbindung nach Ko Phangan.

Unterkunft

●**Oasis***-**; **Miami Bungalow***-**; **Summer Night Resort****-***; **Smile House****-****; **Ziggy Stardust*****-*****; **Siam Sea Lodge****; **Chaihat Bungalow****; **Peace Bungalow****-***; **Palm Garden****, **Samui Palm Beach Resort*******-LLL; **New Sala Thai****; **World Resort*****-****; **Sandy Resort******-*****; **Bo Phut Guest House****.

Mae Nam Beach

Mit einer Länge von ca. 4 km ist dies einer der längsten Strände der Insel,

Mae Nam Beach

dazu einer der schönsten und immer beliebter bei Leuten, denen Lamai und Chaweng zu überlaufen sind. Nebenbei ist er sehr gut zum Schwimmen geeignet. Selbst in der Regenzeit wird es nicht allzu stürmisch. Einige Meter inland vom zentralen Strandbereich befindet sich ein netter kleiner Tempel, Wat Pukhao Thong, zu dem eine mit Drachen verzierte Treppe führt.

Unterkunft

●Mae Nam Villa*-**; Happy Inn; Silent Bungalow**, Friendly Bungalow**; Rainbow*-**; Rose Bungalow*-**; New Lapaz Villa**-***; Seashore Bungalow*-**; Cleopatra Palace**; Nature Bungalow*-**; Moon Hut*-**; Ubon Villa*-**; Mae Nam Beach Bungalow**, Lolita *-***; Santiburi Dusit Resort^{LLL}, superteure Luxusanlage (Tel. 425031-9); Mae Nam Resort***-*****, ausgezeichnete Bungalows, dazu Familien-Suiten in Wohnungsgröße (Tel. 425118); Shady Shack**-***; Palm Point Village**, Shangri-La Bungalow**-***; Anong Villa*-***; Seafan Resort^{LLL}; Harry's**-***; Naplarn Villa**-***.

Thong Yang Bay (Coral Cove), Taling Ngam Bay & Phangka Bay

Das in der Bucht von Thong Yang (oder Coral Cove) gelegene Pier ist der Ruhe nicht gerade zuträglich, dafür ist der daran gelegene Strand sehr schön und das relativ untouristische Umfeld – mit zahllosen Kokospalmen im Hinterland – hat auch etwas für sich. Weiter südlich schließen sich die ebenfalls nur wenig besuchten Buchten Taling Ngam und Phangka an.

Unterkunft in Thong Yang

●Infoo Palace**; Aran Resort**; Samui Ferry Inn***; International Bungalows***-****; Coco Cabana Beach Club***-****.

Unterkunft in Taling Ngam

●Vastervik*; Wiesenthal**-****; Le Royal Meridien Baan Taling Ngam^{LLL}, superteure Anlage, die zweitteuerste nach dem Santiburi Resort; Tel. 423019-21.

Unterkunft in Phangka

●Seagull Bungalow***; Pearl Bay*; Emerald Cove*-**.

Thong Krut Bay, Bang Kao Bay & Ko Kataen

Diese im Süden der Insel gelegenen Buchten sind nicht besonders gut zum Schwimmen geeignet, dafür ist es wiederum sehr ruhig, und Abertausende von Kokospalmen verleihen der Umgebung das richtige Tropenambiente. Die Unterkünfte sind nicht leicht zu finden, sie liegen oft an Pfaden, die von der Hauptstraße abzweigen. Von Thong Krut aus lassen sich Boote zu einigen vorgelagerten Inseln chartern, so Ko Kataen (Ko Taen), Ko Raap, Ko Mat Daeng und Ko Matsum. Auf Ko Taen, die nur von einigen Trampelpfaden durchzogen wird, finden sich einige Unterkünfte.

Unterkunft in Thong Krut

●Simple Life*; Thong Krut Bungalow*-**.

Unterkunft in Bang Kao

●Waikiki Bungalow**-***; Diamond Villa*-**; River Garden Bungalow*-**; Central Butterfly Village^{LLL}; Laem Set Inn*****-^{LLL}, sehr beliebt wegen seiner ausgezeichneten Seafood (Tel. 424393).

Ko Samui

Unterkunft auf Ko Kataen

●Tan Village*-**; Ko Tan Resort*-**; Coral Beach Bungalow*-**; S.S. Cove *-**.

Meeres-Nationalpark Ang Thong

Jeden Tag fahren Schiffe von Ban Nathon ab 530 Baht (inkl. Essen) zum wunderschönen Ang Thong Marine National Park. Abfahrt 8.30 Uhr, Rückkehr gegen 17.00 Uhr. Der Meeresnationalpark liegt ca. 25 km westlich von Ko Samui und besteht aus 41 Inseln, die zum Teil strahlend weiße Strände und glasklares Badewasser aufweisen (allerdings nicht in der Regenzeit). Bei den Tagestouren ist normalerweise genügend Zeit zum Schwimmen mit eingeplant (Schnorchelausrüstung wird gegen eine geringe Gebühr gestellt). Auch abgesehen von den Stränden eröffnen sich spektakuläre Anblicke, schroffe Kalksteinfelsen, zahlreiche Wasservögel und sogar ein fast kreisrunder Binnensee (Durchmesser 250 m), der von Kalksteinfelsen umschlossen ist. Dieser See, der Thale Nai, befindet sich auf Ko Mae Ko, die auch einen sehr schönen Badestrand aufweist. Auf der Hauptinsel des Archipels, Ko Wua Ta Lap („Insel der Kuh mit den schlafenden Augen"), kann man zu einem 400 m hoch gelegenen Aussichtspunkt aufsteigen. Dort scheint einem die gesamte Inselgruppe zu Füßen liegt. Ein toller Ausflug!

Unterkunft

Falls man länger zu bleiben gedenkt, stehen auf Ko Wua Ta Lap die **National Park Bungalows****** zur Verfügung. Informationen bei Jose Monteino, Moo Ko Thong Marine Park, Ko Samui, Surat Thani, Tel. (077) 286931.

Den Bungalows ist auch ein kleines **Museum** angeschlossen, in dem auf Schautafeln die Meeresfauna des Archipels erläutert wird.

Anreise nach Ko Samui

Siehe auch Surat Thani, „Mit dem Boot nach Ko Samui".
●**Von Bangkok** (Southern Bus Terminal) fährt um 19.30 Uhr ein **Bus** nach Ko Samui, Kostenpunkt 256 Baht, einschließlich Fähre.
●**A.C.-Busse** fahren um 20.00 Uhr, Kostenpunkt 327 Baht. Viele Reisebüros in der Khao San Road oder Soi Ngam Duphli offerieren ebenfalls direkte Busse, nicht selten *unter* dem o.g. Preis. Die kombinierten Bus- und Schiffsreisen von *Songserm Travel Co.* kosten ab Bangkok 430 Baht (AC-Bus um 17 Uhr) bzw. 600 Baht (VIP-Bus um 17 Uhr) oder 550 Baht (VIP-Bus um 19 Uhr). Anfragen in Bangkok unter Tel. 2811463-5, 6290400-1.
●Ab Bangkoks Hualamphong Station fahren täglich 9 **Züge** nach Surat Thani. Abfahrtszeiten (in Klammern Ankunft): 13.30 (0.43), 14.35 (1.19), 15.15 (1.50), 15.50 (3.06), 17.05 (3.40), 18.30 (5.34) 19.20 (6.15), 19.45 (6.42) und 22.35 Uhr (7.20 Uhr).
●Am bequemsten ist die Buchung eines **kombinierten Zug/Fähre-Tickets** in einem der Reisebüros in der Khao San Road oder Soi Ngam Duphli. Die Tickets können auch direkt in der Hualamphong Station gekauft werden. Bei der Ankunft auf dem Bahnhof von Surat Thani wird man zu Bussen geleitet, die einen zur Fähre kutschieren. Das Ganze geht meistens völlig problemlos über die Bühne. Die Tickets kosten in der 3. Klasse 242 Baht, in der 2. Klasse 339 Baht und in der 2. Klasse mit Schlafkoje 459 (obere) bzw. 509 Baht (untere); in der 2. Klasse mit A.C. kostet dasselbe jeweils 609/679 Baht. Die Züge zu den kombinierten Fahrten fahren um 18.30 Uhr in Bangkok ab (Rapid Train Nr. 41) und erreichen um 5.45 Uhr Surat Thani. Von dort geht's weiter per Bus zur Hafen-

stadt Donsak und zur Fähre. Ankunft auf Ko Samui um 10.40 Uhr.
- **Thai Airways International** fliegt 2-3 mal täglich von Bangkok nach Surat Thani, Flugzeit 1 Std. Kostenpunkt 1.710 Baht. Vom Airport Surat Thani gibt es kombinierte Bus/Fähre-Tickets direkt bis Ko Samui (150 Baht).
- **Bangkok Airways** fliegt je nach Saison bis zu 12 mal täglich von Bangkok ein; Kostenpunkt teure 3.150 Baht. Weitere Flüge ab Phuket (1.875 Baht) und auch Singapur (täglich, einfach ca. 200 S$ = 200 DM). Die eingesetzten Flugzeuge sind 35sitzige Dash-8.

Auf dem Boot nach Ko Samui

Weiterreise von Ko Samui

- Zahlreiche Reisebüros in Ban Nathon offerieren **kombinierte Schiff-/Bus- oder Schiff-/Zugtickets** für die Weiterreise. Der Konkurrenzkampf ist groß, und es lohnt, sich nach den günstigsten Preisen umzusehen. Hier einige Preisbeispiele für Fahrten mit dem A.C.-Bus. (Diese Preise werden gelegentlich noch um ein paar Baht unterboten!). Bangkok (Normal 270 Baht, AC 300 Baht, VIP 450 Baht), Phuket (200 Baht), Krabi (200 Baht), Hat Yai (200 Baht), Sungai Golok (430 Baht), Penang (450 Baht), Kuala Lumpur (550 Baht), Singapur (650 Baht), Chiang Mai (550 Baht), Flughafen Surat Thani (95 Baht).
- Kombinierte Schiff/Bustickets **bis zum Bahnhof in Surat Thani** (der sich genauer gesagt in Phun Phin befindet, 13 km westlich von Surat Thani) kosten 150 Baht.
- **Züge zurück nach Bangkok** starten in Surat Thani zu den folgenden Uhrzeiten (in Klammern die Ankunftszeit): 17.22 (5.19),

Ko Phangan

17.37 (5.35), 18.51 (5.50), 21.06 (8.35), 21.49 (9.19), 22.16 (10.00), 23.13 (9.30) und 23.44 Uhr (10.35 Uhr).

Hat man eine **kombinierte Boots-/Zugreise nach Bangkok** gebucht, so erfolgt die Abfahrt in Ko Samui um 12.00 Uhr. Ankunft in Donsak um 13.30 Uhr. Dann geht's weiter per Bus nach Surat Thani, wo um 17.37 Uhr der Zug nach Bangkok abfährt (Rapid Train Nr.42). Die Preise siehe unter „Anreise".

● Flüge mit **Bangkok Airways** zurück nach Bangkok (3.150 Baht) können in allen Reisebüros in Ban Nathon gebucht werden, ebenso Flüge nach Phuket (1.560 Baht), Krabi (1.770 Baht),Chiang Mai und Singapur.

Verkehrsmittel auf Ko Samui

● Am Pier von Ban Nathon finden sich **Songthaews,** die für 10-30 Baht zu den diversen Stränden fahren. Die Songthaews stellen gegen 18 oder 19 Uhr ihren Dienst ein. Weitere Songthaews stehen bei der Ankunft eines Bootes am Pier in der Thong-Yang-Bucht bereit.

● Am Pier in Ban Nathon findet sich seit kurzem auch ein Haltepunkt für **Taxameter-Taxis,** die allesamt aus Bangkok importiert sind. Derzeit gibt es erst etwa ein Dutzend Taxis, sie werden sich aber wohl bald mehren.

● An den wichtigsten Stränden lassen sich **Jeeps** (ca. 800 Baht/Tag) oder **Motorräder** (ca. 150 Baht/Tag)ausleihen. Vorsicht: Gelegentlich werden Fahrzeuge „gestohlen", wobei die Polizei den Mieter selber des Diebstahls bezichtigt und ihn dann zur Zahlung eines hohen Schmiergeldes (in Höhe des Kaufpreises des Fahrzeugs) zwingt. Das Ganze scheint ein abgekartetes Spiel zwischen der Polizei und dem Vermieter, die sich das Geld teilen.

> **Vorsicht, unlautere Reisebüros!**
> Ko Samui ist seit längerem bekannt für unehrliche Reisebüros: Leute, die Bus- oder Zugtickets gebucht und vorbezahlt haben, bekommen entweder gar nichts dafür oder nicht das, was man ihnen versprochen hat. Käufe bei etablierten Unternehmen (wie z.B. Songserm) können das Risiko mindern.

Ko Phangan
เกาะพงัน

Seitdem auf Ko Samui Sonnenbrand neben Sonnenbrand liegt, ziehen die Touristenströme auch auf diese kleinere Nachbarinsel. Ko Phangan ist eine herrlich idyllische Insel mit herrlichen, palmengesäumten Stränden, die bis auf den **ausgeflippten Hat Rin Beach** auch noch sehr ruhig sind.

Der Hat Rin Beach im Süden der Insel hat sich in den letzten Jahren zunehmend zum **Drogenparadies** entwickelt; alles, was es zu rauchen, schlucken oder injizieren gibt, ist dort erhältlich. In den Vollmondnächten werden hier drogengeschwängerte Feste gefeiert, zu denen sich schon zwei oder drei Tage zuvor die Insel füllt, und dann ist dort kaum noch eine Unterkunft zu finden. Diese Atmosphäre vollgedröhnten Pseudo-Hippietums ist sicher nicht jedermanns Sache. Die Drogenexzesse machen sich übrigens auch einige skrupellose Einheimische zunutze, die sich bei berauschten Touristen als Polizisten ausgeben und mit „Verhaftung" und langen Gefängnisstrafen drohen. Zur Unterstreichung ihrer Authentizität führen diese Zeitgenossen oft noch Walkie-Talkies mit sich. Nach einer satten Zahlung lassen die Schein-Polizisten dann ihre Opfer wieder frei. Dabei haben schon einige

KO PHANGAN

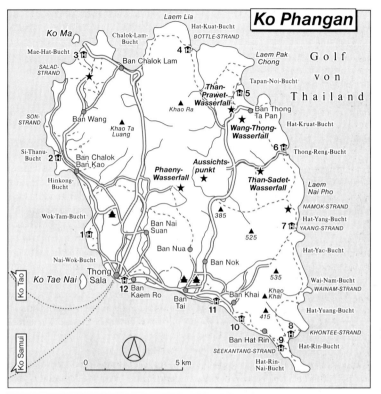

🏠	1	Wantana's, Pha Ngan, Chan, Siriphan, F one, Beach 99, Cooky, Phorn Sawan, Davin's, O.K., Kiat, Tuk's	🏠 5	Tapan Resort, Pan Wiman Resort, Pen's, Nice, Boon's, White Sand	
🏠	2	Laem Son, Gorn Viga, Si Thanu, Sea Flower, Chai's	🏠 6	Ka Wao's, Pra Thip	
🏠	3	Island View Cabana, Mea Hat Bay Resort, Koh Ma	🏠 7	Sea Hill Hat Yang Bay Resort	
🏠	4	Wan's Bottle Beach, O.K.'s	🏠 8	O.K.OS's, Sea View, Siranity, Palita Lodge, Tommy's Resort, Pha-Ngan Bay Shore, Sun Rise, Hat Rin, Paradise	
			🏠 9	Sun Beach, Sea Slide, Chob's, Rainbow, Coral, Sun Set, Sooksom's, Palm Beach, Chok Chai, Dolphin, Friendly, Family House, Rin Beach Resort, Light House	
			🏠 10	Green, Bamboo, Laem Thong, Bancha's, Thong Yang, Boom's Café, Silvery Moon, Rang Son	
			🏠 11	Corona, Pink's, Liberty, Mac's Bay Resort, Jub, Lek, Sun, Lee's Garden, Windy Huts	
			🏠 12	Sea Surf, Phangan Villa, Wind Chime, Moon Light, Sun Dance, Half Moon Huts, Co-Co Club, Bamboo Huts, Chokhana Resort	
			▲	Wat	

KO PHANGAN

wirklich alles verloren, was sie besaßen, und ihre Reise war damit natürlich zu Ende.

Das ganze Drumherum ist natürlich sehr unschön, und schade um diese tatsächlich doch sehr schöne, und im Vergleich zu Ko Samui doch noch sehr naturbelassene Insel.

Sehenswertes

Ein Drittel von Ko Phangan ist von dichtbewachsener Berglandschaft bedeckt, und der höchste der Berge, **Khao Ra**, kann in Trekking-Touren bestiegen werden. Ein Führer ist notwendig, und man wende sich an die Parkverwaltung (Than Sadet Waterfall National Park, Moo 3 Baan Madua Wan, Ko Phangan, P.O.Box 1, Surat Thani 84280, Tel. 077-238275). Obwohl nur 620 m hoch, so bietet sich bei direkter Route jedoch ein sehr steiler und herausfordernder Aufstieg. Die langsamere Strecke belohnt dafür mit herrlichen Naturausblicken. Der Khao Ra befindet sich innerhalb des Than Sadet Waterfall National Parks, benannt nach dem hübschen Than-Sadet-Wasserfall. Der Name (*than sadet* = „königlicher Strom") wurde ihm von König *Chulalongkorn* bei einem Besuch verliehen. Dem König gefiel die Insel so gut, daß er sie 18mal besuchte. Beim Aufstieg zum Khao Ra sieht man eventuell Wildschweine, Loris und zahlreiche Vogelarten.

Der **Phaeng-Wasserfall** befindet sich nahe dem Parkhauptquartier, zwischen Thong Sala und Ban Chalol Lam, und ist ebenfalls einen Blick wert.

Weitere Wasserfälle sind der **Than-Prapat-Wasserfall** (nahe der Ostküste; per Straße oder Boot zu erreichen) und der **Than-Prawet-Wasserfall** bei Ao Thong Nai Pan im Nordosten der Insel.

Wat Khao Tham ist ein kleiner Höhlentempel, idyllisch gelegen auf einem Hügel. Einst diente er einem amerikanischen Mönch als Wohnsitz, der zehn Jahre dort lebte. Mittlerweile ist er verstorben, und seine Asche ist auf einer Klippe begraben, die den Tempel überragt. In der zweiten Monatshälfte gibt ein australisch-amerikanisches Ehepaar zehntägige Meditationskurse in dem Tempel; Anmeldung schriftlich (Wat Khao Tham, Ko Phangan, Province Surat Thani) oder persönlich. Meditationswillige, die jünger als 25 Jahre sind, werden erst nach einem Gespräch mit den Lehrern zu den Kursen zugelassen oder auch nicht.

Hat Rin Nok

Der Hauptstrand der Insel, hervorragend zum Schwimmen geeignet und idyllisch von Kokospalmen umgeben, jedoch auch der am meisten mit Bungalows zugebaute Strand.

●**Unterkunft:** Palita Lodge*-**, Serenity Hill Bungalows*-***, Sea View Bungalows**, Phangan Bay Shore Resort*-***, Sun Rise Bungalows*-***, Sea Garten*-**, Sand Castle Bungalows*, Hat Rin Bungalows*, Mountain Sea Bungalows*-**, Tommy's Bungalows*, Hat Rin Resort**.

Hat Rin Nai

Dies ist Hat Rin Noks Nachbarstrand, an der anderen Seite des schmalen Landzipfels gelegen und

wohl noch mehr mit Bungalows versehen. Der Strand ist schön, aber nicht spektakulär.

● **Unterkunft:** Friendly Bungalows*-**, Dolphin Bungalows*-**, Bo Bo Bungalows*, Sun Cliff Resort*-**, Rin Beach Resort*-**, Neptune Bungalows*-**, Palm Beach Bungalows*-**, Crystal Palace Bungalows**, V. Resort*, Bird Bungalows*, Star Bungalows*, Nee's Bungalows*, Blue Hill Bungalows**, Coral Bungalows*-**, Top Gold Bungalows**, Rainbow Bungalows*, Light House Bungalows*-***.

Bungalow-Kolonie auf Ko Phangan

Hat Ban Khai

Die Verlängerung des Hat Rin Nai im Bereich des Dorfes Ban Khai, mit mehreren, von Felsformationen unterbrochenen kleinen Buchten.

● **Unterkunft:** Silvery Moon Bungalows*, Copa Bungalows*, Golden Beach Resort*-**, Green Peace Bungalows*, Lee's Garden Bungalows*-**, Phangan Lodge*, Thong Yang Bungalows*, Sea Day Chalet*, Sabai Bungalows*, New Heaven Bungalows*.

Hat Ban Tai

Dieser Strand, benannt nach dem „Süd-Dorf", Ban Tai, ist nicht sonderlich attraktiv, dafür liegt er nahe an Thong Sala, der „Hauptstadt".

● **Unterkunft:** Liberty Bungalows*, Ping Bungalows*, S.P. Resort*, First Bay Resort*, Triangle Lodge*-**, Mac's Bay Resort*, Golden Beach Resort*-**, Lee's Garden*-**, Green Peace*.

Hat Wok Tam

Ein von mehreren Felsvorsprüngen unterbrochener Strand, sehr ruhig.

- **Unterkunft:** O.K. Bungalows*, Lipstick Cabana*, Sea Scene Bungalows*-**, Porn Sawan Bungalows*, Tuk Bungalows*, Kiet Bungalows*.

Hat Chao Phao (Hat Si Thanu)

Ein sehr attraktiver Strand samt davor gelegenem Korallenriff.

- **Unterkunft:** Loy Fah Bungalows*-**, Si Thani Bungalows*, Bova Resort*, Great Bay Resort**, Sea Flower Bungalows***-****, Sea View Rainbow Bungalows*, Laem Son Bungalows*-**.

Hat Yao

Dieser wörtlich „lange Strand" befindet sich in einer ruhigen, recht einsamen Bucht. Miese Wechselkurse.

- **Unterkunft:** Ibiza Bungalows*-**, Sandy Bay Bungalows*, Hat Yao Bungalows*-**, Bay View Bungalows*, Sandy Bay*.

Ao Mae Hat

Im äußersten Nordwesten der Insel gelegen, mit etwas grobem Sand ausgestattet, aber sehr gut zum Schwimmen geeignet. Ihm vorgelagert ist die „Hunde-Insel", Ko Maa.

- **Unterkunft:** Island View Cabana**, Mae Hat Bay Resort*-**.

Hat Chalok Lam

In der wunderschönen Chalok Lam Bay gelegen, mit einigen vorgelagerten Korallenriffs und sehr ruhig. Leider ist der Strand nicht zum Schwimmen geeignet, da das Wasser durch den Fischereihafen ölverschmutzt ist.

- **Unterkunft:** Fanta Bungalows*, Watthana Resort*.

Hat Khom

Der (wortwörtlich übersetzt) „bittere Strand" schließt in einer kleinen Bucht nördlich an Hat Chalok Lam an.

- **Unterkunft:** Hat Khom Coral Bay Bungalows*, Suan Hin Bungalows*.

Hat Khuat

Dieser „Flaschenstrand" verdankt seinen Namen hoffentlich nicht den Relikten, die Touristen dort hinterlassen; oft auch *Bottle Beach* genannt. Ein schöner Strand, gelegen in einer idyllischen Bucht.

- **Unterkunft:** Bottle Beach Bungalows*, Sea Love Bungalows*, O.D. Bungalows* (wissen die Besitzer, daß O.D. die englische Abkürzung für *overdose*, sprich Drogentod ist?).

Hat Thong Ta Pan

Dieser hervorragend zum Baden geeignete Strand unterteilt sich von einer Landzunge getrennt, in den „Kleinen Thong Ta Pan" (Hat Thong Ta Pan Noi) und den „Großen Thong Ta Pan" (Hat Thong Ta Pan Yai).

- **Unterkunft:** Pen's Bungalows*, Ping Jun Resort*-**, Nice Beach Bungalows*, Kanchit Dreamland*, A.D. View Resort*-**, White Sand Bungalows*-**, Panviman Resort**-****, Thong Ta Pan Resort*-**.

Anreise

- **Expreßboote** von Songserm **ab Ko Samui** fahren zu 80 Baht; Fahrzeit ca. 50 Min.

- **Expreßboote ab Ko Tao** fahren zum Preis von 150 Baht, Fahrzeit 2 1/2 Std. 350 Baht kosten **Speedboote ab Ko Tao,** Fahrzeit etwa 1 Std.
- In der Hualamphong Station in Bangkok lassen sich **kombinierte Bahn-, Bus-, Bootstickets** nach Ko Phangan kaufen, das kommt in der Regel jedoch etwas teurer, als wenn man sich die Tickets separat kauft
- **Songthaews** ab Thong Sala kosten 20-50 Baht bis zu den Stränden. Die Preise für **Motorrad-Taxis** liegen leicht darüber.

Weiterreise

- Es gibt einige **Bootsverbindungen innerhalb von Ko Phangan.** Um 12.00 und 16.00 Uhr fahren Boote von Ao Chalok Lam nach Hat Kuat, Rückfahrt 9.00 und 15.30 Uhr; 30 Baht. Boote zwischen Thong Sala und Hat Yao kosten 40 Baht (nur Jan.-Sept.).
- **Expreßboote** von Songserm **nach Ko Tao** kosten 150 Baht; Fahrzeit 2 1/2-3 Std. **Speedboote** (1 Std. Fahrzeit) kosten 350 Baht.

- Andere **Boote** fahren ab dem Bo Phut/Bang Rak Beach auf Ko Samui nach Hat Rin Nai auf Ko Phangan; 60 Baht (an Vollmondtagen 80 Baht). Abfahrt 10.30 und eventuell 15.30 Uhr; Fahrzeit ca. 45 Min. In der Zeit von Januar bis September fahren auch Boote ab dem Mae Nam Beach auf Samui nach Ao Thong Nai Pan (120 Baht) mit einem Zischenstop in Hat Rin (60 Baht). Abfahrt ca. 13 Uhr.
- Von Mae Nam fahren auch schnelle **Speedboote** nach Thong Sala; Preis 150 Baht, Fahrzeit ca. 30 Min.
- Die langsame **Nachtfähre** ab Surat Thani (Pier Ban Don in der Innenstadt) benötigt ca. 6 1/2 Std. bis Ko Phangan; Abfahrt 23.00 Uhr, 120 Baht im Oberdeck, 60 Baht im Unterdeck.

Junges Motorradteam auf Ko Phangan

Ko Tao
เกาะเต่า

Lange war sie ein Geheimtip, eine Insel, die von Leuten angesteuert wurde, denen selbst Ko Phangan noch zu überlaufen war – Ko Tao, die „Schildkröten-Insel", 40 km nördlich von Ko Phangan gelegen. Ko Tao ist ca. 3 km breit und 7 km lang und beherbergt etwa 1.000 Einwohner. Der nördliche Teil der Insel ist relativ bergig und unzugänglich, an der West-, Süd- und Ostküste bieten sich dafür recht schöne Strände, die mittlerweile von ca. 50 Bungalow-Kolonien geziert werden. Es zeichnet sich eine Entwicklung ab, die gnadenlos in Richtung Ko Samui

KO TAO

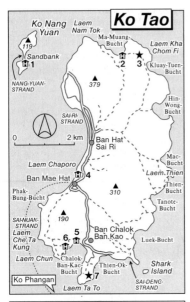

- 🏠 1 Nang Yuang Bungalows
- 🏠 2 Mango Bay Bungalows
- ★ 3 Leuchtturm
- 🏠 4 Nuan Nang Inn
- 🏠 5 Laem Klong Bungalows
- 🏠 6 Tharaporn Bungalows
- ★ 7 Aussichtspunkt

marschiert – schon gibt es Motorrad-Verleihs, Billard-Salons, Hamburger-Imbisse und Dutzende von Tauchschulen. Ko Tao bietet exzellente Tauchgründe.

Ao Mae (nahe Ban Mae Hat)

- **Unterkunft:** Dam Bungalows*, Crystal**-***, Tommy Resort*-***, Queen Resort**.

Sai Ri Beach (Hat Sai Ri)

- **Unterkunft:** Bing Bungalows*, Ko Tao Cabana**-***, Haad Sai Resort**-***, Sai Ri Cottage*-**, CFT Bungalows*-**.

Hin Wong Bay (Ao Hin Wong)

- **Unterkunft:** Hin Wong Bungalows*.

Tanote Bay (Ao Tanot)

- **Unterkunft:** Tanote Bay Resort*-**, Sunrise Bungalows*.

Luek Bay (Ao Luek)

- **Unterkunft:** Ao Luek Resort*

Sai Daeng Beach (Hat Sai Daeng)

- **Unterkunft:** Kiet Bunglaows*-**.

Jun Juea Bay (Ao Jun Juea)

- **Unterkunft:** Sunset Bungalows*.

Chalok Ban Kao Bay (Ao Chalok Ban Kao)

- **Unterkunft:** Tharaporn Bungalows*, Nang Nuan Bungalows**-***, Sunshine Bungalows**-***, Buddha View Bungalows**, Laem Klong Bungalows**-***, Carabao*, Ko Tao Cottages*** (Vermietung zumeist nur, wenn man einen Tauchkurs belegt).

Je Ta Kang Cape (Laem Je Ta Ka)

- **Unterkunft:** Tao Thong Villa*

Sai Nuan Beach (Hat Sai Nuan)

- **Unterkunft:** Siam Cookie*-**, Cha Bungalows*-**, Sai Thong Bungalows*-**.

Anreise

- **Von Chumphon** fahren täglich mindestens drei Boote. Ein langsames Nachtboot fährt ab dem Hafen von Pak Nam um 24.00 Uhr und erreicht nach 5-6 Std. Ko Tao; 200 Baht. Speedboote ab Tha Yang fahren um 7.30 Uhr, Fahrzeit 1 Std. 40 Min., 400 Baht. Um 15.00 Uhr fährt ein weiteres Speedboot des Unternehmens Jansom Thara ab Tha Yang, Preis ebenfalls 400 Baht. Die Tickets können auch von einigen Guest Houses in Chumphon besorgt werden; siehe Chumphon „Weiterreise".

●**Ab Surat Thani** fahren zumeist Nachtboote (abhängig vom Wetter) für 300 Baht; Fahrzeit 7-8 Std.

●**Ab Ko Phangan** fahren Exreßboote von Songserm zu 250 Baht, Fahrzeit 1 1/2 Std. Dazu fahren einige langsamere Boote für 150 Baht, Fahrzeit 2 1/2 bis 3 Std. Zweimal täglich, wenn das Wetter es zuläßt, fahren Speedboote ab Ko Phangan zu 800 Baht.

●**Kombinierte Bus-/Boostickets ab Bangkok** kosten ca. 750-850 Baht und werden in der Khao San Road angeboten.

●Vom Pier auf Ko Tao fahren **Songthaews** für ca. 30 Baht nach Hat Sai Ri und Ao Chalok Ban Kao. Weiter entfernte Strände kosten bis zu 50 Baht.

Weiter-/Rückreise

●Die langsamen **Nachtboote** fahren um 10.00 Uhr **zurück nach Chumphon**. Die Speedboote fahren um 13.30 Uhr. Expreßboote von Songserm **nach Ko Phangan** legen um 10.30 Uhr ab; 250 Baht. Langsame Boote nach Ko Phangan um 9.00 Uhr; Preis 150 Baht.

●Morgens gegen 9 oder 10 Uhr (je nach Wetterlage) legt ein Boot vom Hat Sai Ri ab, das die gesamte **Insel umrundet** und dabei vier oder fünf Stops einlegt, darunter auch auf Ko Yuan. Dies ist eine gute Möglichkeit zu einer Inseltour, bei der auch noch Zeit zum Schwimmen bleibt. Rückkehr in Hat Sai Ri gegen 16.00 Uhr; Kostenpunkt 250 Baht.

●**Vorsicht!** Bei der kurzfristigen Buchung von kombinierten Boot-/Bahntickets nach Bangkok händigen die Reisebüros auf Ko Tao oft eine Art „Gutschein" aus, der am Bahnhof von Surat Thani oder Chumphon gegen ein Ticket eingetauscht werden soll. Diese Scheine erweisen sich am Ende oft als völlig wertlos. Bei Buchungen zwei oder drei Tage vor dem Reisetermin müßten die Reisebüros dazu in der Lage sein, die tatsächlichen Tickets zu besorgen. Falls nicht – lieber per Einzel-Bootsticket nach Surat Thani oder Chumphon fahren und dann selber ein Zugticket besorgen.

Ko Nang Yuan

Der Insel im Nordwesten vorgelagert sind drei weitere kleine Eilande: Ko Nang Yuan, die „Inseln der vietnamesischen Prinzessin". Sie sind bei Ebbe durch Sandbänke miteinander verbunden, und die darumliegenden Gewässer bieten ausgezeichnete Tauch- und Schnorchelmöglichkeiten. Manchem mag die Insel aber mittlerweile schon zu überlaufen sein.

Anreise

Ab Ban Mae Hat besteht meist einmal täglich eine **Bootsverbindung** nach Ko Nang Yuan, Kostenpunkt 20 Baht, Abfahrt gegen 11.00 Uhr. Gecharterte Boote dürfen ca. 250-300 Baht für die einfache Fahrt kosten.

Khao-Sok-Nationalpark
อุทยานแห่งเขาสก

Dieser 644 km² große Nationalpark befindet sich 109 km westlich von Surat Thani, am Highway Nr. 401, der u.a. Surat mit Phuket verbindet. Das hügelige, dicht bewaldete Gelände eignet sich hervorragend für **Wanderungen**, und die meisten Besucher bleiben länger als eigentlich geplant. Zu den Attraktionen gehören zahlreiche **Wasserfälle,** in erster Linie der 4 km vom Visitor Center gelegene elfstufige Nam Tok Sip-Et Chan („Wasserfall der 11 Etagen „) oder der Nam Tok Mae Yai („Großmutter-Wasserfall"), der auch per Jeep zu erreichen ist

KHAO-SOK-NATIONALPARK

(3 km vom Zentrum). Die Vegetation besteht zum großen Teil aus typischen Regenwald-Bäumen der Gattungen *Hopea* und *Dipterocarpus*, und mit etwas Glück entdeckt man sogar die größte Blume der Welt, die ca. 1 m Durchmesser aufweisende **Rafflesia** (*Rafflesia arnoldii*).

Als Vertreter der Tierwelt finden sich Büffel, zahlreiche Hirscharten, Bergziegen, Affen, Bären, Wildhunde, Nashornvögel, Pfauen, Fasane und angeblich sogar auch wilde Elefanten, schwarze Panther und Tiger. Eher sieht man wohl eine der vielen Schlangenarten, die im Park heimisch sind, darunter auch Kobras und Königskobras. Bei allen Wanderungen gilt es, laut aufzutreten, um die Tiere möglichst rechtzeitig zu warnen und jedwede Gefahr von vornherein auszuschließen (Touristen ist bisher noch nichts passiert, ein einheimisches Kind wurde jedoch vor einigen Jahren gebissen und starb!).

Der Park kann auch der Ausgangspunkt weiterführender Exkursionen sein, so zum **Ratchaprabha-Staudamm,** 83 km westlich von Surat Thani. Auf dem Damm, der von wildschöner, urwüchsiger Natur umgeben ist, lassen sich Bootsfahrten unternehmen, und der benachbarte Dschungel ist ein ausgezeichnetes Wandergebiet. Mehrtägige Touren durch das Gebiet werden von Art's Jungle House unternommen (s. u.).

Unterkunft/Essen

●Die **Tree Tops River Huts**** werden von einem sehr netten und hilfsbereiten Ehepaar geleitet und bieten Bungalow- und Baumhaus-Unterkünfte (Bad). Diese befinden sich gleich neben einem kleinen, plätschernden Bach, und mit etwas Glück kann man Otter bei der Fischjagd beobachten. Eine Idylle!
●Das **Bamboo House***** bietet verschiedene Bungalows mit und ohne eigenem Bad. Auch hier fließt wenige Meter weiter ein kleiner Fluß vorbei, und die Besitzer des Bamboo House haben dort eine Art Floß angelegt, von dem aus man die Natur genießen kann. Auch hier ist ein Restaurant vorhanden, auf Wunsch werden vegetarische oder andere Sonderspeisen kredenzt.
●**Our Jungle House***-****** (kein Tel.; Fax 076-441068) hat komfortable Bungalows (Bad) und Baumhäuser und ist eine der am schönsten gelegenen Anlagen am Park (keine Elektrizität). Für 400 Baht/Tag gibt es Vollverpflegung. Das Haus wird von dem Iren *Francis* geleitet, der auch eine Unterkunft in Kapong betreibt (siehe folgendes Kapitel).
●Von wunderbarer Natur umgeben liegt **Art's Riverview Lodge***-****,** und von der Lage ist dies vielleicht die beste Unterkunft. Dafür sind die Bungalows (Bad) sehr schlicht eingerichetet (keine Elektrizität).
●Das **Khao Sok Rainforest Resort**-***** (Tel. 01-4644362, Fax 075-612914) ist ein Ableger des Dawn of Happiness in Krabi und bietet saubere, auf Pfählen errichtete Holz-Bungalows mit Bad, dazu preisgünstiges Essen. Es werden auch Wandertouren (z.T. mehrtägig) angeboten.
●Die erste Unterkunft am Ort, die **Tree Tops Bungalows,** nimmt nur noch Tourgäste auf; die Touren beinhalten Ausflüge zum Ratchaprabha-Damm u.ä.; Kostenpunkt für 5 Tage 3.900 Baht, mit Unterbringung im Baumhäusern. Buchungen bei Vieng Travel, 99/8 Wisut Kasat Rd., Banglamphoo, Bangkok, Tel. 2803537-8.
●Relativ einfache, aber auch extrem preiswerte Unterkunft bieten die **Khao Sok Jungle Huts*-**.**
●Bungalow-Unterkünfte (***) bietet auch die **Parkverwaltung,** ebenso Zelte zu jeweils 50 Baht.

KHAO-SOK-NATIONALPARK

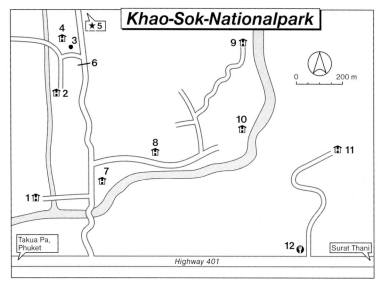

🏠	1	Khao Sok Rainforest Resort	★ 5	Wasserfall (11 Stufen)	🏠 8	Bamboo House
🏠	2	Tree Tops Bungalows	6	Schlagbaum	🏠 9	Our Jungle House
●	3	Besucherzentrum	🏠 7	Khao Sok Jungle Huts	🏠 10	Art's Riverview Lodge
🏠	4	Khao Sok Bungalows			🏠 11	Tree Tops Bungalows
					❶ 12	Restaurant

Anreise

Alle **Busse** auf der Strecke Surat Thani – Phuket oder umgekehrt passieren den Park, dessen Zugang sich im Bereich der Ortschaft Ban Sok befindet. Normalbusse ab Surat kosten 50 Baht; Entfernung 109 km bzw. 170 km ab Phuket. Normalbusse aus Takua Pa (45 km) kosten 20 Baht.

Logischerweise kann auch an anderen Stellen entlang der Surat Thani-Phuket-Route zugestiegen werden, so z.B. in Khao Lak oder Bang Sak bei Takua Pa. In diesem Fall ist die Fahrpreiskalkulation der Schaffner vielleicht nicht immer ganz treffsicher, mit gelegentlich leicht variierenden Preisen ist zu rechnen.

Weiterreise

Am Highway am Park lassen sich **Busse** in die gewünschte Richtung stoppen, für Sitzplätze besteht aber keine Gewähr. Preise wie bei der Anreise.

Kapong

Dieser kleine Ort, 40 km südöstlich des Khao-Sok-Nationalparks oder 125 km nordöstlich von Phuket gelegen, ist von sattbewachsenen Hügeln und Gummiplantagen umgeben. Tou-

KHAO-SOK-NATIONALPARK

Freunde

risten gibt es hier so gut wie keine, bei dem großen Potential aber, das die Umgebung bietet, könnte sich das aber noch ändern. Unmittelbar am Ortsrand befindet sich der kleine, von wunderschönem Wald umgebene **Lam-Ru-Wasserfall,** etwas weiter außerhalb des Ortes liegt der noch sehenswertere **Hin-Lart-Wasserfall.** Kapong selber ist, obwohl Bezkirkshauptstadt, nur eine winzige Ortschaft, an der man unversehens vorbeifahren könnte. Der Ort weist einen auffallend hohen Anteil von illegalen burmesischen Einwanderern auf, die sich hier in den Gummiplantagen verdingen.

Unterkunft/Essen

● Derzeit müßten die **Shangri-La Bungalows** in Betrieb sein, die demselben Besitzer gehören wie Our Jungle Home im Khao Sok National Park (s.o.). Anfragen dort. Die Bungalows stehen nahe dem Lam-Ru-Wasserfall, ca. 200 m abseits der Straße Kapong – Phang-Nga. Geplant sind Trekking-Touren durch die Umgebung.

Anreise

● Per **Bus** ab Phang-Nga oder noch besser **mit eigenem Fahrzeug.** Vom Khao-Sok-Nationalpark aus kommend, fahre man den Highway 401 in westliche Richtung und biege dann bei Ban Oi Dam („Dorf des schwarzen Zuckerrohrs") links (südlich) in Richtung Kapong ab.

Phuket
ภูเก็ต

Schon Ptolemäus hat die Insel erwähnt, die er *Junk Ceylon* nannte. Dieses war eine Verfälschung des malaiischen Ujang Silang. *Ujang* bedeutet Halbinsel und *Silang* war der Name eines Polynesier-Stammes, der die Gegend in grauer Vorzeit bewohnte. Aus Silang wurde später *Thalang,* wie die Insel noch im letzten Jahrhundert hieß. Der Name *Phuket* stammt von dem malayischen Wort *bukit* („Hügel") ab.

Phuket ist mit 539 km² die größte Insel des Landes (aber heute durch eine Brücke mit dem Festland verbunden) und die reichste der 75 thailändischen Provinzen. Die Einwohnerzahl beträgt ca. 180.000 (davon 70.000 in Phuket Town). Der Wohlstand beruht in erster Linie auf dem dort angebauten Kautschuk und dem einst so wichtigen Zinn. Das durchschnittliche Monatseinkommen ist auf Phuket etwa doppelt so hoch wie das gesamt-thailändische Durchschnittseinkommen.

Unter dem Gouverneur *Phraya Ratsada* (1901-1913) wurde die Stadt Phuket erneuert, und man imitierte den **sino-portugiesischen Baustil,** den man aus Penang her kannte. Zu jener Zeit bestanden bessere Verkehrsmöglichkeiten nach Penang (wohin viele Schiffe fuhren) als nach Bangkok, zu dem kaum befahrbare Straßen führten. Der spezielle Baustil ist noch heute in der Thalang Road, Dibuk und Ranong Road und der Rommani Lane zu bewundern.

Im Jahre 1973 wurde beschlossen, die Insel zu einem Tourismus-Zentrum auszubauen, und mittlerweile besuchen jährlich **ca. 2,5 Mio. Touristen** die Insel. Phukets Reiz liegt in den vielen Stränden, die so gänzlich verschieden voneinander sind, und zudem Unterkünfte in allen Preislagen bieten. Phuket ist als Zielort vieler Pauschaltouristen, aber im Durchschnitt teurer als Ko Samui. Wer sich umsieht, kann dennoch relativ billig davonkommen. So läßt sich zum Beispiel in Phuket Town noch sehr **preiswert wohnen,** und von dort aus können alle Strände leicht in Tagesausflügen besucht werden. Wem die Strände von Kata oder Karon zu teuer sind, findet billigere Unterkünfte in Ao Chalong, Rawai, Nai Harn und Kamala. Auch der Patong Beach muß gar nicht so teuer sein, da es dort mittlerweile einen Zimmerüberschuß gibt, und die Preise derzeit stagnieren oder zum Teil sogar sinken.

Sehenswertes

Nationalpark Khao Phra Thaew

Das 2.333 ha große Areal des Khao Phra Thaew National Parks beherbergt fast die Hälfte des gesamten Waldbestandes von Phuket und gilt als ein perfektes Beispiel für den tropischen, noch intakten Regenwald. Das Gebiet, das 1980 zum Nationalpark erklärt wurde, bietet einer Palmenart namens *Kerriodoxa elegans* ein Refugium, die nirgends sonst auf der Welt zu finden ist. Die dichte Vegetation mit Bäumen von bis zu 50 m Höhe, wird von zahl-

Chao Le – Nomaden auf dem Meer

Die „Meereszigeuner" (*Chao Le* ist genaugenommen südthailändische Mundart für „Meeresleute") stammen verschiedenen Theorien zufolge aus der **Inselwelt Sumatras** oder von den **Andamanen**; sie unterteilen sich in drei Gruppen, die auch verschiedene Sprachen sprechen. Der auf Ko Siray lebende Zweig gehört zu den Urak Lawoi, die anderen sind die Moken und Moklen. Mit ihren rötlich-braunen Haaren, wie auch von ihren Gesichtszügen her, erinnern die Chao Le an die Aborigines Australiens.

Der Begriff *Chao Le* rührt von ihrem **nomadischen Lebensstil auf See** her, wird aber von ihnen selbst nicht gerne gehört. Sie nennen sich lieber *Thai Mai* („Neue Thais"), ein Begriff mit dem üblicherweise Volksgruppen bezeichnet werden, die erst in den letzten Jahren oder Jahrzehnten die thailändische Staatsbürgerschaft erhalten haben.

Die „Meeresleute" betätigten sich traditionell als **Fischer oder Perlentaucher**, und vor Ko Siray ankern meist zahlreiche Fischerboote. 1994 drohte die Verwaltung von Phuket, das Dorf abzureißen, da es auf umstrittenem Grund und Boden stehen soll. Was in Zukunft daraus wird, bleibt abzuwarten. An der Südseite des Dorfes, am Laem Tukay („Gecko-Kap"), ist aber schon ein Luxushotel geplant.

reichen Tieren bevölkert, z.B. von Gibbons, Makaken, Languren. Außerdem gibt es Leoparden, Ozelots, Warane u.v.a. Viele Reisende erfreuen sich aber auch an einer erfrischenden Dusche im kühlen Wasser des **Bang-Pae-** und des **Ton-Sai-Wasserfalles.**

Nahe dem Bang-Pae-Wasserfall befindet sich das **Gibbon Rehabilitation Center** (geöffnet tägl. 10.00-16.00 Uhr, Eintritt frei; Spenden erbeten). Hier werden Gibbons, die von Thais als Haustiere gehalten wurden, allmählich wieder an die Freiheit gewöhnt und dann auf Inseln in der Phang-Nga Bay ausgesetzt. Das Projekt wurde von einem amerikanischen Zoologen gegründet und beschäftigt einige freiwillige Helfer. Die Mitarbeiter versuchen, Gibbon-Besitzer davon zu überzeugen, die Tiere abzugeben. Viele der Gibbons sind von ihren Besitzern mißhandelt worden und als Folge regelrecht psychisch geschädigt.

● Die **Nationalparkverwaltung** findet man, wenn man die vor dem Haupteingang die nach rechts abgehende Straße durchfährt. Dort gibt es Pläne und Informationen zu selbsterkundbaren Wegen und Führungen.

● Als **Unterkunft** stehen die Bungalows des Ronklao Guest House zur Verfügung, die je nach Größe 8-20 Personen aufnehmen können. Die Bungalows befinden sich nahe dem Ton-Sai-Wasserfall. Einen regulären Mietpreis gibt es nicht, die Gäste können selber entscheiden, wieviel sie dem Park zukommen lassen möchten.

● Die **Anfahrt** zum Park ist nicht ganz einfach: Ab dem Markt in Phuket Town fahren nur sehr unregelmäßig Songthaews dorthin. Es gibt aber zwei andere Möglichkeiten: Man nehme ein beliebiges Songthaew in Richtung Sarasin-Brücke, Nai Yang, Flughafen, Kamala, Surin oder Bang Tao und bitte den Fahrer an der Abzweigung zum Park (im Bereich der Ortschaft Thalang) zu halten (20 Baht). Von dort sind es noch ca. 3 km zu Fuß zum Hauptquartier des Parks und zum Ton Sai-Wasserfall. Die Alternative: Man nehme ein Songthaew bis zum Heroine's Monument in Tha Ruea (10 Baht), also jedes beliebige Songthaew in Richtung Sarasin-Brücke, Nai Yang, Flughafen etc. (s.o.); am Kreisverkehr stehen Motorrad-Taxis, die einen für ca. 30 Baht/Person zum anderen Eingang des Parks, am Bang Pae-Wasserfall fahren.

Ko Siray

Wie der Name sagt, ist dies eine Insel (*ko* = Insel), die aber durch eine Brücke mit Phuket verbunden ist.

Hier befindet sich ein Dorf der sogenannten „**Meereszigeuner**", das seit Jahren als Touristenattraktion gehandelt wird. Die Bewohner haben allerdings nichts von den neugierigen Touristen und geben sich verständlicherweise recht zugeknöpft. Die Atmosphäre im Dorf ist etwas finster.

●**Anfahrt** ab dem Markt in Phuket Town (10 Baht), es fahren jedoch nur wenige Songthaews, hauptsächlich morgens. Gecharterte Tuk-Tuks: ca. 80 Baht für die einfache Fahrt.

Wat Chalong

Dieser Tempel, nahe der Bucht von Chalong gelegen, ist zwei Mönchen geweiht, die im Jahre 1876 einen Aufstand chinesischer Minenarbeiter beenden halfen. Im Wat stehen heute die Figuren der beiden Mönche, *Luang Pho Chaem* und *Luang Pho Chaung*, die von den Gläubigen mit hauchdünnen Goldblättchen beklebt werden. Nach thailändischer Auffassung verspricht das Bekleben mit Goldblättchen von Buddha- oder anderen Heiligenstatuen Glück für die nächste Geburt. In den letzten Jahren hat sich das Geschehen um den Tempel stark verkommerzialisiert, und heute lassen die zahllosen Souvenir-Shops und die aus zahlreichen Lautsprechern dröhnende Musik eher an einen Jahrmarkt erinnern als an einen sakralen Ort.

●**Anfahrt:** Songthaews ab Phuket Town kosten 10 Baht; falls keines anzutreffen ist, nehme man ein Songthaew in Richtung Chalong oder Rawai und steige am Kreisverkehr von Chalong aus (10 Baht). Von dort sind es nur wenige Minuten zu Fuß.

Thalang National Museum

Etwa 100 m östlich des Heroines' Monument in der Thepkasattri Road, das zwei Schwestern gewidmet ist, die 1785 ein angreifendes burmesisches Heer zurückgeschlagen hatten, befindet sich das erst 1989 eingerichtete Nationalmuseum von Thailand. Hier werden Funde aus der Gegend ausgestellt, aber auch Werkzeuge, die im Zinnabbau und in der Gummierzeugung Anwendung finden. Zinn und Gummi sind die traditionellen Träger des Wohlstands von Phuket.

●Das Museum ist Mi-So von 9.00-12.00 Uhr und 13.00-17.00 Uhr **geöffnet.**
●**Anfahrt:** Alle Songthaews, die in Richtung Norden fahren, passieren das Museum in der Ortschaft Tha Ruea (15 Baht).

Wat Phra Thong

Ende des 19. Jahrhunderts hatte ein Hirtenjunge seinen Büffel an ein vermeintliches Stück Eisen gebunden, das aus dem Boden ragte, um sich dann ein wenig auszuruhen. Am Abend

Am halbvergrabenen Buddha von
Wat Phra Thong

So war's einst:
Besucherin klebt Goldblättchen daran

trieb der Junge den Büffel heim wie an jedem Abend. In der Nacht jedoch wurde der Junge urplötzlich schwer krank und starb. Bald darauf hatte dessen Vater einen merkwürdigen Traum, der ihn veranlaßte, den Ort aufzusuchen, an dem sein Sohn den Büffel an das Stück Eisen gebunden hatte. Als er das Eisen näher betrachtete und aus dem Boden ziehen wollte, entdeckte er eine Buddha-Figur. Das vermeintliche Eisen war nichts anderes als die Spitze der Figur gewesen! Mit Hilfe einiger Dorfbewohner versuchte der Vater nun, den Buddha aus der Erde zu graben, doch vergebens. Auch in Zukunft sollten alle Versuche, den Buddha freizulegen, scheitern.

So ragt auch heute nur die obere Hälfte der Figur aus dem Boden. Um diese wurde ein Tempel errichtet, und der Buddha, der zum Schutz vor plündernden burmesischen Soldaten mit einer Gipsschicht bedeckt wurde, wurde bis vor kurzem von Gläubigen mit Goldblättchen beklebt. Dies veränderte das Aussehen der Figur auf Dauer unvorteilhaft; der Buddha ist heute umzäunt, und man hat ihn von der vorherigen Goldblättchen-Schicht befreit. Die Goldblättchen werden nun an eine neu aufgestellte, kleinere Kopie der Figur angebracht (rechts neben der Original-Statue).

Wat Phra Thong befindet sich am Nordrand der Ortschaft Thalang, am Ende einer kleinen Seitenstraße, die in östliche Richtung von der Thepkassattri Road abzweigt. Man achte auf die Ausschilderung an der Thepkassattri Road.

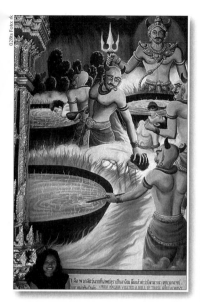

• **Anfahrt** ab dem Markt in Phuket Town per Songthaew (15 Baht); alle Songthaews in Richtung Norden passieren Thalang, von der Hauptstraße sind es noch zwei Minuten Fußweg zum Wat.

Wat Phra Nang Sang

Auch dieser Tempel steht in Thalang, einst die Hauptstadt der Insel. Gegründet wurde er im Jahre 1758 von einer Bürgermeistersfrau (variationsweise auch gelegentlich als „Prinzessin" bezeichnet), die von einer Pilgerreise nach Sri Lanka zurückgekehrt war, nachdem sie ihr Gatte – von einem

Wandgemälde in Wat Phra Nang Sang

Neider angestachelt – fälschlicherweise des Ehebruchs bezichtigt hatte. Ihr Mann hatte sie eigentlich auf der Stelle töten wollen, gab jedoch ihrem Flehen nach und wollte ihr noch eine Pilgerfahrt gewähren. Als die Frau von dieser zurückkehrte, war ihr Mann mittlerweile selbst von dem Neider getötet worden, und auch sie wurde dessen Opfer: Als der Mörder ihren Kopf abschlug, strömte weißes Blut aus ihrem Rumpf – ein Zeichen von höchster Unschuld. Posthum hat sie somit den Neider Lügen gestraft.

Das von ihr erbaute Tempelgebäude, eine schlichte *bot* bzw. Ordinationshalle (rechts auf dem Gelände), bekam 1990-91 eine weitere bot hinzugebaut (links neben dem alten Gebäude). Diese zeichnet sich durch kunterbunte, interessante Wandgemälde aus. Im Inneren zeigen sie Szenen aus der Geschichte Phukets – so die Belagerung durch die Burmesen. An seiner Rückseite dagegen finden sich Höllenbilder, in denen einige Teufel Sünder in Kübeln voll Alkohol schmoren lassen.

Die Zufahrtstore zum Tempel sind Zinnen nachempfunden, auf denen sich sogar imitierte Kanonen befinden; dies ist eine Anspielung auf die kriegerischen Auseinandersetzungen mit den Burmesen, während derer das Tempelgelände 1785 zeitweise in ein Militärlager umfunktioniert wurde. Die beiden Schwestern, denen das Heroines' Monument gewidmet ist, sammelten hier die Einwohner zum Widerstand gegen die burmesischen Eindringlinge.

Begrüßungsfigur in Wat Phra Nang Sang

● **Anfahrt:** mit jedem beliebigen Songthaew in Richtung Norden (15 Baht); der Tempel befindet sich direkt in der Ortsmitte von Thalang. Vornean steht eine überlebensgroße, von zwei Drachen flankierte Figur der chinesischen Göttin der Gnade, *Mae Kuan Yin*.

Lak Muang & Wat Raang (Wat Choerng Talay)

Zwischen den Ortschaften Thalang und Choerng Talay befindet sich inmitten einer Kautschukplantage der „Stadtpfeiler" oder *Lak Muang* von der Ortschaft Choerng Talay. Hier wird zu den Stadtgeistern gebetet. Gemäß den Erzählungen älterer Einwohner wurde unter dem Stadtpfeiler eine schwangere Frau lebendig begraben, die dann nach ihrem Tod als Schutzgeist (*theparak*) für den Ort fungieren sollte. Die Schilderungen sind durchaus glaubhaft, denn anderswo verfuhr man auf ähnliche Weise. Die Frau wurde dadurch auserkoren, indem sich eine Abordnung von Ortsbewohnern zu ihrem Haus begab und ihren Namen rief. Als sie darauf antwortete, wurde sie ergriffen, und ihr Schicksal war besiegelt.

Einige Meter weiter in die Gummiplantage hinein findet sich der kleine Wat Choerng Talay, besser bekannt unter seinem inoffiziellen Namen Wat Raang („Der aufgegebene Tempel").

Das Vegetarian Festival

Phukets größtes Fest ist das neun Tage dauernde Vegetarian Festival, das im September/Oktober stattfindet und erst um die Jahrhundertwende entstand.

Kathu, nordwestlich von Phuket Town gelegen, war zu jener Zeit eine wohlhabende Stadt, die ihren Reichtum dem Abbau des Zinnerzes zu verdanken hatte. Zu ihrer Unterhaltung ließen die chinesischen Minenarbeiter eine Theater-Truppe aus China anreisen, die mehrere Monate auf Phuket verblieb. Plötzlich jedoch wurde die gesamte Truppe von einer mysteriösen Krankheit befallen und mußte das Theater schließen. Nach langen Überlegungen, was die Krankheit ausgelöst haben möchte, kamen die Schauspieler auf den Gedanken, daß es wohl eine Strafe der Götter sein müßte, denn seit der Ankunft auf Phuket hatte man die religiösen Riten vernachlässigt. Also beschloß man, Buße zu tun. Neun Tage lang aß man kein Fleisch, um Geist und Körper zu reinigen und unterwarf sich religiösen Disziplinen. Und das Merkwürdige geschah: Nach den 9 Tagen waren alle Schauspieler so gesund wie eh und je.

Die örtliche Bevölkerung hatte die Geschehnisse aufmerksam beobachtet, und ein Jahr später erlegten sich viele Bewohner Phukets ebenfalls eine **9tägige Fleischabstinenz** auf. Von Jahr zu Jahr wurde die Zahl der Teilnehmer größer, und bis heute wird das „Vegetarische Fest" gefeiert.

Alle Teilnehmer, die für die Dauer des Festes Vegetarier sind, kleiden sich ganz in weiß, und einige fallen in Trance und gehen über glühende Kohlen oder durchstechen ihre Haut mit Nadeln oder Schwertern. Diese magischen Darbietungen sollen die Macht der Götter demonstrieren. Seltsamerweise fließt niemals Blut, und die Wunden sind sofort verheilt.

Am letzten Tag des Festes werden Trance-Darbietungen wie die beschriebenen auch am **Mariammam-Tempel** (Wat Khaek) in der Silom Road, **Bangkok,** aufgeführt.

An der Stelle hatte sich ursprünglich ein altes Tempelgebäude befunden, dieser war im Laufe der Zeit jedoch verfallen, und auf seinem Gelände wurde eine Gummiplantage angelegt. 1999 wurde schließlich mit dem Neubau des Tempels begonnen.

Der Wat beherbergt drei größere Gips-Buddhas aus dem 18. Jh. Die Figuren wurden leider, anstatt sie so zu belassen, wie sie waren, grell-weiß getüncht, was über ihr wahres Alter hinwegtäuscht und sie etwas kitschig aussehen läßt. In den Gips-Buddhas sollen einige kleinere Buddha-Figuren stecken, die auf diese Weise vor den Burmesen, die im 18. Jh. in Phuket einfielen, verborgen werden sollten. Der Tempel ist kein Muß auf dem Besuchsprogramm, seine abgeschiedene Lage zwischen zahllosen Gummibäumen und die ihn umgebene Ruhe (noch) ist aber schon etwas Besonderes.

●**Anreise:** Praktisch nur mit eigenem Fahrzeug. Der Tempel befindet sich etwas abseits der Straßenverbindung Thalang – Choerng Talay. Von der Straße zweigt ein Weg in östliche Richtung in die Gummiplantage ab. Das Thai-Schild an der Abzweigung besagt „Wat Raang".

Aquarium

Nahe dem Kap von Panwa oder *laem panwa* befindet sich dieses Meeresforschungsinstitut, das sich besonders der Aufzucht von **Meeresschildkröten** widmet, die ansonsten vom Aussterben bedroht wären. Dem Institut ist ein der Öffentlichkeit zugängliches Aquarium angeschlossen, in dem zahllose tropische Meerestiere vorgestellt werden. Die Tiere befinden sich in Aquarien, die ihrem natürlichen Habitat so weit wie möglich angeglichen sind.

●Das Institut ist täglich von 8.30-16.00 Uhr **geöffnet**, Eintritt 20 Baht.
●**Anfahrt** ab dem Markt in Phuket Town mit Songthaews mit der Aufschrift *Aquarium* (10 Baht). Gecharterte Tuk-Tuks dürften ca. 80-120 Baht für die einfache Fahrt kosten.

Phuket Town

Phuket Town oder *müang phuket* ist mit 70.000 Einwohnern die größte Stadt der Insel und deren administratives und kommerzielles Zentrum. Für den Reisenden ist es der Ausgangspunkt, um zu den berühmten Stränden der Insel zu gelangen, aber auch Phuket Town ist einen längeren Aufenthalt wert. Die Architektur der Stadt ist eine faszinierende und harmonische Mischung aus geschwungenen alten Wohnhäusern im sino-portugiesischen Stil und modernen Shopping-Centern aus Beton. Die Stadt lädt zu Einkaufsbummeln und auch zu Restaurant-Besuchen ein.

Crocodile Farm & Elephant Show

Krokodilsfarmen scheinen sich in Thailand schneller zu vermehren als die Tiere selbst, die am Ende ihrer Show-Karriere meist zu Handtaschen verarbeitet werden. Wer die Farm von Samut Prakarn gesehen hat, hat hier nicht viel verloren, es gibt die üblichen Krokodilmassen zu besichtigen und auch eine Elefanten-Show, in der die Tiere u.a. in Schlachtverkleidung in den Krieg ziehen. Der Eintritt beträgt überteuerte 200 Baht, Thais bekommen's billiger. Das Gelände befindet sich in der Chana Charoen Road.

●**Anfahrt** per Tuk-Tuk zu 10 Baht/Person (ab innerhalb von Phuket Town).

Butterfly Garden & Aquarium

Von der bekannten Schmetterlingsfarm auf Penang wurde diese relativ neue Attraktion inspiriert. In Freigehegen, untergebracht in einem schönen, traditionellen Holzbau, werden einige Hundert Schmetterlingsarten als auch Fische vorgestellt. Eintritt (für Ausländer) 100 Baht. Die Schmetterlingsfarm befindet sich nahe dem Nordende der Yaowarat Road.

●**Anfahrt** per Tuk-Tuk (ab der Innenstadt) 10 Baht/Person. Fahranweisung, falls die Fahrer die englische Bezeichnung nicht verstehen: *farm phii-süa*.

Khao Rang

Dies ist der interessantere der zwei Hügel der Stadt (der andere ist der Khao Toh Sae), von dem man einen guten Ausblick auf die Stadt und deren nähere Umgebung erhält. Der Hügel ist gut bewaldet, es gibt viel frische Luft (nicht umsonst hetzen hier zahlreiche Jogger hoch!), und zudem locken einige sehr gute Restaurants, so z.B. das beliebte Thungka Café. Besonders ansprechend ist die Atmosphäre in Vollmondnächten.

1992 wurde auf dem Hügel der Wat Khao Rang angelegt, ein Meditationstempel mit einer 9 m hohen Statue eines sitzenden Buddhas. Unter dem Buddha befindet sich ein größeres Gebäude mit Meditationsraum und einigen weiteren, kleinen Buddha-Figuren. Da der Gebäudekomplex über keine Ordinationshalle oder Bot verfügt, kann er offiziell nicht als Wat bezeichnet werden; derlei Bot-lose Anlagen heißen *Samnak Song*. Zu der Anlage führt eine Straße, die auf halber Höhe rechts von der Hauptstraße zum Khao Rang abzweigt. Möglich ist aber auch die Anfahrt von der Yaowarat Road aus.

Ein Mönch bindet heilige Schnüre an den großen Buddha von Khao Rang

PHUKET

●**Anfahrt:** Eine regelmäßige Verkehrsverbindung auf den Khao Rang besteht nicht; gecharterte Tuk-Tuks kosten ca. 40 Baht für die einfache Fahrt. Da man möglicherweise kein Tuk-Tuk für die Rückfahrt findet, besser gleich den Tuk-Tuk-Fahrer warten lassen: An- und Abfahrt plus eine Stunde Aufenthalt sollten ab ca. 120 Baht kosten.

Sanjao Kwanim Teng/Sanjao Jui Tui

Die zwei schönsten chinesischen Tempel (= *sanjao*) der Stadt stehen gleich dicht nebeneinander an der Kreuzung der Soi Phoo Thon mit der Ranong Road. Besonders attraktiv ist der Anblick frühmorgens, wenn die Sonne gerade auf die Vorderfronten der Gebäude scheint. Es gibt imposant geschwungene Dächer zu sehen, die Tore sind mit viel Zierwerk versehen, und im Inneren der Tempel befinden sich zahlreiche Figuren von Göttern und Geistern. Beide Tempel sind wichtige Austragungsorte des Vegetarischen Festes, der Sanjao Kwanim Teng ist zudem beliebter Anlaufort für frisch verheiratete Ehepaare, die hier um den Segen der Göttin *Mae Kuan Yin* bitten (vor allem früh morgens). Dabei lassen sich die Paare auch gern von Touristen ablichten.

●**Anfahrt** per Tuk-Tuk zu 10 Baht/Person.

Rama-9.-Park

Phukets größter Park ist dem gegenwärtigen König geweiht und wurde zu dessen 60. Geburtstag (1987) angelegt. Das weitläufige Gelände an der Phatiphat Road zieht abends Tausende von Phuketern an, die hier joggen, faulenzen oder Tai-Chi-Übungen vollziehen. Ein gemütlicher Ort zum Aus-

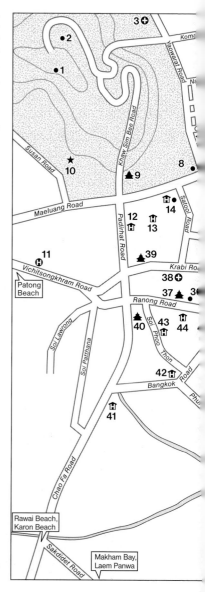

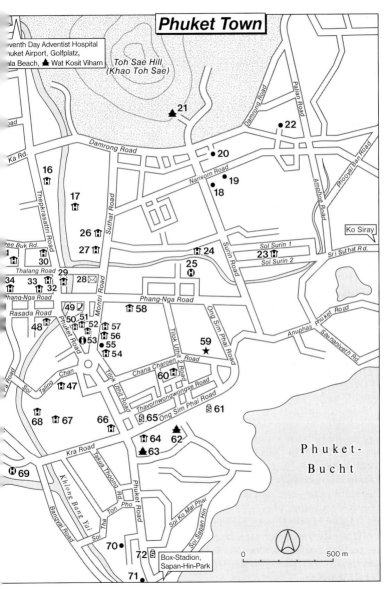

spannen. Vor der Einrichtung des Parks hatte sich auf dem Gelände eine Wohnsiedlung befunden, die interessanterweise von einer Anzahl von thailändischen Hindus tamilischer Herkunft bevölkert war. Durch den Park wurde die Hindu-Gemeinde – die einzige Thailands, die seit mehreren Generationen im Lande ansässig ist – versprengt. Zwischen dem Park und Wat Nakharam (nahe der By-Pass Road) befinden sich heute noch weniger als ein halbes Dutzend von Hindus bewohnte Häuser.

In der Suthat Road steht heute noch ein kleiner Hindu-Tempel (Thandayuthapani Temple), gleich wenige Meter neben einem Sikh-Tempel (Sri Guru Singh Sabha).

●Anfahrt per Tuk-Tukzu 10 Baht/Person.

Sapan Hin

Am Südende der Stadt, im Bereich von Sapan Hin („Steinbrücke") werden in einem Stadion am Wochenende (meist Fr 20.00 Uhr) **Thai-Boxkämpfe** ausgetragen, Kostenpunkt ab 80 Baht aufwärts, aber auch hier kommen Thais billiger davon. Auf dem nahegelegenen Brachgelände werden bisweilen Volksfeste abgehalten, auf denen es von Gaukler-Shows, der rustikalen Theaterform des *likay* und anderen Präsentationen alles zu sehen gibt, was Volksfeste eben so ausmachen. Sapan Hin ist so etwas wie Phukets **Open-Air-Vergnügungszentrum,** mit viel Platz zum Spazierengehen, Essensständen und gehobenen Seafood-Restaurants (siehe „Essen").

Unterkunft

●Das **On On Hotel****-*** (19 Phang-Nga Rd., Tel. 211154) ist ein gemütlicher, chinesischer Bau und das älteste Hotel von Phuket. Das On On ist zentral gelegen, und die Zimmer sind preiswert, wenn auch sehr hellhörig. Trotzdem ist es ein beliebter Traveller-Treff. Zimmer mit Bad.

●Einfache Zimmer mit Bad und Ventilator gibt's im kleinen **Thalang Guest House**** (37 Thalang Rd., Tel. 214225), eine Parallelstraße nördlich des On On Hotels. Die Thalang Road ist eine der Straßen in Phuket, die ihren typischen sino-chinesischen Architekturstil bewahrt haben.

●Das **Thavorn Hotel****-*** (54 Rasada Rd., Tel. 211333-5) liegt sehr zentral und hat in seinem rückwärtigem Gebäude recht große, aber mittlerweile auch renovierungsbedürftige Zimmer (Bad, die teureren auch AC und TV). Besonders die sehr preiswerten Zimmer ohne AC (Ventilator vorhanden) sind für den Preis aber gar nicht schlecht. Die Zimmer im separaten Vordergebäude sind komfortabler und teurer; die zur Straße hinaus gelegenen Räume sind aufgrund des Straßenlärms aber unbedingt zu meiden.

●Ein ungewöhnlich gutes Preis-/Leistungsverhältnis bietet das achtstöckige, moderne **Silver Hotel***** am südlichen Rand der Innenstadt (62/3 Kra Rd., Tel. 220209-13, Fax 221294). Die Zimmer sind blitzesauber, sie haben Bad, AC, Kabel-TV und Kühlschrank. Die an der Nordseite gelegenen Zimmer bekommen abends etwas Lärm von einer nahe gelegenen Bar ab, und so sollte man ein Zimmer an der Südseite wählen (Blick über den Klong an der Kra Rd.).

●Für den Preis gar nicht schlecht ist das daneben gelegene **Phuket Inn****-*** (64/1 Kra Rd., Tel. 2220992, Fax 215075); Zimmer mit AC, Bad und teilweise TV.

●Das **P.S. Inn****-*** (Ong Sim Pai Rd., Tel. 212216) befindet sich direkt am Nachtmarkt und hat recht ordentliche Zimmer (Bad) und teurere A.C.-Räume.

●Das **Wasana Guest House**** (Ranong Rd., Tel. 211754) liegt wenige Schritte vom Morgenmarkt entfernt und bietet recht gute kleine Zimmer (Bad).

Phuket Town

- ● 1 Rang Hill Park
- ● 2 Fitness Park
- ✚ 3 Wachira Hospital
- 🏨 4 Manohra Hotel
- ● 5 Polizei
- 🏨 6 Southern Inn Hotel
- 🏨 7 Phuket Merlin Hotel
- ● 8 Distriktverwaltung
- ▲ 9 Wat Khandi
- ★ 10 Chinesischer Friedhof
- ✪ 11 Tour Royale
- 🏨 12 Sub Siri Hotel
- 🏨 13 Patra Mansion
- 🏨 14 Phuket Island Pavilion
- ● Hotel und Tourist Police
- 🏨 15 Siri Hotel
- 🏨 16 Tara Hotel
- 🏨 17 Suksabai Hotel
- ● 18 Gesundheitsbehörde
- ● 19 Stadtverwaltung
- ● 20 Rathaus/Steueramt
- ▲ 21 Wat Lang Saan
- ● 22 Community Centre
- 🏨 23 Kittikorn Hotel
- 🏨 24 Damrong Hotel
- ✪ 25 Busstation
- 🏨 26 City Mansion
- 🏨 27 Montri Hotel
- ✉ 28 Hauptpost (GPO)
- 🏨 29 Siam Hotel
- 🏨 30 City Hotel
- 🏨 31 Thalang Guest House
- 🏨 32 Charoensuk Hotel
- 🏨 33 Sinthawee Hotel
- 🏨 34 On On Hotel
- 🏨 35 PR Guest House
- ● 36 Thai International Airways
- ▲ 37 Wat Kachorn Rangsan
- ✚ 38 Krankenhaus
- ▲ 39 Wat Mae Yanang
- ▲ 40 Jui Tui Tempel (chin.)
- 🏨 41 Pure Mansion Hotel
- 🏨 42 Phuket Garden Hotel
- 🏨 43 Palace Inn Hotel
- 🏨 44 Wasena Guest House
- ✉ 45 Post
- 🏨 46 Thai Inter Hotel
- 🏨 47 Phuket Mansion
- 🏨 48 Thavorn Hotel
- ☎ 49 Amt für Ferngespräche
- 🏨 50 Imperial Hotel
- 🏨 51 Daeng Plaza Hotel
- 🏨 52 Pearl Hotel
- ✪ 53 TAT
- 🏨 54 Metropole Hotel
- ● 55 Thai Intern. Airways
- 🏨 56 Crystal Hotel
- 🏨 57 Thanaporn Guest House
- 🏨 58 Royal Phuket City Hotel
- ★ 59 Krokodilfarm
- 🏨 60 Thavorn Grand Plaza Hotel
- § 61 Kleidermarkt
- ▲ 62 Wat Thavorn Kunaram
- ▲ 63 Bang Niew Tempel (chin.)
- 🏨 64 P.S. Inn
- § 65 Robinson Department Store
- 🏨 66 Pacific Inn
- 🏨 67 Phuket Inn
- 🏨 68 Silver Hotel
- ✪ 69 Tour Royale (zum Flughafen)
- ● 70 Zoll
- ● 71 Immigration Office
- § 72 Robinson Department Store

Die Tamilen von Phuket

Die Tamilen sind eine der kleinsten ethnischen Minderheiten in Thailand. Vielleicht einige Hundert von ihnen leben in Bangkok, und viele davon – meist Moslems – betätigen sich dort als Edelsteinhändler. Einige weitere Hundert sind hinduistische Tamilen aus Sri Lanka, die dem dortigen Bürgerkrieg entflohen sind. Weithin unbekannt ist hingegen die winzige Tamilen-Gemeinde von Phuket, die etwa 200 Mitglieder umfaßt.

Die Phuket-Tamilen sind großenteils die Nachkommen von **Hindus aus Tamil Nadu** (Südindien), die die Briten Ende des 19. und Anfang des 20. Jh. nach **Malaysia** geholt hatten. Dort arbeiteten sie in Gummiplantagen oder beim Straßenbau. Einige waren mit ihrem harten Leben in Malaysia jedoch unzufrieden und wanderten ins benachbarte Thailand aus, wo sie sich eine bessere Zukunft erhofften.

Während des Zinn- und Gummi-Booms auf Phuket gesellten sich einige reiche Tamilen aus der Chettiar- oder Chetti-Kaste dazu, deren Mitglieder sich traditionell als Geldverleiher betätigen. Viele der Gummi- oder Zinnbarone Phukets begannen ihre Karriere mit Startkapital, das sie sich von einem Chetti geliehen hatten. Die Chettis, die ebenfalls nicht ärmer wurden, beriefen Tamilen aus Indien zu sich, um sie als Bedienstete in Haushalt oder Garten einzustellen, und die Tamilen-Gemeinde wuchs. Die Thai-Vokabel *setti* für einen reichen Mann oder „großen Boss" ist etymologisch mit Chetti verwandt.

Den meisten Tamilen aber ging es in Thailand kaum besser als in Malaysia oder Indien. Einige betreiben Milchwirtschaft, andere kleine Geschäfte. Reich oder wohlhabend wurden nur wenige. Folglich wanderten viele in der zweiten Hälfte dieses Jahrhunderts wieder nach Malaysia aus oder, in der Mehrheit, nach Indien, in das Land ihrer Vorfahren, das viele von ihnen nur vom Hörensagen kannten.

Heute **ringt** die winzige Tamilen-Gemeinde von Phuket **ums Überleben.** Viele Mitglieder im heiratsfähigen Alter finden keinen Ehepartner innerhalb der Gemeinschaft, heiraten stattdessen Thais, und folglich gibt es immer weniger „reine" Tamilen. Früher suchte man oft Ehepartner in Penang, das einen hohen tamilischen Bevölkerungsanteil aufweist.

Geht der Abwärtstrend weiter – und alles spricht dafür – wird es in ein oder zwei Generationen keine Phuket-Tamilen mehr geben. Schon heute sind die jüngeren Tamilen mehr oder weniger „thai-isiert", die meisten sprechen kein Tamil mehr, und Indien ist für sie ein Land, das sie nur aus den Katastrophenmeldungen im Fernsehen kennen.

Interessanterweise hatten sich schon einige Jahrhunderte vor Beginn unserer Zeitrechnung **südindische Händler,** wie auch einige hinduistische Missionare, in Südthailand angesiedelt. Die malaysische Halbinsel, zu der auch Südthailand gehört, wurde von den alten Indern *Suwarnabhumi* genannt, „Goldenes Land". Darin lockten Naturschätze wie Baumwolle, Zinn, Bienenwachs, Honig, Betelnüsse, aromatische Hölzer und – ganz dem Namen gemäß – Gold.

Bei Takua Pa, 130 km nördlich von Phuket, gründeten die Inder einen Handelsposten, der in seiner Blütezeit **Anfang des 10. Jh.** einer der geschäftigsten ganz Südostasiens war. Zu seinen Hauptexportartikeln gehörten Gewürze. Daran erinnert noch der Name *Takua Pa,* der von *Takkola* herrührt, „Kardamon-Markt". Der Name wurde später zu *Takua Pa* verkauderwelscht, was im heutigen Thai „Blei-Wald" bedeutet. Takua Pa war einst ein wichtiger Fundort von Zinn, was dem unkorrekten Blei-Wald-Namen nachträglich etwas Berechtigung verschafft.

Die frühen indischen Einwanderer vermischten sich allmählich mit den Einheimi-

Die Tamilen von Phuket

schen und verschwanden als ethnische Gruppe. Einige archäologische Funde aus der Gegend – allen voran einige Götterstatuen aus dem 9. Jh. – zeugen aber noch heute von der **blühenden hinduistischen Kultur**, die die Einwanderer mit sich gebracht hatten.

Eine geschlossene Tamilen-Kolonie wie damals gibt es heute nicht mehr. Die meisten Phuket-Tamilen wohnen in mehreren kleinen „Siedlungen" von drei oder vier Häusern zusammen, die ursprünglich meist einer Großfamilie zugehörig waren, und z.T. auch noch sind. Solche Kleinstsiedlungen bestehen in den Stadtteilen **Saphan Hin** und **Sam Gong** in Phuket Town, an der Westsseite des Rama-9.-Parks, am Wat Nakharam, und im Dorf **Khuean Bang Wad,** acht Kilometer westlich von Phuket Town.

Die am Rama-9.-Park in mehreren Häusern lebende Großfamilie ist die einzige, die dort verblieb, als der Park angelegt wurde. Die Mitglieder betreiben immer noch Milchwirtschaft, in guter alter Hindu-Tradition. Ihre Häuser befinden sich am Ende der Sackgasse **Soi Song Phi-Nong,** der „Gasse der zwei Brüder" – so genannt nach einem Zwillingspaar, das der Familie vor einigen Jahren beschert wurde.

Das spirituelle Zentrum der Tamilen ist der unscheinbare **Thandayuthapani-Tempel** an der Suthat Road, der dem Gott Thandayuthapani geweiht ist. Thandayuthapani ist der Bruder des Elefantengottes Ganesh und wird oft auch mit anderen Namen bezeichnet: Subramaniam, Murugan, Karttikeya, Kataragama u.a. Es bestehen Pläne, das schlichte Gebäude zu erweitern, doch dazu benötigt man indische Fachkräfte, und die sind nicht billig. Die örtliche Tamil Foundation, die den Tempel verwaltet, besitzt zwar einige Grundstücke in der Stadt, Geld aber ist knapp.

Am aktivsten zeigt sich die Tamil-Gemeinde zu den wichtigen **Hindu-Festtagen.** Dann findet sich Jung und Alt am Tempel ein, und nach den obligatorischen Gebeten setzt man sich zu einem vegetarischen, südindischen Essen zusammen. Serviert wird es auf Bananenblättern, so wie es auch heute noch in Südindien üblich ist. Danach wird auf einer Riesenleinwand ein indischer Film präsentiert (auf Thai synchronisiert!). Für ein paar Stunden wird so eine emotionale Brücke nach Indien geschlagen. Aber wer weiß, wie lange noch.

- Das **Suksabai Hotel**** (Thepkassatri Rd., Tel. 212287) befindet sich trotz der Adressenangabe in einer Seitengasse der Thepkassatri Road, die nahe dem City Hotel von dort abzweigt. Das Hotel ist für seinen Preis ausgesprochen gut, dazu sehr ruhig gelegen. Zimmer mit Bad.
- Eine besonders angenehme Unterkunft ist das **Rongrawee Mansion***** (Soi 3, Yoawarat Rd., Tel. 223580-1), sehr ruhig und von viel Grün umgeben. Morgens wird man von Vögeln geweckt. Die sauberen und geräumigen Zimmer (A.C., Radio, Balkon) sind auch auf Monatsbasis zu vermieten.
- Das **Thai Inter Hotel**** (22 Phoonpol Rd., Soi 3, Tel. 214452) hat saubere Zimmer (Bad). Im Erdgeschoß befindet sich ein gepflegter Coffee-Shop, in dem sich aber auch dubioses Volk einfindet. Die Gegend um das Thai Inter ist so etwas wie Phukets Rotlichtviertel.
- Sehr komfortabel und für die gebotene Qualität nicht zu teuer ist das **Pearl Hotel*******-LLL (Montri Rd., Tel. 212936), mit Swimming-Pool, Nachtclub, Coffee-Shop und nebenan gelegener Bowling-Bahn.
- Direkt gegenüber dem Pearl befindet sich das **Thanaporn Guest House***** (41/7 Montri Rd., Tel. 216504, 216819), mit einem sauberen Restaurant im Erdgeschoß und wohnlichen Zimmern (Bad).
- Einen besonders guten Gegenwert bietet das **Phuket Island Pavilion Hotel****** nahe der Zufahrt zum Khao Rang (133 Satun Rd., Tel. 210449, Fax 210458). Das hohe, moderne Gebäude ist schon von weitem aus zu sehen. Die Zimmer, am unteren Ende der Preiskategorie gelegen, sind sehr sauber und komfortabel und haben Bad, A.C., TV (u.a. mit CNN) und Kühlschrank. Dazu gibt es noch sehr geräumige Suiten, die preislich am oberen Ende dieser Kategorie liegen. Ein Swimmingpool ist vorhanden.
- Das ganz in der Nähe und ruhig gelegene **Patra Mansion** (116/23 Soi Noppakon) hat saubere Zimmer mit unterschiedlicher Ausstattung, die sowohl tageweise (***) als auch monatsweise vermietet werden können (je nach Zimmerkomfort 4.000/6.000/8.000 Baht). Die Zimmer haben Bad, A.C., TV und Kühlschrank.
- Sehr saubere Zimmer mit ordentlichem Bad im **Crystal Guest House****-*** (41/16 Montri Rd., Tel. 222774-5), für den Preis sehr empfehlenswert.
- Hochklassige Hotels: **City Hotel*******-LLL (9/1 Thepkassatri Rd., Tel. 216810-7), **Daeng Plaza Hotel*****-**** (57 Phuket Rd., Tel. 213951, 213966), **Mercure Inn Pavilion******* (133 Satun Rd., Tel. 210444-9), **Metropole Hotel**LLL (1 Soi Surin, Montri Rd., Tel. 214022-9), **Royal Phuket City Hotel**LLL (154 Phang-Nga Rd., Tel. 233333), **Pearl Hotel*******-LLL (42 Montri Rd., Tel. 211044), **Phuket Garden Hotel******* (40/12 Bangkok Rd., Tel. 216900-8), **Phuket Merlin Hotel*******-LLL (158/1 Yaowarat Rd., Tel. 212866-70), **Thavorn Grand Plaza Hotel**LLL (40/5 Chanacharoen Rd., Tel. 222 240-71).

Essen

- Das **Mae Porn** in der Phang-Nga Road ist Phukets beliebtestes Restaurant für würzige Thai-Curries und auch für westliche Speisen. Hier finden sich zahllose Traveller und Touristen ein.
- Mindestens genausogute thailändische Speisen, aber preiswerter bietet das schlichte **Khao-Yam Songkhla**. Das Restaurant ist äußerst beliebt bei den Einheimischen, der normale Ausländer würde aber sicher achtlos daran vorbeigehen. Das Restaurant ist nur auf Thai ausgeschildert; es befindet sich an der Damrong Road, etwas westlich der Kreuzung mit der Suthat Road oder schräg gegenüber des Gefängnisses. Einfache, aber köstliche Thai-Küche zu Niedrigstpreisen.
- Das Nonplusultra an chinesischer Küche bietet das **Lai An Restaurant** in der Rasada Road; hier gibt es Haifischflossen- und Vogelnestersuppe, aber auch hochklassiges Seafood und sogar französische und japanische Speisen. Die Preise sind etwas höher, mit 200 Baht/Pers. ist zu rechnen.
- Westliche Speisen bietet das gute **Le Café** im Rasada Centre. Es gibt Steaks, Salate, frisch gemahlenen Kaffee und Kräutertees.
- Die **Kanda Bakery** in der Rasada Road ist ein beliebter Ort für Kuchen, Kaffee oder Pancakes; die Lage an der Rasada Road, mit Sitzgelegenheit draußen, ist gut, die Einrichtung ist einem westlichen Café nachempfunden. Die Preise scheinen etwas übertreuert.

- **Harry's Bar & Restaurant** an Soi Taling Chan (ca. 100 m westl. des Kreisverkehrs in der Phuket Rd.) wird von einem sehr freundlichen indisch-thailändischen Ehepaar geleitet und ist besonders beliebt wegen seiner feurigen indischen Chicken Curries. Dazu gibt es einige vegetarische indische Gerichte, außerdem chinesische und thailändische Speisen und ein reichhaltiges westliches Frühstück (ab 10 Uhr). Alkoholisches gibt es auch in jeder Menge, mit besonders günstigen Bierpreisen.
- Sehr beliebt für seine ausgezeichneten und reichhaltigen Buffets mit Thai- und westlichen Speisen ist das **Coffee-Shop** des Metropole Hotel. Die Buffets (169 Baht) gibt es jeden Mittag.
- Ebenfalls sehr gute Buffets zu 135 Baht bietet das **Thavorn Grand Plaza.**
- Wegen der Tradition des Vegetarischen Festivals in Phuket Town gibt es relativ viele vegetarische Restaurants; derzeit sind es drei, alle nennen sich, wie üblich, **Sala Mangsawirat** oder **Raan-Ahaan Jää**.

Außer in Phuket Town gibt es noch ein vegetarisches Restaurant in Patong (siehe dort) und eines an der Thepkassatri Road in Talang, ca. 100 m nördlich der Zufahrt zu Wat Phra Thong. Zwei Restaurants befinden sich sehr zentral in der Innenstadt von Phuket: Eines davon liegt am Westende der Ranong Road, ca. 100 m westlich von Thai Airways. Das Restaurant wird von den Mitgliedern einer taiwanesischen Sekte betrieben und es bietet viele „Fleisch-Imitate" aus Sojaprodukten und südthailändische Curries. Das andere Restaurant befindet sich an der Bangkok Road, ca. 50 m südlich der Kreuzung mit der Rasada Road, einige Schritte südlich von einem kleinen chinesischen Tempel. Die Thai-Ausschilderung besagt *Jae Hor San.* Hier gibt es einen besonders reichhaltige Auswahl.
- Zwar nicht in Phuket Town, aber ca. 8 km außerhalb, in Ao Chalong, liegen zwei **Seafood-Restaurants,** auf die die Einheimischen schwören: das Kan Eang 1 (direkt am Pier von Ao Chalong) und Kan Eang 2 (ca. 100 m südlich des Piers in Ao Chalong). Es gibt hervorragende Meeresfrüchte zu vernünftigen Preisen. Eine volles Essen für zwei Personen dürfte ca. 300 Baht kosten.

- Wer nicht so weit fahren will, sollte das **Phuket Seafood** im Stadtteil Sapan Hin probieren. Gute Qualität zu Preisen etwa wie oben.

Wichtige Adressen

- Das **Tourist Office** der TAT ist in der 73-75 Phuket Road, (Tel. 212213, 211036). Sehr gut organisiert, hat jede Menge Material zu verteilen. Geöffnet 8.30-16.00 Uhr.
- Die **Tourist Police** befindet sich nahe der Kreuzung Satun Rd./Maeluan Rd., gleich neben dem Phuket Island Pavilion Hotel. Das Büro liegt etwas versteckt von der Hauptstraße zurückversetzt, und die darauf hinwei-

Alkoholhändler in Phuket Town

senden Schilder werden leider meist durch eine davor plazierte Pub- und Bierreklame verdeckt. Besonders in der Dunkelheit sind die Schilder kaum zu sehen. Die Tourist Police ist 24 Std. geöffnet, Tel. 1699.

●**Immigration:** Am Südende der Phuket Road, geöffnet Mo-Fr von 8.30-16.30 Uhr. Die Beamten sind leider oft sehr unkooperativ! Wenn möglich, das Visum in Bangkok oder Chiang Mai verlängern! Segler, die mit ihren Booten aus dem Ausland eintreffen, müssen zur Erledigung der Einreiseformalitäten im Büro vorsprechen. Oft verlangen die Beamten Alkohol oder andere Sachgeschenke als „Einreisegebühr"!

●**Krankenhäuser:** Das wahrscheinlich am besten ausgestattete Krankenhaus ist das Siriroj Hospital (Phuket International Hospital), By-Pass Rd., Tel. 249400. Wer Verständigungsprobleme hat, kann sich an den schweizerischen PR-Manager des Krankenhauses wenden. Auch eine Zahnabteilung ist vorhanden. Weitere Krankenhäuser: Bangkok Phuket Hospital, 2/1 Hongyok Rd., Tel. 254412-9; Phuket Adventist Hospital (Mission Hospital), 4/1 Thepkasattri Rd., Tel. 237220-9; Wachira Hospital, Yaowarat Rd., Tel. 211114; 8.30-16 Uhr, Notdienst 24 Std.

●**Post:** An der Montri Road, ist die Hauptpost zu finden (Tel. 211020). Geöffnet 8.30-12.00 und 13.00-16.30 Uhr an Wochentagen, ansonsten 9.00-13.00 Uhr. Um die Ecke an der Phang-Nga Road ist das Amt für **Ferngespräche**, geöffnet 8-24 Uhr. Weiteres Postamt: Rasada Branch, Bangkok Rd.

●**Banken** gibt es zahlreiche in der Rasada Road, geöffnet Mo-Fr 8.00-15.00 Uhr. In der Innenstadt existieren noch zahlreiche **Wechselstuben**, die auch über diese Zeit hinaus geöffnet haben und das jeden Tag in der Woche (z.B. gegenüber dem On On Hotel).

●**Thai Airways:** 78 Ranong Rd. (Tel. 211195, 212499, 212946).

●**Airport:** Tel. 311194.

Mietfahrzeuge

●Entlang der Rasada Road finden sich **Motorradverleiher;** pro Tag 150-250 Baht.

●Ebenfalls dort und an einigen Stränden (bes. Patong) kann man **Jeeps mieten**, für 800-1.000 Baht täglich. Ein zuverlässiges Un-

Entfernungen ab Phuket Town

Ao Chalong	11 km
Ao Por	26 km
Bang Tao (Strand)	25 km
Bang Pae-Wasserfall	19 km
Heroines' Monument	12 km
Kamala	26 km
Karon	20 km
Kata	22 km
Kata Noi	24 km
Ko Siray	4 km
Laem Ka	17 km
Laem Promthep	19 km
Laem Singh	25 km
Mai Khao	34 km
Nai Harn	20 km
Nai Yang	30 km
Pan Sea Bay	24 km
Patong	15 km
Phuket International Airport	32 km
Wat Chalong	8 km
Wat Phra Nang Sang	19 km
Wat Phra Thong	20 km

ternehmen ist Pure Car Rent in der Rasada Road in Phuket Town (gegenüber dem Thavorn Hotel). Perfekte Organisation und Fahrzeuge im allerbesten Zustand! Bei Voranmeldung kann man sich auch vom Flughafen oder Busbahnhof abholen lassen. Tel. 211002.

●**Mietwagen** kosten um die 1.400 Baht pro Tag: Avis, Phuket Cabana Hotel, Patong Beach (Tel. 321138, bis 40). Weitere Filialen von Avis befinden sich im Le Meridien, Karon Noi Beach, (Tel. 321480 bis 5) und im Pearl Village Nai Yang Beach (Tel. 311376 bis 85). Hertz: **Phuket Atipong Co.:** 58/23 Maeluan Rd., Tel. 212543.

Bootsverleih und -Touren

●**Amancruises Co.,** P.O.Box 292, Phuket Town, Tel. 271162.

●**Coral Seekers,** P.O.Box 450, Phuket Town, Tel. 01-6770601.

●**Fast Boats,** 22/1 Mu 2 Thepkasattri Rd., Phuket Town, Tel. 220999.

- Am Ao Chalong und Rawai Beach können große **Boote** gechartert werden (25-40 Personen!); eine Tour zu den Phi Phi Islands kostet 4.500 Baht pro Tag, zu den Similan Islands 5.000 Baht pro Tag.

Fluggesellschaften

- **Bangkok Airways,** 158/2-3 Yaowarat Rd., Tel. 212341;
- **Air Mandalay,** c/o Sky Bird Group, 74/40 Phoonpol Rd., Tel. 246200, 246202;
- **China Airlines,** Phuket International Airport, Tel. 327100, 351222-3;
- **Dragonair,** 37/52 Montri Rd., Tel. 215734, 217300-1;
- **Korean Airlines,** Phuket International Airport, Tel. 327137;
- **Lauda Air,** c/o LTU oder Tel. Bangkok (02) 2332565-6;
- **LTU,** Phuket International Airport, Tel. 327432;
- **Malaysia Airlines,** 1/8-9 Tungka Rd., Tel. 216675;
- **Martin Air,** Bangkok Rd., Tel. 216462, 223939;
- **Thai Airways,** 78 Ranong Rd., Tel. (Inlandsflüge) 211195, 212946, (Auslandsflüge) 212499, 216755, 216678;
- **Silk Air & Singapore Airlines,** 183/103 Phang-Nga Rd., Tel. 213891, 213895;
- **Air Lanka & Emirates Air & Eva Air,** c/o Phuket Centre Tour, 27 Rasada Rd., Tel. 212892;
- **American Airlines & Asiana Airlines & Canadian Airlines & Iberia Airlines & South African Airways,** c/o Pacific Leisure, 156/13 Phang-Nga Rd., Tel. 232511-9.

Transportmittel auf Phuket

- Wer am Bahnhof ankommt, wird gleich von den **Songthaew**-Fahrern empfangen. Diese versuchen einen überhöhten Preis herauszu-

Jacht vor Phuket

schinden. Alle Fahrten innerhalb von Phuket Town kosten 10 Baht! Zu Zielen am Stadtrand können es auch 20-30 Baht sein.

● Zu Zielen innerhalb der Insel und zu den Stränden fahren ab dem Markt an der Ranong Road in Phuket Town große, busähnliche Songthaews und auch einige ganz normale **Busse** (letztere nach Kata, Karon und Patong).

Die derzeitigen Preise: Ao Chalong 10 Baht, Ao Por (Bootspier nach Ko Yao in Bang Rong) 20 Baht, Ao Por (Bootspier nach Nakha Noi Island) 20 Baht, Bang Tao 20 Baht, Flughafen 30 Baht (nur sehr wenige Songthaews), Heroines's Monument 15 Baht, Kamala Beach 20 Baht, Karon Beach 20 Baht, Kata Beach 20 Baht, Kathu 10 Baht, Ko Siray 10 Baht, Laem Singh 20 Baht, Nai Harn Beach 20 Baht, Nai Yang Beach 25 Baht, Patong Beach 15 Baht, Rawai Beach 20 Baht, Surin Beach 20 Baht, Thalang 10 Baht.

Da oft keine direkten Verbindungen zwischen den Orten bestehen, muß häufig in Phuket Town umgestiegen werden.

Strände an der Südostküste

Ao Chalong

Phukets schönste Strände befinden sich ausnahmslos an der Westseite der Insel. Von den an der Ostseite gelegenen ist der in der Bucht von Chalong befindliche Strand der beste. Er ist ganz nett, wenn auch nicht gerade spektakulär, die Schwimmöglichkeiten sind okay. Im allgemeinen ist es sehr ruhig, der belebteste Teil der Bucht ist der Hafen, vor dem zahllose Segeljachten ankern. In den umliegenden Restaurants und Bars hört man abends feinstes Seemannsgarn, präsentiert von einer internationalen Garde segelnder Weltenbummler.

Die Unterkünfte befinden sich fast ausschließlich im südlichen Teil der Bucht, also südlich des Kreisverkehrs von Ao („Bucht") Chalong. Dieser Abschnitt nennt sich Mittrapab Beach.

● **Atlas Resort*****-****
● **Friendship Beach Bungalows*****
● **Vichit Bungalows*****-****

Ao Sapam

Die Bucht von Sapam ist nicht sonderlich malerisch und schon gar nicht zum Baden geeignet, es findet sich dort aber der neue **Jachthafen Boat Lagoon Marina,** an dem auch luxuriöse Zimmer und Häuser (****) vermietet werden. Die Zimmer haben zum Teil Hafenblick, und das ist wohl genau das richtige für Seefahrts-Romantiker. Die Häuser – hübsche pastellfarbene Reihenhäuser – können auch monatlich gemietet werden (30.000-40.000 Baht, Tel. 238533-40, Fax 238541).

Die meisten Besucher kommen mit der eigenen Segeljacht an, wer aber selber keine besitzt, kann sich bei den am Ort befindlichen Unternehmen Sunsail und Thai Marine Leisure eine chartern. Vorhanden sind weiterhin Shopping Center, Swimmingpool, Jacuzzi, Restaurants, sowie Sport- und Unterhaltungsmöglichkeiten.

Das Boat Lagoon Marina befindet sich ca. 1 km nördlich der Kreuzung der Straße 4022 mit der Thepkassatri Road im Bereich der Ortschaft Tha Ruea. An der Abzweigung zum Marina ist, ganz unübersehbar, ein ausgedientes Segelschiff aufgestellt.

Ao Por (Ao Po)

Im hohen Nordosten Phukets befindet sich die ruhige Bucht von Ao Por, die nur streckenweise akzeptable Strände aufweist, dafür aber ein dichtes Hinterland, das sich gut für Wanderungen eignet. Außerdem bieten sich von hier zahlreiche Bootsausflüge an, so nach Ko Nakha Yai, Ko Nakha Noi, Ko Khai.

- Wenig ansprechende Beton-Bungalows (Bad) im **Ao Po Seaview****, am südlichen Ende der Bucht oder 1,2 km südlich des Bootspiers.

Rawai

Der Rawai Beach war einer der ersten Strände, die auf Phuket touristisch ausgebaut wurden. Der Strand ist recht schmal und wird von an Fichten erinnernden Kasuarbäumen gesäumt. Dies ist heute einer der weniger besuchten Strände und etwas für Leute, die keinen Rummel wollen. Allerdings ist der Strand ziemlich verschlickt und nicht gut zum Schwimmen geeignet. An der Ostseite befindet sich ein Dorf der „Seezigeuner" oder Chao Le. Dessen Bewohner sind an Kamera schwingende Touristen gewöhnt und weit weniger scheu als die von Ko Siray.

- **Salaloy Bungalows*****-****
- **Mae Porn Bungalows****-***
- **Siam Phuket Resort******
- **Rawai Garden Resort****

Strände an der Südwestküste

Laem Promthep

Westlich vom Rawai Beach führt die Uferstraße nach ca. 3 km nach Laem Promthep, der Landzunge, die den südlichsten Zipfel Phukets bildet. Einen Badestrand gibt es hier nicht, dafür versammeln sich hier jeden Spätnachmittag Hunderte, wenn nicht gar Tausende von Touristen, um die legendären Sonnenuntergänge von Promthep zu erleben. Oft sind sie wirklich sehr sehenswert, aber doch nicht immer. Einige hundert Meter vor dem Kap (von Rawai aus kommend) zweigt ein Weg links von der Straße zu einem kleinen **Meditations-Tempel** ab, der von nur zwei Mönchen bewohnt wird. Wem der Trubel am Kap zu viel ist, findet hier Ruhe und Einkehr.

Nai Harn

Dieses ist sicher einer der schönsten Strände von Phuket, eine noch relativ ruhige, von Felsen eingefaßte Bucht, mit weißem Sand und klarem Wasser. Es herrscht allerdings eine tückische Strömung, und es gilt, nicht zu weit hinaus zu schwimmen. Im Monsun ist das Schwimmen hier gänzlich einzustellen.

An der Nordseite der Bucht ist der 145 Mio. Baht teure Komplex des Phuket Yacht Club in die Felsen gebaut, eine opulente Anlage, die sich trotz aller Mächtigkeit doch relativ bescheiden und architektonisch geschickt im Hintergrund hält. Es hätte schlimmer kommen können!

Aufgrund seiner Ruhe und einiger preiswerter Unterkünfte ist der Strand sehr beliebt bei Travellern.

- **Coconut Bungalows***
- **Romzai Bungalows****
- **Ao Sane Bungalows****
- **Jungle Beach Resort******-LLL
- **Nai Harn Resort*****-****
- **Le Meridien Phuket Yacht Club**LLL

Phuket

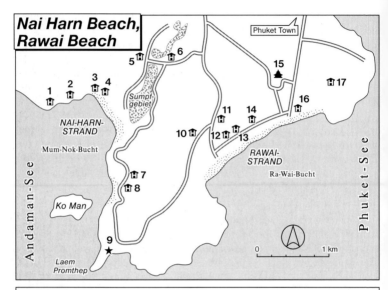

Nai Harn Beach, Rawai Beach

- 🏠 1 Jungle Beach Resort
- 🏠 2 Ao Sane Bungalows
- 🏠 3 Phuket Yacht Club
- 🏠 4 Coconut Bungalows
- 🏠 5 Nai Harn Resort
- 🏠 6 Romzai Bungalows
- 🏠 7 New Phuket Sunset Bungalows
- 🏠 8 Nai Ya Beach Bungalows
- ★ 9 Aussichtspunkt
- 🏠 10 Promthep Palace
- 🏠 11 Rawai Garden Resort
- 🏠 12 Siam Phuket Resort
- 🏠 13 Porn Mae Bungalows
- 🏠 14 Salaloy Bungalows
- ▲ 15 Wat Sawang Arom
- 🏠 16 Sea Gipsy Village
- 🏠 17 Phuket Island Resort

Nai Harn Noi

An Nai Harn in Richtung Laem Promthep schließt sich der kleine Schwesterstrand Nai Harn Noi an. Von der daran gelegenen, erhöhten Uferstraße hat man einen herrlichen Blick auf die Bucht von Nai Harn; der Strand ist sehr schön, mit klarem Wasser und recht ruhig.

●**Nai Ya Beach Bungalows******-***** (tolle Lage, oft ausgebucht!).

●**New Sunset Bungalows****, ebenfalls sehr günstig gelegen, etwas näher in Richtung Nai Harn.

Nui Beach

An der Straße von Nai Harn nach Kata zweigt links ein ausgeschilderter kleiner Weg ab; dieser führt durch dichten Wald zum winzigen Nui Beach (ca. 2 km von der Abzweigung). Der Strand ist sehr ruhig und gut zum Baden geeignet. Auch per Boot zu erreichen. Unterkünfte gibt es nicht.

Kata Beach

Kata Noi

Nette kleine Bucht und Teil des Kata Beach (*noi* = klein, *yai* = groß). Im Vergleich zum „großen Bruder" ist dieser Teil noch halbwegs ruhig.

- **Sweet Home Bungalows****
- **Kata Noi Riviera****-***
- **Mountain Beach Resort******, „Saison-Zuschlag" von 250 Baht von Ende Dezember bis Ende Februar;
- **Kata Thani Hotel**ᴸᴸᴸ

Kata Yai

Der Hauptstrand von Kata ist zwar einer der schönsten Phukets, das viele Drumherum, die Bars, Boutiquen und sonstigen so dringlich „notwendigen" touristischen Einrichtungen sind jedoch sicher nicht nach jedermanns Geschmack. Auf der anderen Seite ist es hier noch unvergleich ruhiger als in Patong. Gut zwei Drittel des Strandes von Kata Yai werden vom Club Mediterrané eingenommen, der Strand kann jedoch von jedermann besucht werden. Im Zentrum von Kata finden sich zahlreiche Restaurants, Bars, Geschäfte und Wechselstuben.

- Sehr schön auf einem Hügel, von viel Grün umgeben, aber dennoch absolut zentral lie-

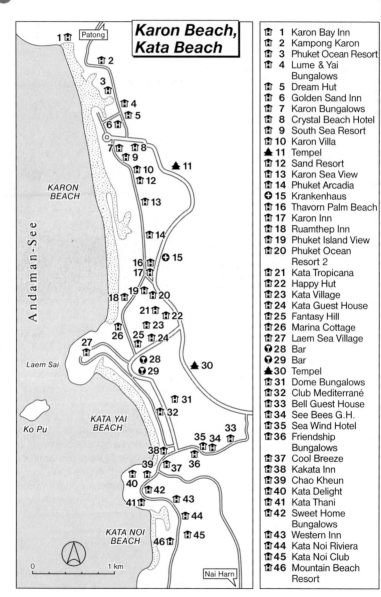

gen die **Fantasy Hill Bungalows****-*** und das **Kampong Kata*****.
- **Sumitra Thai House*****-****; gegenüber dem Club Mediterrané gelegen.
- **Flamingo Bungalows*****-***, auf einem kleinen Hügel nahe den Shady Bungalows, mit gutem Meerblick.
- **Kata Villa****
- **Cool Breeze Bungalows***-**
- **See Bees****
- **Friendship Bungalows****-***
- **Sea Wind Hotel*******, „Saison-Zuschlag" von 200 Baht von Dezember bis Februar;
- **Ruam Thep Inn*****-****
- **Bell Guest House****

Karon

Die Beliebtheit dieses ca. 3 km langen Strandes beruht sicher auf seiner Weite und seinen Schwimmöglichkeiten – das Hinterland sieht ein wenig kahl aus, ein tropischer Traumstrand ist dies nicht. Dafür ist er aber auch nie voll, bei der Länge des Strandes verlieren sich die Leute ohne sich gegenseitig auf dem Badetuch herumtreten zu müssen. Im Karon Center, dem gesellschaftlichen Mittelpunkt des Ortes, warten Rock-Clubs, Bars und Restaurants auf Besucher.

- Hoch auf einem Hügel, mit bester Aussicht und sehr ruhig, liegen die **Djum Bungalows***** und die von einem Schweizer und seiner thailändischen Frau geleiteten **Prayoon Bungalows*****-**** (Tel. 396196). Beide sind oft ausgebucht; Zugang von einem Weg, der neben dem Polizeiposten von Karon von der Uferstraße abzweigt.
- **Crystal Beach Hotel*****
- **Lume & Yai Bungalows*****
- **Dream Hut****
- Direkt gegenüber dem Karon Plaza, nahe der Straße von Phuket Town, befinden sich **Robin House****, **Jor Guest House**** und **J & J Inn******

- Ganz in der Nähe, in einer Seitenstraße, befindet sich das ordentliche **Karon Silver Resort*****-****.
- **Karon Seaview Bungalows*****-****, größere Anlage, gleich an der Uferstraße und für den Preis sehr gut.
- **South Sea Resort**ᴸᴸᴸ
- **Karon Beach Resort**ᴸᴸᴸ, „Saison-Zuschlag" 500 Baht;
- **Holiday Village****
- **Central Waterfront Suite Plaza**ᴸᴸᴸ, hochluxuriös und das mit Abstand höchste Gebäude am Ort, mit großartigem Ausblick von den höheren Stockwerken; auch monatsweise anzumieten.

Karon Beach

- **Marina Cottage**LLL, besonders schöne Anlage mit viel Grün darum und einem ausgezeichneten Restaurant, On the Rock.
- Das **Restaurant Phai Tong,** ca. 2 km nördlich des Nordendes von Karon an der Straße nach Patong gelegen, kombiniert einen großartigen Ausblick auf den Strand mit ausgezeichnetem Thai-Essen; für die Qualität sehr vernünftige Preise, ca. 400 Baht/2 Pers.

Patong

Phukets **Hauptstrand** ist eine Strandstadt mit zahllosen Hotels, Restaurants, Bars, Discos und Sonnenschirmen. Die Entwicklung, die der Ort in den letzten Jahren durchlebt hat, ist in der Tat erstaunlich, vom verschlafenen Fischerdorf zum touristischen Geheimtip und schließlich zum etwas **überkandidelten Ferienghetto,** wo sich die Sonnenhungrigen aalen, als gäbe es kein Ozonloch.

Patong ist aber auch so etwas wie das Pattaya von Phuket, mit ca. 2.000 Bar-Girls, einigen Hundert *gathoeys* und auch jeder Menge „sauberer" Unterhaltungsmöglichkeiten – also ein Ort für den vor Tatendrang platzenden Junggesellen genauso wie für die urlaubende Familie. Patong wird zunehmend von Pauschaltouristen aufgesucht, und Individualtouristen haben zunehmend Seltenheitswert – nicht zuletzt wegen der allgemein sehr hohen Unterkunfts- und Essenspreise.

Patong Beach

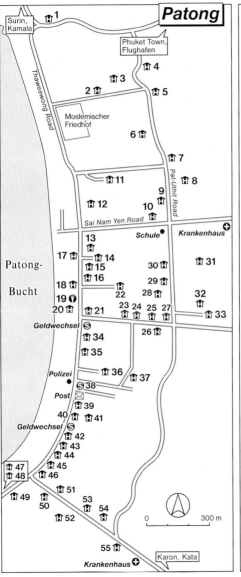

Patong

1. Panorama Beach Club
2. Eden
3. Sweet Mansion
4. Villa Hotel
5. Shamrock Park Inn
6. Beau Rivage
7. Pat. Grand Condotel
8. Patong Bayshore
9. Ban Tong
10. The Living Place
11. Club Andaman
12. Casuarina Lodge
13. Thara Patong
14. Summer Breeze Pension
15. K.S.R. Bungalows
16. Patong Bay Inn
17. Phuket Cabana
18. Patong Beach Bung.
19. Pat. Bay Garden Rest.
20. Islet Masion
21. Super Mansion
22. Patong Villa
23. Jeep Bungalows
24. Sea Dragon
25. Patong Palace
26. Baan Sukothai
27. Nordic Bungalows
28. K. Hotel
29. Capricorn
30. Neptuna
31. The Royal Paradise
32. P.S. Guest House
33. Expat Hotel/Bar
34. Tropica
35. Patong Inn
36. Patong Beach Hotel
37. Patong Resort
38. Siam Commercial Bank
39. Banthai Beach Hotel
40. Skandia Bungalows
41. Club Oasis
42. Royal Palm Bungalows
43. Paradise Hotel
44. Holiday Inn
45. Sala Thai Bungalows
46. Patong Merlin Hotel
47. Seaview Hotel
48. Coral Beach Hotel
49. Swiss Hotel
50. Coconut Village Resort
51. Holiday Resort
52. Duangjitt Resort
53. Tham Dee Inn
54. Coconut Cottage
55. Coconut Village

Trotz seiner etwas aus den Fugen geratenen Entwicklung – am besten repräsentiert durch den schauerlichen, 26stöckigen Paradise Complex, der alles überragt – hat Patong einen erfrischenden Swing, und wenn man hier auch nicht wohnen möchte, sollte man nicht gehen, ohne es gesehen zu haben.

Der **Strand** übrigens – fast hätte man ihn vergessen – ist ausgesprochen schön, mit weißem Sand und gelegen in einer weit ausholenden, sanften Bucht. Hier stören nur die lärmenden Water Scooter (die seit 1998 auf Phuket offiziell „verboten" sind), während die Drachenflieger doch recht unterhaltsam und leise vorübergleiten – und sich östlich von Patong die Bungee-Springer in den imaginären Falltod stürzen.

Bungee-Springen kann man bei Tarzan's Bungy in Kathu, 5 km östlich von Patong. Der erste Sprung kostet 1.200 Baht (und wohl auch viel Nerven), dann wird's billiger: 800 und 600 Baht. Geöffnet täglich von 9.00-18.00 Uhr.

An der Patong-Karon-Straße wartet das Simon Cabaret auf, eine der bekanntesten **Travestie-Shows** Thailands (tägl. 19.30 und 21.30 Uhr, Eintritt 150-450 Baht).

Der Gesundheit zuträglicher ist möglicherweise ein Besuch im Hideaway, einem sehr guten **Sauna- und Massage-Center** im Osten von Patong (Thanon Na Nai, Tel. 340591). Kräutermassagen zu 300 Baht, Sauna zu 100 Baht. Geöffnet tägl. 12.00-21.00 Uhr.

Unterkunft

- **Best Guest House****
(im Paradise Complex an der Rat-Uthit Rd.)
- **888 Inn****-**** (Paradise Complex)
- **Home Sweet Home*****-****
(Paradise Complex)
- **Sky Inn*****-****
(Patong Condotel, 9.Stock)
- **Jeep Bungalows*****
- **C & N Bungalows****-****
- **Kashmir Guest House*****
- **Club Oasis****-***
- **Nordic Bungalows*****-****
- **Capricorn Bungalows*****
- **Skandia Bungalows*****-****
- **Eden Bungalows******
- **Hotel Neptuna*******
- **Swiss Palm Beach**[LLL] 90 m² große Apartments, in der Hauptsaison teurer
- **Duangjitt Resort*******-[LLL]
- **Tham Dee Inn*****-****
- **Expat Hotel*****, in der Saison ca.100 Baht teurer;
- **Ban Sukhothai*******-[LLL]
- **Coconut Village Resort******-*****
- **Sunset Mansion******, Preise je nach Saison, auch monatlich (nur in der Off-Season)
- **K-Hotel*****-****
- **Patong Palace*****-****
- **Coconut Cottage*****-**** in der Off-Season billiger
- **Asia Guest House*****-****
- **The Living Place******
- **New Tum Bungalows1*****-****
- **Paradise Resort Hotel*****

Essen

Patong bietet zahllose sehr gute Thai- und Seafood-Restaurants, dazu jede Menge italienische und deutsche Speisestätten, sowie einige französische, indische, koreanische und japanische. Die Auswahl ist magensprengend, man bräuchte ein Jahr, um sich durch alle Restaurants durchzuessen. Außerdem ist viel Kleingeld mitzubringen, denn die Preise sind durchweg sehr hoch. Wer preiswert essen will, kann sich an den überall anzutreffenden Straßenständen schadlos halten. Allerdings sind auch diese, am üblichen Landeslevel gemessen, noch relativ teuer.

- Ausgezeichnete Seafood in **Patong's Bakery** an der Thaweewong Road, etwas nördlich der Einmündung von Soi Bangla.
- Das daran gelegene **Savoey** was bis vor kurzem das beste Seafood-Restaurant am Ort, der Standard ist in der letzten Zeit aber etwas gesunken. Möglicherweise hat man sich aber schon wieder verbessert.
- Sehr gute thailändische „Nouvelle Cuisine" bietet das **Sala Bua** an der Strandseite der Thaweewong Road, nahe der Einmündung Soi Bangla.
- In Soi Patong Resort, einer Gasse, die südlich von der Bangla Road abzweigt, befindet sich das **Navrang Mahal**, Phukets bestes indisches Restaurant. Es gibt ausgezeichnete Curry- oder Tanduri- („Steinofen") -Gerichte (auch vegetarisch). Ca. 400 Baht/2 Pers.
- **Le Croissant** im Bangla Square (Soi Bangla) bietet große Auswahl an frischen Backwaren.
- Falls es deutsche, schweizerische oder österreichische Hausmannskost sein soll, so helfen die folgenden Restaurants aus der Klemme: **Berliner Gasthaus (Mon Bijou)**, 72/5 Rat-Uthit Rd.; **Bierkutsche** (Soi Bangla); **Grillhütte**, 83/54 Thaweewong Rd.; **Jägerstube**, Soi San Sabai; **Patong Biergarten**, im K-Hotel, 82/47 Rat-Uthit Rd.; **Number 6** (links neben K-Hotel); **Skihütte**, Patong Condotel, 9.Stock (schweizerisch); **Zum Schlawiener**, Soi Permpong 3 (österreichisch). Besonders preisgünstig und gut ist das **Little Restaurant** in der Gasse nördlich des Moslem-Friedhofs (nahe Eden Hotel). Abends oft proppevoll!
- Ein **vegetarisches Restaurant** befindet sich in der Thanon Phra Barami, der Straße, die am Nordende von Patong in Richtung Phuket Town führt. Das Restaurant liegt dort etwa 100 m westlich von Wat Phra Barami. Gerichte ab 15 Baht.

Kalim Bay

An seiner Nordseite geht Patong nahtlos in die Kalim Bay über, eine kleine, felsige Bucht mit ebenso kleinem Strand. Hier geht es ruhiger als in Patong zu, die direkt am Strand vorbeiführende Straße kann allerdings störend wirken. Auf jeden Fall lohnt ein Besuch im Restaurant Baan Rim Pa – beste Seafood zu etwas gehobenen Preisen.

- **Nerntong Resort****-*****, wunderschöne, von tropischer Vegetation umgebene Anlage; eine der allerbesten Unterkünfte in Kalim/Patong, mit Swimmingpool und Jacuzzi.
- Gleich daneben, in derselben Seitengasse der Uferstraße, liegen der **Malibu Beach Island Club***** und das **Orchid Kalim Bay Guest House*******.
- **Diamond Cliff Resort**LLL
- Sehr gutes (und teures) Essen im stilvoll eingerichteten **Ban Rim Paa** an der Strandseite in Kalim. Ca. 1.000 Baht/2 Pers.

Strände an der nördlichen Westküste

Kamala

Ein ruhiger Strand nördlich von Patong, nicht der beste zum Schwimmen, aber mit sattgrünem Hinterland, das zu Wanderungen einlädt. Insgesamt geht es noch recht untouristisch zu, und aufgrund einiger monatsweise anzumietender Häuser oder Zimmer in Privatunterkünften ist dies ein beliebter Ort für Langzeitreisende.

1999 wurde im nördlichen Bereich von Kamala der **Vergnügungspark Phuket Fantasea** eröffnet, ein Ableger des *Safari World* in Bangkok. Der Bau hat über 3,3 Mrd. Baht gekostet, und noch über eine weitere Milliarde soll investiert werden. Geboten werden kulturelle Shows, die von Laser-Projektionen, Feuerwerken und sonstigen Spezialeffekten begleitet werden. Die Eintrittspreise sind gesalzen (Erwachsene 1.500 Baht inkl. Dinner; für Kinder 1.100 Baht), und ohnehin läßt sich darüber debattieren, ob Kamala mit der Errichtung eines so gigantomanischen Vergnügungsparks ein Dienst erwiesen wurde.

- **Maya's Bungalows*** an der Nordseite des Strandes;
- Ähnliche Preise in den gleich daneben gelegenen **Yada's Cottage***** und **White Orchid Guest House*****;
- **Bird Beach Bungalows*****
- **Kamala Resort*******-LLL
- **Kamala Estate*******-LLL (60-80 m² große Wohneinheiten);
- Private Zimmervermietung*** hinter dem Kamala Seafood Restaurant, auch monatsweise.
- Nebenan im **Beach House***** nette Zimmer (Bad), auch monatsweise, dazu Unterkunft in separaten, komplett eingerichteten kleinen Wohneinheiten (für 3-4 Pers.);
- **Kamala Bay Terrace Resort**LLL, sehr gelungene Anlage am ruhigen Südende des Strandes.

Laem Sing

Eine wundervolle kleine Bucht zwischen Kamala und Surin, zu der zwei von der Uferstraße abzweigende, abschüssige Fußwege führen (die Abzweigungen erkennt man an den dort geparkten Motorrädern und Autos). Der Strand ist sehr beliebt bei Tagesausflüglern, Unterkünfte gibt es nicht.

Surin

Der sehr attraktive Strand von Surin wird von einem ehemaligen **Neun-Loch-Golfplatz** und einigen kleinen Restaurants flankiert, aber ansonsten hat man hier immer noch seine Ruhe. Vorsicht aber, das Wasser unterliegt einer starken Strömung, im Monsun ist das Baden hier lebensgefährlich.

- Komfortable und saubere Zimmer bietet die **Pen Villa******* kurz vor dem Strand – Luxushotel-Standard in gemütlicher Guest-House-Atmosphäre! Swimming-Pool vorhanden. Bei längeren Aufenthalten gibt es größere Rabatte.
- **Sweet Apartments***** an der Straße am Strand; Zimmer mit Bad, auf Monatsbasis billiger.
- Gleich daneben liegt das **Tangthai Guest House*****, mit Restaurant.
- Sehr gute italienische Küche gibt's im **Restaurant Toto** neben dem Tang Thai G.H., dem interessanterweise auch ein Jacuzzi und eine Kräuter-Sauna angeschlossen ist. Das Restaurant ist geöffnet 18-23 Uhr.

Pan Sea Bay

Eine exklusive kleine Bucht zwischen Surin und Bang Tao, mit einem ansehnlichen Strand, eingefaßt von Felsen. Wer hier zu wohnen gedenkt, sollte jedoch zunächst erst einmal den Kontostand überprüfen.

- **The Chedi**LLL (vormals Pansea Resort), mit Reduktionen in der Off-Season;
  Amanpuri ResortLLL – Phukets exklusivste Unterkunft und eine der teuersten Thailands; mit luxuriösen Wohneinheiten in traditioneller Holzbauweise, die sich über eine gepflegte, weiträumige Anlage verteilen. Die Atmosphäre wirkt, wie in den meisten Hochklasse-Unterkünften, sehr unterkühlt.

PHUKET

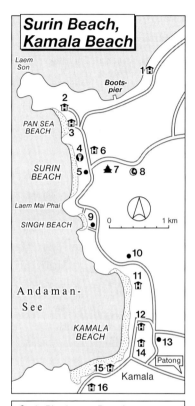

Surin Beach, Kamala Beach

- 🏠 1 Blue Lagoon Bungalows
- 🏠 2 Amanpuri Resort
- 🏠 3 The Chedi (Resort)
- ❶ 4 Restaurants
- ● 5 Golfplatz
- 🏠 6 Sweet Apartment
- ▲ 7 Wat Anamai Kasem
- ☯ 8 Bang-Tao- Moschee
- ● 9 Polizei
- ● 10 Phuket Fantasea (Vergnügungspark)
- 🏠 11 Maya's Bungalows
- 🏠 12 Kamala Resort
- ● 13 Polizei
- 🏠 14 Beach House
- 🏠 15 Kamala Estate
- 🏠 16 Kamala Bay Terrace Resort

Bang Tao

Bang Tao ist ein freundliches Moslem-Dorf, dessen Zentrum von einer ansehnlichen Moschee eingenommen wird, der größten von Phuket. Der Strand liegt jedoch gut 2 km davon entfernt. Er hat recht weißen Sand, bietet gute Schwimmöglichkeiten und genug Auslauf für notorische Wanderer. Die weitausholende Bucht ist ca. 3 km lang. Leider befinden sich hier fast ausnahmslos hochpreisige Unterkünfte, die sich auch immer noch zu vermehren scheinen.

- **Blue Lagoon Bungalows***-*******, mit stark reduzierten Preisen in der Off-Season;
- **Royal Park Travelodge Resort**LLL, plus Saison-Zuschlag (Dez.-Feb.) von 600 Baht;
- **Dusit Beach Club**LLL
- **Sheraton Laguna Beach Hotel**LLL, optisch sehr gefällige und luxuriöse Anlage, mit künstlich angelegter Lagune.
- Das **Best & Budget Bungalow***** befindet sich ca. 5 km inland, im Bereich der Ortschaft Choerng Talay schräg gegenüber dem Eingang von Wat Raang (Wat Choerng Talay). Es besteht aus nur zwei Bungalows (Bad, TV, Kühlschrank), die sich aber auf einer idyllischen, von Palmen umgebenen Gartenanlage befinden. Äußerst empfehlenswert, auch für Langzeitaufenthalte! Die Monatsmiete beträgt 5.000 Baht. Wer die Unterkunft nicht findet, melde sich unter Tel./Fax 270791. Das Besitzer-Ehepaar spricht sehr gut Englisch.

Hinkruay Beach

Dieser wunderschöne und ruhige Strand befindet sich ca. 2 km nördlich von Nai Thon, in einer kleinen palmengesäumten Bucht. Das leicht übersehbare Schild an der Abzweigung von der Uferstraße besagt fälschlicherweise „Hinkuay", was eine eher obszöne Bedeutung hat (möglicherweise wird

PHUKET

Nai Thon Beach

die Schreibweise bald korrigiert). Hinkruay bedeutet „Stein-Trichter". Der Strand bietet sich sehr gut für einen Tagesausflug an. Unterkünfte gibt es an Ort und Stelle nicht, es finden sich aber einige am Nai Thon Beach (s.u.).

Der Zugang zum Strand ist nur durch ein Privatgrundstück möglich, und aus diesem Grunde wird beim Abstellen von Fahrzeugen eine geringe Parkgebühr erhoben (Motorräder 10, Autos 20 Baht).

Vorsicht, an den abgelegenen Strandabschnitten hier in dieser Gegend ist es schon zu Diebstählen und zumindest einem Raubüberfall gekommen.

Die Anfahrt nach Hinkruay ist praktisch nur mit Mietfahrzeug oder gechartertem Tuk-Tuk möglich (ca. 300 Baht ab Phuket Town).

Nai Thon

Ein absolut ruhiger Strand, gelegen in einer sehr abgeschiedenen Ecke Phukets. Der Gegensatz zum Trubel von Patong könnte nicht größer sein. Da nur sehr wenige Songthaews vom Markt in Phuket Town nach Nai Thon fahren (30 Baht), am besten ein Songthaew chartern (ca. 300 Baht für die einfache Fahrt).

- **Nai Thon Beach Resort******-*****, ordentliche Bungalows mit Bad und AC.
- **Nai Thon Guest House******, mit Bungalows und Zimmern in einem Privathaus, dazu ein gutes Restaurant.
- Zimmer mit Bad und teilweise AC im **K.V. House*****-****.
- Die beste Unterkunft am Ort ist die von dem Deutschen *Helmut Mayer* und seiner thailändischen Frau geleitete **Naithon Beach Villa******-⊥⊥⊥ (Tel. 341456, Fax 349128; E-mail grillhut@loxinfo.co.th). Es stehen verschiedene, sehr komfortable und geräumige Apartments zur Verfügung; die größeren haben drei Zimmer, Kochgelegenheit und Bad. In der Off-Season und bei Aufenthalten von mehr als einem Monat ergeben sich erhebliche Reduktionen, noch größere bei Jahresaufenthalten. Auf die Mietpreise kommen noch die Stromkosten (1 KW = 4 Baht).

Nai Yang

Der Strand von Nai Yang ist Teil des Nai Yang Marine National Park, an dem von November bis Februar die vom Aussterben bedrohten **Meeresschildkröten** Eier ablegen (wie am benachbarten Strand von Mai Khao auch). Das Gelände ist mit zahllosen Kasuarina-Fichten übersät, die ihm ein recht tropen-untypisches Aussehen verleihen – Kokospalmen gibt es kaum. Der Strand ist aber sehr ansehnlich und bietet gute Schwimmöglichkeiten. In den angrenzenden Hotels

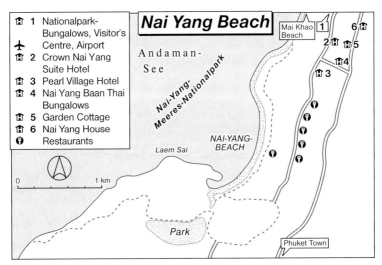

PHUKET

finden sich hauptsächlich Pauschaltouristen, in erster Linie Deutsche und Österreicher. Nahe der Parkverwaltung existiert ein Visitor Center, in dem die Besucher des Parks mit Informationsmaterial ausgestattet werden.

- **Nai Yang House*****
- **Garden Cottage******
- **Nai Yang Baan Thai Bungalows******, mit Reduktionen von 10/20% bei Aufenthalten ab 1 Woche/1 Monat;
- **Nai Yang National Park Bungalows****-****, Zeltmöglichkeit 60 Baht;
- **Crown Nai Yang Suite Hotel*******-LLL
- Eine ähnlich hohe Preislage hat das **Pearl Village**LLL, eine von Deutschen geleitete Tauchschule ist angeschlossen.

Mai Khao

Ein ca. 10 km langer Strand, den Flugpassagiere schon beim Anflug aus dem Fenster erspähen – der Flughafen befindet sich gleich daneben, nur durch ein paar Kasuarinen getrennt. Der Strand ist sehr attraktiv und ein lohnendes Ziel für einen Tagesausflug; leider aber haben sich im Hinterland einige unattraktive Garnelen-Farmen angesiedelt.

Wie in Nai Yang finden sich hier **Meeresschildkröten** zur Eiablage ein, mittlerweile sind es jedoch nur noch ca. 100 pro Jahr, Tendenz sinkend. Zum thailändischen Neujahrsfest, dem Songkran (13. April), werden hier jeweils etwa 2.000 Jungtiere ausgesetzt, die im Marine Biological Research Center aufgezogen wurden.

- **The Phuket Campground,** etwas hinter dem Strand gelegen, vermietet Zelte zu 100 Baht/Pers. Bodenmatten, Kissen, Decken und eine Taschenlampe sind inbegriffen. Die Anlage ist bei der Länge des Strandes nicht leicht zu finden. Tel. 01-6764318, E-mail-campground@phuketmall.com.

Anreise nach Phuket

- **Normalbusse** ab Bangkoks Southern Bus Terminal kosten 254 und 356 Baht und fahren alle 1-2 Stunden. Die staatlichen **A.C.-Busse** fahren nur um 18.50 Uhr (446 Baht), dafür gibt es aber noch einige Busse von Privatgesellschaften. V.I.P.-Busse fahren ebenfalls um 18.50, Kostenpunkt 690 Baht. Die Fahrzeit beträgt 14 lange Stunden, und folglich empfiehlt sich ein möglichst bequemer Bus.
- Dazu fahren **weitere Normal- und A.C.-Busse** unter anderem von Hat Yai (Fahrzeit je nach Bus 6-8 Std.), Surat Thani (6 Std.), Ranong (5 Std.) und Phang-Nga (2,5 Std.) und Krabi (4 Std.).
- In den Reisebüros auf Ko Samui lassen sich **kombinierte Schiffs- und Busfahrten (A.C.)** nach Phuket buchen; Preise ab ca. 230 Baht.
- **Thai Airways** fliegt Bangkok – Phuket für 2.000 Baht, Business Class 2.500 Baht; gelegentlich gibt es noch günstigere Sondertarife. Je nach Wochentag 11-13 Flüge täglich, Flugzeit 1 Std. 10 Min. In der Hauptsaison von November bis Februar kann es trotz der zahlreichen Flüge zu Engpässen kommen. Flüge ab Chiang Mai (tägl.) 3.455 Baht, Business Class 4.055 Baht; Flugzeit 1 Std. 50 Min. Flüge Surat Thani – Phuket (tägl.) zu 475 Baht, ab Hat Yai (tägl.) 780 Baht.

Internationale Verbindungen bestehen u.a. ab Pulau Langkawi, Penang, Kuala Lumpur (alle Malaysia), Singapur, Hongkong, Taipei (Taiwan), Perth (Australien), Tokio (Japan) und von zahlreichen europäischen Orten.

- **Bangkok Airways** fliegt täglich ab Ko Samui für 1.560 Baht.
- **Orient Thai Airlines** könnte ihren Flugdienst schon wieder aufgenommen haben, so wie es 1999 angekündigt worden war. Bevor die Gesellschaft 1998 zeitweise schloß, flog sie mehrmals wöchentlich aus Chiang Mai ein, zu Preisen, die unter denen von Thai Airways lagen. Im Reisebüro nachfragen!
- Nach der **Ankunft am Flughafen** lassen sich am Schalter von Tour Royale Enterprises

Co. (direkt vor dem Ausgang) Bus- oder Limousinenfahrten nach Phuket Town oder zu den Stränden buchen. Fahrten im Bus nach Phuket Town zu 120 Baht/Pers., Fahrten in der Limousine (bis zu 4 Passagiere) 360 Baht. Limousinen nach Patong zu 420 Baht, zu den anderen Stränden zu ähnlichen Preisen. Siehe Preisausschilderung am Schalter. Die Limousinen können auch zu weiter entfernten Zielen gebucht werden, z.B. Khao Lak oder Krabi.

1999 planten die Behörden, einer weiteren Privatgesellschaft die Lizenz zum **Taxiverkehr ab/zum Flughafen** zu erteilen, was auf den heftigen Widerstand der vorhandenen Taxifahrer führte; sie streikten, blockierten die Zufahrtstraße zum Flughafen und zwangen die Passagiere somit zu langen Fußwegen. Möglicherweise existiert derzeit schon ein Konkurrenzunternehmen.

Weiterreise von Phuket

● **Normalbusse** nach Bangkok fahren alle 1-2 Stunden für 254 und 356 Baht; A.C.- und V.I.P.-Busse jeweils nur um 15.00 Uhr, Kostenpunkt 446 Baht. Weiterhin bestehen zahlreiche Verbindungen nach Phang-Nga (26 Baht; 2½ Std.), Krabi (65/110 Baht; 4 Std.), Nakhon Si Thammarat (85, 93/180, 190 Baht; 6 Std), Phattalung (110/200 Baht; 7 Std.), Ranong (91/170 Baht; 6 Std.), Ko Samui (-/230 Baht, inkl. Bootstransfer), Takua Pa (45/- Baht; 3 Std.), Trang (94/132, 169 Baht; 6 Std.) u.v.a.
● Die Reisebüros in Phuket bieten zudem Fahrten mit A.C.-Bussen nach Penang (ab ca. 450 Baht) und Singapur (ab ca. 550 Baht). Sporadisch sind auch **Schiffsreisen** nach Pulau Langkawi, Penang und Singapur möglich, man informiere am besten sich vor Ort. Wer auf einer Segeljacht anheuern möchte, sollte Kontakte in der Ao Chalong knüpfen, wo zahlreiche Segler ankern. Oft bietet sich dort eine Möglichkeit, mitgenommen zu werden.
● **Thai Airways** fliegt von Phuket nach Bangkok, Surat Thani, Hat Yai, Trang, Penang, Kuala Lumpur und Singapur.
● Nach Singapur fliegt auch **Silk Air**. Return-Tickets kosten ca. 7.000 Baht.

● **Malaysian Airlines** (MAS) fliegt von Phuket nach Kuala Lumpur, Penang und Pulau Lankawi.
● **Fahrten zum Flughafen** lassen sich bei Tour Royal Enterprises Co. buchen (siehe auch Ankunft am Flughafen). Das Büro befindet sich in 55/3 Vichitsongkhram Rd., etwas östlich des Surakul-Stadiums. Tel. 235268 bis 71. Preise wie bei der Anfahrt ab dem Flughafen (s.o.). Gecharterte Songthaews zum Flughafen kosten ca. 300 Baht.

Schiffsreisen zum burmesischen Mergui-Archipel

Einige Unternehmen auf Phuket bieten Kreuzfahrten zum Mergui-Archipel an, das sich über eine Länge von 800 km nördlich der Surin-Inseln erstreckt. Der Archipel besteht aus tausenden, zumeist unbewohnten Inseln, die über weiße Strände, eine intakte Natur und ausgezeichnete Tauchgründe verfügen. Hier betritt man noch touristisches Neuland. Die Fahrten (Oktober bis Mai) beinhalten Tauchexkurse und Wald-Trekking.

In Zukunft sollen auch Fahrten zu den 700 km entfernten **indischen Andamanen** möglich werden. Die Entfernung vom indischen Festland ist gut doppelt so groß.
● **Dive Asia Pacific,** Tel. 076/263732, Fax 263733, E-mail: saimai@loxinfo.co.th
● **Fantasea Divers,** Tel. 076/340088, Fax 340309.
● **South East Asia Live Aboards,** Tel. 076/340406, Fax 342530.

Nachbarinseln von Phuket

Die Provinz Phuket, die flächenmäßig kleinste Thailands, umfaßt außer Phuket noch **39 weitere Inseln,** von denen viele lohnenswerte Reiseziele darstellen. Dazu kommen noch einige andere Inseln, die zwar offiziell der Provinz Phang-Nga angehören, aber dennoch hauptsächlich von Phuket aus angefahren werden. Nicht wenige der Inseln entsprechen dem Klischeebild von wahren Robinson-Eilanden, mit palmengesäumten weissen Stränden und mehr Ruhe als vielleicht mancher verkraften kann.

Ko Nakha Yai

Diese Insel an der Nordostseite Phukets besitzt an seiner Ostseite einen der schönsten Strände der Umgebung, den Hat Thap Po, dazu ist sie palmenüberwachsen und absolut ruhig. Tagsüber finden sich einige Tagesausflügler am Strand ein, gegen 17.00 Uhr aber wird es fast unwirklich still. Auf der Insel befindet sich ein kleines, von Moslems bewohntes Dorf.

●**Unterkunft:** In der letzten Zeit hatte sich eine Unterkunft an der Westseite der Insel befunden, diese wurde aber wieder geschlossen, ist jedoch möglicherweise schon wieder eröffnet. Bei den Bootsleuten am Pier von Ao Por nachfragen!
●**Anreise:** Mit einem Songthaew vom Markt in Phuket Town zum Pier in Ao Por (20 Baht); dort lassen sich Boote zur Überfahrt chartern. Fahrtkosten retour ca. 400 Baht, Fahrzeit ca. 30 Min. bis zum Hat Thap Po.

Ko Nakha Noi

Dies ist die kleine Schwesterinsel von Ko Nakha Yai, die für ihre **Perlenfarm** bekannt ist und dementsprechend auch oft Pearl Island genannt wird. Das Unternehmen präsentiert jeden Morgen eine „Perlen-Show", in der über das Entstehen einer Perle doziert wird. Gebucht werden können diese recht lebendig gehaltenen Vorträge bei allen Reisebüros in Phuket, Kostenpunkt übertuerte 600 Baht, Hin- und Rückfahrt sowie eine Mahlzeit inklusive. An ihrer Nordseite weist die in Privatbesitz befindliche Insel einen sehr schönen, wenn auch kleinen Strand auf, mit Bungalows ab 600 Baht.

Ko Khai

Die „Eierinseln" Ko Khai Nork („Äußere Eierinsel") und Ko Khai Nai („Innere Eierinsel") befinden sich relativ weit vor Phukets Ostküste. Sie sind unbewohnt, haben aber einige strahlend weiße, wunderschöne Strände, die teilweise von Felsen eingefaßt sind. Die Strände eignen sich sehr gut für einen Badeausflug. Außerdem werden in Nähe der Inseln häufig größere Delphin-Schwärme gesichtet, in den letzten Jahren hat sich die Zahl der Tiere jedoch drastisch verringert.

●**Anreise:** Per gechartertem Boot ab jedem beliebigen Pier auf Phuket. Am preiswertesten ist es von Ao Chalong oder dem Pier Laem Hin in Ao Sapam. Um zu Laem Hin zu gelangen, nehme man ein beliebiges Songthaew von Phuket Town in Richtung Norden und steige an der Abzweigung von der Thepkassatri Road nach Laem Hin aus. Entfernung ab Phuket Town ca. 6 km. Dort führt ein Weg

Ko Nakha Yai

zwei Kilometer weiter zum Pier. Gelegentlich stehen an der Abzweigung Songthaews oder Motorrad-Taxis zur Verfügung. Die Bootsfahrt von Laem Hin nach Ko Khai kostet ca. 1.000-1.200 Baht. Etwas teurer ist die Fahrt ab den Piers in Bang Rong oder Ao Por; ca. 1.500 Baht.

Ko Rang Yai

Die im Privatbesitz befindliche Ko Rang Yai ist 1998 im größeren Rahmen für den Tourismus eröffnet worden. Auf der sehr malerischen, relativ großen Insel steht eine Unterkunft zur Verfügung, und es werden zahlreiche Aktivitäten angeboten, z.B. Mini-Golf, Mountain-Bike-Touren, Kanu- und Bootsfahrten, Windsurfing, Trekking, Schnorcheln, Angeln etc. Angeschlossen ist eine Perlenfarm.

Anfragen und Buchungen bei *Richy Island Phuket Co.,* 31/11-12, 3rd Floor, Arawan Building, Thepkassatri Road, Phuket Town 83000, Tel. 212492, 217304, 238169; Fax 238565; E-mail rangyai@phuket.com; Web-Site http://www.phuket.com/island/rangyai.htm. Neben Ko Rang Yai befindet sich die kleinere Schwesterinsel Ko Rang Noi.

Ko Maphrao Yai

Die „Große Kokosnußinsel" ist wie die meisten Inseln der Region fast ausschließlich von Moslems bewohnt. Nahe dem Bootspier befindet sich eine kleine Siedlung mit Moschee. Darum herum wuchert dichte Vegetation, und überall breiten sich Kokos- und Gummiplantagen aus. Eine fast unberührte Idylle! Der Dorf-Strom kommt aus einem Generator, sofern er überhaupt einmal funktioniert.

An der Nordostseite von Ko Maphrao, am Laem (Kap) Na Muang, erstreckt sich ein recht ansehnlicher weißer Strand. Bisher gibt es hier keine Unterkunft, in der Nähe ist aber schon ein Areal aufgekauft, auf dem eine Bungalow-Kolonie entstehen soll. Das betreffende Gelände liegt an einem Strandabschnitt namens Hin Tong ("Flaggenfels"), vom Bootspier knapp zehn Minuten zu Fuß.

An der Südseite der Insel, ca. 1,5 km vom Bootspier entfernt, liegt der Hat Yao oder "Lange Strand". Ein holpriger Weg führt vom Dorf durch Gummiplantagen dorthin. Er ist absolut menschenleer und sehr malerisch und bei Ebbe auch relativ breit – bei Flut bleibt aber nur ein schmaler Streifen übrig. Nach Angaben des Dorfvorstehers (*phu-yai-baan*) ist der Strand durch Räuber aus Ko Yao, die den Sand in Nacht- und Nebelaktionen abgetragen und an Bauunternehmen verkauft haben, quasi verschwunden. Dennoch ist die Insel einen Tagesausflug wert, und – sobald die Bungalows fertig sind – auch für einen längeren Aufenthalt zu empfehlen.

●**Anreise:** Ab dem Pier in Laem Hin auf Phuket (siehe Anreise Ko Khai) fahren regelmäßig "Langschwanzboote" (*rüa hang yao*) für 10 Baht/Person. Vorsicht vor Überpreisen! Fahrzeit 10-15 Min.

Ko Siray

Diese schon im Zusammenhang mit den "Seezigeunern" erwähnte Insel ist die Phuket am nahegelegenste und von dort am einfachsten zu erreichen: Man fährt über eine aufgeschüttete Landbrücke und bemerkt eigentlich gar nicht, daß man von einer zur anderen Insel überwechselt (Songthaews ab Phuket 10 Baht; Abfahrt jedoch nur morgens). Die Insel ist recht nett, wenn auch nicht gerade überwältigend, mit viel Grün, aber leider einer etwas schlickigen, nicht sehr zum Schwimmen geeigneten Bucht. Von Interesse könnte noch Wat Siray sein, der einen 20 m langen liegenden Buddha aufweist (err. 1963). Die Pupillen in den Augen der Figur sind Saphire, die vom thailändischen König gestiftet wurden. Von dem Buddha, hoch auf einem Hügel gelegen, hat man einen guten Ausblick auf So Siray und Phuket.

●**Unterkunft:** Es steht eine Bungalow-Kolonie zur Verfügung: das überraschend schön gelegene Siray Resort***.

Ko Mai Thon

Wunderschöne Insel, die aber einem japanischen Hotelunternehmen in die Hände gefallen ist und somit nur japanischen Pauschaltouristen zur Verfügung steht. Die Insel, weit außerhalb in der Bucht von Chalong, ist für andere Besucher off-limits, und in der Bauphase drohten die Besitzer des Resorts sogar, auf jeden zu schießen, der sich der Insel näherte!

●**Unterkunft** nur im exklusiven Mai Thon Resort[LLL].

●**Anreise,** falls nicht von obigem Resort arrangiert, mit Charterbooten ab den Piers in Ao Chalong oder Rawai; Hin- und Rückfahrt kosten ca. 1.500 Baht.

Ko Lone

Noch recht ruhig geht es auf Ko Lone zu, einer nicht minder attraktiven Insel, wenige Bootsminuten vom Pier in Chalong entfernt. Sie ist dicht bewachsen, hat weiße Strände, felsiges Innenland und – nicht minder wichtig – eine sehr freundliche, vornehmlich moslemische Bevölkerung.

●Die einzige **Unterkunft** ist das Lone Pavilion Island Resort*****-LLL, eine komfortable Anlage mit Swimming-Pool und Tennisplatz. Buchungen im Büro des Unternehmens an der Straße, die zum Pier in Chalong führt (47/5 Ao Chalong, Tel. 381371, 381858). Bei Buchung wird der Transport übernommen, ansonsten kostet die einfache Fahrt per gechartertem Boot ca. 200 Baht.

Ko Bon

Eine wunderschöne, dem Strand von Rawai vorgelagerte Insel, mit einem herrlichen Badestrand. Die einzigen Gäste hier sind zumeist die Bewohner des Phuket Island Resort in Rawai, die vom Hotel hierher zum Baden befördert werden.

●**Bungalow-Unterkunft****** ist vorhanden.
● Zur **Anreise** chartere man ein Boot am Pier von Rawai; ca. 300 Baht Hin- und Rückfahrt.

Ko Lone

NACHBARINSELN VON PHUKET

Ko Hae

Ko Hae oder Coral Island, gelegen vor der Küste von Rawai, besitzt einen pulverfeinen, weißen Strand und hervorragende Schnorchel- und Bademöglichkeiten, mit herrlich klarem Wasser. Leider ist der Insel aber der große Kommerz-Überfall nicht erspart geblieben, wie hätte es auch anders sein können. So düsen mittlerweile Water-Scooter über das Wasser, und die Strandverkäufer verlangen Preise wie in Miami Beach.

●Die einzige **Unterkunft** ist das Coral Island Resort****-*****; Buchungen im Büro des Unternehmens wenige Meter vom Pier in Chalong oder unter Tel. 214779, worauf auch für den Transport gesorgt wird. Ansonsten kosten gecharterte Boote ab Rawai ca. 300 Baht einfach, 400 Baht retour.

Ko Kaeo Phitsadan Noi

Auch diese Insel ist per Charter-Boot ab Rawai zu erreichen, Kostenpunkt hin und zurück (keine Übernachtungsmöglichkeit) ca. 400 Baht. Sie ist von Kokosplantagen bedeckt und weist einen kleinen Tempel auf, der auch der Grund ist, warum hier keine Hotels gebaut werden dürfen (Restaurant allerdings vorhanden). Das Wasser ist absolut klar, und so bieten sich hier ausgedehnte Bade- und Schnorchelexkursionen an.

Ko Raya Yai

Ein Eiland wie aus dem Reiseprospekt, mit herrlich-weißen Stränden und einem palmenbedeckten Hinterland. Von einem Felsen am Südende des Hauptstrandes, wo sich die Unterkünfte befinden, erhält man an klaren Tagen eine unglaubliche Aussicht, oft bis zu den Phi Phi Islands, die dieser Insel vom Charakter her auch sehr ähneln.

●**Unterkunft:** Jungle Bungalow**-*** (Tel. 01-2291913, 288550); nette, schlichte Bungalows auf einer Anhöhe am Rande des Strandes. **Ban Raya**** (Tel. 01-6777579 bis 9); **Raya Andaman Resort**** (Tel. 381713, 01-4087760); **Raya Resort**** (Tel. 327084, 01-9568094), **Raya Executive***-**** (Tel. 341653, 01-2292901).

●**Anreise:** Per gechartertem Boot am besten ab Rawai, ab ca. 1.200 Baht einfach oder 1.500 Baht hin und zurück. Fahrtdauer je nach Seegang (im Monsun wird der Verkehr meist eingestellt) 1¼ bis 1½ Std. Die Bootslenker neigen oft zu Wucherpreisen, also unbedingt handeln! Teurer noch ist die Anfahrt ab dem weiter entfernten Chalong, ab ca. 1.200 Baht einfach oder 2.000 Baht hin und zurück. Auch hier kräftig handeln!

Ko Yao Noi

In der Provinz Phang-Nga gelegene sehr ruhige Insel, aber sehr gut ab Bang Rong auf Phuket (Songthaew ab dem Markt 20 Baht) mit kleinem Linienboot für 40 Baht zu erreichen. (Einzelheiten im Kapitel Ko Yao Noi).

Similan Islands

Ebenfalls zu Phang-Nga gehören die Similan Islands, etwa 100 km nordwestlich von Phuket gelegen. Dieses aus 9 Inseln bestehende Archipel – der Name stammt vom malaiischen *sembilan* für „neun" – wurde zum **Meeresnationalpark** erklärt und zieht seit Jahren Taucher aus aller Welt an. Die Unterwasser-Szenerie dürfte in Thailand kaum zu übertreffen sein, aber auch wer nur baden oder schnorcheln möchte, wird begeistert sein.

NACHBARINSELN VON PHUKET

- Die **Übernachtung** ist offiziell nur auf Ko Miang gestattet, auch Insel Nr. 4 genannt (jede der Inseln hat einen Namen und eine Nummer). Die einfachen Bungalows kosten 100 Baht, für 60 Baht gibt es Zeltunterkünfte (Zwei-Personen-Zelte).
- **Anreise:** Jedes Reisebüro auf Phuket bietet ein- oder mehrtägige Touren zu den Similans an, die Transport, Unterkunft, Verpflegung und nach Wunsch auch Tauchkurse beinhalten; ab ca. 2.000 Baht/Tag, ohne Tauchkurs entschieden weniger. Fahrtdauer ca. 5 Std.
- Weitaus preiswerter fallen die **Touren** ab der Küste von Phang-Nga, vom Pier in Thap Lamu aus: ca. 1.800 Baht für Drei-Tages-Ausflüge. Zu buchen in dem von einem Deutschen geleiteten Khao Lak Bungalow oder in anderen Guest Houses in Khao Lak.
- Der **Eintritt** zum Meeresnationalpark kostet 40 Baht.

Surin Islands

Gut 50 km nördlich der Similan Islands befinden sich die relativ wenig besuchten Surin Islands, die 1981 zum **Nationalpark** wurden. Das Archipel gruppiert sich um die zwei Hauptinseln, Ko Surin Nuea und Ko Surin Tai und bietet ausgezeichnete Tauch- und Schnorchelgründe. Auf der Nord-Insel ist das Hauptquartier des Nationalparks eingerichtet, mit dazugehörigen Bungalows zu 600 Baht; Zeltmöglichkeit auf der Süd-Insel zu 60 Baht.

- **Anreise:** Fahrten zu der Inselgruppe werden von den meisten Reisebüros in Phuket angeboten oder – preiswerter – von den o.g. Adressen in Khao Lak. Gelegentlich werden kombinierte Similan/Surin-Touren geboten.

Die kürzeste Entfernung zu den Inseln ergibt sich jedoch ab dem Pier Phae Chum-

Geheimer Reichtum: die Diamanten der Provinz Phang-Nga

Kaum bekannt ist die Tatsache, daß die Gegend zwischen Thai Muang und Takua Pa eine Fundstätte von Diamanten ist, der sogenannten „Phang-Nga-Diamanten", die oft einen gelblichen oder braunen Farbton aufweisen. Die ersten Diamanten wurden 1955 in einer Zinnmine gefunden, und die Bewohner der Gegend behaupten, daß da, wo Zinn zu finden ist, auch Diamanten liegen. Ansonsten redet man nicht gerne über das Thema, denn in der Vergangenheit wurde so mancher Mitbürger, der einen großen Fund gemacht hatte, beraubt und schnurstracks in die ewigen Schürfgründe befördert; wer also eine Fundstelle kennt, teilt es natürlich niemandem mit.

In den siebziger Jahren kam es dennoch zu einem kleinen Diamanten-Boom, und das Dorf Ban Nam Khem („Dorf des salzigen Wassers") bei Takua Pa, in dessen Nähe sich eine Hauptfundstelle befand, wurde zum Umschlagplatz für die funkelnden Steine. Die meisten wurden in der Mündung des Phang-Nga-Flusses gefunden.

Bisher wurden die Diamanten noch nicht im großen kommerziellen Rahmen abgebaut, doch es gibt schon die ersten Pläne dafür. Thailand importiert jährlich Rohdiamanten im Wert von ca. 17 Mrd. Baht, die dann in den etwa zwanzig Edelstein-Schleifereien des Landes bearbeitet und am Ende reexportiert werden. Damit ist Thailand das fünftwichtigste Edelstein verarbeitende Land der Welt, hinter den USA, Israel, Belgien und Indien.

Diamanten werden auch im hügeligen Binnenland der Region gefunden, ebenso in der Umgebung der Provinzhauptstadt Phang-Nga und in der Bucht von Makham auf Phuket.

Nachbarinseln von Phuket

phon, 7 km nördlich von Khuraburi, wo sich ein Büro der Parkverwaltung befindet. Von hier fahren Boote für 1.000 Baht retour; Fahrzeit 4 Std. Buchungen der Boote als auch der Bungalows können im Büro des Nationalparks am Pier von Phae Chumphon getätigt werden.

Kanufahrten

Touren in Schlauchbooten und Kajaks zu ungewöhnlichen Zielen in den Gewässern um

Die Inseln um Phuket

Phuket bietet das Unternehmen Sea Canoe Thailand. Tel./Fax Phuket 212172, 212252. Adresse: P.O.Box 276, Phuket 83000.

Bei den Paddeltouren werden vor allem sogenannte *hong* oder „Zimmer" besucht, von kleinen Felsinseln eingeschlossene Meereslagunen, die mit größeren Booten nicht erreichbar sind. Die Anfahrt mit leisem Paddelboot erlaubt auch die Beobachtung von zahlreichen Wasservögeln. Die meisten Touren führen von Phuket aus in die zerklüftete Inselwelt in der Bucht von Phang-Nga.

Eine Zweigstelle von Sea Canoe befindet sich am Strand von Ao Nang bei Krabi.

Strände nördlich von Phuket

Nachdem sich Phuket in den letzten Jahren zu Thailands meistbesuchtem Reiseziel nach Bangkok entwickelt hat, schwappte ein vermehrter Besucherstrom auf die nördlich davon gelegenen Strände über, auf der Suche nach der Abgeschiedenheit und Ruhe, die man auf Phuket vermißte. Die in der **Provinz Phang-Nga** gelegenen Strände sind eben erst ihrer Geheimtip-Phase entwachsen, die touristische Entwicklung aber schreitet voran.

Verläßt man Phuket über die Sarasin-Brücke, erreicht man nach ca. 25 km den kleinen Ort **Thai Muang,** der seine Existenz hauptsächlich der zuvor in der Umgebung angelegten Zinnminen verdankt. Einige noch erhaltene alte chinesische Wohnhäuser deuten darauf hin, welche Bevölkerungsgruppe sich hier ursprünglich niedergelassen hatte. Bei vielen Thais ist Thai Muang als ein Ort bekannt, in dem bis in die jüngste Vergangenheit hochgefährliche Krokodile in den Tümpeln lauerten. Viele kennen die Geschichte eines jungen Mädchens aus Thai Muang, das sich vor gut 20 Jahren aus Liebeskummer den Krokodilen zum Fraß vorgeworfen haben soll. Die Geschichte wurde sogar verfilmt. Die Krokodile sind mittlerweile jedoch nur noch in der Erinnerung vorhanden.

Etwa 2 km westlich der Stadt erstreckt sich der **Thai Muang Beach;** vom Highway, der durch die Stadt führt, zweigt eine Straße dorthin ab. Der Strand hat sehr weißen Sand, ist absolut ruhig und ausgezeichnet zum Sonnenbaden geignet – nicht allerdings zum Schwimmen. Das Wasser fällt unmittelbar nach dem Ufer tief ab (die Anwohner sagen, in einer Art *ang* oder „Becken"), und es gibt gefährliche Strudel. Schwimmen ist lebensgefährlich, und das eine oder andere unscheinbare Schild weist darauf hin. Der Strand ist jedoch so malerisch, daß er sich durchaus für einen Tagesausflug (oder mehr) von Phuket aus lohnt. Unterkunft findet sich in den *Thai Muang Beach Chalets*^{LLL}, die sich auf dem Gelände eines an den Strand angrenzenden Golf-Clubs befinden. Die Lage ist absolut ruhig, und mancher, der hier für einen Kurzaufenthalt einkehrte, blieb viel länger als geplant. Die Bungalows haben Bad, AC und Satelliten-TV; ein Swimming-Pool ist vorhanden. Tel. 076-571533/4, Fax 076-5711224 oder Bangkok Tel. 02-6933247/8, Fax 02-6933249.

Ca. 20 km nördlich von Thai Muang zweigt von der Straße, Highway Nr. 4, links eine Seitenstraße ab, die nach 4,5 km nach **Thap Lamu** führt. Vom Pier fahren Boote in 4-5 Stunden schneller und preiswerter als von Phuket **zu den Similan Islands.**

Weitere 5 km nördlich findet sich an der Westseite des Highway der Zugang zum **Khao Lak National Park,** ein dichtbewaldetes Areal mit einem attraktiven Strand. Von hier aus nordwärts erstrecken sich ca. **30 weitere Strandkilometer,** an denen eine Reihe von Bungalow-Kolonien zur Verfügung stehen.

Strände nördlich von Phuket

Khao Lak Beach

Unmittelbar nördlich an den Khao Lak National Park schließt sich der Khao Lak Beach an, gefolgt vom noch weiter nördlich gelegenen Bang Sak Beach. Ersterer ist wohl der schönere, und so finden sich hier auch mittlerweile zahlreiche Traveller ein. Der Strand bietet gute Schwimm- und Tauchmöglichkeiten. Die relativ geringe Anzahl von Unterkünften hält die Zahl der Besucher vorerst in erträglichen Grenzen, und Water-Scooter, Bars und sonstiger Phuket-ähnlicher Trubel sind noch fern.

Sehr gelobt von Tauchern wird das von drei Falang geleitete Sea Dragon Diving Center (Tel. 01-2292418). Die angebotenen **Tauchkurse** sind hervorragend organisiert und das dazugehörige Equipment ist in bestem Zustand. Ein Probe-Tauchgang kostet 500 Baht, ernsthaftere Tauchkurse ab 1.200. Ein 6-tägiger Kurs ist für 9.900 Baht zu haben. Ansonsten kann auch alles mögliche an Tauch-Ausrüstung ausgeliehen werden.

Tauchtrips zu den Similan Islands (3 Tage, 2 Nächte; 5 Tauch-Exkurse) kosten 6.400 Baht oder 3.000 Baht plus 750 Baht pro Tauch-Exkurs.

Unterkunft

Von November bis Februar sind die Unterkünfte oft randvoll, und mancher Neuankömmling hat schon die erste Nacht am Strand verbringen müssen. Je früher man am Tage ankommt, desto besser ist die Chance auf ein Zimmer.

- Im Khao Lak National Park, ca. 2 km südlich des Strandes, bietet sich eine einfache **Bungalow-Unterkunft****. Es gibt insgesamt nur vier Bungalows.
- Nördlich des Khao Lak National Park und am Südende des Strandes steht das **Khao Lak Sunset Resort*******-LLL, das einen sehr schönen Strandabschnitt überblickt. Das Resort ist ein doppelstöckiges Gebäude mit sauberen Zimmern (Bad, AC), die Preise sind aber etwas überzogen; Frühstück ist inbegriffen. Tel. 01-2284267, Fax 076-421973.
- Weiter nördlich schließt sich die Luxusanlage des **Khao Lak Laguna Resort*******-LLL an. Sie besteht aus sehr schönen Bungalows (Bad, die teureren auch mit AC), und das Ganze wird von einer optisch sehr angenehm gestalteten Anlage umgeben. Jedoch sind die Preise entsprechend hoch (bis zu 3.900 Baht für die Familien-Suite).
- Sehr preiswert hingegen ist das **Phu-Khao-Lak Resort****-***, das allerdings den Nachteil hat, auf der dem Strand abgewandten Seite der Straße zu liegen; um zum Strand zu kommen, muß man einen Weg von mehreren hundert Metern in Kauf nehmen. Die Bungalows sind von einem hübschen Palmengarten umgeben; alle Bungalows haben Bad, die teureren auch AC. Tel. 01-8920653.
- Das **Nang Thong Bay Resort***** ist eine größere Anlage mit sauberen Bungalows (Bad) in verschiedenen Komfortstufen. Angeschlossen ist ein sehr gutes Restaurant. Vorsicht allerdings vor überhöhten Rechnungen!
- Etwas weiter südlich findet sich das neuere Schwesterunternehmen **Nang Thong 2****** mit sauberen Bungalows (Bad, teilweise A.C.). Das umliegende Gelände ist allerdings etwas kahl. Ein bißchen Bepflanzung täte gut.
- Gleich daneben stehen die von einem Deutschen geleiteten **Tukta Bungalows****-*** (Tel. 01-7231137). Es gibt zwei einfache Bungalows (Bad) sowie zwei Apartments (TV, Kühlschrank) von 55 m².
- Das **Garden Beach Resort****-*** (Tel. 01-7231179) hat sehr angenehme Bungalows (Bad).
- **Khao Lak Bungalow****-***** am Nordende des Strandes ist von einem schönen kleinen Garten umgeben und hat gemütliche Bungalows (Bad) in verschiedenen Größen ab 150 Baht. Die teureren haben A.C.

- Wer völlige Abgeschiedenheit sucht, ist gut in den **Poseidon Bungalows***-*** aufgehoben (Tel. 076-443258). Diese befinden sich ca. 5 km südlich des Strandes von Khao Lak. Etwa 3 km südlich des Eingangs zum Khao Lak National Park weist ein an der Ostseite des Highways aufgestelltes Schild darauf hin. Von der Straße zweigt ein Weg in Richtung Westen (Meerseite) zu den Bungalows ab. Die Bungalows stehen an einer einsamen, felsigen Bucht; die preiswertesten sind einfache Hütten ohne eigenes Bad, die teureren recht komfortable Bungalows mit Bad.
- Etwa 2,5 km nördlich der Hauptzufahrt zum Khao Lak Beach biegt eine Straße in westliche Richtung vom Highway ab, die nach 1,2 km zum zum **Chong Fah Beach Resort** führt (nicht 700 m, wie das Schild an der Abzweigung angibt!). Das Resort befindet sich direkt am Strand und ist von einer gepflegten Gartenanlage umgeben. Es gibt Zimmer (mit Bad) in kleinen, sauberen Reihenhäusern *** ebenso wie geräumige Bungalows (mit Bad, AC) *****. Tel./Fax 01-2291253.

Bang Sak Beach

An seinem Nordende geht der Khao Lak Beach in den Bang Sak Beach über, der gar noch ruhiger scheint als erstgenannter. Der Strand ist von Palmen und Kasuarbäumen gesäumt, ist ein guter Platz für Muschelsammler und bietet herrliche Sonnenuntergänge.

Von der Sun Splendour Lodge (siehe unten) sind es noch etwa 12 km weiter in nördliche Richtung zur Distrikthauptstadt **Takua Pa**. Sie weist interessante chinesische Wohnhäuser auf, sowie den Utthayan Phra Narai, einen angenehmen kleinen Park. In diesem sind die Kopien von alten hinduistischen Götterstatuen aufgestellt, deren Originale in der Nähe gefunden wurden. Die zentrale Figur ist Gott Vishnu, auf Thai Phra Narai.

Unterkunft

Die Unterkünfte in Bang Sak liegen relativ weit auseinander; man achte bei der Anreise auf die an der Westseite der Straße aufgestellten Hinweisschilder.

- Etwa 10 km nördlich von Khao Lak, an einem Strandabschnitt von Bang Sak namens Kuk-Kak, findet sich das großartige **Similana Resort******* (Tel. 01-2112564, Tel./Fax 01-7231337; Bangkok Tel. 3794586, Fax 731 6844). Die wunderschönen, in traditioneller Holzbauweise errichteten Bungalows (Bad, A.C.) stehen auf Pfählen und sind von satter tropischer Vegetation umgeben – oder besser gesagt, sie wirken, als wären sie völlig natürlich in die Umgebung hineingewachsen. Absolute Ruhe und Idylle! Gleich hinter der Anlage befindet sich ein schöner Strand, ein Swimming-Pool ist ebenfalls vorhanden.
Zusätzlich gibt es eine Art Reihenbungalow („Duplex").
- Das **Bang Sak Resort****-***, ca. 5 km weiter nördlich, liegt an einem schönen Strandabschnitt und ist von einem hübschen Kokosgarten umgeben. Die Bungalows (Bad) sind unterschiedlich in Größe und Komfort, die teureren haben A.C., die teuersten sind sehr groß und überblicken den Strand.
- Gut einen weiteren Kilometer nördlich findet sich die komfortable Anlage **Sun Splendour Lodge*****-***** (Tel. Phuket 421350), die – da auf einem kleinen Landvorsprung angelegt – praktisch an drei Seiten vom Meer umgeben ist. Das Ganze ist eingebettet in einen netten Garten. Zimmer (Bad) im Hauptgebäude, dazu Bungalows (Bad, A.C.) unterschiedlicher Preisklassen, die teureren mit TV.
- Das **Diamond Beach Resort**** (Tel. 01-9584916) befindet sich ca. 7 km südlich von Takua Pa, etwa 200 m inland vor einem wunderschönen Strand. Für Leute, die Ruhe und einen großartigen Strand suchen, könnte die Lage nicht besser sein. Die Bungalows (Bad) verteilen sich über eine Gartenanlage und bieten für ihren Preis einen sehr guten Standard. Es werden Motorräder ausgeliehen, und für die Zukunft sind Insel- und andere Touren geplant.

Anreise

● Alle **Busse,** die die Route Phuket – Surat Thani oder Phuket – Ranong befahren, passieren Khao Lak, Bang Sak und Takua Pa. Die Strecke Phuket – Takua Pa kostet 47/84 Baht (ca. 2 Std.), bis Khao Lak oder Bang Sak je nach Aussteigepunkt einige Baht weniger. Die Strecke Takua Pa – Bang Sak kostet 7 Baht.
● **Limousinen** von Thai Airways ab dem Flughafen von Phuket kosten bis Khao Lak 900 Baht, bis Bang Sak, je nach Zielort, etwa 100-300 Baht mehr

Weiterreise

Einfach einen **Bus** an der Straße anhalten; alle Busse in Richtung Süden fahren bis Phuket Town; die Busse in Richtung Norden fahren entweder bis Takua Pa, Ranong oder Surat Thani – je nach Bus und Ziel muß eventuell in Takua Pa umgestiegen werden (z.B. wenn der Bus nach Ranong fährt, man aber zum Khao Sok National Park will, also Richtung Surat Thani).

Phi Phi Islands
เกาะพีพี

Die Phi Phi Islands, die aus den Inseln **Phi Phi Don** und **Phi Phi Le** bestehen, haben in den achtziger Jahren eine enorme touristische Entwicklung durchgemacht. Bis Mitte des Jahrzehnts waren sie so etwas wie der ultimative Geheimtip, ein Paradies, das nur wenigen Eingeweihten bekannt war. Doch die herrlichen weißen Strände und das glasklare, türkisfarbene Wasser ließen sich nicht lange vor der Welt verbergen.

Von Jahr zu Jahr strömten abertausende von Besuchern mehr auf die winzigen Eilande, und heute sind sie vielen zu „voll" und zu „touristisch". Auch die Bevölkerung hat ihre anfängliche Spontanität und Gastfreundlichkeit durch schnöde Profitgier ersetzt, und Reisende klagen zunehmend über Diebstähle. Doch damit nicht genug der **Probleme.** Die vormals intakte Ökologie scheint unter Müll zu ersticken, und die Korallenbänke werden durch die Anker von Touristenbooten zerschmettert. Zumindest die Water-Scooter, die bis vor kurzem das Wasser unsicher machten, sind inzwischen verboten.

Der immense Tourismus-Boom hat auch die Grundstückspreise in astronomische Höhen schnellen lassen, und viele einstige Bewohner – zumeist Angehörige der „Seezigeuner" – verkauften ihr Stück Land voreilig oder wurden von Grundstückseignern vertrieben. Heute fristen sie ein nur geduldetes Dasein am sozialen Rande der Inselgesellschaft.

Von den beiden Inseln ist nur Phi Phi Don bewohnt, ein mit Dschungel überwuchertes und mit sanften Buchten gesegnetes Tropenparadies. Phi Phi Le besteht zum großen Teil aus bizarrer Felslandschaft, die eine Besiedlung unmöglich macht. Die beste Ansicht von Phi Phi Don erhält man vom **„View Point"** aus, der in einem schweißtreibenden Aufstieg (30-40 Min.) zu erreichen ist.

Bootsausflüge, so wie sie die Pee Pee Andaman Bungalows und das Pee Pee Don Resort organisieren (ca. 100 Baht/Person) führen durch eine faszinierende Inselwelt, so auch zum Shark Point im Südosten der Tonsai

PHI PHI ISLANDS

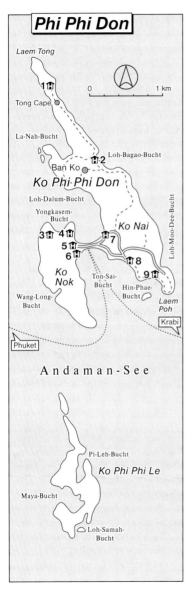

🏠	1	Phi Phi International
🏠	2	Phi Phi Island Village
🏠	3	P.P. Princess Resort
🏠	4	Phi Phi Viewpoint
🏠	5	Gift 2, Valley
🏠	6	Ton Sai Village, Pee Pee Island Cabana, Andaman Queen 86
🏠	7	Krabi Phi Phi Resort, Charlie Beach Resort
🏠	8	Phedon Resort, Phi Phi Andaman, Laem Hin, Funny
🏠	9	Phi Phi Paradise Pearl, Long Beach, Viking Village

Bay, wo sich Hunderte von Leopardenhaien tummeln. An der Westseite der Ton Sai Bay liegen hervorragende Tauchgründe. Weitere Ausflüge führen zur Insel Phi Phi Le. Hier befindet sich die **Viking Cave,** eine riesige Höhle, die mit Wandmalereien geschmückt ist. Die Maya Bay von Phi Phi Le bietet beste Tauch- und Badegelegenheiten.

Unterkunft

●**Ton Sai Bay (beiderseits des Bootspiers):** Phi Phi Island Cabana*** (Tel. 075-6121 32), Tonsai Village***** (Tel. 075-611495), Pee Pee Andaman*, Funny Land**, Laem Hin Bungalows***.
●**Yongkasem Bay (nordwestlich des Bootspiers):** Charlie Beach Resort***, P.P. Pavilion Resort****, Phi Phi Viewpoint Resort***.
●**Long Beach (östlich von Ton Sai):** Viking Village**, Long Beach Bungalows*-**, P.P. Paradise Pearl**-*** (Tel. 01-723 0484).
●**Loh Dalum Bay (nördlich von Ton Sai):** Gift 2 Bungalows*-**, Krabi Pee Pee Resort*** (Tel. 075-6122188), Pee Pee Charlie Beach Resort**-**** (Tel. 01- 7230495), Rim-

na Villa*** (Tel. 076-212901-4), Pee Pee Viewpoint Resort***-**** (Tel. 01- 7230483).
- **Loh Pakao Bay (Nordseite):** Pee Pee Island Village****-***** (Tel. 076-215014).
- **Laem Thong (Nordzipfel):** Pee Pee International Resort*****-LLL (Tel. 076-214297; Telex 65506 STCPHKT; Fax 076- 214301).

Anreise

- **Boote ab Krabi** (2,5 Std.) kosten 125 Baht, die schnelleren Expreßboote (50 Min.) 200 Baht. Tickets bei Pee Pee Marina Travel (201/1-3 Uttarakit Rd., Tel. 611496) oder Krabi Sea Tours (256 Uttarakit Rd., Tel. 611110).
- **Boote ab Ao Nang Bay** bei Krabi (2 Std.) kosten 160, Hin- und Rückfahrt 250 Baht.
- **Törns ab Phuket** lassen sich in jedem Reisebüro in Phuket Town (und anderswo auf Phuket) buchen. Die Preise für die einfache Fahrt liegen bei 200-350 Baht, je nach Fährunternehmen, das vermittelt wird. Sehr zuverlässig ist die Songserm Travel Co. in der 51-53 Satun Road, Tel. 076-222570 bis 4, Fax 21430. Eine Zweigstelle findet sich auch in 52 Soi Bangla in Patong; Tel. 340051-2. Um 8.30 Uhr fahren Schnellboote des Unternehmens nach Phi Phi Don, Rückfahrt 13.30 Uhr. Fahrzeit 50 Min, Return-Preis 550 Baht. Langsamere Boote (1,5 Std.) fahren um 14.00 Uhr, Rückfahrt ab Phi Phi Don um 9.00 Uhr. Die Boote fahren jeweils ab dem Pier von Phuket Town, und die Tickets können direkt dort an einem Schalter von Songserm gekauft werden.

Phang-Nga
พังงา

Die Gegend um Phang-Nga, die kleine Hauptstadt des gleichnamigen Distriktes, ist eine der markantesten Thailands. Zu allen Seiten erheben sich schroffe, bizarre Kreidefelsen, die zum Teil dicht bewachsen sind. Sie sind das untrügliche Erkennungszeichen dieser Gegend.

Phang-Nga selbst ist eine entspannte und erholsame Stadt, in der nicht viel zu passieren scheint. Der lebendigste Ort ist der nicht gerade turbulente Markt in der Innenstadt.

Drei Kilometer westlich der Stadt befindet sich der **Somdet Phrasi Nakharin Park,** der nach der Mutter *König Bhumipols* benannt ist, und der um einige sehenswerte Kalksteinhöhlen angelegt ist. Eine der Höhlen wird von der Statue eines *russi* oder „Weisen" bewacht, die von der örtlichen Bevölkerung besonders verehrt wird. Die Höhle wird der Figur nach auch Russi-Höhle genannt. Ab dem Markt in Phang-Nga fahren Songthaews für 5 Baht.

Vier Kilometer östlich von Phang-Nga weist ein Hinweisschild an der Straße zum **Sra Nang Manora Forest Park** (das Schild besagt in falscher Transskription *Sar* statt *Sra*), der von der Abzweigung noch weitere 4 km entfernt liegt. Dieser urwüchsige, dichte Wald beherbergt einen hübschen Wasserfall, der nahe dem Parkeingang in ein kleines Becken mündet. Hier darf gebadet werden! Zur Anfahrt hierhin empfiehlt sich ein Mietfahrzeug, ansonsten nehme man ein Songthaew ab Phang-Nga (ca. 5 Baht) und gehe die restlichen Kilometer ab der Abzweigung zu Fuß.

Etwa 13 km westlich der Stadt entfernt befindet sich die **Khuha-Sawan-Höhle,** die zahlreiche Buddhafiguren beherbergt. Diese Figuren zeigen stehende, sitzende als auch liegende Buddhas, und da auch diese Höhle ein Pilgerziel der Umgebung ist, wird sie von einer ganzen Reihe erfrischungsbietender Getränke- und Essensstände umgeben. Ab dem Markt in Phang-Nga fahren Songthaews für 10 Baht bis zu einer Kreuzung in Nähe der Höhle, von wo es noch 1 km zu Fuß ist.

Unterkunft

●Links neben dem kleinen Markt liegt das freundliche **Rattanapong Hotel****-*** (111 Phetkasem Rd., Tel. 411247) mit recht ordentlichen Zimmern (Bad) in verschiedenen Kategorien. Im Erdgeschoß gibt es morgens auch einen Restaurantbetrieb mit einfachen, preiswerten Gerichten.

●Ziemlich genau gegenüber auf der anderen Straßenseite befindet sich das **Sukh Phang-Nga Hotel***-** (100 Phetkasem Rd., Tel. 411 0909); Zimmer mit Bad. Exakt vor dem Hoteleingang wimmelt es aber stets von Buspassagieren, da hier die Busse ankommen und abfahren. Die Zimmer nach vorne raus sind so sicherlich sehr laut.

●Sehr beliebt bei Budget-Reisenden ist das **Thawisuk Hotel*** 77-79 Phetkasem Rd., Tel. 411686), das preiswerteste von Phang-Nga. Die Zimmer (Bad) sind billig, ein allzu hoher Standard sollte aber dafür nicht erwartet werden.

●Das **Lak Muang 1**** (1/2 Phetkasem Rd., Tel. 41125) am Ostrand der Stadt hat einfache Zimmer (Bad).

●Besser ist das am Westrand gelegene, neuere **Lak Muang 2****-*** (540 Phetkasem Rd., Tel 411125). Die Zimmer sind sauber und ordentlich, A.C. ist vorhanden; teurere Zimmer mit TV und Kühlschrank.

●Kurz vor dem Bootspier von Phang-Nga stehen links die geräumigen **Phang-Nga National Park Bungalows*****-**** (Tha Dan Rd., Tel. 411188). Diese bieten selbst einer thailändischen Großfamilie genügend Platz. Bad ist jeweils vorhanden, aber kein Ventilator.

●Wenige Meter weiter, etwas rechts des Piers, überblickt das komfortable **Phang-Nga Bay Resort******-***** (20 Tha Dan Rd., Tel. 411067-70) die schmale Wasserstraße, die hinaus in die Phang-Nga-Bucht führt. Die idyllische Lage hat aber ihren Preis. Standardzimmer, Deluxe-Räume sowie Suiten haben A.C. und TV.

●Das **Phang-Nga Valley Resort***** (5/5 Phetkasem Rd., Tel. 412201, 411353, 411393) befindet sich ca. 4 km westlich der Innenstadt, etwas zurückversetzt von der Straße nach Phuket, und ca. 1 km westlich des Somdet Phrasi Nakharin Parks. An der Abzweigung von der Hauptstraße weist ein Schild den Weg. Das Resort ist die beste Unterkunft im näheren Stadtbereich. Es stehen 13 komfortable, unterschiedlich große Bungalows zur Verfügung (Bad, AC). Ein Restaurant ist vorhanden.

Essen

Hier gibt es nichts Besonderes zu vermelden, Phang-Nga ist der falsche Ort für verwöhnte Gourmets. Im Markt neben dem Rattanapong Hotel servieren einige Essensstände thailändische und chinesische Hausmannskost ab 15 Baht.

●Das **Duang Restaurant** neben der Bangkok Bank offeriert ebenfalls recht gute Thai- und chinesische Küche.

Anreise

●**Busse** ab Phuket (2,5 Std.) kosten 26 Baht, Busse ab Krabi (2 Std.) 20 Baht; Busse ab Surat Thani (3 Std.) für 40 Baht.

- **Normalbusse** ab Bangkok (815 km) fahren um 8.00 und 16.00 Uhr und kosten 184 Baht. **A.C.-Busse** um 19.30 Uhr zu 346 Baht, V.I.P. 515 Baht, Fahrzeit 13 Std.

Weiterreise

- **Songthaews** vom Markt in Phang-Nga zum Bootspier Tha Dan kosten 10 Baht; Abfahrt direkt vorm Markt in der Phetkasem Road. Songthaews innerhalb der Stadt 4 Baht.
- Die **Busse** nach Phuket und Krabi fahren ab der Phetkasem Road in Höhe des Rattanapong Hotels ab.

Inseln vor Phang-Nga

Die Hauptattraktion von Phang-Nga ist aber sicherlich die **Bootsfahrt durch die vorgelagerte Inselwelt** mit zahllosen bizarren Felsen, die überall schroff aus dem Wasser ragen. Zu dieser Bootsfahrt nehme man zunächst ein Songthaew vom Markt in Phang-Nga zum Pier Tha Dan (10 Baht). Dort lassen sich Boote anmieten. Eine dreistündige Fahrt kostet ca. 300 Baht, die Bootsleute beginnen den Handel aber meist mit eklatant höheren Summen. Wer **Schwierigkeiten bei der Bootsmiete** bekommen sollte, kann die direkt am Pier gelegene Unterabteilung der TAT um Vermittlung bitten. Oder man wende sich an *Khun Hassim*, einen Bootslenker, der seine Dienste über das Rattanapong Hotel anbietet; eine vier- bis fünfstündige Fahrt kostet ab 150 Baht/Person. Ebenfalls als zuverlässig gilt *Khun Sayan*, der über das Thawisuk Hotel zu buchen ist. Am Busbahnhof betreibt er auch eine kleine „Tourist Information", die aber wohl wie alle derlei privat betriebenen Informationsstellen kaum aus selbstlosen Zwecken agiert.

Die Bootsfahrten führen zunächst durch einen schmalen Kanal, den Klong Khao Thalu. Danach erreicht man **Ko Pannyi**, eine winzige, von Moslems bewohnte Insel. Hier kann man einen Stop einlegen und durch einen Irrgarten von dicht aneinander gedrängten, auf Stelzen ins Wasser gebauten Holzhäusern schlendern. Die Insel ist aber mittlerweile voll auf Tourismus eingestellt und zahlreiche Textilgeschäfte lauern auf Kunden. Zu warnen ist vor den am Pier gelegenen Seafood-Restaurants, die mäßige Qualität zu Wucherpreisen bieten: 500 Baht für eine halbwegs füllende Mahlzeit sind keine Seltenheit.

Die Fahrt führt weiter zum **Khao Khian**, dem „Malberg", einem mit prähistorischen Malereien versehenen Felsen. Die Malereien sind ca. 3.000-4.000 Jahre alt und zeigen Menschen und Tiere jener Zeit.

Zu guter Letzt besichtigt man **Khao Phingan**, die besser unter dem Namen „James Bond Island" bekannt sein dürfte. Hier wurden Teile des James Bond-Films „The Man with the Golden Gun" gedreht, und seither sonnt sich die Insel in diesem Ruhm. Der Insel vorgelagert ist der wohl markanteste Fels Thailands, der „Nagelberg", **Khao Tapu**. Dieser sieht aus wie ein Nagel, den irgendwer mit überdimensionalem Hammer in den Meeresboden gerammt hat.

Khao Phingan und Khao Tapu werden tagtäglich von Hunderten von Touristen besucht, und Dutzende von

Die Insel Ko Yao Noi in
der Bucht von Phang-Nga

Souvenir- und Getränkehändlern auf Khao Phingan sorgen für ein extrem kommerziell geprägtes Flair. Sucher von Ruhe und Einkehr sind hier fehl am Platze. Die Insel wurde durch Sandaufschüttung sogar noch vergrößert, um noch mehr Verkaufsständen und Touristen Platz bieten zu können!

Ko Yao Noi
เกาะยาวน้อย

Die Insel Ko Yao Noi in der Bucht von Phang-Nga ist eine der wenigen relativ „unentdeckten" Ecken in dieser Region. Ko Yao Noi, „Die kleine lange Insel", ist dicht mit Gummiplantagen bepflanzt, es finden sich noch Wälder und Palmenhaine, und die Insel bietet ausgezeichnete Wander- oder Radelmöglichkeiten. Außerdem gibt es einige sehr schöne Strände; besonders der Küstenstreifen von Ban Pa Sai im Südosten bis nach Ban Sai Thao, circa 5 km weiter nördlich, ist äußerst malerisch. Auf Ko Yao Noi ist noch die **absolute Ruhe** zu Hause, und wer von den überlaufenen Strandorten genug hat, findet hier die perfekte Alternative. Hier wird in sich Zukunft touristisch vielleicht noch einiges tun. Zu beachten ist, daß es noch **keine Bank** oder sonstige Geldwechselmöglichkeit auf der Insel gibt, man sollte also genügend Bargeld von Phuket oder Krabi aus mitbringen.

Ko Yao Noi hat 9.000 Einwohner, die weitaus meisten davon sind Mos-

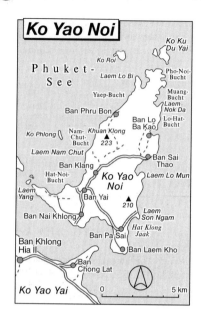

lems. Wie fast überall, wo noch nicht der große Tourismus Fuß gefaßt hat, ist die Bevölkerung freundlich und hilfsbereit.

Strände und Unterkünfte

Der wohl schönste Strand auf der Insel ist der **Hat Klong Jaak** oder „Long Beach", 7 km vom Hauptdorf der Insel entfernt. Hier stehen die etwas abgewohnten Bungalows (Bad) des **Long Beach Village***** (Tel. 01-6077912), vor denen sich allerdings der schönste Strand der Insel ausbreitet. Der Strand ist weiß, fast unwirklich ruhig, bei Flut aber leider nur sehr schmal. Vor dem Ufer ragen bizarre Felseninseln aus dem Meer. Im Long Beach Resort läßt sich möglicherweise auch ein Motorrad oder Wagen mieten. Aufgrund der großen Entfernungen auf der Insel ist ein Fahrzeug viel wert. Ansonsten gibt's nur Motorrad-Taxis.

Etwa 1 km weiter südlich von Hat Klong Jaak erstreckt sich der Strand Hat Pa Sai. Hier steht das **Sabai Corner*****, das von einer seit Jahren auf der Insel lebenden Italienerin und ihrem Thai-Mann geleitet wird. Es gibt acht Bungalows (Gemeinschaftsbad) samt einem kleinen Restaurant. Tel. 01-8921827. Es werden Fahrräder ausgeliehen, und die Besitzer organisieren Touren zu einigen vorgelagerten kleinen Inseln, die zum Teil sehr schöne Strände aufweisen.

Etwas südlich des Sabai Corner, an einem recht attraktiven Strandabschnitt, finden sich die z.Zt. noch im Ausbau befindlichen **Lom Lay Bungalows** (ca. **-***), die von einer Kanadierin und ihrem von der Insel stammenden Ehemann betrieben werden. Camping-Möglichkeit vorhanden.

Weitere Unterkünfte

Im Hauptdorf der Insel, Ban Yai, gut fünf Kilometer vom nächsten nennenswerten Strand entfernt, stehen drei Unterkünfte, das Ko Yao Cabana, Amina G.H. und Vilai G.H.
● Das **Ko Yao Cabana**** befindet sich direkt in der Dorfmitte, in Greifweite mehrerer kleiner Brutzelhütten. Bungalows und Zimmer mit Bad.
● Das nahe gelegene **Amina Guest House** ** (Tel. 076-597278) ist von einer Art Garten umgeben und hat recht ordentliche Zimmer (Bad). Es werden auch Motorräder vermietet.
● Das **Vilai Guest House** ** gehört demselben Besitzer wie das Amina G.H. und steht an der Straße in Richtung Hat Pa Sai. Einfache Zimmer mit Bad.

- Im Dorf An-Pau im Nordwesten der Insel, gut 5 km von Ban Yai entfernt, befindet sich **Nui's Bungalow****-***, das von einem sehr netten Thai, der fünfzehn Jahre in Deutschland gelebt hat, und seiner kanadischen Ehefrau geleitet wird. Zwar gibt es hier keinen aufregenden Strand (Schwimmen ist dennoch möglich), hinter der Anlage erstreckt sich aber dichter Wald, der zu Wanderungen einlädt. Außerdem wird *Nui's* Essen hoch gelobt, und viele Traveller, die hier einmal waren, kommen auch wieder. Es stehen preiswerte Zimmer und etwas teurere Bungalows zur Verfügung (Gemeinschaftsbad).
- Kurz vor Nui's Bungalow steht das **Ko Yao Resortel*****, das nur sehr rudimentäre Bungalows aufweist; jeweils zwei Bungalows teilen sich ein dazwischen gelegenes Bad. Camping-Möglichkeit vorhanden.
- Nahe Tha Khao, dem Pier (= *tha*), von wo die Boote nach Krabi ablegen (im Bereich der Ortschaft Ban Sai Thao), stehen die sehr guten **Tha Khao Bungalows*****-**** (Tel. 076-212172, 212252, 01-9564689). Die Bungalows (Bad) sind auf Stelzen gebaut und haben eine Art Terrasse, von der sich ein wunderbarer Ausblick auf das Meer und die daraus herausragenden Felsen ergibt. Dies ist die derzeit beste Unterkunft am Ort, und die Lage ist großartig. Allerdings ist der vorgelagerte Strand nicht zum Schwimmen geeignet. Neben den regulären Bungalows gibt es eine Art Doppel-Bungalow, das aus mehreren Zimmern besteht und bis zu sechs Personen Platz bietet.

Fahrradtouren

Einige Tourunternehmen in Phuket bieten **Fahrrad-Touren** auf Ko Yao Noi an, wobei auch für die Anreise ab Phuket gesorgt wird.

Bungalow-Anlage von Ko Yao Noi

KO YAO YAI

- **Tropical Trails,** Phuket, Tel. 076/282914, 248239.
- **Single Trak Sports,** Phuket, Tel. 076/27093
- **Siam Safari,** Phuket, Tel. 076/280116
- **Outta Bounds,** Phuket, Tel. 076/270936

Anreise

- Ab dem Pier von Laem Sak in Ao Luk (sprich Aao Lück) bei Krabi fahren um 11.30 **Boote** für 40 Baht nach Ko Yao Noi. Anfahrt nach Ao Luk per Bus ab Krabi oder Phang-Nga. Gecharterte Boote ab Laem Sak oder auch ab dem Pier in Phang-Nga kosten ca. 600 Baht für die einfache Fahrt. Mehrere Boote fahren zudem ab dem Pier in Bang Rong im Nordosten von Phuket (Fahrt nach Bang Rong mit Songthaew ab Phuket Town). Abfahrt meist um 10/11 Uhr und 12/13 Uhr. Kostenpunkt 40 Baht. Falls die Passagierboote schon abgefahren sind, kann man versuchen, auf einem Frachtschiff mitgenommen zu werden. Gecharterte Boote ab Bang Rong kosten ab 800 Baht einfach bzw. 1.200 Baht für einen Tages-Return-Trip. Für ca. 900 Baht kann man sich gleich zum Hat Klong Jaak (Long Beach) übersetzen lassen. Fahrzeit im Charter-Boot bis Tha Manok ca. 45 Min., ansonsten je nach Bootstyp 1 1/2 – 2 Std. Weitere Boote fahren ab Phang-Nga (Tha Dan); Abfahrt täglich gegen 7 Uhr; Preis 80 Baht.

Bei allen größeren Booten kann man auch **Motorräder mitnehmen,** was bei den spärlichen Verkehrsmitteln auf Ko Yao Noi sicher keine schlechte Idee ist. Der Mitnahmepreis ist in der Regel genau so hoch wie der Fahrtpreis für eine Person.

- Ko Yao Noi hat mehrere **Piers:** Die Boote aus Phuket legen üblicherweise am Tha Manok am Südzipfel der Insel an, von wo es ein relativ kurzer Weg zum Hat Klong Jaak als auch Ban Yai ist. Die Boote aus Ao Luk kommen am Tha Khao im Nordosten der Insel an, in Sichtweite der Tha Khao Bungalows.

An allen Piers finden sich **Motorrad-Taxis** und **Tuk-Tuks** für die Weiterfahrt. Die Tuk-Tuks fahren zu einem „Festpreis", der auf einer Liste in den Fahrzeugen ausgehängt ist. Fahrten von Tha Manok zum Hat Klong Jaak kosten demnach 40 Baht, nach An-Pau 80 Baht. Die Motorrad-Taxis sollten etwas preiswerter sein, oft muß aber lange um den Preis gefeilscht werden.

Weiterreise

- Von Ko Yao Noi gelangt man leicht zur größeren **Nachbarinsel Ko Yao Yai** (s.u.). Von Tha Manok auf Ko Yao Noi zum Norden von Ko Yao Yai (Pier Chong Laat) ist es nur eine kurze Überfahrt, die Inseln liegen hier in Sichtweite. Es fahren täglich zahlreiche Boote zwischen den beiden Piers hin und her (Preis 10 Baht).

Zum Hauptpier von Ko Yao Yai, Tha Lo Jaak, an der Südwestseite der Insel gelegen, ist es eine längere Überfahrt. Außerdem fahren hierhin keine Linienboote, sondern man muß sich ein Boot chartern; Preis ca. 800-1.000 Baht für die einfache Fahrt.

- Die normalen **Linienboote** von Ko Yao Noi zurück nach Bang Rong auf Phuket oder nach Laem Sak fahren alle morgens ab. Bei der Rückfahrt per Charterboot nach Bang Rong ist darauf zu achten, daß man möglichst bei Flut dort eintrifft. Bei Ebbe sinkt der Wasserpegel in der Nähe des Piers stark ab, und die Boote müssen einige hundert Meter davor im Schlick anhalten. Die restliche Strecke muß man dann durchwaten. Mit großem Gepäck ist das kein Vergnügen.

Ko Yao Yai
เกาะยาวใหญ่

Ist die obige Ko Yao Noi noch immer ein kleiner Geheimtip, so liegt ihre größere Schwesterinsel noch im Vor-Geheimtip-Stadium. Ko Yao Yai ist etwa dreimal so groß wie Ko Yao Noi, aber noch dünner besiedelt als letztere. In den neun Dörfern der Insel leben etwa 6.000 Menschen, hauptsächlich Moslems. Die Insel ist beinahe nahtlos mit Gummi- und Kokosplantagen und sonstiger Vegetation

bedeckt, und bis vor kurzem führten nur einige staubige Landstraßen durch das urwüchsige Gelände. Erst 1999 wurde mit der großangelegten Asphaltierung der Straßen begonnen.

Ko Yao Yai bietet einige sehenswerte Strände, vor allen an ihrer Westseite. Der schönste Strand ist der absolut einsame **Ao Muang Beach** (*Hat Ao Muang*), ca. 3 km südlich des Piers in der Ao (Bucht) Lo Jaak, der aufgrund steinigen Untergrunds allerdings nicht so gut zum Schwimmen geeignet ist.

Am Ao Muang Beach auf Ko Yao Yai

Hinter den Palmen, die den Stand säumen, liegt ein gerodetes Gelände, das einen Hubschrauberlandeplatz darstellt. Der Landeplatz wurde von einem thai-chinesischen Geschäftsmann angelegt, dem das umliegende Gelände gehört, und der einst einen Golfplatz an der Stelle geplant hatte. Aus dem Golfplatz wurde nichts, es entstand nur ein Restaurant, der Geschäftsmann fliegt jedoch immer noch gelegentlich ein. Einige Dorfbewohner munkeln, daß hier touristische Aktivität rein deshalb vorgetäuscht wurde, um die Grundstückspreise in die Höhe zu treiben. Einen weiteren Hubschrauberlandeplatz hat sich der gutbetuchte Vielflieger bei Hua Hat Chong Laat (s.u.) anlegen lassen.

KO YAO YAI

Am Südende der Insel liegt **Laem Hua-Laan**, das „Glatzen-Kap", so genannt wegen seiner mangelnden Vegetation. Angrenzend befindet sich die kleine **Ao Sai** mit einem recht schönen Strand sowie die **Ao Luuk Phlu**, in der sich zahlreiche Affen tummeln.

Etwa 7 km nördlich von Tha Lo Jaak erstreckt sich der **Lo Pared Beach** (*Hat Lo Pared*); dieser ist besser zum Schwimmen geeignet als der Ao Muang Beach, aber nicht ganz so malerisch. Nördlich schließt sich **Ao Lopo** an, die größte Bucht der Insel; an dessen Südseite liegt die winzige **Ko Nui**, eine Insel, auf der einige Fischerfamilien leben.

Einige Strände finden sich noch an der Nord- und Nordostseite der Insel. Die besten davon sind der **Hua Hat Chong Laat** im Norden (östlich des Piers von Chong Laat und gegenüber Ko Yao Noi gelegen) und der Strand in der **Ao Son** im Nordosten. Ao Son ist eine weit ausholende Bucht, in dessen Umgebung einige buddhistische Thais und Thai-Chinesen wohnen. Weiter südlich, an der Ostseite der Insel, erstreckt sich eine weitere, jedoch nur wenig ansehnliche Bucht, **Ao Hin Gong**. Hier befindet sich ein Pier, das der günstigste Ankunftspunkt für gecharterte Boote aus Richtung Krabi wäre.

Neben zahlreichen Buchten und Stränden bietet Ko Yao Yai jedoch vor allem eine Aura völliger Weltabgeschiedenheit – der ideale Platz für Aussteiger und Entdecker! Genau, wie auf ihrer Schwesterinsel, so findet sich auch hier **keine Geldwechselmöglichkeit**.

Unterkunft/Essen

● Etwa 1 km nördlich von Tha Lo Jaak stehen die **Halawee Bungalows*****, die von einem ehemaligen Arzt geleitet werden. Die Anlage ist auf einer Anhöhe angelegt, von der man eine großartige Aussicht auf das Meer und die sattgrüne Umgebung hat. Die Lage ist ausgezeichnet. Einfache Bungalows mit Bad; ein Restaurant ist angeschlossen.

Das Gelände zwischen den Bungalows und dem Strand wurde von einem Geschäftsmann aufgekauft, und möglicherweise wird dort in Zukunft ebenfalls eine Unterkunft entstehen.

● Im Nordosten von Ko Yao Yai, in Ao Som, befinden sich die **Long Lae Bungalows** *** (Bad). Diese wurden 1999 dem *Raan-Ahaan Long Lae* (wörtl. „Restaurant Probier's-doch-mal") hinzugebaut, einem Restaurant, das sich bei den Insulanern seit längerem großer Beliebtheit erfreut. Obwohl das Restaurant von Thai-Chinesen betrieben wird, fehlt auf der Speisekarte das Moslems verpönte Schweinefleisch. Das nächstgelege Pier zu den Bungalows ist Tha Chong Laat im Norden (Boote von Ko Yao Noi), in dessen Nähe sich auch ein Dorf befindet.

● Einige **einfache Restaurants** finden sich in der Nähe von Tha Lo Jaak.

Verkehrsmittel

● Bei der Ankunft der Boote an Tha Lo Jaak oder Tha Chong Laat stehen **Motorrad-Taxis** parat. Einige Fahrer sind auch bereit, ihre Motorräder an Touristen tageweise auszuleihen, falls sich das für sie rentiert. Nebenbei findet sich an Tha Lo Jaak der eine oder andere alte **Pick-Up-Truck** zur Weiterfahrt nach der Ankunft. Wer die Insel in einem Tagesausflug (siehe „Anreise/Rückreise") erkunden will, zahlt für einen Pick-Up-Truck ca. 400-500 Baht. Energisch handeln!

● Die ideale Lösung ist, **Motorräder oder Fahrräder von Phuket aus mitzubringen**. Siehe dazu unten, „Anreise/Rückreise".

Karte Seite 379

Krabi
กระบี่

Anreise/Rüsckreise

● Ab dem **Pier Tien Sin,** am Ostrand von Phuket Town und vor Ko Siray gelegen, fahren um 10 Uhr (außer Fr) und 14 Uhr reguläre Boote zum Tha („Pier") Lo Jaak auf Ko Yao Yai. Tha Lo Jaak befindet sich an der Südwestseite der Insel. Kostenpunkt 50 Baht, Fahrzeit je nach eingesetztem Bootstyp 1 bis 1 1/2 Std. Die Boote fahren zurück nach Phuket um 8 und 15 Uhr (Fr ca. 14.30 Uhr; es fahren zwei Boote innerhalb weniger Minuten ab, das zweite ist das schnellere).

Nimmt man das Boot nach Ko Yao Yai um 10 Uhr, kann man die Insel gut in einem Tagesausflug besuchen; bis zur Rückfahrt um 15 Uhr bleiben einem 3 1/2 Std. (Fr 3 Std.) Die Mitnahme eines Motorrads auf den Booten kostet 50 Baht.

● Ab dem **Pier von Laem Hin,** ca. 6 km nördlich von Phuket Town in der Ao Sapam gelegen, lassen sich „Langschwanzboote" anheuern. Die einfache Fahrt kostet ab 800 Baht, retour in einem Tagesausflug ca. 1.200 Baht. Fahrzeit ca. 1 Std. Von Laem Hin fahren auch reguläre Boote. Diese legen jedoch erst nachmittags ab (gegen 14 Uhr) und fahren am nächsten Morgen (ca. 8 Uhr) zurück nach Laem Hin. „Langschwanzboote" lassen sich auch in Krabi anheuern; aufgrund der relativ großen Entfernung bis Tha Lo Jaak ist mit gut 1.500 Baht zu rechnen. Fahrten von Krabi bis zur näher gelegenen Ostküste von Ko Yao Yai müßten billiger sein.

Krabi (25.000 Einw.) ist eine angenehme kleine Provinzhauptstadt, 867 km von Bangkok entfernt, die in den letzten Jahren einen kontinuierlich wachsenden Strom von Touristen kommen sah. Der Ort ist der Transitpunkt für einige sehr attraktive Strände, die immer noch zu den schönsten des Landes zählen – auch wenn sie nicht mehr so einsam und ruhig sind wie zuvor.

Mit dem Tourismus-Boom in Krabi schossen auch zahllose „Tourist Informations"-Center aus dem Boden, die aber nichts weiter sind als Tourunternehmen, die ihre eigenen Touren verkaufen wollen. Eine offizielle Zweigstelle der TAT gibt es nicht, sie ist aber – so wird seit Jahren beteuert – für die „nähere Zukunft" geplant.

In Krabi selber gibt es nicht viel zu tun, wenn man einmal von Spaziergängen entlang des Krabi-Flusses zum idyllischen **Tara-Park,** am Südende des Ortes gelegen, absieht. Ansonsten bietet der **Morgenmarkt** interessante Szenerien, und auffällig ist die Präsenz zahlreicher moslemischer Marktfrauen. Krabi hat eine hohen Bevölkerungsanteil von **Moslems,** eine Tatsache, die auch eine Anzahl moslemischer Restaurants hat entstehen lassen.

Etwa 8 km außerhalb der Stadt befindet sich das bekannte **Höhlenkloster Wat Tham Suea** oder der „Tigerhöhlentempel", der von einem Mönch namens *Achaarn Jamnien Silasettho*

gegründet wurde. Der Wat, einer der wichtigsten Meditationstempel des Landes, erhielt seinen Namen von einer Felsformation, die die Form einer Tigerkralle aufweist – so lautet zumindest die eine Version. Eine andere – und gern weitererzählte – Version spricht von einem Tiger, der hier mit Achaarn Jamnien zusammen in einer Höhle gelebt haben soll. Den Tiger gibt es heute nicht mehr, aber der Achaarn (Lehrmeister) ist noch wohlauf. Im Tempel leben heute etwa 250 Mönche und Nonnen.

Von Krabi aus fahren Songthaews für 10 Baht nach Wat Tham Suea. Falls gerade kein Songthaew in die Richtung fahren sollte, nehme man eines der vielen Songthaews, die zur Krabi Junction fahren (auf Thai *Talaat Gau* – „Alter Markt"), Kostenpunkt 5 Baht, und dort ein Motorrad-Taxi für die Weiterfahrt (ca. 10 Baht).

Die bestpublizierteste Sehenswürdigkeit Krabis ist der **Muschelfriedhof** *susaan hoy*. Hier, ca. 17 km südlich der Stadt, haben sich Muschelfossilien, die auf ein Alter von 75 Mio. Jahren datiert werden, zu riesigen Platten formiert. Nach offiziellen Angaben gibt

Bildnisse in Wat Tham Suea

KRABI

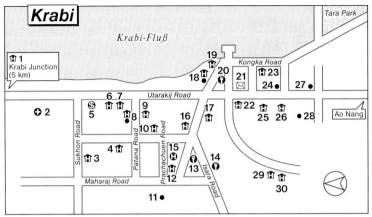

🏠 1	Maritime Hotel	• 11	Kino	⊕ 20	Pizzeria Firenze
⊕ 2	Krankenhaus	• 12	Phi Phi Tour &	⊠ 21	Post
🏠 3	City Hotel	🏠	Guest House	🏠 22	Grand Tower G.H.
🏠 4	P.P. Pearl Paradise	⊕ 13	May & Mark	🏠 23	P.P. Family G.H.
	Guest House	⊕ 14	Massana Muslim	• 24	Immigration
$ 5	Bank		Restaurant	🏠 25	Kanab Naam G.H.
🏠 6	Vieng Thong Hotel	⊕ 15	Busstation	🏠 26	Cha Guest House
🏠 7	Chan Phen G.H. &	🏠 16	Krabi Guest House	• 27	Polizei
⊕	Restaurant	🏠 17	Thai Hotel	• 28	Stadthaus
• 8	Central Tour &	• 18	S.R. Travel &	🏠 29	Chao Fah Valley
🏠	Guest House	🏠	Guest House		Bungalows
🏠 9	New Hotel	🏠 19	Thammachart	🏠 30	K.R. Mansion
🏠 10	SU Guest House		Guest House		

es auf der Welt nur noch zwei vergleichbare „Muschelfriedhöfe", und zwar in Japan und den U.S.A. Dennoch ist das ganze optisch nicht gerade sensationell, und manchen Besucher erinnern die Muschelformationen eher an weggeworfene Betonplatten. Von Krabi fahren für 15 Baht Songthaews zum susaan hoy.

Interessanter als der Muschel-Friedhof sind wahrscheinlich **Touren auf dem Krabi-Fluß,** die vom Chan Phen Restaurant & Guest House organisiert werden. Bei den halbtägigen Touren werden die Mangrovenwälder entlang des Flusses besucht, in der eine Vielzahl von Wasservögeln und andere Tiere zuhause sind. Derartige Touren können auch mit den Bootsfahrern am Pier von Krabi vereinbart werden; Kostenpunkt je nach Teilnehmerzahl ca. 100-200 Baht/Pers. Handeln!

Unterkunft

- Sehr nette und saubere Bungalows (Bad) hat das **Chao Fah Valley**** (Tel. 612499).
- Das **Grand Tower Hotel**** an der Ecke Uttarakij Rd./Chao Fah Rd. hat akzeptable Zimmer mit und ohne eigenes Bad. Einige Gäste beschwerten sich allerdings über mangelnde Sauberkeit in den Zimmern.
- Wenige Meter weiter die Uttarakij Road entlang finden sich zwei einfache, aber sehr preiswerte Unterkünfte: das **Kanab Naam Guest House***, Zimmer mit Gemeinschaftsbad und Dorm-Unterbringung, sowie das **Cha Guest House*** (Gemeinschaftsbad). Besonders gelobt werden der hauseigenen Joghurt-Shakes.
- Das **Central Guest House***-** (2/4 Patana Rd., Tel. 611495), über dem Büro von Central Tour, hat Zimmer mit und ohne Bad.
- Schräg gegenüber befindet sich das **New Hotel**** (9-11 Patana Rd., Tel. 611541), das halbwegs akzeptable Zimmer mit Bad bietet.
- Mindestens eine Klasse besser ist jedoch das **City Hotel****-*** (15/2-3 Sukhon Rd., Tel. 611961), mit nicht sehr großen, aber sehr sauberen Zimmern (Bad) und teureren A.C.-Räumen (TV). Guter und freundlicher Service.
- Dem gleichen Besitzer gehört das ca. 500 m nördlich der Innenstadt gelegene und ruhige **Riverside Hotel**** (287/11 Uttarakij Rd, Tel 612128-9); ordentliche und saubere Zimmer (Bad).
- Zimmer unterschiedlicher Qualität hat das **Vieng Thong Hotel****-*** (155 Uttarakij Road; Tel. 611188, 611288). Zimmer mit Bad, teurere mit A.C. Die A.C.-Räume haben zudem TV, die teureren dazu noch einen Kühlschrank. Letztere sind allgemein auch in gutem Zustand, bei den anderen Zimmen zeigen sich schwere Alterserscheinungen. Die Fenster einiger Zimmer blicken direkt vor eine Hauswand und diese sind somit etwas düster. Vor dem Einchecken einen Blick in das Zimmer werfen!
- Das **Thai Hotel*****-**** (7 Issara Rd., Tel. 611122, 611747) hat ebenfalls Zimmer in verschiedenen Kategorien, und auch diese zeigen Verschleißerscheinungen. Die teureren Zimmer haben TV mit Satelliten-Programmen.
- Einfache, aber saubere Zimmer (Gemeinschaftsbad) bietet das freundliche **S.R.Travel & Guest House*** (11 Khongka Rd., Tel. 611-930), vormals L.R.K. Travel & G.H. Unten im Haus, im Büro, befinden sich zudem Regale mit gebrauchten Büchern, die hier zum Verkauf anstehen, ebenso deutsche Zeitungen.
- Krabis Luxusherberge ist das etwa 2 km nördlich der Innenstadt an der Thung Fah Road gelegene **Krabi Meritime Hotel**^LLL (Tel. 620028-46; Fax 612992). Es ist von einer fantastischen Gartenanlage umgeben und überblickt den Krabi-Fluß und die daran gelegenen Felsformationen. Zimmer mit allem Komfort (A.C., TV, Kühlschrank), Deluxe-Zimmer und Deluxe-Suiten.

Bei Vorbuchung (sei es durch ein Reisebüro oder bei persönlicher telefonischer Voranmeldung) ergeben sich ca. 200-300 Baht Reduktion.

- Schräg gegenüber der Zufahrt zum Meritime Hotel liegt das neue **Krabi Royal Hotel****** (403 Uttarakij Rd., Tel. 611582-4, 621062-8, Fax 611581). Die Zimmer haben A.C., TV und Kühlschrank und sind sehr sauber und komfortabel; die zur Straße hinaus gelegenen Zimmer sind aber wohl zu laut und man sollte auf rückwärtige Zimmer bestehen. Die Zimmer sind etwas überteuert, wahrscheinlich kann man den Preis aber herunterhandeln. Falls ja, ist dieses Hotel eine gute Alternative zu den zumeist etwas gealterten Mittelklasse-Hotels in der Innenstadt.

Essen

- Eine sehr umfangreiche Speisekarte hat das **May & Mark Restaurant** schräg gegenüber dem Thai Hotel. Es gibt westliches Frühstück (Toast, Müsli, Porridge u.a.), zahlreiche westliche, mexikanische und Thai-Speisen, wie auch eine Reihe von vegetarischen Gerichten.
- Gleich rechts daneben befindet sich das **Baan Thai Issara**, das sehr gute Backwaren, darunter auch Vollkornbrot bietet.
- Seit vielen Jahren ein beliebter Traveller-Treff ist das **Chan Phen Restaurant & Guest House** in der 145 Uttarakij Road, was zum großen Teil an der hilfreichen Besitzerin, Mrs. Lee Hongyot, liegt. Sie kredenzt gute Traveller-Food und hat jede Menge Informationen zu Krabi parat.

- Das Restaurant des **Thammachart Guest House** (*thammachart* = „Natur") serviert thailändische vegetarische Gerichte.
- Sehr gute Pizzas, Crêpes, Spaghetti- und andere italienische Gerichte macht das von einem Italiener geleitete **Pizzeria Firenze** gegenüber dem Thammachart Guest House. Die Preise sind allerdings etwas gehoben, mit Pizzas ab 110 Baht, Crêpes ab 65 Baht; eine Tasse Beuteltee kostet 25 Baht.
- Gute Curries mit malaysischem Einschlag macht das moslemische **Hassana Restaurant** (nur in Thai und Arabisch ausgeschildert), das sich schräg gegenüber dem K.L. Guest House befindet. Morgens gibt es *roti*, Teigfladen, die mit einer Fleisch-Soße serviert werden. Die Roti kosten einfach (ohne untergemischtes Ei) 4 Baht, mit Ei 8 Baht.
- Am **Morgenmarkt** gibt es Snacks wie den berühmten *khao niu* oder „sticky rice" oder *khanom taan*, eine Köstlichkeit aus Gries und dem Saft von Palmherzen, der für die Süße als auch für die gelbe Färbung sorgt.
- Ein **Nachtmarkt** findet sich jeden Abend gegen 18.00 Uhr in der Uferstraße am Pier ein. Zahlreiche Straßenstände bieten ein umfangreiches Programm, vom gerösteten Huhn (*gai yaang*) bis zum getrockneten Tintenfisch (*plaa mük*) und zu zahlreichen Süßspeisen.

Anreise

- **Normalbusse ab Bangkok** (867 km) kosten 209 Baht, Fahrzeit 14 Std. Abfahrt um 16.00, 19.30, 20.30, 21.00 Uhr. **A.C.-Busse** fahren um 19.00 und 20.00 Uhr, Kostenpunkt 347 Baht. Die bequemeren **V.I.P.-Busse** fahren um 18.30 und 19.30 Uhr zu 540 Baht.

Busse **ab Ko Samui** 250 Baht, **ab Surat Thani** 150 Baht, beides jeweils A.C. Normalbusse ab **Surat Thani** 50 Baht.

Busse **ab Phuket** kosten 38/70 Baht, **ab Hat Yai** 60 Baht. A.C.-Busse ab Hat Yai für 150 Baht.

- Nachdem 1999 Krabis Flughafen fertiggestellt worden war, kann man den Ort auch per **Flugzeug** ansteuern. Die Thai Airways fliegt dreimal wöchentlich von Bangkok aus ein, Kostenpunkt 2.120 Baht. Demnächst wird auch die P.B.Air von Bangkok einfliegen. Die Bangkok Airways fliegt ab Ko Samui für 1.770 Baht.

Weiterreise

- Die **Busse** fahren alle von Krabi Junction ab, wo sie ihre festen Halteplätze haben.

Busse mit A.C. fahren täglich wechselnd vom Bus Stand in der Stadt oder dem Vieng Thong Hotel ab.

Fahrten mit dem Songthaew zur Krabi Junction kosten 5 Baht, innerhalb von Krabi dagegen nur 3 Baht.

Hier einige Preise für A.C.-Busse ab Krabi: Ko Samui 265, Penang 450, Kuala Lumpur 850, Singapur 950, Surat Thani 150, Hat Yai 180, Phuket 200 Baht.

- Von der Krabi Junction fahren ebenfalls **Gemeinschaftstaxen** nach Hat Yai (100 Baht pro Person) und Trang (50 Baht).
- **Boote** zu den Phi Phi Islands kosten 125 Baht, Expreßboote 200 Baht; bei der Buchung von Hin- und Rückfahrt ergibt sich eine Ersparnis von ca. 20 Baht.

Boote nach Ko Lanta kosten 150 Baht. Zu buchen sind die Tickets jeweils in den zahlreichen Reisebüros von Krabi.

- **Songthaews zu den Stränden** in der Umgebung fahren ab dem Markt, drehen dann aber erst noch ein paar Runden, ehe sie endgültig abfahren. Am besten an der Uttarakit Road anhalten und zusteigen.

Strände um Krabi

Klong Muang Beach

Ein ruhiger Strand, 22 km von Krabi entfernt, und mit vegetationsreichem Hinterland ausgestattet. Auch dieser Strand zählt noch nicht zu den allerschönsten der Umgebung, die Abgelegenheit des Ortes zieht dennoch viele Leute an, die der überlaufeneren Strände überdrüssig geworden sind.

- **Unterkunft:** Sehr beliebt bei Travellern sind die **Pine Bungalows***-**, auch wenn der daran gelegene Strandabschnitt eher mittelmäßig ist. Es gibt Hütten ohne eigenes Bad und Bungalows mit eigenem Bad. Angeschlossen ist ein recht gutes Restaurant.

Das **Andaman Holiday Resort**ᴸᴸᴸ (Tel. 620700-1) ist wohl eher für Pauschaltouristen konzipiert, der daran gelegene Strandabschnitt ist aber wahrscheinlich der beste von Klong Muang. Zimmer mit allem Komfort, Swimming-Pool vorhanden.

●**Anreise:** Öffentliche Verkehrsmittel hierher gibt es nicht. Bei Buchung in einer der obigen Unterkünfte übernimmt das betreffende Unternehmen den Transport. Im Falle der Pine Bungalows ist das das Pine Tour & Travel in Krabi (etwa zwischen dem SU Guest House und dem Thai Hotel). Tel. 612192, 612343.

Nopphrat Thara Beach

Dieser „Sternenstrand der neun Juwelen" – so lautet der Name auf Deutsch – befindet sich je nach eingeschlagener Route 17 bzw. 19 km von Krabi entfernt (letzteres beim Weg über Ao Nang). Er ist Teil des Phi Phi National Marine Park, ein beliebter Platz für Muschelsammler als auch für einheimische Picknick-Gesellschaften. Der Strand bietet sauberen, weißen Sand und klares Wasser, das Umfeld läßt aber ein wenig die tropische Szenerie vermissen, und er ist somit nicht so attraktiv wie sein Nachbarstrand.

●**Unterkunft:** Aufgrund des Nationalpark-Status sind die Baumöglichkeiten begrenzt, es gibt nur wenige Unterkunftsmöglichkeiten: die **Amberlord Bungalows***-*** und das **Andaman Inn***-**.

●**Anreise:** Songthaews ab Krabi fahren für 20 Baht/Person.

Ao Nang (Ao Phra Nang)

17 km von Krabi entfernt ist dies wohl der schönste Strand, den man, ohne auf Boote umsteigen zu müssen, von Krabi aus anfahren kann. Der Sand ist weiß, das Wasser klar, und an seiner Südseite wird er von schroffen, imposanten Felsen flankiert. Nicht umsonst hat sich der Tourismus hier von Jahr zu Jahr vervielfacht, was auch den Preislevel stark hat ansteigen lassen. Zwar ist es hier noch keineswegs so teuer wie auf Phuket, die Zeiten der 50-Baht-Hütten sind aber vorbei.

●Die schönste und originellste Unterkunft ist sicher das **Phra Nang Inn******* (P.O.Box 25, Krabi, Tel. 612173-4), die sich aber auch nicht jeder wird leisten können. Das Haus ist so geschickt mit Holz verkleidet, daß man es auf den ersten Blick für eine etwas groß ausgefallene Waldhütte halten könnte. Es fügt sich nahtlos in die palmenreiche Umgebung ein und läßt jedwede bauliche Protzigkeit vermissen. Auch im Innenhof fühlt man sich – trotz des dortigen Swimming-Pools – noch in eine rustikale Wald-Pension versetzt. Die Zimmer haben A.C., TV, Mini-Bar; Frühstück für zwei Personen inklusive.

●Wunderschön sind die Bungalows des **Peace Laguna Resort*****-**** (Tel.637345-6), die vor einer schroffen Felswand angelegt sind. Vor den Bungalows befindet sich ein idyllischer kleiner Teich. Sehr gut!

●Ebenfalls empfehlenswert für ihren Preis sind die **Mountain View Bungalows****-***. Es gibt einfache, ältere Bungalows und neuere, komfortablere (alle mit Bad).

●Schlichte Bungalows hat **Jungle Hut***-**; mit und ohne eigenes Bad.

●Ein paar hundert Meter vom Strand entfernt, an der Straße nach Krabi, steht das **Ao Nang Palm Hill******. Sehr gemütliche und saubere Bungalows mit A.C., TV und Kühlschrank.

●Sehr empfehlenswert sind die in einem Garten gelegenen **Gift's Bungalows****, in denen auch ein guter Service und gutes Essen geboten werden. Saubere und ordentliche Zimmer mit Bad und Terrasse.

●Sehr gepflegte Zimmer mit Balkon bietet das **Beach Terrace Hotel*******, Frühstück für Zwei ist im Preis enthalten. Buchungen unter Tel. 637180-3 oder Fax 637184.

●Das **Ao Nang Villa****-**** (Tel. 611129, 611944, extension 37) hat eine Vielzahl ver-

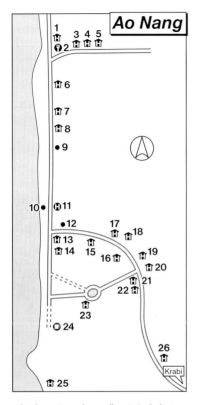

Ao Nang

- 🏠 1 P.S. Cottage
- 🍴 2 Ao Nang Seafood Restaurant
- 🏠 3 Ban Lae Bungalows
- 🏠 4 Beach Terrace Hotel
- 🏠 5 Krabi Resort
- 🏠 6 Wanna's Bungalows
- 🏠 7 Sea Breeze Bungalows
- 🏠 8 Gift's Bungalows
- • 9 Polizei
- • 10 Boote
- 🚌 11 Songthaews
- • 12 Kanu-Verleih
- 🏠 13 Phra Nang Inn
- 🏠 14 Ao Nang Villa
- 🏠 15 Coral Hotel
- 🏠 16 Apex Hotel
- 🏠 17 Ao Nang Villa
- 🏠 18 B.B. Bungalows
- 🏠 19 Krabi Sea View Resort
- 🏠 20 Jungle Huts
- 🏠 21 Mountain View Guest House
- 🏠 22 Ao Nang Village
- 🏠 23 Peace Laguna Resort
- 🍴 24 The Last Cafe
- 🏠 25 Paradise Cove
- 🏠 26 Ao Nang Guest House

schiedener Bungalows, alle mit Bad, die teuersten mit A.C.
- ●Einige preiswerte Unterkünfte: **Ao Nang Ban Lae Bungalows***-** (deutsches Restaurant); **P.S.Cottage****; **Apex Hotel****.
- ●**Anreise:** mit Songthaews ab Krabi für 20 Baht/Person.

Tham Phra Nang Beach

Dieser wahrscheinlich schönste Strand in der Umgebung von Krabi erhielt seinen Namen von einer Höhle *(tham)*, in der einst eine himmlische Prinzessin *(nang)* gebadet haben soll. Darin soll sie auch ihrem irdischen Geliebten ein Kind geboren haben, weswegen die örtlichen Fischer dort Holzphalli opfern, um ihren Segen zu erhalten.

Aber Legende beiseite – der mit abertausenden Kokospalmen gesäumte, feine weiße Sandstrand von Tham Phra Nang ist wohl der attraktivste der Umgebung und hat demzufolge in den letzten Jahren eine ungeheure Popularität erlebt. Seinen besonderen Charakter verdankt er den Felswänden, die sich an seinem Ostende auftürmen, und die die Sonnenbadenden aus der Entfernung betrachtet zu Winzlingen zu degradieren scheinen – eine massive Wand aus Stein, die von Alpinisten gelegentlich zum Abseil-Training genutzt wird!

Leider ist dieser fantastische Strand auch touristischen Großunternehmen nicht verborgen geblieben, und so wurde das Luxushotel Dusit Rayavadee Resort in Betrieb genommen. Das führte jedoch gleich zur Kontroverse: Das Resort soll zum Teil Land in Beschlag genommen haben, das unter Naturschutz steht. Seltsamerweise waren im Grundamt sämtliche Papiere, die die Eigentümerrechte hätten klären können, spurlos verschwunden. Abgesehen davon fügen sich die Bun-

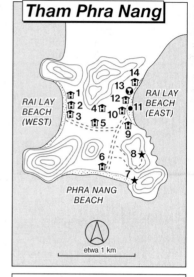

🏠 1	Ray Ley Village Bungalows
🏠 2	Sand Sea Bungalows
🏠 3	Ray Ley Beach Bungalows
🏠 4	Bungalows
🏠 5	Starlight Bungalows
🏠 6	Dusit Rayavadee Resort
★ 7	Phra-Nang-Höhle
★ 8	Teich
🏠 9	Sunrise Bungalows
🏠 10	Queen Bungalows
● 11	Bootsanleger
🏠 12	Ya-Ya Bungalows
♉ 13	Blue Diamond Bar
🏠 14	Hillside Bungalows

Restaurantboot auf Tham Phra Nang

galows recht dezent in die tropische Umgebung ein. Kostenpunkt allerdings ab 10.000 Baht in der Hauptsaison!

Weniger attraktiv als der Tham Phra Nang Beach sind die an der West- und Ostseite des Landzipfels gelegenen Strände Ray Ley West und Ray Ley

East. Hier sind die Bademöglichkeiten allerdings nicht so gut wie in Tham Phra Nang, das Wasser ist etwas trübe. Dafür breiten sich zwischen den Stränden Kokoshaine aus, die ein wenig Südsee-Flair verbreiten.

●Unterkunft: Zwischen den beiden Ray-Lay-Stränden reiht sich praktisch eine Bungalow-Kolonie an die andere, und sie unterscheiden sich kaum voneinander. Die am Ray-Lay-West gelegenen sind jedoch empfehlenswerter, da dort der Strand schöner ist. **Ya Ya Bungalow*****, **Green Park Bungalow****, **Orchid Bungalow**-******, **Sand Sea Bungalows**-******, **Ray Ley Village**-*****, **Ray Lay Beach Bungalows**-*****; einige weitere in der gleichen Preislage.

Dusit Rayavadee Resort

Empfehlenswert ist das **Dawn of Happiness Beach Resort***** in der Nam Mao Bay, ca. 2 km östlich von Tham Phra Nang nahe dem Muschelfriedhof (Tel. 075-612730). Es ist über eine Straße erreichbar, und auf Anruf wird man von Krabi abgeholt (Anfahrt ab Tham Phra Nang auch mit Boot möglich). Das aus Naturmaterialien gebaute Resort paßt sich gut in die Umgebung ein und ist nach ökologischen Gesichtspunkten ausgerichtet. Es werden diverse Touren angeboten (Dschungel-, Höhlen-, Fluß- und Tauch-Touren etc.) sowie Thai-Kochkurse.

●Anreise: Ab Ao Nang fahren **Boote** für 30 Baht/Person in 15 Minuten nach Ray Ley West, nach Tham Phra Nang in ca. 20 Minuten. Gecharterte Boote kosten ab ca. 200 Baht für die einfache Fahrt. Boote zwischen Ray Lay und Tham Phra Nang kosten zumeist ebenfalls 30 Baht/Person. Boote ab dem Pier in Krabi für 60 Baht/Person. Im Monsun (Mai-Sept.) fahren in der Regel nur die Boote ab Krabi, von Ao Nang ist der Seegang zu gefährlich.

Inseln vor Ao Nang

Ko Poda

Schon von Ao Nang aus sichtbar ist diese wunderbare Kokos-Insel, wenige Bootsminuten entfernt. Sie ist an ihren flachen Stellen mit Kokospalmen übersät, besteht ansonsten aus einem Felsmassiv und besitzt einen traumhaften weißen Strand. Beste **Bade- und Schnorchelmöglichkeiten!**

- Als **Unterkunft** stehen die Poda Bungalows*** (Bad) zur Verfügung, mit Restaurant.
- **Anfahrt** ab Ao Nang in gecharterten Booten, ab ca. 200 Baht, retour 350 Baht. Um 10 Uhr fahren regelmäßig Pendler-Boote zu 100 Baht/Pers. ab Ao Nang; Rückfahrt von dort ca. 16.30 Uhr.

Ko Hua Khwan (Chicken Island)

Die „Hühner-Insel" verdankt ihren Namen einer Felsformation, die an einen Hühnerkopf erinnert. Sie ist nicht bewohnt, aufgrund ihres herrlich weißen Strandes aber ein beliebtes Ziel von Tages-Badeausflügen.

Gecharterte Boote ab Ao Nang kosten ca. 400 Baht, darin ist dann auch eine mehrstündige Badepause enthalten.

Umgebung von Krabi

Than-Bokhorani-Nationalpark

Dieser kleine Nationalpark befindet sich 45 km nördlich von Krabi (oder 40 km südlich von Phang-Nga) in der Distrikt-Hauptstadt Ao Luk, die von einer großen Straßenkreuzung, der Ao Luk Junction, markiert wird. Das waldreiche Gelände des Parks ist mit Felsformationen durchsetzt, die ihrerseits zahlreiche attraktive Grotten aufweisen. Aus einer entspringt ein Bach, der sich in mehrere Zweige aufteilt, die in einem Netzwerk von erfrischenden Wasserbecken münden. Hier darf auch gebadet werden! Das Gelände eignet sich aber genauso für Spaziergänge unter den hohen, dicht an dicht stehenden Baumriesen.

- Eine **Übernachtungsmöglichkeit** besteht im Waterfall Inn**-***.
- Zur **Anfahrt** eignet sich jedweder Bus, der auf der Strecke Krabi – Phang-Nga, Trang – Phuket, Hat Yai – Phuket etc. verkehrt. Alle diese fahren entlang des Highway Nr. 4 und passieren die Ao Luk Junction. Dort aussteigen und an der Kreuzung die Straße Nr. 4039 in südwestliche Richtung gehen, wo nach knapp 1,5 km der Park liegt. Ab der Kreuzung fahren Songthaews (5 Baht).

Tham Khao Phra

Etwa 100 m weiter südwestlich von Than Bokhorani zweigt eine holperige Straße in nördlicher Richtung von Str. Nr. 4039 ab, die nach ca. 500 m zur Tham Khao Phra führt, der „Höhle im Mönchsberg". Diese durchzieht einen steilen, hohen, rundgeformten Felsen und birgt einige Buddha-Figuren. Die umgebende, dichte Vegetation macht dieses Fleckchen zu einer erholsamen Idylle, zumindest solange die dort lebenden Mönche die laut plärrende Lautsprecheranlage ausgeschaltet lassen. Von der Höhle führt ein ausgeschilderter Weg nach über 1 km zu einer weiteren, aber weniger interessanten Höhle, der **Tham Khao Rang.**

Ko Lanta Yai
เกาะลันตาใหญ่

Parallel zum wachsenden Tourismusansturm auf die Phi Phi Islands begann die zaghafte Entwicklung Ko Lantas als „alternatives" Reiseziel. Allzu paradiesische Zustände sollten aber nicht erwartet werden: Die Strände können es mit denen von Phuket oder Krabi nicht aufnehmen, und die Unterkünfte, deren Stromversorgung durch Dieselgeneratoren erfolgt, erfüllen bisher nur niedrigste Ansprüche. Gelegentlich wurden auch Klagen ob einer merklichen Unfreundlichkeit einiger Bewohner laut. Sucher von Ruhe und Einkehr finden hier aber möglicherweise ihre Zufluchtstätte.

Unterkunft

Eine Reihe von Bungalow-Anlagen befindet sich an der Westseite von Ko Lanta Yai, die nur durch eine sehr schmale Wasserstraße von ihrer kleineren Schwesterinsel Ko Lanta Noi getrennt ist.

- **Sea Sun Bungalows***
- **Lanta Paradise Bungalows***-**
- **Lanta Charlie Bungalows****
- **Lanta Villa***-**
- **Golden Bay Bungalows***, angeschlossen ist die von einem Deutschen und einem Engländer betriebene Tauchschule Dive Zone, Tel. 01-7230879.
- **Lanta Palm Beach Bungalows****-***
- **Lanta Marina Hut****
- **Khaw Khwang Beach Bungalows***-***
- **Relax Bay Tropicana*****
- **Waterfall Bay Resort****-***
- **Royal Beach Resort****

Anreise

- Am günstigsten ist bisher die Anreise per **Schiff** ab Krabi, von wo normalerweise zwei Boote täglich ablegen; Kostenpunkt 150 Baht, Fahrzeit ca. 2 Std. Die Tickets können in allen Reisebüros in Krabi gekauft werden. Etwa gleich teuer ist die Anreise per Expreßboot ab Phi Phi, Fahrzeit ca. 1 Std. Im Monsun (Mai-Sept.) wird der Schiffsverkehr weitgehend eingestellt.

Ankunftshafen der Schiffe ist in der Regel Ban Saladan am Nordzipfel von Ko Lanta Yai. Von dort fahren Motorrad-Taxis oder Pick-Up-Trucks für 10-50 Baht/Person zum gewünschten Zielort.
- Weniger empfehlenswert ist die **Anfahrt über Land,** jedenfalls solange die Brücke noch nicht fertig ist, die Ko Lanta Noi demnächst mit dem Festland verbinden soll. Ab Krabi nehme man einen Bus in Richtung Trang (bzw. ab Trang einen Bus in Richtung Krabi) und fahre bis zur Ortschaft Ban Huya Naam Khao, etwa auf halber Strecke zwischen Krabi und Trang gelegen. Von dort fahren Motorrad-Taxis für 50 Baht zum Pier von Ban Hua Hin. Dort setzen Boote nach Ko Lanta Noi über (5 Baht). Nach der Ankunft auf Ko Lanta Noi geht es per Motorrad-Taxis weiter zum Pier Tha Taklong (20 Baht), von wo aus Boote nach Ban Saladan auf Ko Lanta Yai übersetzen (5 Baht).

Weiterreise

Im Prinzip geht es genauso zurück; wer aber z.B. zuvor in Krabi war, nun aber Richtung Trang weiterreisen und nicht den langen See- und Landweg über Ko Lanta Noi – Ban Hua Hin – Ban Huya Naam Khao auf sich nehmen will, hat eine (teurere) Alternative: die Fahrt per **gechartertem Boot** nach Pak Meng, von dort per Songthaew weiter nach Trang (34 km). Mit gut 800 Baht für den Boots-Charter ist man dabei.

Nakhon Si Thammarat
นครศรี ธรรมราช

Nakhon Si Thammarat ist nach Hat Yai die **größte Stadt des Südens** und historisch gesehen die wichtigste. Auf dem Gebiet der heutigen Stadt soll schon zur Srivijaya-Periode eine Siedlung gestanden haben, die als eine Art buddhistisches Zentrum galt. Der Ort ist extrem in die Länge gezogen, und ein eigenes Fahrzeug ist viel wert.

Die Einwohner von Nakhon Si Thammarat sind die Nachkommen von **indischen Händlern,** die sich am Anfang unserer Zeitrechnung mit der lokalen Bevölkerung vermischten.

Die Sehenswürdigkeiten – es gibt viele alte Tempel – liegen oft weit auseinander. In der Nähe der Stadt befinden sich einige Strände.

Die **Stadtmauer** mißt 2.230 x 460 m Seitenlänge und ist noch in Überresten erhalten. Die Mauer war schon zu den Zeiten König *Naresuans* und König *Narais* erneuert worden.

Wat Mahathat ist der wichtigste Wat der Stadt und soll im Jahre 757 während der Srivijaya-Periode von König *Si Thamma Sokarat* erbaut worden sein. Hier steht Thailands zweithöchste Stupa, die von zahlreichen kleineren Chedis umgeben ist. Auf dem Tempelgelände stehen über 100 Buddha-Figuren. Die Kunstschätze des Tempels werden in einem **Museum** ausgestellt, das von 8.30-12.00 und 13.00-16.30 Uhr geöffnet ist. Das Hauptausstellungsstück ist die Buddha-Figur Phra Buddha Singh, die aus Sri Lanka stammen soll.

An der Ratchadamnoen Road im Stadtzentrum befindet sich ein kleinerer Nachbau der **Giant Swing** (Brahmanen-Tempel, Sao Ching-Chaa) in Bangkok, an der früher das „Swinging Festival" zu Ehren des Hindu-Gottes Shiva stattfand (siehe Bangkok). Bis vor kurzem lebten noch ein paar Brahmanen-Priester in der Stadt, sie sind je-

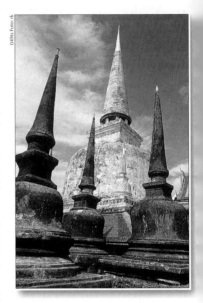

Wat Mahathat in Nakhon Si Thammarat

NAKHON SI THAMMARAT

Nakhon Si Thammarat

- ▲ 1 Wat Sritavi
- ◯ 2 D.D. Coffee House
- ● 3 Thai Airways
- ⊕ 4 Bus zum Sabua Beach
- $ 5 Bangkok Bank
- $ 6 Thai Farmers Bank
- 🏨 7 Nakhorn Garden Hotel
- $ 8 Krung Thai Bank
- ✕ 9 Taxis nach Surat Thani
- 🏨 10 Neramit Hotel
- 🏨 11 Phetpailin Hotel
- 🏨 12 Montien Hotel
- ⊕ 13 The Yellow Curry House
- 🏨 14 Muang Thong Hotel
- 🏨 15 Siam Hotel
- 🏨 16 Vieng Fa Hotel
- 🏨 17 Thai Hotel
- ▲ 18 Wat Buranaram
- 🏨 19 Grand Park Hotel
- ⊕ 20 Rest. Krua Nakhorn
- $ 21 Siam Commercial Bank
- 🏨 22 Bueloung Hotel
- 🏨 23 Nakorn Hotel
- ⊕ 24 Muang Thai Tours (Bangkok-Bus)
- ▲ 25 Wat Saotong-Tong
- ⊕ 26 Bus zum Si Chon Beach
- ▲ 27 Wat Suan Pa Neung
- ◯ 28 kleine Moschee
- ▲ 29 Wat Mahae Yong
- ⊕ 30 Busbahnhof
- $ 31 Bangkok Bank
- ◯ 32 große Moschee
- ⊕ 33 TAT
- ✉ 34 Post
- ★ 35 Zoo und Aquarium
- ▲ 36 Wat Sema Muang
- ★ 37 Ho Phra Narai
- ★ 38 Ho Phra Issuan
- ★ 39 Ho Phra Buddha Sihing
- ★ 40 Glockenturm
- ▲ 41 Wat Suan Pan
- ▲ 42 Wat Sa Riang
- ▲ 43 Wat Phra Dami
- ▲ 44 Wat Phra Nakhon
- ▲ 45 Wat Phra Mahathat
- ▲ 46 Wat Phra Boromathat
- ▲ 47 Wat Na Phralarn
- Ⓜ 48 Nationalmuseum,
- 🏨 Twin Lotus Hotel

Der Süden

doch mittlerweile nach Bangkok abgewandert und halten den Brahmanen-Tempel dort instand.

Das **National Museum** an der Thanon Ratchadamnoen am Südrand der Stadt stellt auf mehreren Etagen eine große Sammlung historischer Objekte aus der Umgebung, aber auch aus anderen Landesteilen aus. Darunter sind prähistorische Funde als auch Handwerksartikel und zahlreiche hinduistische Götterfiguren. Geöffnet Mi-So 9.00- 12.00 Uhr und 13.00-16.00 Uhr, Eintritt (für Ausländer) 10 Baht.

Das Dorf **Tha Ruea,** 10 km südlich von Nakhon Si Thammarat, ist für seine Bastarbeiten aus dem Holz des Lipau-Baumes bekannt. In einigen Werkstätten wird das Material zu Armreifen, Hüten, Handtaschen u.ä. verarbeitet, die am Ende des Arbeitsganges mit einer schützenden Schicht aus Lack überzogen werden. Die Werkstätten dienen gleichzeitig auch als Ausstellungsräume, und es darf gekauft werden. Um nach Tha Ruea zu gelangen, nehme man ein Songthaew bis zur Kreuzung am Talaat (Markt) Hua Thanon, von dort fahren dann Songthaews nach Tha Ruea.

Eine weitere Spezialität der Stadt sind gehämmerte **Silberarbeiten** (Niello). Einige Silbergeschäfte befinden sich gleich hinter dem Büro der TAT.

Information

Am Sanam Na Muang („Stadtvorplatz") an der Ratchadamnoen Road befindet sich ein sehr hilfreiches Büro der **TAT** (Tel. 346515-6; Fax 346517). Es gibt viel Prospektmaterial, Hotellisten u.ä.

Unterkunft

In der Innenstadt in unmittelbarer Nähe des Bahnhofs befinden sich zahlreiche gute und preiswerte Hotels. Nakhon Si Thammarat hat für seine Größe ein ausgesprochenes Überangebot an Hotels, was sich günstig auf die Preise auswirkt.

●Das **Thai Lee Hotel** (1130 Thanon Ratchadamnoen, Tel. 356948) kliegt günstig in der Innenstadt (südl. der Siam Commercial Bank und des Bovorn Bazar) und hat schlichte aber saubere Zimmer mit Bad und ist vielleicht die günstigste Low-Budget-Option. Aufgrund des Straßenlärms nehme man ein Zimmer an der Rückseite.

●**Phetpailin Hotel****-*** (1835/38-39 Yomarat Rd., Tel. 341896-7); Zimmer mit Bad.

●**Montien Hotel****-*** (1509/40 Yomarat Rd., Tel. 341908-10); Zimmer mit Bad.

●**Thai Hotel****-**** (1375-5 Ratchadamnoen Rd., Tel. 356451, 356505); mit Disco im Haus.

●**Bue Loung Hotel**** (1487/19 Soi Luang Muang, Charoenwithi Rd., Tel. 341570); Zimmer mit Bad.

●**Nakorn Hotel**** (1477/5 Thanon Yommaraj, Tel. 356318); einfache Zimmer (Bad).

●Das **Taksin Hotel****-***** (1584/23 Si Prat Road, Tel. 342790-4, Fax 342794) ist das beste Hotel in der Innenstadt. Zimmer mit A.C., TV.

●Das **Nakorn Garden Hotel***** (1/4 Thanon Pak Nakhon, Tel. 344831, Fax 342926) ist ruhig gelegen und hat ordentliche Zimmer mit AC und TV.

●Relativ neu ist das **Grand Park Hotel*****-**** (1204/79 Thanon Pak Nakhon, Tel. 317666, 317673, Fax 317674); es hat komfortable und moderne Zimmer mit AC, TV und Kühlschrank und geräumige, teurere Suiten.

●Das luxuriöseste Hotel ist das am Südostrand der Stadt (Richtung Pak Phanang) gelegene **Twin Lotus Hotel******-LLL (97/7 Pattanakarn-Kukwang Rd., Tel. 323777, Fax 323821). Dieses bietet seine Zimmer zu stark herabgesetzten Preisen an und dürfte damit auch für Reisende mit mittelstarkem Budget sehr attraktiv sein. In den Preisen ist ein Frühstücks-Buffet enthalten. Die Zimmer haben AC, TV Kühlschrank und sind sehr komfortabel, und besonders die Standard-Zimmer (1.100 Baht) sind für ihre Ausstattung sehr günstig. Vorhanden sind zwei Restaurants, ein Coffee-Shop, ein Ice-Cream-Parlour und eine Disco, und es gibt einen Swimming-Pool. Mit 420 Zimmern ist das Twin Lotus Hotel das größte Hotel Südthailands.

Essen

- Jede Menge **Thai- und chinesische Restaurants** in der Stadt. Das D.D. Café & Coffee House, zwei Häuser neben der Thai Airways, macht „American Breakfast", wonach mancher ja vielleicht gerade lechzt. Innen im Restaurant ist es ziemlich düster, und die A.C. arbeitet auf vollen Touren.

- Am Bovorn Bazar an der Thanon Ratchdamnoen (etwas südlich von Wat Buranaram, neben der Siam Commercial Bank) befindet sich das **Krua Nakhorn,** ein großes Open-Air-Restaurant mit sehr guter südthailändischer Küche. Morgens gibt es Frühstück mit Ei und Toast.

- Zwischen dem Bahnhof und dem Nakorn Hotel liegt das **Yellow Curry House** mit gutem Seafood.

- Im Vieng Fa Hotel macht man delikate Nudelgerichte, und der **Nachtmarkt** an der Thanon Chamrernwithee, nahe den Hotels Siam, Vieng Fa und Muang Thong, bietet ein absolutes Allround-Angebot.

- In der Thanon Si Phraj, (sprich *Prat),* etwa 50 m südlich des Nakhon Christian Hospitals, bedindet sich ein kleines **vegetarisches Restaurant.** Geöffnet täglich 8.00-14.00 Uhr, Gerichte ab 15 Baht.

Kleingewachsene Bettlerin in Nakhon Si Thammarat

NAKHON SI THAMMARAT

Anreise

●**Normalbusse** ab Bangkok (805 km) fahren um 6.40, 17.00, 18.00, 19.00 und 21.30 Uhr; 190 Baht. **A.C.-Busse** „zweiter Klasse" um 17.30 und 20.30 Uhr; 266 Baht. Reguläre A.C.-Busse etwa alle halbe Stunde für 342 Baht. **V.I.P.-Busse** um 20.45 Uhr zu 400 Baht. Fahrzeit 12 Std.

Busse ab **Surat Thani** kosten 35 Baht, **Sammeltaxis** ab dem Markt Talaat kasem 2 in Surat Thani 50 Baht.

●Ab Bangkok fahren täglich zwei **Züge** um 17.05 und 18.30 Uhr; 133/ 279/535 Baht plus Zuschläge.

●**Thai Airways** fliegt täglich ab Surat Thani. Flugzeit 30 Min., Preis 340 Baht. Flüge ab Bangkok zu 1.770 Baht, zweimal wöchentlich.

Weiterreise

●**Busse** fahren u.a. nach Phuket (93 Baht/ A.C. 150 Baht), Phattalung (35 Baht), Hat Yai (64 Baht; A.C. 90 Baht), Surat Thani (80 Baht). Nach Bangkok fahren neben den Normal- und A.C.-Bussen auch Super- Deluxe-Busse („V.I.P.") für 640 Baht.

Ab dem Busbahnhof fahren einmal täglich AC-Busse nach Ko Samui. Abfahrt 11.20 Uhr, Preis 120 Baht, Fahrzeit 3 Std.

●**Sammeltaxis** fahren ab einem großen Haltepunkt für Sammeltaxis an der Thanon Yommarat. Es fahren Taxis nach Hat Yai (80 Baht), Krabi (100 Baht), Si Chon (30 Baht), Khanom (50 Baht), Trang (70 Baht), Phattalung (60 Baht) und Yala (130 Baht).

●An einem kleinerem Taxistand an der Thanon Thewarat fahren **Taxis** nach Surat Thani (70 Baht), Chumphon (140 Baht) und Ranong (180 Baht).

●**Züge** in der 3. Klasse kosten 35 Baht nach Surat Thani und 42 Baht nach Hat Yai.

●Das Büro der **Thai Airways** befindet sich in 1612 Ratchadamnoen Road, Tel. 342491.

●**Songthaews,** die die Ratchadamnoen Road auf und ab fahren, kosten 5 Baht, bei Fahrten abseits dieser Strecke muß je nach Entfernung bis zu 10 Baht gezahlt werden.

Strände in der Umgebung

Sabua Beach

Zwanzig Kilometer östlich der Stadt befindet sich der hübsche, aber nicht sehr gut zum Schwimmen geeignete Sabua Beach, ein beliebtes Wochenendziel der Thais. Der Strand ist von Palmen und Kasuarbäumen gesäumt und mit vielen auf die Bedürfnisse von einheimischen Touristen zugeschnittenen Unterkünften versehen.

Palmenhain in der Ao Tong Yang

- Als **Unterkunft** stehen also zahlreiche Bungalows zur Verfügung, die alle einen Stunden- und auch einen Tagespreis angeben: Manun Bungalows**, Honey Motel**, Sabua Hotel**, Saensuk Bungalows**.
- **Anreise:** Ab einem Haltepunkt in der Ratchadamnoen Road fahren Songthaews für 15 Baht zum Sabua Beach. Achtung, dieser wird gelegentlich auch *hat sawanniwet* oder *Sawanniwet Beach* genannt.

Si Chon Beach

Etwas weiter entfernt ist der schönere Si Chon Beach, ein Sandstrand umgeben von Hügeln.

- **Unterkunft:** Sunthon Bungalows*, Prasansuk Villa**. An Wochenenden, wenn der Strand von thailändischen Kurzurlaubern überlaufen ist, werden die Preise erhöht.
- **Anreise:** Es fahren Sammeltaxis ab der Yommarat Road in Nakhon Si Thammrat (30 Baht), dazu einige Songthaews ab der Rernwithi Rd. (15 Baht).

Ban Thung Sai & Ao Tong Yang

Nördlich an den Si Chon Beach schließt sich der lange, aber sehr schmale Strand von Ban Thung Sai an. Noch weiter nördlich liegt das Tong-Yang-Schutzgebiet, das nach der Bucht (*Ao*) Tong Yang benannt ist. In der kleinen Bucht befindet sich ein unglaublich schöner, von zahllosen Palmen und einigen dichtbewachsenen Hügeln gesäumter Strand. Dahinter plätschert ein kleiner Fluß. Ein absolutes Idyll!

- **Unterkunft:** Reguläre Unterkünfte gibt es nicht. Etwa 2 km weiter inland von Ao Tong Yang befindet sich ein Büro der Parkverwaltung (*suun anurak*), die Camping und eventuell auch Bungalow-Unterbringung ermöglichen kann.
- **Anreise:** Mit Motorrad-Taxis ab Si Chon oder mit eigenem Fahrzeug. Ao Tong Yang ist ein Juwel von einer Bucht, und es ist eigentlich gut, daß sie so abgeschieden ist.

Hat Nai Plao

Der schönste für den Tourismus schon erschlossene Strand ist der Hat Nai Plao, nahe der Hafenstadt **Khanom** gelegen, der vor allem bei einheimischen Touristen sehr beliebt ist. Aus-

Kaffe-Trocknen nahe dem
Hat Nai Plao Beach

Der verhüllte Chedi – Feste in Nakhon Si Thammarat

Zweimal im Jahr, zu den Festtagen **Makha Buja** und **Visakha Buja,** findet ein einzigartiges Fest am Wat Mahathat (Wat Phra Mahathat Vora Vihara) statt. Tausende von Gläubigen wickeln lange **orangene Stoffstreifen** um den Chedi des Tempels. Freunde und Familienmitglieder tun sich zusammen und kaufen einige hundert Meter Stoff. Alle Stoffstücke werden aneinandergenäht und um den unteren Teil des Hauptchedis, Phra Pathom Chedi, gewunden. Zu den Feierlichkeiten tragen die Teilnehmer weiße oder orangefarbene Kleidung und bringen Blumen und Räucherstäbchen mit. Der um den Chedi gewundene Stoff mißt oft einige Tausend Meter.

Der genaue **Ursprung der „Wickelzeremonie"** *(phrapheni hae phaa kheun that)* ist unklar, der **Legende** nach wurde sie um das Jahr 1230 zum ersten Male begangen. In der Nähe des Küstenortes Pak Phanang hatten ein paar Fischer ein langes Stück Stoff gefunden, das traditionelle buddhistische Aufschriften trug. Die Bewohner des Ortes entschlossen sich, das Stück Stoff den Herrschern von Nakhon Si Thammarat zu schenken, die gerade Vorbereitungen trafen, den Phra Pathom Chedi feierlich einzuweihen. Die Herrscher Nakhon Si Thammarats waren zu jener Zeit *Phra Chao Si Thammasokraja, Phra Chao Chantraphanu* und *Phra Chao Pongsasura*.

Der Stoff mit den Aufschriften wurde dann gründlichst gereinigt, und zur Überraschung aller blieb die Schrift bestens zu erkennen. Man machte sich nun auf die Suche nach dem ursprünglichen Besitzer des Stückes. Nach geraumer Zeit kam heraus, daß es einer Gruppe von 100 buddhistischen Mönchen gehört hatte, die von einem Ort namens Hong Saowadi nach Sri Lanka segeln wollten. Dort sollte der Stoff um die Füße einer geheiligten Buddha-Statue gewickelt werden. Das Schiff der Mönche geriet in einen Sturm, und bis auf zehn kamen alle ums Leben. Diese Zehn erklärten sich nun bereit, das Stück Stoff stellvertretend um den **Chedi von Wat Mahathat** zu winden, und aus diesem Ereignis entstand die bis heute eingehaltene Tradition.

Unter Rama 2. wurde das Fest auf den Tag der Visakha Buja gelegt, und auf die Wickelzeremonie folgte das bekannte Umlaufen des Tempels, bei dem die Gläubigen Kerzen in den Händen halten (Thai: *wien tien;* etwa: „Das Umkreisen mit den Kerzen")

Rama 4. legte später den Festtag Makha Buja auf den 15. Tag des 3. Mondmonats, und auch an diesem Tag sollte die Wickelzeremonie begangen werden.

Wie bei vielen religiösen Feierlichkeiten in Thailand kommt aber auch hier der Spaß nicht zu kurz. Am Tempel werden klassische **Tanzdarbietungen** *(lakhon)* gezeigt oder *nang talung,* das traditionelle thailändische **Puppenspiel**. Oft reichen die Veranstaltungen bis in den frühen Morgen.

länder sind eine absolute Rarität. Die Entfernung ab Nakhon Si Thammarat beträgt ca. 100 km, ab Surat Thani ca. 60 km.

Der Strand erstreckt sich in einer seicht geschwungenen Bucht, die von zum Teil dichter Vegetation umrahmt ist. In der nahegelegenen Höhle Tham Wang Thong finden sich zahlreiche eigenartige braune und schwarze Steine, denen nachgesagt wird, daß sie demjenigen, der sie wegnimmt, Unglück bringen. Die Höhle ist zumeist verschlossen, der örtliche Dorfvorsteher *(phuu yai baan)* öffnet sie auf Anfrage.

- **Unterkunft:** Fern Bay Resort** (Tel. 075-528419), Nai Plao Bay Resort**-***** (Tel. 075-529039), Khanab Nam Cliff Resort***-***** (Tel. 075-529144), Super Royal Beach Hotel****-LLL (Tel. 075-538552), weiter nördlich, auf halbem Wege nach Khanom, steht Watanyou Villa**-***.
- **Anreise:** Mit Songthaews oder Minibussen ab Nakhon Si Thammarat, Surat Thani, Donsak und Khanom. Donsak und Khanom können per Boot von Ko Samui aus erreicht werden.

Khanom Beach

Nördlich an Nai Plao schließt sich der Strand von Khanom an, in dessen Nähe sich eines der Piers (ca. 10 km) zu Fahrten nach Ko Samui befindet. Trotz der geographischen Nähe zu Surat Thani gehört der Bereich noch in die Provinz Nakhon Si Thammarat.

Der Strand von Khanom ist idyllisch, gut zum Schwimmen geeignet und fast menschenleer. Wer nach dem Besuch von Ko Samui über Khanom zurück zum Festland fährt, wird hier mit ungewohnter Ruhe überrascht.

- **Unterkunft:** Than Khun Resort, Vanida Resort, Alongkot Resort, jeweils in der Preislage **-****. Das luxuriöse Gold Condotel ist ein modernes Condominium mit Eigentumswohnungen (Baujahr 1999), in bester Strandlage; einige Apartments werden auch kurz- oder längerfristig vermietet. Anfragen unter Tel. 075-341959, 317091/2.
- **Anreise:** Per Songthaew oder per Motorrad-Taxi ab Khanom; Motorrad-Taxis kosten 30-50 Baht.
- **Weiterreise:** Nach Khanom fahren Sammeltaxis für 50 Baht ab dem Sammeltaxi-Haltepunkt an der Thanon Yommarat in Nakhon Si Thammarat.

Pak Phanang
ปากพนัง

Pak Phanang ist eine kleine Hafenstadt, 35 km südöstlich von Nakhon Si Thammarat und beiderseits der Mündung des Pak-Phanang-Flusses gelegen. Der Ort weist einen hohen **chinesischen Bevölkerungsanteil** auf, und es gibt hier sogar noch chinesische Klans – Vereinigungen, so wie man sie von Malaysia oder Singapur her kennt.

Derzeit wird an der Mündung des Flusses ins Meer ein **Großhafen** gebaut, von dem sich die Stadtverwaltung zunehmenden Wohlstand für den Ort verspricht. Thai-sprachige Tageszeitungen berichteten, daß sowohl die lokale Mafia als auch die Polizei das Bauunternehmen regelmäßig zu Schutzgeldzahlungen erpreßten.

Pak Phanang bietet keine speziellen Sehenswürdigkeiten, die Gegend um das alte Pier herum wird jedoch von zahlreichen **traditionellen Holzhäu-**

Am Talumphuk-Kap bei Pak Phanang

sern geprägt, die man in einer so starken Konzentration nur noch selten in Thailand antrifft. Die meisten der Häuser gehören chinesischen Geschäftsleuten, von denen viele mittlerweile nach Bangkok abgewandert sind, und die nur noch die Miete kassieren.

Um das Fischerei-Pier herum hat sich ein lebhafter **Markt** angesiedelt, auf dem Ausländer noch mit großen Augen bestaunt und aus vielen Kehlen lauthals begrüßt werden. Pak Phanang ist ein gutes Beispiel dafür, wie Südthailand aussah, bevor die Touristen kamen.

17 km nördlich von Pak Phanang erstreckt sich eine Landzunge, die im Norden im **Talumphuk-Kap** (*Laem Talumphuk*) endet. Das Kap ist ein bei der örtlichen Bevölkerung beliebter Ausflugsort. Der Weg dorthin wird von zahlreichen unansehnlichen Prawn-Farmen gesäumt, und der daran gelegene Strand ist auch nicht sonderlich erbauend, dafür findet sich viel unverfälschtes Lokalkolorit. Am Kap liegt ein Fischerdorf, an dem ein thaisprachiges Schild versichert, „Hier wird nicht gemordet" (*plord atyagam*)! Dergleichen Schilder sieht man auch andernorts in Südthailand.

Im Jahre 1962 fegte ein Wirbelsturm über die beinahe kahle Landzunge hinweg und hinterließ über eintausend Tote – ein Ereignis, das bis heute noch oft in Gesprächen erwähnt wird. Im Fischerdorf am Kap befindet sich ein kleines Museum, das an die Katastrophe erinnert.

Von Pak Phanang fahren Motorrad-Taxis für ca. 100 Baht zum Talumphuk-Kap.

Unterkunft

● Etwas südlich des alten Piers bietet sich das einfache **Pak Phanang Hotel**** an. Ansonsten ist der Ort leicht in einem Tagesausflug von Nakhon Si Thammarat aus zu besuchen.

Essen

● Um das Pier herum liegen einige **einfache Restaurants,** nichts Auffälliges.
● An beiden Ufern der Flußmündung, da wo die Fährboote ab- und anlegen, findet sich je ein **7-Eleven-Shop.** Diese bieten, wie überall in Thailand, u.a. Sandwiches und andere Eßwaren oder Snacks an.

Anreise

● **Expreßbusse** fahren von einem Haltepunkt an der Thanon Kachart (Gachart) in Nakhon Si Thammarat, direkt neben Wat Wang Tok. 10 Baht.
● **Normalbusse,** die etwas öfter halten als obige, fahren zum selben Preis von einem Haltepunkt gelich ums Eck an der Thanon Ratchadamnoen, gegenüber der Stadtverwaltung (*tetsabaan*).
● Von der Thanon Bo Ang, der östlichen Verlängerung der Thanon Kachart, fahren **Kleinbusse** (*rot thu*) zu 25 Baht.

Alle Busse enden in dem westlich der Flußmündung gelegenen Teil von Pak Phanang, gleich am Ufer. Um aufs andere Ufer zu gelangen, wo sich die alten Holzhäuser und der Markt befinden, nehme man eines der ständig übersetzenden **Fährboote** (*rüa kham faak*); Preis 1 Baht.

Khao-Luang-Nationalpark
อุทยานแห่งชาติเขาหลวง

Dieser Nationalpark befindet sich in der Provinz Nakhon Si Thammarat, deren dichte Wälder in den 70er und 80er Jahren kommunistischen Rebellen als Unterschlupf dienten.

Der Park ist 571 km² groß und besitzt im Khao Luang („Haupt-Berg") den mit 1.835 m höchsten Berg Südthailands. Die Niederungen des Gebietes sind mit Regenwald bewachsen. Es gibt wunderschöne Wälder zu durchstreifen, dazu locken einige sehr beeindruckende **Wasserfälle,** vor allem der Karom- und der Krung-Chin-Wasserfall. Diese sind beliebte Ausflugsziele der Bewohner der Umgebung.

Khao Luang weist eine außerordentliche **Tiervielfalt** auf. Es gibt 90 Säugetier- und 31 Reptilienarten. Tiger, Leoparden und Elefanten sind ebenso vertreten wie Gaur-Hirsche, Mungos und diverse Schlangenarten. Dazu kommen mindestens 200 Vogelarten, darunter viele Gebirgsvögel.

Unterkunft

Die Parkverwaltung stellt im Park **Bungalows****-*** zur Verfügung, dazu bestehen Camping-Möglichkeiten zu 5 Baht/Person, die Zelte sind allerdings selbst mitzubringen.

Anreise

Der Park befindet sich ca. 30 km westlich von Nakhon Si Thammarat. Von dort fahren Songthaews über Lansaka zum Dorf Khiriwong am Fuß des Khao Luang (ca. 20 Baht).

Phattalung
พัทลุง

Eine malerische kleine Stadt, umgeben von Reisfeldern und Kokospalmen. Morgens wird ein lebhafter Markt abgehalten, und die Einwohner scheinen besonders freundliche Zeitgenossen zu sein – was aber nicht darüber hinwegtäuschen sollte, daß die Stadt eine der kriminellsten Thailands ist! Es gilt, gut auf sich und seine Habseligkeiten aufzupassen.

Westlich der Stadt liegt **Wat Khuha Sawan,** ein Höhlentempel, der vielleicht nicht ganz so eindrucksvoll ist, wie die bei Petchaburi gelegenen, aber dennoch einen Besuch wert.

3 km nördlich von Phattalung findet man **Tham Malai,** eine Höhle mit einigen buddhistischen Schreinen.

Unterkunft

● Das **Universal Hotel**** kann vorne raus etwas laut werden, also nur Hinterzimmer nehmen. Im Eingang hängen einige ausgefallene Vogelkäfige. Zimmer (Bad) für bis zu 4 Personen.

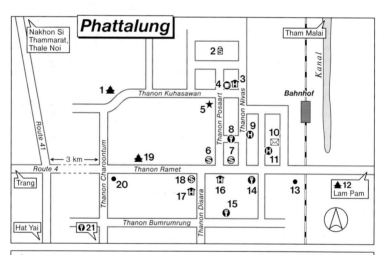

- ▲ 1 Höhlen-Tempel
- § 2 Markt
- 🏨 3 Hoa Far Hotel
- ○ 4 Diana Café
- ★ 5 Schrein
- § 6 Krung Thai Bank
- § 7 Thai Farmers Bank
- ○ 8 Nachtmarkt
- ○ 9 Busse nach Nakhon Si Thammarat
- ✉ 10 Post
- ○ 11 Busse nach Hat Yai und Trang
- ▲ 12 Wat Wang
- ● 13 Park
- ○ 14 Roti Breakfast Rest.
- ○ 15 Hong Thong Restaurant
- 🏨 16 Universal Hotel
- 🏨 17 Thai Hotel
- § 18 Bangkok Bank
- ▲ 19 Chinesischer Tempel
- ● 20 Kino
- ○ 21 Veg. Restaurant

Bäuerinnen bei Phattalung

- Das **Thai Hotel**** ist ziemlich neu und macht einen guten Eindruck. Zimmer mit Bad, teurere mit A.C.
- Zimmer im **Hoa Far Hotel****-*** mit Bad, teurere mit A.C. und TV.

Essen

- **An der Thanon Ramet** liegt ein etwas schmuddeliges Restaurant, das aber ein gut verdauliches Frühstück, z.B. *Sweet Egg Roti,* serviert. Das sind sowas wie süße Fladenbrote mit Ei. Zur Lokalisierung des Restaurants siehe die Karte.
- Die abendlichen **Essensstände** zwischen Thanon Nivas und Thanon Posaart zaubern allerlei Köstlichkeiten aus dem Ärmel, wie man es bei Nachtmärkten so gewohnt ist.
- Das **Hong Thong** ist ein besseres chinesisches Restaurant an der Thanon Bumrumrung mit entsprechenden Preisen.
- An der Thanon Chaboontum befindet sich ein sehr gutes, nur ein Thai ausgeschildertes vegetarisches Restaurant, gemäß dessen Visitenkarte **Vegie House** genannt. Es gibt sehr preiswerte südthailändische Curries (mittwochs geschlossen).

Anreise

- **Normalbusse** ab Bangkok (888 km) fahren um 19.00 und 20.30 Uhr; 209 Baht. **A.C.-Busse** um 20.00 Uhr; 376 Baht; **V.I.P.-Busse** um 18.00 Uhr; 400 Baht. Fahrzeit 12 Std.
- **Busse** ab Hat Yai 22, **Sammeltaxis** 35 Baht.
- **Züge** ab Bangkok zu 149/282/597 Baht.

Weiterreise

- **Busse** fahren u.a. nach Trang (15 Baht), Nakhon Si Thammarat (28 Baht), Hat Yai (22 Baht), Phuket (90/116 Baht).

- **Züge** der 3. Klasse kosten: Hat Yai (18 Baht), Nakhon Si Thammarat (22 Baht), Surat Thani (22 Baht), Sungai Golok (56 Baht).

Umgebung von Phattalung

Saensuk Beach

Acht Kilometer östlich von Phattalung stößt die Thanon Ramet (Ramet Road) in der Ortschaft Lampam auf den **Songkhla Lake,** der bei seinem enormen Ausmaß kaum wie ein Binnensee wirkt, eher wie das Meer. Der hier befindliche Saensuk Beach ist ein beliebtes Ausflugsziel der örtlichen Bevölkerung, allzu hohe Erwartungen sollten jedoch nicht gestellt werden. Trotzdem kein schlechter Ort, um für ein paar Stunden aus der Stadt herauszukommen und die Ruhe (zumindest an Wochentagen) zu genießen.

- Zur **Anfahrt** nehme man ein Songthaew ab Phattalung (5 Baht).

Thale Noi

Der Thale Noi oder „Kleine See" 35 km nordöstlich von Phattalung ist ein kleinerer Binnensee, aber ein wichtiges **Vogelreservat.** Von Januar bis April finden sich hier 200 Arten von Zugvögeln ein, darunter Pelikane, Störche und Reiher.

- Ein sehr lohnenswerter Ausflug, nur ist die **Anfahrt** per öffentlichem Verkehrsmittel etwas ungewiß: Man nehme einen beliebigen Bus in Richtung Nakhon Si Thammarat, Thung Song oder Surat Thani und steige bei Khuan Khanun, ca. 20 km nördlich von Phattalung aus; dort in einen Bus/Songthaew umsteigen, um über die Straße Nr. 4048 weiter zum Thale Noi zu fahren.

Heiße Quellen

Gut 20 km südlich von Phattalung bei der Ortschaft Khao Chaison darf in Heißwasser gebadet werden: Aus einer Quelle am Fuße des **Khao Chaison** oder Chaison Hill strömt Wasser mit einer Temperatur von 52 °C, das in einem Tempelgelände zu Bädern genutzt werden kann. Es stehen kleine Badehäuser zur Verfügung.

- Zur **Anfahrt** nehme man ein Songthaew ab Phattalung (ca. 10 Baht).

Banthat-Gebirge (Thuek Khao Ban That)
เทือกเขาบรรทัด

Das Banthat-Gebirge erstreckt sich in Nord-Süd-Richtung im Grenzgebiet zwischen den Provinzen Phatthalung und Trang und erreicht in seiner südlichsten Ausdehnung die Provinz Satun. Das Gebirge ist eines der **landschaftlich reizvollsten Gebiete Südthailands** und bietet abenteuerlustigen Trekkern ein weites Betätigungsfeld. Der Thai-Name *Thuek Khao Banthat* bedeutet „Lineal-Gebirge", eine Anspielung auf die auffallende Geradlinigkeit des Gebirges.

Das Gebirge besitzt mehrere Gipfel über tausend Meter, der höchste ist 1.322 m hoch, und der gesamte Gebirgszug ist mit dichtem Wald bedeckt. In einigen Bereichen leben noch die **Sakai,** die „Ureinwohner"

BANTHAT-GEBIRGE

Am Fuße des Banthat-Gebirges

oder „Negritos" der Malaiischen Halbinsel. Ihre Herkunft ist umstritten, wahrscheinlich gehören sie der austroasiatischen Völkerfamilie an. Die Thais nennen sie umgangssprachlich *gnor*, „Rambutans" – eine scherzhafte Anspielung auf die krausen Haare der Sakai, die die Thais an die Stachel der Rambutan-Frucht erinnern.

Die Sakai, von denen einige auch in den Wäldern Malaysias leben, sind traditionell Jäger und Sammler; einen Teil ihrer Ausbeute tauschen sie bei Thais gegen Reis ein. Sie siedeln in den höheren Gebirgsregionen Südthailands (wie auch Malaysias), in Gebieten, in denen sie sich mit ausreichend Wildbret und Wurzelgemüsen versorgen können. Die Sakai sind Nomaden und leben in Gruppen von 10-30 Personen. Alle paar Tage geben sie ihren Unterschlupf auf und ziehen weiter. Die in Südthailand lebenden Sakai sprechen je nach Siedelgebiet unterschiedliche Sprachen: Die Sakai im Banthat-Gebirge sprechen Tean-an; die anderen Sakai sprechen Ted-da

BANTHAT-GEBIRGE

Mehrere Generationen einer Familie im Banthat-Gebirge

und Ya-hai (in der Provinz Narathiwat), sowie Kan-siu (in der Provinz Yala).

Die Region am Fuße des Banthat-Gebirges ist am besten per eigenem Fahrzeug von Phattalung oder Trang aus zu erkunden. Über den Gebirgsrücken selber führen keine Straßen. Sehr malerische Szenerien eröffnen sich entlang der **Routen** 4122 und 4125, die vom Highway Trang – Phattalung in südliche Richtung abzweigen und etwa parallel zum Bergzug verlaufen.

Etwas östlich der Abzweigung der Route 4125 findet sich der Zugang zum Khao Chong National Park mit dem sehenswerten **Khao-Chong-Wasserfall.** Im Park besteht Unterkunftsmöglichkeit, man frage am Parkhauptquartier danach. Abseits der Route 4125 finden sich einige weitere, von großartiger Landschaft umgebene Wasserfälle, so der **Sai-Rung-Wasserfall,** und der von besonders dichter Vegetation umgebene **Phrai-Sawan-Wasserfall.** *Phrai Sawan* bedeutet recht zutreffend „Himmlischer Wald".

Weiter südlich, 10 km östlich der Ortschaft Ban Palian Nai, findet sich der eindrucksvolle, 320 m hohe **Ton-Tae-Wasserfall.** Von hier bieten sich einige Treks an: Der lohnenswerteste, aber wohl auch anstrengendste führt in ca. 9 Std. zum **Khao Chet Yot,** dem „Berg der sieben Gipfel". Im Büro der Forest Conservation Unit am Fuße des Ton-Tae-Wasserfalls kann man sich einen Führer vermitteln lassen; oder man frage nach *Khun Chen,* der in den siebziger Jahren als kommunistischer Untergrundkämpfer in den Dschungeln der Umgebung gelebt hat und nun auch Führungen anbietet.

Der Banthat-Gebirgszug war ähnlich wie die dschungelbewachsenen Berge in den Provinzen Surat Thani und Nakhon Si Thammarat in den siebziger Jahren der **Zufluchtsort kommunistisch-orientierter Studenten,** die sich nach der blutigen Niederschlagung der Studentendemonstrationen von 1973 mit Waffengewalt gegen den thailändischen Staat wandten. In den Dschungeln ernährten sie sich zum Teil von dem, was die Natur ihnen bot, und viele wurden zu Experten in Naturheilkunde. Dorfbewohner, die ihnen Nahrung zukommen ließen oder allein in dem Verdacht standen, sie zu unterstützen, wurden von der Polizei gnadenlos verfolgt und nicht selten schlichtweg exekutiert. Die Untergrundkämpfer wurden später amnestiert, und die schmerzvolle Periode in Thailands jüngerer Geschichte ist heute fast vergessen.

Ein anderer Trek führt durch fantastische Landschaft nach ca 14 km in ein Gebiet, das von Sakai bewohnt ist. Der Aufenthaltsort der Sakai wechselt beständig, die in der Gegend arbeitenden Gummizapfer wissen aber meist, wo sie gerade anzutreffen sind. Bei dem Trek passiert man den Zusammenstrom zweier Flüsse, an dem sich ein strahlend weißer Strand ausbreitet, sowie das eine oder andere von der Außenwelt fast abgeschnittene Dorf. Eines davon, **Ban Tra,** wurde angeblich nach dem Niedergang des Srivijaya-Reiches (siehe auch Ortsbeschreibung Chaiya) vor über eintausend Jahren gegründet.

Etwas weiter südlich des Ton-Tae-Wasserfalls findet sich der ebenfalls in wunderbarer Umgebung gelegene **Ton-Tok-Wasserfall.** Auf dem Weg dorthin, über eine sehr schlechte, unasphaltierte Landstraße, erhält man auch einen besonders guten Fernblick auf den Ton-Tae-Wasserfall.

Unterkunft/Essen

● Beides findet sich möglicherweise im **Haus von Na Jai,** einer sehr netten Thai. Ihr Ehemann war ebenfalls kommunistischer Untergrundkämpfer und kennt sich bestens in den Wäldern aus. Das unscheinbare Haus befindet sich nahe dem Ton-Tae-Wasserfall, bei der Anfahrt von Ban Palian Nai aus kommend an der rechten Straßenseite, direkt neben einem kleinen Wasser-Reservoir. Die Preise sind vor Ort auszumachen. Im Zweifelsfalle frage man irgendjemanden im Ort nach *Na Jai.* Wer nur auf einen Tages-Trip kommt, sollte sich Essen aus Ban Palian Nai (s.u.) mitbringen.

Anreise

● Am günstigsten **mit eigenem Fahrzeug.**
● Ansonsten nehme man ein **Songthaew** von Trang zur kleinen Ortschaft Ban Palian Nai. Hier finden sich einige kleine Restaurants und Geschäfte. Von der Kreuzung in Ban Palian Nai gelangt man mit **Motorrad-Taxis** zum Ton-Tae-Wasserfall (10 km; ungefähr 50-60 Baht).

Trang
ตรัง

Trang ist eine recht geschäftige Stadt (50.000 Einwohner) mit einem bisweilen recht chaotischen Verkehr, deren Entwicklung mit der vergleichbarer thailändischer Städte nicht Schritt gehalten hat: Im Gegensatz zu der rapiden Modernisierung, der sich die meisten anderen Städte dieser Größenordnung unterzogen haben, wirkt Trang zum Teil etwas verschroben, mit zahlreichen alten, teilweise gar sinister aussehenden Bauten – und das trotz des bekannten Wohlstandes der Stadt.

Dieser ist in erster Linie dem **Kautschuk** zu verdanken, der in der Umgebung angebaut wird. Die Gummibäume wurden zuerst von einem Gouverneur Trangs, *Phraya Rasdanuprasit Mahissara Phaki,* aus Malaysia eingeführt. Der Aufstieg der Stadt begann, und 1 km außerhalb (heute am Highway nach Phattalung) errichtete man dem vorausschauenden Herrscher dann ein Denkmal.

Trang ist rein relativ wichtiger Transitort auf der Strecke Krabi - Tarutao / Ko Bulon Lae und von den lokalen Beörden werden auch die eigenen Attraktionen der Provinz zunehmend herausgekehrt.

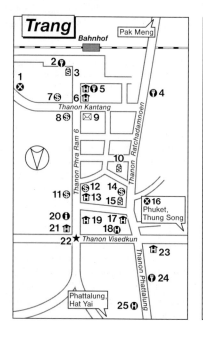

- ✕ 1 Taxis nach Kantang
- ⊙ 2 Nachtmarkt
- § 3 Diamond Department Store
- ⊙ 4 Vegetarische Restaurants
- 🏠⊙ 5 Si Trang Hotel u. Wunderbar
- 🏠 6 Thumrin Hotel
- ⓢ 7 Krung Thai Bank
- ⓢ 8 Bangkok Bank
- ✉ 9 Post
- § 10 Markt
- ⓢ 11 Siam Commercial Bank
- ⓢ 12 Thai Farmers Bank
- 🏠 13 Koh Teng Hotel
- ⓢ 14 Bangkok City Bank
- § 15 Richy Bakery
- ✕ 16 Taxis nach Nakhon Si Thammarath
- 🏠 17 Petch Hotel
- ⊙ 18 Busse nach Thung Song
- 🏠 19 Wattana Hotel
- ⊙ 20 Info-Büro der Trang Tourism Business Association
- 🏠 21 Trang Hotel
- ★ 22 Uhrturm
- 🏠 23 Queen's Hotel
- ⊙ 24 Vegetarische Restaurants
- ⊙ 25 Busse nach Hat Yai, Phuket, Phattalung, Satun

Fischerboote bei Trang

Aufgrund des hohen chinesischen Bevölkrungsanteil findet in der Stadt, genau wie in Phuket, ein Vegetarian Festival statt, bei dem sich die trance-taumelnden Teilnehmer mit allerlei Gerät durchstechen.

Information

- Die **Trang Tourism Business Association** betreibt ein Informationsbüro in der Thanon Phra Ram 6 (Rama 6 Rd.), etwa gegenüber dem Wattana Hotel. Tel./Fax 215580. Es wird schriftliches Informationsmaterial asugehändigt, und auch mündliche Fragen werden gewissenhaft beantwortet. Die TAT plant seit längerem die Eröffnung eines Büros in der Ratchadamnoen Road, bisher fehlt dafür aber das Geld.

Unterkunft

In Erwartung eines größeren Tourismus-Booms sind in Trang in den letzten Jahren mehrere Luxushotels aus dem Boden geschossen. Diese bieten insgesamt ein ausgezeichnetes Preis/Leistungsverhältnis, und wer z.B. einmal „probehalber" in einem Fünf-Sterne-Hotel absteigen möchte, findet hier eine wirklich preisgünstige Gelegenheit dazu. Der große Boom ist bisher ausgeblieben, und die Preise werden somit vorerst auf niedrigem Level bleiben.

Erstaunlicherweise wird derzeit sogar noch an einem weiteren Luxushotel gebaut, das wohl ab Ende 1999 bezugsfertig sein wird.

- Das **Petch Hotel*** genügt nur geringen Ansprüchen.
- Erheblich besser ist das **Koh Teng Hotel**** (Thanon Phra Ram 6, Tel. 218148). Zimmer mit Bad, die teureren auch mit AC. Angeschlossen ist ein recht gutes Restaurant, das allerdings zwei Speisekarten aufweist: eine auf Thai und eine mit gut doppelt so hohen Preisen auf Englisch!
- Das **Si Trang Hotel**** nordöstlich des Bahnhofs an der Thanon Sathani („Bahnhofsstraße") ist eine der allerpreiswertesten Optionen in der Stadt (am untersten Ende dieser Preiskategorie). Die Zimmer sind jedoch ziemlich finster und kosten alle denselben Preis, egal ob sie eigenes Bad haben oder nicht.
- Das **Wattana Hotel****-*** verfügt über einen alten Flügel und einen neuen, die Preise staffeln sich dementsprechend.
- Recht gute Zimmer (Bad) in diversen Preislagen bietet das **Queen's Hotel****-***; teurere Zimmer mit A.C., TV und Kühlschrank.
- Das **Thumrin Hotel*****-**** verfügt ausschließlich über A.C.-Räume. Aufgrund der vorbeiführenden verkehrsreichen Straßen empfehlen sich die Zimmer in den oberen Etagen, aber auch da ist man vor dem Lärm nicht ganz sicher.
- Saubere und bequeme Zimmer (Bad) und eine Suite im das relativ neue **Trang Hotel***** nahe dem Uhrturm (Tel. 218944).
- Ein 1996 eröffneter Ableger des Thumrin Hotels ist das mit fünf Sternen ausgezeichnete **Thumrin Thana Hotel*******-ᴸᴸᴸ im nördlichen Stadtbereich an der Straße nach Huai Yot und Krabi (69/8 Trang Thana Rd., Tel. 211211, 223223, Fax 223288-90). Vorhanden sind mehrere Restaurants, ein Coffee-Shop, ein Business Center sowie Schönheits-Salon, Health Club, Sauna, Dampfbad und Jacuzzi. Für die derzeitigen „Einführungspreise" ist das Hotel sehr gut, dennoch bietet das folgende einen noch besseren Gegenwert.
- Ca. 2 km außerhalb der Innenstadt, an der Straße nach Phattalung, steht das 1996 eröffnete, ebenfalls mit fünf Sternen ausgezeichnete **M. P. Resort Hotel******-ᴸᴸᴸ (184 Trang-Phattalung Rd., Tel. 214230-45, Fax 211177). Es ist in Form eines Ozeandampfers angelegt, was zwar vielleicht nicht jedermanns Sinn für Ästhetik gerecht werden mag, dafür ist es vielleicht das Fünf-Sterne-Hotel im Lande, das das beste Preis-/Leistungsverhältnis bietet. Die super-komfortabel eingerichteten Zimmer (A.C., TV mit 12 Kanälen, Kühlschrank etc.) werden z.Zt. etwa ein Drittel unter ihrem offiziellen Preis angeboten. Im Preis ist ein Frühstück enthalten, daß entweder als Buffet daherkommt (wenn zahlreiche Gäste im Hotel sind) oder als A-la-Carte-Frühstück (wenn nur wenige Gäste da sind). Dem Hotel angeschlossen sind ein Swimming-Pool, eine Sauna, Health Club, Snooker-Raum, Golfplatz, eine Karaoke-Bar, ein Mini-Kino sowie zwei Restaurants und ein Coffee-Shop. Derzeit machen sich leichte Verschleißerscheinungen breit, was daran liegt, daß das riesige Hotel (wie alle Luxushotels in Trang) immer kraß unterbelegt ist.
- Ein paar hundert Meter weiter in Richtung Innenstadt vom M.P.Resort aus steht das 1997 eröffnete **Trang Plaza Hotel******-ᴸᴸᴸ (132 Trang-Phattalung Rd., Tel. 226902-10, Fax 226901), das ähnlich gut ausgestattet ist wie die o.g. Hotels, jedoch nicht ganz dasselbe Flair zu erreichen scheint. Die „Einführungspreise" liegen dafür noch etwas niedriger.

Essen

Preiswerte Thai- und chinesische Restaurants finden sich an jeder Ecke, etwas Besonderes ist jedoch nicht dabei. Es gibt einige moslemische Restaurants, so neben dem Diamond Department Store und zwei in der Thanon Kantang, ca. 100 m rechts vom Thumrin Hotel.

- Ein gehobenes Thai-Restaurant befindet sich im Erdgeschoß des **Thumrin Hotel,** wo auch eine Band aufspielt.

- In der Thanon Ratchadamnoen, neben der Bangkok City Bank, wartet die **Richy Bakery** mit gebackenen Delikatessen auf, Kuchen und Brotwaren aller Art. Ein Restaurant ist angeschlossen.
- In Bahnhofsnähe, nahe der Kreuzung Thanon Phra Ram 6 (Rama 6 Rd.) und Thanon Sathani, befindet sich die **Wunderbar,** eine Bar/Restaurant mit guten Thai-Speisen, Salaten, Sandwiches, Milk-Shakes und Bier. Zum Lesen liegen deutsche Magazine und Bücher aus, geöffnet tägl. 11.00-23.30 Uhr.
- In der Stadt gibt es **drei vegetarische Restaurants.** Diese sind i.d.R. nur 7-14 Uhr geöffnet; die Gerichte kosten ab ca. 15 Baht. Eines der Restaurants befindet sich an der Phattalung Road gegenüber dem Rathaus oder *Sala Klang;* dieses wird von den Mitgliedern einer taiwanesischen buddhistischen Sekte betrieben. Sehr freundlicher Service. Ein weiteres, etwas größeres vegetarisches Restaurant liegt an der Choerm Panya Road, schräg gegenüber von s. Hier werden auch vielerlei gesunde Nahrungsmittel, Kräutertees und Naturkosmetika verkauft. Ein drittes, kleineres Restaurant befindet sich in 20/8 Thanon Tha Klang (die Straße, die nach Pak Meng führt), gegenüber dem *Talaat* (Markt) Tha Klang.

Verkehrsmittel

- Songthaews innerhalb von Trang kosten normalerweise 10 Baht, bei Fahrten zu etwas entfernteren Zielen bis zu 20 Baht.
- Einen Motorradverleih gibt es bei einem Motorradhändler gegenüber dem Koh Teng Hotel (44a Rama 6 Rd.); Preise um 200 Baht/Tag.

Vogelliebhaber bei Trang

TRANG

Anreise

- **Busse** ab Bangkok (Southern Bus Terminal) fahren für 203 Baht, Abfahrt 8.00 und 16.30 Uhr. A.C.-Busse kosten 366 Baht, Abfahrt 19.00, 19.50, 20.10 Uhr; V.I.P.-Busse zu 565 Baht, Abfahrt 19.00 Uhr. Busse ab Hat Yai kosten 30 Baht, Sammeltaxis 50 Baht. Busse ab Phuket 78/114 Baht, Phattalung 15 Baht, Krabi 30 Baht.
- **Züge** ab Bangkoks Hualamphong Station fahren um 17.05 und 18.30 Uhr für 135/ 282/ 597 Baht.
- **Thai Airways** fliegt täglich von Phuket nach Trang. Flugzeit 40 Min., Kostenpunkt 435; ab Surat Thani 495, ab Bkk 2.005 Baht.

Weiterreise

- **Sammeltaxis** nach Hat Yai 50 Baht, Busse 30 Baht. Busse nach Satun 50 Baht.
- Das Büro der **Thai Airways** befindet sich in der 199/2 Visedkun Rd., Tel. 218066. Die Fluggesellschaft betreibt einen Minibus-Service zum Flughafen (4 km) zu 50 Baht/Pers.

Strände um Trang

34 km westlich von Trang erstreckt sich der zum Teil verschlickte **Pak Meng Beach,** der ein beliebtes Ausflugsziel der lokalen Bevölkerung darstellt. Westlichen Touristen hat er nicht allzu viel zu bieten. Wer „Glück" hat, kann dafür vielleicht von einer Straßenhändlerin gebratene **Ameiseneier** *(khai mot tort)* erstehen, eine weithin geschätzte Delikatesse.

Schülerinnen auf dem Heimweg

Sammeltaxis oder Songthaews ab Trangs „Neuem Markt" *(talaat mai)* fahren für ca. 50 Baht/Person nach Pak Meng.

Sechs Kilometer weiter im Süden befindet sich der **Chao Mai Beach**, der aufgrund seiner vorgelagerten Korallenbänke zum **Nationalpark** erklärt worden ist. Die Parkverwaltung bietet Bungalow-Unterkünfte***. Zur Anfahrt chartere man am Neuen Markt am besten ein Taxi; Kostenpunkt ab ca. 400 Baht.

Inseln vor Trang

Trang bietet sich als Ausgangspunkt für einige Inselausflüge an, so nach Ko Hai, Ko Muk, Ko Kradan, Ko Rok und Ko Libong.

Zu den meisten Inseln fahren Boote ab Pek Meng, Chao Mai oder Kantang, zu den weiter südlich gelegenen ab Ban Ta Sae (60 km südl. von Trang) und Palian (47 km südl. von Trang, an der Straße nach Satun).

Ko Hai hat einen recht schönen, 2 km langen Strand und bietet Unterkunftsmöglichkeiten in diversen Preislagen, so z.B. das von den Deutschen *Brigitte Monat* und *Lothar Gensing* geleitete Koh Hai Resort (Tel. 075-2111045) mit 60 Bungalows**-****. Angeschlossen ist die Tauchschule Rainbow Divers, die sowohl Tauchtrips und Inselrundfahrten als auch Stadtführungen durch Trang anbietet. Gecharterte Boote vom Pier in Pak Meng nach Ko Hai kosten ca. 400 Baht.

Ko Kradan hat ebenfalls sehr attraktive Strände, dazu klares Wasser und zahlreiche Korallenriffs. Unterkunft im überteuerten *Ko Kradan Resort***** (Tel. Trang 211391).

Ko Muk weist eine Art Wassertunnel auf, die Morakot Cave (auf Thai *Tham Naam)*, die bei Ebbe bis in eine Tiefe von 80 m befahren werden kann. Die Höhle ist rechtzeitig vor Beginn der Flut zu verlassen. Unterkunft im *Ko Muk Resort*** (Tel. Trang 212613) und *Morning Calm Resort** (Tel. 01-9791543).

Ko Libong ist die größte Insel vor der Küste von Trang und besitzt einige Fischerdörfer. Boote ab Kantang und Chao Mai. Die Gewässer um die Insel sind das Habitat von Thailands letzten Dugongs oder Seekühen. 1991 wurden noch 60 Tiere gezählt, mittlerweile dürften es einige weniger sein. Dugongs stehen in Thailand unter Naturschutz. Unterkunft im *Libong Beach Resort**** (Tel. Trang 214676) und *Tongkran Bungalow**

Ko Rok ist wohl die schönste der in der Umgebung liegenden Inseln, sie ist aber wegen des hohen Seegangs über weite Strecken des Jahres unerreichbar (im Jan./Feb. am besten).

Ko Sukorn oder **Ko Mu**, die „Schweins-Insel", ist ihrem Namen zum Trotz hauptsächlich von Moslems bewohnt, bei denen Schweine nicht sehr hoch im Kurs stehen (*sukorn* ist formelles Thai für „Schwein", *mu* das umgangssprachliche Wort dafür). An der Ostseite befindet sich ein mäßiger Strand mit Unterkunftsmöglichkeit im *Sukon Island Resort**** (Tel. Trang

219679; das Unternehmen betreibt einen Buchungskiosk am Busbahnhof von Trang). Boote ab dem Pier in Ban Ta Sae und ab Palian (aber nur gegen 12 Uhr).

Ko Petra wird zum Abbau von Schwalbennestern genutzt, und Besucher sind nicht gerne gesehen. (Zwischen den Konzessionsinhabern zum Schwalbennesterabbau und Nestdieben hat es in Thailand schon so manche blutige Auseinandersetzungen gegeben.)

Weitere Sehenswürdigkeiten in der Umgebung von Trang

Tham Thale (Sea Cave)

Die Tham Thale befindet sich circa 40 km nördlich von Trang oder circa 10 km westlich von Huay Yot, an der Straße nach Krabi (105 km). Diese „See-Höhle" durchzieht ein rundlicher Felsen, der von einem Fluß umgeben ist. Das Flußwasser dringt auch in die Höhle ein, die somit **nur per Boot besucht werden kann.** Boote fahren zu 30 Baht/Pers. oder für 200 Baht, falls man das gesamte Boot chartert. Während der Fahrt kann man an manchen Stellen aussteigen und einige Bereiche der Höhle zu Fuß erkunden.

In der Höhle, die zum Teil beleuchtet ist, finden sich mehrere „Zimmer", von deren Decke eindrucksvolle **Stalaktiten** herabhängen. In einigen Abschnitten ist die Decke sehr niedrig, und beim Bootsfahren muß man den Kopf einziehen, um nicht von einem Stalaktiten erwischt zu werden. Bei sehr hohem Wasserstand, z.B. in der Regenzeit, können keine Fahrten stattfinden.

Die für viele Besucher imposanteste oder beängstigendste Teilstrecke ist ein über hundert Meter langer schmaler und niedriger **Tunnel** – schmal wie eine Röhre –, durch die sich die Boote mit aller Vorsicht durchbugsieren müssen. Die Decke ist an dieser Stelle so niedrig, daß man sich flach auf den Boden des Bootes legen muß, und zu den Seiten des Bootes bleibt auch kaum Platz zum Manövrieren. Dazu ist es stockdunkel, und da hilft auch die Taschenlampe des Bootslenkers nur wenig. Leute mit latenter Platzangst werden nach dieser Fahrt möglicherweise nie wieder eine Höhle besuchen wollen. Andere werden ihre helle Freude haben. Viele der thailändischen Besucher wirken in den dunkleren Bereichen der Höhle völlig verängstigt, was aber weniger an Platzangst liegt als an der weit verbreiteten Furcht vor „Geistern".

Wie bei allen Höhlenbesuchen sollte man feste Schuhe mitbringen, sowie Kleidung, die ruhig schmutzig werden kann.

Unterkunft findet sich in den *Twin Tree Bungalows***-*** (z.Zt. noch im Bau), die nach zwei auffällig großen Bäumen auf ihrem Gelände benannt sind. Die Bungalows (Bad) stehen an der Westseite des Felsen, ca. 200 m vom Ausgangspunkt zu den Bootsfahrten entfernt. Der junge Besitzer der Bungalows, *Udomdet Suwannaboworn* (Spitzname *Mor*, „Doktor") ist ausgesprochen nett, er kennt sich ausgezeichnet in der Region aus und organisiert zahlreiche interessante Touren. Man frage am Kassenhaus zu den Bootsfahrten nach ihm.

Thale Song Hong

Etwa 2 km westlich von der Tham Thale zweigt die Route 4236 in nördlicher Richtung vom Highway Trang – Krabi ab (im Bereich der Ortschaft Ban Sa). Die Straße führt nach 15 km zum Thale Song Hong, dem „See mit zwei Zimmern". Der See ist eine Art **Zwillings-See,** der durch eine Landbarriere zweigeteilt ist. Bei hohem Wasserstand wird die Barriere unsichtbar, und das Gewässer erscheint als ein einziger See.

Der Thale Song Hong ist malerisch von Hügeln und Wäldern umgeben und bietet sich gut für einen Ausflug nach dem Besuch der Tham Thale an (s.o.). Am See gibt es eine **Camping-Möglichkeit,** dazu **Unterkünfte,** die von der für das Gebiet zuständigen Parkverwaltung betrieben werden. Es gibt keine festen Übernachtungspreise, es wird aber um eine angemessene Spende gebeten.

Roi Chan - Phan Wang Wildlife Sanctuary

Im Bereich von Wangwiset am Highway Trang – Krabi, ca. 65 km von Trang (oder ca. 70 km von Krabi), zweigt eine Straße in Richtung Ao Tong ab. Dieser folge man 15 km, bis sich links eine unasphaltierte Landstraße auftut. An dieser ergibt sich nach 8 km eine weitere Abzweigung, an der man links einbiege. Nach 5 km erreicht man das Hauptquartier des Roi Chan - Phan Wang Wildlife Resort. Es besteht auch eine (nicht gerade leicht zu findende) Straßenverbindung von o.g. Thale Song Hong.

Roi Chan - Phan Wang bedeutet „Einhundert Stufen und eintausend Wasserbecken"; der Name bezieht sich auf die zahlreichen kleinen Wasserfälle, die sich in dem Gebiet ergießen. Das bergige Gelände schließt den **Khao Nor Chu-Chi** ein, den mit 1.762 m zweithöchsten Berg Südthailands (der höchste ist der Khao Luang in der Provinz Nakhon Si Thammarat).

Außerdem finden sich hier etliche **Gummi- und Kaffeeplantagen,** die hier trotz des Schutzstatus', das dem Gebiet zugesprochen wurde, geduldet werden. Gelegentlich werden Anwohner ertappt, die Waldgebiete niederbrennen, um auf dem so gerodeten Land weitere Plantagen anzulegen.

Das Schutzgebiet ist die Heimat zahlreicher **Vogelarten,** wie man beim Betreten des Waldes auch sogleich vernehmen kann. Eine bestimmte Vogelart, auf Thai *taeo-raeo* gennant, ist nur in diesem Gebiet anzutreffen, und so finden sich hier häufig Ornithologen aus aller Welt ein. Eine am Parkhauptquartier einzusehende, mehr als mannshohe Landkarte von Roi Chan - Phan Wang wurde 1991 von einem dänischen Vogelschutzverband erstellt.

Satun

สตูล

Satun (25.000 Einw.) ist die kleine und beschauliche Hauptstadt der gleichnamigen Provinz, der südlichsten Thailands. Das allgemeine Strassenbild wirkt schon fast malaysisch.

So ist auch Satuns zentrale **Moschee** das hervorstechendste Merkmal, und am Ufer des schmalen Flusses durch den Ort sieht man moslemische Fischer, die ihre Netze flicken. Auch nicht zu übersehen ist eine starke chinesische Minderheit, chinesische Geschäftsleute dominieren Handel und Gastronomie.

Daneben bietet Satun wahrscheinlich die höchste Dichte von Friseurläden pro Quadratmeile in Thailand, man sieht sie an jeder Ecke, auffällig oft. Ein guter Platz für einen Haarschnitt also? (Aus anderen Orten aber weiß man, daß die Friseurszunft oft nur als Tarnung für ein ganz anderes Gewerbe herhalten muß!). Wichtiger aber als das: Satun ist ein Transitpunkt auf dem Weg zum Tarutao-Nationalpark.

Unterkunft

- Das **Satultanee Hotel**** hat freundliches Personal und so viele Zimmer, daß immer etwas frei sein müßte. Mit Bad, A.C.-Räume teurer. Dem Hotel ist ein Coffee-Shop angeschlossen.
- Das **Rain Thong Hotel**** befindet sich nahe dem Pier, von dem die Boote nach Kuala Perlis in Malaysia ablegen. Auch hier ist das Personal sehr freundlich. Zimmer mit Bad.
- Das **Wang Mai Hotel***** bietet ausschließlich A.C.-Räume; diese sind recht komfortabel.
- **Bubble G.H.****-*** (Yatrasawatdee Rd.), Zimmer mit Bad.

Essen

- Die A.C.-Restaurants The Bakers, Crystal House und Smile Fast Food servieren **westliche Speisen** wie Spaghetti Bolognaise, „American Breakfast" und sehr empfehlenswertes Eis. Thai- und chinesische Gerichte stehen ebenfalls auf der Speisekarte.
- Das **Suhana Restaurant** in der Thanon Bureevanith kredenzt hervorragende südthailändische Curries – aber Vorsicht, gnadenlos scharf!
- Gegenüber dem Krankenhaus, ca. ein km vom Zentrum entfernt, köchelt ein kleiner **Essensmarkt;** es gibt preiswerte südthailändische und moslemische Küche, z.B. *roti*.

Figur eines ausgezehrten Buddha in Satun

SATUN

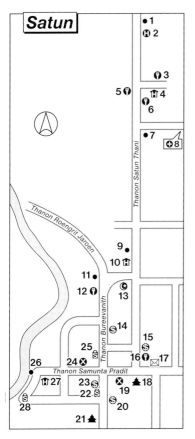

- **1** Thai Airways Office
- **2** AC-Bus-Tickets
- **3** Nice Pub Restaurant
- **4** Wang Mai Hotel
- **5** Crystal House Restaurant
- **6** Smile Fast Food Restaurant
- **7** Polizei
- **8** Krankenhaus
- **9** Kino
- **10** Satultanee Hotel
- **11** Immigration Office
- **12** Suhana Restaurant
- **13** Moschee
- **14** Bangkok Bank
- **15** Siam Commercial Bank
- **16** "The Bakers" Restaurant
- **17** Post Office
- **18** Chinesischer Tempel
- **19** Taxis nach Hat Yai
- **20** Thai Farmers Bank
- **21** Wat Chanathip
- **22** D.K. Books
- **23** Krung Thai Bank
- **24** Taxis nach Pak Bara
- **25** D.K. Books
- **26** Boote nach Kuala Perlis
- **27** Rain Thong Hotel
- **28** Markt

Anreise

Gemeinschaftstaxis ab Hat Yai kosten 50 Baht, **Busse** 34 Baht; Busse ab Trang für 30 Baht, ab Patthalung 54 Baht, ab Nakhon Si Thammarat 83 Baht.

Ab Bangkoks Southern Bus Terminal (995 km) fahren **A.C.-Busse** für 427 Baht, die noch bequemeren **V.I.P.-Busse** (bei der Strecke von gut 15 Std. sehr zu empfehlen!) 500 Baht. Normalbusse zu 234 Baht.

Weiterreise

- **Boote** nach Kuala Perlis in Malaysia fahren von dem Pier nahe dem Rain Thong Hotel; Abfahrt 7 mal täglich, Kostenpunkt 30 Baht. Zuvor muß jedoch der Paß im Immigration Office (siehe Karte) mit einem Ausreisestempel versehen werden.
- Die **Gemeinschaftstaxis** nach Hat Yai (50 Baht) fahren von der Thanon Samunta Pradit nahe dem chinesischen Tempel ab. Weiter

westlich an derselben Straße befindet sich der Taxistand für Fahrten nach Pak Bara – 30 Baht/Pers. oder 180 Baht pro Wagen.
- **Busse** nach Pak Bara kosten 20 Baht/Pers.
- Falls keine Direktverbindung nach Pak Bara aufzutreiben ist, zuerst mit Bus oder Taxi nach La-Ngu fahren und von dort die restlichen 10 km mit einem **Songthaew**. Motorrad-Taxis von La-Ngu nach Pak Bara kosten 20 Baht.

Pak Bara
ปากบะระ

Pak Bara, 65 km nordwestlich von Satun gelegen, ist ein lebhafter **kleiner Fischerort,** ansonsten aber nur interessant als Transitpunkt auf dem Weg zum Tarutao-Nationalpark. Wie überall in Thailand, so zieht auch hier die starke Präsenz von Fischern magisch das Gunstgewerbe an. Folglich sind die vorhandenen Unterkünfte in erster Linie Bordelle. Es gibt also keinen Grund zu verweilen.

Am Pier befindet sich ein Büro des Tarutao-Nationalparks, und die Angestellten können – sollten die regulären Boote schon abgefahren sein – beim chartern eines privaten Bootes helfen.

Unterkunft

Falls doch übernachtet werden muß, bieten sich an der Küste, ca. 1 km vor dem Hafen, einige Bungalow-Kolonien an, z.B. Jomsai Bungalows, Saengthien Bungalows, Suan Son Bungalows und das Pak Bara Guest House. Preise ab ca. 100 Baht. Aber auch diese werden für Rotlicht-Aktivitäten genutzt. Einige weitere billige Unterkünfte existieren in La-Ngu, 10 km in Richtung Satun.

Anreise

Ab Hat Yai fahren **Busse** (50 Baht; ca. 2 Std.). Der Bushalteplatz ist neben der Krung Thai Bank an der Ecke Niphat Uthit 1 Rd./Duang Chan Rd. Ab Satun Busse und Sammeltaxis.

Busse ab Trang fahren nur bis La-Ngu, wo in ein Songthaew nach Pak Bara umzusteigen ist (7 Baht).

Weiterreise

Um den Pier von Pak Bara herum finden sich einige Bootsleute, die sich zu Fahrten zu den Inseln der Umgebung anheuern lassen. Sie verfügen meist über die etwas langsamen *rüa haang yao* oder **„Langschwanz-Boote"**. Handeln!

Im Büro von Udom Tour (Tel. 01-9636916) links vor dem Pier lassen sich verschiedene, zumeist schnellere Bootstypen anheuern; die Preise sind allerdings auch relativ hoch.

Tarutao-Nationalpark
อุทยานแห่งชาติตะรุเตา

Thailands erster **Meeres-Nationalpark** (seit 1974) umfaßt ein Areal von 1490 km² mit 51 Inseln, gelegen vor der Küste der Provinz Satun. Die Inseln sind ebenso paradiesisch wie ihre Geschichte abenteuerlich: Jahrhunderte lang hatten sie „Seezigeunern" und Piraten als Unterschlupf gedient, bis sie in den 30er Jahren zum Standort eines Gefangenenlagers für politische Straftäter wurde.

Moschee in La Ngu bei Pak Bara

Heute ist die Inselgruppe ein Platz für Leute, die **unverdorbene Natur** genießen wollen; es bieten sich hervorragende Tauch- und Schnorchelgründe, in denen angeblich ein Viertel aller auf der Welt vorhandenen Fischspezies zu finden sind.

Die Inseln sind auch der Brutplatz dreier **Schildkröten-Arten,** der Grünen Seeschildkröte, der Hawksbill- und der Ridley-Schildkröte. Deren Eiablage-Saison sind die Monate Oktober bis Januar, in denen die Muttertiere jeweils ca. 50-150 Eier in tiefen Gruben im Sand vergraben. Etwa 2 Monate später schlüpfen die Tiere aus, von denen aber nur etwa 1-2 pro „Nest" überleben; die Mehrzahl wird die Beute von Raubvögeln. Um dem Aussterben der Gattungen entgegenzuwirken, werden in Teichen nahe dem Parkhauptquartier Jungtiere aufgezogen, die im Meer ausgesetzt werden, wenn sie zum Überleben in Freiheit stark genug sind.

Daneben sind die Inseln die Heimat von Fliegenden Lemuren, Loris, Wildkatzen, Ottern, Waranen, Kobras, Pythons und anderen **Schlangen.** Es gibt über 100 Arten von **Vögeln,** einige davon sind jedoch Zugvögel und somit nur Gäste auf Zeit.

Am Südwestende von Ko Tarutao befindet sich **Ko Rang Nok** („Vogelnest-Insel"), in deren Kalksteinhöhlen die Schwalben der Gattung *Callocalia escolenta* ihre Nester bauen. Diese bilden die Grundlage der Schwalbennestersuppe, der Abbau der Nester ist hier allerdings verboten. Am Höhleneingang befindet sich aber noch ein

TARUTAO-NATIONALPARK

Warenlieferung auf Ko Lipe im
Tarutao-Nationalpark

Schrein, an dem die Nestsammler früher Kuh- oder Büffelschädel opferten, um die Höhlengeister zu beschwichtigen.

Ko Tarutao ist die Hauptinsel des Archipels und mißt in ihrer größten Ausdehnung 26,5 mal 11 km. An der Pante Bay befindet sich das Parkhauptquartier. Dort steht eine Gepäckaufbewahrung zur Verfügung (20 Baht/Stück, max. 2 Wochen). Nebenan findet sich ein Visitor Centre mit einem Museum zu Geschichte und Meeresflora und -fauna des Parks.

Die beste Zeit zu einem Besuch sind die Monate **Oktober bis Mai;** in der Regenzeit kann es sehr stürmisch werden, und der Schiffsverkehr muß oft gänzlich eingestellt werden. Zudem stören in diesen Monaten die stark vermehrten Moskitos und Sandflöhe. Andererseits sind die Inseln dann fast touristenfrei und mit noch üppigerem Grün bedeckt als sonst.

Unterkunft

● Auf Ko Adang stellt die Parkverwaltung **Bungalows******–***** zur Verfügung. Diese können beim National Park Reservation Office, Department of Forestry in Bangkok gebucht werden; Tel. 5794842, 5790529.

Für 40-50 Baht gibt es Zelte. Bei Mitbringen eines eigenen Zeltes wird eine Gebühr von 5 Baht/Pers. erhoben.
- Auf Ko Adang stehen einige **Longhouse-Unterkünfte*****.
- Eine weitere Alternative bietet sich **auf Ko Lipe**. Hier gibt es ein paar einfache, privat betriebene Bungalow-Kolonien, gelegen an der West- und Ostseite der Insel. Preise von 100 bis 250 Baht.

Essen

- Im **Co-op Café** oder dem teureren **Tarutao Restaurant**, mit einer reichen Auswahl an örtlichem Seafood.
- Im **Park Co-op Store** kann man sich mit Proviant für Ausflüge eindecken. Es gibt Reis, Dosenfisch und Kekse, dazu Hygieneartikel, Taschenlampen, Batterien und weitere Ausrüstungsgegenstände.

Anreise

- **Reguläre Boote** ab Pak Bara fahren um 10.30 und 14.00 Uhr, Kostenpunkt 140 Baht für ein Return-Ticket. Fahrzeit je nach Boot und Seegang 1 Std. Die Boote legen in der Pante Bay (Ao Phante) an, 22 km von Pak Bara entfernt.
- In Pak Bara **gecharterte Boote** kosten ca. 800 Baht für die einfache Fahrt. Boote lassen sich auch noch von einigen anderen Piers in der Nähe von Satun chartern, nur wird das natürlich teurer. Diese Bootspiers sind Tha Ko Nok, Tha Thammalang und Tha Jepilang (*Tha* = „Pier").

Weiterreise

- Auf der Hauptinsel lassen sich Boote zu den anderen Inseln chartern; Boote zurück nach Pak Bara fahren um 9.00 Uhr und 14.00 Uhr.

Die düstere Vergangenheit von Tarutao

Jahrhundertelang hatten die Tarutao-Inseln den Meeresnomaden Chao Le und auch Piraten als Unterschlupf gedient, bis das Correction Department (Amt für Strafvollzug) sie 1937 zum Standort eines Gefangenenlagers für politische Straftäter erkor. An **politischen Gefangenen** herrschte zu jener Zeit dank einiger fehlgeschlagener Putsche kein Mangel. Nebenbei wurden dort auch „normale" Straftäter festgehalten, die – anders als die oft aus der Oberschicht stammenden politischen Häftlinge – zu Zwangsarbeiten herangezogen wurden.

Die Inseln waren in mehrfacher Hinsicht ein idealer Gefängnisstandort, waren doch Fluchtversuche durch die **im Wasser lauernden Haie** von vornherein zum Scheitern verurteilt. Die Brutalität der Bewacher tat ein Übriges, dem Namen Tarutao einen furchteinflößenden Beiklang zu geben. Zu alledem kam noch eine grassierende **Malaria** sowie eine während der Regenzeit nur unregelmäßige Versorgung mit Nahrung und Medikamenten, da der Bootsverkehr oft eingestellt werden mußte.

Als sich mit Ausbruch des 2. Weltkrieges die Versorgungslage noch mehr verschlechterte, verbündeten sich die Bewacher mit den Gefangenen und bildeten **Piratenbanden**, die passierende Handelsschiffe plünderten. Eine 300 Mann starke Freiwilligeneinheit der Royal British Navy beendete die Freibeuteraktivitäten im Jahre 1964.

1947 war Tarutaos Zeit als das Alcatraz Thailands zu Ende, das Correction Department hielt jedoch noch bis 1972 am Besitz des Archipels fest.

1974 wurde es zum **Nationalpark** erklärt, was aber auch die **Umsiedlung** von einigen tausend Bewohnern zur Folge hatte. Diese lieferten sich mit den Parkwächtern häufig Feuergefechte, nach denen zahlreiche Tote zu beklagen waren. Das rigorose Vorgehen der Wächter, denen ein militärisches Training angediehen worden war, unterdrückte schließlich die Revolte.

Aus der wilden alten Zeit Tarutaos sind heute noch einige **Ruinen der Festungsanlagen** zu sehen.

Ko Bulon Lae
เกาะบูรฉนเวย์

Diese Insel, eine der schönsten Thailands, findet sich nördlich des Tarutao-Nationalparks, 22 km westlich der Hafenstadt Pak Bara. Ihrer relativen Isoliertheit am Südrand Thailands ist es zu verdanken, daß sie bisher noch fast völlig „naturbelassen" geblieben und der große Tourismus an ihr vorübergezogen ist. Wer einen ruhigen Aufenthalt auf einer wahren Paradies-Insel sucht, ist hier am Ziel. Außer Schwimmen, Schorcheln und Faulenzen gibt es allerdings nicht viel zu tun.

Ko Bulon Lae ist die größte der aus vier Inseln bestehenden Bulon-Inselgruppe, dennoch ist sie klein genug, um sie in ein oder zwei Stunden zu durchwandern. An ihrer Ost- und Nordostseite erstreckt sich ein mehrere hundert Meter langer, absolut malerischer, weißer Strand. Dahinter wuchert dichte Vegetation, die nur von Trampelpfaden durchkreuzt wird. Fahrzeuge gibt es nicht, nicht einmal Straßen.

Die **Pangka Bay** an der Nordseite, bestehend aus Ao Panka Noi („Kleine Panka-Bucht") und Ao Panka Yai („Große Panka-Bucht"), ist sehr verschlickt und eine unerwartete Enttäuschung auf diesem so herrlichen Eiland. Hier finden sich ein paar Häuser der Chao Le. Insgesamt leben kaum 100 Menschen auf der Insel. Um Ko Bulon Lae herum finden sich bunte **Korallenriffe,** und es bieten sich gute Tauch- und Schnorchelmöglichkeiten.

Derzeit ist auf einer anderen Insel der Gruppe, Ko Bulon Don, eine Bungalow-Anlage im Bau und es wird wohl nicht die letzte auf diesem schönen Archipel sein.

Unterkunft/Essen

● Die beste Bungalow-Anlage auf der Insel ist das **Pansand Resort****-**** (Tel. 01-7220279), das sich zudem am schönsten Strandabschnitt befindet. Es gibt Bungalows in diversen Komfortstufen. Die teureren haben ein eigenes Bad, der Preis scheint aber etwas überhöht.

Angeschlossen ist ein Restaurant mit thailändischer, chinesischer und westlicher Küche und vor allem Seafood. Schnorchel-, Camping-, und Angelausflüge werden auf Wunsch organisiert. Buchungen unter obiger Telefonnummer oder aber im Stadtbüro des Resort in Trang. Dieses befindet sich genau gegenüber dem Queen's Hotel; das Büro liegt etwas versteckt neben einem Eisverkauf (82-84 Visedkun Road, Tel. 075-218035, 219513, Fax 211010, E-mail psyn@hatyai.inet.co.th).

● Wenige Minuten Fußweg weiter nördlich liegt das einfache **Bulon Lae Resort****, und der ihm vorgelagerte Strand ist fast genauso schön wie der am Pansand Resort. Bungalows mit Gemeinschaftsbad; Restaurant vorhanden.

● Etwas abgelegen, ca. 15 Min. Fußweg von den o.g. Bungalow-Anlagen entfernt, steht das **Pangka Bay Resort****. Die ihm vorgelagerte Pangka Yai Bay oder Ao Pangka Yai ist sehr verschlickt und nicht zum Baden geeignet, dafür ist man hier fernab des bescheidenen touristischen „Trubels" von Bulon Lae. Der Weg zu den Bungalows führt durch dichten, hügeligen Wald, vorbei an einigen Häusern von Chao Le. Bungalows mit Bad; Restaurant vorhanden.

Anreise/Rückreise

● Ab der Hafenstadt Pak Bara fahren um 14.00 Uhr **Boote** für 100 Baht/Pers. nach Ko Bulon Lae; Fahrzeit ca. 1 Std. Rückfahrt von der Insel 9.00 Uhr.

● Ansonsten lassen sich bei den Bootsleuten im Hafen **Langschwanz-Boote** *(rüa haang yao)* ab ca. 1.000 Baht für die einfache Fahrt anheuern. Fahrzeit je nach Boot und Wellengang 1-1½ Std. Die Bootsleute neigen meist zu Überpreisen, also handeln! Man wende sich nicht an einen der Mittelsleute, die sich am Pier herumtreiben und eine Kommission einstreichen wollen, sondern verhandle direkt mit einem Bootslenker.

Ein besonders umgänglicher Bootsmann ist *Prachuap Unjai,* der vier Tage die Woche als Nachtwächter im Visitor Center des Tarutao-Nationalparks (links vor dem Pier in Pak Bara) agiert. Tagsüber läßt er sich zu Bootsfahrten anheuern. Anfragen unter Tel. 781-285 im Visitor Center.

Zur Rückfahrt von Ko Bulon Lae warte man einfach auf ein Boot, das Touristen aus Pak Bara heranbringt und sonst leer zurückfahren würde.

● **Schnellboote** lassen sich bei Udom Tour anheuern, dessen Büro sich links vor dem Pier in Pak Bara befindet (Tel. 01-9636916). Die Preise sind allerdings relativ hoch.

Thale-Ban-Nationalpark
อุทยานแห่งชาติทะเลบัน

Der 102 km² große Park befindet sich in der Provinz Satun, 37 km von Satun und etwa 90 km von Hat Yai entfernt. Das 1980 zum Nationalpark erklärte Gebiet ist mit **dichtem Regenwald** bewachsen und gibt einen guten Eindruck davon, wie wohl einmal fast der ganze Süden Thailands ausgesehen haben mag, bevor Anfang dieses Jahrhunderts die Kautschukproduzenten ihre Schneise schlugen. Das Gelände ist hügelig und steigt mit dem **Khao Chin** als höchstem Punkt bis zu 720 m auf. Der Berg kann bestiegen werden.

Es gibt mehrere ansehnliche **Wasserfälle** im Park, so den Huay-Chingrit-Wasserfall, der in einem 3 km langen Fußmarsch vom Parkhauptquartier erreicht werden kann, oder den neunstufigen Yaroi-Wasserfall (5 km), zu dem man bequem per Auto gelangt. Die fünfte Stufe des Wasserfalles gilt als die schönste.

Außerdem sind einige **Höhlen** zu besuchen, unter anderem die Ton Din Cave und die Pu Yu Tunnel Cave. Vom Parkhauptquartier aus, das in einem von Kalksteinfelsen umgebenen Tal liegt, kann man auf diese Felsen aufsteigen. Von dort hat man einen guten Ausblick auf einen 32 ha großen Binnensee.

Das Gebiet soll in der Vergangenheit zahlreiche Elefanten, Tiger, Tapire, Loris, Zibetkatzen, Makkaken, Stachelschweine und andere Dschungelbewohner beherbergt haben. Wieviel davon heute noch übrig sind, ist unklar. Bewiesen ist die Existenz von mindestens 210 Vogelarten, darunter auch der seltene **Nashornvogel.**

Unterkunft

● Die **Bungalows** der Parkverwaltung und auch andere Gebäude wurden im Februar 1998 von über 300 aufgebrachten Kautschuk-Farmern **niedergebrannt,** die für sich in Anspruch nahmen, im Park Gummibäume pflanzen zu dürfen. Die Farmer machten geltend, daß sie „schon länger da sind als der Park". Wann die Unterkünfte wieder zur Verfügung stehen, ist z. Zt. nicht absehbar.

Hat Yai

Anreise

● Zunächst nehme man einen **Bus** von Satun in Richtung Hat Yai über Highway 406. Nach etwa 19 km erreicht man die Kreuzung mit Straße 4184. Dort aussteigen und über Straße 4184 mit einem **Songthaew** nach Wang Prachan weiterfahren. Von Wang Prachan fahren unregelmäßig Songthaews die letzten paar Kilometer bis zum Park.

Hat Yai
หาดใหญ่

Hat Yai (150.000 Einwohner), ca. 1.000 km südlich von Bangkok und nur 64 km vor der Grenze zu Malaysia gelegen, ist das **Verkehrs- und Handelszentrum Südthailands.** Für viele Thais ist es ein Einkaufsparadies, da durch die nahe Grenze mengenweise geschmuggelte Waren ihren Weg in die Geschäfte der Stadt finden. Für viele Malaysier ihrerseits ist Hat Yai ein beliebter Zielort für einen Tagesausflug, da sie in den Hotels und Massage-Salons das finden, was ihnen im heimatlichen Malaysia in weniger großem Ausmaße geboten wird.

Die Stadt hat in den letzten Jahren eine enorme Modernisierung erlebt, an jeder Ecke schossen Shopping Center, Hotels und sonstige Neubauten aus dem Boden, die Hat Yai fast in eine Art **Mini-Bangkok** verwandelten. Für Traveller ist der Ort dennoch nicht sonderlich interessant, es sei denn, man ist auf Shopping aus.

Zehn Prozent der weiblichen Bevölkerung Hat Yais sind **Prostituierte,** und so läßt sich leicht ausmalen, wie

- 1 Mission Hospital
- 2 Moschee
- 3 Holiday Plaza
- 4 Thai Farmers Bank
- 5 Kim Yong Market
- 6 Rukthai Hotel
- 7 Thin Aek Hotel
- 8 Asian Hotel
- 9 Hat Yai Inter Hotel
- 10 Universitt
- ★ 11 Bullfighting
- 12 Royal Hotel
- 13 Vegetarisches Restaurant
- 14 Prince Hotel
- 15 Vegetarisches Restaurant
- 16 Vegetarisches Restaurant
- 17 Rado Hotel
- 18 Sukontha Hotel
- 19 Mandarin Hotel
- 20 Savoy Hotel
- 21 Saeng Fa Hotel
- 22 Cathay Guest House
- 23 Kim Yong Market
- 24 Siam City Bank
- 25 D.K. Books
- 26 Robinson Department Store
- 27 Taxi nach Narathiwat
- 28 King's Hotel
- 29 Osman Restaurant
- 30 Thai Airways
- ▲ 31 Chinesischer Tempel
- 32 Pacific Hotel
- 33 How Hua Hotel
- 34 Hat Yai Central Hotel
- 35 Vegetarisches Restaurant
- 36 Sakura Hotel
- 37 Ambassador Hotel
- 38 Emperor Hotel
- 39 Scala Hotel
- 40 TAT
- 41 Florida Hotel
- 42 Tourist Police
- ▲ 43 Chinesischer Tempel
- 44 Lee Gardens Hotel
- 45 Kosit Hotel
- 46 Taxi nach Yala
- 47 Malaysian Airlines (MAS)/
- ★ Zoo
- 48 Taxi nach Pattani

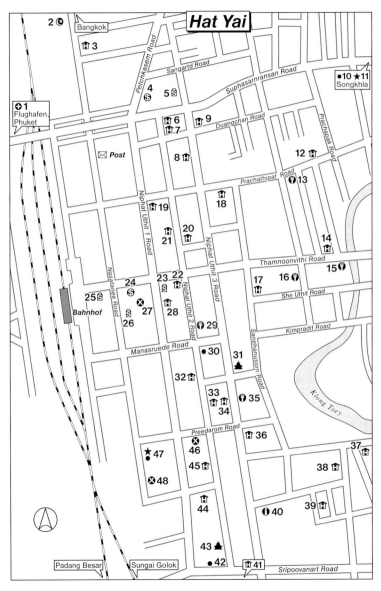

Snack-Produktion in Hat Yai

das Nachtleben aussieht. Die meisten stammen aus dem ärmeren Norden, so aus Chiang Mai, Chiang Rai etc. Ihre Kundschaft wiederum stammt aus dem benachbarten Malaysia, aus dem jedes Jahr über 700.000 (meistens männliche) Touristen anreisen. Die Malaysier stellen durch diesen „Horizontaltourismus" den größten Anteil aller Touristen in Thailand.

Die Anbahnung für die Kurzzeit-Liaisons findet meistens in den Hotels statt, und kaum ein alleinreisender Mann bekommt nicht gleich beim Einchecken eine Frau angeboten. Im Zentrum Hat Yais befinden sich außerdem zahlreiche Coffee-Shops, Cocktail Lounges oder Massage-Salons mit „Ancient Massage", die alle natürlich auf dasselbe herauslaufen.

Für den Traveller ist Hat Yai in erster Linie eine Zwischenstation, ein Platz, das nächste Ticket zu kaufen. Wer nur eine Nacht bleiben will, sollte vielleicht besser im 26 km entfernten Songkhla übernachten, wo die Hotels ruhiger sind und die Stadt angenehmer und erholsamer.

Sehenswertes

Von mäßigem Interesse könnten die **Stierkämpfe** sein, die alle zwei Wochen ausgetragen werden, und bei denen nicht Mensch gegen Stier, sondern Stier gegen Stier kämpft. Am ersten Sonntag des Monats finden die Kämpfe in einer Arena am Nora Hotel (Thamnoonwithi Rd.) statt. Am

> **Überfälle auf Touristen**
>
> Hat Yai hat eine relativ **hohe Kriminalitätsrate** und infolgedessen ist es auch schon zu Raubüberfällen auf Touristen gekommen. Besondere Vorsicht gilt bei nächtlichen Spaziergängen, aber auch am Tage wurde einigen Touristen von vorbeifahrenden Motorradfahrern, bzw. dem Sozius, die Tasche entrissen. Als Gefahrenzone gilt auch der relativ einsame Weg zum etwas außerhalb gelegenen Busbahnhof; ein Traveller wurde hier am helligten Tag ausgeraubt.

2. Sonntag gehen die Stiere in der Hat Yai Arena an der Route 4 nahe dem Flughafen aufeinander los. 10.30-18.00 Uhr, Eintritt 10-30 Baht.

Interessant ist noch **Wat Hat Yai Nai,** ein neuerer Tempel am Westrand der Stadt, der einen großen liegenden Buddha beherbergt, der das Pilgerziel so mancher Reisegruppe malaysischer Chinesen ist. Als besonders kuriose Attraktion bietet der Wat ein Karussel mit hölzernen Mönchen darauf, die Bettelgefäße in den Händen halten, die mit den Namen der Wochentage bezeichnet sind. Die Gläubigen werfen Geld in das Gefäß, das ihrem Geburtswochentag entspricht. Zum Wat Hat Yai Nai fahren Songthaews ab der Innenstadt für 4 Baht.

Kauflustige sollten den **Santisuk-Market** zwischen den Straßen Niphat Uthit 1 und 2 nicht auslassen, in dessen überdachten, gassenähnlichen Arkaden besonders preisgünstige Elektronik-Artikel angeboten werden, so z.B. Walkmen, Cassettenrecorder aber auch Uhren. Die Waren sind hier so preiswert, weil sie aus dem benachbarten Malaysia eingeschmuggelt werden.

Nachtleben

● Im noblen J.B.Hotel (99 Jutee-Anusorn Road) befindet sich eine Disco. Die Drinks kosten hier relativ teure 100 Baht.
● Eine exzellente Live-Band spielt im Hollywood Nightclub, Thamnoonwithi Rd, gegenüber Angel Travels. Die Laser-Anlage ist beeindruckend.
● **Post Laser Disco** gegenüber dem Hollywood Hotel ist ein gemütliches Video-Parlour und zeigt Englisch-sprachige Filme. Dazu gibt es Bier und Snacks. Geöffnet ist dieser Laden meist von 12.00 bis 2.00 Uhr.
● Im **Washington Café** neben dem King's Hotel spielt bis 1.00 Uhr eine Band.

Unterkunft

Hat Yai verfügt über ein Riesenangebot an sehr guten Mittel- und Oberklassehotels, eine Folge des malaysischen „Short-Time"-Tourismus. Da in der jüngeren Vergangenheit die malaysischen Touristenzahlen aus Furcht

Künstliche Mönche in Wat Hat Yai

Kleider auf dem Markt bei Hat Yai

vor AIDS jedoch rückläufig waren, herrscht ein Hotelüberangebot, und nicht selten werden die offiziellen Preise gesenkt, und man bekommt ein hervorragendes Zimmer zum relativen Niedrigpreis. Nicht ganz so günstig sieht es in der Guest-House-Szene aus, allzu viel Auswahl besteht hier nicht. Die meisten Unterkünfte drängen sich dicht an dicht in den drei Parallelstraßen Niphat Uthit 1, 2 und 3, wo sich somit allzeit ein Zimmer finden läßt.

● Hat Yais alter Traveller-Favorit, das **Cathay Guest House**** (23/1 Niphat Uthit 2, Tel. 243815), fungiert gelegentlich auch als Bordell – es gab Zeiten, da wurden männlichen Travellern per Bildkatalog willige Damen zur Auswahl vorgelegt. Trotzdem glitt es nicht völlig auf Schmuddel-Level ab, sondern blieb so etwas wie die inoffizielle Traveller-Zentrale, in dessen geräumiger Lobby eher Reise- als Bordellerfahrungen ausgetauscht wurden. Hotel- und Bordellwesen sind in Hat Yai aber immer mehr oder weniger verknüpft, das Cathay ist da noch harmlos. Die Zimmer (Bad) im Haus sind okay, zur Straße hin aber extrem laut und zu meiden.

● Recht neu sind die beiden am Bahnhof gelegenen, sauberen **Lada Guest House****-*** (13-15 Thamnoonvithi Rd., Tel. 243770) und **Louise Guest House**** (21-23 Thamnoonvithi Rd., Tel. 220966). Die Zimmer haben jeweils A.C.

● Eines der preisgünstigsten Hotels ist das **Pacific Hotel****-*** (149/1 Niphat Uthit 2 Rd., Tel. 244062), mit nicht allzu großen,

aber sehr sauberen Zimmern (Bad) in diversen Preislagen. Die teureren haben A.C. Für die zentrale Lage ist das Haus sehr ruhig, in dieser Preislage in Hat Yai eine Seltenheit.
- **Hotel Sakura*****-**** (165/1 Niphat Uthit 3, Tel. 246908) ist für die Qualität seiner Räume (A.C. TV) ebenfalls günstig, zudem noch recht zentral gelegen. Zimmer in verschiedenen Preislagen.
- Eine der besten Unterkunftsmöglichkeiten ist sicher das **Florida Hotel******-****** (8 Srippovanart Rd., Tel. 243921), ein Mittelklassehotel, das fast Oberklassenstandard bietet. Die feine Lobby sollte nicht abschrecken, es ist nicht so teuer, wie man annehmen könnte. Komfortable Zimmer (A.C., TV, Mini-Bar), oft gibt es Preisnachlässe.
- Das **King's Hotel****-*** (126 Niphat Uthit 1, Tel. 231140-4) ist nicht immer das allersauberste, bietet aber relativ komfortable Zimmer (A.C.) zu erträglichen Preisen.
- Recht preiswert ist auch noch das **Amarin Hotel**** (285 Niphat Uthit Rd., Tel. 244012), recht ordentliche Zimmer (A.C.).
- Das **New World Hotel*****-**** (144-158 Niphat Uthit 2, Tel. 246993) hat eine große Auswahl von sehr guten Zimmern (A.C., TV) und ist recht zentral in der Innenstadt gelegen.
- Nur einfacheren Ansprüchen wird das **Rukthai Hotel***-** (Niphat Uthit 2, gegenüber vom Kim Yong Market, Tel. 243054) gerecht; dafür billig, Zimmer mit und ohne eigenes Bad.
- Ähnlich ist das **Thin Aek***-** (16 Duang Chan Rd., hinter Diana Dep. Store an Niphat Uthit 3 Rd.), mit Zimmern mit und ohne eigenes Bad. Viele Gäste hier, wie auch im o.g. Rukthai, sind Bangladeshis, die auf die illegale Einreise nach Malaysia warten.
- Weitere preiswerte Unterkünfte: **Amarin Hotel**** (285 Niphat Uthit 3 Rd., Tel. 244 012); **Dusit Hotel**** (25/3 Pacharom Rd. Tel. 232141); **Grand Hotel**** (41/1 Thamnoowithi Rd., Tel.243286); **Kim Hua Hotel**** (129/10 Niphat Uthit Rd., Tel. 243532); **Mandarin Hotel**** (62-64 Niphat Uthit 1 Rd., Tel. 243438); **Metro Hotel**** (Niphat Uthit 2 Rd., Tel. 244266); **Park Hotel****-*** (Niphat Uthit 2 Rd., Tel.233351); **Prince Hotel**** (128 Thamnoonwithi Rd., Tel. 243160).

- Hat Yais Luxusunterkünfte sind das **J.B.-Hotel*******-LLL an der 99 Jutee-Anusorn Road, nahe der Straße in Richtung Songkhla (Tel.234300-18, Fax 234328), sowie das **BP Grand Tower*******-LLL (74 Sanchanusorn Road (Tel. 239051-60, Fax 239747).

Essen

Viele Restaurants befinden sich an den drei Niphat-U-Thit-Roads, ein kleiner **Nachtmarkt** liegt am Savoy Hotel. Ein weiterer Nachtmarkt, riesig groß, befindet sich westlich des Uhrturms an der Phetkasem Road. Hier bieten Dutzende von Straßenständen ein preiswertes Allround-Angebot.

- Preiswert ist das Muslim-O-Cha, ein **Moslem-Restaurant** gegenüber dem King's Hotel, ebenso das Osman in Niphat Uthit 2. Morgens gibt's *Dal* und *roti* für nur drei Baht.
- Einige weitere preiswerte Moslem-Restaurants sind in der Seitenstraße, die sich nördlich des Kosit Hotel zwischen Niphat Uthit 1 und Niphat Uthit 2 erstreckt. Sehr beliebt für seine *roti* ist das kleine **Khrua Islam,** schräg gegenüber dem Eingang zum Bahnhof. Der hier schaffende Roti-Bäcker – ein ehemaliger Bodybuilder und Thai-Boxer – übt sein Gewerbe schon seit über 40 Jahren aus.
- Das **Mae Tip** in der Niphat Uthit 3 Road (ca. 100 m nördlich der TAT) ist Hat Yais beliebtestes Niedrigpreis-Restaurant für **Seafood** und südthailändische **Curries.** Die Gerichte kosten ab 10 Baht.
- Vegetarier haben eine besonders reichhaltige Auswahl an **vegetarischen Restaurants:** Ein von der Santi-Asoke-Sekte geleitetes Restaurant findet sich 50 m südlich des Eingangs zum J.B.Hotel; die anderen liegen in der Thanon Saeng Chang (neben Wat Rassami), in der Thanon Pracharom (schräg gegenüber vom Royal Hotel), an der Thamnoonwithi Road (gegenüber Hotel Prince), an der Niphat Uthit 3 Road (gegenüber dem Central Hotel) und in Soi 6 der San Sri Road (etwas südlich von Wat Paknam). Gerichte zu jeweils 15 Baht

Hat Yai

Wichtige Adressen

- Das **Tourist Office** befindet sich in 1/1 Soi 2 Niphat-Uthit 3, (Tel. 243747, 238518, 231 055). Das Büro ist eins der am besten ausgestatteten des Landes und bietet jede Menge kostenloses Informationsmaterial an.
- Die **Tourist Police** hat ihr Büro in der Sripoovanart Road, schräg gegenüber dem Florida Hotel. Tel. 246733.
- In Niphat-U-Thit 1 und 2 befinden sich zahlreiche **Banken** und **Wechselschalter,** wovon letztere zum Teil bis 20.00 Uhr geöffnet sind. Sind die Schalter schon geschlossen, so besteht noch die Möglichkeit, in einem der großen Hotels im gleichen Straßenblock zu wechseln, was aber ungünstige Kurse verspricht.

Anreise

- **Normalbusse** ab Bangkok (1.014 km) fahren um 21.45 und 23.50 Uhr; 238 Baht. Fahrzeit 14 Std. **A.C.-Busse** etwa jede halbe bis volle Stunde; 500 Baht. **V.I.P.-Busse** um 16.00, 18.20, 19.20 und 20.20 Uhr; 625 Baht. Busse fahren auch ab Butterworth und Kuala Lumpur in Malaysia sowie ab Singapur.
- **Züge** ab Hualamphong Station (Bangkok) fahren vier mal täglich, Fahrpreis 149/313/ 664 Baht plus Zuschläge, Fahrzeit 16-17 Std.
- **Flüge** ab Bangkok mit Thai Airways kosten 2.280 Baht, Business Class 2.780 Baht, ab Phuket 780, ab Surat Thani 1.200 Baht. Orient Thai Airlines fliegt mehrmals wöchentlich ab Chiang Mai (2.900 Baht) und Surat Thani (1.150 Baht). Silk Air, eine Tochtergesellschaft der Singapore Airlines, fliegt täglich von Singapur ein.

Weiterreise

- Die Reisebüros im Block um die Niphat-U-Thits verkaufen Tickets für A.C.-Busse, die dann auch vor dem Reisebüro halten, oder man wird per Minibus zur Bus Station gefahren, von wo aus es richtig losgeht. Die Preise für einige **Busse:** Penang 200, Kuala Lumpur 250/350, Singapur 400/450 Baht.
- **Sammeltaxis** fahren nach Songkhla (ab dem Bahnhof sowie dem Uhrturm an der Phetkasem Rd; 20 Baht), Sadao (nahe President Hotel; 25 Baht); Padang Besar (Duang Chan Rd.; 50 Baht), Surat Thani (Duang Chan Rd.; 150 Baht), Nakhon Si Thammarat (Suphasarn Rangsan Rd.; 70 Baht), Pattani (nahe Sang Thon School; 60 Baht); Yala (Niphat Uthit 1; 60 Baht), Narathiwat (Niphat Uthit 1; 80 Baht), Sungai Golok (Suphasarn Rangsarn Rd.; 120 Baht), Betong (Suphasarn Rangsarn Rd.; 120 Baht), Trang (Suphasarn Rangsarn Rd.; 60 Baht), Phattalung (Suphasarn Rangsarn Rd.; 40 Baht), Satun (Rattakhan Rd.; 50 Baht).

Nach Penang fahren Sammeltaxis für 220 Baht pro Person. Diese Taxen können ebenfalls bei den Reisebüros gebucht werden, oft genügt es aber, morgens an der Abfahrstelle am Reisebüro zu sein, und man bekommt noch einen Platz. Die Taxis fahren zwischen 9.00 und 12.00 Uhr ab, die Fahrt dauert bis zu fünf Stunden.

Die Taxi-Fahrer versuchen noch Sondereinnahmen zu machen, indem sie an der Grenze auf die Pässe der Passagiere zollfrei einkaufen, und die Ware (Alkohol und Zigaretten) dann verkaufen. Niemand muß die Pässe dafür rausrücken, eine solche Weigerung macht die Fahrer aber zumeist recht ungehalten. Wer den Paß zum Kauf zollfreier Waren hergibt, sollte zumindest nach einer kleinen Gewinnbeteiligung an dem Geschäft fragen. Ein paar freie Schachteln Zigaretten z.B. wären durchaus angemessen. Wenn weniger als fünf Passagiere im Taxi sitzen, versuchen die Fahrer oft einen höheren Fahrpreis rauszuschinden (nicht bezahlen).

- **Vom Bus Terminal** fahren die folgenden **Busse:** Bangkok (238/428/625 Baht), Chumphon (122/200 Baht), Krabi (125 Baht), Nakhon Si Thammarat 55/77 Baht), Padang Besar (18 Baht), Pak Bara (34 Baht), Pattani (35 Baht), Phang-Nga (160 Baht), Phattalung (26 Baht), Phuket (115/192 Baht), Sungai Golok (96 Baht), Surat Thani (86/120 Baht), Trang (40 Baht), Yala (35 Baht).

Busse **nach Songkhla** fahren alle 15 Min. von der Haltestelle an der Phetkasem Road ab, direkt an einem Markt gelegen. Fahrpreis 9 Baht, Fahrzeit 45 Minuten. Von derselben

Stelle fahren auch Songthaews nach Songkhla, ebenfalls für 9 Baht. Sammeltaxis von hier nach Songkhla kosten 20 Baht pro Person., A.C.-Minibusse 12 Baht.

● Täglich geht ein **Zug** nach **Butterworth in Malaysia,** Abfahrt 7.04 Uhr, Ankunft 12.25 Uhr; **Züge nach Sungai Golok** an der malaysischen Grenze (Weiterfahrt Richtung Kota Bahru) um 4.52, 6.05, 6.25, 8.10, 10.35 und 13.22 Uhr; Ankunft 8.35, 9.45, 11.00, 12.50, 14.55 und 18.55 respektive.

● **Thai Airways** fliegt von Hat Yai u.a. nach Penang, Kuala Lumpur, Pattani und Narathiwat. Das Stadtbüro der Airlines befindet sich in 166/4 Niphat-U-Thit 2 Road (Tel. 245851-2). Zwei Stunden vor den jeweiligen Flügen fährt ein Minibus für 50 Baht vom Office zum Flughafen (Tel. 246487). Songthaews dorthin kosten etwa genau so viel. Ansonsten ist die Rate für alle Songthaew-Fahrten 5 Baht.

Umgebung von Hat Yai

Ton-Nga-Chang-Wasserfall

Etwa 27 km westlich von Hat Yai ergießt sich der Ton-Nga-Chang-Wasserfall über sieben Etagen in die Tiefe, umgeben von dichtem Wald. An der untersten Stufe finden sich selbst an Wochentagen, besonders nachmittags, zahlreiche einheimische Touristen zum Picknick ein. Wer es gerne etwas ruhiger hat, sollte auf die oberen Stufen ausweichen, was jedoch einen schweißtreibenden Fußmarsch einschließt: Bis zur obersten Stufe des Wasserfalls sind 1500 m Wegstrecke über teilweise recht steiles Terrain zurückzulegen. Eine Mühe, die ob der herrlichen Natur aber lohnt.

Vorsicht allerdings vor Wanderungen abseits der ausgetretenen Pfade: 1995 verließ ein singapureanischer Tourist seine Tour-Gruppe, um das Gelände allein zu erkunden. Er verlief sich und irrte acht Tage umher, bevor ihn eine Rettungsmannschaft fand.

Der Name des Wasserfalles bedeutet Elefanten-Stoßzahn-Wasserfall, da er sich in zwei Ströme teilt, die an die zwei Stoßzähne eines Elefanten erinnern.

● Zur **Anfahrt** miete man am besten ein Taxi oder Songthaew ab Hat Yai, Kostenpunkt ca. 500 Baht für Hin- und Rückfahrt samt Aufenthalt. Busse fahren ab dem Plaza Shopping Mall in Hat Yai, lange Wartezeiten sind aber eventuell in Kauf zu nehmen.

Songkhla
สงขลา

Über die Geschichte Songkhlas ist nicht viel bekannt, aber soviel, daß der Ort jahrhundertelang eine wichtige Hafenstadt und ein Piratennest war, bis das aufstrebende Hat Yai Songkhla in den Schatten stellte. Die Bevölkerung der Stadt ist eine bunte Mixtur aus Thais, Chinesen und moslemischen Malayen, und diese Mischung wird auch in der Architektur deutlich. Songkhla (80.000 Einwohner) ist ein stiller Badeort mit einer Atmosphäre, die eher an das ruhige Hua Hin erinnert, als an Phuket oder Ko Samui.

Der **Strand** ist lang und schmal und von Kasuarbäumen gesäumt. Thais, die Picknick machen, sind dort viel eher anzutreffen als badende Touristen.

Vor der Küste, vor dem Kap Simila, liegen die beiden Inseln **Ko Meo** und **Ko Nu,** die „Katz-und-Maus-Inseln". In

SONGKHLA

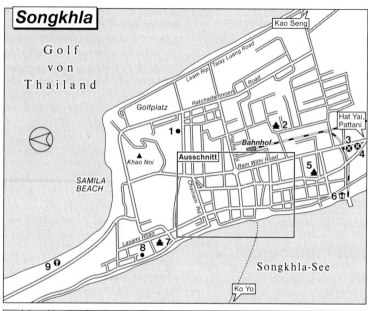
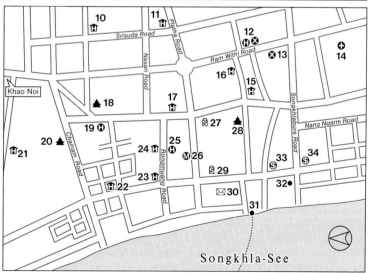

SONGKHLA

- • 1 Chinesisches Konsulat
- ▲ 2 Wat Chai Mongkhon
- ✪ 3 Taxis nach Narathiwat
- ✪ 4 Taxis nach Nakhon Si Thammarat
- ▲ 5 Wat Matchimawat
- 🏠 6 Lake Inn
- ▲ 7 Wat Lamsai
- • 8 Polizei
- ◎ 9 Seafood Restaurants
- 🏠10 Royal Crown Hotel
- 🏠11 Pavilion Songkhla Thani Hotel
- ✪12 Busse &
- ✪   Taxis nach Hat Yai
- ✪13 Taxis nach Sungai Golok
- ✪14 Songkhla Hospital
- 🏠15 Sooksomboon 1 Hotel
- 🏠16 Sansabai Hotel
- 🏠17 Sooksomboon 2 Hotel
- ▲18 Wat Chaeng
- ✪19 Busse nach Hat Yai
- ▲20 Wat Siam
- 🏠21 Narai Hotel
- 🏠22 Smile Inn
- 🏠23 Songkhla Hotel/Holland House
- 🏠24 Amsterdam Guest House
- ✪25 Busstation
- Ⓜ26 Museum
- §27 Markt
- ▲28 Wat Donrak
- §29 Shopping Centre
- ✉30 Post/Telegrafen-Amt
- • 31 Fähre nach Ko Yo
- • 32 Polizei
- ⓈⒷ33 Bank
- ⓈⒷ34 Bank

der Tat ähnelt die Form der Inseln diesen beiden Tieren, und die Katze scheint auf die Maus zu lauern.

Am **Kap Simila** befindet sich eine Imitation der Meerjungfrau von Kopenhagen. An dem dahinter befindlichen noblen Simila Hotel werden an einer Bude (Simila Service Center)) Paddelboote und Motor-Katamarane verliehen. Paddel- oder Glasbodenboote kosten 40 Baht die Stunde, Motorboote 100 Baht.

Drei km südlich davon – immer am Strand langgehen – liegt das **Kap Kao Seng** mit einem moslemischen Dorf und wunderschön bemalten Fischerbooten. Letztere werden aber leider immer seltener.

In Songkhla selbst befindet sich ein **Nationalmuseum** (zwischen Rongmuang und Jana Road) mit Ausstellungsstücken aus allen Kunst-Epochen. Das über 100 Jahre alte Haus, in dem das Museum gelegen ist, ist im sino-portugiesischen Stil erbaut (mehr sino als portugiesisch), und hat früher der wohlhabenden Familie Na Songkhla gehört, die eine bedeutende Rolle in der Geschichte der Stadt gespielt hat. Das Museum ist geöffnet Mi-So: 8.30-12.00 und 13- 16.00 Uhr.

Wat Matchimawat, der wichtigste Wat der Stadt (an der Saiburi Road gelegen), beherbergt einen recht alten Marmor-Buddha und ebenfalls ein kleines Museum.

Unterkunft

•Das von einer Holländerin geleitete **Amsterdam Guest House**** (15/3 Rongmuang Rd.) hat saubere Zimmer (Gemeinschaftsbad).

Meerjungfrau in Songkhla

Wat Matchimawat

- Ein gutes Hotel ist das **Sooksomboon 1****, Petchkiri Road (Tel. 311049).
- Die Schwester des Besitzers des Sooksomboon 1 betreibt in der Saiburi Road nahe dem Museum das **Sooksomboom 2 Hotel****-*** (Tel. 323808-9). Dieses besteht aus einem alten Flügel rechts und einem sehr neuen links daneben. Die Zimmer im alten Flügel (Bad) sind nicht überwältigend komfortabel aber sauber. Im neuen Flügel sind die Zimmer (A.C.) wohnlicher, dafür aber teurer; in der höheren Preislage mit TV. Wer früh gegen 5 Uhr aufsteht, kann erleben, wie die Besitzerin Dutzenden von Mönchen Speisen überreicht; eventuelle Reste davon werden dann am Nachmittag in einem Waldstück an Affen verfüttert.
- Direkt rechts neben dem Sooksomboon 2 liegt das **Queen Hotel****-***, (Tel. 311138) mit diversen Zimmern in unterschiedlicher Ausstattung.
- Das **Sansabai Hotel**** in der Pechkiri Road (Tel. 311106) liegt schräg gegenüber vom Sooksomboon 1, ist renoviert und hat sehr saubere Zimmer mit Bad. Guter Service.
- Das **Smile Inn****-*** (zuvor Choke Dee Hotel) in der Vichianchom Road (Tel. 311258) hat saubere Zimmer mit Bad, dazu einige teurere mit zusätzlicher AC.
- Ein sehr gutes Preis-/Leistungsverhältnis bietet das ältere, aus Holz gebaute **Narai Hotel***-** in der 14 Chai Khao Road (Tel. 311078). Die preiswerteren Zimmer haben kein eigenes Bad.
- Die teureren Zimmer des **Lake Inn***** an der Nakhon Nowk Road (Tel. 314240) bieten gute Ausblicke über den Binnensee, die man von einem Balkon aus genießen kann; dazu gibt es etwas preiswertere Zimmer ohne Seeblick. Alle Zimmer haben Bad, AC, TV und Mini-Bar.
- Guten Komfort bietet das fünfstöckige **Royal Crown Hotel****** in der Chainam Road (Tel. 312174, Fax 321027). Zimmer mit Bad, AC und TV, und im Preis ist das Frühstück enthalten.
- Das gediegenste Hotel am Ort ist das neunstöckige **Pavilion Songkhla Thani Hotel****** (17 Platha Rd., Tel. 311355, Fax 323716), das für seinen Standard zudem recht preiswert ist. Die Zimmer sind komfortabel und haben Bad, AC, Kühlschrank und Satelliten-TV.

Essen

- Entlang der Vichianchon Road befindet sich ein reger **Nachtmarkt,** der zum Teil bis zwei Uhr morgens geöffnet ist. Vorsicht: Der hier ausgeschenkte Mekhong ist z.T. gezinkt. Kopf- und Magenschmerzen sind garantiert.
- An der Westseite der auf die Vichianchom Road zulaufenden Petchkiri Road befinden sich tagsüber viele **Straßenstände,** die an Ort und Stelle köstliche kleine Kuchen backen, ebenso zwei Cafés mit Tee, Kaffee, und Kuchen im Angebot.
- Links neben dem Sansabai Hotel liegt ein ganz annehmbares **Thai-Restaurant,** die Besitzerin macht aber manchmal spezielle „Ausländerpreise", vorher also nach dem Preis fragen.
- Gut ist auch das Restaurant des **Pavillon Court Hotel,** aber entsprechend teuer.
- An der Laem Soen On Road, also an der Landzunge am nördlichen Strand und recht weit von der Innenstadt, gibt's in einigen Restaurants gutes **Seafood.**

Anreise

- **Normalbusse** ab dem Southern Bus Terminal in Bangkok (1.004 km) fahren um 14.30 und 19.30 Uhr; 224 Baht. Fahrzeit 13 Std. **A.C.-Busse** um 17.00, 18.45 und 19.30 Uhr; 425 Baht; **V.I.P.-Busse** 18.15 Uhr; 500 Baht. Busse ab Nakhon Si Thammarat kosten 30 Baht, A.C.-Busse 45 Baht; Fahrzeit ca. 3 Std.; Busse ab Surat Thani 70 Baht, A.C. 130 Baht; Fahrzeit ca. 5 Std. Busse ab Hat Yai zu 9/12 Baht; Abfahrt vom Uhrturm an der Phetkasem Rd.
- **Sammeltaxis** ab Hat Yai (20 Baht) fahren ab dem Uhrturm in der Phetkasem Rd. und vom Bahnhof.

Weiterreise

- Die **Busse und Taxen** nach Hat Yai fahren von der Ramwithi Raod in Höhe des Bahnhofs ab. Die ersten ein oder zwei Kilometer rollen die Busse sehr langsam, so daß noch Passagiere zusteigen können.
- **Songthaews** stoppen ebenfalls dort oder können an der Straße nach Hat Yai angehalten werden.
- Die **Busse** können ebenfalls an der Endstelle in der Saiburi Road, nördlich des Sooksomboon 2 bestiegen werden. Songthaews innerhalb von Songkhla kosten 3 Baht.

Umgebung von Songkhla

Ko Yo

In dem westlich von Songkhla gelegenen **Binnensee** *(Thale Sap)* liegt die Insel Ko Yo, die dicht bewachsen ist und für die dort gewebten **Baumwollstoffe** bekannt ist. Die Stoffe heißen demzufolge *phaa ko yo* oder „Stoffe von Ko Yo". Ein Großteil der Inselbevölkerung ist moslemisch.

- **Unterkunft:** Ko Yo Resort; Zimmer mit Bad und A.C. zu 250-750 Baht.
- **Anfahrt:** Vom Bootspier ein paar Meter westlich der Vichianchom Road hinter der Post gehen alle paar Minuten **Motorkatamarane** nach Ko Yo. An der Vichianchom Road stehen zumeist schon einige Bootsmänner, um Touristen abzufangen. Zunächst werden für die Überfahrt, die nur Minuten dauert, Fantasiepreise von um 100 Baht verlangt. Der reelle Preis, den auch die Einheimischen zahlen, ist jedoch 5 Baht! Touristen kommen nicht oft unter 10 Baht davon, wer aber clever ist, macht's wie die Einheimischen: Einfach zielstrebig ins Boot einsteigen und ohne zu fragen am Ende der Überfahrt 5 Baht auf die Sitzbank legen! Auf keinen Fall sollten Alleinreisende nur mit dem Bootslenker (also zu zweit) eine Überfahrt wagen, denn das provoziert Erpressungsversuche auf (Binnen-)See geradezu heraus.
- Wem diese Reisemethode (zurecht) zu abenteuerlich erscheint, kann auch über eine Brückenverbindung nach Ko Yo gelangen. Dazu nehme man einen der **Busse,** die etwa alle halbe Stunde ab dem Busbahnhof an der Ramwithi Road nach Ko Yo fahren (5 Baht). Diese Busse drehen vor ihrer Abfahrt noch einige Runden durch die Stadt, so daß man sie mit etwas Glück auch an der Saiburi Road oder am Glockenturm besteigen kann.

●Wer **von Hat Yai** kommt, braucht nicht bis Songkhla durchfahren, sondern nehme einen der Busse/Songthaews/Taxis/Minibusse, die von Hat Yai nach Songkhla fahren und steige vor Songkhla an „si yek bokosor" („Kreuzung an der Bushaltestelle") aus (5 Baht). Von hier Busse nach Ko Yo (3 Baht).

Wat Ko Tham

Dieser Wat ist einer der heiligsten Orte der Umgebung, da es einen Fußabdruck Buddhas enthält. Der Wat liegt idyllisch auf einem Hügel zwischen kleinen Felsen und beherbergt die Figur eines liegenden Buddhas. Unten am Fuße des Wat werden in einer Werkstatt **Geisterhäuschen** fabriziert, die aber – es lebe die moderne Zeit – aus buntbemaltem Styropor bestehen.

●**Anfahrt:** Um zum Wat zu gelangen, nehme man ein Songthaew, das in Richtung Hat Yai fährt (Bus geht auch) und bitte den Fahrer, an der Kreuzung zu Wat Ko Tham herausgelassen zu werden. Der Fahrpreis beträgt 2 Baht. An der kleinen Kreuzung in Fahrtrichtung gesehen links abgehen, dann die erste Wegesgabelung rechts. Dann liegt der Wat nach 100 m auf der linken Seite. Der Fußweg von der Kreuzung beträgt etwa 500 m.

Zur Rückfahrt in die Stadt an der Kreuzung einfach ein Songthaew stoppen.

Wat Nang Lao

Dieser Tempel befindet sich im Ort Baan Nang Lao, ca. 70 km nördlich von Songkhla und 105 km südlich von Nakhon Si Thammarat. Wer die Strecke Songkhla – Nakhon Si Thammarat mit eigenem Fahrzeug fährt, kann hier einen Halt einlegen.

Der Tempel weist eine große, imposante **goldene Buddhafigur** auf, über der sich schützend die Haube einer Kobra ausbreitet. Ein gutes Fotomotiv!

Vor der Figur stehen links die Statue eines Boddhisattva und rechts die der chinesischen Göttin *Mae Kuan Yin*. Der Buddha ist neueren Datums und hat nach Aussage der Dorfbewohner 18 Millionen Baht gekostet. Wat Nang Lao bedeutet „Tempel der Laotin" (oder auch der Issaan-Bewohnerin), was darauf hinweisen mag, daß der Tempel einst von einer solchen gestiftet worden ist.

Pattani
ปัตตานี

Der überwiegende Teil der Bevölkerung Pattanis sind **Moslems,** ebenso wie die Bewohner Yalas und Narathiwats. Moscheen gehören somit zum Stadtbild. Untereinander spricht man *Yawi*, eine Mischsprache aus arabischen und malaysischen Elementen. Ganz reibungslos geht das Zusammenleben von Moslems und buddhistischer Minderheit nicht immer vonstatten, und zahlreiche zersplitterte Extremistengruppen kämpfen für einen unabhängigen, moslemischen Süden. Die Zielsetzung der Gruppierungen scheint nicht immer klar, und oft enden sie in schierem Banditentum. So werden Besitzer von Kautschukplantagen entführt und später gegen ein hohes Lösegeld wieder freigesetzt – im günstigsten Fall. Sogar Schulen werden in die Luft gesprengt – damit mögen sich die Gruppen vielleicht noch die Sympathien der weniger eifrigen Schüler erbomben.

PATTANI

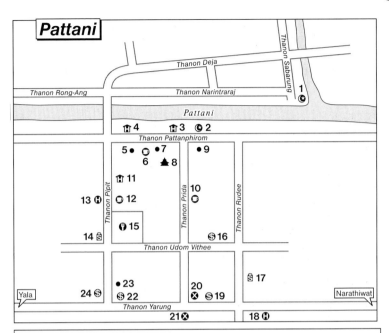

- ☪ 1 Moschee
- ☪ 2 Moschee
- 🏨 3 Thai Wa Hotel
- 🏨 4 Thai Ann Hotel
- • 5 Kino
- ◯ 6 Café
- • 7 Polizei
- ▲ 8 Wat Daaniimahasamoson
- • 9 Kino
- ◯ 10 Café
- 🏨 11 Suntisuk Hotel
- ◯ 12 Café
- 🚌 13 Busse nach Narathiwat
- 🏪 14 Department Store
- 🍴 15 Nachtmarkt
- 💲 16 Bangkok Bank
- 🏪 17 Markt
- 🚌 18 Busse nach Yala
- 💲 19 Thai Farmers Bank
- ✖ 20 Sammeltaxis nach Narathiwat
- ✖ 21 Sammeltaxis nach Yala
- 💲 22 Krung Thai Bank
- • 23 Zugtickets
- 💲 24 Bangkok Bank

Die Königin im Sack

eine Geschichte aus dem Pattani des 17. Jahrhunderts

Einer der ersten Europäer, die im alten Siam in Erscheinung traten, war **Christoph Mathias Fernberger von Egenberg,** der um 1600 in einer oberösterreichischen Adelsfamilie geboren war. Die von Egenbergs nahmen im 16. und 17. Jh. prominente Stellungen in der Gesellschaft ein, es waren Wissenschaftler, Diplomaten und Generäle unter ihnen. Auch den jungen Christoph Mathias zog es in den Militärdienst. Von Abenteuerlust getrieben, heuerte er im Heer des katholischen Königs Philipp 3. von Spanien an. In einem Gefecht gegen Holland geriet er 1621 in Gefangenschaft, aus der er sich aber für 300 Gulden freikaufen konnte. Um wieder nach Spanien zu gelangen, bestieg Christoph in Amsterdam ein Schiff, das ihn über Westafrika dorthin bringen sollte. Doch das Schicksal wollte es anders.

Das Schiff strandete nahe den Kapverdischen Inseln und Christoph wurde von einer kleinen holländischen Flottille aufgenommen, die gerade auf dem Weg nach Südostasien war. Auf dem Schiff mußte er hart für seine Passage arbeiten. Als die Flottille auf Sumatra eintraf, überredete Christoph die Holländer, ihn laufen zu lassen, und er begann eine Karriere als Kaufmann. Seine Geschäftsreisen führten ihn nach Persien, Indien, China, Japan und Thailand, das damals noch Siam hieß.

Gegen Ende des Jahres 1624 reiste Christoph von der damaligen siamesischen Hauptstadt Ayutthaya nach **Pattani** oder „Bethanien", wie er es nannte. Pattani war zu jener Zeit ein halb-autonomes, **muslimisches Königreich,** das sich ganz von Siam zu lösen versuchte, weswegen die Siamesen mehrals Kriegszüge gegen den aufmüpfigen Vasallenstaat führten. Wie der Zufall es wollte, trafen kurz nach Christophs Ankunft 24 schiffbrüchige Holländer in Pattani ein, die ihr Schiff in einem Sturm verloren hatten. **Königin Pratiau,** die verwitwete Herrscherin von Pattani und eine Person von majestätischen Proportionen, hochgewachsen und wohlbeleibt, ließ sie vorsorglich festnehmen.

Einige Tage später verbreitete sich die Nachricht, daß ein **Angriff siamesischer Truppen** auf Pattani bevorstünde. Die Königin bat die in Pattani lebenden portugiesischen Händler um Hilfe, in der Hoffnung, diese hätten ein Interesse an der Unabhängigkeit des Staates. Pattani war damals ein wichtiges Handelszentrum, in dem die Kaufleute weniger Gelder abzuführen hatten als im geldschneiderischen Siam; dort, so die Klage vieler Händler, wurden sie andauernd von selbstherrlichen Beamten gebeutelt und geschröpft. (Ähnliches berichten auch die Geschäftsleute von heute!). Dennoch waren die Bitten der Königin vergebens – die Portugiesen gaben vor, keine Erfahrung im Umgang mit Waffen zu haben. Bei der großen chinesischen Kaufmannsgemeinde in Pattani sprach die Königin gar nicht erst vor.

Da trat Christoph Mathias auf den Plan. Einmal Soldat, immer Soldat, bat er die Königin, ihm die gefangenen Holländer zu unterstellen, um mit ihnen gegen die Siamesen zu kämpfen. Nach anfänglichen Bedenken sagte die Königin zu. Auch den Holländern war der Vorschlag recht, und am Ende gelang es Christoph sogar, auch die zögerlichen Portugiesen zum Kampf zu bewegen. Insgesamt hatte er nun 66 Europäer unter sich, viele davon mit Musketen bewaffnet. Die einheimische Truppe von Pattani zählte etwa 3.000 Mann, diese waren zumeist nur mit Schwert und Bogen ausgestattet.

Am 10. Dezember 1624 kam es zu einem heftigen Gefecht gegen die Siamesen. Die Armee Pattanis **unter der Führung des Österreichers** ging als Sieger hervor und nahm den siamesischen Kommandanten gefangen. Nach Verhandlungen erklärte sich Siam bereit, die Unabhängigkeit Pattanis vorläufig anzuerkennen und stimmte einem Austausch von Gefangenen zu.

Christoph Mathias war nun der Held der Stunde. Die Königin belohnte ihn und seine europäischen Soldaten mit einer großzügigen Summe Geldes. Zudem erschienen bald drei ihrer Dienerinnen bei Christoph, die ihm einen Sack überbrachten, in dem ein Sklave steckte – ein kleines Sondergeschenk, gar nicht unüblich zu jener Zeit. Die Dienerinnen kündigten außerdem an, daß sie am Abend noch einmal vorbeikommen würden, dann aber mit einer Frau im Sack.

Christoph war ein wenig ratlos ob dieser Ankündigung und erzählte seinem Freund, dem Kommandanten der Armee von Pattani, davon. Dieser schüttelte sich gleich vor Lachen. In dem zweiten Sack würde natürlich die Königin selber stecken, prophezeite er und deutete an, daß die Herrscherin für ihr heißblütiges Temperament bekannt war. Dummerweise habe sie die Angewohnheit, nicht zufriedenstellende Liebhaber kurzerhand umbringen zu lassen.

Christoph hatte zwar im Kampf gegen die Siamesen bestanden, auf ein derartiges Wagnis aber wollte er sich lieber nicht einlassen. So beschloß er zu fliehen. Schnurstracks begab er sich zum Hafen, wo er gleich ein Schiff fand, daß ihn ins rettende Ayutthaya bringen sollte. Auf der Passage hatte er einen Sturm zu bestehen, doch ansonsten verlief alles glatt.

Zwei Tage nach seiner Ankunft in Ayutthaya traf ein Schiff aus Pattani ein, das die Königin ihm nachgeschickt hatte. Einer ihrer Abgesandten brachte ihm alle seine Habseligkeiten, die er in der Eile zurückgelassen hatte. Die Königin sei ihm gar nicht böse, außerdem, so kündigte der Kommandant an, gewähre sie ihm für seine Geschäfte mit Pattani auf Lebenszeit Zollfreiheit. Christoph konnte aufatmen.

Der österreichische Adlige reiste noch weitere vier Jahre durch Asien. 1628 kehrte er nach Europa zurück. Etwa um 1650 war das Geschlecht der von Egenbergs ausgestorben.

Vor einigen Jahren sah es noch so aus, als hätte die Zentralregierung in Bangkok das Extremistenproblem zurückgedrängt. Anfang der 90er erlebte die Region jedoch ein erneutes Anwachsen der Terroraktivitäten.

In Pattani selbst sind höchstens die **farbenprächtigen Boote** sehenswert, die im Fluß dahindümpeln. Interessant könnte vielleicht noch die am Stadtrand direkt an der Straße nach Yala gelegene **Pattani Central Mosque** sein. Es ist Thailands größte Moschee.

Ca. 7 km außerhalb der Stadt, an der Straße nach Narathiwat, befindet sich der von vielen Chinesen verehrte **Sanjao Chao Mae Ko Niu,** ein einer chinesischen Göttin geweihter Tempel. Er ist nett in einem kleinen Park eingebettet und bildet das Ziel zahlreicher chinesischer Pilger, sogar aus Malaysia und Singapur kommen sie herbei.

Das nebenan liegende, ruinenartige Gebäude ist eine unfertige Moschee, die der Legende nach von der Göttin mit einem Fluch belegt wurde und so nie vollendet werden konnte.

Unterkunft

● Das **Thai Wa Hotel*** bietet Ausblick auf den Pattani-Fluß. Die Zimmer haben Gemeinschaftsdusche.
● Ebenfalls am Fluß liegt das **Thai Ann Hotel***, Zimmer mit Gemeinschaftsdusche.
● Das **Santisuk Hotel****-*** hat Zimmer mit Bad, mit A.C. und TV teurer.

Essen

Die abendlichen Essensstände nahe der Thanon Pipat haben eine recht gute Auswahl, und ansonsten sind noch ein paar Cafés im Ort verstreut.

PATTANI

Die Cafés sind vom späten Morgen bis abends geöffnet.

● Gleich neben dem Santisuk Hotel liegt ein Restaurant mit akzeptablen Thai- und chinesischen Speisen, darunter *Rice Porridge with Pork,* eine uns nicht geläufige Speisekombination.

● In der 110 Thanon Prida befindet sich ein **vegetarisches Restaurant,** mit Namen *Raan-Rak-Sukhapaap,* „Restaurant zur Gesundheitsliebe".

Motorrad-Trio in Pattani

Anreise

● **Normalbusse ab Bangkok** (1.114 km) fahren nur um 16.30 Uhr, Fahrzeit 15 Std., Kostenpunkt 258 Baht; **A.C.-Busse** um 10.00 Uhr; 464 Baht. Dazu gibt es einen etwas weniger bequemen **A.C.-Bus zweiter Klasse** zu 361 Baht, Abfahrt 18.30 Uhr.

Busse **ab Hat Yai** kosten 35 Baht; wer ab Songkhla anreist, muß in Nathawi umsteigen. Fahrtkosten insgesamt 31 Baht.

Busse **ab Narathiwat** kosten 24 Baht, dieses ist eine der schönsten Strecken.

● **Gemeinschaftstaxis** ab Hat Yai fahren für 50 Baht.

● **Thai Airways** fliegt Di und Do um 10.20 Uhr von Hat Yai nach Pattani, Flugzeit 30 Min., Kostenpunkt 300 Baht. Büro : 9 Preeda Rd., Tel. 394149.

Umgebung von Pattani

Hat Talo Kapo

Der Küstenstreifen zwischen Pattani und Narathiwat birgt einige **wunderbare Strände,** die mit öffentlichen Verkehrsmitteln allerdings nicht gut zu erreichen sind. Der Pattani nächstgelegene Strand ist der Hat Talo Kapo (ca. 15 km ab Pattani). Er scheint endlos lang, ist mit weißem Sand und Kokoshainen gesegnet und meist zudem fast menschenleer. Im Westen erstreckt er sich ca. 15 km lang bis zum Laem (Kap) Ta Chi.

● Zur **Anreise** nehme man eines der wenigen Songthaews von Pattani zur Ortschaft Yaring, von wo es noch ca. 3 km bis zum Strand sind. Gelegentlich bieten sich Lastwagen an, die bis zum Strand und auch weiter bis zum Kap fahren, Wartezeiten von 2 Stunden oder mehr sind aber möglich.

Hat Panare

Im Osten schließt sich an den Hat Talo Kapo der Hat Panare an (43 km ab Pattani). Dieser Landstrich ist für die dort ankernden, buntbemalten Fischerboote bekannt. Diese geben wunderbare Fotomotive ab.

● Zur **Anreise** nehme man einen beliebigen Bus auf der Strecke Pattani-Narathiwat und steige an der Abzweigung nach Panare aus (30 km südöstlich von Pattani). Dort versuche man ein Songthaew nach Panare (13 km) zu erwischen, die dort relativ regelmäßig verkehren.

Yala
ยะลา

Eine relativ moderne kleine Stadt, und die Hauptstadt der südlichsten Provinz Thailands. Yala ist auffallend sauber, aber ansonsten gibt es nicht viel zu bewundern.

Etwa 8 km außerhalb steht **Wat Khuha Phimuk** (auch *Wat Na Tham* genannt, der „Wat vor der Höhle"). Die am Wat gelegene **Höhle** birgt ei-

Wat Chiang Hai bei Yala

YALA

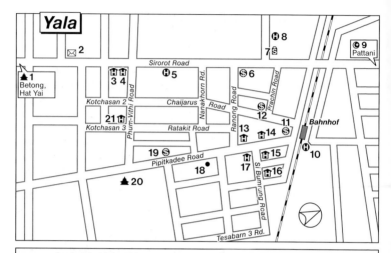

- ▲ 1 Wat Kuha Phimuk
- ⊠ 2 Post
- 🏨 3 Phan Far Hotel
- 🏨 4 Hua Ann Hotel
- 🚌 5 Busse nach Hat Yai
- 🏦 6 Siam Commercial Bank
- 🛒 7 Markt
- 🚌 8 Busse nach Pattani
- ☪ 9 Moschee
- 🚌 10 Busse nach Betong
- 🏦 11 Krung Thai Bank
- 🏦 12 Thai Farmers Bank
- 🏨 13 Hawai Hotel
- 🏨 14 Aun Aun Hotel
- 🏨 15 Yala Rama Hotel
- 🏨 16 Thepvimarn Hotel
- 🏨 17 Kok Tai Hotel
- • 18 Thai Airways
- 🏦 19 Bangkok Bank
- ▲ 20 Wat
- 🏨 21 Merry Hotel

nen großen liegenden Buddha in sich, der aus dem Jahre 757 stammt und im Srivijaya-Stil geschaffen wurde. Um zum Wat zu gelangen, nehme man von der Sirorot Road Bus Nr. 470 (2 Baht). Der Wat liegt 1 km abseits der Straße nach Hat Yai. Ein Schild steht an der Abzweigung.

Weitere 28 km in Richtung Pattani, an der Straße Nr. 409, befindet sich der weitverehrte **Wat Chiang Hai,** der einen hohen, ungewöhnlich schlank geformten Chedi aufweist und in einem Waldgelände eingebettet ist. Die Anreise ist nicht ganz leicht – der Tempel liegt an der Busstrecke Yala – Nathavi, und man könnte den Schaffner bitten, am Wat anzuhalten. Der Streckenabschnitt Nathavi – Khok Pho ist vielleicht der allerschönste dieser Region, er führt durch fast unbewohnte, hügelige Waldlandschaft.

Unterkunft

- Das **Yala Rama Hotel****-*** ist sehr gut.
- **Aun Aun Hotel*** (Gemeinschaftsbad)
- **Kok Thai Hotel*** (Bad)
- **Hua Ann Hotel**** (Bad, teilweise A.C.)
- **Phan Far Hotel**** (Bad)
- **Thepvimarn Hotel**** (Bad, teilweise A.C.)
- **Merry Hotel**** (Bad, teilweise A.C.)

Essen

- Das **Thara Restaurant** nahe dem Yala Rama Hotel bietet ausgezeichnete Seafood zu mäßigen Preisen.
- Ansonsten finden sich zahlreiche kleine chinesische und moslemische Restaurants. Am Markt abseits der Sirorot Road werden tagsüber von Straßenständen aus roti verkauft, Fladenbrote, die mit diversen Soßen oder Curry *(kaeng)* serviert werden.

Anreise

- **Busse** ab Bangkok (Southern Bus Terminal) kosten 255 Baht, Abfahrt nur einmal täglich, um 18.30 Uhr. A.C.-Busse fahren für 460 Baht, Abfahrt um 10.30 Uhr. V.I.P.-Busse um 17.10 Uhr, 520 Baht, Fahrzeit ca. 16 Std. Busse ab Hat Yai 35 Baht.
- **Züge** ab Bangkok fahren für 156/ 346/738 Baht, Abfahrt um 12.30 und 14.00, Ankunft um 6.34 bzw. 7.34 Uhr.

Weiterreise

- In dieser Region Thailands sind die **Gemeinschaftstaxis** zu empfehlen. Oft sind es geräumige und bequeme weiße Mercedes. Gegenüber dem Bahnhof liegen einige Taxistände. Nach Hat Yai 50 Baht, Narathiwat 40 Baht, Pattani 18 Baht.
- Es fahren u.a. **Busse** nach Hat Yai (34 Baht), Pattani (14 Baht).
- **Züge** nach Hat Yai kosten 23 Baht, nach Sungai Golok 20 Baht.

Narathiwat
นาราธิวาส

Eine kleine Stadt, die aber lediglich als Zwischenstation auf dem Weg nach Malaysia einen Besuch wert ist. Der nahe gelegene Strand ist wunderschön, und 8 km außerhalb der Stadt thront ein 24 m hoher Buddha, *Phra Buddha Taksin Ming Mongkol,* auf einem Hügel namens *Khano Kong*. Ansonsten muß man hier nicht gewesen sein.

Unterkunft

- Das **Cathay Hotel***-** wird von einem freundlichen Menschen aus Singapur betrieben, *Mr. Kwok Siang Kai*. Dieser gibt gerne Informationen zu den in der Umgebung möglichen Ausflügen. Seine Familie unterhält an der Straße nach Tak Bai, 2 km außerhalb Narathiwats, ein Restaurant, das auch Sonderwünsche erfüllt (vegetarische zum Beispiel). Das Hotel arrangiert außerdem Boot-Trips. Alle Zimmer mit Bad.
- **Narathiwat Hotel***, Bad vorhanden.
- **Yaowarat Hotel****, Zimmer mit Bad, teurere mit A.C.
- **Rex Hotel***-**, Zimmer mit Bad, teurere A.C.

Essen

- Nahe dem Cathay Hotel befindet sich das ganz gute **Choeanchim Restaurant,** ansonsten die üblichen unauffälligen kleinen Schnellküchen.
- Das oben erwähnte Restaurant von *Mr. Kwok Siang Kai* heißt **Rimman Restaurant** und kredenzt gute chinesische und thailändische Küche.

Anreise

- **Busse** ab Bangkok (Southern Bus Terminal) 281 Baht, Abfahrt nur einmal täglich um 15.30 Uhr. A.C.-Busse fahren für 516 Baht, Abfahrt nur um 18.30 Uhr. Die Strecke ist

Sungai Golok

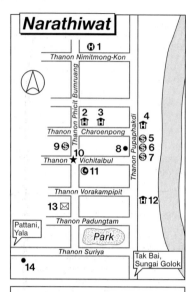

- ⓗ 1 Busse nach Pattani
- 🏨 2 Yaowaraj Hotel
- 🏨 3 Rex Hotel
- 🏨 4 Cathay Hotel
- Ⓢ 5 Bangkok Bank
- Ⓢ 6 Thai Farmers Bank
- Ⓢ 7 Krung Thai Bank
- • 8 Thai Airways
- Ⓢ 9 Thai Military Bank
- ★ 10 Uhrturm
- ☪ 11 Moschee
- 🏨 12 Narathiwat Hotel
- ✉ 13 Post/Telefon
- • 14 Polizei

verschiedenen Angaben zufolge 1249 bzw. 1315 km lang, man suche sich also die kürzere Entfernung raus, das verkürzt die Fahrzeit psychologisch!

- **Thai Airways** fliegt dreimal die Woche von Hat Yai nach Narathiwat. Flugzeit 50 Min., Kostenpunkt 420 Baht.
- **Gemeinschaftstaxis** ab Hat Yai kosten 80 Baht, normale Busse 70 Baht.

Weiterreise

- Es fahren u.a. Busse nach: Pattani (24 Baht), Yala (38 Baht), Tak Bai (10 Baht).
- **Thai-Airways-Büro:** 324-326 Phupha Phakdi Rd., Tel. 511566.

Sungai Golok
สุไหงโกลก

Sungai Golok („sich windender Fluß"), 70 km südlich von Narathiwat, hat nichts Aufregendes zu bieten, ist jedoch der **Grenzübergang nach Malaysia** für Reisende nach Kota Bahru und an die sich anschließende malaysische Ostküste. Für malaysische Touristen ist es jedoch so etwas wie das Hat Yai des kleinen Mannes – das an sich ja schon das Bangkok des kleinen Mannes ist –, in dem sich ein überaus reger horizontaler Grenzverkehr abspielt. Hier, im tiefsten, moslemischen Süden, ist die provinzielle Sünde zu Haus. Nebenbei ist Sungai Golok auch eine Art Einkaufszentrum, in dem Thais aus Malaysia eingeschmuggelte Waren billig erstehen, die Malaysier sich dafür mit thailändischen Konsumartikeln eindecken.

Wer weiter nach Malaysia will, findet am Bahnhof und an der Busstation Motorrad-Taxis, die für 10 Baht/Person bis zur Grenze fahren.

Unterkunft

- **Amarin Hotel**** (295/6 Pracha Wiwat Rd.)
- **Cathay Hotel**** (43/1 Sai Thong Rd.)
- **Family Hotel**** (20 Chunmakkha Rd.)
- **Savoy Hotel**** (8/2 Charoen Khet Rd.)
- **Thai Hotel**** (102 Arif-Makkha Rd.)

SUNGAI GOLOK

- **Taksin 1**** (30 Pracha Wiwat Rd.)
- **Taksin 2**** (4 Pracha Samran Rd.)
- **Grand Garden Hotel*****
  (104 Arif-Makkha Rd.)
- **Merlin Hotel****-*** (40 Charoen Khet Rd.)
- **Thara Regent Hotel****-***
  (45 Soi Puthorn, Charoen Khet Rd.)

Essen

- Die malaysischen Touristen laben sich in Golok, wie's oft kurz genannt wird, gerne an Seafood, die hier billiger ist als in Malaysia. Eines der besten Restaurants hierfür ist das **Siam Restaurant** in der Chunmakkha Road.
- Ein lebendiger **Nachtmarkt** entwickelt sich ab ca. 18.00 Uhr gegenüber dem Thara Regent Hotel in Soi Puthorn.

Anreise

- **Busse** ab dem Southern Bus Terminal in Bangkok fahren die 1236 km lange Strecke für 282 Baht, Abfahrt nur um 19.30 Uhr. **A.C.-Busse** um 18.30 Uhr zu 533 Baht, dazu gibt es **A.C.-Busse zweiter Klasse** (21.50 Uhr) zu 414 Baht.
- Empfehlenswerter bei der langen Anfahrt ab Bangkok sind **Züge:** Ab der Hualamphong Station gibt es täglich zwei Abfahrten in Richtung Sungai Golok, um 12.35 und 14.00 Uhr; Ankunft 8.35 bzw. 9.45 Uhr. Kostenpunkt ohne Zuschläge 180/378/808 Baht.
- **Ab Hat Yai** fahren Sammeltaxis (120 Baht; siehe unter Hat Yai, Weiterreise), Busse (86 Baht) und Züge (87 Baht in der 2.Kl.).

Weiterreise nach Malaysia

Vom Bahnhof wie auch der Busstation fahren **Motorrad-Taxis** für 10 Baht/Pers. zur malaysischen Grenze. Nach dem Abstempeln des Passes durch die thailändischen Grenzbeamten ist es ein kurzer Fußweg zum malaysischen Grenzposten. Wenige Meter hinter diesem stehen Sammeltaxis zur Weiterfahrt nach Kota Bahru bereit; Busse fahren auch dorthin, doch müssen u.U. längere Wartezeiten in Kauf genommen werden. (Siehe auch Kapitel Praktische Reisetips, „Weiterreise in die Nachbarländer".)

Gebet mit Lotosblüte

GESUNDHEITSTIPS

Gesundheitstips für Fernreisen

Das folgende Kapitel des Autors Dr. med. Christian Jäck
ist dem „Anhang für Fernreisende" im
Reise Know-How Sachbuch
„Wo es keinen Arzt gibt"
entnommen.

© **Reise Know-How Verlag Peter Rump GmbH**
Hauptstr. 198, 33647 Bielefeld

Alle Rechte vorbehalten

Trotz allergrößter Sorgfalt bei der Bearbeitung und Herstellung dieses Buches
können Fehler nicht ausgeschlossen werden. Nach geltender Rechtsprechung
muß jegliche Haftung für alle evtl. sich daraus ergebenden Folgen,
sowohl für Verfasser als auch für Übersetzer und Verlag, ausgeschlossen werden.
Die Nennung von Medikamenten und ihre Reihenfolge sind als Beispiel ohne
Wertung gegenüber anderen Präparaten anzusehen.

Wichtiges vor Reiseantritt

Vor jeder Reise sollten Sie sich über einige medizinische Dinge Gedanken machen. So sollten Sie klären, wie Ihr **Versicherungsschutz** im Ausland aussieht und, wenn nötig, eine **Zusatzversicherung** abschließen. Außerdem ist ein Gang zum **Zahnarzt** empfehlenswert, damit beginnende Schäden entdeckt und behoben werden können; eine zahnärztliche Behandlung in den Tropen ist meist beschwerlicher.

Auch wenn Sie „rundum gesund" sind, sollten Sie mit Ihrem **Hausarzt** über Ihr Reisevorhaben sprechen, bei Impfungen und Zusammenstellung der Reiseapotheke kann er Sie beraten.

Unerläßlich ist ein Arztbesuch, falls Sie ungeklärte Befindlichkeitsstörungen oder Krankheitssymptome aufweisen. Insbesondere Personen mit chronischen Krankheiten (z.B. Asthma, Diabetes, Bluthochdruck) müssen entsprechende Vorsichtsmaßnahmen kennen, um sich nicht unnötig zu gefährden.

Impfungen und Prophylaxe

Eine sinnvolle **Impfplanung** ist ein wichtiger Bestandteil der Reisevorbereitungen. Unser Körper kann auf verschiedene Art vor (manchen) Krankheiten geschützt werden:

Aktive Impfung

Hier werden dem Körper lebendige oder abgetötete Krankheitserreger oder von den Erregern gebildete Giftstoffe (Toxoide) zugeführt. Sie sind nicht vermehrungsfähig und lösen keine Erkrankung aus. Diese Form der Impfung ermöglicht es dem Immunsystem, innerhalb einiger Tage oder Wochen Abwehrstoffe und ein **langanhaltendes „Abwehrgedächtnis"** gegen die Krankheit zu bilden.

Passive Impfung

Hier werden dem Körper Abwehrstoffe in Form einer Injektion zugeführt; bei Aufnahme über den Mund würden die Eiweißmoleküle einfach verdaut und damit unwirksam. Das körpereigene Immunsystem wird durch die Impfung nicht beeinflußt; zur Krankheitsbekämpfung stehen nur die gespritzten Immunglobuline zur Verfügung. Diese Immunglobuline werden innerhalb der nächsten Wochen abgebaut, Impfschutz besteht **kaum länger als 3 Monate**.

Chemoprophylaxe

Dies ist keine Impfung, sondern eine Behandlung mit einem **Antibiotikum in niedriger Dosis**, solange man sich in Infektionsgebieten befindet und eine Zeit als Schutzfrist darüber hinaus. Kommt nur bei Malaria in Frage.

Schwangerschaft und Impfungen

Wie bei jedem Medikament sollte in der Schwangerschaft besonders zurückhaltend vorgegangen werden, und Impfungen sollten möglichst in die Zeit davor oder danach verschoben werden.

Folgende Impfungen können als **unbedenklich** gelten: Hepatitis B, Polio, Tetanus. **Nicht zu empfehlen** sind Diphtherie, FSME, Hepatitis A, Japanische Encephalitis, Meningokokken-Meningitis, Tollwut (außer bei Kontakt mit tollwütigem / tollwutverdächtigem Tier) und Typhus Impfungen. **Nicht geimpft werden** darf eine Schwangere gegen Masern, Röteln und TB.

Impfungen für Kinder

Bei Kindern sollte auf den altersgemäßen Impfschutz für die im folgenden empfohlenen Impfungen geachtet werden. Besonders wichtig: Tetanus, Diphtherie, Polio (jeweils ab dem 3. Lebensmonat) und Masern (normalerweise ab dem 15. Lebensmonat, vor Reisen ab 7. Lebensmonat möglich).

Zusätzliche Impfungen für Kinder sind Tuberkulose (kann schon in der ersten Lebenswoche geimpft werden und empfiehlt sich bei Langzeitaufenthalten von Kindern in tropischen Ländern); Keuchhusten = Pertussis (zusammen mit Tetanus/Diphtherie); HIB = *Hämophilus Influenzae B* (dies ist ein bakterieller Erreger, der mit Kehlkopfentzündungen und Pseudokruppanfällen bei Kleinkindern in Verbindung gebracht wird, die Impfung erfolgt gleichzeitig mit Tetanus/Diphtherie) sowie Mumps und Röteln (üblich in Kombination mit der Masernimpfung).

Bei entsprechender Risikosituation gelten folgende Impfungen für Kinder als unbedenklich: FSME (nicht unter 1 Jahr), Hepatitis B, Japanische Encephalitis (ab 4. Lebensmonat), Meningokokken-Meningitis, Tollwut und Typhus (ab 4. Lebensmonat). Cholera und Gelbfieber dürfen ab dem 7. Lebensmonat geimpft werden.

Reiseunabhängige Impfungen

Nicht nur für Traveller, sondern für jeden, der verantwortungsbewußt mit sich umgeht, sind einige Impfungen unerläßlich.

Vor einer reisebezogenen Impfplanung sollte deshalb dieser **„Basisimpfschutz"** überprüft und erforderlichenfalls ergänzt werden. Alle folgenden Impfungen sind zur Krankheitsvorbeugung im Inland vom Bundesgesundheitsamt empfohlen, die Impfkosten werden von den Krankenkassen gezahlt.

●**Tetanus (Wundstarrkrampf):** Dies ist eine aktive Impfung (Toxoid); ausreichender Impfschutz besteht nach der zweiten von drei Spritzen, die innerhalb eines Jahres als Grundimmunisierung verabreicht werden. Danach muß nur noch **alle 10 Jahre** mit einer Dosis **aufgefrischt** werden, im Verletzungsfalle frischt man sicherheitshalber bereits nach 5 Jahren auf. Die Grundimmunisierung wird meist bei Kleinkindern durchgeführt, oftmals wird es jedoch versäumt, den Schutz aufzufrischen.

Die Impfung ist sehr gut verträglich, ein Zeitabstand zu anderen Impfungen ist nicht erforderlich. Eine einmalige Auffrischung genügt auch dann, wenn die letzte Impfung länger als 10 Jahre zurückliegt.

●**Polio (Poliomyelitis, Kinderlähmung):** Bekannt ist die Schluckimpfung gegen Kinderlähmung. Sie wird seit kurzem nicht mehr empfohlen, statt dessen wird ein Totimpfstoff zur Injektion verwendet, der bald auch als Kombinationspräparat mit Tetanus und Diphtherie auf den Markt kommen soll. Der zeitliche Ablauf des Impfschemas ist derselbe wie bei der Tetanusimpfung, auch hier genügen Auffrischungen alle 10 Jahre. Wegen des irreführenden Begriffes „Kinderlähmung" werden die Auffrischungen im Erwachsenenalter meist versäumt, es handelt sich jedoch um keine Kinderkrankheit! Auch in Deutschland erkranken jedes Jahr einige Dutzend Menschen an Polio. In südlichen Ländern ist das Risiko wesentlich höher, weltweit sind es etwa 300.000 Neuerkrankungen jährlich. Eine kausale Behandlung für die bereits ausgebrochene Polio gibt es nicht, es bleiben meist Schäden an Muskulatur und Nervensystem zurück. Der Impfstoff ist gut verträglich, er kann mit vielen anderen Impfungen gleichzeitig verabreicht werden.

●**Diphtherie:** Eine fast vergessene Krankheit, die durch konsequente Impfung in den 50er Jahren schon fast ausgerottet schien, inzwischen jedoch wegen zunehmender Impfmüdigkeit **wieder auf dem Vormarsch** ist. In den Ländern der ehemaligen Sowjetunion erkranken jährlich Zehntausende. Aufgrund der geöffneten Grenzen könnte eine Epidemie auch auf Deutschland übergreifen.

Die Erkrankung wird durch Ausscheidungsprodukte (Toxine) des Erregers *Corynebacterium diphtheriae* hervorgerufen, sie beginnt mit einer Entzündung im Rachen und kann deshalb anfangs für eine Mandelentzündung gehalten werden. Im Verlauf kann eine Schädigung von Herz und Nervensystem auftreten, dann ist die Behandlung schwierig. Der Impfstoff ist ein Toxoid und schützt nicht vor dem Erreger, sondern nur vor dessen Toxin.

Kinder werden meist kombiniert gegen Tetanus und Diphtherie geimpft, auch für Erwachsene gibt es einen Kombinationsimpfstoff für diese beiden Krankheiten, in diesem ist eine geringere Menge Diphtherietoxoid als im Kinderimpfstoff. Am besten sollte man die Tetanusauffrischung alle 10 Jahre mit dem **Kombinationsimpfstoff Tetanus/Diphtherie** durchführen. Auch wenn seit der letzten Diphtherieimpfung mehr als 10 Jahre vergangen sind, genügt eine Auffrischung.

● **Röteln:** Jede Frau im gebärfähigen Alter sollte über einen Schutz vor Röteln verfügen, dieser kann aus der durchgemachten Erkrankung oder von einer Impfung stammen. **Röteln in der Schwangerschaft** können zu schweren Mißbildungen des Embryos führen. Im Zweifelsfall kann durch eine Blutentnahme geprüft werden, ob eine Frau über ausreichend Antikörper verfügt und gegebenenfalls nachgeimpft werden muß.

Es handelt sich um einen Lebendimpfstoff aus abgeschwächten Rötelnviren, zu einigen anderen Impfungen muß ein Zeitabstand eingehalten werden. Eine Schwangerschaft soll 2 Monate vor bis 3 Monate nach der Impfung sicher verhütet werden. Um die Krankheit insgesamt einzudämmen, wird die Impfung auch für Jungen empfohlen.

Impfungen für Fernreisende

Für den Fernreisenden kommen eine Reihe weiterer Impfungen in Betracht, dies sind zum einen Pflichtimpfungen, die von den Einreisebehörden bestimmter Länder gefordert werden, zum anderen Schutzimpfungen, deren Durchführung ins eigene Ermessen gestellt ist. Zur Zeit werden die Kosten für reisebedingte Impfungen nicht von der gesetzlichen Krankenversicherung übernommen, d.h. der Impfstoff und evtl. die Arztkosten für die Durchführung der Injektion müssen aus eigener Tasche bezahlt werden.

Pflichtimpfungen im Reiseverkehr gab es früher für Pocken, Cholera und Gelbfieber. Die Impfpflicht für **Pocken** wurde abgeschafft, da die Krankheit als ausgerottet gilt.

> **Es gibt Impfungen gegen eine Reihe weiterer Infektionskrankheiten. Hierzu muß jeder sein individuelles Risiko selbst abschätzen.**

● **Cholera** ist eine Darminfektion, die zu starken Durchfällen führt. Durch schlechte hygienische Bedingungen (Flüchtlingslager, Naturkatastrophen) wird die Ausbreitung begünstigt. Zu Beginn der 90er Jahre hat die Krankheitshäufigkeit stark zugenommen, damals traten die meisten Fälle in Südamerika auf. Inzwischen geht die Zahl an Erkrankten zwar zurück, der Anteil der tödlichen Verläufe ist jedoch steigend. Die Hauptverbreitungsgebiete liegen jetzt in Afrika (80% aller weltweit gemeldeten Fälle), Lateinamerika und Asien.

Der Impfstoff enthält inaktivierte Erreger der Bakterienart Vibrio cholerae, ein Zeitabstand zu anderen Impfungen ist nicht erforderlich. Während der Schwangerschaft darf keine Impfung erfolgen. Normalerweise werden 2 Injektionen im Abstand von 2 Wochen geimpft. Der Impfschutz soll 6 Monate anhalten. Leider hat sich gezeigt, daß die Impfung weder zuverlässig vor Ansteckung schützt, noch die Weitergabe der Erreger eindämmt. Daher hat die Weltgesundheitsorganisation (WHO) den nationalen Gesundheitsbehörden empfohlen, auf eine Impfpflicht für Cholera zu verzichten. Derzeit gibt es in keinem Staat eine offizielle Choleraimpfpflicht. In der Praxis sieht es jedoch manchmal anders aus: Einige afrikanische Staaten (z.B. Angola, Nigeria, Sudan) fordern die Impfung entgegen den offiziellen Bestimmungen von jedem Einreisenden, andere Länder (z.B. Kuweit) nur von Reisenden, die aus einem Infektionsgebiet kommen, in Indien wird gelegentlich auch von Inlandsreisenden mit Aufenthalt in einem lokalen Epidemiegebiet eine Impfung verlangt. Zur Eindämmung von Choleraepidemien wären allerdings hygienische Maßnahmen, insbesondere Trinkwasserhygiene, von größerem Nutzen. Wer bereisen will, die möglicherweise die Impfung verlangen, sollte sich bereits hier impfen lassen. Zur Impfbescheinigung genügt eine Injektion, die vollständige Impfung besteht aus 2 Injektionen im Abstand von 1-4 Wochen, Kosten ca. 20 DM pro Ampulle.

Neue orale Impfstoffe sind in Erprobung und können bei Reisen in ein Epidemiegebiet sinnvoll sein (z.B. Orochol®, Schluckimpfung in Einmalgabe, in der Schweiz eingeführt und über internationale Apotheken zu beziehen, Kosten rund 40 DM). Keine Impfung darf jedoch dazu verführen, Hygienemaßnahmen zu vernachlässigen. (Siehe auch Kapitel Durchfall.)

● **Tollwut (Rabies):** Für diese Viruserkrankung, die durch infizierte, also erkrankte Tiere übertragen wird, gibt es keine kausale Behandlung. Beim Betroffenen kommt es zu verschiedenen Lähmungserscheinungen, wobei Schluckstörungen und die Lähmung der Atemmuskulatur normalerweise tödlich verlaufen. Die Krankheit kommt nahezu weltweit vor, prinzipiell können alle Säugetierarten befallen werden, meist geschieht die Übertragung durch Biß- oder Kratzwunden von Hunden, Katzen oder Wildtieren (z.B. Füchsen, Mardern, Fledermäusen).

Die WHO empfiehlt die Tollwut-Impfung, bestehend aus drei Injektionen, vor Fernreisen, die in besonders tollwutgefährdete Gebiete führen, insbesondere wenn keine Gesundheitsstation in der Nähe ist. Die Tollwut-Impfung kann auch nach der erfolgten Übertragung, evtl. in Kombination mit einem passiven Impfstoff, erfolgreich angewendet werden. Auch der gegen Tollwut Geimpfte muß bei Kontakt mit einem tollwütigen/tollwutverdächigen Tier nachgeimpft werden, jedoch vereinfacht sich das Impfschema.

●**Hepatitis A:** Die sogenannte **infektiöse Gelbsucht.** Gegen diese Virusinfektion gab es lange nur die passive Impfung mit Immunglobulinen. Inzwischen sind gute Erfahrungen mit der aktiven Totimpfung (Handelsname: *Havrix®*) gemacht worden. Es wird 3 mal geimpft, Abstand zwischen 1. und 2. Impfung 2-4 Wochen, dann nach 6-12 Monaten. Ab der 2. Impfung besteht Schutz für 1 Jahr, nach der 3. für ca. 10 Jahre. Ein Zeitabstand zu anderen Impfungen ist nicht erforderlich. Bei dem neuen Präparat *Havrix®* 1440 besteht schon kurz nach der ersten Injektion Impfschutz; die Auffrischung soll nach 6-12 Monaten erfolgen, dann alle 10 Jahre. Preis: etwa DM 120 pro Spritze.

●**Hepatitis B:** Die sogenannte **Serum- oder Transfusionshepatitis.** Mehrere Totimpfstoffpräparate sind seit Jahren im Einsatz und gut verträglich. Die Grundimmunisierung besteht (je nach verwendetem Präparat) aus drei bis vier Impfungen innerhalb eines Jahres, Auffrischungen alle 5 Jahre oder nach Blutkontrolle. Es ist kein Zeitabstand zu anderen Impfungen notwendig. Eine Impfdosis kostet um 120 DM.

●**Typhus:** Für diese bakterielle Darminfektion, die durch eine Salmonellenart hervorgerufen wird, steht eine Schluckimpfung mit nicht krankmachenden lebenden Bakterien zur Verfügung. Bei Reisen in Länder mit niedrigem Hygienestandard sollte man besser diese Impfung erwägen.

Es müssen je eine Kapsel unzerkaut an den Tagen 1, 3 und 5 eingenommen werden. Zur Polio-Schluckimpfung ist ein Abstand von 2 Wochen nötig. Die Impfung sollte mindestens 1 Woche vor Reiseantritt abgeschlossen sein und schützt etwa 1 Jahr; drei Kapseln vom Präparat *Typhoral L®* kosten ca. 35 DM. Während der Impfung dürfen keine Antibiotika oder Malariamittel genommen werden, d.h. die Typhusimpfung muß vor Beginn der Malariaprophylaxe abgeschlossen sein. Mit der Malariaprophylaxe kann 3 Tage nach Einnahme der letzten Kapsel begonnen werden.

●**Japanische Encephalitis:** Diese durch Viren ausgelöste Form der Hirn- und Hirnhautentzündung wird in SO-Asien und im Westpazifik, besonders während der Sommermonsunzeit, durch nachtaktive Stechmücken übertragen. Mindestens 50.000 Neuerkrankungen treten jedes Jahr auf. Symptome sind hohes Fieber, Kopfschmerzen, Nackensteifigkeit und Lähmungserscheinungen. Ein Drittel der Erkrankten erliegt diesem Leiden.

Bei längerem Aufenthalt in ländlichen Gebieten der Endemie-Regionen ist die aktive Impfung zu empfehlen. Der Impfstoff ist in Deutschland nicht zugelassen, aber über internationale Apotheken importierbar. Erforderlich sind zwei Impfungen im Abstand von 2 Wochen, der Impfschutz beginnt allerdings erst 1 Monat nach der zweiten Impfung. Bei Bedarf nach einem Jahr auffrischen. Abstand zu anderen Impfungen ist nicht erforderlich.

Weitere Impfungen

Weitere Impfungen gibt es gegen **Masern** (wichtig für Kleinkinder), **Tuberkulose** (BCG-Impfstoff; daran erkranken Fernreisende nur selten, obwohl die Krankheit in vielen Ländern weit verbreitet ist). Die Impfung gegen **Meningokokken-Meningitis** – eine Hirnhautentzündung, die von bestimmten Bakterien (Meningokokken) verursacht wird – (Endemiegebiete: trop. Afrika, Indien, Nepal, Golfstaaten) wird von manchen Staaten bei Einreise aus einem Infektionsgebiet verlangt. Außerdem existiert eine Impfung gegen die von Zecken übertragene **FSME**, die insbesondere in Süddeutschland und Osteuropa auftritt.

Die bisher oft empfohlene passive **Immunisierung mit Gammaglobulinen** (z.B. Beriglobin® S), die insbesondere zum Schutz vor einer Hepatitis A durchgeführt wurde, dürfte an Bedeutung verlieren, nachdem jetzt eine aktive Impfung gegen diese Lebererkrankung möglich ist (s. oben). Natürlich enthalten die Gammaglobulin-Präparate noch eine Reihe anderer Antikörper gegen verschiedene weitere Infektionskrankheiten, so daß man in der Abwehr mancher Infekte besser gerüstet ist. Jedoch ist nur ein kurzandauernder Effekt für etwa 3 Monate zu erwarten, und die unkritische Anwendung dieser Medikamente kann auch Gefahren mit sich bringen: Eine allergische Reaktion auf das menschliche Eiweiß ist möglich, die Wahrscheinlichkeit dazu steigt mit jeder Auffrischungsimpfung.

Wer sich trotzdem dazu entschließt, muß mit Kosten um 50 DM rechnen. Die Injektion sollte man erst 2 Wochen nach Abschluß aller anderen Impfungen kurz vor Reiseantritt durchführen lassen.

Zeitplan für Impfungen

Alle Impfungen sollte man im internationalen gelben Impfausweis dokumentieren lassen! Er ist erhältlich über den Hausarzt oder bei Reisebüros. Zuerst überlegen, welche Impfungen man durchführen will, je nach Reiseland oder -kontinent kann die Entscheidung unterschiedlich ausfallen. Ein Zeitplan für Erwachsene könnte so aussehen:

- **2 Monate vor Reiseantritt:**
Auffrischimpfungen für Tetanus/Diphtherie und Polio, falls erforderlich.
- **6 Wochen vor Reiseantritt:**
Hepatitis A und B, aktiv; 1. Impfdosis.
- **1 Monat vor Reiseantritt**:
Gelbfieber, falls erforderlich oder bei geplantem Aufenthalt in Endemiegebieten Afrikas oder Südamerikas.
- **3 Wochen vorher:**
Typhusschluckimpfung, falls gewünscht, drei Kapseln.
- **2 Wochen vor Reiseantritt:**
Hepatitis A und B, aktiv; 2. Impfdosis.
- **1 Woche vor Reiseantritt:**
Malariaprophylaxe beginnen.

Wer zusätzlichen Schutz gegen FSME oder Japanische Encephalitis wünscht, sollte diese Impfungen vor dem oben genannten Programm durchführen lassen. Falls eine orale Choleraimpfung geplant ist, sollte diese 1 Woche nach der Typhusimpfung und 1 Woche vor Beginn der Malariaprophylaxe erfolgen.

Impfvorschriften

Naher und Mittlerer Osten	G, M
Indien/Nepal	G, M
Sri Lanka	G, M
Malediven	G
China	G, M
Hongkong/Taiwan	–
Thailand/Malaysia	G, M
Singapur	G
Indonesien	G, M
Philippinen	G, M

G: Gelbfieberimpfung nicht notwendig, aber vorgeschrieben bei Einreise aus einem Gelbfieberendemiegebiet
M: Malariaimpfung nicht vorgeschrieben, vor der Abreise ist jedoch die individuelle Beratung durch einen Arzt erforderlich

Malaria und ihre Verhütung

Die Beschäftigung mit dieser Krankheit sollte bereits im Stadium der Reisevorbereitung erfolgen, da je nach Reiseziel verschiedene Prophylaxemaßnahmen sinnvoll sind. Heute erscheint uns die Malaria als die **Tropenkrankheit schlechthin**, sie hatte jedoch früher ein wesentlich größeres Verbreitungsgebiet, das um 1500 noch Deutschland und

WICHTIGES VOR REISEANTRITT

England einschloß. Mit der Erschließung der Landschaft und dem Trockenlegen von Sümpfen hat die geographische Ausbreitung abgenommen, so daß sich ihr Vorkommen heute weitgehend auf die tropischen Regionen beschränkt. Dennoch hat die Krankheit nichts an Gefährlichkeit eingebüßt, derzeit leben rund 2 Milliarden Menschen in ihrem Expositionsbereich, und bisher bewährte Malariamittel verlieren als Vorbeugung und Behandlung an Wirksamkeit. Jedes Jahr treten mehrere hundert Millionen Neuerkrankungen auf, von denen etwa 1 % tödlich verläuft.

Erreger der Krankheit sind Protozoen, einzellige tierische Kleinlebewesen der Gattung Plasmodium; für den Menschen sind vier Arten von Bedeutung: *Plasmodium vivax, Pl. ovale, Pl. malariae* und *Pl. falciparum.*

Die 5-8 mm großen Weibchen der Fiebermücke (engl. mosquito) Anopheles übertragen beim Stich die Plasmodien und bringen sie in den menschlichen Körper, wo sie sich in einem komplizierten Zyklus in Blut und Leber vermehren und dann, nach einer Inkubationszeit von meist 10 bis 35 Tagen die ersten Krankheitszeichen hervorrufen. Anfangs sind das **vieldeutige Symptome,** meist Schüttelfrost, unregelmäßiges Fieber, Kopf- und Gliederschmerzen; gerade in diesem Anfangsstadium ist es wichtig, eine Malariaerkrankung in Betracht zu ziehen, um die richtige Behandlung zu beginnen. Im weiteren Verlauf kommt es dann zu den für die jeweilige Art typischen **Fieberschüben.**

● *Plasmodium vivax* kommt weltweit vor und ruft die **Malaria tertiana** („Dreitagesfieber") hervor, die Bezeichnung ist mißverständlich gewählt: erster Tag Fieber, zweiter Tag fieberfrei, dritter Tag erneuter Fieberschub.

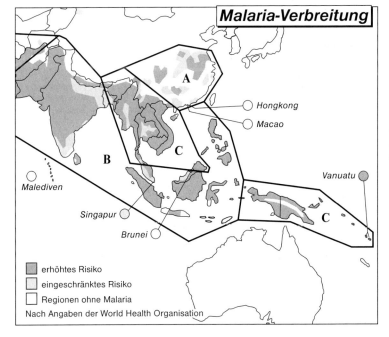

- *Plasmodium ovale* ist in tropischen Gebieten Afrikas und Asiens heimisch und ebenfalls ein Erreger der **Malaria tertiana**. Die beiden Tertianaformen verlaufen nicht lebensbedrohlich, es kann jedoch zu späteren Rückfällen, auch noch nach Jahren, kommen. Behandelt wird mit *Chloroquin*.
- *Plasmodium malariae* ist weltweit in dauerwarmen Gebieten vertreten und verursacht die **Malaria quartana** (ein Tag Fieber, zwei Tage fieberfrei, am 4. Tag wieder Fieberanstieg). Dieser Erkrankungstyp ist selten, sein Verlauf ebenfalls nicht lebensbedrohend.
- Am gefährlichsten ist *Plasmodium falciparum*, der Erreger der **Malaria tropica,** der weltweit in tropischen und subtropischen Gegenden vorkommt. Dies ist ein deutscher Ausdruck, im Ausland wird man besser verstanden, wenn man von *Falciparum-Malaria* spricht. Bei dieser Form kann es auch zu Dauerfieber oder schnellem körperlichem Verfall ohne Fieber (durch Zerfall der lebenswichtigen roten Blutkörperchen) kommen. Bei Gehirnbeteiligung kommen Schock und Koma dazu. Gerade bei dieser Malariaform, die unbehandelt bei jedem Fünften zum Tode führt, trat in den letzten Jahren eine **bedrohliche Resistenzentwicklung** ein, d.h., daß die Erreger auf bisher wirksame Medikamente nicht mehr ansprechen und neuere Präparate oder Kombinationen mehrerer Mittel eingenommen werden müssen.

Die **Fieberkurven** verlaufen nicht immer so streng nach Zeitplan, wie es die Theorie beschreibt, durch Abwehrvorgänge können die Erreger aus ihrem Zeittakt gebracht werden, bei zeitversetzter Mehrfachinfektion treten überlagerte Fieberrhythmen auf. Wegen des langen Vorstadiums (Inkubationszeit) kann eine Malaria auch noch **Wochen nach der Heimkehr** ausbrechen. Daher müssen die Prophylaxemittel bis 4 Wochen nach Verlassen des Malariagebietes eingenommen werden. Eine Malaria tropica ist danach nicht mehr zu erwarten; die anderen, nicht so bedrohlichen Formen, können in der Leber „überwintern" und auf ihre Chance warten, bei einer Schwäche des Abwehrsystems noch nach Jahren eine Malaria zu verursachen.

Im Erkrankungsfall ist eine sichere Klassifizierung des vorliegenden Erregertyps nur durch die mikroskopische Untersuchung eines Blutausstriches möglich. Die Ärzte in Malariagebieten kennen aber meist „ihre" Plasmodien. Im Zweifelsfall muß immer so behandelt werden, als sei es Tropica.

Daten zur Resistenzsituation werden von der Weltgesundheitsorganisation WHO ständig gesammelt, und aufgrund der neuesten Erkenntnisse jährlich überarbeitete Empfehlungen zur Malariaprophylaxe herausgegeben. Die Malariagebiete werden dabei in 3 Zonen eingeteilt (siehe Karte):

- **Zone A:** mit geringem Malariarisiko, *Pl. falciparum* tritt nicht auf oder spricht auf *Chloroquin* an.
- **Zone B:** mit geringem Malariarisiko, teilweise Chloroquinresistenzen.
- **Zone C:** mit hohem Malariarisiko und verbreiteten Resistenzen gegen *Chloroquin*, oft auch gegen *Fansidar®*.
- **Grenzgebiet Thailand/Kambodscha und Thailand/Myanmar:** Resistenzen gegen *Mefloquin* nehmen zu. Eine eigene Bezeichnung für dieses Gebiet existiert bisher nicht.

Auch eine den Empfehlungen entsprechende gewissenhaft durchgeführte Prophylaxe kann den Ausbruch der Krankheit nicht hundertprozentig verhindern – der Grund kann darin liegen, daß bei einer massiven Infektion die niedrigdosierte Prophylaxe in ihrer Wirkung nicht ausreicht, oder auch in der Ausbildung einer neuen Resistenz – aber zumindest wird die Schwere des Verlaufs abgemildert. Nötig ist dann die Behandlung mit einem anderen Medikament in entsprechend höherer Dosierung.

Malaria-Medikamente

- **Chinin** (engl. *Quinine*): Das älteste Malariamittel. Für die Prophylaxe nicht geeignet, wird aber wieder zunehmend **zur Therapie** eingesetzt. Darf auch in der Schwangerschaft zur Behandlung eingenommen werden und ist in dieser Situation für den Fötus weniger riskant als *Mefloquin* oder *Halofantrin*. Als häufige Nebenwirkungen sind Magen-Darm-

WICHTIGES VOR REISEANTRITT

Störungen wie Übelkeit, Erbrechen und Durchfall zu nennen.

- **Chloroquin** (z.B. *Resochin®*): Zur Prophylaxe und Therapie in **Zone-A-Gebieten**. Auch während der Schwangerschaft und Stillzeit anwendbar. Vorsicht bei Schuppenflechte, Nieren- und Lebererkrankungen. Häufige Nebenwirkungen sind Appetitlosigkeit, Magenschmerzen, Übelkeit, Erbrechen, Durchfall, gelegentlich kommen Schlafstörungen, Schwindel, Kopfschmerzen und Sehstörungen vor. Chloroquin-Einnahme nicht auf nüchternen Magen, darf aber zum Essen genommen werden.
- **Proguanil** (*Paludrine®*): Zur Prophylaxe nur in Kombination mit *Chloroquin* in **Zone B, evtl. Zone C**. Anwendung in der Schwangerschaft und Stillzeit möglich. Nicht zur Therapie geeignet. Selten treten Verdauungsstörungen, Juckreiz und Hautausschläge auf. *Proguanil*-Einnahme nicht auf nüchternen Magen.
- **Sulfadoxin+Pyrimethamin** (*Fansidar®*): Wegen möglicher schwerer Nebenwirkungen nicht mehr zur Prophylaxe zugelassen. Kann zur Behandlung noch eingesetzt werden, jedoch wegen häufiger Resistenzen **nur in Afrika** empfehlenswert. Für Schwangere, Stillende und Kinder unter einem Jahr kommt das Mittel nicht in Frage. Unter der Einnahme kann es zu Übelkeit, Erbrechen, Kopfschmerzen und Hauterscheinungen kommen.
- **Sulfalen+Pyrimethamin** (*Metakelfin®*): Nicht zur Prophylaxe, zur Behandlung **nur in Afrika** empfehlenswert. Die möglichen Nebenwirkungen entsprechen denen von *Sulfadoxin+Pyrimethamin*. Das Mittel ist nicht für Schwangere, Stillende und Säuglinge geeignet.
- **Mefloquin** (z.B. *Lariam®*): Derzeit das Standardprophylaxemittel in **Zone-C-Gebieten**, kann auch zur Therapie eingesetzt werden. Zur Prophylaxe in der Schwangerschaft und Stillzeit nicht geeignet, da Schädigung des Fötus/Kindes nicht auszuschließen ist. Die Behandlung einer nachgewiesenen Malaria tropica ist auch während der Schwangerschaft und Stillzeit unter Abwägung des Risikos erlaubt. Nicht für Kleinkinder unter 15 kg. Vorsicht bei Herz-, Nieren- und Lebererkrankungen. Als häufige Nebenwirkungen gelten: Schwindel und Konzentrationsschwäche, hin und wieder kommen Kopf- und Gliederschmerzen, Herzklopfen, Übelkeit und Erbrechen vor. Selten kommt es zu Sehstörungen, Durchfall, Hautausschlägen.
- **Halofantrin** (*Halfan®*): Ein hochwirksames neues Mittel, das nur zur Therapie in **Hochresistenzgebieten** verwendet werden sollte, um die Resistenzsituation nicht weiter zu verschlimmern. Nicht in Schwangerschaft und Stillzeit nehmen. Gelegentliche Nebenwirkungen sind Übelkeit, Leibschmerzen, Durchfall, Schwindel und Kopfschmerzen, selten sind Hauterscheinungen. Da bei der Anwendung Herzrhythmusstörungen auftreten können, sollte das Präparat, außer im Notfall, nur unter ärztlicher Aufsicht und Kontrolle eingenommen werden. Die Einnahme soll nicht in zeitlicher Nähe zum Essen stehen: 1 Std. vor bis 3 Std. nach Medikation nicht essen.
- **Doxycyclin** (z.B. *Vibramycin®*): Ein Antibiotikum, das bisher vielfach bei Atemwegsinfekten verwendet wurde, hat sich auch als geeignet für die Malariaprophylaxe in **Zone-C-Gebieten** erwiesen. In der Schwangerschaft, Stillzeit und für Kinder unter 8 Jahren ist es jedoch nicht erlaubt. Mögliche Nebenwirkungen sind Hautreaktionen und zunehmende Lichtempfindlichkeit der Haut, die mit Rötung, Schwellung und Blasenbildung einhergeht. Daher auf verstärkten (Sonnen-) Lichtschutz achten. Am Morgen mit viel Flüssigkeit einnehmen.
- Neue Präparate auf **Artemisinin**-Basis werden derzeit in den Resistenzgebieten in Südostasien erprobt. Sie eignen sich nicht zur Prophylaxe und können zur Selbstbehandlung z. Z. nicht empfohlen werden.

Für alle Prophylaxen gilt: Eine Woche vor Abreise (bzw. vor Erreichen des Malariagebietes) mit der ersten Dosis beginnen, fortführen bis 4 Wochen nach Verlassen des Malariagebietes.

Die im folgenden angegebenen Behandlungs- und Dosisrichtlinien gelten für eine eigenverantwortliche **Notfallselbstbehandlung,** wenn ärztliche Hilfe nicht zur Verfü-

WICHTIGES VOR REISEANTRITT

gung steht. Es ist dringend anzuraten, danach einen Arzt aufzusuchen, auch wenn durch die Behandlung eine Besserung eintrat.

Prophylaxe und Selbstbehandlung in Zone A

Für die Prophylaxe in Zone-A-Gebieten sollte **ausschließlich Chloroquin** verwendet werden. Dosierung 2 Tbl. (bei Körpergewicht über 75kg 3 Tbl.) à 150 mg Base. Vorsicht: Im Beipackzettel ist meist zusätzlich eine höhere Zahl, 250 mg *Chloroquinphosphat* oder *Chloroquin-bis* (*dihydrogenphosphat*) genannt, der wirksame Anteil ist jedoch nur 150 mg Base (Gefahr der Unterdosierung!); unzerkaut nach dem Essen, einmal wöchentlich, immer am gleichen Wochentag.

Dieses Mittel ist während Schwangerschaft, Stillzeit und für Kinder unbedenklich. Zur altersabhängigen Dosierung bei Kindern gibt es Saft. Bei Aufenthalt lediglich in Städten oder großen Höhen kann auf Prophylaxe verzichtet werden. Bei verdächtigen Symptomen Sofortbehandlung mit Chloroquin: 600 mg Base sofort, nach 6 Stunden 300 mg, am 2. und 3. Tag je 300 mg.

Prophylaxe und Selbstbehandlung in Zone B

In Zone-B-Gebieten wird **zusätzlich zu Chloroquin** (Dosierung wie oben) **Proguanil** zur Prophylaxe eingenommen. Dosierung 1 x tgl. 2 Tbl. à 100 mg oder 2 x tgl. 1 Tbl. jeweils nach dem Essen. Auch für Schwangere, Stillende und Kinder geeignet. Sofortbehandlung, falls trotzdem Malariaverdacht besteht: Mefloquin (4 Tbl. à 250 mg initial, nach 6-8 Std. weitere 2 Tbl.). Geeignet wären auch *Chinin* (besonders für Schwangere, Dosierung siehe unten), *Sulfadoxin+Pyrimethamin* oder *Sulfalene+Pyrimetamin* (diese beiden in Afrika).

Prophylaxe und Selbstbehandlung in Zone C

Bei **Kurzzeitaufenthalten** (bis 3 Monate) in Zone-C-Gebieten wird **Mefloquin** zur Prophylaxe empfohlen. Studien zur Langzeitprophylaxe mit *Mefloquin* zeigen bisher gute Verträglichkeit und ausgezeichnete Wirksamkeit des Präparates, prinzipiell ist jedoch zu befürchten, daß bei flächendeckender Langzeitprophylaxe in diesen Hochrisikogebieten bald Resistenzen entstehen. Die Dosierung ist 1 Tbl. à 250 mg einmal pro Woche. Dieses Medikament ist während Schwangerschaft und Stillzeit sowie für Kinder unter 15 kg nicht zugelassen. Schwangere, Stillende und Kinder sollten die unter Zone B genannten Medikamente einnehmen. Wer Mefloquin nicht verträgt, kann ebenfalls auf die Zone-B-Präparate ausweichen, in Süd-Ost-Asiens Zone C ist diese Kombination jedoch wirkungslos.

Für **Langzeitaufenthalte** kommt außerdem als **Alternative Doxycyclin**, tgl. 1 Kps. à 100 mg, in Betracht, nicht jedoch während Schwangerschaft und Stillzeit, nicht für Kinder unter 8 Jahren. Eine trotzdem auftretende Malaria sollte mit Chinin, 3 x tgl. 500 mg für 7 Tage, behandelt werden. In den Gebieten mit Mefloquin-Resistenz wird zur Prophylaxe Doxycyclin empfohlen.

Der beste Malariaschutz ist, wenn die Mücke nicht sticht

Ein sinnvoller Malariaschutz beginnt bereits mit der gezielten Vermeidung von Mückenstichen. Die Anophelesmücken sind nachtaktive Tiere, daher gelten die Schutzmaßnahmen besonders zwischen Abend- und Morgendämmerung:

- Möglichst in mückengeschützten Räumen aufhalten.
- Langärmelige Kleidung, lange Hosen.
- Meiden dunkler Kleidung, diese zieht Stechmücken an.
- Eventuelles Auftragen von Repellents (insektenabwehrende Mittel) auf unbedeckte Hautstellen, geeignet sind *N,N-Diethyl-m-toluamid (DEET)*, Handelsname *Autan®*, und *Dimethylphthalat*, Handelsname *Garantol®*, im Ausland unter den chemischen Bezeichnungen erhältlich. Wirkdauer um 2 Stunden.
- Im Handel sind auch mit *DEET* imprägnierte Baumwollarmbänder, als Arm- und Knöchelband zu tragen, Preis um 30 DM, verschreibungspflichtig.

- Schlafen nur in mückenfreien Räumen. Engmaschige Gitter oder Vorhänge an Türen und Fenster, diese auf Löcher und undichte Stellen untersuchen. Ansonsten Türen und Fenster geschlossen halten. Vor dem Schlafen den Raum auf Mücken untersuchen – z.B. Fliegenklatsche verwenden.
- Unter Moskitonetz schlafen, falls der Schlafraum nicht mückenfrei zu bekommen ist.
- Insektizide sind in verschiedener Form im Handel wie Sprays, Elektroverdampfer, Räucherspiralen (mosquito-coils) und Lösungen zum Imprägnieren von Kleidung und Moskitonetz. Sie sollten nur eingesetzt werden, wenn mit den anderen Methoden keine ausreichende Wirkung erzielt wird, da die gesundheitliche Unbedenklichkeit dieser Substanzen nicht erwiesen ist.

Ausrüstung und Reiseapotheke

Denken Sie bei Reisen in heiße Länder an eine schattenspendende Kopfbedeckung, und bevorzugen Sie auch bei intensiver Sonneneinstrahlung langärmlige Kleidung aus Baumwolle oder Leinen. Jeder Sonnenbrand schädigt die Haut und macht anfälliger für die verschiedenen Hautkrebsformen. Sonnenschutzmittel mit hohem Lichtschutzfaktor wählen.

Feste Schuhe schützen vor allerlei Kleintieren am Boden wie etwa Sandflöhen. Leichte schnürbare Stoffturnschuhe bewähren sich beim Schwimmen in unbekannten Gewässern. Ein Moskitonetz kann manchen lausigen Schlafplatz in eine stechmückenfreie Insel verwandeln. Überlegen Sie, ob Sie einen Wasserfilter oder Tabletten zur Wasserdesinfektion mitnehmen wollen.

Eine Reiseapotheke muß selbstverständlich alle Medikamente enthalten, die ohnehin regelmäßig eingenommen werden müssen. Je nach Reiseziel und -dauer sowie verfügbarem Gepäckumfang und -gewicht muß dann die **Notfallapotheke** zusammengestellt werden, die bei kleineren Beschwerden oder Verletzungen eine **überbrückende Behandlung** ermöglicht. Die nachfolgenden Angaben sind Vorschläge für verschiedene Situationen und beziehen sich auf eine Reisedauer von 3 Monaten pro Person, für kürzere Reisen wird man jedoch nicht viel weniger einpacken können, da oft gerade zu Beginn einer Reise vielerlei Beschwerden auftreten. Die genannten Präparate sind Beispiele, meist sind mehrere ähnliche Mittel auf dem Markt, zum Teil mit erheblichen Preisunterschieden. **In Deutschland rezeptpflichtige Medikamente tragen einen *Stern.** Die Mitnahme von Einmalspritzen und Kanülen ist an sich empfehlenswert, kann aber bei Grenzkontrollen dazu führen, daß man als Drogenkonsument verdächtigt wird.

Minimalausrüstung

Für Rucksackreisende, die um jedes Gramm feilschen müssen:

Malaria: je nach bereistem Gebiet, s.o.
Mückenschutz: z.B. *Autan*®
Schmerz/Fieber: *Aspirin*® oder ähnl. (z.B. *Godamed*®) 20 Tbl., Paracetamol (z.B. *Ben-U-Ron*®) 20 Tbl.
Durchfall: *Loperamid (z.B. *Imodium*®) 20 Tbl., *Perenterol*® 20 Kps.
Übelkeit, Erbrechen: *Metoclopramid (z.B. *MCP*®) Tropfen 30 ml oder 20 Tbl.
Allergie, Juckreiz: *Dimetinden* (z.B. *Fenistil*®) 20 Tbl.
Antibiotika: *Doxycyclin (z.B. *Vibramycin*®) 8 Tbl., *Cotrimoxazol (z.B. *Cotrim*® forte) 20 Tbl., *Penicillin (z.B. *Isocillin*®) 1,2 Mega, 20 Tbl.
Wundsalbe: *Bepanthen*® Salbe 50 g
antibiotische Salbe: *Fucidine*® 10 g
Stiche, Juckreiz: *Fenistil*® oder *Soventol*® Gel 50 g
Augentropfen: *Berberil*® 10 ml
Desinfektionsmittel: *Mercuchrom*® Lösung 15 ml oder *Betaisodona*® Lösung 30 ml
Sonstiges: je 3 Mullbinden 6 und 8 cm, Heftpflaster 1 Rolle, Wundpflaster, 2 elastische Binden 8 cm, 5 Einmalspritzen 5 ml (steril), 5 Einmalkanülen Nr. 2 (steril) Alkoholtupfer, steril verpackt, Sicherheitsnadeln, Pinzette, möglichst steril verpackt, Fieberthermometer

Ergänzung zur Minimalausrüstung

Wer etwas mehr Sicherheit haben möchte und das zusätzliche Gewicht nicht scheut, z.B. Autofahrer.

Grippe/Erkältung: *Tempil® N* oder *Ilvico® N*, 20 Tbl.
Hustenlöser: *Ambroxol* (z.B. *Mucosolvan®*) 20 Tbl.
Hustenblocker: **Codipront®* 10 Kps.
Kreislaufschwäche: **Effortil®* plus Lösung 25 ml
Kreuz- und Gelenkschmerzen: **Diclofenac* 50 mg (z.B. *Voltaren®*) 20 Drag.
Verstauchung, Prellung: **Dolobene®* Gel 50 g
Koliken, Bauchkrämpfe: *Buscopan® plus* 20 Tbl.
Reisekrankheit: *Rodavan®* 20 Tbl.
Sodbrennen: *Gelusil-Lac®* 20 Tbl.
Verstopfung: *Laxoberal®* Tropfen 15 ml
Amöbeninfektion: **Metronidazol* (z.B. *Clont®*) 20 Tbl.
Zugsalbe: *Ichtholan® 20 %* Salbe 30 g
Hautpilz: *Clotrimazol* Creme 20 g (z.B. *Canestien®*)
Cortisonsalbe: **Ultralan®* Salbe 15 g
Desinfektionsmittel: *Rivanol®* 0,1 g Tbl. (20 Tbl.)
Abschwellende Nasentropfen: z.B. *Nasivin®* Spray oder Tropfen 10 ml
Sonstiges: Schere, möglichst steril verpackt, Klammerpflaster, 2 Paar Gummihandschuhe, evtl. steril

Weitere Ergänzung

Wer im Reisegepäck noch Platz hat:

Herpes, Fieberbläschen: **Zovirax®* Creme 2 g oder *Lomaherpan®* Creme 5 g
Ohrentropfen: *Otalgan®* Tropfen 6 g
Dehydrationstrunk bei Durchfall: *Elotrans®* für Erwachsene, *Oralpädon®* für Kinder
Sonstiges: Verbandfolie (*Metalline®*), Alu-Wärmefolie, Sprayverband (z.B. *Nobecutan®*), Provisorische Zahnfüllung, (z.B. *Dental-Notfall-Set*)

Tips für Unterwegs

Reisekrankheit

Rhythmische, schlingernde oder ruckartige Bewegungen können durch **Reizung des Gleichgewichtsorganes** Schwindel, Übelkeit und Erbrechen auslösen. Dafür anfällige Personen sollten sich im Flugzeug einen Platz zwischen den Tragflächen und im Reisebus einen der vorderen Sitze aussuchen. Auf dem Schiff gelten Plätze in der Mitte und auf den oberen Decks als günstig. Alkohol und fettes, üppiges Essen sollten vermieden werden, kleinere Knabbereien oder Mahlzeiten zwischendurch können jedoch Linderung bringen. Das langsame Kauen eines Apfels oder einer Ingwerwurzel können ebenfalls empfohlen werden. Oft hilft frische Luft und das Betrachten eines ruhenden Punktes in der Ferne oder am Horizont.

Die angebotenen Medikamente können unangenehme Nebenwirkungen verursachen und verfehlen dabei oft noch den erwünschten Effekt. Das „Reisepflaster" *Scopoderm® TTS* (hinter das Ohr zu kleben) kommt für Schwangere, Stillende und Kinder nicht in Frage, es kann z.B. Herzrasen auslösen. Es ist wie *Meclozin* und *Cinnarizin* verschreibungspflichtig. Als unbedenklich können die homöopathischen Mittel *Cocculus D12* (stündlich 1 Tbl. oder 5 Tropfen, soll auch bei Zeitverschiebung, dem **Jet Lag**, helfen) und *Vertigoheel®* gelten.

Sonne und Wärme

Auch hierzulande wird die Sonneneinstrahlung wegen Klimaverschiebung und Ozonloch immer stärker, so daß Sonnenschutzmaßnahmen auch zu Hause befolgt werden sollten. Die Wirkung tropischer Sonne, deren Strahlen eher senkrecht einfallen und damit von der Atmosphäre weniger gefiltert werden, ist jedoch noch weitaus intensiver.

Der **Sonnenbrand** ist eine Form der Verbrennung, oberflächliche Hautschichten werden dabei gereizt oder zerstört. Je nach

Tips für Unterwegs

Hauttypus ist man dafür mehr oder weniger anfällig. Sonnenbrände lassen die Haut vorzeitig altern und welken, und mit jedem durchgemachten Sonnenbrand erhöht sich das Hautkrebs-Risiko.

Daher gilt: **Vorbeugen** und vermeiden! Am besten im Schatten aufhalten, Kopfbedeckung mit Krempe tragen. Langsam an die Sonne gewöhnen, anfangs nur wenige Minuten, täglich etwas steigern. Notorischen Sonnenanbetern sei Schutzcreme mit hohem Lichtschutzfaktor empfohlen. **Besondere Vorsicht** ist am Wasser geboten, da hier stärkere Strahlung durch Reflektion herrscht, bei Wind, hier wird die Verbrennung wegen der Abkühlung nicht bemerkt, und im Gebirge, wo eine stärkere Strahlung auftritt, da hier die dünnere Atmosphäre weniger stark filtert.

Wichtigste Maßnahme zur **Behandlung** ist der Schutz vor weiterer Sonneneinstrahlung. Im leichten Stadium mit Rötung und Brennen der Haut kann *Dexpanthenol-Salbe* dünn aufgetragen werden. Blasenbildung zeigt ein schwereres Stadium an, kühlende Umschläge mit feuchten Kompressen bringen Linderung, zusätzlich kann eine cortisonhaltige Salbe verwendet werden. Wenn Fieber und Schüttelfrost hinzukommen, ist Bettruhe in einem kühlen, schattigen Raum anzuraten und auf ausreichende Flüssigkeitszufuhr zu achten. Blasen nicht aufstechen, da sich die Wunden infizieren können.

Unter **„Sonnenallergie"** (Polymorphe Lichtdermatose und Mallorca-Akne) versteht man das Auftreten von juckenden Flecken, Knötchen oder Bläschen an Hautstellen, die der Sonne ausgesetzt waren, oft schon nach wenigen Minuten. Sie tritt meist auf, wenn noch keine Gewöhnung an kräftige Sonneneinstrahlung stattgefunden hat, also in der ersten Frühlingssonne oder bei Aufenthalt in Gegenden mit hoher Strahlungsintensität. Manche Inhaltsstoffe von Cremes, Parfüms, Deodorants oder Medikamente können die Hautreaktion begünstigen. Sonnenschutz ist zur Vorbeugung sinnvoll, Calciumtabletten und eine Antihistaminsalbe können die allergische Reaktion mildern. Am nächsten Tag sollte man die Haut kurz der Sonne aussetzen und die Zeit täglich langsam steigern.

Der **Sonnenstich** entsteht durch direkte Einstrahlung auf den unbedeckten Kopf. Er äußert sich wie der **Hitzschlag.** Darunter versteht man eine Überwärmung des gesamten Organismus mit Fieber, Kopfschmerz, Übelkeit und Erbrechen, trockene Haut, kein Schweiß. Im Extremfall kann es zu Benommenheit und Bewußtlosigkeit kommen, dann sollte ärztliche Hilfe gesucht werden, denn es besteht Lebensgefahr! Wichtig ist die Lagerung an einem schattigen Ort, Anbieten von kühlen (nicht jedoch eiskalten) Getränken (natürlich nicht, wenn bereits Bewußtlosigkeit eingetreten ist), Kühlung durch feuchtkalte Umschläge.

Schweißfriesen und **Hitzepocken** entstehen auf anfälliger Haut, an Stellen, die durch enganliegende Kleidung am Atmen gehindert werden. Hier kann dünne, lockere Baumwollkleidung und Talcum-Puder Linderung bringen.

Beim Aufenthalt in warmen Gegenden entsteht ein erhöhter **Verlust an Flüssigkeit,** der durch Trinken ausgeglichen werden muß. Je nach Temperatur können dabei Mengen bis zu 10 Litern erforderlich werden; wer es nicht auf mindestens drei Blasenentleerungen pro Tag mit hellgelbem Urin bringt, hat zu wenig getrunken. An Salz und Gewürzen sollte man nicht sparen, um die beim Schwitzen verlorenen Mineralstoffe zu ersetzen.

Höhenkrankheit

Bei Bergtouren muß der **abnehmende Luftdruck** bedacht werden, da mit diesem auch das Sauerstoffangebot sinkt. Näherungsweise verringert sich der Luftdruck pro 1000 Höhenmeter um 10 %. Gedankenlosigkeit und Selbstüberschätzung können hierbei große Gefahren heraufbeschwören, auch körperliche Fitness und Klettererfahrung schützen nicht vor der Höhenkrankheit. Daher sollte man sich langsam an die atmosphärischen Verhältnisse gewöhnen: Für den Aufstieg von Meereshöhe auf 2500 m zwei Tage einplanen, danach für je 500 m Höhenunterschied einen Tag, Höhen von 5000 m sollte der Untrainierte nicht überschreiten.

Reise- und Tropenkrankheiten

Bei mehr als der Hälfte aller Tropenreisenden treten gesundheitliche Störungen auf, dabei handelt es sich jedoch meist um harmlose Anpassungs- und Infektionskrankheiten.

Zeichen der Höhenkrankheit können bereits ab 2000 m auftreten, ab 3000 m sind sie häufig: Kopfschmerz, Müdigkeit, Übelkeit, Atemnot, Schlafstörung, schneller Pulsschlag. Diese Warnzeichen können fälschlich auf Anstrengung beim Aufstieg zurückgeführt und deshalb nicht beachtet werden. Dann droht eine schwere Lungenstörung, die mit Husten und Atemnot bis zum Ersticken führen kann, sowie eine Hirnschwellung, die sich anfangs durch Bewegungsstörungen (z.B. unsicheres Gangbild) und Verwirrtheit äußert und bis zur Bewußtlosigkeit führt.

Vorbeugende Maßnahmen

- Behutsame Anpassung an die Höhe: keine Gewalttouren. Ausreichender Schlaf, Ruhephasen einlegen.
- Schlafplatz 200 bis 500 m unterhalb der größten erreichten Höhe wählen.
- Ausgleich des Flüssigkeitsverlustes (hervorgerufen durch trockene Luft und vermehrte Abatmung): ausreichend trinken, pro 1000 m Höhe 1,5 Liter zusätzliche Trinkmenge.
- Alkohol unbedingt meiden.
- Häufige, kleine Mahlzeiten aus leicht verwertbaren Kohlehydraten wie Obst, Marmelade, Haferflocken.
- Vor der Einnahme von Medikamenten, die der Vorbeugung dienen sollen, muß hier gewarnt werden, da sie die Anfangssymptome verdecken und damit zu weiterem Anstieg mit größeren Risiken verleiten.

Behandlung

- Bei den ersten Anzeichen: ausruhen, evtl. hinlegen, zusätzlich trinken, leichtes Schmerzmittel (z.B. *Aspirin*®).
- Wenn nach einer Stunde keine Besserung eintritt, ist der Abstieg – oder besser Abtransport – um einige hundert Meter erforderlich.

Durchfallerkrankungen

Durchfall oder „Diarrhoe" ist die weitaus **häufigste Gesundheitsstörung auf Reisen**, mindestens jeder dritte Auslandsreisende leidet zumindest kurzzeitig daran. Die Ursachen sind vielfältig, allein eine Klimaumstellung kann Durchfall auslösen; in manchen Gegenden (Nordafrika, Asien) wirken mit Ricin „gestoppte" Rotweine wie Abführmittel; in heißen Gegenden muß öfter mit verdorbenen Lebensmitteln gerechnet werden.

Eine Darminfektion nimmt mit der Nahrung ihren Anfang; mit jeder Mahlzeit werden eine Vielzahl von Keimen aufgenommen, die teils durch die Magensäure abgetötet werden, teils sich im Verdauungstrakt ansiedeln. Von verschiedenen Bakterienarten, hauptsächlich aus der Gruppe *Escherichia coli* leben normalerweise Milliarden in unserem Darm. Auf diese Bakterien der gewohnten Umgebung hat sich unser Körper eingestellt, es findet ein „friedliches Zusammenleben" statt. Die Colibakterien in anderen Ländern unterscheiden sich aber leicht von unseren. Auf diese „fremden" Bakterien und Keime des Urlaubslandes reagiert unser Darm dann empfindlich, obwohl sie bei der einheimischen Bevölkerung keinerlei Beschwerden hervorrufen. Meist ist die Sache nach vier bis fünf Tagen ausgestanden, es genügt, auf ausreichende Flüssigkeits- und Mineralstoffzufuhr zu achten.

Gelegentlich rufen aber auch solche banalen Keime hartnäckige Durchfallerkrankungen hervor, die eine medikamentöse Behandlung erforderlich machen, oder es sind Krankheitserreger wie Salmonellen oder Amöben im Spiel. Die gefürchteten Krankheiten Cholera, Typhus und Ruhr sind selten.

Vorbeugung

Trinkwasser

Größte Sorgfalt muß auf das Trinkwasser verwendet werden. Empfehlenswerte Methoden der Trinkwasserdesinfektion sind:

- **Abkochen:** Mindestens fünf Minuten sprudelnd kochen lassen ist ein ziemlich sicheres Verfahren, um auch stark verschmutztes Wasser gesundheitlich unbedenklich zu machen (auch wenn trübes Wasser trüb bleibt).
- **Filtern:** Keramikfilter (z.B. *Katadyn*) halten in einem engen Porensystem Bakterien und Schwebstoffe zurück, es entsteht keimfreies und klares Wasser. Im Handel sind Aufgußfilter und Handpumpensysteme in verschiedenen Größen. Die Filterkerze muß regelmäßig gereinigt werden.
- **Chemische Entkeimung:** Nicht so sicher wie die beiden anderen Methoden, aber gerade für den Rucksackreisenden oft die einzig praktikable Lösung. In Frage kommen Chlortabletten (z.B. *Chlorina*®), die dem Wasser einen ausgeprägten Chlorgeschmack verleihen oder Silbersalze (z.B. *Micropur*®). Mit den Silbersalzpräparaten läßt sich nur klares Wasser entkeimen, da Schwebeteilchen die Ionen binden und die Keimabtötung verhindern. Beide Verfahren sind wirkungsvoll gegen Bakterien, jedoch werden Zysten (widerstandsfähige Dauerformen von Amöben und Lamblien) nicht angegriffen.

Getränke

Unbedenklich sind in der Regel die Getränke internationaler Limonadenhersteller, aber nicht mit Eiswürfeln servieren lassen! Bei der Kaffee- und Teezubereitung kocht das Wasser nicht ausreichend lang, um Keimfreiheit zu bewirken, immerhin wird aber eine gewisse Keimverminderung erreicht.

> **Alle Getränke (und Eiswürfel) sind nur so sicher, wie das zu ihrer Zubereitung verwendete Wasser.**

Der Alkoholgehalt von Cocktails o.ä. hat keine desinfizierende Wirkung. Zum Zähneputzen nur Trinkwasser verwenden.

Lebensmittel

Auch bei der Auswahl des **Essens** sollte man Umsicht walten lassen. Rohe oder halbrohe Fleisch- und Fischgerichte sind besonders gefährlich, da sich Eiweißzersetzung und Keimwachstum in der Wärme schneller vollziehen, außerdem können diese Lebensmittel noch eine Reihe wirklich gefährlicher Parasiten wie Fischbandwurm oder Leberegel enthalten. Ciguatera, eine häufige Form der Fischvergiftung, kann auch durch gekochte und gebratene Meerestiere verursacht werden. Rohes Gemüse (Salat) ist oft mit Fäkalien gedüngt und sollte daher ebenfalls gemieden werden.

Tiefgefrorenes bietet keine Garantie auf Keimfreiheit, Eisspeisen, Milch, eier- oder mayonnaisehaltige Lebensmittel stellen gute Bakteriennährböden dar. Ebenfalls bedenklich sind vorgekochte Gerichte, wie sie z.B. an Straßenständen angeboten werden. Am sichersten sind gerade zubereitete, gut gekochte Speisen und schälbares Obst. Soweit Obst und Gemüse nicht gekocht oder geschält werden können, empfiehlt sich zumindest das kurze Einlegen in kochendes Wasser und anschließendes Abspülen mit sauberem Wasser. Tomaten lassen sich nach dieser Maßnahme außerdem leicht schälen.

Konservendosen vor und beim Öffnen genau überprüfen: Aufgetriebene Deckel oder Zischen beim Öffnen weisen auf gasbildende Bakterien hin, die eine gefährliche Nervenkrankheit, den Botulismus, verursachen können. Konserven mit eingedelltem Deckel sind unbrauchbar, weil die innere Schutzschicht zwischen Blech und Doseninhalt beschädigt ist.

In der Praxis ist es nicht immer möglich, alle Sicherheitsmaßnahmen einzuhalten. Nicht jeder Geldbeutel erlaubt eine Mahlzeit in einem besseren Lokal, wer den Kontakt mit Einheimischen sucht, wird ihn eher dort finden, wo es nach unseren Maßstäben nicht so hygienisch zugeht. Gerade bei Einladungen müssen aus Taktgefühl Kompromisse geschlossen werden. Halten Sie die Augen offen und nehmen Sie von bedenklichen Speisen und Getränken nur kleine Mengen zu sich. Bei längeren Tropenaufenthalten gewöhnt sich der Körper an die dort vorkommenden Umgebungskeime und gewinnt an Widerstandskraft. Dies sollte jedoch nicht dazu verleiten, alle Vorsichtsmaßnahmen zu ignorieren, da sich das Risiko, eine ernsthafte Infektion (z.B. Amöben oder Typhus) zu erwerben, nicht verringert.

Selbsthilfe

Wenn trotz aller Vorsicht Durchfall auftritt:
- Zunächst muß der erhöhte Flüssigkeits- und Mineralverlust ausgeglichen werden, hier helfen Rehydrationsgetränke (siehe „Reiseapotheke"). Zur Geschmacksverbesserung kann Fruchtsaft beigemischt werden.
- Nahrungspause. Für mindestens 6 Stunden nichts essen. Danach, wenn möglich, Getreideschleimsuppe, Zwieback o.ä.
- Bei gleichzeitigem Erbrechen und/oder fieberhaftem Verlauf kann es sich auch um die Erstsymptome einer Malaria handeln. (Prophylaxe konsequent durchgeführt? Resistenzgebiet?)
- Ohne schädliche Nebenwirkungen kann eine Therapie mit *Perenterol®* begonnen werden, diese medizinische Hefe hilft, wieder eine normale Darmflora aufzubauen. Kohlekompretten sind meist nicht so wirkungsvoll.
- Durchfall mit Blutbeimengung weist auf eine Infektion mit Geschwüren im Dickdarm hin: Ruhr, ausgelöst durch Shigellen oder Amöben. Arzt aufsuchen.
- Falls nach 3 Tagen keine Besserung eintritt und/oder noch Fieber besteht, ist ebenfalls ärztlicher Rat einzuholen – eine banale Reisediarrhoe sollte sich schon gebessert haben. Wenn dann kein Arzt aufgesucht werden kann, empfiehlt sich antibiotische Behandlung für 3 Tage mit *Cotrimoxazol* (z.B. *Bactrim forte®* 2 x 1 Tbl.).
- *Loperamid*, ein Medikament, das die Darmbewegung hemmt, bessert zwar den Durchfall, jedoch werden die ihn verursachenden Krankheitserreger oder Giftstoffe schlechter ausgeschieden. Es sollte daher schweren Verläufen vorbehalten bleiben. Bei fieberhaftem Verlauf oder Blutbeimengung im Stuhl darf es nicht eingenommen werden.

Erreger, die hartnäckige Durchfälle verursachen

Salmonellen

Eine Bakteriengruppe, die Durchfallerkrankungen verschiedener Schweregrade, z.T. begleitet von Erbrechen und Fieber, bewirkt. Die Diagnose läßt sich nur über eine Stuhluntersuchung sichern. Die leichteren Formen sind mit den o.g. Maßnahmen zu behandeln, schwere Fälle erfordern eine antibiotische Behandlung unter ärztlicher Kontrolle (z.B. 4 x 1 g *Ampicillin*) je nach Verlauf für 1 bis 2 Wochen.

Typhus

Auch Typhus (engl. typhoid fever) wird von Salmonellen (der Art *Salmonella typhi*) verursacht. Die Inkubationszeit (Zeitraum von der Ansteckung bis zum Auftreten von Krankheitszeichen) ist mit 8-14 Tagen relativ lang. Hier stehen anfangs hohes Fieber, Kopf- und Gelenkschmerzen und ein Hautausschlag im Vordergrund, der Durchfall kann mit Verstopfung abwechseln. Bei Typhusverdacht sollte man sich in ärztliche Hände begeben, da Komplikationen wie Gallenblasenentzündung oder Darmperforation (Durchbruch) möglich sind. In Ländern der 3. Welt wird oft mit *Chloramphenicol* (3 x 1 g für 14 Tage) behandelt, wegen gefährlicher Nebenwirkungen und hoher Resistenzrate ist jedoch *Amoxicillin* (3 x 2 g) oder *Ceftriaxon* (2 x 1 g, nur als iv. Spritze verfügbar) vorzuziehen.

Bakterielle Ruhr

Bei dieser Ruhr (engl. Bacillary dysentery), hervorgerufen durch Shigellen, steht ebenfalls die Übertragung durch mit Fäkalien verunreinigtes Wasser und Nahrungsmittel im Vordergrund. Nach 1 bis 4 Tagen plötzliches Auftreten von hohem Fieber, Bauchschmerzen, Erbrechen und Durchfall, oft mit Blutbeimengung. Die Behandlung besteht aus *Cotrimoxazol* über 5 Tage.

Amöben

Auch Amöben können eine Form der Ruhr (Amöbenruhr, engl. Amebic dysentery) aus-

REISE- UND TROPENKRANKHEITEN

lösen. Diese Einzeller (Protozoen der Art *Entamoeba histolytica*) sind weltweit verbreitet, jedoch besonders in tropischen und subtropischen Regionen. Auch sie gelangen mit verunreinigtem Wasser oder Nahrungsmitteln in den Darm, wo sie nicht unbedingt Beschwerden hervorrufen müssen; in diesem Fall besteht eine asymptomatischer Infekt. In manchen tropischen Gegenden sind 30% der Bevölkerung Amöbenträger.

Die milde Form eines symptomatischen Infektes besteht in Leibschmerzen, Blähungen, Übelkeit und Durchfall und ist damit im Erscheinungsbild nicht von einfachen Durchfallerkrankungen zu unterscheiden, Klärung kann hier nur eine Stuhluntersuchung bringen. Aus unbekannten Gründen, möglicherweise wenn der Darm durch andere Infektionen oder Reize bereits vorgeschädigt ist, dringen die Erreger in die Darmwand ein und verursachen Entzündungserscheinungen und Geschwüre. Diese Variante nennt man invasive Verlaufsform. Dann kommt es zu den charakteristischen Symptomen mit halbflüssigem oder flüssigem Stuhlgang, der mit Schleim und Blut durchsetzt ist; beschwerdefreie Phasen zwischendurch sind möglich.

Eine schwerwiegende Komplikation ist der **Leberabszeß**: Amöben sind über den Blutweg in die Leber gelangt und verursachen dort Gewebszerstörung und Eiterbildung. Solche Abszeßhöhlen können bis zu 10 cm groß werden. Dieser Vorgang ist von Fieber und starken Schmerzen im rechten Oberbauch, die bis in die Schulter ausstrahlen können, begleitet.

Auch asymptomatische, von Beschwerden freie Amöbenträger scheiden die Protozoen (in einer widerstandsfähigen abgekapselten Form, den Zysten) aus und tragen deshalb zur Weiterverbreitung bei. Bei Abwehrschwäche, z.B. ausgelöst durch eine andere Erkrankung, kann sich aus einem asymptomatischen Infekt ein symptomatischer entwickeln. Daher sollte bei Amöbennachweis im Stuhl grundsätzlich behandelt werden.

Ein gesunder Ausscheider von Zysten kann sich überlegen, ob er die Behandlung zurückstellt, bis er wieder daheim ist, ein besonders geeignetes Mittel für diesen Fall ist *Paromomycin* (z.B. 3 x 2 *Humatin*® Kps. für 7 Tage). Dieses Medikament wirkt aber nur im Darm und wird vom Körper nicht aufgenommen. Es kann auch bei der milden Verlaufsform eingesetzt werden, jedoch ist hier wie bei der invasiven und der Abszeßform *Metronidazol* (3 x 750-800 mg für 10 Tage) vorzuziehen; da dieses Mittel über die Blutbahn aufgenommen wird, kann es auch auf Erreger in Schleimhaut und Leber wirken. Auf andere Medikamente darf nur nach eingehender Untersuchung ausgewichen werden, da sie z.T. erhebliche Nebenwirkungen haben oder nicht für alle Krankheitsvarianten geeignet sind.

Lamblien

Lamblien (*Giardia lamblia*) sind wie Amöben weitverbreitete einzellige Darmparasiten, deren Träger nicht unbedingt Beschwerden verspüren. Auch der Ansteckungsweg ist der gleiche. Falls Symptome auftreten, sind dies meist Blähungen, Übelkeit, Bauchkrämpfe und Durchfall. Die Diagnose läßt sich über eine Stuhluntersuchung stellen. Eine Behandlung ist nur bei Krankheitszeichen erforderlich und besteht aus *Metronidazol* (3 x 250 mg für 5 Tage) oder *Quinacrin* (3 x 100 mg für 5 Tage).

Würmer

Eine Reihe von Wurmarten wie Spulwürmer, Madenwürmer (Oxyuren), Peitschenwürmer, Trichinen und Bandwürmer werden ebenfalls über die Nahrung aufgenommen, Hakenwürmer leben im Boden, ihre Larven dringen über Verletzungen oder nackte Füße in den Körper ein.

Die Diagnose läßt sich über den Nachweis von Würmern oder deren Eier im Stuhl stellen, die Behandlung richtet sich nach der Art: *Mebendazol* für Spul-, Haken-, Peitschen- und Madenwürmer, *Tiabendazol* gegen Trichinen, *Praziquantel* oder *Niclosamid* gegen Bandwürmer. Einige Würmer können gefährliche Komplikationen auslösen, darum sollte man sich unbedingt ärztlich untersuchen lassen. Nach der Behandlung ist eine erneute Stuhluntersuchung sinnvoll, um festzustellen, ob Würmer überlebt haben.

REISE- UND TROPENKRANKHEITEN

Verschiedene Formen der Hepatitis

Unter dem Begriff der Hepatitis sind verschiedene durch Viren bedingte Leberentzündungen zusammengefaßt, deren Krankheitsverläufe ähnlich sind und die in der Regel mit einer Gelbsucht einhergehen. Bisher konnten **6 verschiedene Erreger** nachgewiesen werden, weitere werden vermutet.

Hepatitis A

Die Hepatitis A, früher auch infektiöse oder **epidemische Gelbsucht** genannt, wird hauptsächlich über Lebensmittel übertragen, die mit Fäkalien in Berührung kamen, etwa durch Düngung oder durch Abwassereinleitung in Flüsse, aus denen Trinkwasser gewonnen wird. Als häufigste Infektionsquelle gelten Austern, Muscheln und rohe Salate. In Shanghai trat 1988 eine Epidemie auf, bei der binnen kurzem 300.000 Personen nach Verzehr ungenügend gekochter Flußkrebse erkrankten. Die Viren waren auf dem Abwasserweg in den Fluß gelangt. Möglich ist auch die Übertragung durch andere Körpersekrete und Blut, diese spielt aber eine untergeordnete Rolle.

Die Erkrankung beginnt rund 4 Wochen nach der Ansteckung mit uncharakteristischen Zeichen wie Übelkeit, Erbrechen, Fieber, Appetitverlust, Mattigkeit und Gelenkschmerzen; nach einer weiteren Woche kann die Gelbsucht (Gelbfärbung der Bindehaut am Auge und der Haut) hinzukommen, dabei wird der Urin dunkel und der Stuhlgang hell, gelblich bis weiß. Innerhalb von zwei bis vier weiteren Wochen klingt die Erkrankung ab. Das ganze Krankheitsgeschehen kann auch mild und abgeschwächt verlaufen, so daß sich die Diagnose manchmal nur im Nachhinein über eine Blutuntersuchung stellen läßt, vereinzelt gibt es aber auch Fälle, die zum Tode führen.

Wer diese Leberentzündung durchgemacht hat, erwirbt eine wahrscheinlich lebenslange Immunität. Chronische Verläufe mit dauerhafter Leberschädigung kommen nicht vor. Eine spezifische Behandlung gibt es nicht, um so wichtiger ist daher die Vermeidung. Bereits 2 Wochen vor dem Auftreten von Krankheitszeichen scheidet der Infizierte mit Stuhl und Speichel die Erreger aus und kann damit weitere Personen anstecken. Auf Hygieneregeln, Trinkwasserqualität und Zubereitung von Speisen ist deshalb zu achten (s. auch Kapitel Durchfall). Vor längeren oder häufigen Tropenaufenthalten ist die aktive Impfung gegen Hepatitis A zu empfehlen (s.o.). Zuvor sollte man jedoch einen Test auf Hepatitis-A-Antikörper im örtlichen Hygieneinstitut machen lassen (ca. 30 DM). Gegebenenfalls erspart man sich so die teure Impfung.

Hepatitis B

Die Hepatitis B wurde früher auch **Serum- oder Transfusionshepatitis** genannt, da sie sich überwiegend durch Bluttransfusionen und infiziertes Spritzenmaterial überträgt. Der Ansteckungsweg über Stuhlgang, Sperma und Speichel ist aber ebenfalls möglich. Besondere Gefährdung, eine B-Hepatitis zu erwerben, besteht deshalb für Drogenabhängige und Personen, die mit infizierten Spritzen oder Instrumenten (Impfungen, Akupunkturnadeln, Tätowieren, Ohrlochstechen) behandelt wurden, außerdem ist die sexuelle Übertragung häufig, insbesondere im Bereich der Prostitution.

Diese Form hat eine längere Inkubationszeit (2 bis 6 Monate), die Symptome sind ähnlich wie bei der Hepatitis A, der Verlauf aber meist schwerer und langwieriger, bis zu einem halben Jahr. Nach Abklingen der akuten Krankheit ist man entweder geheilt und immun, in 10% der Fälle geht die Entzündung jedoch in ein chronisches Stadium über, das mit schweren Störungen der Leberfunktion einhergeht, manchmal entwickelt sich nach Jahren sogar ein Leberkrebs. Auch für die Hepatitis B gibt es keine wirksame Behandlung, es gilt, die Ansteckung unter Beachtung des Übertragungsweges zu vermeiden. Für gefährdete Personen kommt die aktive Impfung mit Hepatitis-B-Impfstoff in Frage.

Weitere Hepatitisformen

Die folgenden Hepatitisformen werden manchmal auch **Non-A/Non-B-Hepatitis** genannt, weil sie nicht von den am längsten bekannten Typen A und B verursacht werden.
- Dabei ist die **Hepatitis C** eine Variante, die in Übertragungsweg und Verlauf der B-Form ähnelt, Übergang in eine chronische Form ist häufig, es steht aber kein Impfstoff zur Verfügung, so daß nur die Vermeidung der Ansteckung angestrebt werden kann.
- Die **Hepatitis D** befällt nur Personen, die den Hepatitis-B-Virus (bei akuter Erkrankung oder in chronischer Verlaufsform) im Körper haben, dann entsteht ein dramatisches, nicht selten tödliches Krankheitsbild, das meist nicht ausheilt, sondern in ein chronisches Stadium mit dauerhafter Leberschädigung übergeht. Impfschutz gegen Hepatitis B bedeutet auch Schutz vor der Hepatitis-D-Infektion.
- Die **Hepatitis E** wird wie die Hepatitis A hauptsächlich durch Nahrungsmittel übertragen, sie ähnelt ihr auch im Verlauf und darin, daß sie nach der akuten Phase ausheilt. Sie kommt vor allem in Afrika, Asien und Zentralamerika vor. Ein Impfstoff ist noch nicht entwickelt worden.
- Bei der **Hepatitis G** ist bisher nur der Übertragungsweg mittels Blutkontakt nachgewiesen. Erkenntnisse über den langfristigen Verlauf und mögliche Spätfolgen liegen noch nicht vor.

Behandlung von Hepatitis

Für keine dieser Viruserkrankungen gibt es eine kausale medikamentöse Behandlung. Folgende Allgemeinmaßnahmen sind hilfreich: Ruhe, viel Liegen, bis die Gelbsucht abgeklungen ist. Keinesfalls Alkohol trinken, mindestens bis 6 Monate nach Abklingen der Krankheitszeichen. Vitaminreiche Kost ist sinnvoll, jedoch vermehrt auf Hygiene der Nahrungsmittel achten. Medikamente nur wenn unbedingt nötig und kurzfristig einnehmen, da diese die erkrankte Leber zusätzlich belasten, in Frage kommen Fiebermittel (*ASS* oder *Paracetamol*) oder Mittel gegen Erbrechen (*Metoclopramid*). Nach der Heimkehr sollte man den Arzt aufsuchen, damit durch eine Blutuntersuchung festgestellt werden kann, welche Hepatitisform vorgelegen hat und ob ein Anhaltspunkt für einen chronischen Verlauf besteht.

Bilharziose

Unter *Bilharziose* oder **Schistosomiasis** versteht man chronische Infektionskrankheiten durch den Befall mit Eingeweideparasiten der Gattung Schistosoma oder Pärchenegel. Diese Wurmart ist in Afrika und Nahost (*Schistosoma haematobium*), Afrika, Südamerika und Karibik (*Sch. mansoni*) sowie Asien (*Sch. japonicum*) verbreitet.

Der **Entwicklungszyklus** dieser drei Arten ist gleich: In Wasserschnecken reifen die Eier, die geschlüpften Larven (Zerkarien) dringen beim Baden durch die Haut ein und wandeln sich im menschlichen Körper zum erwachsenen Wurm. In Stuhl und Urin werden wieder Eier ausgeschieden, der Kreis schließt sich, wenn die Ausscheidungen in ein Gewässer gelangen und von Wasserschnecken aufgenommen werden. Aufgrund fehlender Hygienemaßnahmen ist in manchen Gegenden die Hälfte der Bevölkerung von diesen Parasiten befallen, weltweit schätzt man ca. 300 Millionen Erkrankte!

Wenn die Larven die Haut durchbohren, kann das mit Juckreiz und Rötung einhergehen, die ersten Krankheitszeichen treten frühestens einen Monat später auf, können aber auch Jahre auf sich warten lassen. Durch Darmbefall (*Sch. mansoni* und *japonicum*) kommt es zu blutigem Stuhlgang und Durchfall, bei weiterem Fortschreiten können sich die Würmer in der Leber und anderen Organen ausbreiten. *Sch. haematobium* bevorzugt Blase und Harntrakt, so daß Zeichen einer Blasenentzündung und blutiger Urin auffallen. Langfristig kommt es bei allen Formen zu Blutarmut.

Eine direkte Übertragung von Mensch zu Mensch ist nicht möglich. Um sich vor einer Infektion zu schützen, sollte man Baden in stehenden oder langsam fließenden Gewässern der Verbreitungsgebiete unterlassen. Auch klares Wasser kann die Larven enthalten; die Übertragungsquelle mit den larvenausscheidenden Schnecken kann in einem Bach etliche Kilometer entfernt liegen. Bereits kurzer Kontakt mit dem Wasser (Waschen, Trinken) kann genügen. Besonders gefährlich ist das Waten in Reisfeldern. Für die Schwere der Erkrankung ist die Anzahl der eingedrungenen Zerkarien ausschlaggebend.

Behandlung von Bilharziose

Das beste Medikament gegen Bilharziose ist *Praziquantel*, das in hoher Dosierung genommen werden muß. Der Behandlung sollte jedoch eine Untersuchung z.B. mittels Bluttest oder Nachweis der Wurmeier vorausgehen. Bei konsequenter Behandlung – und diese ist für Reisende einfacher durchführbar, als für die einheimische Bevölkerung, die den Erregern ständig ausgesetzt ist – kann die Erkrankung geheilt werden. Nach 3 und 6 Monaten ist dann noch eine erneute Untersuchung auf Wurmeier notwendig.

Gift- und Stacheltiere

Bei sämtlichen Verletzungen ist der **Tetanusimpfschutz** unbedingt erforderlich.

Schlangen

Schlangenbisse sind erfreulicherweise seltene Ereignisse, auch Giftschlangen greifen meist nur als Abwehrreaktion an. Das Tragen von festem Schuhwerk, auch als Schutz gegen Blutegel, Insekten und Skorpione ist grundsätzlich zu empfehlen. Schuhe und Kleidung müssen vor dem Anziehen überprüft und ausgeschüttelt werden, da Schlangen und Skorpione gerne in ihnen übernachten. Gegen viele Schlangengifte gibt es ein Antiserum, im Notfall steht es aber nicht unbedingt zur Verfügung, da diese Substanzen recht teuer sind und gekühlt aufbewahrt werden müssen. Um das richtige Serum auswählen zu können, ist eine genaue Beschreibung der Schlange sehr hilfreich. Für den absoluten Notfall sollte man in Gefährdungsgebieten immer eine leicht unterzubringende Rasierklinge bei sich haben.

Hilfe im Notfall

- Das Körperteil mit der Bißstelle soll möglichst überhaupt nicht mehr bewegt werden, bei Biß am Bein keinesfalls mehr laufen.
- Falls innerhalb einer halben Stunde ein gut ausgerüstetes Krankenhaus erreicht werden kann, sollte das verletzte Körperteil in Tieflage ruhiggestellt und warmgehalten werden, anschließend rascher Transport.
- In allen anderen Fällen muß vor Ort eine Notbehandlung beginnen: innerhalb der ersten 5 Minuten je einen geraden Schnitt durch jede Bißwunde (z.B. mit einer Rasierklinge), 1 cm lang und 5 mm tief, die Wunden ausbluten lassen; besser wäre das Absaugen mit einem speziellen Absauggerät „Extraktor", das einer Spritze ähnelt und für rund 40 DM erworben werden kann. Keinesfalls sollte mit dem Mund abgesaugt werden.
- Körperteil 15 cm **oberhalb** der Bißstelle abbinden (mit Gürtel, Binde oder Damenstrumpf, keinesfalls Schnur, Draht o.ä. verwenden), um den Rückstrom vergifteten Blutes zu verhindern. Es muß jedoch noch Blut hineinfließen können, daher Puls am Handgelenk oder Fußrücken tasten und Binde ggf. lockern.
- Der Gebissene soll viel trinken, jedoch keinen Alkohol.
- Als Schmerzmittel ist *Paracetamol* erlaubt.
- Die früher empfohlene Kühlung oder Eisbehandlung hat sich als ungünstig erwiesen und sollte nicht mehr durchgeführt werden!
- Jeder von einer Schlange Gebissene gehört so schnell wie möglich in ein Krankenhaus!

Skorpione

Skorpione kommen in allen subtropischen und tropischen Gegenden und im Mittelmeerraum vor. Sie sind nachtaktive Tiere, die sich tagsüber zwischen Steinen, Blättern oder im Sand aufhalten. Die meisten Arten verursachen ungefährliche Stiche, die ähnliche Beschwerden wie Bienen- oder Wespenstiche hervorrufen, bei den giftigeren Arten kommt

GIFT- UND STACHELTIERE

es zu starkem Schmerz, Taubheit des betreffenden Körperteils, in seltenen Fällen kommen Muskelkrämpfe, Atembeschwerden und Herzrasen hinzu.

Die Unterscheidung hinsichtlich der Gefährlichkeit ist für einen Laien nicht möglich, so daß nach jedem Stich Vorsicht geboten ist. Besonders gefährlich können Skorpionstiche für Kinder unter 5 Jahren sein. Für manche giftige Arten existiert ein Antiserum (Gegengift). Die Stiche mancher Skorpionarten können noch nach Monaten Gefühlsstörungen hervorrufen.

Behandlung von Skorpionstichen
- Ruhigstellen des gebissenen Körperteils.
- Einstichstelle kühlen, evtl. mit Eis.
- Antihistamintabletten (z.B. 3 Tbl. *Tavegil*®) und evtl. Schmerzmittel geben.
- In ärztliche Behandlung begeben, dabei möglichst Beschreibung des Skorpions hinsichtlich Größe und Farbe.

Spinnen

Fast alle Spinnenarten sind giftig, jedoch besitzen die meisten zu kurze oder weiche Beißwerkzeuge, um menschliche Haut zu durchdringen. Gefährlich können besonders **Vogelspinnen-, Bananenspinnen-, Tarantel- und Schwarze-Witwen-Arten** werden. Für die Behandlung gelten dieselben Regeln wie beim Skorpionstich; auch wenn ein tödlicher Ausgang selten ist, sollte möglichst ein Krankenhaus aufgesucht werden. Für die hochgiftigen Spinnenarten gibt es Antiseren, die Verfügbarkeit im Bedarfsfall hängt jedoch von der medizinischen Infrastruktur ab.

Seeigel

In allen Meeren heimisch sind Seeigel, deren Bekanntschaft man bereits in Strandnähe machen kann. Ihre mit Widerhaken bewehrten Stacheln dringen tief in die Haut ein, sind schwierig herauszuziehen und brechen leicht ab. Trotzdem sollte man versuchen, sie unverzüglich zu entfernen, da die Wunden dazu neigen, sich zu entzünden. Oberflächliche Stacheln lassen sich mit Essig auflösen, da sie aus Kalk bestehen: Wunde mehrfach mit Essig benetzen oder eine essiggetränkte Kompresse auflegen. Eine andere Methode, Stacheln zu entfernen, ist das Aufkleben und vorsichtige Wiederabziehen von Pflaster. Einen gewissen Schutz bieten beim Strandlaufen, Baden oder Schnorcheln Badesandalen.

Nesseltiere

Bei Kontakt mit Nesseltieren, besonders Quallen, können Tentakeln und Nesselschleim an der Haut haften bleiben. Sie sollten abgewischt werden, dabei Handschuh, Lappen o.ä. verwenden. Dann Essig- oder Alkoholauflagen, besonders wirkungsvoll soll der Saft der Papaya sein. Abspülen mit Wasser verstärkt die Schmerzen! Großflächiges Aufbringen einer Antihistaminsalbe und Antihistamintabletten lindern Schmerz und können Blasen- und Quaddelbildung eindämmen.

Giftfische

Verletzungen durch Giftfische werden meist durch Stechrochen und Petermännchen verursacht, da beide Arten auch in Strandnähe leben. Die Tiere können tiefe Wunden hinterlassen, in denen Stachelscheiden verbleiben. Vorbeugende Maßnahmen sind das Tragen von Badeschuhen und ein schlurfender Gang, der die Fische aufscheucht und weniger Gefahr birgt, auf einen zu treten.

Behandlung bei Stichen durch Giftfische
- Desinfektionsmittel anwenden.
- Stachelreste entfernen, evtl. muß die Wunde ausgeschnitten werden.
- Fischgifte werden durch Hitze inaktiviert, deshalb heißes Wasser bis zur Erträglichkeitsgrenze in die Wunde geben, trocken-heiße Kompressen auflegen oder mit brennender Zigarette so nahe wie möglich herangehen.
- Gegen den Schmerz können Lokalanästhetika verwendet werden.
- Je nach Gift kann Schockbekämpfung erforderlich werden.
- Wegen der Infektionsneigung muß ein Antibiotikum gegeben werden.

Sexuell Übertragbares

Unter **Geschlechtskrankheiten** versteht man eine Reihe von Erkrankungen, die überwiegend oder ausschließlich durch sexuelle Kontakte übertragen werden. Dazu gehören:
- die „klassischen" Geschlechtskrankheiten Syphilis, Gonorrhoe und weicher Schanker,
- die Viruserkrankungen Genital-Herpes und Feigwarzen,
- Pilz- (Candida-), Chlamydien-, Trichomonaden- und unspezifische Infektionen der Geschlechtsorgane,
- AIDS.

Eine Reihe weiterer Infektionen wie **Hepatitis, Amöben** oder **Giardia** werden gelegentlich bei Sexualkontakten erworben. Weltweit treten jährlich 250 Mio. Neuerkrankungen dieser Art auf, und zu der Verbreitung leisten Touristen einen wesentlichen Beitrag. Auf das unbekümmerte Verhalten mancher Männer ist es auch zurückzuführen, daß Syphilis- und Gonorrhoe-Erreger resistent (widerstandsfähig) gegen die bisherigen Medikamente geworden sind, so daß z.T. erheblich höhere Dosen oder andere Mittel erforderlich sind. Bei richtiger Behandlung können diese Krankheiten aber weiterhin geheilt werden.

Die Zahl der weltweit mit **AIDS** Infizierten wird auf über 30 Millionen geschätzt. Für den Reisenden sind insbesondere folgende Übertragungswege von Bedeutung:
- Sexueller Kontakt (homo- oder heterosexuell; anal, vaginal oder oral) mit einer HIV-infizierten Person.
- Benutzen von Gegenständen, die die Haut verletzen oder durchdringen, z.B. Spritzen, Akupunkturnadeln, Piercing-Instrumente, wenn diese nicht sterilisiert werden.
- Bluttransfusionen und Medikamente, die aus Blut gewonnen werden.

Die zuverlässigste Maßnahme, um die Infektion mit dem AIDS-Virus (wie jeder anderen sexuell übertragbaren Krankheit) zu verhindern, ist das Meiden sexueller Kontakte mit unbekannten Partnern. Auch völlig gesund wirkende Personen können infiziert sein und das Virus weitergeben. Als zweitbeste Methode ist die Benutzung von Kondomen einzustufen.

Medizinische Behandlung in einem Drittweltland erfolgt oft nicht unter den von uns gewohnten hygienischen Bedingungen. Durch unsaubere Instrumente kann daher bei Arzt oder Zahnarzt das HIV-Virus übertragen werden. Für unvermeidliche Behandlungen und Notfälle gilt:
- Spritzen und Kanülen, die in einer Einmalverpackung aufbewahrt wurden, sind sicher. Am besten hat man solche welche im Reisegepäck. (Ist eine Spritzenbehandlung auch unbedingt notwendig? Viele Medikamente sind in Tablettenform genauso wirksam. Impfungen zu Hause durchführen lassen!)
- Glas- und Metallinstrumente müssen vor Gebrauch sterilisiert worden sein.
- Wenn man nicht sicher sein kann, ob die Instrumente steril sind, sollte man sich wenigstens vom Vorhandensein eines Sterilisationsgerätes überzeugen. (Steht es verstaubt in der Ecke oder zeigt es Gebrauchsspuren?)
- Blutübertragungen und Behandlungen mit Medikamenten, die aus Blut hergestellt werden, nur bei Lebensgefahr zustimmen.
- Besondere Vorsicht bei Tätowierungen, Akupunktur und Piercing.

Wieder daheim

Nach der Rückkehr können sich **Akklimatisationsprobleme** ergeben, die sich in 1 bis 2 Wochen wieder verlieren. Gut beraten ist derjenige, der noch einige freie Tage zur Verfügung hat. Auch die Gewöhnung an die heimische Küche sollte allmählich erfolgen, da tierisches Fett und Eiweiß die Verdauungsorgane vor schwere Aufgaben stellen.

Zu bedenken ist ferner, daß die **Malariaprophylaxe** für 4 Wochen fortgeführt werden muß; dies wird als lästige Pflicht häufig übersehen und damit ein Ausbruch des Tropenfiebers riskiert.

Nach einem kurzen Tropenaufenthalt, der ohne gesundheitliche Probleme oder nur leichten Beschwerden (z.B. kurzzeitigem Durchfall) verlief, ist eine ärztliche Untersuchung nicht unbedingt notwendig. Sie ist jedoch anzuraten nach einer längeren Reise, da manche Erkrankungen erst nach einiger Zeit in Erscheinung treten.

Beim Auftreten von folgenden Anzeichen – egal ob während oder nach der Reise – ist unbedingt ein Arzt aufzusuchen und darüber zu informieren, welches Gebiet bereist wurden:

- **Fieberschübe.** Auch 6 Wochen nach Verlassen eines Malariagebietes besteht noch die Möglichkeit einer *Malaria tropica,* andere Malariaformen können noch nach Jahren ausbrechen. Eine Reihe weiterer Tropenkrankheiten kann mit Fieber einhergehen.
- **Durchfall oder Blutbeimengungen** im Stuhl oder Urin. Untersuchung auf Ruhr, Typhus, Darmparasiten (z.B. Amöben), Bilharziose.
- **Gelbsucht.** Über eine Blutuntersuchung lassen sich Typ und Aktivität klären.
- **Ausschlag oder Geschwüre** an Haut oder Genitalien. Hier kommen verschiedene Parasiten und Geschlechtskrankheiten in Betracht.
- Jegliche **unklare Beschwerden.**

Tropeninstitute in Deutschland

- **Berlin:** Landesinstitut für Tropenmedizin, 10179 Berlin-Mitte, Engeldamm 62, Tel. 030/27460, Fax 030/2746736
- **Bonn:** Institut für medizinische Parasitologie der Universität, 53127 Bonn, Sigmund-Freud-Str. 25, Tel. 0228/287 5672, Fax 0228/287 4330
- **Dresden:** Städtisches Klinikum Dresden-Friedrichstadt, Referenzzentrum für Reisemedizin 01067 Dresden, Schäferstr. 49-51 Tel. 0351/4963172 oder 4963092
- **Hamburg:** Bernhard-Nocht-Institut, 20359 Hamburg 36, Bernhard-Nocht-Str. 74; Tel. 040/311820, Fax 040/ 31182400 (bei schriftlichen Anfragen einen frankierten Rückumschlag beilegen, Reiseziele und als Betreff „Reiseprophylaxe" angeben)
- **Heidelberg:** Inst. für Tropenhygiene am Ostasieninstitut der Uni, 69120 Heidelberg, Im Neuenheimer Feld 324, Tel. 06221/562905 oder 562999, Fax 06221/565948
- **Koblenz:** Zentrales Institut des Sanitätsdienstes der Bundeswehr, Ernst-Rodenwald-Institut für Wehrmedizin und Hygiene, 56068 Koblenz, Viktoriastr. 11-13, Tel. 0261/3070
- **München:** Institut für Infektions- und Tropenmedizin der Universität und Landesimpfanstalt, 80802 München, Leopoldstr. 5, Tel. 089/333322 (AB) Impfauskünfte (durchgehend), für Afrika: Tel. 336744, für Asien: Tel. 336755, für Mittel- und Südamerika: Tel. 333369 „Impfsprechstunde" (persönliche Impfberatung und Impfungen), Leopoldstr. 5/Ecke Georgenstr., Mo.-Fr. 11-12 Uhr, Mi, Do 16.30-18 Uhr
- **Tübingen:** Institut für Tropenmedizin, 72074 Tübingen, Wilhelmstr. 27, Tel. 07071/292365, Fax 07071/296021
- **Würzburg:** Missionsärztliche Klinik, Tropenmedizinische Abt. 97074 Würzburg, Salvatorstr. 7 Tel. 0931/7910, autom. Telefonansage 0931/7912825

In der Medikamentenliste auf der folgenden Seite werden zur Anwendung jeweils die Wirkstoffe (Freinamen) der Medikamente genannt, da diese in verschiedenen Ländern unter verschiedenen Markennamen (Handelsnamen) angeboten werden. Die Liste ist nach Wirkstoffen sortiert, dazu werden Handelsnamen des deutschsprachigen Raumes angegeben. Die Aufzählung der Handelsnamen kann nur beispielhaft sein, da für die meisten Substanzen eine Vielzahl von Arzneimitteln auf dem Markt sind.

Medikamentenliste (Erläuterung s. Vorseite, unten)

Freiname	Handelsname (Beispiel)
Ambroxol (INN) (Schleimlöser)	MUCOSOLVAN® (A,CH,D)
Amoxicillin (INN) (Antibiotikum)	CLAMOXYL® (A,CH,D)
Ampicillin (INN) (Antibiotikum)	AMBLOSIN® (A,D), BINOTAL® (A,D), AMFIPHEN® (CH)
Benzylbenzoat (gegen Krätze)	ANTISCABIOSUM® (D)
Cephtriaxon (INN) (Antibiotikum)	ROCEPHIN® (A,CH,D)
Chinin (Malariamittel)	CHININUM SULFURIKUM®
Chloramphenicol (INN) (Antibiotikum)	PARAXIN® (A,D), LEUKOMYCIN® AMPHEMYCIN® (CH)
Chloroquin (INN) (Malariamittel)	RESOCHIN® (D,CH), ARTHROCHIN® (A)
Cinnarizin (INN) (gegen Schwindel)	STUTGERON® (A,CH,D)
Clotrimazol (INN) (Antimykotikum)	CANESTEN® (A,CH,D)
Cotrimoxazol (=Trimethoprim+Sulfamethoxazol)	BACTRIM® (A,CH,D), EUSAPRIM®
Dexpanthenol (INN) (Vitamin d. B-Gruppe, zur Wundbehandlung)	BEPANTHEN® (A,CH,D), PANTHENOL ®
Diclofenac (INN) (Rheuma-, Schmerzmittel)	VOLTAREN® (A,CH,D)
Dimetinden (INN) (Antihistaminikum)	FENISTIL® (A,CH,D)
Doxycyclin (INN) (Antibiotikum)	VIBRAMYCIN® (A,CH,D), VIBRAVENÖS® (A,CH,D)
Erythromycin (INN) (Antibiotikum)	ERYTHROCIN® (A,CH,D), ERYCINUM® (A,D), MYAMBUTOL® (A,CH,D)
Etofenamat (INN) (Rheuma-, Schmerzmittel)	RHEUMON GEL®
Halofantrin (INN) (Malariamittel)	HALFAN® (A,CH,D)
Lindan (INN) (Insektizid)	JACUTIN®
Loperamid (INN) (gegen Durchfall)	IMODIUM® (D,CH)
Mebendazol (INN) (Wurmmittel)	VERMOX® (CH,D), PANTELMIN® (A)
Meclozin (INN) (Reisekrankheit, Erbrechen)	BONAMINE®
Mefloquin (INN) (Malariamittel)	LARIAM® (A,CH,D)
Metoclopramid (INN) (gegen Erbrechen)	PASPERTIN® (A,D), PRIMPERAN®, MCP®
Metronidazol (INN) (Antibiotikum)	CLONT® (CH,D), FLAGYL® (CH,D), TRICHEX® (A)
Niclosamid (INN) (Wurmmittel)	YOMESAN® (A,CH,D)
Paracetamol (INN) (Fieber-, Schmerzmittel)	BEN-U-RON® (D), TYLENOL® (A), ACETALGIN® (CH)
Paromomycin (INN) (Antibiotikum)	HUMATIN®
Praziquantel (INN) (Wurmmittel)	BILTRICIDE®, CESOL®
Proguanil (INN) (Malariamittel)	PALUDRINE® (A,CH,D)
Tetracyclin (INN) (Antibiotikum)	HOSTACYCLIN® (A,D,CH)
Tiabendazol (INN) (Wurmmittel)	MINZOLUM® (D), MINTEZOL® (CH)

(INN) = Freiname ist international anerkannt, (A)= Handelsname in Österreich, (CH)= Handelsname in der Schweiz, (D) = Handelsname in Deutschland.

Anhang

Glossar

Acharn/Ajarn	Hochstehender Mönch; Lehrmeister; Professor
Ao	Bucht
Amphoe	Distrikt
Amphoe Muang	Distrikthauptstadt
Baat	Das Almosengefäß der Mönche
Baht	Die thailändische Währungseinheit; 1 Baht entspricht 100 Satang (s.d.)
Ban/Baan	Haus; Dorf
Bhikku	Pali (s.d.) für Mönch; wörtl. „Bettelnder"
Bin-Ta-Baat	Der morgendliche Almosengang der Mönche
Bot	Ubosot; Hauptgebäude des buddhistischen Tempels, in dem auch die Mönchsordinationen stattfinden
Bot Kris	Kirche
Buat/Buat Phra	Mönchsweihe
Buddha	Wörtl. „Der Erleuchtete"; Ehrentitel für *Gautama Siddharta*, der um 543 v. Chr. geboren wurde, und auf dessen Lehren der Buddhismus beruht.
Chaihat	Strand
Chao Le	Die ethnische Gruppe der „Meereszigeuner"; wörtl. „Meeresmenschen"; das *Le* ist Süd-Thai für „Meer".
Chao Phraya	Thailands wichtigster Fluß (365 km lang), der südlich von Bangkok in den Golf von Thailand mündet
Chang Phueak	Als heilig geltender „weißer" Elefant; Albino-Elefant
Changwat	Provinz
Chedi	Stupa oder Pagode; Bauwerk an buddhistischem Tempel, in dem Reliquien untergebracht sind
Dek Wat	Tempeljunge, nicht ordinierter Helfer
Dhamma	Pali (s.d.) für „religiöses Gesetz" oder „Religion"; von Sanskrit *dharma*
Doi Inthanon	Der mit 2565 m höchste Berg Thailands
Farang/Falang	Westlicher Ausländer; urspüngliche Bedeutung eigentlich „Franzose"
Gathoey	betrügerischer Transvestit oder Transsexueller
Hat	Strand
Issaan/Isan	Die nordöstliche Region Thailands, die kulturell eng mit Laos verwandt ist
Jam Phansa	Die dreimonatige Fastenperiode der Mönche, in der sie die morgendlichen Almosengänge unterlassen und stattdessen im Wat von den Gläubigen mit Nahrung versorgt werden
Jataka	Buddhistische Geschichte zur religiösen Erbauung, in dem von Buddhas (s.d.) vorangegangenem Leben erzählt wird
Kam	Von Sanskrit *karma*, „das Getane"; die Philosophie des Karma besagt, daß jedes Wesen in diesem Leben die Früchte aus den Taten in den vorangegangenen Leben erfährt; Gutes wird mit Gutem vergolten, Schlechtes mit Schlechtem
Kamnan	Dorfvorsteher
Khaek	Wörtl. „Gast"; Bezeichnung für Inder aber auch die thailändischen Moslems
Khao Phat	Gebratener Reis; thailändisches Standardgericht
Khanom	Oberbegriff für „Süßigkeiten"
Khon	Getanztes Theaterstück
Khrueang-Rang	Amulett
Kinnari	vogelähnliches, weibliches Fabelwesen
Klong	Kanal, Wasserstraße
Klik	Glücksbringer in Form eines Phallus

GLOSSAR

Krung Thep	Wörtl. „Stadt der Engel", der thailändische Name für Bangkok	**Mudmee/ Mat-Mi**	Seidengewebe aus dem Nordosten Thailands
Kruth	Der Garuda, ein adlerähnliches Fabelwesen und Reittier des Gottes Vishnu	**Muang Thai**	Thailand
		Muay Thai	Thai-Boxen
		Naga	Schlangengeist
Kuan Yin	Chinesische Göttin der Gnade	**Nakhon**	Stadt; von Sanskrit *nagara*
Kuti	Mönchsunterkunft	**Nam Phrik/ Naam Phrik**	Chili-Sauce, Beigabe zum Essen

Krung Thep Wörtl. „Stadt der Engel", der thailändische Name für Bangkok
Kruth Der Garuda, ein adlerähnliches Fabelwesen und Reittier des Gottes Vishnu
Kuan Yin Chinesische Göttin der Gnade
Kuti Mönchsunterkunft
Laem Kap, Landzunge
Lak Muang „Stadtpfeiler", der das Zentrum eines Ortes markiert und an dem den Stadtgeistern geopfert wird
Lakhon Tanzdrama
Lanna Nordthailändisches Königreich, das seine Blüte im 15. Jh. erlebte
Likay Volkstümliche Theaterform
Ling Kang Schweinsaffe; wird in der Provinz Surat Thani zum Pflücken von Kokosnüssen abgerichtet
Luang Pho Ein verehrter (meist älterer) Mönch
Lumbini Der Geburtsort Buddhas (s.d.) im heutigen Nepal; in Thailand in der Form „Lumpini" geschrieben
Mae Chi Buddhistische Nonne
Mae Nam Fluß; wörtl. „Mutter des Wassers"
Mae Phosop Dem Reis, der heiligen Speise der Thais, innewohnende Schutzgöttin
Mae Tabtim Chinesische Göttin, der zum Teil in masochistisch anmutenden Trance-Festen gehuldigt wird
Mae Thorani Die „Mutter der Erde", die aus ihrem Schopf Wasser fließen ließ, um die Dämonen zu vertreiben, die Buddha (s.d.) bei der Meditation störten
Maya Thewi Die Mutter Buddhas (s.d.)
Mondop Kleines quadratisches Gebäude an Tempeln; von Sanskrit *mandapa*
Mor Hom Das traditionelle blaue Hemd der Farmer

Mudmee/ Mat-Mi Seidengewebe aus dem Nordosten Thailands
Muang Thai Thailand
Muay Thai Thai-Boxen
Naga Schlangengeist
Nakhon Stadt; von Sanskrit *nagara*
Nam Phrik/ Naam Phrik Chili-Sauce, Beigabe zum Essen
Nam Pla/ Naam Pla Fisch-Sauce, Beigabe zum Essen
Nam Tok/ Naam Tok Wasserfall
Nang Thalung Schattenspiel mit Figuren aus Leder
Ngaan Arbeit; aber auch: Fest
Ngaan Sop Totenfeier, Kremation
Ngaan Wat Tempelfest, Jahrmarkt
Ngop Traditioneller Hut der kambodschanischen Reisbauern, auch im Osten Thailands verbreitet
Niphaan Das Nirvana, die Erlösung aus dem Kreislauf der Wiedergeburten
Pak Klang Zentralthailand
Pak Nuea Nordthailand
Pak Tai Südthailand
Pali Tote, vom Sanskrit abgeleitete Sprache, in der die heiligen Schriften des Buddhismus verfaßt sind. Das Thai weist starke Pali-Einflüsse auf.
Paknam/ Pak Nam/ Pak Naam Flußmündung
Pha-Nung Traditionelles Wickelgewand, sowohl von Frauen wie Männern getragen
Pasin Wickelgewand aus dem Nordosten, getragen von Frauen
Phiphat Traditionelles Thai-Musikorchester
Phra Mönch; auch Ehrentitel, der dem Namen der Mönche vorangestellt wird
Phra Chao Der allumfassende Gott
Phra Phum Erdgeist
Phra Saksit Mönch mit übernatürlichen, spirituellen Kräften

GLOSSAR

Phukhao	Hügel, Berg
Prang	Turm an Tempeln, übernommen aus der Architektur der Khmer
Prasat	Kleineres Tempelgebäude mit kreuzförmigem Grundriß und schmalem Turm darauf
Prathet Thai	Thailand
Rai	Flächeneinheit; 1 Rai = 1600 m²
Ramakien	Die thailändische Version des Hindu-Epos Ramayana
Ruea Hang Yao	„Langschwanz-Boot"
Ruea Duan	Expreß-Boot
Russi	Weiser, Einsiedler; von Sanskrit *rishi*
Rot Air	Bus mit Klimaanlage
Rot Thammada	Wörtl. „Normalbus"; ohne Klimaanlage
Roti	Flaches rundes Fladenbrot indischen Ursprungs, Bestandteil der Moslem-Küche
Sala	Unterstand, Ruheplatz, Pavillon
Sala Klang	Verwaltungsgebäude, Rathaus
Sala Mangsawirat/ Mangsawilat	Vegetarisches Restaurant
Samathi	Meditation
Samlor	Wörtl. „Dreirad"; Tuk-Tuk (s.d.), aber auch Fahrrad-Riksha
Sanjao	Chinesischer Tempel
Satang	Die kleinste thailändische Währungseinheit
Sak	Tätowierung, vornehmlich zu dem Zweck, Unglück vom Träger abzuwenden
Saksit	Spirituelle, übernatürliche Kräfte; von Sanskrit *shakti*
Samun-Pray	Kräutermedizin
Sema	Grenzsteine, die um ein Bot (s.d.) angelegt sind und sie so vom *Viharn* (s.d.) unterscheiden; von Sanskrit/Pali *sima*, „Grenze"
Siam	Der alte Name Thailands, bis 1939 in Gebrauch
Silor	Wörtl. „Vierrädrer", ein anderes Wort für Songthaew (s.d.)
Soi	Gasse
Som-Tam	Scharfer Salat aus unreifen Papayas, eine Spezialität des Nordostens
Songthaew	Wörtl. „Zwei Reihen"; umgebauter Pick-Up-Truck, der als Nahverkehrsmittel dient
Surau	Moschee
Susaan	Friedhof
Takrao / Takraw	Thailändische Sportart, bei der die Teilnehmer sich einen leichten Rattan-Ball zukicken
Talat / Talaat	Markt
Talat Nam/ Talaat Naam	„Schwimmender Markt", auf dem die Waren von Booten aus auf einem Klong (s.d.) feilgeboten werden
Talapat	Der traditionelle Fächer der Mönche
Tambon	Nächstkleinerer Verwaltungsbezirk unter dem Amphoe (s.d.)
Tha Ruea	Pier, Hafen
Thale	Meer
Thale Sap	Binnensee
Tham	Höhle, Grotte
Tham Bun	Die Philosophie des Gute-Taten-Verrichtens, um dadurch eine günstigere Wiedergeburt zu erlangen
Thanon	Straße
Thanon Duan	Expressway, Schnellstraße
Thep	Engel oder himmlisches Wesen
Thevada	Eine Art Engel; von Sanskrit *deva*, „Gott"
Tom Yam	Eine scharfe Suppe
Tripitaka	Wörtl. „Die drei Körbe"; eine Sammlung buddhistischer Unterweisungsschriften und Kommentare
Trok	Gasse
Tuk-Tuk	Auch Samlor (s.d.) genannt, eine Art Mini-Taxi auf drei Rädern

Ubosot	Siehe Bot
Viharn	Tempelgebäude, in dem Buddha-Figuren aufbewahrt werden, und das zu Gebetszeremonien dient
Vipassana	Buddhistische Meditationstechnik des „Einblicks" in gedankliche und körperliche Vorgänge
Wai	Der traditionelle thailändische Gruß, bei dem die Hände vor der Brust aneinandergelegt werden
Wai Phra	Wörtl. das „Verehren" oder „Grüßen" von Mönchen oder Göttern; beten
Wan Phra	Wörtl. „Mönchstag"; mehrmals monatlich begangener, durch den Mondkalender bestimmter Gebetstag
Wat	Eine buddhistische Tempelanlage; von Pali (s.d.) *vaddhu*
Wien Tien	Wörtl. „Umkreisen mit Kerzen"; an bestimmten religiösen Festtagen begangenes Zeremoniell, bei dem die Gläubigen die Tempel mit brennenden Kerzen umrunden
Yaa Boraan	Kräutermedizin, Naturheilkunde; wörtl. „alte Medizin"
Yaa-Maa	Amphetamine, Aufputschmittel; wörtl. „Pferde-Medizin"
Yak	Furchterregende Statue, die als Tempelwächter dient; von Sanskrit *yaksha*
Yam	Eine Art Salat

Literaturtips

● *Australian-New Zealand Women´s Group:* **Bangkok Guide;** ein Leitfaden für Leute, die länger in Bangkok bleiben wollen, mit allen wichtigen Adressen und vielen Tips. Das Buch enthält auch „Nancy Chandler´s Map of Bangkok", eine originelle Bangkok-Karte, in der alle Sehenswürdigkeiten, Märkte etc. eingezeichnet sind. Die Karte gibt es auch unabhängig vom Buch zu kaufen.

● *Becker, Klaus:* **Thailand – Tauch- und Strandführer;** REISE KNOW-HOW Verlag Peter Rump. Ausführliche Beschreibung der interessantesten Tauchplätze und der Naturschönheiten an thailändischen Küsten. Wissenswertes rund um Flora und Fauna sowie reisepraktische Informationen.

● *Blume, Brigitte:* **Myanmar (Birma, Burma);** Reise Know-How Verlag Brigitte Blume, Reisehandbuch für den Abstecher nach Burma. Detailliert, praktisch, für Individualreisende.

● *Bhamorabutr, Abha:* **The History of Bangkok;** erschienen im Selbstverlag. Der Autor geht detailliert auf die Geschichte von Bauwerken, Stadtteilen und Persönlichkeiten ein. Sehr lesenswert, auch wenn das Englisch nicht immer ganz korrekt ist.

● *Bhamarabutr, Abha:* **The Chakri Dynastie;** veröffentlicht im Selbstverlag. Die Geschichte des thailändischen Königshauses anschaulich dargestellt.

● *Clarac, Achille:* **Guide to Thailand;** Oxford University Press, Kuala Lumpur. Mehr ein Kultur- als ein Reiseführer und sehr interessant für Leute, die sich mit der Geschichte und Architektur der Wats beschäftigen.

● *Devivere, Beate:* **Das letzte Paradies;** Fischer Verlag, Frankfurt/Main, Taschenbuch. Engagiertes Buch, das sich mit der Problematik der Regenwaldzerstörung und deren Folgen auseinandersetzt.

● *Dittmar, Johanna:* **Thailand und Burma;** Kunst-Reiseführer, DuMont-Verlag. Tempelanlagen und Königsstädte zwischen Mekhong und Indischem Ozean. Das Buch ist die ideale Ergänzung für denjenigen, der mehr über Architektur, Kunst und Kultur Thailands wissen will.

LITERATURTIPS

- *Hanewald, Roland:* **Das Tropenbuch;** Jens Peters Verlag, Berlin, Taschenbuch. Gute Tips vom Leben und Überleben in tropischen und subtropischen Gebieten.
- *Hermann, Helmut:* **Die Welt im Sucher;** REISE KNOW-HOW Verlag Helmut Hermann, Markgröningen. Ein ausgezeichnetes Handbuch für bessere Fotos und sensibles Fotografieren. Ein Muß für alle Fotointeressierten und Liebhaber der Reisefotografie.
- *Lötschert, W./Beese, G.:* **Pflanzen der Tropen;** BLV Verlag, München 1984. Sehr gute Bestimmungshilfe für häufig vorkommende Pflanzen, die zudem auch den Nutzwert der Pflanzen mitbeschreibt.
- *Lutterjohann, Martin:* **Thai – Wort für Wort;** Kauderwelsch Bd. 19, REISE KNOW-HOW Verlag Peter Rump, Bielefeld. Ein auf die Bedürfnisse des Reisenden zugeschnittener Sprachführer, der bei der Verständigung mit Thais unschätzbare Dienste leistet. Begleitcassette erhältlich.
- *Hoskin, John:* **A Guide to Thailand – The Kingdom of Siam;** Mäßig informativer Führer mit schönen Fotos.
- *Hoskin, John:* **Bangkok;** Times Editions. Nett geschrieben und mit vielen schönen Fotos.
- *Hoskin, John:* **A Guide to Bangkok – City of Angels;** Asia Books. Ebenfalls mit guten Fotos, aber nicht so informativ wie das o.g. Buch vom gleichen Autor.
- *Jumsai Manich:* **A Popular History of Thailand;** Chalermnit, Bangkok. Das Buch ist eine gut lesbare Einführung in die thailändische Geschichte.
- *Syamananda, Rong:* **A History of Thailand;** Thai Watana Panich, Bangkok. Das Buch bietet einen guten Einblick in Thailands Geschichte, ohne zu akademisch zu werden.
- *Mulder, Niels:* **Everyday Life in Thailand;** D.K. Book House, Bangkok. Eine gute Weiterführung nach dem o.g. Kultur-Knigge. Die Thai-Psyche wird wissenschaftlich-nüchtern analysiert.
- *Seidenfaden, Erik:* **1928 Guide to Bangkok;** Oxford University Press, Singapur: Die Neuauflage eines über 60 Jahre alten Reiseführers durch Bangkok, mit alten Fotos und Karten. Den Beschreibungen nach muß Bangkok eine beschauliche kleine Hauptstadt gewesen sein.
- *Smithies, Michael:* **Old Bangkok;** Oxford University Press, Singapur. Ein guter Überblick über die Vergangenheit von Bangkoks Sehenswürdigkeiten und wichtigen Persönlichkeiten.
- *George, Uwe:* **Regenwald;** GEO-Buch, 1985. Umfangreicher Bildband über den tropischen Regenwald. Viele sehr gute Fotos.
- *versch. Autoren:* **Thailand in the 80's;** National Identity Office, Bangkok, von der thailändischen Regierung herausgegeben. Hier wird Geschichte und Gegenwart des Landes von mehreren Seiten, der soziologischen, ökonomischen etc., beleuchtet. Ein kleines Standardwerk.
- *Waugh, Alec:* **Bangkok – Story of a City;** Orientations Ltd. Bangkoks Vergangenheit aus der Sicht eines Schriftstellers und Bangkok-Liebhabers. Ein wenig Fiktion ist subtil untergemischt, aber das macht das Buch umso lesbarer.
- *Warren, William:* **A Guide to Phuket,** Asia Books. Beschreibung einer der schönsten Inseln Asiens mit wunderbaren Fotos.
- *Werner, David:* **Wo es keinen Arzt gibt. Medizinisches Gesundheitshandbuch zur Hilfe und Selbsthilfe auf Reisen.** REISE KNOW-HOW Verlag Peter Rump, Bielefeld.
- *Rainer Krack:* **KulturSchock Thailand.** REISE KNOW-HOW Verlag Peter Rump, Bielefeld. Fundiertes Hintergrundwissen, praxisnah auf die Situation des Reisenden ausgerichtet.

Kauderwelsch? Kauderwelsch!

Die **Sprachführer der Reihe Kauderwelsch** helfen dem Reisenden, wirklich zu sprechen und die Leute zu verstehen. Wie wird das gemacht?

- Die **Grammatik** wird in einfacher Sprache so weit erklärt, daß es möglich wird, ohne viel Paukerei mit dem Sprechen zu beginnen, wenn auch nicht gerade druckreif.
- Alle Beispielsätze werden doppelt ins Deutsche übertragen: zum einen **Wort-für-Wort,** zum anderen in "ordentliches" Hochdeutsch. So wird das fremde Sprachsystem sehr gut durchschaubar. Ohne eine Wort-für-Wort-Übersetzung ist es so gut wie unmöglich, einzelne Wörter in einem Satz auszutauschen.
- Die **Autorinnen und Autoren** der Reihe sind Globetrotter, die die Sprache im Lande gelernt haben. Sie wissen daher genau, wie und was die Leute auf der Straße sprechen. Deren Ausdrucksweise ist häufig viel einfacher und direkter als z.B. die Sprache der Literatur. Außer der Sprache vermitteln die Autoren Verhaltenstips und erklären Besonderheiten des Landes.
- **Jeder Band** hat 96 bis 160 Seiten. Zu jedem Titel ist eine begleitende **TB-Kassette** (60 Min) erhältlich.
- **Kauderwelsch-Sprachführer** gibt es für über 70 Sprachen in **mehr als 100 Bänden**, z.B.:

Malaiisch - Wort für Wort
Band 26, 160 Seiten, ISBN 3-89416-047-0

Thai - Wort für Wort
Band 19, 160 Seiten, ISBN 3-89416-294-5

Englisch - Wort für Wort
Band 64, 160 Seiten, ISBN 3-89416-484-0

REISE KNOW-HOW Verlag Peter Rump GmbH, Bielefeld

Kleine Sprachhilfe Thai

In Thailand kommt man gewöhnlich gut mit Englisch zurecht. Doch ist es mehr als nur eine Frage der Höflichkeit und des guten Willens, wenn man als Reisender zumindest einige Thai-Vokabeln beherrscht. Die folgende kleine Sprachhilfe und die Redewendungen in der Buchklappe sind dem Kauderwelsch-Band "Thai, Wort für Wort" von Martin Lutterjohann entnommen, der ebenfalls im Reise Know-How Verlag Peter Rump, Bielefeld, erschienen ist. "Thai, Wort für Wort" ist speziell für Reisende geschrieben worden und ermöglicht einen schnellen Einstieg in diese exotische Sprache.

Lautschrift

Im folgenden sind nur die Lautschriftzeichen aufgeführt, die anders als im Deutschen ausgesprochen werden. Doppelt geschriebene Selbstlaute werden lang ausgesprochen

gk	Laut zwischen "g" und "k" bzw. nicht behauchtes "k"
kh	behauchtes "k" wie im Deutschen, z. B. "k" wie "**K**opf"
ng	nasaliertes "ng" wie in "sie sa**ng**", ein "g" ist nicht zu hören; auch am Wortanfang als ein Laut gesprochen
dj	etwa wie "dsch" in "**D**schungel" oder stimmhaftes "sch" wie in "Jet"
s	stimmloses "s" wie in "Ga**s**t"
ch	stimmloses "sch" wie in "**S**chule" oder "tsch" wie in "Ma**tsch**"
y	wie "j" in "**J**äger"
dt	zwischen "d" und "t" bzw. nicht behauchtes "t"
th	behauchtes "t" wie im Deutschen, "t" wie "**T**ag"
bp	zwischen "b" und "p" bzw. nicht behauchtes "p"
ph	behauchtes "p" wie im Deutschen, "p" wie "**P**ost"
r	Zungen-r (gerollt), niemals ein Kehlkopf-r; Thai sprechen es manchmal wie ein "l" aus
w	Halblaut zwischen "u" und "w" wie das englische "w" in "water" (Wasser)
ɵ	kurz und offen wie in "**o**ft",

Die Töne

Im Thai gibt es fünf Töne, d.h. Sprechmelodien, die die Bedeutung einer Silbe verändern (siehe Beispiel rechts). Doch sollte man als Anfänger sich nicht allzusehr davon beeindrucken lassen. Wenn man das Wort sonst einigermaßen richtig ausspricht, versteht ein gutgewillter Thai, was gemeint ist.

Die folgende Grafik stellt die "Melodieführung" der Töne am Beispiel der Silbe **ka** dar:

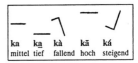

ka	ka	kà	kā	ká
mittel	tief	fallend	hoch	steigend

Die wichtigsten Fragewörter

thìi-nái	ที่ไหน	wo?
nái	ไหน	wohin?
thammai	ทำไม	warum?
yaangrai	อย่างไร	wie?
khrai	ใคร	wer?
thàorai	เท่าไร	wieviel?
mûarai	เมื่อไร	wann?
wan thìi thàorai	วันที่เท่าไร	an welchem Tag?
naan thàorai	นานเท่าไร	wie lange?

Die wichtigsten Richtungsangaben

khwáa müü	ขวามือ	rechts
sáai müü	ซ้ายมือ	links
dtrong bpai	ตรงไป	geradeaus
dtrong-khàam	ตรงข้าม	gegenüber
dtrong-nìi	ตรงนี้	genau hier
khàang-khàang	ข้าง ๆ	neben
khàang-nàa	ข้างหน้า	vorne, vor
khàang-láng	ข้างหลัง	hinten, hinter
thìi-nìi	ที่นี่	hier
thìi-nàn	ที่นั่น	dort
sìi-yàäk	สี่แยก	Kreuzung

Grundzahlen

Das thailändische Zahlensystem stammt wie das vieler benachbarter Sprachen aus dem Chinesischen. Es ist einfach und logisch. Man muß insgesamt nicht einmal zwanzig Wörter kennen.

0	súun	10	sip
1	nüng; et (in Zusammensetzungen)	11	sip-et (nicht: "sip-nüng")
2	sóong	12	sip-sóong
3	sáam	13	sip-sáam
4	sii	14	sip-sii
5	hàa	15	sip-hàa
6	hok	16	sip-hok
7	djet	17	sip-djet
8	bpäät	18	sip-bpäät
9	gkào	19	sip-gkào

20	yìi-sip (nicht: "sóong-sip"), (oft verkürzt zu yìip)	100	(nüng-)rōoi
		200	sóong-rōoi
21	yìi-sip-et	500	hàa-rōoi
22	yìi-sip-sóong		etc.
	etc.	1000	(nüng-)phan
30	sáam-sip	3000	sáam-phan
31	sáam-sip-et	5000	hàa-phan
40	sii-sip etc.		etc.

10.000	(nüng-)müün	1.000.000	(nüng-)lāan
30.000	saam-müün	4.000.000	sii-lāan
100.000	(nüng-)sǽän	1.000.000.000	phan-lāan
600.000	hok-sǽän		etc.

djet-rōoi sáam-sip-hok
sieben-hundert drei-zehn-sechs
736

müün bpäät-phan hàa-rōoi
zehntausend acht-tausend fünf-hundert
18.500

Ziffern

0	súun
1 ๑	nüng
2 ๒	sŏong
3 ๓	sáam
4 ๔	sii
5 ๕	hàa
6 ๖	hok
7 ๗	djet
8 ๘	bpäät
9 ๙	gkàao

Die wichtigsten Floskeln & Redewendungen

chài ใช่ Ja, stimmt.	mài chài ไม่ใช่ Nein, stimmt nicht.
mii มี Ja, es gibt.	mài mii ไม่มี Nein, gibt es nicht.
เชิญ chöön "bitte": Angebot	ไปรด/กรุณา bproot / gkarūnaa auffordern
ขอ khŏo um etw. bitten	ช่วย chùai um Hilfe bitten
khoop-khun khrāp/khà' Danke.	ขอบคุณครับ/ค่ะ
mài bpen rai Macht nichts!, Keine Ursache!	ไม่เป็นไร
sawat-dii khrāp/khà' Guten Tag!, Auf Wiedersehen!	สวัสดีครับ/ค่ะ
sabaai-dii lŏö Geht's gut? (unter Freunden)	สบายดีเหรอ
bpen yangngai bàang Wie geht es Ihnen?	เป็นยังไงบ้าง
sabaai-dii khrāp/khà' Danke, mir geht es gut.	สบายดีครับ/ค่ะ
bpai la nā Ich gehe jetzt!, Tschüß!	ไปละนะ
phóm/di-chān chǔü ... Ich(m/w) heiße ...	ผม/ดิฉัน ชื่อ...
gkin-khàao dùai-gkan māi (Einladung zum Essen)	กินข้าวด้วยกันไหม
khŏo-thòot khrāp/khà' Entschuldigung!	ขอโทษครับ/ค่ะ
chòok dii nā khrāp/khà' Viel Glück!, Alles Gute!	โชคดีนะครับ/คะ

Kommunikationshilfe für unterwegs

Die Liste ist z.B. mit der Kartenlegende auf der ersten Seite zu gebrauchen: Frage und gewünschter Zielort werden einfach kombiniert, indem man daraufzeigt. Darüber hinaus sind einige wichtige Floskeln und Antworten ergänzt.

Ich suche ...	ผม/ฉันหา...
Wo ist ...?	...อยู่ที่ไหน
Ich möchte nach ... gehen/fahren.	ผม/ฉันต้องการจะไป...
Wie komme ich nach ...?	ไป...ไปอย่างไร
Bringen Sie mich bitte nach ...	ช่วยพาผม/ฉันไป...
Wo fährt der Bus ab nach ...?	รถไป...ออกจากที่ไหน
Welcher Bus fährt nach ...?	รถคันไหน...ไป...
Ist dies der Bus nach ...?	รถคันนี้ไป...หรือเปล่า
Was kostet die Fahrt nach ...?	ค่าโดยสารไป...เท่าไร
Ist es weit bis nach ...?	ไป...ไกลไหม
Ja, es ist weit.	ไกล
Nein, es ist nicht weit.	ไม่ไกล
Gibt es ...?	มี...ไหม
Ja, es gibt.	มี
Nein, gibt es nicht.	ไม่มี
Was ist das?	นี่อะไร
Wieviel kostet das?	นี่ราคาเท่าไร
Wer spricht Englisch?	ใครพูดภาษาอังกฤษได้
Ich kann kein Thai.	ผม/ฉันพูดไทยไม่ได้
Ich habe verstanden.	ผม/ฉันเข้าใจ
Ich habe nicht verstanden.	ผม/ฉันไม่เข้าใจ
Bitte schreiben Sie mir das auf.	ช่วยกรุณาเขียนให้ที
Danke!	ขอบคุณ

HILFE!

Dieses Reisehandbuch ist gespickt mit unzähligen Adressen, Preisen, Tips und Infos. Nur vor Ort kann überprüft werden, was noch stimmt, was sich verändert hat, ob Preise gestiegen oder gefallen sind, ob ein Hotel, ein Restaurant immer noch empfehlenswert ist oder nicht mehr, ob ein Ziel noch oder jetzt erreichbar ist, ob es eine lohnende Alternative gibt usw.

Unsere Autoren sind zwar stetig unterwegs und versuchen, alle zwei Jahre eine komplette Aktualisierung zu erstellen, aber auf die Mithilfe von Reisenden können sie nicht verzichten.

Darum: Schreiben Sie uns, was sich geändert hat, was besser sein könnte, was gestrichen bzw. ergänzt werden soll. Nur so bleibt dieses Buch immer aktuell und zuverlässig. Gut verwertbare Informationen belohnt der Verlag mit einem Sprechführer Ihrer Wahl aus der über 100 Bände umfassenden Reihe „Kauderwelsch" (siehe unten). Wenn sich die Infos direkt auf das Buch beziehen, würde die Seitenangabe uns die Arbeit sehr erleichtern.

Bitte schreiben Sie an:
REISE KNOW-HOW Verlag Peter Rump GmbH, Osnabrücker Str. 79
D-33649 Bielefeld, oder per e-mail an: info@reise-know-how.de
Danke!

Kauderwelsch-Sprechführer –
sprechen und verstehen rund um den Globus

Afrikaans ● Ägyptisch-Arabisch ● Albanisch ● Algerisch-Arabisch ● Allemand
American Slang ● Amharisch ● Armenisch ● Australian Slang ● Bairisch ● Bengali
Brasilianisch ● British Slang ● Bulgarisch ● Burmesisch ● Canadian Slang ● Chinesisch
Dänisch ● Duits ● Englisch ● Esperanto ● Estnisch ● Finnisch ● Französisch
Französisch Slang ● Französisch für Afrika ● Franko-Kanadisch ● Galicisch ● Georgisch
German ● Griechisch ● Guarani ● Hausa ● Hebräisch ● Hieroglyphisch ● Hindi
Hocharabisch ● Indonesisch ● Irisch-Gälisch ● Isländisch ● Italienisch
Italienisch für Opernfans ● Italo-Slang ● Japanisch ● Jemenitisch-Arabisch ● Jiddisch
Kantonesisch ● Kasachisch ● Katalanisch ● Khmer ● Kisuaheli ● Kiwi-Slang ● Kölsch
Koreanisch ● Kroatisch ● Kurdisch ● Laotisch ● Lettisch ● Lëtzeburgesch ● Lingala
Litauisch ● Madagassisch ● Malaiisch ● Mallorquinisch ● Maltesisch ● Mandinka
Marokkanisch-Arabisch ● Mongolisch ● More American Slang ● Nepali ● Niederländisch
Norwegisch ● Palästinensisch-/Syrisch-Arabisch ● Paschto ● Patois ● Persisch
Pidgin-English ● Plattdüütsch ● Polnisch ● Portugiesisch ● Quechua ● Rumänisch
Russisch ● Sächsisch ● Schwäbisch ● Schwedisch ● Schwiizertüütsch ● Scots
Serbisch ● Singhalesisch ● Sizilianisch ● Slowakisch ● Slowenisch ● Spanisch
Spanisch Slang ● Spanisch f. Lateinamerika ● Spanisch f. Argentinien
Spanisch f. Chile ● Spanisch f. Costa Rica ● Spanisch f. Cuba
Spanisch f. d. Dom. Republik ● Spanisch f. Ecuador ● Spanisch f. Guatemala
Spanisch f. Honduras ● Spanisch f. Mexiko ● Spanisch f. Nicaragua
Spanisch f. Panama ● Spanisch f. Venezuela ● Sudanesisch-Arabisch ● Tagalog ● Tamil
Thai ● Tibetisch ● Tschechisch ● Tunesisch-Arabisch ● Türkisch ● Ukrainisch
Ungarisch ● Vietnamesisch ● Wienerisch ● Wolof

Southern Line: Bangkok... Hat Yai - Sungai Kolok & Butterworth (Penang)
Thonburi... River Kwai Bridge - Nam Tok

Train Type		DRC	DRC	RAP	ORD	ORD	EXP SP	EXP SP	RAP	EXP	RAP	EXP	EXP DRC
No.		171	233	45	117	197	19	11	43	13	41	15	981
Classes		3	3	2-3	3	3	1-2-3	1-2	2-3	2-3	2-3	2-3	2
Code				A/B			B	B	A/B	A/B	B	B	
Bangkok	d.			↓	1330		1435	1515	1550	1705	1830	1920	2235
Thon Buri	d.	0750	↓	↓	1330	1345	↓	↓	↓	↓	↓	↓	↓
Nakorn Pathom	d.	0927	1100	1503	1435	1453	1554	1628	1711	1830	1955	2044	2341
Kanchanaburi	d.	1055	↓	↓	↓	1626	↓	↓	↓	↓	↓	↓	↓
River Kwai Bridge	d.	1102	↓	↓	↓	1633	↓	↓	↓	↓	↓	↓	↓
Nam Tok	a.	1300	↓	↓	↓	1840	↓	↓	↓	↓	↓	↓	↓
Ratchaburi	d.		1203	1553	1540		1646	1719	1814	II	2044	2134	II
Phetchaburi	d.		1244	1635	1703		1731	1806	1859	II	2126	2217	II
Hua Hin	a.		1345	1726	1801		1821	1858	1950	2052	2218	2310	0136
Prachuab Kiri Khan	a.			1841	1920		1937	II	2109	II	2335	0026	0246
Chumporn				2123			2210	2240	0010	0030	0235	0325	0503
Lang Suan	a.			2240			II	II	0127	II	0349	0439	0601
Surat Thani	a.			0043			0119	0150	0306	0340	0534	0615	0720
Tung Song Jn.	a.			0259			0325	0356	0522	0550	0810	0844	
Trang	a.			↓			↓	↓	↓	0735	0950	↓	
Kantang	a.			↓			↓	↓	↓		1025	↓	
Na. Sri Thammarat	a.			↓			↓	↓	↓			1000	
Pattalung	d.			0439			0504	0530	0656				
Hat Yai	a.			0603			0634	0653	0829				
	d.			0630			0650	0720	0844				
Yala	a.			0812			0832	↓	1040				
Sungai Kolok	a.			1000			1020	↓					
Padang Besar	a.							0800					
ISE / 49	d.							1000					
Butterworth	a.							1240					
All trains run daily and prices may change without notice													
Code & Train Type	SP = Special Express, EXP = Express Train, RAP = Rapid Tain, ORD = Ordinary Tain, DRC = Diesel Railcar, EXP. DRC. = Express Diesel Railcar, SPC.DRC. = Special Diesel Railcar B = Sleeping car accommodation, A = Air-conditioned second class coach 1-2-3 = Classes, II = No stop, ↓ = Train on main line, * = Malaysian time													

Southern Line: Butterworth (Penang) & Sungai Kolok - Hat Yai - Bangkok
Nam Tok - River Kwai Bridge - Thonburi

Train Type		DRC	RAP	RAP	RAP	EXP	EXP	EXP SP	RAP	EXP SP	ORD	DRC	EXP DRC
No.		172	46	48	42	16	14	12	44	20	118	234	982
Classes		3	2-3	2-3	2-3	2-3	1-2-3	1-2	1-2	2-3	3	3	2-3
Code			B	B	B	A/B	B	B	B	B			
Butterworth (ISE/48)	d.							1340*					
Padang Besar	a.							1527*					
	d.						.	1700					
Sungai Kolok	d.		1200					II		1500			
Yala	d.		1352					II	1505	1645			
Hat Yai	a.		1532					1752	1650	1824			
	d.		1555					1810	1705	1840			
Pattalung	d.		1719					1932	1835	2004			
Na. Sri Thammarat			↓	1350		1540		II	II	II			
Kantang	d.		↓	↓	1315	↓		II	II	II			
Trang	d.		↓	↓	1344	↓	1820	II	II	II			
Tung Song Jn.	d.		1901	1507	1522	1647	1952	2115	2015	2146			
Surat Thani	a.		2106	1722	1737	1851	2149	2313	2216	2344			
	d.		2110	1735	1750	1904	2152	2318	2219	2348			1105
Lang Suan	d.		2344	1911	1935	2035	II	II	0004	II			1222
Chumporn	d.		0011	2026	2049	2152	0105	0202	0123	0248			1315
Prachuab Kiri Khan	d.		0321	2317	2356	0029	II	0410	II	0410	0500		1512
Hua Hin	d.		0440	0105	0138	0156	0512	0540	0554	0642	0624	1420	1613
Petchaburi	d.		0535	0210	0234	0252	II	II	0650	II	0725	1517	II
Ratchaburi	d.		0621	0255	0318	0337	II	0720	0738	0818	0838	1607	II
Nam Tok	d.	1315	↓	↓	↓	↓	↓	↓	↓	↓	↓	↓	↓
River Kwai Bridge	d.	1514	↓	↓	↓	↓	↓	↓	↓	↓	↓	↓	↓
Kanchanaburi	d.	1521	↓	↓	↓	↓	↓	↓	↓	↓	↓	↓	↓
Nakorn Pathom	d.	1647	0711	0346	0412	0428	0744	0812	0835	0910	0947	1730	1829
Thonburi	a.	1810	↓	↓	↓	↓	↓	↓	↓	↓	1100	↓	↓
Bangkok	a.		0835	0510	0535	0550	0910	0930	1000	1035		↓	1935

All trains run daily and prices may change without notice

Code & train type	SP = Special Express, EXP = Express Train, RAP = Rapid Train, ORD = Ordinary Train, DRC = Diesel Railcar, EXP. DRC. = Express Diesel Railcar, SPC.DRC. = Special Diesel Railcar B = Sleeping car accommodation, A = Air-conditioned second class coach 1-2-3 = Classes, II = No stop, ↓ = Train on main line, * = Malaysian time

ZUGFAHRPLÄNE

Fares for Southern Line

From Bangkok to	Single in Baht (Prices may change without notice)			
Stations	kms	1st	2nd	3rd
Nakorn Pathom	64	60	31	14
Kanchanaburi	133	123	64	28
Piver Kwai Bridge	136	127	66	29
Nam Tok	210	186	95	41
Ratchaburi	117	110	57	25
Phetchaburi	167	153	78	34
Hua Hin	229	202	102	44
Prachuab Kiri Khan	318	272	135	58
Chumporn	485	394	190	82
Surat Thani	651	519	248	107
Tung Song Jn.	773	608	288	124
Trang	845	660	311	135
Kantang	866	678	320	138
Nakorn Sri Thammarat	832	652	308	133
Pattalung	862	675	318	137
Hat Yai	945	734	345	149
Yala	1,055	815	382	165
Sungai Kolok	1,159	893	417	180
Padang Besar	990	767	360	156
Butterworth (upper/lower)	1,145		930/1,000	
Additional supplementary charges from Padang Besar to Butterworth				
Express Train	Baht 200.00 per person			
Air-conditioned 1st, 2nd class coach	Baht 250.00 per person			

- Bitte benachrichtigen Sie das Fahrkartenbüro im voraus, wenn sich Ihre Reisetermine ändern. Anderenfalls wird die Buchung gestrichen.

- Unterbrechen Reisende ihre Fahrt, verlieren deren Fahrkarten ihre Gültigkeit. Eine Erstattung ist ausgeschlossen.

- Erstattungen einer Fahrt müssen innerhalb von drei Stunden nach Abfahrtzeit beantragt werden und werden entsprechend den Beförderungsbedingung abgerechnet.

- Für Informationen wenden Sie sich bitte an den Informationsschalter im Hauptbahnhof von Bangkok oder rufen Sie die telefonische Auskunft unter den Nummer (02) 223 7010 oder (02) 223 7020 oder (02) 225 0300 # 5200 - 3 an.

ANZEIGE

1999
neu
bei
REISE
KNOW-HOW!

Bisher erschienen:
**Afrikaans,
Englisch,
Französisch,
Italienisch**
und **Spanisch.**

**Amerikanisch,
Indonesisch,
Vietnamesisch**
und weitere Sprachen
folgen.

ReiseWortSchatz
– das Wörterbuch zum Kauderwelsch

Hier finden Sie auf ca. 250 Seiten die **6.000 Wörter und Ausdrücke,** die Sie wirklich brauchen, um jede Situation sprachlich zu meistern – egal ob und wie viele Vorkenntnisse Sie haben.

● Neben Grund- und Aufbauwortschatz bieten die Bände ein spezielles, für jedes Land **individuell zusammengestelltes Reise- und Landeskunde-Vokabular.**

● Die **einfach zu lesende Lautschrift,** identisch mit der im Kauderwelsch-Band, macht es überflüssig, die Aussprache extra zu büffeln.

● Hinter jedem Verb finden Sie die kompletten **Gegenwartsformen** sowie das **Partizip Perfekt.**

● Auch **konjugierte Formen** der wichtigsten Verben sind alphabetisch eingeordnet.

Programmübersicht

REISE KNOW-HOW Bücher werden von Autoren geschrieben, die Freude am Reisen haben und viel persönliche Erfahrung einbringen. Sie helfen dem Leser, die eigene Reise bewußt zu gestalten und zu genießen. Wichtig ist uns, daß der Inhalt nicht nur im reisepraktischen Teil „Hand und Fuß" hat, sondern daß er in angemessener Weise auf Land und Leute eingeht. Die Reihe REISE KNOW-HOW soll dazu beitragen, Menschen anderer Kulturkreise näherzukommen, ihre Eigenarten und ihre Probleme besser zu verstehen. Wir achten darauf, daß jeder einzelne Band gemeinsam gesetzten Qualitätsmerkmalen entspricht. Um in einer Welt rascher Veränderungen laufend aktualisieren zu können, drucken wir bewußt kleine Auflagen.

RAD & BIKE:

REISE KNOW-HOW RAD & BIKE sind Radführer von lohnenswerten Reiseländern bzw. Radreise-Stories von außergewöhnlichen Radtouren durch außereuropäische Länder und Kontinente. Die Autoren sind entweder bekannte Biketouren-Profis oder „Newcomer", die mit ihrem Bike in kaum bekannte Länder und Regionen vorstießen. Wer immer eine Fern-Biketour plant – oder nur davon träumt – kommt an unseren RAD & BIKE-Bänden nicht vorbei!

Welt

Abent. Weltumradlung (RAD & BIKE)
ISBN 3-929920-19-0
Äqua-Tour (RAD & BIKE)
ISBN 3-929920-12-3
Auto(fern)reisen
ISBN 3-921497-17-5
CD-Rom Reise-Infos Internet
ISBN 3-89416-658-4
Erste Hilfe effektiv
ISBN 3-89416-689-4
Fahrrad-Weltführer
ISBN 3-9800975-8-7
Der Kreuzfahrtführer
ISBN 3-89416-663-0
Motorradreisen
ISBN 3-89662-020-7
Outdoor-Praxis
ISBN 3-89416-629-0
Die Welt im Sucher
ISBN 3-9800975-2-8
Wo es keinen Arzt gibt
ISBN 3-89416-035-7

Europa

Amsterdam
ISBN 3-89416-677-0
Andalusien
ISBN 3-89416-679-7
Bretagne
ISBN 3-89416-175-2
Budapest
ISBN 3-89416-660-6
Bulgarien
ISBN 3-89416-220-1
Costa Brava
ISBN 3-89416-646-0
Dänemarks Nordseeküste
ISBN 3-89416-634-7
England, der Süden
ISBN 3-89416-676-2
Europa Bike-Buch (RAD & BIKE)
ISBN 3-89662-300-1
Gran Canaria
ISBN 3-89416-665-7
Großbritannien
ISBN 3-89416-617-7
Hollands Nordseeinseln
ISBN 3-89416-619-3
Irland-Handbuch
ISBN 3-89416-636-3
Island
ISBN 3-89662-035-5

Europa

Kärnten
ISBN 3-89662-105-x
Kreta
ISBN 3-89416-685-1
Litauen & Königsberg
ISBN 3-89416-169-8
Das Tal der Loire
ISBN 3-89416-681-9
London
ISBN 3-89416-673-8
Madrid
ISBN 3-89416-201-5
Mallorca
ISBN 3-89662-156-4
Mallorca für Eltern und Kinder
ISBN 3-89662-158-0
Mallorca, Reif für
ISBN 3-89662-168-8
Mallorca, Wandern auf
ISBN 3-89662-162-9
Malta
ISBN 3-89416-659-2
Nordspanien und der Jakobsweg
ISBN 3-89416-678-9
Nordtirol
ISBN 3-89662-107-6
Oxford
ISBN 3-89416-211-2
Paris
ISBN 3-89416-667-3
Polens Norden
Ostseeküste/Masuren
ISBN 3-89416-613-4
Prag
ISBN 3-89416-690-8
Provence
ISBN 3-89416-609-6
Pyrenäen
ISBN 3-89416-692-4
Rom
ISBN 3-89416-670-3
Salzburger Land - Salzkammergut
ISBN 3-89662-109-2
Schottland-Handbuch
ISBN 3-89416-621-5
Sizilien - Liparische Inseln
ISBN 3-89416-627-4
Skandinavien – der Norden
ISBN 3-89416-653-3
Toscana
ISBN 3-89416-664-9
Tschechien
ISBN 3-89416-600-2
Warschau/Krakau
ISBN 3-89416-209-0
Wien
ISBN 3-89416-213-9

Deutschland

Hauptsadt Berlin mit Potsdam
ISBN 3-89416-226-0
Insel Borkum
ISBN 3-89416-632-0
Insel Fehmarn
ISBN 3-89416-683-5
Harz/Ost
ISBN 3-89416-228-7
Harz/West
ISBN 3-89416-227-9
Insel Langeoog
ISBN 3-89614-684-3
Mecklenburg/Brandenburg
Wasserwandern
ISBN 3-89416-221-x
Mecklenburg/Vorpommern
Binnenland
ISBN 3-89416-615-0
München
ISBN 3-89416-672-x
Norderney
ISBN 3-89416-652-5
Nordfriesische Inseln
ISBN 3-89416-601-0
Nordseeinseln
ISBN 3-89416-197-3
Nordseeküste Niedersachsens
ISBN 3-89416-603-7
Ostdeutschland individuell
ISBN 3-89622-480-6
Ostfriesische Inseln
ISBN 3-89416-602-9
Ostseeküste/Mecklenburg-Vorpo
ISBN 3-89416-184-1
Ostseeküste Schleswig-Holstein
ISBN 3-89416-631-2
Rügen und Hiddensee
ISBN 3-89416-654-1
Sächsische Schweiz
ISBN 3-89416-630-4
Schwarzwald
ISBN 3-89416-611-8
Schwarzwald/Nord
ISBN 3-89416-649-5
Schwarzwald/Süd
ISBN 3-89416-650-9
Insel Sylt
ISBN 3-89416-682-7
Thüringer Wald
ISBN 3-89416-651-7

Amerika

tinien/Urug./Parag.
3-89662-051-7
a & New Orleans
3-89416-230-9
dos, St. Lucia ...
3-89416-639-8
a Ost/USA Nord-Osten
3-89662-151-3
las Westen
3-89662-157-2
& Osterinseln
3-89662-054-1
a Rica
3-89416-641-x
nikanische Republik
3-89416-643-6
dor/Galapagos
3-89662-055-x
emala
3-89416-695-9
aii
3-89416-696-7
uras
3-89416-666-5
mbien
N 3-89662-058-4
inamerika BikeBuch
N 3-89662-302-8
kiko
N 3-89662-310-9
Orleans
N 3-89416-686-x
York City
N 3-89416-687-8
ama
3-89416-671-1
u/Bolivien
N 3-89662-330-3
labenteuer Panamericana
& BIKE)
N 3-929920-13-1
Francisco
BN 3-89416-232-5
Lucia, St. Vincent, Grenada
BN 3-89416-624-8
nidad und Tobago
BN 3-89416-638-x
A/Canada
BN 3-89662-170-x
A/Canada Bikebuch (RAD & BIKE)
BN 3-929920-17-4

Amerika

USA mit Flugzeug und Mietwagen
ISBN 3-89662-150-5
USA, Gastschüler in den
ISBN 3-89662-163-7
USA für Sportfans
ISBN 3-89416-633-9
USA - Südwest
Natur- und Wanderführer
ISBN 3-89662-169-6
USA-Westen
ISBN 3-89662-165-3
Venezuela
ISBN 3-89662-040-1

Afrika

Agadir, Marrakesch
und der Süden Marokkos
ISBN 3-89662-072-x
Ägypten individuell
ISBN 3-89662-470-9
Äthiopien
ISBN 3-89662-043-6
Bikeabenteuer Afrika (RAD & BIKE)
ISBN 3-929920-15-8
Durch Afrika
ISBN 3-921497-11-6
Kairo, Luxor, Assuan
ISBN 3-89662-460-1
Kamerun
ISBN 3-89662-032-0
Libyen
ISBN 3-89662-005-3
Madagaskar, Seychellen,
Mauritius, Réunion, Komoren
ISBN 3-89662-062-2
Marokko
ISBN 3-89662-081-9
Namibia
ISBN 3-89662-321-4
Simbabwe
ISBN 3-89662-026-2
Tansania Handbuch
ISBN 3-89662-048-7
Tunesien
ISBN 3-921497-74-4
Tunesiens Küste
ISBN 3-89662-076-2
Westafrika - Küstenländer
ISBN 3-89662-002-9
Westafrika - Sahel
ISBN 3-89662-001-0

Asien

Auf nach Asien (RAD & BIKE)
ISBN 3-89662-301-x
Bali & Lombok mit Java
ISBN 3-89416-645-2
Bali: Ein Paradies wird erfunden
ISBN 3-89416-618-5
Bangkok
ISBN 3-89416-655-x
China Manual
ISBN 3-89416-626-6
China, der Norden
ISBN 3-89416-229-5
Chinas Osten mit Bejing
und Shanghai
ISBN 3-89416-680-0
Emirat Dubai
ISBN 3-89662-094-0
Hongkong, Macau
und Kanton
ISBN 3-89416-235-x
Indien, der Norden
ISBN 3-89416-223-6
Israel, palästensische Gebiete,
Ostsinai
ISBN 3-89662-451-2
Jemen
ISBN 3-89622-009-6
Jordanien
ISBN 3-89662-452-0
Kambodscha
ISBN 3-89416-233-3
Komodo/Flores/Sumbawa
ISBN 3-89416-060-8
Ladakh und Zanskar
ISBN 3-89416-176-0
Laos
ISBN 3-89416-637-1
Malaysia mit Singapur
und Brunei
ISBN 3-89416-640-1
Mongolei
ISBN 3-89416-217-1
Myanmar (Burma)
ISBN 3-89662-600-0
Nepal-Handbuch
ISBN 3-89416-668-1
Oman
ISBN 3-89662-100-9
Phuket (Thailand)
ISBN 3-89416-182-5
Rajasthan
ISBN 3-89416-616-9
Singapur
ISBN 3-89416-656-8

Asien

Sri Lanka
ISBN 3-89416-170-1
Sulawesi (Celebes)
ISBN 3-89416-635-5
Taiwan
ISBN 3-89416-693-2
Thailand Handbuch
ISBN 3-89416-675-4
Thailand: Tauch- und Strandführer
ISBN 3-89416-622-3
Thailands Süden mit Bangkok
ISBN 3-89416-662-2
Tokyo
ISBN 3-89416-206-6
Vereinigte Arabische Emirate
ISBN 3-89662-022-3
Vietnam-Handbuch
ISBN 3-89416-661-7

Ozeanien

Neuseeland Campingführer
ISBN 3-921497-92-2
Bikeabenteuer Neuseeland
(RAD & BIKE)
ISBN 3-929920-16-6

Edition RKH

Mallorca, Geschichten aus dem
anderen
ISBN 3-89662-161-0
Mallorquinische Reise
ISBN 3-89662-153-x
Yanomami-Massaker
ISBN 3-89416-624-x

Praxis

Fliegen ohne Angst
ISBN 3-89416-754-8
Kanu-Handbuch
ISBN 3-89416-725-1
Orientierung mit Kompass und GPS
ISBN 3-89416-755-6
Richtig Kartenlesen
ISBN 3-89416-753-x
Wildnis-Ausrüstung
ISBN 3-89416-750-5
Wildnis-Küche
ISBN 3-89416-751-3

Südostasien

Kaum eine Region der Welt hat sich in letzter Zeit touristisch so entwickelt wie Südostasien. Gegenden, in die man jahrelang nicht reisen durfte, stehen nun dem Besucher offen. *REISE KNOW-HOW* bietet aktuelle und komplette *Reiseführer für jedes Land der Region:*

Hella Kothmann, Wolf-Eckart Bühler

Vietnam

Handbuch für individuelles Reisen und Entdecken
588 Seiten, farbiger Kartenatlas, durchgehend illustriert, ISBN 3-89416-661-4

Lutterjohann, Homann, Kuster

Malaysia
mit Singapur und Brunei

Handbuch für individuelles Reisen und Entdecken
696 Seiten, 84 Karten und Pläne, durchgehend illustriert, ISBN 3-89416-640-1

Andreas Neuhauser

Kambodscha-Handbuch

Der komplette Reiseführer für individuelles Reisen und Entdecken
456 Seiten, 30 Karten und Pläne, durchgehend illustriert, ISBN 3-89416-233-3

Gunda Urban, Peter Rump

Bali und Lombok

Das komplette Handbuch für individuelles Reisen und Entdecken
672 Seiten, farbiger Kartenatlas, durchgehend illustriert, großer Farbteil, ISBN 3-89416-645-2

**Reise Know-How Verlag
Peter Rump GmbH, Bielefeld**

Thailand

Das beliebteste Reiseziel Südost-Asiens ist kein 'einfaches' Reiseland. Abseits der Hauptreiserouten spricht kaum jemand Englisch, Religion und Umgangsformen sind fremd, und es gibt so viel anzuschauen, daß man kaum weiß, wo man anfangen soll. Da bewährt sich ein Reiseführer der Reihe *REISE KNOW-HOW*:

Rainer Krack
Thailand Handbuch
Der komplette Reiseführer für individuelles Reisen und Entdecken
744 Seiten, 112 Karten und Pläne, farbiger Kartenatlas, durchgehend illustriert, großer Farbteil.
ISBN 3-89416-675-4

Rainer Krack
Bangkok und Umgebung
Handbuch für die Hauptstadt Thailands und die Umgebung
334 Seiten, 37 Stadtpläne und Karten durchgehend illustriert.
ISBN 3-89416-655-x

Rainer Krack
Insel Phuket
Das komplette Urlaubshandbuch für die Trauminsel Thailands und Umgebung
384 Seiten, 16 Karten und Pläne, durchgehend illustriert, großer Farbteil.
ISBN 3-89416-182-5

Klaus Becker
Thailand:
Tauch- und Strandführer
Der komplette Strand-, Tauch und Naturführer für die thailändischen Küsten
360 Seiten, 23 Karten und Pläne, durchgehend farbig, ISBN 3-89416-622-3

Reise Know-How Verlag
Peter Rump GmbH, Bielefeld

BLÜTENESSENZEN weltweit

832 Seiten, über 700 Abb., komplett in Farbe, fester Einband, 22 x 16 cm

ca. 460 Seiten, über 380 Abb., komplett in Farbe, fester Einband, 22 x 16 cm

Band 1: ISBN: 3-89416-780-7
Band 2: ISBN: 3-89416-787-4

Über 1000 Blütenessenzen in 2 Bänden
Durchgehend illustriert, durchgehend farbig.

Dieses einmalige Nachschlagewerk liefert ausführliche Informationen zu **über 1000 Blütenessenzen nach der Methode von Dr. Bach:** Fotos der Blüten, Anwendung, Wirkung, botanische Information, Akupunkturpunkte, Hersteller, Bezugsmöglichkeiten, detaillierte Register.

<u>Alle Blütenessenzen</u> von **Aditi Himalaya Essences (IND), Alaskan Flower Essence Project (USA), Aloha (USA), Araretama (BR), Bailey (GB), Bloesem Remedies (NL), Blütenarbeitskreis Steyerberg (D), Bush Flowers (AUS), Crystal Herbs (GB), Dancing Light Orchid Essences (USA), Desert Alchemy (USA), FES (USA), Findhorn Flower Essences (GB), Fox Mountain (USA), Green Hope Farm, Bermuda (USA), Healing Herbs (GB), Horus (D), Hummingbird Remedies (USA), Irisflora (D), Korte PHI Orchideenessencen (D), Laboratoire Deva (F), Living Essence (AUS), Master's (USA), Milagra Bachblüten (CH), NZ Flower Ess. (NZ), Noreia (A), Pacific Essences (CDN), Perelandra (USA), Phytomed (CH), Sardinian Remedies (I), South African Flower Essences (SA), Yggdrasil (D).**

Edition Tirta

im **Reise Know-How Verlag Peter Rump GmbH, Bielefeld**

Diese CD bringt System in den Internet-Datendschungel und erspart zeitraubendes Suchen. Sie enthält **über 15.000 bewertete Hyperlinks zu allen Ländern der Erde.** Geordnet nach den folgenden Themenbereichen sind die gewünschten Informationen problemlos aus dem Internet abrufbar:

⇒ **Überblick:** Zahlen, Daten, Fakten
⇒ **Praktisches:** Visum, Klima, Geld
⇒ **Hintergrund:** Politik, Geschichte, Soziales
⇒ **Sehenswertes:** Stadt, Natur, Landschaft
⇒ **Gedrucktes:** Bücher und Karten
⇒ **Unterwegs:** Transport im Land, Hotels/Quartiere, Reiseplanung
⇒ **Heißer Draht:** Online-Infos, Chats, Cybercafés, Newsgroups
⇒ **Impressionen:** Bilder, Reiseberichte, persönliche Erfahrungen

PC ab 486Dx66
Windows ab 3.11
oder
Macintosh PowerPC

ISBN 3-89416-658-4

Reise Know-How Verlag Peter Rump GmbH, Bielefeld

ANZEIGE

Praxis – die neuen handlichen Ratgeber

Wer seine Freizeit aktiv verbringt, in die Ferne schweift, moderne Abenteuer sucht, braucht spezielle Informationen und Wissen, das in keiner Schule gelehrt wird. **Seit Frühjahr 1999** beantwortet REISE KNOW-HOW die vielen Fragen rund um Freizeit, Urlaub und Reisen in einer neuen, praktischen Ratgeberreihe: „Praxis".

Die Themenpalette reicht von Basiswissen wie beispielsweise „Wildnis-Ausrüstung" über Outdoor-Aktivitäten und Fun-Freizeitsportarten bis hin zu den Geheimnissen asiatischer Märkte.

So vielfältig die Themen auch sind, gemeinsam sind allen Büchern die anschaulichen und allgemeinverständlichen Texte. Praxiserfahrene Autoren schöpfen ihr Wissen aus eigenem Erleben und würzen ihre Bücher mit unterhaltsamen und teilweise kuriosen Anekdoten.

Rainer Höh: **Kanu-Handbuch**
ISBN 3-89416-752-1

Rainer Höh: **Wildnis-Ausrüstung**
ISBN 3-89416-750-5

Rainer Höh: **Wildnis-Küche**
ISBN 3-89416-751-3

Frank Littek: **Fliegen ohne Angst**
ISBN 3-89416-754-8

Rainer Höh: **Orientierung mit Kompaß und GPS**
ISBN 3-89416-755-6

Wolfram Schwieder: **Richtig Kartenlesen**
ISBN 3-89416-753-X

Jeder Titel: 144-160 Seiten, handliches Taschenformat 10,5 x 17 cm,
robuste Fadenheftung,
praktische Umschlagklappen, Glossar,
Register und Griffmarken
zur schnellen Orientierung

Reise Know-How Verlag Peter Rump GmbH, Bielefeld

Karibik

Wer erst einmal auf den Geschmack gekommen ist, wird immer wieder in die Karibik reisen um Sonne, Strand, Meer und freundliche Menschen zu erleben. Und da gibt es zahlreiche Inseln, für die ein Urlaubshandbuch aus der Reihe *REISE KNOW-HOW* zur Verfügung steht:

Evelyn Seeliger-Mander
Trinidad und Tobago
336 Seiten, 12 Karten und
Pläne, durchgehend illustriert,
ISBN 3-89416-638-X

Evelyn Seeliger-Mander
Barbados
Insel unter dem Wind
264 Seiten, 13 Karten und Pläne,
durchgehend illustriert,
ISBN 3-89416-639-8

Evelyn Seeliger-Mander
St. Lucia, St. Vincent, Grenada
336 Seiten, 10 Karten und
Pläne, durchgehend illustriert,
ISBN 3-89416-642-8

Hans-Jürgen Fründt
Dominikanische Republik
432 Seiten, 20 Karten und Pläne,
durchgehend illustriert,
ISBN 3-89416-643-6

REISE KNOW-HOW Verlag
Peter Rump GmbH, Bielefeld

KulturSchock

Diese Reihe vermittelt dem Besucher einer fremden Kultur wichtiges Hintergrundwissen. **Themen** wie Alltagsleben, Tradition, richtiges Verhalten, Religion, Tabus, das Verhältnis von Frau und Mann, Stadt und Land werden nicht in Form eines völkerkundlichen Vortrages, sondern praxisnah auf die Situation des Reisenden ausgerichtet behandelt. Der **Zweck** der Bücher ist, den Kulturschock weitgehend abzumildern oder ihm gänzlich vorzubeugen. Damit die Begegnung unterschiedlicher Kulturen zu beidseitiger Bereicherung führt und nicht Vorurteile verfestigt.

11 Titel sind lieferbar, darunter:

Hanne Chen
KulturSchock China
VR China und Taiwan
264 Seiten, reichlich illustriert
ISBN 3-89416-450-6

Rainer Krack
KulturSchock Thailand
240 Seiten, reichlich illustriert
ISBN 3-89416-162-0

Martin Lutterjohann
KulturSchock Japan
216 Seiten, reichlich illustriert
ISBN 3-89416-055-1

Monika Heyder
KulturSchock Vietnam
288 Seiten, reichlich illustriert
ISBN 3-89416-451-4

Aufruf an Individualreisende

Aufruf an Individualreisende zur aktiven Vertretung ihrer eigenen Belange, auch gerichtet an Reisebuchverleger, Inhaber von Reise-WEB-Sites und Reisejournalisten.

1) Zweck des Aufrufs:

Es liegt in der Natur des Individualreisenden, daß er keine Organisation, Hausmacht oder andere Lobby hinter sich hat. Daraus folgt, daß seine Probleme, berechtigten Interessen oder Wünsche zumeist nicht wahrgenommen oder gar wirksam vertreten werden. Zweck dieses Aufrufes ist es dem Individualreisenden Zugang zu den Informationen und Kontakten zu verschaffen, damit er seine eigenen und die Interessen gleichgesinnter vertreten kann. Das Ziel soll ohne Verfolgung finanzieller Interessen, individuell, dezentral und durch die freiwillige Initiative von Individualreisenden, Reisebuchverlegern, Inhaber von Reise-WEB-Sites und Reisejournalisten angestrebt werden.

2) Die Erfahrung:

Nach fast 30 Jahren Erfahrung mit Individualreisen auf fünf Kontinenten in über 80 Ländern ist mir klar, daß Individualreisende keine Lobby haben. Gespräche mit offiziellen Repräsentanten nationaler Touristenverbände im Inland, örtlichen Tourismusvertretungen insbesondere in Ländern der 3. Welt, Tourismusministern und Botschaftern von Ländern der 3. Welt in Bonn zeigten ganz klar, daß diese keine Vorstellung von den Problemen und Wünschen der Individualreisenden haben. Sie wissen z.T. nicht einmal welche Grenzstationen der Landgrenzen der von ihnen vertretenen Länder geöffnet oder geschlossen sind oder welche Probleme der Reisende dort hat. Ein finanzielles Interesse haben die Vertretung deshalb nicht, weil die Reisekasse der Individualreisenden nicht auf dem Konto der Nationalbank oder der Touristikunternehmen sichtbar wird. Dabei geben Individualreisende das Geld dort aus wo es hingehört, im kleinen Restaurant, dem kleinen Hotel oder der Privatunterkunft, der kleinen Werkstatt im Bazar, also beim Volk, nicht in den Touristikzentren, von welchen ein Großteil der Devisen wieder zurück in die Industriestaaten fließt.

3) Die Erde ist für die Menschen da.

Ich glaube, daß der Mensch ein natürliches Recht hat sich diese Erde anzusehen, auch wenn er keiner Partei, Verein oder Firma angehört und sich keiner Reiseorganisation anschließt. Er hat das Recht auch dann, wenn er zwar für seinen Unterhalt und Fortkommen aufkommen kann, aber weder in Luxusrestaurants speist noch in Luxushotels logiert.

4) Aufruf an die Profis:

- Recherchieren Sie die erforderlichen Dienstbezeichnungen, Ansprechpartner, Postadressen, Faxnummern (und e-mail-Adressen) der Institutionen in 6).
- Übermitteln Sie mir die Daten per e-mail an klaus.daerr@t-online.de, damit ich sie auf der WEB-Site www.klaus.daerr.de/Aufruf.htm der Allgemeinheit kostenlos zur Verfügung stellen kann.
- Die Reisebuchverleger sind aufgefordert eine Seite ihres Werkes diesem Thema entsprechend meinem „Aufruf an die Individualreisenden" zu widmen, dem Leser die erforderlichen konkreten Vorschläge zum Handeln zu machen und die erforderlichen Dienstbezeichnungen, Ansprechpartner, Postadressen, Faxnummern (und e-mail-Adressen) zu nennen.
- Die Betreiber von WEB-Seiten sind aufgefordert an geeigneter Stelle ein entsprechendes Aufruf zu veröffentlichen. Das kann durch einen eignen Text geschehen oder durch einen Link zu der WEB-Site:
www.klaus.daerr.de/Aufruf.htm.
- Reisejournalisten sind aufgefordert am Ende von geeigneten Artikeln diesen Aufruf in Kurzform unterzubringen oder die WEB-Site zu benennen: www.klaus.daerr.de/Aufruf.htm.

5) Aufruf an die Individualreisenden:

Senden Sie ein gleichlautendes Schreiben in der Geschäftssprache des betreffenden Landes oder in Englisch in dem Sie Ihr Thema darstellen. Schreiben Sie insbesondere dann, wenn es Ihnen Ihre Fremdsprachenkenntnisse erlauben auch einen komplizierten Sachverhalt darzustellen.

- Wählen Sie die Geschäftssprache des Ziellandes oder Englisch für Ihren Brief, schreiben Sie sauber und so korrekt Sie können. Der Brief soll kein diplomatisches oder literarisches Meisterwerk sein, denn Sie schreiben ja als Privatperson.
- Wählen Sie eine höfliche, übliche Anrede, diplomatische Floskeln sind nicht erforderlich.

- Positiver Einstieg in Ihr Schreiben, z.B. warum Sie so gerne in dieses Land fahren wollten.
- Objektive, kurze, wahrheitsgemäße Darstellung des Problems oder Verbesserungsvorschlages mit Nennung von „Ross und Reiter", Ort und Zeit des Problems.
- Positiver Ausstieg aus dem Text, Sie schreiben Ihren Brief z.B. weil sie wieder in dieses Land reisen möchten und es in Zukunft als Reiseziel vorbehaltlos empfehlen möchten.
- Höflicher Schlußsatz.
- Unterschrift (keinesfalls anonym).
- Ergänzen Sie das Schreiben um einen „Verteiler", in dem Sie auflisten an wen es gleichlautend geschickt wurde und gestalten Sie den Kopf des Schreibens so, daß das schon dort ersichtlich wird.

6) Senden/Faxen Sie dieses Schreiben gleichlautend an:

- Den Außenminister des betreffenden Landes im Ausland, denn er ist der Vorgesetzte der Botschaft dieses Landes in Bonn/Berlin.
- Den Tourismusminister des betreffenden Landes im Ausland, denn er ist der Vorgesetzte des Tourismusbüros seines Landes in Deutschland. Er ist jedoch weniger einflußreich als der Außenminister.
- Das Tourismusbüro des betreffenden Landes in Deutschland.
- Den deutschen Außenminister in Berlin, der es gar nicht zu sehen bekommt, es aber bearbeiten läßt.
- Den Botschafter der betreffenden Landes in Berlin/Bonn, damit er authentisch erfährt wie sein Land vom Individualtouristen erlebt wird.
- Die Deutsche Botschaft im betreffenden Land, damit sie an diesem Teil ihrer Aufgabe erinnert wird und ihre eigene Intervention untermauern kann.

7) Woher bekommen Sie die nötigen Adressen oder Fax-Nummern?

- Ich versuche eine entsprechende Datensammlung im Internet aufzubauen und unter www.klaus.daerr.de/Autruf.htm zugänglich zu machen. Wenn Sie einen systematischen Weg zur Ermittlung der einen oder anderen Information kennen, so lassen Sie mich das bitte wissen. Wenn Sie erfolgreich Einzeldaten ermittelt haben, die in meinen WEB-Seiten noch nicht erscheinen oder falsch sind, so lassen Sie mich das bitte wissen.
- Außenministerium des betreffenden Landes in dessen Hauptstadt.

Schwierig zu ermitteln, dabei sind wir z.T. auf die Auskunft der Auswärtigen Amtes in Berlin oder der Deutschen Botschaft im betreffenden Land angewiesen. Das kann klemmen. Evtl. über das Internet zu ermitteln. Bitte mir unbedingt das Ergebnis mitteilen.

- Tourismusministerium des betreffenden Landes im Ausland.

Kann beim Fremdenverkehrsbüro des betreffenden Landes oder einem Reisebüro in Deutschland erfragt werden, die über das „Länderbuch Auslandsreisen" genannt „Der Blaue Fink", also ein umfangreiches, passendes Nachschlagewerk verfügen.

- Fremdenverkehrsbüro des betreffenden Landes in Deutschland.

Über die Telefonauskunft zu erfragen, die Büros sitzen zumeist in Frankfurt. Im Internet unter HG.SCHMITZ@gallileo.tng.oche.de zu finden oder in einem Reisebüro zu erfragen, die über „Der Blaue Fink" verfügen.

- Auswärtiges Amt in Bonn, Postf., D-11013 Berlin, Tel. 01888-17-0, Fax 01888-17-3402, e-mail: poststelle@auswaertiges-amt.de, Internet: www.auswaertiges-amt.de. Richten Sie Ihr Schreiben an die „Politische Abteilung LAND" (z.B. „Politische Abteilung Vatikanstaat").
- Botschafter des betreffenden Landes in Bonn/Berlin telefonisch oder über das Internet beim Auswärtigen Amt zu ermitteln.
- Deutsche Botschaft im betreffenden Land:

Die Postadresse ist einheitlich: Deutsche Botschaft in „Land", Postfach 1500, D-53105 Bonn. Als Inlandsbrief frankieren, der Brief wird als Diplomatenpost weitergeleitet.

8) Verantwortungsvolles Handeln ist erforderlich.

Behalten Sie vor Augen, daß der Individualreisende auch unterwegs mehr Verantwortung trägt als der organisiert reisende Tourist. Sind unsere Wünsche, Aufforderungen, Verbesserungsvorschläge unrealistisch, überzogen, unberechtigt oder gar unsere Behauptungen falsch, so schaden wir der Sache enorm. Schreiben Sie im Selbstbewußtsein des mündigen Bürgers eines demokratischen Staates, zweifeln Sie aber nie die Integrität der angesprochenen Personen und Institutionen an.

Verantwortlich im Sinne des Presserechts: Klaus Därr, Im Grund 12, 83104 Hohenthann, klaus.daerr@t-online.de, www.klaus.daerr.de, Fax 08065-180850. Stand: 26.09.99

Register

A

Aberglauben 145
Affenschule 294
Affen 115
AIDS 31, 167
Airport-Busse 176
Amulettmarkt 191
Anand Panyarachun 130
Anreise 25
Antiquitäten 42
An 147
Ao Chalong 340
Ao Khai Nao 280
Ao Nang 382
Ao Por 340
Ao Sapam 340
Ao Tong Yang 393
Architektur 151
Ärzte 59
Aufenthaltsgenehmigung 18
Ausfuhrbeschränkungen 20
Ausreise 26
Ausrüstung 21, 33, 36, 49

B

Baan Nang Lao 432
Bahn 92
Baht 52
Ban Krud 268
Ban Nathon 300
Ban Thung Sai 393
Bang Kao Bay 307
Bang Sak Beach 365
Bang Saphan 272
Bang Tao 351
Bangkok 170
– Adressen 240
– Airport-Busse 176
– Amulettmarkt 191
– Ankunft 173
– Bars 206
– Bot Phram 190
– Botschaften 240
– Chatuchak-Park 202
– Chinatown 227
– Chitlada-Palast 193
– Chulalongkorn 257
– Discos 205
– Dusit-Zoo 202
– Edelsteine 216
– Einkaufen 210
– Erawan-Schrein 201
– Fluggesellschaften 242
– Flughafen 173
– Flugzeug 244
– Fremdenverkehrsbüro 178
– Giant Swing 190
– Grand Palace 183
– Hualamphong Station 229, 246
– Indisches Viertel 203, 229
– Informationsstellen 178
– Inlandsflughafen 175
– Internet-Cafés 244
– Jim Thompson House 199
– Kaufhäuser 210
– Khao San Road 222
– Kino 209
– Klongboote 217
– Kneipen 206
– Kommunikationshilfe 179
– Krankenhäuser 241
– König Chulalongkorn 197
– Lak Muang 181
– Lumpini-Park 202
– Lumpini-Stadion 201
– Marmortempel 192
– Motorrad-Taxi 220
– Märkte 212
– Nachtleben 204
– Nationalmuseum 187
– Nightlife 204
– Pahurat 203, 229
– Parks 202
– Phallus-Schrein 194
– Preiskategorien 222
– Rama-9.-Park 202
– Restaurants 234
– Rommani-Nart-Park 203
– Royal Barges 186
– Sanam Luang 181
– Schlangenfarm 202
– Schweine-Schrein 186
– Seide 216
– Shopping 210
– Skytrain 220
– Soi Ngam Duphli 226
– Sri-Mariammam-Tempel 200
– Stadtverkehr 216
– Suan Pakkad Palace 194

- Sukhumvit 231
- Tanz 209
- TAT 178
- Taxameter-Taxi 218
- Taxi 174
- Thai Airways 243
- Tourist Police 241
- U-Bahn 220
- Universität 187
- Unterkunft 221
- Vimarnmek Palace 193
- Wat Arun 181
- Wat Boworniwet 194
- Wat Chakrawat 196
- Wat Indraviharn 194
- Wat Kalayanimit 198
- Wat Mahathat 189
- Wat Nang Chi 199
- Wat Paknam 198
- Wat Phra Kaeo 183
- Wat Po 181
- Wat Prayunwong 198
- Wat Rajabopit 186
- Wat Saket (Golden Mount) 190
- Wat Suthat 189
- Wat Thammamongkhon 201
- Wat Theptidaram 191
- Wat Trimit 199
Banharn Silpa-Archa 130
Banken 52
Bankkonto 54
Banthat-Gebirge 400
Bargeld 54
Bars 206
Begrüßungen 89
Behinderte 40
Berührungen 89
Betteln 91
Bevölkerung 135
Bhumipol Adulyadej 88, 148
Big Buddha Beach 305
Bier 45
Bilharziose 30
Bo Phut Beach 306
Boote 100
Bot Phram 190
Botschaften 17
Bot 140
Briefe 59
Buddha 137
Buddhismus 138

Bungalows 81
Burma 103
Bus 93

C
Celadon 42
Cha-Am 248
Chaiya 290
Chatichai Choonhavan 130
Chatuchak-Park 202
Chavalit Yongchaiyudh 133
Chaweng Beach 304
Chedi 140, 394
Chicken Island 386
Chinesen 136
Chitlada-Palast 193
Choeng Mon Bay 305
Chofa 140
Chuan Leekpai 130
Chumphon 273
Crocodile Farm 328

D
Damnoen Saduak 251
Demonstrationen 131
Devisenbestimmungen 20
Diamanten 361
Diebstahl 68
Diplomatische Vertretungen 17
Discos 205
Drogen 27, 72, 106
Druckkammern 78

E
E-mail 63
Edelsteine 41
Edelsteinkauf 66
Eigentumswohnung 82
Ein- und Ausreisebestimmungen 18
Einfuhrbeschränkungen 20
Einkaufen 40
Eisenbahn 92
Elefanten, weiße 116
Elefanten 115, 329
Elektrizität 43
Encephalitis 30
Erawan-Schrein 201
Erholung 74
Essensstände 45
Essen 43
Eurocheques 54

F

Fähren 100
Fahrrad-Rikshas 95
Fahrrad 96
Fahrzeugvermietung 96
Fauna 114
Feiertage 146
Fernsehen 157
Feste 146, 394
Filmempfehlung 50
Filme 49
Finanzkrise 55, 161
Flagge 134
Flora 114
Flug-Know-How 24
Flughafengebühr 26
Flug 98
Fläche 112
Foto-Know-How 50
Fotografieren 49
Frauen, alleinreisende 69
Fremdenverkehrsbüro 16, 178
Früchte 46

G

Garuda 140
Gathoeys 67
Geisterhäuschen 143
Geldautomaten 55
Geld 52
Geldüberweisungen 56
Geographie 112
Geographische Begriffe 113
Gerichte 48
Geschichte 128
Geschlechtskrankheiten 165
Gesundheitsvorsorge 29
Getränke 45
Gewichte 58
Giant Swing 190
Golf 74
Grand Palace 183
Grenzübergänge 104

H

Handarbeiten 42
Handy 63
Hängematten 35
Hat Nai Plao 393
Hat Panare 436
Hat Phra Yai 305
Hat Sai Ri 278
Hat Talo Kapo 436
Hat Tham Thong 281
Hat Thung Makham Noi 279
Hat Thung Wua Laen 280
Hat Yai 420
Heiße Quellen 400
Highways 97
Hin- und Rückflug 21
Hinayana 139
Hinkruay Beach 351
Hotel-Vokabular 81
Hotels 79
Hütten 79
Hygieneartikel 34

I

Imitate 42
Immigration Offices 19
Impfvorschriften 29
Indisches Viertel 203
Industrie 159
Informationsstellen 178
Information 16
Inlandsflughafen 175
Inlandsflüge 98
Insekten 115
Internet 16
Jet Lag 24

J

Jim Thompson House 199
Joggen 74

K

Kalender 107
Kalim Bay 349
Kamala 349
Kambodscha 104
Kamera 50
Kapong 319
Karon 345
Karten 35
Kata Noi 343
Kata Yai 343
Khanom Beach 395
Khao Khian 370
Khao Lak Beach 363
Khao Phingan 370
Khao Rang 329
Khao Tapu 370

Khao-Luang-Nationalpark 397
Khao-Sok-Nationalpark 317
Khmer 128
Khuraburi 288
Kino 158, 209
Kleidung 33, 36, 40, 91
Klima 123
Klong Muang Beach 381
Klongs 100
Kneipen 206
Ko Bon 359
Ko Bulon Lae 418
Ko Chang 287
Ko Hae 360
Ko Hai 409
Ko Hua Khwan 386
Ko Kaeo Phitsadan Noi 360
Ko Kataen 307
Ko Khai 356
Ko Kradan 409
Ko Libong 409
Ko Lone 359
Ko Mai Thon 358
Ko Maphrao Yai 357
Ko Muk 409
Ko Nakha Noi 356
Ko Nakha Yai 356
Ko Nang Yuan 317
Ko Pannyi 370
Ko Phangan 310
Ko Phayam 287
Ko Phra Thong 288
Ko Poda 386
Ko Rang Yai 357
Ko Raya Yai 360
Ko Rok 409
Ko Samui 297
Ko Siray 323, 358
Ko Sukorn 409
Ko Tao 315
Ko Tarutao 416
Ko Thalu 273
Ko Yao Noi 360, 371
Ko Yao Yai 374
Ko Yo 431
König 88
König Chulalongkorn 197
König Mongkut 129
Königin im Sack 434
Königshaus 86
Kommunikationshilfe 179

Korallenriffe 118
Korallen 120
Korruption 70
Kosten 29
Krabi 377
Kraburi 282
Krankenhäuser 59
Krankheiten 30
Krathom 278
Kreditkarten 56
Kriminalität 68
Krokodile 329
Kruth 134
Kunst und Kultur 148
Kunsthandwerk 42

L
Lackarbeiten 42
Laem Promthep 341
Laem Sing 350
Lak Muang 181
Lamai Beach 303
Land und Natur 112
Landkarten 35
Laos 102
Linksverkehr 98
Literatur 150
Loy Krathong 148
Lumpini-Park 202
Lumpini-Stadion 201

M
Mae Nam Beach 306
Magen- und Darmerkrankungen 30
Magic mushrooms 72
Mahayana 139
Mai Khao 354
Malaria 30
Malaysia 105
Malerei 153
Marmortempel 192
Maße 58
Medien 156
Medikamente 34, 36
Meditation 140
Medizinische Versorgung 59
Meeres-Nationalpark Ang Thong 308
Mekhong-Whisky 43
Mergui-Archipel 355
Mietfahrzeuge 96
Mondop 140

Monsun 123
Moskitonetz 35
Motorrad-Taxis 96
Muschelfriedhof 378
Muschelgeld 53
Musik 150
Myanmar 103
Mönche 86, 141
Münzen 52

N
Nachbarländer 101
Nachtleben 204
Nai Harn Noi 342
Nai Harn 341
Nai Thon 353
Nai Yang 353
Nakhon Pathom 256
Nakhon Si Thammarat 388
Narathiwat 439
Nationalmuseum 187
Nationalparks 121
- Khao Luang 397
- Khao Phra Thaew 321
- Khao Sam Roi Yot 266
- Tarutao 415
- Thale Ban 419
Naturschutz 121
Nesseltiere 118
Nightlife 204
Non-Immigrant-Visum 19
Nonnen 143
Noppharat Thara Beach 382
Nui Beach 342

O
Obst 46

P
Paddeltouren 74
Pahurat 203
Pak Bara 414
Pak Phanang 395
Pakete 60
Pali 154
Pan Sea Bay 350
Parks 202
Pathiu 280
Patong 346
Pattani 432
Petchaburi 249

Pflanzen- und Tierwelt 114
Phallus-Schrein 194
Phang-Nga 368
Phattalung 398
Phi Phi Islands 366
Phra 140
Phuket Town 328
Phuket 321
Polizei 70
Portogebühren 61
Postkarten 59
Postlagerservice 60
Post 59
Prachuap Khiri Khan 266
Prang 140
Prasat 140
Preise 29, 55
Preiskategorien 79
Presse 156
Prostitution 163
Protestversammlung 131

R
Radfahren 96
Radio 156
Rail Pass 93
Rama-9.-Park 202
Ranong 283
Ratchaburi 252
Rawai 341
Reisebüros 65
Reisegepäckversicherung 32
Reisekrankenversicherung 31
Reisechecks 54
Reisetips 40
Reisezeit 123
Reis 43
Religion 137
Restaurants 47
Riffe 119
Roi Chan - Phan Wang
  Wildlife Sanctuary 411
Rommani-Nart-Park 203
Royal Barges 186
Rundfunk 156
Rückerstattung der Mehrwertsteuer 27

S
Sabua Beach 392
Saensuk Beach 400
Samlors 95

Sanam Luang 181
Sanskrit 154
Sapan Hin 332
Satun 412
Schecks 54
Schlangen 115
Schmetterlingsarten 115
Schmuck 41
Schnorcheln 120
Schrift 155
Schwarzer Mai '92 131
Schweine-Schrein 186
Schwimmen 74
Segeln 74
Seide 40
Sema 140
Sex 166
Shopping 40
Si Chon Beach 393
Sicherheit 64
Similan Islands 360
Songkhla 427
Songthaews 95
Sparkonten 54
Speisekarte 48
Sport 74
Sprache 154
Sri-Mariammam-Tempel 200
Stadtpläne 35
Straßenstände 45
Strom 43
Suchinda Kraprayoon 130
Südthailand 260
Sungai Golok 440
Surat Thani 291
Surin Islands 361

T
Taling Ngam Bay 307
Tamilen 334
Tanken 97
Tanz 148, 209
Tarutao-Nationalpark 415
TAT 16, 178
Tauchausrüstung 77
Tauchen 76, 120
Tauchkurse 76
Tauchregeln 78
Taxis 95
Taxi 174
Telefonieren 61

Telefonkarten 63
Tempel-Terminologie 140
Temperaturen 123
Textilien 40
Thai Airways 98
Thai-Boxen 152
Thai-Kalender 107
Thai-Schrift 155
Thai-Schulen 155
Thalang National Museum 323
Thale Noi 400
Thale Song Hong 411
Thale-Ban-Nationalpark 419
Tham Khao Phra 386
Tham Phra Nang Beach 383
Tham Thale 410
Than-Bokhorani-Nationalpark 386
That 140
Thong Krut Bay 307
Thong Sai Bay 305
Thong Son Bay 305
Thong Yang Bay 307
Thung Tako 277
Tical 53
Tiger 115
Tollwut 30
Ton-Nga-Chang-Wasserfall 427
Tourismus 161
Tourist Authority of Thailand 16
Tourist-Informationen 16
Trang 404
Transvestiten 67
Traveller-Schecks 54
Trekking-Ausrüstung 36
Trinken 43
Tropeninstitut 31
Tropenkrankheiten 29
Tuk-Tuks 67, 95

U
Überfälle 68
Übernachten 79
Uhrzeit 108
Umweltgifte 31
Unfall 98
Universität 187
Unterkunft 79

V
Vegetarian Festival 327
Vegetarisches Essen 48

Verbrechen 68
Verhaltensregeln 83
Verkehrmittel, öffentliche 64
Verkehrmittel 92
Verkehrsregeln 98
Verschuldung 160
Versicherungen 31
Viharn 140
Vimarnmek Palace 193
Visum 18
Vogelarten 115
Vorwahlnummern 62

W
Währung 54
Währungs-Crash 55
Währungskrise 160
Wai 89
Wald 112
Wat Arun 181
Wat Chalong 323
Wat Ko Tham 432
Wat Mahathat 189
Wat Nang Lao 432
Wat Phra Kaeo 183
Wat Phra Nang Sang 325
Wat Phra Thong 323
Wat Po 181
Wat Rajabopit 186
Wat Saket (Golden Mount) 190
Wat Suthat 189
Wat Theptidaram 191
Wat 140
Wechselkurse 52
Weiterreise 101
Whisky 44
Wirtschaft 159

Y
Yala 437

Z
Zeitangaben 108
Zeitungen 156
Zeitverschiebung 24, 107
Zimmer 79
Zug 92

Ortsverzeichnis Deutsch – Thai

Ban Krud	บ้านกรูด
Bangkok	กรุงเทพฯ
Bang Pa-In	บางปะอิน
Bang Saphan	บางสะพาน
Banthat-Gebirge	เทือกเขาบรรทัด
Cha-Am	ชะอำ
Chaiya	ไชยา
Chumphon	ชุมพร
Damnoen Saduak	ดำเนินสะดวก
Hat Yai	หาดใหญ่
Hua Hin	หัวหิน
Khao-Luang-Nationalpark	อุทยานแห่งชาติเขาหลวง
Khao-Sok-Nationalpark	เขาสก
Khuraburi	คุระบุรี
Ko Bulon Lae	เกาะบูรฉนเวย
Ko Chang	เกาะช้าง
Ko Lanta Yai	เกาะลันตาใหญ่
Ko Phangan	เกาะพงัน
Ko Phi Phi	เกาะพีพี
Ko Phra Thong	เกาะพระทอง
Ko Samet	เกาะเสม็ด
Ko Samui	เกาะสมุย
Ko Tao	เกาะเต่า
Ko Thalu	เกาะทะลุ
Ko Yao Noi	เกาะยาวน้อย
Ko Yao Yai	เกาะยาวใหฌ
Krabi	กระบี่
Kraburi	กระบุรี
Nakhon Pathom	นครปฐม
Nakhon Si Thammarat	นครศรีธรรมราช
Narathiwat	นราธิวาส
Pak Bara	ปากบะระ
Pak Phanang	ปากพนัง
Pattani	ปัตตานี
Petchaburi	เพรชบุรี
Phang-Nga	พังงา
Phattalung	พัทลุง

Phi Phi Islands	เกาะพีพี
Phuket	ภูเก็ต
Phuket Town	เมืองภูเก็ต
Prachuap Khiri Khan	ประจวบคีรีขันธ์
Ranong	ระยอง
Ratchaburi	ราชบุรี
Satun	สตูล
Songkhla	สงขลา
Sungai Golok	สุไหงโกลก
Surat Thani	สุราษฎร์ธานี
Surin	สุรินทร
Tarutao-Nationalpark	อุทยานแห่งชาติตะรุเตา
Thale-Ban-Nationalpark	อุทยานแห่งชาติทะเลบาน
Trang	ตรัง
Yala	ยะลา

Der Autor

Rainer Krack, Jahrgang '52, lebt seit 1978 hauptsächlich in Asien. Etwa 5 Jahre verbrachte er in Indien, Pakistan, Sri Lanka und Bangladesh. Seit 1987 wohnt er in Bangkok.

Nach seinen ersten Indienreisen begann Rainer Krack, Waren von Indien nach Deutschland zu exportieren, um seine Reisen zu finanzieren. Zwischendurch studierte er Indologie und lernte indische Sprachen. Daneben fing er an, über Gesehenes und Erlebtes zu schreiben und wurde so, eher ohne es zu beabsichtigen, zum Journalisten. Seitdem arbeitet Rainer Krack als freier Journalist. Reisen und Schreiben – seine beiden Hobbies wurden zum Beruf. Mittlerweile sind von ihm im REISE KNOW-HOW Verlag Peter Rump eine Reihe Bücher über Thailand, Nepal, Indien und Sri Lanka erschienen.

Thailand, physisch

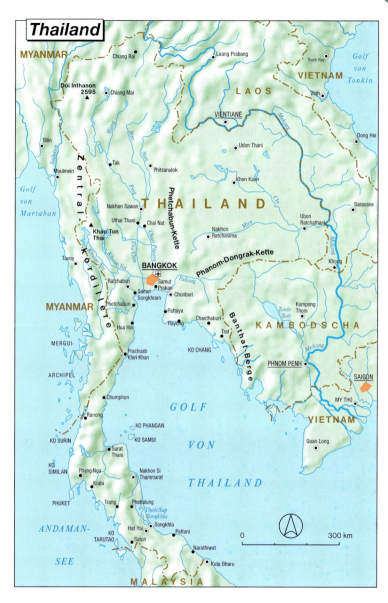

II Bangkok, Stadtteile und Verkehrswege

IV Cha-Am, Damnoen Saduak, Nakhon Pathom,

Phetchaburi, Ratchaburi

VI Bang Saphan, Hua Hin, Prachuap Khiri Khan

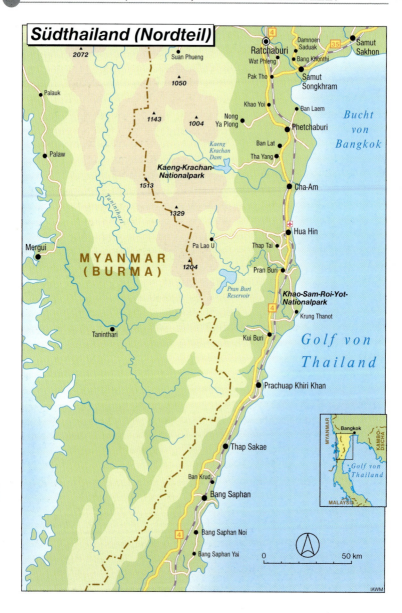

Chumphon, Nakhon Si Thammarat, Surat Thani VII

VIII Khao-Sok-Nationalpark, Phang Nga, Ranong

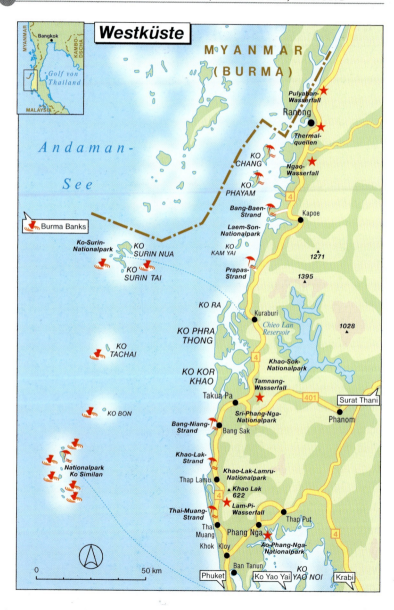

ANG-THONG-MEERES-NATIONALPARK

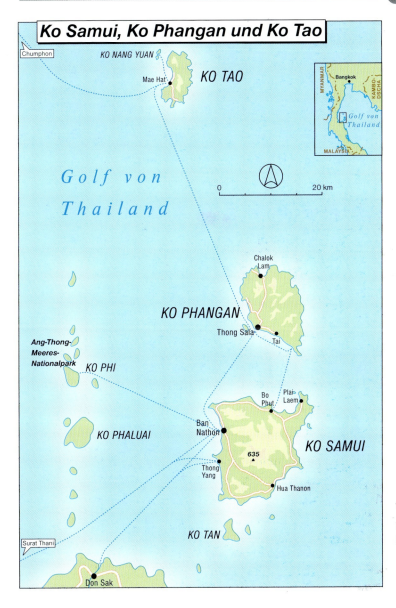

X Ban Nathon, Chaweng Beach, Lamai Beach

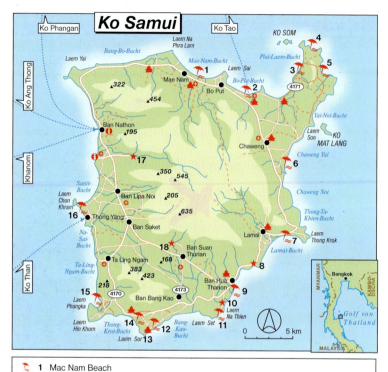

- 1 Mac Nam Beach
- 2 Big Buddha Beach
- 3 Bo Phut Beach
- 4 Thong Son Bay
- 5 Choeng Mon Bay
- 6 Chaweng Beach
- 7 Lamai Beach
- 8 Wonderful Rock (Hin Ta - Hin Yai)
- 9 Na-Khai-Strand
- 10 Na Khai Cove
- 11 Set-Strand
- 12 Sor-Strand
- 13 Wat Laem Sor
- 14 Thong Krut Bay
- 15 Phangka Bay
- 16 Thong Yang Bay
- 17 Hin-Lat-Wasserfall
- 18 Na-Muang-Wasserfall
- Krankenhaus

Karon, Kata, Nai Harn, Patong, Phuket Town

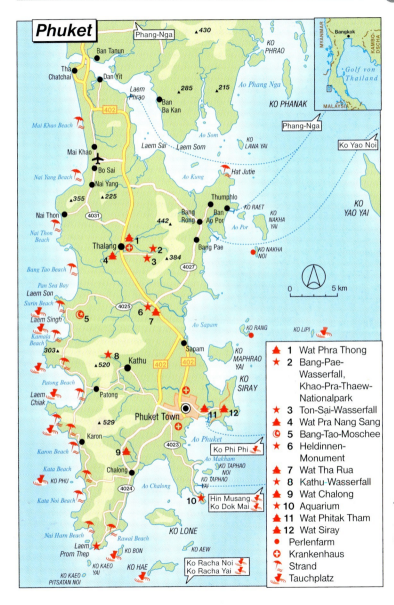

XII Ko Lanta Yai, Krabi, Hat Yai, Phi Phi Islands,

Tarutao-Nationalpark, Trang, Yala XIII

XIV Thailand – Bahn- und Flugverbindungen

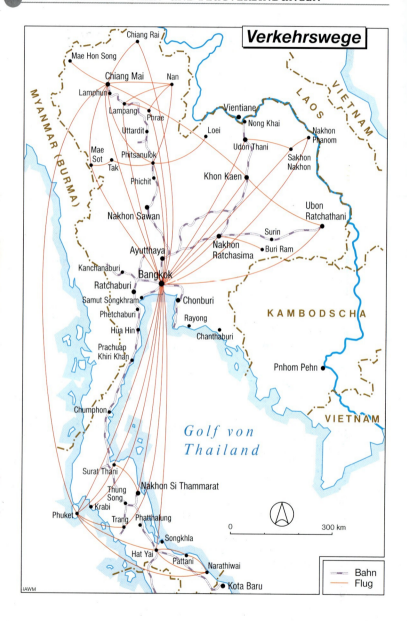

THAILAND – BLATTSCHNITT

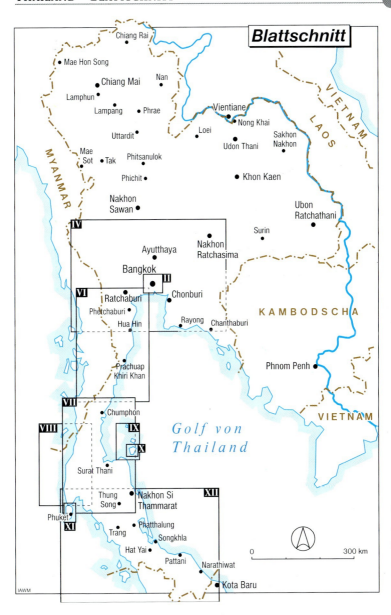

Legende zu den Karten im Innenteil

- ★ Sehenswürdigkeit
- ▲ Tempel
- ☪ Moschee
- ⛪ Kirche
- Ⓜ Museum
- 🏨 Hotel
- 🍴 Restaurant
- ☕ Café
- 🍸 Bar
- 🛍 Shopping
- ℹ Tourist-Information
- ✉ Post
- ☎ Telefonamt
- 💲 Bank
- ✚ Krankenhaus
- Ⓗ Haltestelle für Busse oder Songthaews
- ✖ Taxi- oder Tuk-Tuk-Stand
- ⛽ Tankstelle

Preiskategorien

Für die Kennzeichnung des Preisniveaus der einzelnen Unterkünfte wird die folgende Einteilung verwendet, die sich aber ausschließlich auf die Preisgruppe und nicht auf den Service bzw. die Qualität bezieht.

Klassifizierung der Unterkünfte

*	bis 100 Baht
**	100-300 Baht
***	300-600 Baht
****	600-1.200 Baht
*****	1.200-2.400 Baht
LLL	Luxusklasse, über 2.400 Baht